Karl Joseph Bouginé

Handbuch der allgemeinen Litterargeschichte nach Heumanns Grundriss

Grundriss

2. Teil

Karl Joseph Bouginé

Handbuch der allgemeinen Litterargeschichte nach Heumanns Grundriss
2. Teil

ISBN/EAN: 9783743465923

Hergestellt in Europa, USA, Kanada, Australien, Japan

Cover: Foto ©ninafisch / pixelio.de

Weitere Bücher finden Sie auf **www.hansebooks.com**

Carl Joseph Bouginé

Hochfürstl. Badischen Kirchenraths und ordentlichen Professors

der Gelehrtengeschichte auf der Fürstenschule zu Carlsruh

Handbuch

der allgemeinen

Litterargeschichte

nach

Heumanns Grundriß.

Nach dessen Tode herausgegeben

von

C. F. Bouginé.

Des Sechsten

oder

Supplementbandes

zweiter Theil.

Zürich, bey Orell, Füßli und Compagnie. 1802.

Ein Wort
an den Leser.

So sehr bey Erscheinung des Handbuches der allgemeinen Litterargeschichte meines sel. Vaters, über die Nüzlich-
keit des Werkes alle Stimmen sich vereinigten, so wenig
wurden jedoch die Beschwerden über zu wenige Vollständig-
keit und öfters eingeschlichene Unrichtigkeiten unterdrükt. Ob
nun gleich dieser Vorwurf für den Verfasser, der als einzelner Mann ein Werk unternommen hatte, das sich für eine
Gesellschaft eignete, der überdieß viele Berufsgeschäfte hatte,
und diese nicht über der Nebenarbeit vernachlässigen wollte —
weder beschämend noch schmerzlich seyn konnte, so fühlte er
dennoch selbst, daß derselbe nicht ungegründet war. Den
nemlichen eisernen Fleiß, welchen er auf die Verfertignng des
Werkes verwendet hatte, widmete er also nun auch der Ver-
vollständigung desselben, durch unermüdetes Sammeln einzelner ergänzender und berichtigender Nachrichten, und schon
reifte diese Errungenschaft der Herausgabe entgegen, als ein
schneller Tod ihn der Welt entriß und die eigene Ausführung
seines Planes mit ihm zu Grabe gieng.

Es lag nun mir ob, und ich hielt es für Pflicht, jene Sammlung zum Druke zu befördern. Schon früher würde gegenwärtiger Band erschienen seyn, wenn nicht mancherley hinderliche Umstände, besonders die Kriegsunruhen in Deutsch- land und der Schweiz, eine raschere Veranstaltung gehemmt hätten. Der größte Theil ist übrigens Hinterlassenschaft des Seligen; nur hie und da wagte ich, schüchtern, einige Zu- säze, so weit Zeit und Kräfte mir es gestatten wollten.

Ich sehe selbst ein, daß gegenwärtige Arbeit dem Werke nicht gerade dem Stempel der Vollendung aufdrüken wird, und gebe vielleicht auch zu, daß dasselbe in der Folge durch eine gänzliche Umarbeitung seinem Zweke näher gerükt werden könnte. Indessen wird der Besizer hier denn doch manche An- gabe, manche Berichtigung finden, die ihm willkommen ist, und die er einem fleißigem Sammler dankt, der seinen Le- bensgenuß darin fand, sein Leben der gelehrten Welt zu wid- men. — Ich möchte diesen Band zusammengetragene Mate- rialien zu einer künftigen Umarbeitung und Vervollkommnung des Hauptwerkes nennen. Freuen soll es mich, und für reich- lich belohnt werde ich mich halten, wenn dieses, schon jezt, dadurch einen größern Grad von Brauchbarkeit erhält, und also auch mehrern Nuzen stiftet.

Mit allem Eifer war ich bey der Ausarbeitung auf Deut- lichkeit, Abkürzung und Erleichterung des Nachschlagens be- dacht, ob ich gleich oft, wegen der nicht selten etwas ver- worrenen und schnell hingestreuten Bemerkungen des Verfas- sers, der ohne Zweifel einer lezten Feile etwas übrig ließ, hierin nicht geringe Schwierigkeit fand. Zu mehrerer Be-

quemlichkeit bey dem Gebrauche sind die bey jedem Bande des
Handbuches hinten angehängten Berichtigungen und Zusäze
hier aufgenommen, um eine vervielfältigte Bemühung und
doppelten Aufenthalt beym Nachsuchen zu vermeiden. Das
Register wird ebenfalls sachdienlich seyn.

An den eingeschlichenen Drukfehlern bin ich unschuldig,
weil ich keine Correktur übernehmen konnte. Sie sind er-
klärbar, wenn man überlegt, wie mühsam eine Arbeit von
der Art für Sezer und Correktant seyn muß.

Noch ist es übrig, dem Einwurfe zu begegnen, als ob
überhaupt die Herausgabe dieser Supplemente hätte unterblei-
ben und solche lieber erst bey einer neuen Ausgabe des Werkes diesem hätten einverleibt werden sollen. Ich bitte dagegen zu bedenken, daß ein Werk von dem Umfange und Prei-
se sich nicht so schnell vergreift, und eine zwote Auflage vielleicht erst nach manchem Jahre erscheinen wird. Es ist also
doch besser, diese Nachträge kommen jezt in die Hände des
Publikums und werden einstweilen benüzt. Ununterbrochen
gebiert die Zeit in ihrem Laufe, und bis dorthin können
neue Ergänzungen dem Ganzen abermals eine neue Gestalt
geben.

Die gütigen Beyträge einzelner Freunde, so wie die ge-
diegenen Bemerkungen der gründlichern Rezensionen sind vom
Verfasser sorgfältig in Anschlag gebracht worden. Ueber der
Asche des Seligen danke ich hiermit allen denen Verehrungs-
würdigen öffentlich, welche die nüzlichen Anstrengungen eines
Mannes nicht verkannten, der so manches schöne Jahr seines Lebens, zu ihrem Frommen, einem Fache opferte, das

nur selten einen so warmen Verehrer findet, der ihm mit Resignation seine Tage hingiebt.

Ich empfehle mich meinen Gönnern mit gebührender Hochachtung.

Erlangen, im August, 1801.

C. F. Bouginé.

Supplemente

zum

vierten Bande.

(Supplem. II.)   X

Vierter Band.

Seite 1.

Lin. 14. Nach: „Fürsten Collegii." Seze bey: seit 1789: Prof. Organi Aristotelici.

Zu Carl Adolph Cäsar Schriften seze bey: — Ueber die Strafgeseze ꝛc. aus dem Französischen des von Valazé, mit Anmerkungen. Leipz. 1786. 8. — Recht der Neutralität, oder von den gegenseitigen Pflichten neutraler und kriegführender Mächte; aus dem Italienischen (des Galiani) mit einem Commentar. ib. 1790. II. gr. 8. Das Original, Napoli, 1782. 4. Der Abbé Galiani war Gesandschafts-Sekretär des Königs von Sicilien, und wurde hernach Commerzienrath zu Neapel. Hier ist nur die Uebersezung; der Commentar ist noch zu erwarten. — Lampredi über den Handel neutraler Völker in Kriegszeiten ꝛc. aus dem Italienischen. I. Th. ib. 1791. gr. 8.

Lin. 19. sq. Statt: „Philos. Annalen. ib. 1787 — 88. II. gr. 8. und 2ten Bandes 1ster Th. ib. 1789. gr. 8." Lese: Philos. Annalen. ib. 1787 — 93. XI. B. gr. 8.

Lin. 22. Statt: „Gräz, 1788. VII. 8." Lese: Gräz, 1785—1788. VII. 8. m.

Seze hier zu: Nationalkirchenrecht Oesterreichs, oder Verbindung der K. K. Verordnungen mit dem Päbstl. Recht. ib. 1788—91. VI. gr. 8. (4. Thlr. 7. gr.) — Beschreibung der Hauptstadt Gräz in Steyermark. Salzburg, 1781. II. 8. (20. gr.) — Beschreibung des Herzogthums Steyermark. Gräz, 1786. II. gr. 8. (2. Thlr. 16. gr.) — Mehrere Abhandlungen.

Seite 2.

Lin. 6. Nach: „Paris, 1743. 8." Seze bey: lateinisch, Viennæ, 1759. 4. m. (18. gr.)

Lin. 11. sq. Statt: „Viennæ, 1762." Lese: Viennæ, 1757—1768.

Zu N. L. de la Caille Schriften: — Fundamenta Astronomiæ noviſſimis obſervationibus ſtabilita. Pariſ. 1757. 4.

Lin. 14. Statt: „Die Beschreibung seiner Reise ꝛc." Lese: Die Beschreibung seiner Reise nach dem Vorgebirg der guten Hofnung, nebst dem Leben des Verfassers; aus dem Französischen. Altenburg, 1778. 8. mit Kupf. (16. gr.) Das französ. Original, à Paris, 1763. und 1776. 8. mit Kupf.

Not. b. Seze zu: — Hiſt. de l'Acad. des ſciences de Paris, A. 1762. — Skizzen aus dem Leben und Charakter grosser und seltner Männer ꝛc. Quedlinburg, 1785. 8. erste Samml. p. 77—102. — Recueil d'Eloges de Charles V, de Moliere, de Corneille, de l'Abbé de la Caille et de Leibniz, Paris, 1770. 8.m. (3. Lbr.) — *Meuſelii* Bibl. hiſt. Vol. III. P. I. p. 194. ſqq.

Seite 3.

Lin. 11. ſq. Statt: „Nürnb. 1767. IV. 4.m. mit Kupf. (8. fl.)" Lese: Nürnb. 1766. 67. IV. 4m (10. Thlr. 16. gr.)

Lin. 20. Nach: „Paris, 1743. II. 12." Seze bey: Deutsch: Neue morgenländische Erzählungen. Leipz. 1787. II. 8. (1. Thlr.)

Lin. 21. ſq. Statt: „Amſt. 1787. X. 8. ꝛc." Lese: Amſt. 1787. XII. 8. Die beiden lezten Bände enthalten unbedeutende Aufsäze von andern Verfassern.

Not. d. Seze zu: — *Meuſelii* Bibl. hiſt. Vol. IV. P. I. p. 38. ſq.

Seite 4.

Lin. 6. Nach: „ein Jesuit." Seze bey: starb zwischen 1758. und 1767.

Lin. 10. Zu: „Heinrich Callisen." Seze bey: geb. den 11. Mai 1740. zu Preez im Holsteinischen; Doct. med. und Prof. Anat. et Chirurg. zu Kopenhagen.

Lin. 12. Statt: „ib. 1787. 88. II. 8." Lese: ib. 1788—90. II. 8.m. (4. Thlr. 8. gr.)

Seze hier zu: Deutsch: System der neuen Wundarzneykunst. Kopenhagen, 1788. 91. II. gr. 8. (4. Thlr. 12. gr.) und Inſtitutiones &c. Deutsch: Grundsäze der Chirurgie unserer Zeit. Wien, 1786—91. III. gr. 8. — Abhandlung über die Mittel, die Seefahrenden gesund zu erhalten. Haf. 1777. 8.

Lin 3 von unten. Nach: „Johann Campbell," schalt' ein: geb. 1708. zu Edinburg, wo sein Vater, Robert, Esq. und Rittmeister war.

Seite 5.

Lin. 1. Statt: „oder Kirchengeschichte." Lese: der Geschichte. Setze zu: Er erhielt 1734. von der Universität zu Glasgow die Würde eines Doctors der Rechte; wurde 1765. zum K. Ugenten für die Provinz Georgien in Nordamerika ernannt, und starb den 28. Dec. 1775. æt. 68. Sein Gedächtniß war so stark, daß er nicht nur die hebräische, griechische und lateinische, sondern auch die französische, italienische, spanische, portugiesische und holländische und überdiß einige morgenländische Sprachen verstund. Sein Charakter war edel. Täglich las er in der H. Schrift in der Grundsprache, und in seinem ganzen Verhalten zeigte er ungeheuchelte Frömmigkeit.

Lin. ead. Nach: „Schriften," schalt' ein: Die Kriegsgeschichte des Prinzen Eugen und des Herzogs von Marlborough. Lond. 1736. II. fol. mit Kupf. — Die alte allgemeine Weltgeschichte ꝛc. ib 1740—44. VII. fol. und die neuere allgemeine Weltgeschichte ꝛc. ib. 1742. ꝛc. XII. fol. in Gesellschaft mit andern Gelehrten; eine 2te Ausgabe erschien von der erstern 1747. und von der letztern 1759. in 8. — Die Reisen und Begebenheiten Eduard Browns Esq. ib. 1739. 8. — Der wieder aufgelebte Hermippus, oder des Weisen Triumph über das Alter und Grab ꝛc. ib. 1743. und 1749. 8. Hierbey merke des Doctor Joh. Heinrich Cohausens Schrift: Hermippus redivivus, s. exercitatio physico-medico-curiosa de methodo rara ad CXV. annos propagandæ senectutis per anhelitum puellarum &c. Confluentiæ, 1743. 8. Deutsch: 1753. 8. Eine witzige Satyre über die hermetische Philosophie. Campbells Buch wurde ins Italienische übersetzt, Livorno, 1756. 8. — Land- und Seereisen ꝛc. Lond. 1744. II. fol. begreift alle Weltumsegler von Columbus an bis auf den Lord Anson. — Biographia Brittanica &c. ib. 1746. ꝛc. IV. 8. m. in Gesellschaft mit andern. — Der Lehrmeister ꝛc. ib. 1748. II. gr. 8. hernach in mehrern Auflagen. Er bearbeitete die Chronologie, und die Artikel über Handel und Gewerbe. — Der gegenwärtige Zustand von Europa. ib. 1750. 9. oft aufgelegt. — Politische Ueberficht von Brittanien ꝛc. ib. 1774. II. gr. 4. ꝛc.

Lin. 8. sq. Statt: „Von einem andern Campbell ꝛc. bis: Lond. 1776. II. 8." Lese: Georg Campbell, Professor und Prediger zu Aberdeen; starb daselbst den 6. April 1796. — — Philosophy of Rhetoric. Lond. 1776. II. 8. — Einzelne Predigten.

Lin. 10. von unten. Statt: „Hamb. 1779—89. XIX. 12." Lese: Hamb. 1779—90. XX. 12. (9. Thlr. 8. gr.)

Lin. 7. von unt. Nach: „ib. 1786." Seze zu: Dritte ganz
umgearbeitete Ausg. ib. 1790. 8. (18. gr.) 4te Ausg. ib. 1796. 8.

Lin. 2. u. 3. v. unt. Nach: „ib. 1780. 8." Seze zu: 4te verbesserte Ausgabe. ib. 1796. 8.

Lin. 2. v. unt. Nach: „ib. 1783. III. 8." Seze bey: 4te verbesserte Ausg. ib. 1796. III. 8. mit Kupf. (1. Thlr. 12. gr.)

Not g Sez' am Ende zu: — Bambergers biogr. Anecdoten
berühmter großbritt. Gelehrten, 2ter B. p. 381—399.

Seite 6.

Lin. 2. Statt: „Wolfenb. 1786—88. IV. 8." Lese: Wolfenb.
1786—92. XII. complet. 8. (6. Thlr.)

Lin. 6. Statt: „ib. 1787. VII. 8. (12. fl.)" Lese: ib. 1787—
92. XIII. 8. (15. Thlr 16. gr.)

Zu Campes Schriften seze zu: — Geschichte Sandford's und
Marton's ꝛc. aus dem Englischen. Braunschw. 1788. 8. — Ueber
Belohnungen und Strafen, in pädagogischer Hinsicht. ib. 1788. 8.
(6. gr.) — Moriz, ein Beytrag zur Erfahrungs-Seelenlehre.
ib. 1789. 8. (2. gr.) — Briefe aus Paris, zur Zeit der Revolution.
ib. 1790. gr. 8. (1. Thlr. 4. gr.) — Versuch eines Leitfadens
beym christl. Religions-Unterricht ꝛc. ib. 1791. 8. (4. gr.) — Er-
findungs- und Erkenntnißkraft der menschlichen Seele. Leipz. 1776.
8. — Neue Methode, Kinder lesen zu lehren ꝛc. Hamb. 1778. 8. —
Sittenbüchlein für Kinder aus gesitteten Ständen. — Kleine Kinderbibliothek. Braunschw. 1782—85. XII. 16. Fortsez. unter dem Titel: Sammlung interessanter Reisebeschr. für die Jugend, 1785. bis
93. oder 13tes bis 24tes B. der Kinderbibliothek. (zusammen
12. Thlr.) — Auszug in 5. Th. 1794. 16. (2. Thlr. 12. gr.) —
Auszug aus dem Theophron. ib. 1790. 8. — Ueber einige Mittel
zur Beförderung der Industrie. ib. 1787. 8. II. — Revision des
Schul- und Erziehungswesens. ib. 1785—92. XVI. 8. (15. Thlr.
16. gr.) — Der Einsiedler von Warkworth, eine northumberländi-
sche Ballade. ib. 1790. 8. — Klugheitslehren für Jünglinge, die
in die Welt treten wollen. ib. 1790. 8. — Versuch einiger Sprach-
bereicherungen. ib. 1791. 8. — Zweiter Versuch ꝛc. ib. 1792. — Dritter Versuch ꝛc. ib. 1794. 8. — Nachtrag und Berichtigungen dazu.
ib. 1795. 8. — Beyträge zur Beförderung der fortschreitenden Aus-

bildung der deutschen Sprache. Braunschweig, 1797. III. St. gr. 8.
in Gesellschaft mit andern; wird fortgesezt.

Schalte hier folgenden Artikel ein:

Peter Camper, geb. zu Leiden, ein sehr berühmter Arzt und
besonders Anatomiker; anfangs zu Amsterdam, hernach zu Franeker und Gröningen; endlich besorgte er die Staatsgeschäfte von
Friesland. Er starb den 8. Apr. 1789. und hinterließ ein kostbares Knochen- und Fossilien-Cabinet. — Schriften: Demonstrationum anatomico-philologicarum Lib. II. Amst. 1760. 62. fol.m.
(11. Thlr. 16. gr.) — De fractura patellæ &c. Hagæ Com. 1790. 4.m.
(20. gr.) — De emolumentis et optima methodo insitionis variolarum.
Bremæ, 1774. (18. gr.) — Anmerkungen über Einimpfung der
Blattern. Leipz. 1772. gr. 8. mit Kupf. (8. gr.) — Betrachtungen
über Gegenstände der Geburtshülfe. 1776. 8. mit Kupf. (10. gr.)
— Abhandl. von' den Kennzeichen des Lebens und Todes neugeborner Kinder. Frankf. 1777. 8. (8. gr.) — Kleine Schriften, die
Arzneykunst und Naturgeschichte betreffend; aus dem Holländischen.
Leipz. 1782—90. III. gr. 8. (3. Thlr. 22. gr.) — Vorlesungen
über das Viehsterben. Kopenh. 1771. 8. (7. gr.) — Naturgeschichte
des Orang-Outangs und anderer Affenarten. Düsseldorf, 1790. gr.4.
mit Kupf. (2. Thlr. 16. gr.) — Abhandl. über die Verschiedenheit
der Gesichtszüge in Menschen, und über das Schöne in antiken
Bildsäulen und geschnittenen Steinen; aus dem Holländischen
von Sömmering. Berlin, 1792. gr. 8. mit Kupf. (1. Thlr.
18. gr.) a)

Nach dem Artikel „Anton le Camus," schalte folgenden Artikel ein:

Carl Stephan Ludwig le Camus, starb den 4. Mai 1786.
æt. 58. zu Paris als Mitglied der K. Gesellschaft der Wissenschaften, auch der zu London, und Professor der Königl. Akademie der
Baukunst. — Hauptschriften: Cours de Mathematiques. Paris,
IV. 8. — Elemens de Mecanique. — Elemens d'Arithmetique &c.

Zu dem Artikel „Joh. Galbert Campistron," merk' als Note:
* Sein Eloge &c. in der Bibl. françoise. T. III. p. 46—55.

---

a) *Halleri* Bibl. anatom. T. II. p. 395. — *Baldingers* Biographien ꝛc.
1. B. 2. St. p. 251. sqq. — Beobachtungen und Entdekungen aus der Naturkunde von der Gesellschaft naturforschender Freunde, 4. B. 2tes St.

— *Niceron* Mem. T. XXV. p. 162. fq. — Lamberts Gelehrten-geschichte der Regierung Ludwigs XIV. 3. B. p. 262. fqq.

Seite 7

Lin. 12. fq. Nach: „nicht verkauft werden." Seze bey: J. E. Kapp beforgte eine vermehrte Ausgabe mit neuen Zufäzen von Ca-musat. Amst. et Lipf. 1744. fol.

Lin. 19. Nach: „zu Hanau." Seze bey: seit 1782 Regie-rungsdirector zu Altkirchen in der Grafschaft Sayn; seit 1783. Col-legienrath zu Petersburg.

Lin. 20. Statt: „Franff. 1773—89. X. gr. 8. Der 13te Band in 3. Abtheilungen." Lese: Franff. 1773—91. XIII. gr. 8. (32 Thlr. 14. gr.) Der 1ste Theil begreift die Mineralogie; der 2te die Probierkunst; der 3te die oberirrdische Erdbeschreibung; der 4te die unterirrdische Erdbeschreibung; der 5te die Gruben-baukunst; der 6te die Markscheidekunst, in 2. Abtheilungen; der 7te die Bergmaschinenkunst, in 3. Abtheilungen; der 8te die Scheide-kunst; der 9te die Schmelzkunst, in 3. Abtheilungen; der 10te die Salzwerkskunde, in 3. Abtheilungen; der 11te Th. Grundsäze des deutschen Bergs und Salzrechts, in 5. Abtheilungen; der 12te die ersten Gründe der Bergcameral und Bergpolizey-Wissenschaft.

Seze ferner zu: Vermischte, meist ökonomische Schriften, (12. Abhandlungen) Riga, 1786. 87. 4. mit Kupf. (2. Thlr. 12. gr.) — Kleine technologische Schriften. Giessen, 1791—96. V. 8. mit Kupf. (4. fl. 30. kr.) — Abhandlungen vom Wasserrecht ꝛc. Halle, 1790. II. 4. mit Kupf. (3. Thlr. 8. gr.) — Grundlehren der bür-gerlichen Baukunst. Gotha, 1792. 4. mit Kupf. (5. Thlr. 8. gr.) = Abhandlung vom Torfe. Giessen, 1789. 8. (6. gr.) — Adolph Beyers Bergstaatsrechtslehre, mit Berichtigungen, Erläuterungen und Zusäzen. Halle, 1790. 8. — Einzelne Bauschriften. Franff. 1791 94. II. 8. (3. Thlr.) — Beschreibung eines Kuppelofens. ib. 1784. und 1791. mit Kupf. (12. gr.) — Beschreibung der Bergwerke in Hessen. ib. 1767. 4. mit Kupf. (2. Thlr.) — Beschreibung der Bergwerke in der Grafschaft Hanau. ib. 1787. 8. mit Kupf. (12. gr.) — Abhandlung von der Zubereitung der Kupfererze. ib. 1766. 8. (5. gr.) — Von der Zubereitung des Roheisens in Schmiedeisen. ib. 1788. 8. mit Kupf. (8. gr.) — Von dem Bau der Wehre. ib. 1788. 8. (16. g.) — Vom Gips und Lederkalk bey den Bau-arbeiten. Giessen, 1790. 8. mit Kupf. (12. gr.) — Wie eine Obst-

darre anzulegen sey. ib. 1790. 8. mit Kupf. (7. gr.) — Ueber
Bierbrauerey. ib. 1792. 8 mit Kupf. (9. gr.) — Von der Anlage
der Dörfer ꝛc. ib. 1792. 8. mit Kupf. (1. Thlr. ꝛc. — Beschreibung eines holzsparenden Backofens. ib. 1789. 8. (5. gr.) — Abhandlung von der Anlage und dem Bau einer neu eingerichteten,
am Brand sparenden Potaschsiederey. ib. 1792. 8. mit Kupf. (8. gr.)
— Von der Anlage, dem Bau und der Ausbesserung der Teiche,
besonders der Fischteiche. ib. 1792. 8. mit Kupf. (9. gr.) — Von
der Anlage, dem vortheilhaften Bau und der Unterhaltung der
Röhrbrunnen. ib. 1792. 8. mit einem Kupf. (6. gr.) — Von dem
Bau der vortheilhaftesten Fruchtmagazine, und der Verbesserung
alter Magazine. ib. 1792. 8. mit einem Kupf. (4. gr.) — Von der
Anlage und dem zwekmäsigen Bau schöner und gesunder neuer,
und der Verbesserung alter, übelgebauter Städte. ib. 1792. 8.
mit Kupf. (12. gr.) — Abhandl. von einem brandsparenden vierekig-
ten Ofen. ib. 1796. 8. — Anweisung Decken durch neue Häng- und
Sprengwerke zu bauen. Giessen, 1796. 4. mit Kupf. (2. Thlr.)

Zu H. Cannegieters Schriften seze bey: — Tr. de mutata romanorum nominum sub principibus ratione. Trai. ad Rh. 1758. 4.
Lugd. B. 1774. 4.m. (2. Thlr.) — Comment. ad fragmenta veteris
jurisprud. Bremæ, 1771. 4. (1. Thlr. 12. gr.) — Observat. juris
rom. Lib. IV. Lug. B. 1772. 4. (2. Thlr. 8. gr.)

Not. n. Sez' am Ende zu: — Meuselii Bibl. hist. Vol. IV. P. II.
p. 343. sq.

Seite 9.

Lin. 11. Nach: „1740. 8. (8. gr.)" Seze bey: Dabey sein
Leben, von Joach. Lange.

Zu Isr. Gottl. Canz Schriften seze bey: — Roma sacra, civilis, militaris, litteraria, privata. ib. 1738. 4.

Seite 10.

Lin. 4. sq. Statt: „Astronom in Portugal." Lese: Astronom
in Lissabon, wo er seit 1722. astronomische Beobachtungen machte.

Lin. 15. v. unt. Zu „geboren." Seze bey: im Jahr 1716.

Lin. 13. u. 14. v. unt. Nach: „Bibliothek." Seze bey: und
Mitglied der K. Akademie der schönen Wissenschaften.

Statt: „und starb nach 1774." Lese: und starb 1775.

Zu Joh. Capperonier's Schriften seze bey: — Einige historische Abhandlungen in den Memoiren.

Not. p. Sete zu: — Schmersable Nachrichten von jüngst=
verstorbenen Gelehrten. I. B. 4. St.

Not. r. Sete zu: — *Saxii* Onomast. T. VII. p. 134. sq. — Sein
Eloge &c. von *du Puy*, in der Hist. de l'Acad. des Inscr. Vol. XL.
p. 243—245.

Seite 11.

Vor dem Artikel „Carlier" rüke folgende Artikel ein:

Cardonne, Dolmetscher der orientalischen Sprachen und Prof.
der arabischen Sprache am K. Collegium zu Paris. — — Er
schrieb: Melange de Litterature orientale. Paris, 1770. II. gr. 12.
Deutsch: Erzählungen aus dem Orient 2c. Leipzig, 1787. gr. 8.
(12. gr.) Sehr unterhaltend. — Geschichte von Afrika und Spa=
nien, unter der Herrschaft der Araber; von Säfi übersetzt. Zürich,
1770. III. gr. 8. (1. Thlr. 8. gr.)

Gian Rinaldo Carli, Graf, Präsident des höchsten Gerichts
und geheimer Staatsrath zu Mailand; starb daselbst als emeritus
1787. — — Seine italienische Werke, politischen und statistischen
Innhalts, sind zu Mailand 1784—87. XVIII. gr. 8. zusammen=
gedrukt, unter welchen sich das grosse Werk delle Monete &c. ib.
1754—62. IV. 4. auszeichnet. Ueberdiß sind auch zu merken:
Lettere Americane. Cosmopoli (Firenze) 1780. II. 8. Cremona,
1781. III. 8. Deutsch von Chr. Gottfr. Henning. Gera, 1785
III. 8. (3. Thlr. 8. gr.) Den 3ten B. übersetze ein Anonymus. —
Della Spedizione degli Argonauti in Colco Lib. IV. &c. Venezia,
1745. 4. mit geographischen Tabellen. b)

Lin. 14. Statt: „Tub. 1697. II. 4. (2. fl. 30. kr.)" Lese: Tub.
1697. 1700. II. 4. (3. Thlr. 8. gr.)

Lin. 18. sq. Zu: „Würtembergische Unschuld wider Arnolds
KK.Hist." Sete bey: Ulm, 1703. 4. (16. gr.)

Not. s. Sete zu: — Nouv. Dict. hist. h. v.

Zu Jacob Carpovs Schriften sete bey: — Oeconomia salutis
N. Testamenti. Quedlinb. 1765. 4. (3. Thlr.)

Seite 12.

Not. d. Sete zu: — Riedels philos. Bibliothek. 1. B. p. 50. sq.

Zu Joh. Bened. Carpzov's Schriften sete bey: — — Abers

---

b) Götting. Anzeigen von gelehrten Sachen. 1788. p. 545—553. — *Meuselii*
Bibl. hist. Vol. III. P. I. p. 257. sq. P. II. p. 206.

malige Ueberſezung des Briefs an die Hebräer, mit Anmerkungen.
Helmſtädt, 1795. gr. 8. (5. gr.) — Primæ lineæ hermeneuticæ
et philologiæ ſacræ V. et N. Teſt. ib. 1790. 8. — Epiſtolarum catho-
licarum ſeptenarius, græce et lat. c. n. Halæ, 1790. 8.m. (16. gr.)
— Ueberſezung des Briefs P. an die Galater. Helmſt. 1794. gr. 8.
(2. gr.) — Collegium Rabbinico biblicum in libellum Ruth. Lipſ.
1703. 4. (16. gr.) — Iſagoge in libros ſymbolicos eccleſiarum Luthe-
ranorum. Dresdæ, 1725. 4. (2. Thlr.) — Harmonia evangelico-
biblica. Lipſ. 1708. 4. (2. Thlr. 16. gr.) — Biblia parva philo-
logica exegetica. ib. 4. (2. Thlr. 16. gr.) — Hiſtoriſcher Schauplaz der Stadt Zittau. Zittau, 1721. fol. mit Kupf. (2. Thlr. 16. gr.)
— Ehrentempel merkwürdiger Antiquitäten der Oberlauſiz. ib. 1719.
fol. mit Kupf. (3. Thlr. 16. gr.) — Evangeliſche Vorbilder und
Fragpredigten über die Evangelia. Leipz. 1723. 4. (2. Thlr. 8. gr.)
— Auserleſene Tugendſprüche heil. Schrift. ib. 1717. 8. (18. gr.)
— Predigten ꝛc.

Zu J. Fr. Cartheuſer's Schriften ſeze bey: — De morbis en-
demiis. Francof. 1771. 8. (48. kr.)

Not. u. Seze zu: — Nachrichten von niederſächſiſchen Gel. Leuten. Hamb. 1768. 69. (2ter B. p. 202—232.)

Seite 14.

Nach dem Artikel „Paul Caſati" rüke folgenden Artikel ein:
Matthäus Caſiri, ein Maronit, Prieſter, Doct. theol. und
K. Bibliothekar im Eskurial ꝛc. — — Bibliotheca arabico-hiſpana
Eſcurialenſis &c. Madriti, 1760. 70. II. fol. c)

Zu Joh. Phil. Caſſels Schr. ſeze bey: — Jubelhochzeitmünzen.
ib. 1759. 4.

Seite 15.

Lin. 4. von unt. Nach: „Lond. 1728. gr. fol.". Seze bey:
mit XI. Kupfertafeln.

Merk' hierzu als Note: *Meuſelii* Bibl. hiſt. Vol. IV. P. II. p. 368. ſq.

Seite 16.

Lin. 14. Zu; „Dizzionario Italiano Tedeſco &c." Seze bey: Vermehrt von J. G. di Fraporta. ib. 1771. 4. (7. Thlr. 12. gr.)

Zu Nicol. di Caſtelli's Schriften ſeze bey: — Eine italieni-

---

c) Nova acta erudit. 1768. p. 199—211. — *Meuſelii* Bibl. hiſt. Vol. VI.
P. I. p. 501. ſq.

ſche Grammatik. ib. 1760. und 1768. 8. (12. gr.) — Lettere miſcel-
lanee, curioſe e galante. Norimb. 1756. 8. (8. gr.) mit Cramers
deutſcher Ueberſezung. ib. 1782. 8. (16. gr.) — Dizionario italiano
tedeſco, oder italieniſches Sprach- und Wörterbuch. Leipz. 1741. 4.
(2. Thlr. 12. gr.)

Nach dem Artikel „Nicolaus di Caſtelli," ſchalte folgenden
Artikel ein:

Gabriel Lancellot Caſtelli, Fürſt von Torremuzza ꝛc., ein
Archäolog zu Palermo. — — Schriften: Storia di Aleza, citta di
Sicilia. Panormi, 1753. 4. — Le antiche Iſcrizioni di Palermo raccol-
te e ſpiegate. ib. 1762. fol. — Siciliæ et adjacentium inſularum veterum inſcriptionum nova collectio. ib. 1769. fol. — Alla Sicilia nu-
miſmatica di Filippo Peruta &c. ib. 1770 — 74. V. 8. d)

Lin. 19. Nach: „beym Feldartillerie-Corps in Berlin." Seze
bey: Hernach Director der mathematiſchen Claſſe bey der K. Akademie und mehrerer Akademien Mitglied ; ſtarb den 11. Oct.
1791. æt. 82.

Seite 17.

Nach dem Artikel „Friedrich de Caſtillon," rüke folgenden
Artikel ein:

Claud. Nicol. le Cat, geb. den 6. Sept. 1700. zu Blerancourt
in der Picardie, wo ſein Vater ein geſchikter Wundarzt war. Er
ſtudirte anfangs nebſt der Philoſophie die Geometrie und Kriegsbaukunſt, hernach die Chirurgie und Phyſik zu Paris; wurde 1729.
Wund- und Leibarzt bey dem Erzbiſchof von Rouen; 1731. Chirurgien Major bey dem Hoſpital daſelbſt. Hier hielt er mit vielem Beyfall Vorleſungen und ſtiftete eine Akademie. Er wurde Mitglied der
berühmteſten Akademien in Europa ; erhielt 1759. von dem König
2000. Liv. Penſion und wurde 1762. in den Adelſtand erhoben;
ſtarb den 20. Aug. 1768. nach einer kurzen Krankheit. Man tadelt
an ihm eine unbegrenzte Eitelkeit und Ehrſucht. Aus Liebe zum
Neuen verfiel er oft auf paradoxe Meinungen. — — Schriften:
Diſſertations, qui ont été couronnées à l'Acad. de Chirurgie de Paris depuis 1732 — 38. — Tr. des ſens, Rouen, 1740. 8, Paris,
1740. 42. 67. 8. Amſt. 1744. 12. Engliſch, Lond. 1750. 8. — Recueil
des pièces ſur l'operation de la Taille. Rouen, 1749 — 53. III. 8. —

d) *Saxii* Onomaſt. T. VII. p. 131. ſq.

Differt. fur l'exiftence et la nature du fluide des nerfs et fon aĉtion pour le mouvement mufculaire. Berlin, 1753. 8. Rouen, 1765. 8. Erhielt den Preiß bey der Berliner-Akademie. — Nouveau fyftème fur l'evacuation periodique. — Amft. 1765 8. — Tr. des fenfations et des paffions &c. Paris, 1767. II. 12. — Cours abrégé d'Ofteologie. Rouen, 1768. 8. &c. e)

Lin. 4 v. unt. Nach: „Nürnb. 1750. reg fol. (36. fl)" Seze bey: franzöfifch, die Vögel allein; von F. M. Seligmann. ib. 1768. II. fol.m.

Seite 18.

Lin. 12. Nach: „Stil verfaßt." Seze bey: Den 21ten Tom lieferte Bernh. Rothe oder Routh, ein Irländer. Englifch, von Richard Bundy. Lond. 1730. VI. fol.

Zu Tib. Cavallo's Schriften feze bey: — Verfuch über die Theorie der medicinifchen Electricität; aus dem Engl. ib. 1782. 8. mit Kupf. (5. gr.) — Abhandlung über die Natur der Luft und elaftifchen Materien. ib. 1783. gr. 8. (2. Thlr.) — Gefchichte und Praxis der Aeroftatik. ib. 1768. gr. 8. mit Kupf. (16. gr.) — Mineralogifche Tafeln. Halle, 1790. fol. (12. gr.) — Abhandl. der Lehre von der Electrizität ꝛc. Neue Auflage. ib. 1797. II. 8.

Not. e. Seze zu: — Meufelii Bibl. hift. Vol. IV. P. I. p. 194. fqq.

Seite 20.

Zu Olof Celfius Schriften feze zu: — Bibliothecæ Holmienfis hift. Upfal. 1751. 8. (10. gr.) — Gefchichte K. Erichs XIV. aus dem Schwedifchen. Flensburg, 1777. 8. (1. Thlr.) — Gefchichte Guftavs I. K. in Schweden. Kopenh. 1749 II. 8. (17. gr.)

Nach dem Artikel „Olof oder Olaus Celfius," rufe folgen= den Artikel ein:

Cajetan Cenni, Priefter zu Rom ꝛc. — — Codex veterum canonum ecclefiæ Hifpanæ, ex genuina conciliorum et decretalium epiftolarum collectione &c. Romæ, 1740. 4. — De antiquitate eccle= fiæ Hifpanæ &c. ib. 1742. II. 4. f)

Zu dem Artikel „Philipp le Cerf," merk' als Note:

---

e) Ein Eloge &c. von Valentin. Rouen, 1769. — Eloy Diĉt. de la med. — Jöcher von Adelung verbeffert h. y.

f) Meufelii Bibl. hift. Vol. VI. P. I, p. 468. — Aĉta erudit. 1746. p. 451 — 464.

* Taſſin Gelehrtengeſchichte der Congregation St. Maur. 2. B. p. 287 — 93. — Joecher von Adelung verbeſſert, h. v.

Den Artikel „Chambers ꝛc." ändere ſo:

Chambers ꝛc. Ephraim ꝛc. ſtarb 1740. — — Cyclopædia, or an univerſal Dictionary of Arts and Sciences &c. Lond. 1728. II. fol. vermehrt und verbeſſert. ib. 1738. II. fol. ib. 1768. V. 8. und ed. V. ib 1786. IV. fol. gründlich. Franzöſiſch überſetzt, aber ſehr verän= dert, 1750.

Zu Fr. J. de la Chambre Schr. ſetze zu: — Tr. de l'égliſe. V, 12. — Tr. de la Grace. IV. 12.

Seite 21.

Vor dem Artikel „Johann Chamberlayne," rüſe folgenden Artikel ein:

Eduard Chamberlayne, geb. den 13. Dct. 1616. zu Odings= ton in Glouceſterſhire. Er ſtudirte zu Oxford, und wurde daſelbſt Lehrer der Rhetorik. In den bürgerlichen Unruhen bereiſte er mehrere europäiſche Länder: wurde unter Carl II. Mitglied der K. Societät; 1669. Geſandſchafts=Sekretär in Stokholm; 1670. Doctor der Rechte; 1679. Hofmeiſter des Herzogs Heinrich von Grafton, Carls II. natürlichem Sohn; lebte zuletzt zu Chelſea, wo er 1703. æt. 87. ſtarb. — — Schriften: Angliæ notitia, or the preſent State of England. Lond. 1668. 71. II. 8. Ed. 36. ib. 1747. Auch von Thomas Wood lat. überſetzt. — Englands Wants &c. ib. 1667. 4. ꝛc. — Einige Ueberſetzungen ins Engliſche.

Lin. 4. Zu: „Joh. Chamberlayne," ſetze bey: Eduards Sohn.

Zu ſeinen Schriften ſetze zu: — Diſſertations on the moſt me= morable Events of the old and new Teſt. Vol. I. Lond. 1723. fol.

Lin. 20. ſq. Zu: „Vindication of the hiſt. of the old Teſt. &c." Setze bey: (Iſt von Sam. Chandler.)

Zu Rich. Chandler's Schriften ſetze bey; Marmora Oxonienſia. Oxon. 1763. fol. atl. — Jonicæ antiquitates &c. engliſch, Lond. 1769. fol. max. — Travels in Greece &c. Lond. 1776. 4.m. Oxford, 1776. 4.m. mit Kupf. Deutſch, von H. C. Boje und J. H. Voß: Reiſen in Griechenland, unternommen auf Koſten der Geſellſchaft der Dilettanti, und beſchrieben von Rich. Chandler, Doct. theol. &c.

Not. p. Setze zu: — Saxii Onomaſt. T. VII. p. 229. ſqq.

Seite 22.

Lin. 1. Statt: „geb. 1693. n. Leſe: geb. 1693. zu Hungers=

fort in der Grafſchaft Berks, wo ſein Vater, Heinrich, damals Prediger war.

Lin. 9. Statt: „Roſtok, 1756. 4. ꝛc." Leſe: Roſtok, 1756. 8.

Lin. 15. Nach: „Chandlers Leben." Seze zu: — Ueberſezte Limborchs Geſchichte der Inquiſition ꝛc. in das Engliſche. Lond. 1742. II. 4.

Lin. 21. Nach: „guerre préſente de 1700." Seze bey: à Baſle (Paris) 1703. VIII. 12.

Not. 9. Seze zu: — Bambergers biogr. Anecdoten der berühmten großbrittaniſchen Gelehrten. 1ter B. p. 196—204.

Seite 23.

Not. r. Seze zu: — Lamberts Gelehrtengeſchichte der Regierung Ludwigs XIV. 3. B. p. 265. ſqq.

Seite 24.

Lin. 8. Nach: „große Ehre machte." Schalt' ein: — An Eſſai on the roman Senate. Cambridge, 1750. 8.

Nach dem Artikel „Johann Chardin," rufe folgenden Artikel ein:

Peter Franz Xavier de Charlevoix, ein Jeſuit, geb. 1684. zu St. Quentin. Er lehrte die Philoſophie und die ſchöne Wiſſenſchaften mit Beyfall in ſeinem Orden; arbeitete 24. Jahre an dem Journal de Trevoux, und ſtarb 1701. æt. 78. — — Schriften: Hiſt. de l'établiſſement, des progrès, et de la decadence du Chriſtianisme de Japon. Rouen, 1715. III. 12. ſehr partheyiſch für den Jeſuitenorden; ausführlicher unter der Aufſchrift: Hiſtoire et deſcription générale du Japon &c. Paris, 1738. II. 4. ib. 1754. VI. 12. — Hiſt. de l'Isle Eſpagnole ou de St. Domingue &c. ib. 1730. 31. II. 2.m. Amſt. 1733. IV. 12.m. mit Kupf. — Hiſt. du Paraguay. ib. 1756. III. 4. ib. 1757. VI. Lateiniſch überſezt und fortgeſezt, von 1750—1767. Venet. 1779. fol. — Engliſch, 1769. II. 8. Deutſch, Nürnb. 1768. II. 8. ganz jeſuitiſch. Die Intriguen der Jeſuiten, welche ſie in Paraguay geſpielt haben, ſind aufgedekt in der Relation abregée; concernant la Republique, que des Jeſuites ont établie dans les Pays de Portugal et d'Eſpagne &c. Auch unter der Aufſchrift: La République des Jeſuites au Paraguay renverſée &c. Paris, 1758. 8. Amſt. 1758. 8. Haye, 1758. 8. aus dem Portugieſiſchen überſezt. Der Verfaſſer iſt Seb. Joſeph de Carvalho, nachmaliger Graf Oeyras, und zulezt Marquis Pombal,

Staatsminister in Portugal, welcher bekanntlich die Jesuiten stür=
zen half. g)

Seite 25.

Lin. 8. u. 9. v. unt. Statt: „Romæ, 1690. fol. c. fig." Lese:
Romæ, 1690. fol. mit 170. Kupfertafeln.

Lin. 6. v. unt. Nach: „ib. 1738. fol." Seze zu: Seine anti=
quarische Abhandlungen stehen in *Grævii* Thef. Antiquit. rom. T. V.
X. XII.

Seite 26.

Lin. 23. von unt. Statt: „Fern." Lese: Farne.

Lin. 10. v. unten. Nach: „ernennt wurde." Seze bey: Er
folgte seinem Lehrer Farne als Oberchirurgus, und wurde erster
Wundarzt bey der Königinn Caroline; endlich 1737. Oberchirur=
gus des Chelsea=Hospitals. Mit Pope lebte er in vertrauter
Freundschaft.

Lin. 8. v. unt. Nach: „schönen Kupfern." Seze bey: Deutsch:
Anatomie des menschlichen Körpers. Göttingen, 1790. gr. 8. mit
Kupfern. (2. Thlr. 12. gr.)

Not. b. Seze zu: — Bambergers biogr. Anecdoten ꝛc. 1. B.
p. 286 — 292.

Seite 28.

Lin. 26. sqq. Statt: „Edmund Chisbul, ein berühmter Ar=
chäolog und K. Hofprediger zu London. Er hatte circa 1715. eine
Reise in die Türkey unternommen." Lese: Edmund Chisbul,
geb. zu Eyworth in der Grafschaft Bedfort, wo sein Vater Predi=
ger war. Er wurde 1693. Magister und Mitglied des Christ=
Collegium zu Oxford; 1698. Prediger bey der englischen Factorie
zu Smirna; kehrte 1702. nach England zurük; wurde 1705. Baccas
laureus der Gottesgelahrtheit; 1708. Pfarrer zu Walthamstow in
Essex; 1711. Hofprediger der Königinn Anna; 1731. Oberpfarrer
von Southchurch in Essex; starb 1733. zu Walthamstow.

Lin. 10. v. unt. Nach: „Beyde sehr wichtig." Seze zu: Pars
altera diversa diversarum urbium inscripta marmora complectens,
blieb zurük.   Lin. 8.

---

g) Jöcher von Adelung verb. h. v. — *Meuselii* Bibl. hist. Vol. III. P. I.
p. 368. sq. P. II. p. 33 — 36. 65. sqq. — Baumgartens Nachrichten
von merkwürdigen Büchern. XI. B. p. 76 — 82. — Nova acta erudit.
1734. p. 245 — 256.

Lin. 8. v. unt. Nach: „ib. 1707. 9." Seze zu: — Dr. Mead
gab von ihm heraus: Reifen nach der Türkey ꝛc. London, 1747. fol.

Not. f. Seze zu: — Bambergers biogr. Anekdoten der ber. großbritt. Gel. 1. B. p. 95. fq.

Seite 31.

Lin. 11. Zu: „von Warnefrieds Geſchichte unterſchieden."
Seze bey: Dieſe brachte er in mehrere Ordnung in ſeinem Comment.
de rebus Longobardicis &c. Lipf. 1730. 4.

Lin. 13. Statt: „Suſelicium. ib. 1732. und 1738. 8.m."
Leſe: Suſelicium, quo villa ejus nominis Bunaviana ad Albim
prope Miſnam urbem ſita celebratur et deſcribitur. ib. 1743. und
Villaticum, Suſelicii titulo antea editum, nunc novum. ib. 1738. 8.m.

Lin. 5. v. unt. Nach: „Luc. Cranachs ꝛc." Seze zu: —
Tr. de Murrinis veterum. ib. 1747. 4.

Not. m. Seze zu: — Heinſii Kirchenhiſt. 4. Th. p. 852. —
Meuſelii Bibl. hiſt. Vol. IV. P. II. p. 369. fq.

Seite 32.

Vor dem Artikel „Wilhelm Ernſt Chriſtiani," ſchalte folgenden Artikel ein:

Johann Ludwig Chriſt, geb. den 18. October 1739. zu Oehringen. Er wurde 1776. Pfarrer zu Rodheim in der Grafſchaft
Hanau, und iſt jetzt Pfarrer zu Kronberg an der Höhe, im Main-
ziſchen. — Schriften: Anweiſung zur angenehmen und nützlichen
Bienenzucht. Frankf. 1784. gr. 8. mit Kupf. (1. Thlr.) — Unterricht von der Landwirthſchaft ꝛc. ib. 1781. gr. 8. mit Kupfern.
(1. Thlr. 14. gr.) — Beyträge zur Landwirthſchaft und Oekonomie. ib. 1783. gr. 8. mit Kupf. (18. gr.) — Geſchichte unſers Erd-
körpers und deſſen Revolutionen durch Vulkane, Erdbeben ꝛc.
ib. 1785. 8. (10. gr.) — Von Pflanzung und Wartung der Obſt-
bäume. ib. 1791. 92. II. 8. mit Kupf. (1. Thlr. 16. gr.) Neu
umgearbeitet: Handbuch über die Obſtbaumzucht und Obſtlehre.
ib. 1794. gr. 8. mit Kupf. (2. Thlr.) — Vom Mäſten des Rind-
und Federviehes, der Schweine und Schaafe. ib. 1790. 8. (16 gr.)
— Naturgeſchichte, Claſſification und Nomenclatur der Inſecten.
ib. 1791. 4. (3. Thlr. 12. gr.) ausgemalte Kupfer dazu in 3. Lieferungen. ib. 1791. 4. 4te—6te Lieferung bis 93. (3. Thl. 12. gr.)
— Der Baumgärtner auf dem Dorfe ꝛc. ib. 1792. 8. (18. gr.) ꝛc.

(Supplem. II.)　　B

— Plan zu Anlegung eines Obstgartens. Leipz. 1797. fol. (12. gr.)
— Vorschläge den Feldbau zu verbessern. Frankf. 1793. 8. (5. gr.)
— Güldenes A B C für Bauern, oder das Wesentliche der Landwirthschaft. ib. 1797. 8. (12 gr.) — Chemische, physicalische
und practische Regeln vom Fruchtbranntweinbrennen. ib. 1786. 8.
(10. gr.) — Patriotische Nachricht und für jeden Landmann deutliche Anweisung zum Tobaksbau. ib. 780. 8. (6. gr.) — Bienen-
catechismus fürs Landvolk. ib. 1794. gr. 8. (9. gr.) — Beschreibung des vorzüglichsten Dürrofens. ib. 1790. 8. mit Kupf. (3. gr.)
— Geschenk an die Weinländer von Wichtigkeit, oder Anweis-
sung, wie man in Weinbergen Korn ꝛc. bauen könne. ib. 1791. 8.
(4. gr.)

Lin. 3. sqq. Statt: „geb. den 23. Apr. 1731. zu Kiel; daselbst
Professor der Beredsamkeit, Dichtkunst, des Natur- und Völkerrechts; auch seit 1777. K. Dänischer Justizrath." Lese: geb. den
23. Apr. 1731. zu Kiel. Er studirte hier und zu Jena; wurde,
nachdem er 1757. zu Rostok die Magisterwürde erhalten, und
mehrere Jahre als Privatdocent zu Kiel gelehrt hatte, hier 1741.
Prof. jur. nat. et polit. extraord. Ferner 1763. Prof. philos. ord.
wozu noch 1766. die Professur der Beredsamkeit und Dichtkunst
und 1770. der Geschichte kam. Im nemlichen Jahr wurde er noch
Großfürstl. Kanzleyrath und 1777. K. Dänischer Justizrath. Er
starb den 1. Sept. 1793.

Lin. 13. Statt: „Leipz. 1777 — 85. VIII. gr. 8. (16. fl.)"
Lese: Leipz. 1777 — 93. XII. gr. 8. (à 2. fl.)

Lin. 15. Nach: „Leipz. 1788. 89. II. gr. 8." Setze zu: Ist
der 10te und 11te Theil von Millot. — Dännemarks stets freye
Reichskrone ꝛc. ib. 1779. gr. 8. (10. gr.)

Seite 33.

Lin. 3. sq. Statt: „welche 1730 — 47. herauskamen ꝛc." Lese: welche 1715 — 30. einzeln herauskamen.

Lin. 4. Statt: „Lond. 1748. II. 8.m." Lese: Lond. 1730. 4.

Lin. 5. Statt: „ib. 1748. 8.m." Lese: ib. 1748. II. 8.m.

Lin. 3. u. 4. v. unt. Nach: „und gerieth in Schulden." Setze
bey: Endlich faßte er den Entschluß, sein bisheriges Pfarramt,
von welchem er jährlich 600. Thlr. gezogen hatte, mit der Schrift-
stellerey zu verwechseln, die ihm sehr viel einbrachte, ihn aber zugleich bey der Ministerialparthey verhaßt machte.

Not. p. Seze zu: — Lelands Abriß deistischer Schriften. 1. Th. p. 392—498. — Mosheims Kirchengeschichte ꝛc. von Schlegel. 5. B. p. 318—321.

Seite 34.

Lin. 16. Nach: „IV. gr. 8. (9. fl.)" Seze zu: Dabey iſt des Verfaſſers Leben.

Not. r. Seze zu: — Bamberger l. c. 1ter B. p. 378—383. — Das brittiſch-theologiſche Magazin. 1. B. p. 138. ſqq.

Not. s. Seze zu: — Meuſelii Bibl. hiſt. Vol. IV. P. II. p. 124.

Seite 35.

Lin. 14. ſq. Statt: „Juſtus Claproth, geb. den 28. Dec. zn Caſſel; Prof. jur. ord. zu Göttingen; ſtarb 1783." Leſe: Juſtus Claproth, geb. den 28. Dec. zu Caſſel, wo ſein Vater ein rechtſchaffener Bürger und Schneidermeiſter war. Er war hier Currentſchüler, bis ihn ſein Oheim der Rath Joh. Chriſtian Claproth, im 17ten Jahr nach Göttingen berief, und für ſeinen Unterhalt und Unterricht ſorgte. Seit 1748. ſtudirte er auf der Univerſität, und verſchafte ſich ſein Auskommen durch Privatunterricht, welchen er den Studirenden gab. Er wurde 1752. Sekretarius im Rathe zu Göttingen, praktizirte nebenher, und verſah ſeit 1753. bis ins 4te Jahr die Auditeurſtelle bey der Garniſon. Im Jahr 1757. erhielt er die Doktorwürde; hielt juriſtiſche Vorleſungen; wurde 1757. Beyſitzer der Juriſten-Facultät; 1759. Prof. juris extraord. und 1761. ordinarius; bekam endlich auch 1774. Siz im Spruchscollegio, und 1783. den Hofrathscharakter.

Zu ſeinen Schriften ſeze bey: — Vorträge und Entſcheidungen gerichtlich verhandelter Rechtsfälle. Göttingen, 1794. 96. II. gr. 8. (3. Thlr.) — Abhandlung von Teſtamenten, Codicillen ꝛc. (eigentlich der 3te Th. von jurisprud. heuremat. ib. 1782. gr. 8. (1. Thlr. 8. gr.) — Haushaltungsregiſter über Einnahme und Ausgabe. ib. 1782. 4. (16. gr.) — NB. Von Pr. Lin. jurisprud. extrajudicialis, unter dem Titel: Rechtswiſſenſchaft von freywilligen Gerichtshandlungen. ib. 1788. gr. 8. (1. Thlr. 6. gr.)

Lin. 10. v. u. Nach: „II. 8m. (2. fl.)" Seze zu: Pars III. ib. 1782. 8.

Lin. 7. v. unten. Nach: „1786. II. 8.m." Seze zu: Regiſter dazu. ib. 1791. gr. 8.

Lin. 5. v. unt. Nach: „ib. 1787. gr. 8." Seze bey: 3te vermehrte Ausgabe. ib. 1795. II. 8. (3. Thlr.)

Lin. 1. von unt. Statt: „1784. II. fol." Lese: 1784. und
1790. fol. II. und Nachtrag dazu ꝛc. Göttingen, 1791. II. fol.
Dritter Nachtrag ꝛc. ib. 1792. fol. (1. Thlr.)

Seite 36.

Lin. 7. sq. Statt: „wurde 1789. erster Revisor bey der Spes
ziesbank in Kopenhagen ꝛc." Lese: wurde 1788. erster Revisor bey
der Schleswig-Holsteinischen Bank in Altona ꝛc.

Lin. 11. Nach: „IV. 8. (9. fl.)" Setze bey: 5ter Theil, ib.
1790. 6ter Th. ib. 1798.

Nach dem Artikel „**Chrifilieb von Clausberg,**" rufe folgenden Artikel ein:

Francisus Xaverius Clavigero, ein Jesuit aus Mexico, der
36. Jahre lang sein Vaterland durchreif'te, schrieb: Storia antiqua
del Meſſico &c. In Cesena, 1780. 81. IV. 4. mit Kupf. sehr zuverläßig. Einen deutschen Auszug verfertigte Chr. Jos. Jagemann
im Kielischen Magazin, 1784. 2. B. p, 14—58. 254—306. Deſſen
Fortsetzung im deutschen Merkur, 1786. h)

Lin. 7. von unt. Statt: „**Robert Clayton,** Bischof zu Elogs-
her in Irland ꝛc." Lese: **Robert Clayton,** erhielt 1728. das Bistum
zu Kilala, hernach 1735. das zu Corke; zuletzt 1744. das zu Elogs-
her in Irland, war auch Mitglied der K. Societät und der Gesellschaft der Alterthumsforscher zu London ꝛc.

Lin. 1. von unt. Statt: „1752. 54. II. 8m. gegen **Bolingbro-**
ke ꝛc." Lese: 1753. 54. 58. III. 8.m. neu aufgelegt, ib. 1759. 8.m.
gegen **Bolingbroke.**

Setze hier zu: — Reise von Cairo nach dem Berge Einai; aus
einer Handschrift des Statthalters in Aegypten überſetzt ib. 1753.
4. und 8. ꝛc.

Not. u. Setze zu: — Schattenriſſe edler Deutschen. 3. B.
p. 28—50.

Not. y. Setze zu: — **Bambergers** biogr. Anecdoten der ber.
großbrittan. Gel. 1ter B. p. 315—321.

Seite 37.

Lin. 14. Statt: „Hiſt. litteraire de la France &c. Paris, 1733—
63. XII. 4." Lese: Hiſt. litteraire de la France, ou l'on traite de
l'Origine et du Progrès, de la decadence et du Retabliſſement des

---

h) *Meuselii* Bibl. hiſt. Vol. III. P. I. p. 342. sqq.

sciences parmi les Gaules et parmi les François. Paris , 1733 — 63. XII. 4. (132. Lib.) Der Vater Rivet arbeitete mit an dem Werk ꝛc.

Zu Dav. Clement's Schriften seze zu: — Specimen Bibliothecæ Hispano-Maiansianæ, s. Idea novi catalogi crit. operum scriptorum Hispanorum , quæ habet in sua Bibliotheca Greg. Maiansius. Hannoveræ, 1753. 4. war nur Herausgeber.

Seite 38.

Not. b. Seze zu: — *Senebier* Hist. litt. de Geneve. P. III, — Lebensbeschreibungen merkwürdiger Personen dieses und des vorigen Jahrhunderts. Breslau, 1774. 8. p. 124—132.

Seite 39.

Not. d. Seze zu: — *Senebier* Hist. litt. de Geneve. P. II. — Bibl. Italienne. T., IV. p. 252—259.

Seite 40.

Lin. 12—14. von unt. Statt: „geb. 1738. zu Annaberg; war Professor der Philosophie und Dichtkunst, auch des großen Fürsten Collegii Collegiat ꝛc." Lese: geb. zu Annaberg im Erzgebirg , wo sein Vater damals Rector war. Er studirte seit 1756. zu Leipzig , nebst der Theologie die schönen Wissenschaften; hielt seit 1759. als Magister Vorlesungen; wurde æt. 22. ausserordentlicher Professor ; 1764. Prof. philos. ordin. und 1771. Collegiat des großen Fürsten-Collegiums; 1778. Prof. Logices, und 1782. Professor der Dichtkunst ꝛc.

Lin. 8. von unt. Nach: „ib. 1787. 8." Seze zu: Dabey sein Leben von seiner Gattin.

Lin. 6. von unt. Zu: „Dissertationes et carmina," Seze bey: ed. *Morus.*

Seite 41.

Lin. 20. Nach: „Lips. 1766. 4. (6. fl.)" Seze bey: cum not. *J. C. B. Emminghaus.* ib. T. I. 1791. 4.m.

Vor dem Artikel „Joh. Christoph Coler," rufe folgenden Artikel ein :

Anton Cocchi, geb. 1695. zu Magliano im Florentinischen. Er studirte nebst der Philosophie die Medicin zu Florenz; machte gelehrte Reisen besonders nach Holland und England; wurde 1726. Prof. med. zu Pisa, hernach 1731. zu Florenz, auch Kaiserl. Antiquar, und starb daselbst den 1. Jan. 1758. æt. 63. — — Schriften: Xenophontis Ephesii Ephesiacorum. Lib. V. gr. et lat. Lond. 1726.

8. — Epiſtolæ phyſico-medicæ. 1732. 4. — Græcorum chirurgici libri; Sorani unus de fracturarum ſignis; Oribaſii duo de fractis et luxatis. Florentiæ, 1754. fol. Der 2te liegt noch in der Hand= ſchrift. — Discorſi. ib. 1761. 4. ſind 5. Reden. — Mehrere Ab= handlungen. i)

Raimund Cocchi, des vorigen Sohn, folgte ſeinem Vater als Prof. anat. et chirurg. zu Florenz, und ſtarb 1775. — — Man hat von ihm: Lezzioni fiſico-anatomiche. Livorno, 1775. 8. ſind 10. Vorleſungen über die Schwangerſchaft und Geburt. k)

Not. g. Setze zu: — Weidlichs jeztleb. Juriſten. — — *Bruckeri* Pinacoth. Dec. I.

Seite 42.

Lin. 2. ſqq. Statt: „werden noch fortgeſezt unter der Auf= ſchrift: Acta hiſt. ecclef. noſtri temporis &c. ib. 1758. 1774—88. XII. Bände. 96. Stüke. 8." Leſe: wurden fortgeſezt unter der Aufſchrift: Acta hiſt. ecclef. noſtri temporis &c. ib. 1774—90. XIII. Bände oder 100. Stüke, 8. und ſeit 1788. unter der Auf= ſchrift: Acten, Urkunden und Nachrichten zur neueſten Kirchen= geſchichte. ib. 1788—95. III. Bände, jeder 12. Stüke. (à 6. kr.) An dieſe ſchließt ſich an: Archiv für die neueſte Kirchengeſchichte. Weimar, 1794—1797. V. à 4. Stüke (à 12. gr.) unter Beſor= gung des D. Heinrich Philipp Conr. Henke, Prof. theol. in Helmſtädt.

Lin. 13. Zu: „Nicolaus Coletti," ſetze bey: ſtarb 1766.

Seite 43.

Lin. 11. Statt: „ib. eod. 8." Leſe: ib. eod. II. 8.

Vor dem Artikel „Dominicus de Colonia", ſchalte folgenden neuen Artikel ein:

Juan Alvarez de Colmenar ꝛc. — — Annales d'Eſpagne et du Portugal, contenant tout ce qui ſ'eſt paſſé de plus important dans ces deux Royaumes, et dans les autres parties de l'Europe, de même que dans les Indes orientales et occidentales, depuis l'établiſ= fement de ces deux Monarchies jusqu'à préſent &c. Amſt. 1741.

---

i) Sein Leben ꝛc. von Xav. Manetti. Roma, 1750. 4. und vollſtändiger: Florenz. 4. — *Fabronii* vitæ Italorum &c. P. IV. p. 200. — *Eloy* Dict. de la med. h. v. — Joecher l. c.

k) *Eloy* l. c. — Joecher l. c.

VIII. 8. und IV. 4. mit geographiſchen Charten und Kupfern. Eine Compilation ohne ſonderliche Kritik und Scharfſinn. 1)

Lin. 19. Statt: „Lyon, 1728. II. 4." Leſe: Lyon, 1729. 1730. II. 4.

Lin. 21. Zu: „Antiquités de la ville de Lyon." Seke bey: à Lyon, 1738 II. 8. mit 17. Kupfertafeln. Iſt auch bey dem obigen größern Werk.

Not. i. Seke zu: — Bambergers biograph. Anekdoten der. großbrittan. Gel. 2ter B. p. 259. 276. — Baumgartens Nach- richten von einer Halliſchen Biblioth. p. 133. ſqq. 148. ſqq. 269. ſqq. 354. ſqq. 441. ſqq.

Lin. 9 — 12. von unt. Statt: „Jacob Cooke, geb. 1728. in Yorkſhire, wo ſein Vater ein Landmann war. Nachdem er noth- dürftig leſen und ſchreiben gelernt hatte, kam er (æt. 13.) zu ei- nem Schiffer in die Lehre. Er diente als Matroſe auf einem Kohlen- ſchiff ꝛc." Leſe: Jacob Cook, geb. den 27. Oct. 1727. in Yorl- ſhire ohnweit Whitby, wo ſein Vater ein Landmann war. Nach- dem er nothdürftig leſen und ſchreiben gelernt hatte, kam er (æt. 13.) zu einem Krämer auf einem benachbarten Dorf in die Lehre. Er entlief aber von dieſem aus Ueberdruß, und verdingte ſich auf 9. Jahre als Matroſe auf ein Steinkohlenſchiff ꝛc.

Not. k. Seke zu: — Olla Potrida. 1778. IV. St. p. 328 — 333.

Seite 45.

Lin. 17. Nach: „von den Einwohnern grauſam getödet." Se- ze bey: Sein Ruhm, den er ſich durch Erweiterung der Erdkunde und Schiffarth erwarb, bleibt unſterblich. Ein Dolchſtich, den ihm ein Inſulaner von hinten im Kampfgewühle, gerade da er ſich gegen ſeine Leute wendete, um dem Blutvergießen Einhalt zu thun, beybrachte, endigte das mühe- und gefahrvolle Leben des großen Weltumſeglers, der ſeinem wichtigen Berufe alles geopfert hatte. Er hinterließ ſeiner Gattin, nebſt dreien Söhnen, ein Vermögen von 70000. Thalern. Ueberdiß wurden ihr 1200. Thaler als Witt- wengehalt verwilliget.

Lin. 20. ſqq. Cooke's Reiſe nach dem Südpol von 1772 — 75. Engliſch, Lond. 1777. II. 4. m. mit Kupf. — Zweyte Reiſe von Ge. Forſter beſchrieben ꝛc. S. Forſter. — Dritte und lezte Reiſe

---

1) *Meuſelii* Bibl. hiſt. Vol. V. P. II. p. 145. ſq.

von 1776 — 80. Englifch, Dublin - 1784. III. 8.m. mit Kupfern.
Franzöſiſch, Paris, 1785. IV. 4.m. mit Kupfern. Deutſch, Anſpach,
1787. 88. III. gr. 8. mit Kupf." Leſe: Cook's Reiſe nach dem
Südpol von 1772—75. Engliſch, Lond. 1777. II. 4 m. mit Kupf.
Deutſch, unter der Aufſchrift: Tagebuch des Cap. Cooks neueſter
Reiſe um die Welt und in die ſüdliche Hemiſphäre in den Jahren
1772—75. Berlin, 1778. 80. II. 4. und 1784. III. gr. 8. Franzöſiſch,
Paris, 1778. VI. 8. mit Kupf. Dazu kamen: Remarks on Forſters
Account of C Cook's Voyage &c. by William Wales, Aftronomer &c.
Lond. 1778. 8.m. und Reply to Wales Remarks, by *Ge. Forſter* &c.
ib. 1778. 4 m. Streitſchriften. — Zweyte Reiſe von Ge. Forſter
beſchrieben ꝛc. S. Forſter. — Dritte und lezte Reiſe von 1776—
80. Engliſch, London, 1785. III. 4.m. und 1. B. fol. mit Kupf.
Franzöſiſch, von *Demeunier*. Paris, 1785. IV. 4.m. VIII. 8.
mit Kupfern. Deutſch, mit Anmerkungen von Joh. Ludwig
Wezel. Anſpach, 1787. 88. III. und IVter B. 1794. gr. 8.
mit Kupfern.

Not. 1. Seze zu: — Sein Leben, engliſch von Andreas Kippis; nachgedruckt zu Baſel, 1788. II. 8. Deutſch, Hamburg, 1789.
II. gr. 8. — Sein Leben und Schickſale von Joh. Heinrich Wiedmann. Erlangen, 1790. II. 8. — Biograph. Britan. Ed. II. 1789.
T. IV. — *Meuſelii*. Bibl. hift. Vol. III. P. II. p. 137 — 141.
144. ſq. 149. ſq.

Seite 46.

Lin. 18. Nach: „1753. III. 8." Seze zu: am ſchönſten', ib.
1788. II. 12. mit Kupf. Dabey des Dichters Leben.

Lin. 2. von unt. Nach: „ordinarius." Seze bey: ſtarb den
19. Febr. 1785.

Nach: „Schriften," ſchalt' ein: Obſervationes juris. Hagæ; C.
1748. 8. und Reprehenſa in obſervationibus &c. Lipſ. 1756. 8.m. —
Varia ex jure civili. Marburgi, 1765. 8. — Epitome digeſtorum
Imp. Juſtiniani. Lipſ. 1759. 8. — Ratio ordinis digeſtorum Imp. Juſti-
niani. ib. 1763. 8. — Regularum juris interpretatio. ib. 1759. 8.m.
— Variorum ex jure civili liber. Marburgi, 1765. 8.

Seite 47.

Joh. Gilbert Cooper, Eſq. geb. zu Thurgarten in der Grafſchaft Nottingham. Er ſtudirte zu Cambridge, und ſtarb 1769. an
Steinſchmerzen. — — Schriften: Das Leben des Sokrates ꝛc.

Ed. II. Lond. 1750. 8. zu panegyriſch. — Briefe über den Geſchmak. Ed. III ib. 1757. 8. — Gedichte. ib. 1764. 8. ꝛc. m)

Flaminius Cornaro (lat. Cornelius), Senator zu Venedig, wo er 1692. gebohren war, und 1778. æt. 86. ſtarb. — — Schrif- ten: Monumenta ecclesiæ Venetæ. Venet. 1749. XV. 4. — Creta ſacra, ſ. de episcopis utriusque ritus, græci et lat. in insula Cretæ. ib. 1755. II. 4. — Ecclesia Torcellana antiquis monumentis nunc primum editis illuſtrata. ib. 1756. III. 4. — Appendix ad Muratorii rerum ital. scriptor. Tom. VIII. ib. 1758. 4. — Opuscula IV. quibus illuſtrantur geſta Fr. Quirini; Patriarchæ Gradensis. ib. 1758. 4. &c. n)

Zu dem Artifel „Johann Conybeare,” merf' als Note: * Biograph. Brittan. Ed. II. 1789. T. IV.

Lin. 12. und 13. von unt. Statt: „ſtarb 1743.” Leſe: ſtarb den 19. März 1743.

Not. o. Setze zu: — Jöcher von Dall' Aglio.

Seite 48.

Lin. 3. Statt: „Romæ, 1704—36. XI. 4.” Leſe: Romæ, 1704—45. XI. 4.m.

Zu dem Artifel „Peter Marcellin Corradini,” merf' als Note: * Meuſelii Bibl. hiſt. Vol. IV. P. I. p. 133. ſq.

Lin. 15. ſq. Statt: „wurde Rath und Schatzmeiſter der Stadt Lauſanne, und ſtarb 1775.” Leſe: wurde Rath und Schatzmeiſter, und endlich im Jahr 1766. Bannerherr der Stadt Lauſanne (die höchſte nach der Bürgermeiſterwürde) und ſtarb den 31. Dec. 1775. æt. 80. an den Folgen eines Schlagfluſſes, der ihn 2. Jahre vor- her befallen hatte. Er war ein zärtlicher Gatte, ein thätiger und vernünftiger Staatsmann und ein rechtſchaffener Chriſt. Seine Ehe war finderlos.

Lin. 20. Nach: „Franff. 1782. III. 8.” Setze bey: mit Ad- diſons und Correvons Leben.

Seite 49.

Lin. 6. ſq. Statt: „Inscriptiones Atticæ &c. ib. 1752. 4. — Diſſertationes &c. Epiſtolæ &c.” Leſe: Inscriptiones Atticæ ex Maffei

---

m) Bambergers biogr. Anecdoten ꝛc. 1. B. p. 345. ſqq.

n) Sein Leben ꝛc. italieniſch von Anſelm Coſtani. Basſano, 1780. 8. — Joecher v. Adelung verbeſſert, h. v. — Meuſelii Bibl. hiſt. Vol. III. P. II. p. 395. ſq.

ſchedis in lucem editæ, lat. interpret. et obſervationibus illuſtratæ.
ib. 1752. 4. IV. agoniſticæ, quibus Olympiorum, Pythiorum, Nemeorum atque Iſthmiorum tempus inquiritur ac demonſtratur &c.
Florentiæ, 1747. 4.m. Lipſ. 1752. 8.m. — Diſſertationes, ſind auch
im 4ten Tom des vorhergehenden Werkes enthalten. Epiſtolæ &e.

Nach dem Artikel „Adam Cortrejus," rüke folgenden Artik. ein:
Anton Carvalho da Coſta, ein Prieſter des Peter-Ordens,
Mathematiker und Geograph; ſtarb 1715. — — Corographia Portugueza &c. Lisboa, 1706—1712. III. fol. o)

Not. g. Seze zu: — *Hirſchii* Bibl. numiſmat. p. 28. — *Meuſelii* Bibl. hiſt. Vol. III. P. II. p. 216—221. 274. ſq. 337. — Zuverläßige Nachrichten ꝛc. 102. Th. p. 391—416. und 104. Th.
p. 577—604. — Nova acta erud. 1751. p. 200—209. 401—408. und
1753. p. 389—397.

Seite 51.

Lin. 5. Nach: „dem Manuſcript." Seze bey: Tub. 1786—89. II. 4.m.

Lin. 6. Statt: „zu Rouen." Leſe: zu Vernon in der Normandie ꝛc.

Lin. 19. Statt: „und vom König 100. Pf. Jahrgeld bezog."
Leſe: und vom König 100. Pf. und in der Folge 200. Pf. Jahrgeld bezog.

Not. t. Zu: „Götten jeztleb. gel. Europa." Seze bey: 2. Th.
p. 421—432. 3. Th. p. 820.

Seite 52.

Lin. 1. ſq. Nach: „Mehrere Streitſchriften." Seze bey: beſonders über ſeine Diſſert. ſur la validité des ordinations et ſur la
ſucceſſion des Evêques de l'égliſe anglicane. Bruxelles, (Nancy),
1723. II. 12.

Vor dem Artikel „Wilhelm Coxe," ſchalte folgenden Artik. ein:
Ludwig Couſin, von Paris gebürtig; war Präſident des
Münzweſens und Mitglied der K. franzöſiſchen Akademie daſelbſt;
ſtarb den 26. Febr. 1707. und vermachte ſeine Bibliothek der Abtey
zu St. Victor. — — Schriften: Hiſt. de Conſtantinople, depuis le
regne de l'ancien Juſtin, jusqu'à la fin de l'Empire, traduite ſur les
originaux Grecs. (Amſt.) 1685. VIII. 8. Eigentlich eine Ueberſe-

---

o) *Meuſelii* Bibl. hiſt. Vol. V. P. II. p. 112. ſqq.

zung der Byzantinischen Geschichtschreiber; doch in zusammenhän=
gender Ordnung. — So überſetzte er auch die Kirchengeſchichte des
Euſebius, Sokrates, Sozomenus, Theodoret und Evagrius,
6. Bände in 8. — Die römiſche Geſchichte des Xiphilius und
Zonaras, 2. B. in 8. — Er dirigirte überdiß 15. Jahre lang das
Journal des Savans. p)

Lin. 3. Zu: „Wilhelm Coxe," ſetze bey: Mitglied des K. Col=
legiums zu Cambridge ꝛc. auch Kaplan des Herzogs von Marl=
borough. — — Briefe über den natürlichen, bürgerlichen und poli=
tiſchen Zuſtand der Schweiz; aus dem Engliſchen. Zürich, 1792.
III. 8. — Account of the Ruſſian diſcoveries between Aſia and
America, to wich are added the conqueſt of Siberia, and the Hiſtory
of the Transactions and Commerce between Ruſſia and China. Lon=
don, 1780. 4. Ed. II. ib. eod. 4. Deutſch: Die neuen Entdeku=
gen der Ruſſen zwiſchen Aſien und Amerika ꝛc. Frankf. 1784. gr. 8.
mit Kupf. (1. Thlr. 12. gr.)

Lin. 5. Statt: „1783. 86. II. 4. mit Kupf. (9. fl.)" Leſe:
1793. 86. 92. III. 4.m. mit Kupf. (7. Thlr.)

Lin. 9. ſq. Statt: „in den gelehrten Streitigkeiten mit Ber=
noulli und Leibniz." Leſe: in den gelehrten Streitigkeiten mit
Bernoulli, gegen welchen ihn Leibniz in den actis erudit. vertheidigte.

Not. t. Setze zu: — Götten ſetztleb. gel. Europa. 3. Th.
p. 233 — 277. — Bamberger l. c. 1ter B. p. 125 — 130. —
Biograph. Britann. Ed. II. 1789. T. IV.

Not. u. Setze zu: — Biograph. Brittann. Ed. II. 1789. T. IV.

Seite 54.

Lin. 3. p. unt. Nach: „Mehrere einzelne Abhandlungen." Se=
tze bey: — Die Crameriana poſthuma &c. von einer Geſellſchaft
practiſcher Rechtsgelehrten. Augsburg, 1786 — 90. XII. 8. ſind
nicht aus ſeiner Feder.

Johann Andreas Cramer's Lebensnachrichten, ändere ſo:
geb. den 29. Jun. 1723. zu Jöſtädt bey Annaberg, wo ſein Vater
ein armer Prediger war. Er ſtudirte ſeit 1742. zu Leipzig. Hier
wurde er theils mit 80. Thlr. Stipendium, theils von Breitkopf
als Corrector, theils durch Informationen unterſtützt. Seit 1745.
hielt er daſelbſt als Magiſter Vorleſungen; wurde 1748. Prediger

---

p) *Meuſelii* Bibl. hiſt. Vol. V. P. I. p. 172. ſq.

zu Cröllwiß, ohnweit Merseburg, wo er bey einem geringen Ein
kommen vergnügt lebte; wurde 1750. Oberhofprediger zu Quedlin
burg; 1754. K. Hofprediger in Kopenhagen mit 1000. Thlr. Ge
halt, und 1765. Prof. theol. mit 600. Thlr. Zulage. Die ausge
brochene Revolution veranlaßte ihn 1771. den Ruf als Senior nach
Lübek anzunehmen. Zulezt wurde er 1774. erster Prof. theol. und
Profanzler ꝛc.

Seite 55.

Lin. 8. sqq. Statt: „fortgesezt, ib. 1748 — 72. VI. 8. (10. fl.
45. kr.) und 6ten Bandes 2ter Th. ib. 1785. 8. (3. fl.) 7ter und
8ter Theil. ib. 1786. 8. (6. fl. 30. kr.)" lese: fortgesezt, ib. 1748—
72. VI. 8. (10. fl. 45. kr.) 7ter Theil. ib. 1786. 8. (4 fl.)
Der 5te Theil in 2. Bänden.

Not. z. Seze zu: — Sein Leben ꝛc. in der ersten Beylage zu
den Annalen der neuesten theologischen Litteratur und Kirchen
geschichte. 1. Jahrg. 1789. p. 13—25.

Seite 56.

Lin. 8. Nach: „engl. und französisch." Seze bey: Nach den
neuesten Grundsäzen der Chemie bearbeitet von J. Fr. A. Göttling.
Leipzig, 1794. 8. mit Kupfern.

Lin. 20. Nach: „ib. 1786. II. 8." Seze zu: und Rousseaus
Emil ꝛc. mit Anmerk. 1. Th. Braunschw. 1789. 8. — Neseggab,
oder Geschichte meiner Reisen nach den caraibischen Inseln. Altona,
1792. 17. Stüke. (12. Thlr. 10. gr.) — Baggesen, oder das La
byrinth; eine Reise durch Deutschland, die Schweiz und Frank
reich. Altona, 1794. 95. V. Stüke. 8. (4. Thlr.) Eine Fortsezung
des vorigen, oder das 10—16te Stük. Auch alles unter der Auf
schrift: Menschliches Leben. XVII. Stüke. — Scythische Denkmäler
in Palästina. Hamb. 1777. (20. gr.) — Klopstok, er und über
ihn. Altona, 1780—92. VI. gr. 8. Louvets Schiksal; über Kiel,
1795. 8. 5. St. (à 6. gr.)

Nach „Peter Cramer," schalte folgenden Artikel ein:

Heinrich Matthias August Cramer, Prediger zu Quedlin
burg ꝛc. — — Briefe über Inquisitionsgericht und Verfolgung in der
katholischen Kirche. Leipzig, 1784. 85. II. gr. 8. — Nachrichten
zur Geschichte der Herculanischen Entdekungen. Halle, 1773. 8. —
Unterhaltungen zur Beförderung der häuslichen Glükseligkeit. Berl.
1781. gr. 8. — Christliche Morgen= und Abendseyer; ein Andachts=

buch. Erfurt, 1795. gr. 8. II. gemeinschaftlich mit Zerenner. —
Auswahl aus der Geschichte zu einem Lehrbuch für die mittlern
Classen gelehrter Schulen. Hamb. 1797. 8. — Unterhaltungen zur
Beförderung der bürgerlichen Glükseligkeit. Quedlinb. 1786. gr. 8.
— Lebensgeschichte Jesu von Nazareth, für die Jugend. Leipzig,
1781. — Versuch eines Lehrbuchs der nöthigsten Kenntnisse für
Schulen. Quedlinb. 1793. 8.

Seite 57.

Lin. 18. Nach: „u. a Sprachen übersezt." Seze zu: Die
vorzüglichen kamen deutsch heraus zu Berlin, 1782 — 86. III. 8.

Zu dem Artikel „Prosper Jolyot de Crebillon," merk'
als Note:

* Eloge &c, par Voltaire. Lausanne, 1780. 8.

Seite 58.

Lin. 9. v. unt. Statt: „ib. 1784—85. IV. 8." Lese: ib. 1784—
88. VII. 8.

Lin. 8 v. unt. Statt: „Chemische Annalen, 1785—88. Jahrg."
Lese: Chemische Annalen, 1785 — 97. XIII. Jahrg.

Lin. 6. und 7. v. unt. Statt: „und Beyträge dazu. ib. III.
8. und 4ten Bandes 1stes St. 1789. jeder B. 4. Stük." Lese:
und Beyträge dazu. ib. 1789 — 96. VI. jeder B. 4. Stüke. (à 8. gr.)

Zu L. F. F. Crells Schriften seze zu: — Versuche und Beobachtungen über die Wärme der Thiere und die Entzündung der ver-
brennlichen Körper ꝛc. aus dem Engl. des D. Adair Crawford,
Mitglied der K. Societät der Wissenschaften zu London und Edinburg ꝛc. 2te Ausgabe, sehr vermehrt. Leipz. 1789. gr. 8. Das engl.
Original erschien, Lond. 1778. und 1788. 8.

Not. c. Seze zu: — Görten l. c. 3ter Th. p. 277 — 304.

Vor dem Artikel „Bernhard Sebastian Cremer," rüke folgenden Artikel ein:

Christoph Ludwig Crell, geb. den 25. Mai 1703. zu Leipzig.
Er studirte hier, und wurde 1723. Prof. poës. und 1724. Doct. juris;
kam 1725. als Prof. philos. nach Wittenberg; erhielt dabey 1730. die
Professur des Natur- und Völkerrechts; wurde 1733. Beysizer der
Juristen-Facultät; 1735. Professor der Institutionen; 1739. Hofrath und Prof. cod. auch ordinarius der Juristen-Facultät; starb den
8. Oct. 1758. — — Man hat von ihm sehr viele schäzbare Dissertationen und Abhandlungen, welche zum Theil zusammengedruft

wurden: Diſſertationum et programmatum Crellianorum faſc. XII
Halæ, 1775—84. 4. q)

Seite 60.

Lin. 13. Statt: „Lugd. B. 1699. 8." Leſe: Lugd. B. 1699
1700. II. 8.

Seite 61.

Lin. 17. ſq. Statt: „war daſelbſt Profeſſor ꝛc. Leſe: war
daſelbſt ſeit 1735. Profeſſor ꝛc.

Lin. 19. ſq. Nach: „ſehr erfahren." Seze bey: ſtarb den
1. December 1765.

Lin. 21. Statt: „Paris, 1735—46. IV. 4. ib. 1747. VI. 8.
Padua, 1739. 12." Leſe: Paris, 1735—46. V. 4. und ohne die
Supplemente, ib. 1747. IV. 8. auch nach der erſten Ausgabe,
Padua, 1759. 12.

Lin. 8. v. unt. Nach: „Dresden, 1756—69. XII. 8. (10. fl.)"
Seze bey: Italieniſch, Trevigi, 1755. XII. 12.

Zu frid. C. Caſ. von Creuz Schriften ſeze bey: — Die Reliquien unter moraliſcher Quarantaine. Frankfurt, 1767. 8. — Die
Sache, wie ſie iſt, oder der wahre Fürſt und der wahre Miniſter.
ib. eod. 8. — Patriotiſche Beherzigungen ꝛc. ib. eod. 8. — Alle 3.
gegen J. C. von Moſer. — Neue politiſche Kleinigkeiten. ib. eod. 8.
— Die Gräber; ein philoſophiſches Gedicht in 6. Geſängen. ib.
1760. 7. — Verſuch vom Menſchen. ib. 1769.

Seite 62.

Zu dem Artikel „Gerhard Cröſe," merk als Note:

* *Niceron* Mem. T. VI. p. 247. T. X. p. 168. — Bibl. Bremenſis
Cl. II. faſc. p. 382—387.

Lin. 6—8 v. unt. Statt: „De la Croix, ꝛc. — — Schrieb:
Relation univerſelle de l'Afrique &c." Leſe: A. Pherotee de la
Croix aus Lyon, wo er bis an ſeinen Tod circa 1714. in der Ge-
ſchichte, Geographie, Mathematik und franzöſiſchen Sprache Un-
terricht gab. — — Schrieb: Nouvelle methode pour apprendre la
geographie. Paris, 1663. IV. 12. ib. 1727. 12. Deutſch von Hieron.
Dicellus. Leipz. 1712. 4. — Abrégé de la morale. Lyon. 1675. 12.
— Relation univerſelle de l'Afrique &c. r)

Schalte hier folgenden Artikel ein:

---

q) Weidlichs jeztleb. Juriſten. — Jöcher von Adelung verbeſſert, h. v.
r) Cf. *Meuſel* l. c. Vol. II. P. II. p. 324—328.

Franz Petis de la Croix, war Gesandschaft-Sekretär am türkischen Hof und Dolmetscher der morgenländischen Sprachen; reiste mehrmalen nach dem Orient und nach Afrika; wurde 1692. Prof. linguæ arab. am K. Collegium zu Paris, wo er 1713. starb. — — Schriften: Etat général de l'Empire Ottoman &c. Paris, 1683. und 1695. III. 12. — Memoires contenant diverses relations de l'Empire Ottoman. in. 1684. II. 12. — Guerres des Turcs avec la Pologne, la Moscovie et la Hongrie, ib. 1689 8. Zuverlässig, weil der Verfasser Augenzeuge war. Deutsch von G. F. C. E. (Schäd.) Fuerth, bey Nürnberg, 1775. 8. — La Turquie chretienne &c. ib. 1695. 12. — Etat présent des nations et églises grecque, Armenienne et Maronite. ib. 1695. 12. ib. 1715. 12. — Les Mille et un Jour, Contes Persans, trad. du Turc du Dervis Mocles. ib. 1710. V. 12. 1729. 12. Amst. 1711. 12 — Hist. du Timur Bec (Tamerlan) trad. du Persan. Paris, 1722. IV. 12. &c. s)

- Lin. 3 — 5. von unt. Statt: „De St. Croix 2c. — — Mémoires pour servir à l'hist. de la religion &c." Lese: Imman. Wilhelm Joseph Guilhem de Clermont, Baron de Saint Croix, Mitglied der Akademie der Innschriften zu Paris. — — Examen crit. des anciens historiens d'Alexandre le Grand. Paris, 1775. 4. — Mémoires pour servir à l'hist. de la religion &c.

Not. i. Setze zu: — Strieders Hess. gel. Geschichte. — Schmids Nekrolog 2c. — Meisters Characteristik der deutschen Dichter. 2ter B. — Lobrede auf ihn 2c. Frankf. 1772. gr. 8.

Seite 63.
Nach „Wilhelm Crichton," schalte folgenden Artikel ein:

August Friedrich Wihelm Crome, Lehrer bey dem Erziehungsinstitut zu Dessau; seit 1787. Lehrer der Oekonomie und Polizey, und jetzt Hessischer Regierungsrath und Professor der Staats- und Cameral-Wissenschaft in Giessen. — — Schriften: Neue Charte von Europa, welche die merkwürdigsten Producte und vornehmsten Handelsplätze, nebst dem Flächen-Innhalt aller europäischen Länder enthält. Dessau, 1782. Regal-fol. — Europens Producte, zum Gebrauch der neuen Producten-Charte. ib. 1782. 8. Zweite Auflage, vermehrt. Hamb. 1784. 8. unter dem Ti

s) Jöcher nach Adelung 2c. II. 544. sqq. — Meuselii Bibl. hist. Voll. II. P. I. p. 258. sqq. 321. Vol. III. P. II. p. 389. sq.

tel: Zweiter Versuch ꝛc. — Ueber die Größe, Volksmenge, Clima
und Fruchtbarkeit des nordamerikanischen Freystaats. Deſſau, 1783.
8. (ſteht auch im 5ten Stük der Ephemeriden der Menschheit, 1783.)
— Karte von den ſämtlichen öſtreichiſchen Niederlanden. ib. 1785.
Regal fol. — Statiſtiſch-geographiſche Beschreibung der ſämtlichen öſtreichiſchen Niederlande, oder des burgundiſchen Kreiſes,
welche dieſe Staaten ſowohl in Anſehung ihrer Lage und natürlichen
Beſchaffenheit, als in Betreff ihres Fabrik- und Handlungsweſens
vor Augen legt. ib. 1785. 8. — Größere Charte von Europa, welche den Flächen-Innhalt und die Volksmenge der vornehmſten
europäiſchen Staaten und Länder enthält. ib. 1785. Regal fol. —
Almanach für Kaufleute auf 1784. Leipz. 1784. 8. (Ohne Calender unter dem Titel: Handbuch für Kaufleute.) 1ſte, 2te und 3te
Fortſezung, 1785. und 1786. — Ueber die Größe und Bevölkerung
der ſämtlichen europäiſchen Staaten. Zur Erklärung der neuen
Größencharte von Europa, mit einer illum. Charte. Leipz. 1785. 8.
— Abhandlungen aus dem Handlungsgebiet zur Kenntniß und Geſchichte des Fabrik- und Commerzweſens in Europa. 1ſter Band.
ib. 1786. 8. — Ueber die Kulturverhältniſſe der europäiſchen Staaten ꝛc. mit 15. großen Tabellen und einer illuminirten Verhältniß-
Tabelle von Europa ꝛc. ib. 1792. gr. 8. (3. Thlr. 8 gr.) Wichtig.
— Ueber die Größe und Bevölkerung der europäiſchen Staaten ꝛc.
mit 2. Tabellen. Frankfurt, 1793. gr. 8. (45. kr.) — Die Staatsverfaſſung von Toscana, unter der Regierung K. Leopold II. Aus
dem Italieniſchen, mit Anmerkungen. Gotha, 1795. II. 4. (4. Thlr.)
mit Tabellen über die Finanz. Leopold giebt von ſeiner 25 jährigen Regierung Rechenſchaft. Crome erhielt für dieſe Ueberſezung
vom Großherzog Ferdinand III. eine goldene Ehrenmedaille über
50. Ducaten an Werth. Eigentlich war hauptſächlich Jagemann
der Ueberſezer und Crome legte die lezte Feile an. — Giebt mit
Jaup heraus: Journal für Staatskunde und Politik, ſeit 1790. gr. 8. †)
   Not. l. Seze zu: — Schmids Biographie der Dichter. 1. Th.
   Not. m. Seze zu: — Biograph. Britann. Ed. II. 1789. T. IV.
                   Seite 64.
   Lin. 3. ſq. Statt: „Martin Crugot, geb. den 5. Jan. 1725.
zu Bremen, Hofprediger zu Carolath." Leſe: Martin Crugot,
                                                       geb.

_____

†) Meuſels gel. Deutſchland. 1. B. 1783. Nachtr. 86. 87. 88. 89.

geb. den 5. Jan. 1725. zu Bremen, wo sein Vater ein unbemit-
telter Bildhauer war. Seine Vorältern mußten wegen der Religions-
verfolgungen aus Frankreich fliehen. Nach dem frühzeitigen Tod
seiner Aeltern nahm ihn ein reicher Bürger an Kindesstatt an. Er
studirte in Bremen, und vertrat hernach 4. Monate die Stelle des
Oberhofpredigers zu Herforden; kam 1747. als Hofprediger nach
Carolath; wo er den 5. Sept. 1790. æt. 66. starb, nachdem er
sich den Ruf an verschiedene Orte, besonders nach Halle, verbeten hatte.

Nach dem Artikel „Magnus Crusius," rufe folgenden Artik. ein:
· Christian Crusius, geb. 1715. zu Wolbach im Vogtland, wo
sein Vater Prediger war. Er studirte zu Halle und Leipzig. Hier
war er besonders bey Mascov und Menke beliebt, hielt Vorlesungen und arbeitete an den Actis eruditorum. Im Jahr 1738.
kam er als Prof. adj. an die Universität zu Petersburg, wo er
nebst der Geschichte die schönen Wissenschaften lehrte, und nach
Theoph. Siegfr. Beyers Tod Prof. hist. et eloq. ord. wurde.
Im Jahr 1751. kam er als Prof. eloq. nach Wittenberg, wo er den
7. Febr. 1767. an einer Halsentzündung starb. — — Schriften:
Comment. de originibus pecuniæ a pecore ante numum signatum.
Petrop. 1738. 8. — Probabilia critica, in quibus veteres græci et
lat. scriptores emendantur et declarantur. Lips. 1753. 8.m — Antiquitatum german. specimina XXII. ib. 1761 — 66. 4. — Opuscula ad
hist. et humanitatis litteras spectantia ; ed. Chr. Ad. Klotzius. Altenb.
1767. 8.m — Sehr viele Programme und kleinere Abhand-
lungen. v)

Not. n. Setze zu : — Nekrolog für das Jahr 1790. von
Schlichtegroll. 1. B. 2te H. p. 243 — 248.

Seite 65.

Lin. 10. v. unt. Nach: „zu Berlin." Setze bey: starb den
5. December 1791. æt. 67.

Not. p. Setze zu : — Acta hist. eccles. nostri temporis. 3. B.
p. 970 — 993.

Seite 66.

Lin. 6. Nach: „Amst. 1744. 4." setze bey: mit Payne's Leben.

---

v) Jöcher von Adelung verb. h. v.

(Supplem. II.)   C

Lin. 10. ſq. Zu: „daben ſein Leben von Payne, ſeinem Kaplan." Seze ben: Dieſes iſt auch beſonders gedruft. Lond. 1720. 8.

Not. q. Seze zu: — Bamberger l. c, 2ter B. p. 302 — 307.

Seite 67.

Nach dem Artikel „Lucas Cuper," ſchatte folgende Artif. ein:

Wilhelm Cuper, ein Jeſuit, geb. den 1. Mai 1686. zu Antwerpen. Er trat 1704. zu Mecheln in den Orden; lehrte zu Brüſſel und mehrern andern Orten die ſchönen Wiſſenſchaften; ſtudirte hernach die Theologie zu Löwen; arbeitete an den Actis ſanctorum, den 3—7ten Band des Juni, und den 4ten, 5ten und 6ten B. des Auguſti; ſtarb den 2. Febr. 1741.

Cf. Sein Leben im 6ten Band des Aug. — Jöcher von Adelung verbeſſert, h. v.

Hilmar Curas, Lehrer am Joachimsthaliſchen Gymnáſium zu Berlin ꝛc. — — Man hat von ihm: Einleitung zur Univerſalhiſtorie. Berlin, 1727. 8. oft aufgelegt, von Schröth verbeſſert und fortgeſezt, ib. 1774. 1777. und 1784. 8. — Eine franzöſiſche Grammatif. Berlin, 1736. 8.

Seite 68.

Lin. 13. 14. 15. von unt. Statt: „geb. 1719. zu Stralſund, Profeſſor der Philoſophie und des Schwediſchen Staatsrechts, auch Bibliothefar zu Greifswalde, und K. Schwediſcher Kanzlenrath ꝛc." Leſe: geb. den 19. Noy. 1719. zu Stralſund, wo ſein Vater ein Kaufmann war. Er ſtudirte ſeit 1738. zu Greifswalde die Theologie, übte ſich nebenher in der franzöſiſchen, italieniſchen, engliſchen und ſchwediſchen Sprache; wurde daſelbſt 1748. Bibliothefar und Profeſſor der Philoſophie, und 1758. des ſchwediſchen Staatsrechts, und K. Schwediſcher Kanzlenrath ꝛc.

Seite 69.

Lin. 5. Zu: „Greifsw. 1784. gr. 8." Seze ben: vermehrt und verbeſſert, ib. 1796. gr. 8.

Nach dem Artikel „Olof von Dalin," rufe folgende Artif. ein:

Alexander Dalrymple ꝛc. — — Diſcoveries made in the South-Pacific Ocean. Edinb. 1767. 8.m. Vollſtändiger in dem größern Werf: The hiſtorical Collection of the ſeveral Voyages and Diſcoveries in the South Pacific Ocean. Lond. 1770. 71. II. 4 m. Dazu fam: Collection of Voyages chiefly in the Southern atlantic Ocean &c.

ib. 1775. 4.m. aus dem hinterlaffenen Manufcript. Deutfch im
Auszug in C. D. Ebelings neuer Sammlung von Reifebefchreibungen. 8ter Band. x)

Joh. Dalrymple, Bart. Baron of Exchequer in Schottland ec.
— — Gefchichte von Großbrittannien und Irrland, von der Aufhebung des lezten Parlaments unter Carl II. bis auf die Wegnahme
der franzöfifchen und fpanifchen Flotten zu Vigo; nach der dritten
Ausgabe aus dem Englifchen überfezt. (Die 2te erfchien 1771.)
von Joh. Ge. Müller. Winterthur, 1792—95. IV. 8. (5. Thlr.
14. gr.) Das ganze wichtige Werk reicht bis Wilhelm III. Es
ergänzt und berichtigt Hume's Gefchichte aus den beften Quellen.

Seite 70.
Not. y. Seze zu: — *Bidermanni* Acta fcholaft. T. III. p. 410.

Seite 71.
Lin. 9. Statt: „den 23. Juu. 1714." Lefe: den 23. Jun. 1715.
Lin. 20. Nach: „in den Rechten.". Seze bey: Er ftarb den
17. Jul. 1791. æt. 78.

Seite 72.
Lin. 2. u. 3. v. unt. Statt: „Johann Auguft Dathe, geb.
1731. zu Weiffenfels; Doct. theol. Prof. L. hebr. zu Leipzig." Lefe:
Johann Auguft Dathe, geb. 1731. zu Weiffenfels, wo fein Vater Herzogl. Rath und Amtmann war. Er ftudirte auf der Domfchule in Naumburg; hernach feit 1752. zu Wittenberg, und feit
1755. zu Leipzig, nebft der Theologie vorzüglich die orientalifchen
Sprachen; machte eine gelehrte Reife nach Hannover, Hamburg,
Kiel, Lübek, Helmftädt, Braunfchweig und Wolfenbüttel; lehrte
feit 1757. als Magifter zu Leipzig; wurde hernach Prof. extraord.
und 1762. Doct. theol. und Prof. L. hebr. zu Leipzig. Er ftarb den
17. März 1791. æt. 60.

Nach „Schriften," fchalt' ein: Opufcula, ad crifin et interpretationem V. Teft. fpectantia; ed. *E. F. C. Rofenmüller.* Tig. 1795.
8.m. (21. gr.) — Pfalterium fyriacum ex recenfione Erpenii. Halæ,
1767. 8.m. (1. Thlr.)

Seite 73.
Lin. 8. Nach: „ib. 1789. 8.m." Seze bey: Damit wurde die
Arbeit über das alte Teft. befchloffen.

---

x) *Meufelii* Bibl. hift. Vol. III. P. II. p. 132. fqq.

Lin. 9. Statt: „Lipſ. 1776. II. 8.m. (6. fl.)" Leſe: Lipſ. 1776. 8.m. unvollendet. Der zweite kritiſche Theil blieb zurük.

Lin. 4. u. 5. v. unt. Statt: „Johann Friderich Degen, geb. den 16. Dec. 1752. zu Trunsdorf bey Bayreuth, Lehrer am Gymnaſio zu Anſpach, ſeit 1776." Leſe: Johann Friderich Degen, geb. den 16. Dec. 1752. zu Trunsdorf bey Bayreuth, wo ſein Vater Senior und Prediger war. Er ſtudirte zu Koburg ſeit 1768. hernach ſeit 1772. zu Erlangen die Theologie; wurde 1776. Lehrer am Gymnaſium zu Anſpach; kam 1790. als Profeſſor und Rector an die Alexandersſchule nach Neuſtadt an der Aiſch, im Fürſtenthum Bayreuth.

Zu ſeinen Schriften ſeze bey: — Epiſteln. Altenb. 1793. 8. (1. fl.) — — Anacreontis carmina. Erlang. 8: ed. II. 1786. — Ανακρεοντος ωδαι και αλλα λυρικα. Altenburg, 1786. 8. — Antologia elegiaca romana. Norimb. 1785. 8. — De ratione ſcriptores antiquos hodie in Germania tractandi &c. Anſp. — Verſuch einer vollſtändigen Litteratur der deutſchen Ueberſezungen der Römer. Altenb. 1796. 97. II. 8. (2. Thlr. 20. gr.) Ein ſehr nüzliches, vollſtändiges Werk. — Verſuch einer vollſtändigen Litteratur der deutſchen Ueberſezungen der Griechen. I. B. ib. 1797. (1. Thlr. 8. gr.) — Ueber die Geſchichte der Ueberſezungen der alten klaſſiſchen Schriftſteller, im allgemeinen. Erlang. 1794. 8. (4. gr.) — Bibliothek für kleine academ. Schriften. Altenb. 1795 — 97. 3. St. (à 8. gr.)

Not. e. Seze zu: — Nekrolog ꝛc. für das Jahr 1791. von Schlichtegroll. 2. B. 1te H. p. 175 — 188.

Seite 74.

Lin. 2. Statt: „Frankf. 1783 — 89. VI. 8 (4. fl.)" Leſe: „Frankf. 1783 — 90. VI. 8. (6. fl.)

Lin. 8. Nach: „Vortreflich (18. fl. 45. kr.)" Seze bey: Das franzöſiſche Original: Hiſt. génerale des Huns, des Turcs; des Mogols et des autres Tartares occidentaux, avant et depuis J. C. jusqu'à preſent. Paris, 1756 — 58. V. 4. Er gab auch heraus: Hiſt. militaire des Chinois, ou Recueil d'anciens Traités ſur la guerre, compoſés avant l'ére chretienne par differens Generaux Chinois &c. trad. en françois par le P. Amiot, Miſſionaire à Peking &c. à Paris, 1772. 4. mit XXI. illuminirten Kupfern.

Cf. Meuſelii Bibl. hiſt. Vol. II. P. II. p. 158 — 162.

Lin. 14. Nach: „Lond. 1752. II. 8." Seze bey: ib. 1733. u. 1735. 8.

Lin. 21. ſq. Statt: „Delaporte ꝛc. Abt. — — Reiſen eines Franzoſen durch die vornehmſten Reiche der Welt. Leipz. 1782—88. XXXIV. 8. (34. fl.)” Leſe: Delaporte ꝛc. Abt; ſtarb den 19. Dec. 1779. æt. 66. — — Reiſen eines Franzoſen durch die vornehmſten Reiche der Welt. Leipz. 1782—91. XXXVI. 8. (36. fl.) Der Verfaſſer ſtarb über der Ausarbeitung des 33ten Theils, und Abt de Fontenai ſezte das Werk fort.

Lin. 26. ſq. Statt: „Heinrich Friderich Delius, geb. den 8. Jul. 1720. zu Wernigerode; Prof. med. primar. zu Erlangen, und geheimer Hofrath.” Leſe: Heinrich Friderich von Delius, geb. den 8. Jul. 1720. zu Wernigerode, wo ſein Vater, Jacob, Prediger und Gräfl. Stollbergiſcher Conſiſtorialrath war. Er ſtudirte zu Altona, und ſeit 1740. zu Halle und Berlin; wurde 1747. Hofmedicus und Landphyſicus zu Bayreuth; 1749. Prof. med. ord. hernach Prof. med. primar. zu Erlangen ; 1752. Hofrath, und 1775. geheimer Hofrath. Er war Mitglied der K. Geſellſchaft der Wiſſenſchaften zu Rouen, Montpellier, der Churfürſtl. Baierſchen, der Holländiſchen zu Harlem, der K. mediciniſchen zu Paris, und der Kaiſ. Ruſſiſ. zu Petersburg; ferner der Kaiſerl. Akademie der Naturforſcher, zu deren Präſidenten er im Jahr 1788. ernannt wurde, und die damit verknüpften Würden erhielt. Er ſtarb den 22. Oct. 1791. æt. 72. am Schlag. Ein gründlich gelehrter, immer thätiger, dienſtfertiger, redlicher Mann.

Not. f. Seze zu: — Bocks Sammlung von Bildniſſen und Biogr. gelehrter Männer. 6tes Heft. Nürnb. 1792. 8.

Not. g. Seze zu: — Göttens gel. Europa. 3. Th. p. 430. ſqq. und Beyträge zur Hiſtorie der Gelehrſamkeit. 3. Th. p. 239. — Bocks Sammlung von Bildniſſen und Biogr. gelehrter Männer. 4tes Heft. Nürnb. 1791. 8.

Seite 75.

Lin. 5. Statt: „ib. 1778—87. V. 4.” Leſe: ib. 1778—90. VI. 4.

Lin. 14. Nach: „Wien, 1773. gr. 4. mit Kupfern.” Seze bey: Ins Franzöſiſche überſezt und auf K. Koſten gedruckt. Paris, II. 4.

Lin. 15. ſq. Den Artikel „Demanet ꝛc.” ändere ſo, Demanet ꝛc. Abt. — — Hiſt. de l'Afrique françoiſe &c. Paris, 1767. II. 8. Deutſch: Neue Geſchichte des franzöſiſchen Afrika; aus dem Franzöſiſchen. Leipz. 1778. II. 8. wichtig. Der Verfaſſer hielt ſich 1763 und 1764. in dem östlichen Afrika auf, und sammelte größtentheils selbst die hier gegebene Nachrichten.

Cf. *Meuselii* Bibl. hist. Vol. III. P. II. p. 176. sqq.

Lin. 17. sq. Statt: „Carl Denina ec. Abt und Prof. eloq. et gr. L. emeritus zu Turin; lebt zu Berlin." Lese: Carl Denina ec. geb. 1731. zu Revel im Fürstenthum Piemont; war Abt und Prof. eloq. et gr. L. zu Turin, und lebt nun zu Berlin, seit 1782. als Mitglied der K. Akademie der Wissenschaften, und seit 1789. als K. Legationsrath.

Zu dessen Schriften setze bey: — Essai sur la vie et le regne de Frederic II. R. de Prusse. Berlin, 1788. 3.m. — fehlerhaft. — La Prusse litteraire sous Frederic II. &c. depuis 1740 — 86. ib. 1790. 91. III. 8 m. alphabetisch geordnet, Gelehrte und Künstler, Innländer und Ausländer, mit einer Einleitung. Hat viele Mängel und Fehler. Eben so sein Guide litteraire. ib. 1791. 8.m. von welchem jedoch nur premier Cahier herauskam:

Lin. 20. Nach: „Glascov. 1763. 8." Setze zu: Venet. 1788. II. 8.

Lin. 23. Statt: „ib. 1782. II. ec." Lese: Torino, 1781. 82. II. ec.

Lin. 26. Statt: „Leipz. 1783. II. ec." Lese: Leipz. 1783 — 85. II. ec.

Lin. 29. Statt: „Seine Werke sollen 1783. XVI. 8. zusammengedruckt seyn." Lese: Seine Werke sollten 1783. XVI. 8. zusammengedruckt werden; es kam aber nicht zu Stande.

Zu dem Artikel „Carl Denina," merk' als Note:

* *Meuselii* Bibl. hist. Vol. III. P. II. p. 201. sq.

Lin. 3. und 4. von unt. Statt: „hernach Custos der Kaiserl. Hofbibliothek zu Wien." Lese: hernach, da diese nach Lemberg in Galizien gebracht war, 2ter Custos der Kais. Hofbibliothek und 1791. wirklicher Kais. Hofrath und erster Custos der Kaiserl. Bibliothek zu Wien.

Zu Mich. Denis Schriften setze bey: — Carmina quædam. ib. 1794. (2 Thlr.) Begreifen nebst 7. Schauspielen, epische, lyrische, elegische Gedichte, und einige Inschriften; alle lesenswürdig. — Kritisches Verzeichniß der in der Kais. Bibliothek zu Wien befindlichen Handschriften. ib. 1794. II. 4. wird fortgesetzt. — S. Aurel. Augustini Sermones inediti &c. e membranis descripsit, illustravit, instruxit. ib. 1792. fol.m. Sind 25. ascetische Reden.

Not. h. Seße zu: — Nekrolog ꝛc. für das Jahr 1791. von Schlichtegroll. 2. B. 1te H. p. 305—321.

Seite 76.

Lin. 5. Nach: „V. 4." Seße zu: ib. 1791. 92. VI. gr. 4. (20. Thlr.)

Lin. 9. Nach: „Bingen, 1782. II. 8. Seße bey: Neue vermehrte und verbesserte Ausgabe. Wien, 1. Th. 1795. gr. 4.

Lin. 12. Nach: „ib. eod. 4.m." Seße bey: Nachtrag dazu ib. 1793. gr. 4. (13. gr.)

Seite 77.

Lin. 6. sq. Statt: „Fabulæ Aesopiacæ. ib. 1768. II. 8. mit Kupf. (4. fl. 30. kr.) vortrefflich." Lese: Fabulæ Aesopiacæ, Lib. XV. ib. 1768. II. 8. mit Kupf. (4. fl. 30. kr.) die beßte Ausgabe. Die erste nur in 5. Büchern: Glasguæ, 1754. 8. Die andere mit 5. neuen Büchern vermehrt. Paris, 1759. 8. Dazu kamen; Miscellanea posthuma f. fabularum Aesopicarum T. III. ib. 1792. 8. oder das 16te und 17te Buch, als ein Anhang, alles in einem reinen, leichten und fliessenden Stil; voran seir. Leben und sein Testament.

Seße zu: — Edirte *Thomas à Kempis* de imitatione Christi. Manhemii, 1780. 8. — Eclaircissemens sur la vie et les ouvrages de Guil. Postel. Liége, 1773. 8.m. — *Phædri* fabulæ, c. n. Manh. 1786. 8. — Ars bene valendi. ib. 1788. 8.

Nach dem Artikel „Franz Deseine," schalte folgende Artik. ein:

Joseph Innocenz Deseriz, ein Edler aus Ungarn ꝛc. — — Comment. de initiis et majoribus Hungarorum, Budæ, 1748. 53. 58. V. fol. Pestini. 1760. Darüber gerieth er in Streit mit dem Jesuiten Ge. Pray, welcher herausgab: Annales veterum Hunnorum, Avarorum et Hungarorum, ab. A. ante C. n. CCX. ad A. Chr. 997. Vindob. 1761. fol.m. Die besondere Streitschriften sind gesammelt: Dissertationes &c. Colocæ, 1768. II. fol. Pars III. Pestini, 1771. fol. und Pray gab noch heraus für sich: Dissertat. X. historico-crit. in Annales veteres Hunnorum &c. Viennæ, 1775. fol. y)

Anton Desgodetz, Architect und Archäolog zu Paris, wo er 1728. starb. — — Edifices antiques de Rome, dessinez et mesurez exactement. Paris, 1682. fol.m. mit Kupf. Engl. von dem Architect

---

y) *Meuselii* Bibl. hist. Vol. V. P. I. p. 324—337. — *Alexii Horányi* Memoria Gungororum &c. T. I. p. 502. sqq.

Ge. Marshall. Lond. 1771. II. fol. m. mit Kupf. und dem fran-
zöfischen Original. z)

Lin. 11. v. unt. Statt: „Deolandes ic. — — Hift. critique
de la philofophie &c." Lefe: Andreas Franz Boureau Des-
landes, geb. 1690. zu Pondicheri. Er wurde General-Commiffarius
der Marine zu Rochefort und Breft, und Mitglied der K. Akademie
zu Berlin. Zuletzt legte er feine Aemter nieder, und begab fich nach
Paris, wo er 1757. ftarb. — — Schriften: Effai fur la Marine
et le Commerce. — Voyage d'Angleterre. — Hift. critique de la
philofophie &c.

Seite 78.

Lin. 5. v. unt. Zu: „Coufin Defpreaux," feze bey: Mitglied
der Akademie der Wiffenfchaften zu Rouen.

Merk' als Note:

* *Meufelii* Bibl. hift. Vol. III. P. II. p. 199. fq.

Seite 79.

Den ganzen Artikel „A. P. Desvoeux," ändere fo:

A. P. Desvoeux, ein gelehrter Janfenift in Frankreich. Er
hielt fich zu Paris auf, da das Spiel mit denen vorgeblichen Wundern des Paris getrieben wurde. Diefes veranlaßte ihn zur englifchen Kirche überzutreten. Er wurde nun Feldprediger bey dem
K. Carabinier-Regiment. — — Schriften: Philofophifcher und kri-
tifcher Verfuch über den Prediger Salomo; aus dem Englifchen.
Halle, 1764. 4. (2 fl. 30. kr.) Das engl. Original. Lond. 1760.
4. — Differtation fur les miracles. Lond. 1732. 8. — Defenfe de la
religion reformée. ib. 1735. 8. und Lettres fur les miracles &c.
Rotterd. 1735. 8. — Critique générale du livre du Montgeron. Lond.
1751. 8. Carré de Montgeron, Parlamentsrath zu Paris, fchrieb:
La verité des miracles, operés par l'interceffion de Mr. de Paris
et autres Appellans &c. Cologne, 1745. 47. III. 4.m. mit Kupf. fehr
enthufiaftifch. a)

Zu dem Artikel „Phil. Nericault Destouches," merk' als Note:

* *D'Alembert* Encyclopedie &c. Yverdon, 1772. T. XIII. —
Leffings theatral. Bibliothek. 5te Abtheil. 1. St.

Not. o. Seze zu: — Dänifche Bibliothek. 4. Th. p. 644—668.

---

z) *Meufelii* Bibl. hift. Vol. IV. P. II. p. 206. fq.

a) Bambergers biogr. Anecdoten der ber. großbritt. Gel. 1. B. p. 271. fqq.

Seite 80.

Zu dem Artikel „Hermann Deusing", merk' als Note:
* Eigene Lebensbeschreibung in der Bibl. Bremensis. Cl. V. fasc, V.
p. 925. sqq.

Seite 81.

Zu Dionys. Diderot merke: Seine kostbare Bibliothek hatte
noch bey seinem Leben die Kaiserin von Rußland gekauft, und
ihm, nebst 3000. Livr. Pension, den lebenslänglichen Gebrauch
derselben gelassen.

Zu seinen Schriften schalt' ein: Lettre d'un esprit éclairé aux
aveugles de ce siècle. Paris, 1749. 8. einzig, aber deistisch. Dages
gen kam heraus: Lettre de Mr. Gervaise Holmes &c. Cambridge,
1750. 8. in welchem der berühmte Saunderson gegen die Bes
schuldigung des Atheismus vertheidigt wird.

Lin. 14. Nach: „Paris, 1743. III. 12." Setze bey: Das engs
lische Original: Grecian History &c. Lond. 1739. und 1751. II. gr. 8.

Lin. 20. Nach; „Halle, 1748. 8." Setze bey: Auch von Fors
mey widerlegt in seinen Pensées raisonnables &c. Berlin, 1749. 8.

Not. q. Setze zu: — Mosheims Kirchengesch. von Schlegel.
5. B. p. 401. sqq. — Aux Manes de Diderot. Lond. 1788. 8. —
Meuselii Bibl. hist. Vol. III. P. II. p. 191 — 194.

Seite 82.

Not. r. Setze zu: — Wills Nürnb. Gel. Lexicon. h. v.

Seite 83.

Nach dem Artik. „Carl Gottl. Dietmann," rüte folg. Artik. ein:

Joh. Christian Dietz, geb. den 1. Nov. 1719. zu Bingenheim
in der Wetterau, wo sein Vater, Johann Heinrich, Prediger
war. Er studirte seit 1735. zu Gießen; wurde 1745. Lehrer am
Gymnasium daselbst; 1754. zweiter Prediger an der Garnisons-
kirche; 1761. Stadtprediger und Definitor; 1771. Prof. theol.
extraord. Er starb den 22. Febr. 1784. — — Schriften: Parochus
non jurans in cura spirituali &c, Gießæ, 1767. 8. — Gedanken
von der Sünde in den heil. Geist. ib. 1771. 8. — Von den Grens
zen der körperlichen Welt. ib. 1773. 8. — Succincta historia ecclesi
siastica. Hildburgh. 1750. — Pomponius Mela von der Lage der
Welt ic. mit Erläuterungen. ib. 1774. 8. — Einige Dissertationen
und Abhandluugen. b)

b) Strieders Hess. Gelehrtengesch. — Jöcher v. Adelung verbess. h. v.

Johann Hector Dietz, geb. den 7. Jan. 1704. zu Frankfurt am Mayn. Er studirte seit 1722. zu Gießen, nnd hernach zu Halle; wurde 1732. Freyprediger an der Hoffapelle zu Darmstadt; 1735. zweiter Stadtprediger: 1743. zweiter Hofprediger, Consistorial-Assessor und Definitor; 1755. erster Hofprediger und 1757. Superintendent; legte aber 1763. seine Aemter aus Verdruß nieder, den er sich durch seine Habsucht zugezogen haben mag; privatisirte zu Frankfurt, und starb 1780. — Schriften: Salzburgische Nachrichten ꝛc. mit Erläuterungen. Franff. 1732. 8. — Edirte J. J. Rambachs auserlesene Reden. ib. 1736. 8. — Einige theologische Abhandlungen. c)

Johann Jacob Dillenius von Gießen, wo sein Vater Justus Friedrich Prof. med. war. Er studirte hier die Medicin; wurde nach der Verordnung des Wilhelm Sherard, Prof. Botan. zu Orford. Dieser vermachte ihm auch seine Schriften. Er starb den 13. Apr. 1737. — Schriften: Catalogus plantarum circa Gießam sponte nascentium. Francof. 1719. 8. — Hortus Elthamensis, s. plantarum rariorum, quas in horto suo Elthami in Cantio coluit *Jac. Sherardus*, delineationes et descriptiones. Lond. 1732. fol. m. Lugd. B. 1774. II. fol. mit Kupf. — Hist. muscorum, in qua circ. sexcentæ species describuntur. Oxon. 1741. 4. m. mit 85. Kupfern. d)

.Seite 84.

Not x. Seze zu: Mosheims Kirchengeschichte ꝛc. von Schlegel. 6. B. p. 1068. sqq.

Seite 86.

Lin. 1. v. unt. Zu: „Dittons Leben." Seze bey: von Götten.

Seite 88.

Lin. 6. v. unt. Nach: „V. gr. 4. (15. fl.)" Seze bey: Das englische Original kam 1733. und in den folgenden Jahren heraus. Es ist sein Hauptwerk.

Not. c. Seze zu: — Bamberger l. c. 1ter B. p. 418. sq.

Seite 89.

Vor dem Artifel „Heinrich Wilhelm Döbel," rüfe folgenden Artikel ein:

Richard Dodsley, ein englischer Dichter, der 1772. starb.

---

c) Strieders Hess. Gelehrtengesch. — Jöcher v. Adelung verb. h. v.
d) Strieder und Jöcher l. c. — *Eloy* Dict. de la med.

— — Man hat von ihm: Miscellanies &c. Lond. 1772. II. 8. — Select. Lettres &c. ib. 1778. II. 8. e)

Lin. 13. und 24. von unt. Statt: „Doct. und Prof. theol. zu Büzow, auch Meklenb. Schwerinischer Consistorialrath." Lese: Er wurde 1748. Promnizischer Cabinetsprediger zu Drehna in der Niederlausiz; hernach Diaconus der Morizer-Kirche zu Halle; 1758. Doct. theol. und 1760. Prof. theol. zu Büzow, auch Meklenburg-Schwerinischer Consistorialrath, und starb im Dec. 1789. æt. 75.

Not. e. Seze zu: — Bidermanns Acta scholast. 3. B. p. 247.

Seite 90.

Zu Joh. Christ. Döderlein, merke: Er studirte seit seinem 18ten Jahr zu Altdorf; wurde 1768. Diaconus zu Windsheim. Er starb den 2. Dec. 1792. æt. 47. am Stekfluß.

Nach „Schriften," schalt' ein: Entwurf der christlichen Sittenlehre. Jena, 1790. 8. — Kurze Unterweisung in den Lehrwahrheiten der christl. Religion. Nürnb. 1791. 92. II. 8. — Theologisches Journal. Nürnb. 1792. 8. 1. B. 4. Stük. Fortgesezt unter dem Titel: Neues theologisches Journal. 1—4ter Band od. Jahrg. 1793. 94. von Ammon und Hänlein, (jährlich 2. B. à 6. St. das St. zu 4. gr.) 5ter und 6ter Bd. oder Jahrg. 1795. von Hänlein, Ammon und Paulus. 7—10ter Band oder Jahrg. 1796. 97. von Paulus. (Das Stük zu 5. gr.)

Lin. 17. Nach: „1787. II. 8.m. (6. fl.)" Seze bey: Ed. V. ib. 1791. II. 8.m. und Accessiones &c. ib. 1792. 8.m.

Lin. 28. Statt: „89. 8. (4. fl. 30. kr.)" Lese: 89. V. 1791. (4. fl. 30. kr.)

Vor dem Artikel „Christian Conrad Wilhelm von Dohm," rüke folgenden Artikel ein:

Matthias Dogiel, ein Religiose aus dem Orden der Väter der milden Stiftungen in Lithauen. Er lehrte die Redekunst, Geschichte, Philosophie und Theologie hie und da in den Collegiis; wurde zulezt Rector zu Wilna, wo er eine eigene Buchdrukerey hatte; reiste mit dem Sohn des Lithauischen Hofmarschalls, Grafen Scipio de Campo, dessen Beichtvater er war, nach Leipzig, Straßburg und Paris; blieb hernach als Theolog bey dem jungen Grafen, der Untertruchseß von Lithauen und Starost von Lida

---

e) Jöcher von Adelung verbessert, h. v.

war, und arbeitete an seinen gelehrten Schriften. — — Haupt-
werke: Codex diplomaticus regni Poloniæ et magni Lithuaniæ &c.
Wildæ, 1758—64. IV. fol. Es sollen nach dem herausgegebenen
Plan 8. Bände seyn. — Limites regni Poloniæ et magni ducatus
Lithuaniæ, ex originalibus et exemplis authenticis. ib. 1758. II. 4.
Er benuzte dabey das Reichsarchiv zu Cracau. f)

Seite 91.

Zu Christ. C. Wilh. von Dohm's Schriften seze bey: —
Die Lütticher Revolution im Jahr 1789. Berlin, 1790. gr. 8. —
Entwurf einer verbesserten Constitution der Reichsstadt Aachen.
Frankfurt, 1790. 4.

Seite 92.

Lin. 1. Statt: „Luccæ, 1765. II. fol." Lese: Luccæ, T. I.
1765. T. II. 1775.

Zu dem Artikel „Sebastian Donati," merk' als Note:
* *Menselii* Bibl. hist. Vol. III. P. II. p. 339. sq.

Seite 93.

Lin. 6. sq. Statt: „aus Bourgogne gebürtig; diente eine Zeitlang ꝛc. Lese: geb. 1734. zu Paris, aus einer angesehenen Familie.
Er sollte die Rechtsgelahrtheit studiren; aber sein flüchtiger Kopf
führte ihn zum Kriegsstand. Er diente seit 1757. eine Zeitlang ꝛc.

Zu Cl. Jos. Dorat merke: Man schäzt vorzüglich sein Gedicht
über die Declamationen in 4. Gesängen; seine Fabeln, welche den
Lafontainschen an die Seite gesezt werden können; unter den
theatralischen Stüken seinen Regulus, la Feinte par amour, und
den Célibataire. Seine Versification ist leicht; nur laufen hie und
da Schlüpfrigkeiten mit unter.

Merk' als Note:
* Eloge &c. Paris, 1781. 8.m. (5. Livr.) — Deutscher Merkur.
1780. VIII. St. p. 62—69.

Lin. 4. 5. 6. von unt. Den Artikel „Alexander Dow ꝛc."
ändere so:

Alexander Dow ꝛc. diente mehrere Jahre als Lieutenant Colonel der ostindischen Compagnie in Bengalen. Er übersezte aus
dem Persischen des Mahummud Casim Ferischta die Historie von
Hindostan ꝛc. ins Englische, Lond. 1768. II. 4. mit Kupf. Deutsch,

---

f) Jöcher von Adelung verbessert, h. v.

Leipz. 1772—74. III. gr. 8. (6. fl.) Dow setzte hernach Feridschtas Geschichte fort. Lond. 1772. 4.m. Lesenswürdig. g)

Seite 94.

Zu Jacob Drake's Schriften setze zu: Differtat. de variolis et morbillis. Cantabr. 1694. und de Pharmacia hodierna. ib. eod. Beyde zusammengedruckt. Lond. 1742. 8. Amst. eod. 8.

Nach dem Artikel „Johann Carl Heinrich Dreyer," schalte folgenden Artikel ein:

Johann Christoph von Dreyhaupt, geb. den 20. Apr. 1699. Er wurde 1731. Schultheiß und Senior des Schöppenstuhls zu Halle; zugleich Magdeburgischer Regierungs= Kriegs= und Domänenrath und Advocatus Fifci, auch Salzgräfe; 1742. Geheimer rath und geadelt; starb den 18. (13.) Dec. 1768. — — Man hat von ihm: Pagus Neletici et Nudzici, oder diplomatisch=historische Beschreibung des zum Herzogthum Magdeburg gehörigen Saalkreises. Halle, 1749. 51. II. fol. — Abhandlung von Verbesserung des Salzes. ib. 1753. 8. h)

Seite 95.

Nach dem Artikel „Drury," rufe folgenden Artikel ein:

Dujardin ꝛc. — — Hist. de la Chirurgie, depuis son origine jusqu'à nos jours. Paris, 1774. und 1780. von Peyrilhe fortgesetzt.

Not. m Setze zu: — Bibl. germanique. T. XXXIV. p. 197. — *Niceron* Mem. T. XXXIX. p. 9.

Seite. 96.

Lin. 2. fq. Statt: „war 1739. Mitglied der französischen Aka= demie; auch 1747. der Akademie der Wissenschaften ꝛc." Lese: war 1749. Mitglied der Akademie der Inschriften; auch 1747. der französischen Akademie ꝛc.

Lin. 8. fq. Statt: „ib. 1745. III. 12. und ein Supplement, ib. 1746." Lese: ib. 1745. IV. 12.m. und mit einem Supplement, ib. 1746. IV. 8. Amst. 1746. III. 8. Haye, 1750. III. 8. Englisch, Lond. 1747. II. 8. wurde mit so großem Beyfall aufgenommen, daß in 3. Wochen 3000. Exemplare verkauft waren.

Lin. 12. von unt. Nach: „zu London." Setze bey: auch K. Leibarzt.

---

g) Gatterers historische Biblioth. XII. B. p. 189—218. und hist. Journal, 1. B. p. 184—195. — *Meuselii* Bibl. hist. Vol. II. P. II. p. 41. fqq.

h) Jöcher von Adelung verbessert, h. v.

Lin. 11. von unt. Nach: „Schrieb," schalt' ein: Hist. of the lateral operation. Lond. 1726. 4. latein. Lugd. B. 1727. 4. französ. von Noguez, Paris, 1784. 12. Appendix &c. Lond. 1731. 4. lat. Lugd. B. 1733. 4. — Description of the Lily of Guernsey. Lond. 1725. fol. — Description of the Coffytree. ib. 1727. fol. — Description of the Peritonie. ib. 1730. 4. Lateinisch von Heister. Helmst. 1733. 8. und von Josua Nelson. Lugd. Bat. 1737. 8. — Von seiner vollständigen Osteologie kam nur der erste Band in fol. heraus. — Uebersezte ins Englische Winslows Anatomie.

Lin. 9. Statt: „Lond. 1713. 8." Lese: Lond. 1715. 8. Lugd. Bat. 1734. 8. mit Anmerkungen von Albinus.

Nach dem Artikel „Jacob Douglas," rüke folgenden Artikel ein:

Johann Douglas, des vorigen Bruder, ein berühmter Wundarzt; war Lithotomist bey dem Hospital zu Westmünster in London — — Schriften: Lithotomia Douglassiana with a course of operations. Lond. 1719. 8. Französisch, Paris, 1724. 8. Deutsch von Joh. Timmius, mit Anmerkungen. Bremen, 1729. 8. — An account of mortifications and of the surprising effects of the Bark in putting a stop to their progress. Lond. 1729. und 1732. 8. — Remarks on a late pompous Work. ib. 1735. 8. Gegen Wilh. Cheseldens Osteographie. — Short account on the state of Midwifery in London. ib. 1736. 8. Gegen Chapmann und Chamberlayne. — Dissert. on the venereal disease. ib. 1737. 8. i)

Not. n. Seze zu: — Le Long l. c. T. II. p. 200. — Meuselii Bibl. hist. Vol. VII. P. II. p. 164. sq. — Zuverläßige Nachrichten ꝛc. 99. Th. p. 201 — 231.

Seite 98.

Not. s. Seze zu: — Journal von und für Deutschland. 5ter Jahrg. 1788. 2tes St. p. 212. und 12tes St. p. 514.

Seite 99.

Vor dem Artikel „Joseph Guichard Duverney", schalte folgenden Artikel ein:

Ludwig Dutens, Archäolog und Philosoph ꝛc. — — Recherches sur l'origine des Decouvertes attribuées aux modernes. Paris, 1766. II. 8. — Explication de quelques medailles de peuples,

---

i) *Eloy* Dict. de la med. — Jöcher von Adelung verbessert, h. v.

de villes et de Rois, grecques et pheniciennes. Lond. 1773. 4.m. mit Kupf. — Edirte auch Leibnizens Werke. Genevæ, 1768. VI. 4.

Lin. 1. sq. Statt: „Joseph Guichard Duverney, starb den 10. Sept. 1730. æt. 82. als Prof. Anat. zu Paris." Lese: Joseph Guichard Duverney, geb. 1648. zu Feurs in der Provinz Forez. Er wurde 1676. Mitglied der K. Akademie der Wissenschaften zu Paris, und starb daselbst den 10. Sept. 1730. æt. 82. als Prof. Anat.

Lin. 16. Statt: „circa 1758." Lese: 1759.

Not. t. Seze zu: — Lamberts Gelehrtengeschichte der Regierung Ludwigs XIV. 2. B. p. 450. sqq.

Not. u. Seze zu: — Eloge &c. in der Hist. de l'Acad. des sc. à Paris. 1730.

Seite 100.

Lin. 11. von unt. Nach: „Hildesheimischen," seze zu: Er studirte zu Göttingen nebst der Theologie vorzüglich die orientalischen und neuere Sprachen.

Lin. 9. von unt. Nach: „Schriften," schalt' ein: Joh. Carvers Esq. Reisen in die innere Theile von Nord-Amerika, in den Jahren 1766—68. aus dem Englischen. Hamb. 1780. gr. 8. Engl. Lond. 1778. 8.m. Ed. III. ib. 1779. 8.m. mit Kupf. — G. G. Bahns wohlerfahrner Kaufmann ic. neu ausgearbeitet und sehr vermehrt. Hamb. 1789. III. gr. 8. (9. fl.) — Vermischte Aufsäze in holländ. Sprache ic. ib. 1790. 8. — Er sezte auch Büschings neue Erdbeschreibung fort. 13ter Th. I—III. B. enthaltend Amerika. ib. 1793—96. 8. auch unter der Aufschrift: Erdbeschreibung und Geschichte von Amerika ic. ib. 1794—96. III. 8. gründlich.

Lin. 8. v. unt. Statt: „Flensb. 1771." Lese: Flensb. 1767—71.

Lin. 5. v. unt. Nach: „1785. 8." Seze bey: und 1790. u. 94.

Lin. 4. v. unt. Nach: „1783." Seze bey: und 1790.

Lin. 3. v. unt. Nach: „1778. 8." Seze bey: und 1790. und 1794. gr. 8.

Seite 101.

Lin. 1. Nach: „1775. 8." Seze bey: Das englische Original. Lond. 1775. 8.m.

Lin. 7. Statt: „Hamb. 1780—86. VIII. 8." Lese: Hamb. 1780—90. X. 8.

Lin. 10. Nach: „Schriften," schalt' ein: Alexander Hamiltons Hebammenkunst; aus dem Engl. mit Zusäzen. Leipz. 1782. gr. 8.

Lin 21. Statt: „2ter Theil. Hamb. 1781. 8." Lese: Hamb.
1781—87. IX. 8.

Not. a. Seze zu: Schattenrisse edler Deutschen. 3. B. p. 67—86.

Seite 102.

Zu Johann August Eberhards Schriften seze bey: Ueber
Staatsverfassungen und ihre Verbesserung für deutsche Bürger ꝛc.
ib. 1793. 8. — Versuch einer allgemeinen deutschen Synonymik ꝛc.
Halle, 1796. gr. 8. — Versuch einer Geschichte der Fortschritte
der Philosophie in Deutschland, vom Ende des vorigen Jahrhunderts bis auf gegenwärtige Zeit. ib. 1794. 8. — Philosophisches
Archiv. Berlin, 1792—95. II. B. 8. jeder 4. St. — Allgemeine
deutsche Synonymik, in einem kritisch-philosophischen Wörterbuch
der sinnverwandten Wörter hochdeutscher Mundart. Halle, 1795.
97. II. gr. 8.

Lin. 15. Nach: „Amst. 1773. 8.m. (2. fl.)" Seze zu: Holländisch: Haag, 1773. 8.

Lin. 18. Nach: „Halle, 1786." Seze bey: und 3te Ausgabe.
ib. 1790.

Lin. 25. Nach: „ib. 1788. 8.m." Seze bey: Im Auszug ꝛc.
ib. 1794. 8. (8. gr.)

Lin. 26. Statt: „4. St. Halle, 1788. 89. II. B. ꝛc." Lese:
Halle, 1788—92. IV. B. ꝛc.

Seite 103.

Zu „Johann Arnold Ebert," seze bey: Er starb den 19. März
1795. æt. 72.

Lin. 18. Nach: „gr. 8." Seze zu: 2ter Theil, nebst des Verfassers Leben; herausgegeben von J. J. Eschenburg. ib. 1796. gr. 8.

Zu Johann Jacob Eberts Schriften seze zu: Anfangsgründe
der nothwendigsten Theile der reinen Mathematik. Leipz. verm. Aufl.
ib. 1796. 8. — Nebenstunden eines Vaters, dem Unterricht seiner
Tochter gewidmet. Leipz. 1790. 8. Verm. u. verb. ib. 1795. 8. (16. gr.)
— Wittenbergisches Magazin für die Liebhaber der philosophischen,
physikal. undschönen Wissenschaften. Berlin, 1780—83. I. B. 4. St.
gr. 8. — Der Philosoph für jedermann. Memmingen, 1787. 8. 8. St.
— Unterhaltungen vermischten Inhalts. Wittenberg, 1794. 2. Hefte.
— Jahrbuch zu belehrender Unterhaltung für Damen; für 1795—
98. Leipzig.

Lin. 12.

Lin. 12. und 13. von unt. Statt: „neue Aufl. 1785." Lese: 2te Aufl. 1785—87. 3te Aufl. ib. 1795. 8. (mit schwarzen Kupf. 4. Thlr. und mit illumin. 9. Thlr.)

Lin. 4. von unt. Nach: „mit Kupf." Seze zu: Neu ausgearbeitet und vermehrt. ib. 1790. 8.

Seite 104.

Lin. 10. von unt. Nach: „Constantin," seze bey: Lond. 1707. V. 8. ib. 1726—34. V. 8.

Lin. 9. v. unt. Nach: „ins Französische übersezt." Seze zu: von Dan. de la Rocque, aber von dem Herausgeber des Fontaines zu willführlich verändert. Paris, 1728. VI. 12. ib. 1729. VI. 8. Amst. 1730. IV. 8. fortgesezt von *Guyon* bis auf die Eroberung Constantinopels rc.

Seite 105.

Zu Joseph Ekhels Schriften seze bey: Anfangsgründe zur alten Numismatik. Wien, 1787. gr. 8. — Doctrina numorum veterum. Vol. I. II. ib. 1792. 93. 4. m. Vol. III.—VI. ib. 1794—96. Vol. VII. ib. 1797. 4. m. für die alte Litteratur und Kunst sehr wichtig.

Not. h. Seze zu: — *Meuselii* Bibl. hist. Vol. III. P. II. p. 395.

Seite 106.

Nach dem Artikel „Johann Christian Edelmann," rücke folgenden Artikel ein:

Georg Edwards, geb. 1694. zu Strabford in Essex. Er sollte zu London die Handlung erlernen; legte sich aber nebenher hauptsächlich auf die Naturgeschichte. Um seine Kenntnisse in diesem Fach zu erweitern, reiste er nach überstandenen Lehrjahren 1716. nach Holland; 1718. nach Norwegen; 1719. nach Frankreich. Nachher legte er sich in England ausschließend auf sein Lieblingsfach, und übte sich zu diesem Endzweck auch im Zeichnen und Malen. Er wurde 1733. Bibliothekar des Collegiums der Aerzte; hernach noch Mitglied der Gesellschaft der Wissenschaften und der Alterthumsforscher, und mehrerer anderer Akademien. Zulezt begab er sich 1764. nach Plaiston zur Ruhe, und starb daselbst 1773. rc. 80. — — Man hat von ihm: Geschichte der Vögel rc. in englischer Sprache. Lond. 1743—51. IV. 4. und Nachlesen zur Naturgeschichte rc. ib. 1758. 60. 64. III. 4. Ein schäzbares Werk —

(Supplem. II.)　　　　　　　　　D

Beſchreibung des Säuglings oder des kleinen Eagni. Dresden, 1774. 4. k)

Zu dem Artikel „Sebaſtian Edzardi," merk' als Note:

* *Molleri* Cimbria litteraria. T. III. p. 221—227.

Not. i. Seze zu: — Mosheims Kirchengeſchichte von Schlegel. 5. B. p. 280—291. — Strobels Miscellaneen litterar. Inhalts, N. VII.

Zu „Juſtus von Effen," merk' als Note:

* Sein Eloge &c. in der Bibl. françaiſe. T. XXV. p. 138. ſqq.

Seite 107.

Den Artikel „Chr. Ulrich Detlev Egger," ändere ſo:

Chr. Ulrich Detlev von Eggers, geb. den 11. Mai 1758. zu Itzehoe. Er wurde Bevollmächtigter bey dem deutſchen und oſtindiſchen Secretariat des General Landes Oekonomie und CommerzCollegiums in Kopenhagen, und iſt auch ſeit 1785. Profeſſor der Cameralwiſſenſchaften bey der Univerſität daſelbſt, und ſeit 1787. Aſſeſſor der K. Rentkammer. — — Schriften: Gemälde zur Ehre der Menſchheit. Flensb. 1785. 8. — Skizze und Fragmente einer Geſchichte der Menſchheit, in Rückſicht auf Aufklärung. ib. 1786. 8. — Ueber däniſche Staatskunde ꝛc. Kopenh. 1786. 8. — Phyſikaliſche und ſtatiſtiſche Beſchreibung von Island ꝛc. Kopenh. 1787. 8. intereſſant. — Lehrbuch des Natur und allgemeinen Privatrechts und gemeinen preuſſiſchen Rechts. Eine gekrönte Preisſchrift. Berlin, 1797. IV. gr. 8. (9. fl.) — Bemerkungen über den Geiſt der neuern Landwirthſchaftsgeſeze in Dännemark Kopenh. 1792. 8.m. (6. gr.) — Aufklärungen in Rückſicht auf die Erhebung des Herrn E. F. T. von Lüttichau in den R. Grafenſtand. ib. 1792. gr. 8. (8. gr.) — Denkwürdigkeiten der franzöſ. Revolution, vorzüglich in Rückſicht auf Staatsverfaſſung und Politik. ib. 1794—97. III. gr. 8. (5. Thlr.) — Inſtitutiones juris civitatis publici et gentium universalis. ib. 1796. 8.m. (22. gr.) — Archiv für Staatswiſſenſchaft und Geſezgebung. Zürich, 1795. 96. II. gr. 8. (3. Thlr. 8. gr.) — Lehrbuch des Natur und allgemeinen Privat und preuſſiſchen Rechts. Berl. 1797. III. gr. 8. (5. Thlr. 14. gr.) — Deutſches gemeinnüziges Magazin. Seit 1788 jährlich I. B. gr. 8.

Zu „Hans Egede," merke folgende Lebensnachrichten: Er iſt

---

k) Bambergers biogr. Anecdoten ꝛc. 1. B. p. 172—180.

geb. 1686 ; wurde 1707. Prediger der Vogenſchen Gemeinde in
Norwegen. Im Jahr 1721. reiſ'te er nebſt ſeiner Gattin und 4.
Kindern als K. Miſſionar unter vielen Gefahren und Beſchwerlich-
keiten nach Grönland, und ſtiftete daſelbſt, während ſeinem 15
jährigen Aufenthalt mit großem Eifer, aller Hinderniſſe ohngeachtet,
nach und nach eine chriſtliche Gemeinde, die, obgleich anfangs klein,
im Jahr 1756. ſich ſchon auf 600. und im Jahr 1772 auf 2400.
Seelen belief. Er ſtarb 1758. æt. 73. in Stübköping auf der Jn-
ſel Falſter bey ſeiner verheyratheten Tochter.

Nach ſeiner „Nachricht von der Grönländiſchen Miſſion,“ ſeße
bey: Seine Söhne Paul und Niel ſezten dieſe Geſchichte fort,
Von erſterem, welcher ſeinen Vater als Prediger im Miſſions-
geſchäft unterſtüzte, hat man auſſerdem: Dictionarium Grönlandico-
Danico-latinum; Hafniæ, 1750. 8. und noch eine ſolche Sprachlehre. ib. 1760. 8.

Merk' als Note:

* Schlegels Kirchengeſchichte des N. Teſt. 5. B. p. 180—193.

Nach „Georg Joſeph von Eggs,“ rüke folgenden Artik. ein:
Matthäus Egittio, (Aegyptius) Bibliothekar des Königs von
Neapel, wurde 1745. kurz vor ſeinem Tod in den Grafenſtand erhoben. — — Senatus conſulti de Bachanalibus, ſ. æneæ vetuſtæ tabulæ Muſei Cæſarei Vindob. explicatio. Neapoli, 1729. fol. mit Kupf. 1)

Zu Martin Ehlers Schriften ſeze bey: Ueber die Lehre von
der menſchlichen Freyheit. Deſſau, 1782. 8. auch franzöſiſch. ib.
1783. 8. — Ueber die Unzuläſſigkeit des Büchernachdruks. ib. 1784
gr. 8. — Winke für gute Fürſten, Prinzenerzieher und Volks-
freunde. ib. 1786. 87. II. 8. — Staatswiſſenſchaftliche Auffäze.
Kiel, 1791. gr. 8.

Seite 108.

Lin. 4. ſqq. Statt: „ſeit 1761. Prediger an der Kirche St. Salvator zu Danzig; vorher Prediger an der Hoſpitalkirche zu Petershagen vor Danzig.“ Leſe: war daſelbſt Prof. L. orient. am Gymnaſium, hernach Rector der Johannisſchule und Prediger an der
Hoſpitalkirche zu Petershagen; ſeit 1761. Prediger an der Kirche
St. Salvator zu Danzig, wo er den 22. Nov. 1786. ſtarb.

1) *Meuſelii* Bibl. hiſt. Vol. III. P. II. p. 271. ſq. — Acta erudit.
1739. p. 407—410.

Zu Johann Gottfried Eichhorns Schriften seze zu: Urgeschichte, mit Einleitung und Anmerkungen herausgegeben von J. Ph. Gabler. Altdorf, 1791. 93. 8. (3. Thlr. 8. gr.) — Comment. in Apocalypsin Johannis. Gœtt. 1791. II. 8. — *Abulfedæ* Africa. ib. 1790. 8. arabisch, ohne Uebersezung. — *Innocentii Fesler* Institutiones linguarum orientalium, hebr. chald. syr. et arab. c. Chrestomathia. Vratisl. 1789. 8. — *Joh. Simonis* Lexicon hebr. et chald. emendavit et auxit. Halæ, 1793. 8.m. — Einleitung in die apokryphischen Bücher des A. Test. Leipz. 1795. gr. 8. (1. Thlr. 12. gr.) — Allgemeine Geschichte der Kultur und Litteratur. Gött. 1796. II. gr. 8. Steht auch in der Geschichte der Künste und Wissenschaften. 1. B. 1. und 2ter Th. — Beyträge zur Naturgeschichte der kleinsten Wasserthiere. Berl. 1781. 4. mit Kupf. (20. gr.) — Zugabe zu diesen Beyträgen der Naturgeschichte ꝛc. Dessau, 1783. 8. mit Kupf. (7. gr.) — Die französische Revolution, in einer histor. Uebersicht. Göttingen, 1797. II. 8. (2. Thlr. 4. gr.) — Von der Bibliothek der bibl. Litt. bis 1797. VIII. B.

Not. n. Seze zu: — Vita &c. ab ipso exposita. Magdeb. 1735. 8.

Zu Joh. Aug. Christoph von Einem Schriften seze bey: Kurzgefaßtes Kirchen= und Kezer=Lexicon, von Joh. Gottfried Hering, vormals umgearbeitet; nun vermehrt. Stendal, 1789. gr. 8. Unvollständig und superficiell. — Glükselige Schulen. Berl. 1760—66. VII. Abhandlungen. 4. — Belehrung und Trost aus dem Leiden Jesu in geistlichen und leiblichen Angelegenheiten, in Fasten=predigten. ib. 1787: 8.

Seite 109.

Lin. 17. Nach: „gr. 8. (1. fl. 30. kr.)" Seze bey: Vermehrt, mit Anmerkungen von seinem Sohn Ernst Ludwig Eisenbarr. Leipzig, 1792. gr. 8. (1. Thlr. 18. gr.)

Zu Wilhelm Ellis Schriften seze zu: Von Erbauung des Zimmerholzes, oder die vorzüglichste Art, verschiedene Ländereyen mit dem besten Zimmerholz zu versehen. Leipzig, 1752. 8. (45. kr.) Engl. Lond. 1739. 1742. II. 8 — Nachricht von der dritten Reise Cooks und Clerkes. Aus dem Englischen. Frankf. und Leipz. 1783. gr. 8. (1. Thlr.)

Nach „Wilhelm Ellis ꝛc." rufe folgende Artikel ein:

Johann Ellis, ein berühmter Naturforscher in England. — — Versuch einer Naturgeschichte der Corallarten und anderer dergleis

chen Meerkörper. Nürnb. 1767. gr. 4. mit Kupf. (5. fl.) Englisch.
Lond. 1755. 4. Er sezte das Werk 1757. fort. — Beschreibung
der Dionæa muscipula, einer neu entdekten Pflanze. Erlangen, 1780.
4. mit Kupf. (1. Thlr.) — Anweisung, wie man Saamen und
Pflanzen aus Westindien in unsere Gegenden bringen könne; aus
dem Engl. Leipz. 1775. mit Kupf. gr. 8. m)

Heinrich Ellis, der in den Jahren 1746. und 1747. nebst andern in die Hudsonsbay geschikt wurde, um für die Naturkunde
und Schiffahrt neue Entdekungen zu machen, schrieb: A Voyage
to Hudsonsbay &c. Lond. 1748. 8. mit Kupf. Deutsch, (von Joh.
Phil. Murray) Göttingen, 1750. 8. mit Kupf. Französisch mit
Anmerk. von Gottfr. Selle. Paris, 1749. 8. Leide, 1750. II. 8. m.
mit Kupf. Holländisch, Amst. 1750. 8. mit Kupf. Dagegen schrieb
ein Anonymus, der zugleich jene Nachrichten ergänzte: An Account
of a Voyage for the Discovery of a Northwest Passage by Hudsons
Streights &c. Lond. 1749. II. 8. mit Kupf. n)

Not. p. Seze zu: — Memoria &c. a J. C. Wernsdorf. Helmst.
1783. 4.

Seite 110.

Vor „Samuel Endemann," schalte folgenden Artikel ein:

Thomas Emlyn, geb. 1663. Er wurde nach vollendeten Studien Hausprediger bey der Gräfin Donegal, die sich 1683. zu
London aufhielt; gieng mit ihr nach Dublin, wo er 1691. pres-
byterianischer Prediger wurde. Weil er aber in der Lehre von der
Dreyeinigkeit unitarische Grundsäze äusserte, so wurde er 1702.
seines Amtes entsezt, und mußte 2. Jahre lang im Gefängniß
kummervoll leben, und nach seiner Befreyung 1000. Pf. Strafe er-
legen. Er privatisirte hernach zu London, wo er 1741. starb. — —
Man hat seine Schriften zusammengedrukt: Collection of Tracts
relating to the Deity — of J. C. Lond. 1731. 8. zulezt ib. 1746.
III. 8. o)

Lin. 10. sqq. Die Lebensnachrichten von „Samuel Endemann," ändere so:

Geb. den 18. März 1728. zu Carlsdorf in Hessen, wo sein
Vater, Joh. Conrad, damals französischer Prediger war. Er stu-

---

m) Jöcher von Adelung verb. h. v.
n) *Meuselii* Bibl. hist. Vol. III. P. I. p. 371. sq.
o) Jöcher von Adelung verbessert, h. v.

dirte seit 1743. zu Marburg und Rinteln, und hielt sich seit 1747.
zu Bremen auf; wurde 1750. Prediger zu Jeßberg; 1753. zu Ha=
nau; und hernach Prof. theol. am dasigen Gymnasium, und
Kirchenrath und Inspector der reformirten Kirchen in der Graf=
schaft Hanau. Im Jahr 1782. kam er als erster Prof. theol. Con=
sistorialrath und Kircheninspector nach Marburg, wo er den 31. Mai
1789. æt. 61. starb.

Zu seinen Schriften setze bey: Sciagraphia s. primæ lineæ theo=
logiæ polemicæ. ib. 1783. 8. — Compendium theologiæ dogmaticæ.
Francof. 1782. 8.m. — Compendium theologiæ moralis. ib. 1784. 8.m.

Den Artikel „Samuel Engel," ändere so:

Samuel Engel, geb. 1702. zu Bern. Er kam daselbst 1745.
in den großen Rath; erhielt 1748. durch das Loos die Landvogtey
Aarberg, und 1760. die zu Tscherlitz. Immer zeigte er sich als ein
thätiger Patriot und einsichtsvoller Staatsmann. Er starb den
26. März 1784. — — Schriften: Bibliotheca selectissima, cum
notis perpetuis Bernæ, 1743. II. 8. — Essai sur cette question:
Quand et comment l'Amerique a-t-elle peuplée d'hommes et animaux.
Amst. 1777. V. 12. — Anweisung und Nachricht über den Erdäpfels=
bau. Bern, 1773. 74 II. 8. Reise nach dem Nordpol von Const.
Joh. Phipps (jetzt Lord Mulgrave) aus dem Engl. mit Zusä=
tzen und Anmerkungen. ib 1777. gr. 4. Das englische Original.
Lond. 1774. gr. 4. mit XIV Kupfertafeln. — Mempires et obser=
vations geographiques et critiques sur la situation des païs septen=
trionaux de l'Asie et de l'Amerique &c. Lausanne, 1765. 4. Deutsch:
Nachrichten und Anmerkungen über die Lage der nördlichen Gegen=
den von Asien und Amerika, und dem Versuch eines Weges durch
die Nordsee nach Indien. Leipz. 1772. gr. 4. und: Neuer Ver=
such 2c. Basel, 1777. gr. 4. auch unter der Aufschrift: Nachrichten
und Anmerkungen über die Lage der nördlichen Gegenden von
Asien und Amerika 2c. 2ter Theil. Neuer Versuch über die Lage
der nördlichen Gegenden 2c. Ist auch in dem vorigen Werk: Reise
nach dem Nordpol 2c. enthalten.

Seite 111.

Not. 1. Setze zu: — Museum Helvet. 1784. P. I. — *Meuselii*
Bibl. hist. Vol. III. P. II. p. 101. sqq. 107. sq.!

Zu Joh. Andreas Engelbrechts Schriften setze bey: Corpus
juris nautici, oder Sammlung aller Seerechte der handelnden Na=

tionen ꝛc. 1. B. ib. 1790. 4. — Materialien zum nützlichen Gebrauch
für Kaufleute. Bremen, 1787. 88. II. 8. — NB. Die Affecuranz
wiffenfchaft ꝛc. 2ter Theil. ib. 1791.

Seite 112.

Lin- 13. Statt: „Leipzig, 1785. gr. 8." Lefe: Leipzig, 1782.
II. gr. 8. mit Kupf. Das koftbare Original. Lond. 1780. 4 m.

Vor „Nicolaus Engelhard," fchalte folgenden Artikel ein:
Herrmann Heinrich von Engelbrecht, geb. den 15. Jun. 1709.
zu Greifswalde, wo fein Vater Beyfizer in dem Oberhofgericht war.
Er ftudirte zu Greifswalde und Halle; wurde hernach, da er fich
eine Zeitlang in Berlin aufgehalten hatte, Hofmeister eines jungen
Grafen Bielke in Schweden; 1736. Adjunct der Juriften-Facultät
und Syndicus zu Greifswalde ; 1737. ordentlicher Profeffor der
Rechte; hernach Beyfizer und endlich Vice-Präfident zu Wismar,
wo er zwifchen 1750. und 60. ftarb. — — Schriften: Exercitationes academ cæ in Inftit. Lib. I. Gryphisw. 1739 4. find 14. Differtationen. — Delineatio ftatus Pomeraniæ Suecicæ, cum mantiffa monumentorum et ind. rer. Hamm, 1741. 4. — De renunciatione fenatus
confulti. Göttingæ, 1751. 4. — Obfervationes felectiores forenfes.
Spec. III. Wismar. 1748 — 40. 4. und Specimen IV. ib. 1771. 4. p)

Zu „Heinr. Afcanius Engelken," merk' als Note:
* Elogium &c. in den Actis hift. ecclef. 1. B. p. 313. fqq.

Seite 113.

Zu „Herm. Chrift. Engelken," merk' als Note:
* Götten jeztleb. gel. Europa. 1. Th. p. 239. 2. Th. p. 805.

Zu „Carl Gottfr. Engelfchall," merk' als Note:
* Götten jeztl. gel. Europa. 2. Th. p. 38. — Sein Leben ꝛc.
von Mart. Sim. Stark. Dresden, 1738. 4.

Seite 115.

Zu Joh. Aug. Ernefti's Schriften feze bey: Archæologia litteraria, ed. II. emend. et aucta a Ge. Henr. Matini. ib. 1790. 8 m.
† Obfervationes philologico - criticæ in Ariftophanis Nubes et Fl. Jofephi Antiquit. jud. accefferunt Godofr. Olearii notæ ad Suidam. ib.
1795. 8. m. — Lectiones academicæ in epift. ad Hebræos &c. ed. Gottl.
Imman. Dindorf, Prof. L. hebr. ib. 1795. 8. m. (3. Thlr.) —
Opufcula varii argumenti. ib. 1794. 8. m. — Abhandlung von den

---

p) Weibliche jeztleb. Juriften. — Jöcher von Adelung verb. h. v.

Negociatoren der Römer und von der Handlung. Leipz. 1772. 8. — Vermischte Aufsäze zur Erläuterung der Geschichte, der Natur und des Zustandes der Handlung; aus dem Lat. Frankf. 1776. 8. — Vertheidigung des Willkürlichen in der Religion. Leipz. 1765. 8. — Predigten zur Beförderung des innern Christenthums. ib. 1768. 8. — Lehre vom Abendmal; aus dem Lat. Altona, 1784. 8. — Anmerkungen über die Bücher des N. Test. Quedlinburg, 1786. gr. 8. — Denkmäler und Lobschriften auf gelehrte, verdienstvolle Männer. Aus dem Lat. von Rothe. Leipz. 1791. gr. 8.

Lin. 2. von unt. Nach: „(45 kr.)" Seze zu: Ed. IV. c. n. curavit *Chr. Frid. Ammon*. ib. 1792. 8.

Lin. 1. v. unt. Nach: „(1. fl. 30. kr.)" Seze zu: Dazu kam noch ein Band: Opusculorum orator. novum volumen. Lipf. 1791. gr. 8. wobey des Verfaffers Leben.

Seite 116.

Lin. 2. Nach: „(2. fl. 30. kr.)" Seze zu: auct. ib. 1792. 8.m. (1. Thlr. 12. gr.)

Lin. 9. Statt: „des vorigen Sohn." Lese: des vorigen Vaters Bruders Sohn rc.

Zu Aug. Wilh. Ernestis Schriften seze bey: Opuscula oratoria-philologica. ib. 1794. 8.m. (16. gr.) enthälten Elogia auf J. A. Ernesti, Dathe, Körner, Hammel, Küstner, Rüdiger und Clodius; überdiß 3. philologische Abhandlungen über die panegyrische Eloquenz.

Zu Joh. Christ. Gottl. Ernestis Schriften seze bey: *C. Silii Italici* Punicorum Lib. XVII. c. comment. et var. lect. Vol. II. ib. 1791. 1792. 8.m. (2. Thlr. 20. gr.) der Text nach Drachenborchs Ausgabe abgedrukt. — Lexicon technologiæ græcorum rhetoricæ. ib. 1795. 8.m. treflich zur Erklärung der griechischen Rhetoren. — Auserlesene Briefe Ciceros. Ins Deutsche übersezt mit philosoph. und rhetorischen Anmerkungen. Leipz. 1789. 8. — Epistola ad *J. F. Schleufnerum de Suida* Lexicographi usu ad crisin et interpret. libror. sacr. ib. 1785. 8.

Not. a. Zu „Ejus Memoria &c." seze bey: Ins Deutsche übersezt von Carl Gottfr. Küttner. ib. 1782. gr. 8.

Seite 117.

Lin. 3. Statt: „Christoph." Lese: Christian.

Lin. 7. Zu: „ib. 1777. und 1781. " Seze bey: 1799.

Lin. 12. Nach: „(1. fl. 45. kr.)" Seze bey; Mit neuen Zu=
säzen vermehrt von J. C. Wiegleb. ib. 1793. 8. (1. Thlr.)

Lin. 15. Nach: „(2. fl. 30. kr.)" seze bey: 5te Auflage mit Zusä=
zen von G. C. Lichtenberg. ib. 1791. 8. mit 8. Kupfertaf. und 6te Aufl.
mit neuen Verbesser. u. vielen Zusäzen. ib. 1794. 8. (1. Thlr. 12. gr.)

Seite 118.

Zu „Eschenbach" seze bey: starb den 23. Mai 1787.

Zu Joh. Joach. Eschenburgs Schriften seze bey: Grundriß
encyklopädischer Wissenschaften ꝛc. Berlin, 1792. gr. 8. Bemerkun=
gen über die bildenden Künste, nach dem Französ. der Hrn. Wa=
telet und Levesque. Hamb. 1794. gr. 8. Das Original: Dictionaire des arts de Peinture, de Gravure et de Sculpture &c. Paris,
1792. V. 8. — Lehrbuch der Wissenschaftskunde. Berlin, 1792. 8. m.
(1. Thlr.) — Dramatische Bibliothek, oder Nachrichten, Charak=
tere und Beyspiele der vornehmsten ältern und neuern Schauspiel=
dichter mehrerer Nationen. ib. 1793. gr. 8. — Ed. Leſſings Leben
des Sophokles. Berlin, 1790. 8. und Leſſings Collectaneen zur
Litteratur. ib. 1790. II. 8. — Ueber Shakespears Genie und Schrif=
ten; aus dem Englischen. Leipz. 1771. 8. — Ueber den vorgebli=
chen Fund Shakespear'scher Handschriften. ib. 1797. 8.

Not. c. Seze zu: — Baldingers Biogr. jeztleb. Aerzte.

Seite 119.

Lin. 17. Statt: „1788 — 89. IV. gr. 8. (5. Thlr.)" Lese: ib.
1788 — 94. VIII. gr. 8. (8. Thlr.)

Lin. 17. Nach: „(2. fl. 45. kr.): seze zu: Verm. ib. 1792. gr. 8.
Vor dem Artikel „Joh. Frid. Esper," rufe folgenden Artikel ein:
Balthasar Ludwig Eekuhe, geb. den 12. März 1710. zu Cas=
sel, wo sein Vater Metropolitan und erster Prediger war. Er stu=
dirte seit 1731. zu Marburg, und wurde 1734. Prediger und Prof.
zu Rinteln, wo er den 16. März 1755. starb. — — Schriften:
F. A. Lampii Institutiones homilet. Lemgovix, 1742. 8. — Observationes philolog. crit. in N. Test. Rintelii. 1748 — 54. 4. — Er=
läuterung der heil. Schrift aus morgenländischer Reisebeschreibun=
gen. Lemgo, 1745 — 55. XXVI. St. 8. (2. fl. 30. kr.) — Mehrere
Dissertationen, Predigten und Programme. q)

q) Das neue gel. Europa. 9. Th. p. 72. sqq. — Strieders Heſſ. Gelehrten=
geschichte. — Jöcher von Adelung verb. h. v.

Zu **Aug. Joh. Chr. Espers** Schriften seze bey: Magazin der ausländischen Insecten. ib. 1794. gr. 4. mit Kupf. — Nachricht von den neu entdekten Zoolizhen unbekannter vierfüßiger Thiere. Nürnb. 1755 fol. — Abbildung der Tange, mit Kennzeichen und Beschreibungen der neuen Gattung. Nürnb. 1797. 4.m. (4. Thlr. 12. gr.) — NB. Ausländische Schmetterlinge bis 1797. XIII. Hefte. (à 1. Thlr. 12. gr.)

Lin. 4. v. unt. Statt: „XXXIX. Hefte" Lese: XLVII. Hefte bis 1794. und neue Ausg. 1793. ib. 4to XVI. Lieferungen (à 16. Pl.) Dasselbe in monatlichen Ausg. 1794 — 97. 42. Hefte. (à 1. Thlr.) Supplemente bis 94. VI. Hefte (à 1. Thlr. 12. gr.) Fortgesezte Tag, vögel. IX. Hefte. gr. 4. (à 1. Thlr. 12. gr.)

Seite 120.

Lin. 2. Nach: „(5. Thlr.)" seze zu: 3te und 4te Lieferung. ib. 1789. 5te und 6te Liefer. 1790 Also: Erster Theil in 6. Liefe, rungen. gr. 4. 7te bis 11te Liefer. ib. 1791. 92. 93. gr. 4. und Fortsezung der Pflanzenthiere. ib. 1795 — 97. 8. Lieferungen. gr. 4.

Seite 121.

Not. i. Seze zu: — *Mangeti* Bibl. scriptor. med. T. I. P. II. p. 236. sqq.

Seite 122.

Lin. 8. Zu „Actis eruditor." Seze bey: In diesen steht auch sein Elogium. A. 1733. p. 140.

Seite 123.

Jeremias Nicolaus Eyrings Lebensnachrichten, ändere so: Er ist geb. den 25. Jun. 1739. zu Eyrichshof in Franken, wo sein Vater Amtmann war. Er studirte seit 1756. auf dem Gymnasio zu Coburg, und seit 1759. zu Göttingen. Hier wurde er 1762. ausserordentlicher Custos der Bibliothek und Subrector am Gymnasium; 1773. Prof. philos. extraord. und ordentlicher Custos der Universitäts-Bibliothek, zugleich Director des Gymnasiums und der Stadtschule; 1779. Prof. philos. ordin. Er hatte sich 1765. den Ruf als Prof. L. orient. nach Coburg verbeten.

Zu seinen Schriften seze bey: *Chr. Aug. Heumanni* Conspectus reip. litt. recognita ed. VIII. Hanov. 1791. 8. — Mehrere Aufsaze 2c.

Merk' als Note: Boks Samml. von Bildnissen und Biogr. gelehrter Männer und Künstler. 9tes Heft. Nürnb. 1793. 8.

Lin. 15. v. unt. Statt: „XVI. Stüke." Lese: XV. Stüke.

Lin. 10. b. unt. Statt: „Göttingen, 1779—8r. II. 8." Lese: Göttingen, 1779—88. VI. Stüfe. 8.

Not. k. Seze zu: — Das gelehrte Oesterreich. 1. B. 1. St. Ed. II. p. 113. sqq.

Seite 124.

Zu Joh. Ernst Fabers Schriften seze bey: Nachrichten von dem portugiesischen Hofe und der Staatsverwaltung des Grafen Oeyras; aus dem Engl. Fränkf. 1768. 8. Das Original. Lond. 1767. 8. — Anmerkungen zur Erläuterung des Talmudischen und Rabbinischen. 1770. 8. — Archäologie der Hebräer. 1. Th. Halle, 1773. 8. — Arabische Grammatik. Jena, 1773. 8. — Chrestomathia arab. ib. eod. 8. — Opuscula de manna Hebræorum; c. *Reiskii* opusc. med. ed. *Gruner.* Halæ, 1776. 8. Neue philos. Bibl. 1. St. Leipz. 1774. 8. — Mehrere Abhandlungen.

Merk' als Note: Meusel l c. ed. II. — Jöcher v. Adelung verb.

Lin. 18. Statt: „Hamb. 1775. II. gr. 8." Lese: Hamb. 1772. und 1775. II. gr. 8. aus dem Engl. mit Anmerkungen.

Not. m. Seze zu: — M. gel. Europa. 17. Th. p. 110—120.

Seite 136.

Lin. 8. Statt: „Georg Fabricy, Doct. theol. zu Rom." Lese: Gabr. Fabricy, aus dem Predigerorden, Lector der Theologie, und Mitglied der arkadischen Akademie zu Rom.

Zu seinen Schriften seze bey: Recherches sur l'Epoque de l'Equitation et de l'usage des chars equestres chés les Anciens &c Rome, 1764. II. 8.

Zu Joh. Chr. Fabricius Schriften seze bey: Genera insectorum. Chiloni, 1790. 8. m.

Lin. 19. Nach: ib. 1775. 8. m." Seze bey: Ed. emend. et auct. T. I. Partes II. ib. 1794. 8. m. u. T. II. ib. 1793. 8. m. (auf Schreibp. 10. Thlr. 12. gr.) T. IV. ib. 1794. 8. m. Der lezte Band. (1. Thlr. 14. gr.)

Not. q. Seze zu: — Bambergers gel. Deutschland.

Seite 127.

Zu Joh. Ernst Ehreg. Fabri's (seit 1794. Prof. der Statistik zu Erlangen.) Schriften seze bey: Neue historische und geographische Monatschrift. ib. 1788. XII. St. 8. In Gemeinschaft mit Hammerdörfer. — Beyträge zur Geschichte, Geographie und Staatenkunde. Nürnb. 1793—96. VI. Hefte. gr. 8. (à 12 gr.) —

Neues geogr. Lesebuch ꝛc. Leipz. 1791. 8. (16. gr.) — Historisches
Tagebuch auf alle Tage. Halle, 1784. 4. (15. gr.)

Lin. 3. Nach: „II. gr. 8." Setze zu: 3te verbesserte Auflage.
ib. 1790. gr. 8. 4te vermehrte Aufl. ib. 1793. gr. 8. 5te verbesserte
Auflage. ib. 1795. gr. 8.

Lin. 12. Statt: „1. Th. ꝛ. B. Leipz. 1786." Lese: 1. Th.
4. B. Leipz. 1786—93.

Lin. 13. Zu: „Halle, 1789. 8." merke: Die dritte Ausgabe.
Neue Auflage. ib. 1796.

Zu Aug. Fabroni Schriften setze zu: Lettere inedite di Uomini
illustri. Florent. 1773. 8.

Zu Joh. Conrad Fäsi Schriften setze zu: Abhandlung über die
Geschichte des Friedensschlusses zu Utrecht. Leipz. 1790. gr. 8. —
(1. Thlr. 12. gr.) — Handbuch der schweizerischen Erdbeschreibung
für die Jugend. Zürich, 1795. 8. — Versuch eines Handbuchs der
schweizerischen Staatskunde. ib. 1796. gr. 8. (1. Thlr.) — Bibliothek der schweizerischen Staatskunde, Erdbeschreibung und Litteratur. Zürich, 1796. III. B. 12. Stüke. 8. (4. Thlr.)

Zu Joh. Just. Fahsius, merke: Rector zu Clausthal.

Seite 129.

Lin. 3. Nach: „mit Kupf. (18. fl.)" setze zu: in 2. verschiedenen Werken; davon die 2. lezten Tome Urkunden und Zeugnisse
vom 8ten Jahrhundert bis auf gegenwärtige Zeiten begreifen. —
Analecta Nordgaviensia, oder Merkwürdigkeiten des alten Nordgaues.
Schwabach, 1734—49. VI. St. 8.

Rüke folgende Artikel ein:

Joh. Fantoni, geb. 1675. zu Turin, wo sein Vater Joh.
Baptista, Bibliothekar und erster Leibarzt war. Er reiste auf K.
Kosten nach Deutschland und Frankreich; wurde nach seiner Rükkunft Professor der Anatomie, hernach der Medicin, und starb
den 15. Jun. 1758. zu Turin. — — Schriften: Dissertationes ana-
tomicæ XI. Turini, 1701. 8. Anatomia corporis human. ad usum
theatri med. ib. 1711. 4. — Opuscula medica et physiologica. ib.
1738. 4. Lausanæ, c. fig. — Dissertationes II. de thermis Valderianis.
1724. 8. &c. r)

Thomas Falkner, ein Jesuit und geborner Engländer, der als

---

r) *Eloy Dict.* de la med. — Joecher von Adelung verbessert.

Miſſionär 40. Jahre lang die Gegenden zwiſchen dem Fluß la Plata und dem mittäglichen Amerika durchreiſ'te, ſchrieb: Deſcription of Patagonia and the adjoining parts of South-America &c. Hereford, 1774. 4. Deutſch, von S. H. Ewald. Gotha, 1775. gr. 8. ſehr zuverläſſig. s)

Seite 131.

Vor Fedderſen ſchalte folgenden Artikel ein:

Carl de St. Marc Febure, geb. 1697. zu Paris. Er ſtudirte hier, und gab hernach mehrern Perſonen von Stande als Privat- lehrer Unterricht. Endlich lebte er von ſeinem ſchriftſtelleriſchen Fleiß und ſtarb 1769. — Schriften: Oeuvres d'Etienne Pavillon. Paris, 1747. II. 12. — Les oeuvres de Boileau. ib. 1747. V. 8. — Les oeuvres de l'Abbé de Chaulieu. ib. 1749. II. 12. — Les oeuvres de Chapelle et de Bachaumont. ib. 1754. 12. — Hiſt. d'Angleterre par R. Thoyras, avec les notes de Tindal. ib. 1749. XVI. 4. — Abrégé chronol. de l'hiſt. d'Italie &c. wurde ſehr geſchäzt. — Die Werke des Malherbe, Lalane, Pavin, Charleval, Lainez, de la Fare ꝛc. t)

Lin. 5. ſq. Statt: „geb. 1736. zu Schleßwig; dritter Predi- ger ꝛc." Leſe: geb. den 31. Jul. 1736. zu Schleßwig, wo ſein Vater ein Handelsmann war. Er ſtudirte von ſeinem 19. Jahr an 3. Jahre lang zu Jena; wurde 1759. Hofmeiſter in Schleßwig; 1760. Kabinetsprediger des Herzogs von Auguſtenburg; 1765. Hof- prediger zu Bernburg; 1769. dritter Prediger ꝛc.

Lin. 16. Nach: „(7. fl. 20. ꝛc.)" ſeze zu: Als eine Fortſe- zung kam heraus: Charakteriſtik edler und merkwürdiger Men- ſchen ꝛc. von Friedr. Wilhelm Wolfrath, Prediger in Rellingen. Halle, 1792. II. gr. 8.

Zu Feders Lebensnachrichten ſize zu: ſeit 1797. Director des Hofpagen-Inſtituts zu Hannover, mit 1200. Thlr. Gehalt.

Zu ſeinen Schriften ſeze zu: Ueber das moraliſche Gefühl ꝛc. Kopenh. 1792. 8. — Philoſophiſche Bibliothek. ib. 1788—91. IV. 8. in Geſellſchaft mit Meiners.

Not. d. Seze zu: — Leben und Character ꝛc. von Friedr. Wilh. Wolfrath, Prediger in Rellingen bey Altona. Halle, 1790. 8

---

s) *Meuſelii* Bibl. hiſt. Vol. VI. P. II. p. 45. ſq.

t) Jöcher von Adelung verbeſſert.

Seite 132.

Lin. 3. Nach: „1786. 8." seze zu: ib. 1790. 8. vermehrt und verbessert unter der Aufschrift: Grundsäze der Logik und Metaphysik. ib. 1794. 8. (1. Thlr.)

Lin. 5. „Institutiones &c." Neue Auflage. ib. 1796.

Lin. 9. Nach: „gr. 8. (4. fl. 45. kr.)" seze bey: Zwote vermehrte Ausgabe vom 3ten Theil. ib. 1792. 8. 4ter und lezter Th. ib. 1793. 8. (1. Thlr. 4. gr.)

Lin. 19. Nach: „unter seinen Landsleuten auszurotten." Seze zu: D'Hermilly übersezte einen Theil davon ins Französische, in XII. Duodezbänden. Auch hat man von Marc Ant. Franconi eine italienische, und von L. Harscher von Almendingen eine deutsche Uebersezung unter der Aufschrift: Kritik gemeiner Irrthümer. 1. B. Gotha, 1791. 8. Statt der Uebersezung des ganzen Werkes, das ausser Spanien nicht so viel Interesse hat, wäre ein Auszug brauchbarer gewesen. — Sonst schrieb noch Feijoo: Cartes eruditas. Madrit . 1750.

Cf. Jöcher von Adelung verbessert.

Seite 134.

Vor de la Motte-Fenelon, rufe folgenden Artikel ein:

Jacob Fels; geb. den 6. Jan. 1730. zu Lindau, wo sein Vater Kanzleyverwalter war. Nach dessen 1744. erfolgten Tod nahm ihn der damalige Prediger und Beysizer des Consistoriums M. Sebastian Fels zu sich auf und sorgte für seine weitere Erziehung und Geistesbildung. Den öffentlichen Unterricht genoß er in der latein. Schule seiner Vaterstadt und besonders bey dem Rector M. Andreas Langensee, welcher seine früh gezeigte Fähigkeiten so weit ausbildete, daß er 1748. die Universität Jena beziehen konnte. Vier Jahre lang hörte er hier Vorlesungen in der Philosophie bey Dartes, in der Rechtsgelehrsamkeit bey Hofmann, Buders, Broke, Engau, Hellfeld, Moter, Ravensberg, Stenger und Walch, und kehrte 1752. als Lizentiat in seine Vaterstadt zurük. Im Jahr 1753. wurde er Rathskonsulent; 1754. Lehenträger in der Weissenau; 1761. Syndicus, Präsident vom Untergangsgericht, Beysizer des Consistoriums, hospitalalischer Lehenvogt und Deputirter des schwäbischen Kraisconvents mit Vertretung anderer Reichsstädte; 1762. Lehenträger bey den Gräfl. Häusern Waldburg; 1764. Mitglied des geheimen Raths, Beysizer der Oekonomie-Deputation, Präs

Abent des Ehgerichts und Consistoriums „Lehenvogt von den alten bürgerlichen Gütern und Kriegsrath; 1766. Beysitzer der Rechnungsrevisions-Deputation, und endlich 1768. dritter Burgermeister und Steuerherr. Alle diese Würden begleitete er mit rastlosem Eifer und als wahrer Patriot für das Beste der Bürger und des Landvolks, wodurch er sich unsterblichen Ruhm erwarb. Seine Verdienste um die Gelehrsamkeit und seine übrige vortrefliche Eigenschaften wurden auch auswärts bekannt; er wurde daher von verschiedenen Orten in den wichtigsten Fällen zu Raths gezogen, und seine Rathschläge und Gutachten erhielten Beyfall. Schade, daß er für die gelehrte Welt zu früh, nemlich æt. 44. den 27. Dec. 1773. starb. — Schriften: Dissertat. de retractu præcipue secundum statuta S. R. J. liberæ civitatis Lindaviensis competente. Jenæ, 1751. 4. — Dissertat. inaug. de confoederationibus liberarum S. R. J. civitatum. ib. 1752. 4. — Beytrag zur deutschen Reichstagsgeschichte mittelst derer Handlungen und Abschieds des A. 1495. unter der Regierung Königs Maximilian I. in der Reichsstadt Lindau fürgewährten Reichstags. 2. Theile. Lindau, 1765. und 1767. 4. — *Wegelini* Thesaurus dissertationum selectarum de liberis ac immediatis S. R. J. civitatibus, una cum notitia seu bibliotheca de statu, rebus ac juribus civitatum Imper. Curante *Jacobo Fels*. Lind. 1770. I. fol.

Seite 137.

Schalte folgende Artikel ein:

Jacob Ferguson, geb. 1710. bey Keith, einem Dorf im mitternächtlichen Schottland. In seiner Jugend hütete er 4. Jahre lang die Schaafe, und diente hernach bey einem Pächter. Nebenher übte er sich ohne Anweisung in mechanischen und astronomischen sinnreichen Versuchen. In der Folge, da seine Dienstzeit geendigt war, lernte er die Decimalrechnung, die Algebra und die Anfangsgründe der Geometrie. In einem harten Dienst, den er bey einem Müller auszuhalten hatte, verfertigte er für sich eine hölzerne Wanduhr und eine Taschenuhr. Ueberdiß lernte er, von dem Ritter Dunbar unterstützt, zeichnen und malen, wodurch er sich und seiner Familie den Unterhalt verschaffte. Zu London hielt er Vorlesungen über die Experimental-Philosophie, und wurde Mitglied der K. Societät daselbst. Er starb den 16. Nov. 1776. æt. 66. Sein Charakter war, wegen seiner Bescheidenheit und ungeheuchelten Frömmigkeit liebenswürdig. — Schriften: Auserlesene mechanische Uebungen

mit seinem Leben. Lond. 1773. 4. — Einleitung zur Electricität. ib.
1770. 8. — Einleitung zur Astronomie. ib. 1772. 8. — Die Astronomie nach Newtons Grundsäzen. ib. ed. IV. 1770. 4. Aus dem
Engl. übersezt von Kirchhof. Berlin, 1785. 8. mit Kupf. Neue
Aufl. ib. 1793. (1. Thlr. 4. gr.) — Vorlesungen über auserlesene
Materien in der Mechanik, Hydrostatik, Hydraulik, Pneumatik
und Optik. ib. ed. V. 1776. 4. — Abhandlung über die Perspective.
ib. 1775. 8. — Anfangsgründe der Sternseherkunst für die Jugend,
aus dem Engl. Leipz. 1771. gr. 8. — Ueberdiß verfertigte er astronomische Tafeln, und ein astronomisches Instrument, zur Anzeige
des Auf- und Untergehens der Gestirne; auch einen Orrery, d. i.
ein Instrument, das durch viele zusammengesezte Bewegungen die
Revolutionen der Himmelskörper vorstellt, welches der Mathematiker Rowley erfunden, und seinem Gönner den Grafen d'Orrery
zu Ehren so benennt hatte. u)

Claudius Joseph de Ferriere, war Parlaments-Advocat und
Decan der Rechtsgelehrten zu Paris. — — Schriften: Nova me-
thodica Institutionum juris canon. tractatio, s. Paratitla in Lib. V.
Decretalium Gregorii IX. Paris. 1702. und 1711. 12. — N. method.
juris civil. tractat. s. Paratitla in quinquaginta libros Digestorum. ib.
1702. II. 12. — Hist. du droit rom. ib. 1718. und 1743. 12 ib.
1726. 8. — Nouvelle Traduction des Institutes de l'Empereur Justi-
nien &c. ib. 1721. VI. mit erläuternden Anmerkungen. — Dictionnaire de droit et de pratique &c. Ed. III. ib. 1749. II. 4. Neueste
Ausgabe. ib. 1771. II. 4. — Er gab auch viele Schriften seines Vaters Claudius, welcher auch ein berühmter Rechtsgelehrter war,
vermehrt und verbessert heraus. x)

Jacob Wilhelm Feuerlein, geb. den 13. oder 23. März 1689.
zu Nürnberg, wo sein Vater Joh. Conrad, Prediger war. Er
studirte seit 1706. zu Altdorf, und seit 1710. zu Jena; hielt seit
1712. Vorlesungen zu Leipzig; wurde 1715. Prof. hist. zu Altdorf;
1730. Prof. theol. und L. orient. Kam 1737. als Prof. theol. prim.
und General-Superintendent nach Göttingen; wurde nach 1746.
wirklicher Consistorialrath, und starb den 10. Mai 1776. — —
Schriften: Observationes eclecticae ex controversiis de metaphysica
Leib-

---

u) Bambergers biogr. Anecdoten zc. 1. B. p. 474—478.

x) Jöcher von Adelung verbessert.]

Leibnitio-Wolfiana. 1726. 4: Sind 7. Differtationen. — Obfervat.
variæ in A. C. Sind 28. Differtationen, welche 1742—44. gehalten wurden. — Compendium theol. dogmat. 1747. 8. — Compendium
theol. fymbolicæ; 1742. nur 7. Bogen; der weitere Druk unterblieb.
— Bibliotheca fymbolica &c. Gottingæ, 1752. 8. und Norimb. 1768.
gr. 8. — Curfus philofophiæ eclecticæ. XXXIX. tabulis et figuris
delineatæ. Altdorfi, 1727. fol. — Sehr viele Differtationen,
Programme und Abhandlungen. y)

Guido Ferrari, ein Jefuit und Hiftoricus zu Mailand ꝛc. —
De rebus geftis Eugenii Principis a Sabaudia bello Pannonico Lib. III.
Romæ, 1747. 4. Hagæ C. 1749. 8. — Epiftolæ de inftitutione ado-
lefcentiæ. Mediol. 1750. 8. — Res bello geftæ aufpiciis Mariæ The-
refiæ Auguftæ ab ejus regni initio ad annum 1763. Viennæ, 1773. 8.m.
— De vita auftriacorum quinque imperatorum qui floruerunt fecundo
bello Boruff. ib. 1775. 8. — Opufculorum collectio. Francof. 1777.
4.m. — Infcriptiones, epiftolæ et differtationes. ib. 1765. 8. &c.

Lin. 1. Nach: „12." fetze zu: ib. 1752. II. 12.

Nach: „Deutfch" fchalt' ein: mit Anmerkungen und Zufäzen,
von Joh. Mich. von Loen. 1748. 8.

Zu Ad. Fergufons Schriften fetze bey: Principles of moral
and political fcience. Edinburg, 1792. II. 4. Deutfch von K. G.
Schreiter. Zürich, 1796. 8.

Merk' als Note:

* Meufelii Bibl. hift. Vol. IV. P. I. p. 208. fq.

Lin. 16. fq. Statt: „von d'Hermilly: Hift. générale d'Efpagne.
Paris, 1742. &c. X. 4." Lefe: von d'Hermilly (K. Cenfor zu Paris, der 1778. ftarb): Hift. générale d'Efpagne &c. Paris, 1741—
51. X. 4.m. mit Kupf. (60. fl.)

Lin. 18. fqq. Zu Bertrams Ueberfetzung der Gefchichte von
Spanien, merke: Der 11te, 12te und 13te Band find Bertrams
eigene Arbeit.

Zu Ferreras Schriften fetze bey: Mehrere theologifche, philo-
fophifche und hiftorifche Abhandlungen. — Verfuch einer Gefchichte

---

y) *Apini* vita Prof. philof. Altorfinorum. — Göttens gel. Europa. 2. und
3. Th. — Beyträge zur Hift. der Gel. 5. Th. — Pütters Gelehrtengefch.
von Göttingen. — Jöcher von Adelung verbeffert.

(Supplem. II.)   E

der bürgerlichen Gesellschaft; aus dem Engl. (History of civil society) Leipz. 1768. gr. 8. — Ausführliche Darstellung der Gründe der
Moral und Politik. Aus dem Engl. Zürich, 1796. II. gr. 8. Arbeitete auch an dem spanischen Wörterbuch, welches die Akademie herausgab. Madrit, 1739. VI. fol.

Zu Joh. Sam. Fest, merke: geb. 175*. zu Großenmona in
Thüringen; seit 1784. Pfarrer zu Trachenau in Sachsen; seit 1786.
Pfarrer zu Hayn und Kreudniz bey Borna in Sachsen.

Zu seinen Schriften seze bey: Winke aus der Geschichte eines
Augenkranken ꝛc. Leipz. 1793. 8. (10. gr.) — Acht Erndte-Predig-
ten. Leipz. 1793. gr. 8. (14. gr.) — Samml. einiger Predigten, in
Rüksicht auf Leidende. ib. 1786. gr. 8. (18. gr.) — Biographische
Nachrichten und Bemerkungen über sich selbst; nach seinem Tod
herausgegeben von Kindervater. Leipz. 1797. 8. (1. Thlr.)

Lin. 8. von unt. Nach: „Leipz. 1786. 8." Seze zu: Vermehrt
und verbessert, ib. 1787. 8.

Lin. 5 von unt. Statt: „ib. 1789. III. St. 8." Lese: ib. 1789.
I. B. 2ter Band. ib. 1790. 91. 8. 3ter B. ib. 1792. 93. 8. 4ter B.
ib. 1795. 8. 5ter B. ib. 1797. 8. (8. Thlr. 16. gr.) Jeder Band
enthält 3. Stüke.

Nos. I. Lin. 2. Zu „Haag, 1723. 12." Seze bey: ib. 1727.
und 1737. 12. — — Sez' am Ende zu: — Bibl. germanique.
T. XLVI. p. 60—66. — Hist. des membres de l'Acad. françoise,
par Mr. d'Alembert. Paris, 1787. 12. T. III. — Lamberto Gelehrtengeschichte ꝛc. I. B. p. 153. 4qq.

Not. k. Seze zu: — Mensclii Bibl. hist. Vol. IV. P. I.
p. 150—154.

Seite 138.

Rüke folgende Artikel ein:

Carl Maria Fevret de Fontette, geb. den 14. Apr. 1710. zu
Dijon; wurde daselbst 1736. Parlamentsrath und starb den 16. Febr.
1771. — — Er edirte des Jacob le Long Bibliotheque hist. de
France, welche 1719. in einem Folianten sehr unvollständig und
fehlerhaft herausgekommen war, sehr vermehrt und verbessert.
Paris, 1768—78. V. fol.m. Alle darinn angezeigte, gedrukte und
ungedrukte Schriften belaufen sich auf 48223. Die meisten sind
mit kritischen und litterarischen Anmerkungen begleitet. Alle Intendanten mußten ihn auf K. Befehl mit den nöthigen Nachrichten

unterstüzen. Was in dem vortreflichen Werk nicht angebracht werden konnte, lieferte er besonders in Nouvelles Récherches de la France. Paris, 1766. 12. Barbeau de la Bruyere, hatte dabey die Aufsicht und besorgte den Druk. z)

Franz de Ficoroni, geb. 1664. zu Lablco. Er legte sich auf das Studium der Alterthümer; wurde Mitglied der K. Akademien zu London und Paris; starb den 23. oder 25. Jan: 1747. zu Rom. — — Schriften: Offervazioni sopra l'Antichità di Roma descritte nel Diario Italico di Montfaucon. Roma, 1709. 4. Mit diesem hatte er viele Streitigkeiten. — Memorie più singolari di Roma e sue Vicinanze. ib. 1730. 4. — Differt. de larvis scenicis et figuris comicis antiquorum Romanorum. ib. 1744. 4. vorher italienisch, ib. 1736. 4. — J. Piombi antichi. ib. 1740. 4. lat. von Domin. Cantagallins: Differt. de plumbeis antiquorum numismatibus &c. ib. 1750. 4. — Le vestigie e rarita di Roma antica, e le singolarita di Roma moderna. ib. 1744. II. 4. — Gemmæ antiquæ litteratæ aliæque rariores, c. n. Nic. Galeotti. ib. 1767. 4. &c. a)

Zu Joh. Heinrich Feustking, merk' als Note:

* Elogium &c. in den Actis erudit. 1713. p. 284. — Neue Bibliothek, 14tes St. p. 53. sqq.

Seite 139.

No. n. Seze zu: — Das gelehrte Oesterreich. Ed. II. I. B. I. St. p. 124. sq.

Seite 140.

Lin. 6. Nach „VII. 8. (3. fl.)" seze zu: Lelpz. 1771. VI. 8. (von Wichmann) Nürnb. 1780. VI. 8. (vom Prof. Schmitt in Liegniz.)

Lin. 13. Nach: „dabey sein Leben." Seze bey: Das englische Original. Lond. 1755. 8.

Lin. 8. Zu „Works &c." seze bey: Dabey ist sein Leben.

Den Artikel „Gaetano Filangieri" ändere so:

Gaetano Filangieri, geb. den 18. Aug. 1752. zu Neapel. Sein Vater war Cäsar Fürst von Arianello; seine Mutter Marianna Montalro, aus dem herzoglichen Hause Fragnito. Er

---

z) Jöcher von Adelung verbessert. — Lamberts Gelehrtengeschichte ic. I. B. p. 372. sqq. — Meuselii Bibl. hist. Vol. VI. P. II. p. 6—17.

a) Jöcher von Adelung verbessert.

wurde zum Kriegsdienste bestimmt, und 1759. zum Fähnrich er=
nannt; that aber erst seit 1766. wirkliche Dienste. Sein Hang zu
den Wissenschaften war überwiegend. Er nährte seinen Geist aus
den Schriften der alten griechischen und römischen Classiker, und
studirte nebst der Geschichte die Mathematik und Philosophie. Her=
nach wählte er die Moral, Politik und Gesetzgebung zu seinem Haupt=
fach. Nach dem Willen seiner Anverwandten mußte er seit 1774.
als Advocat bey den Gerichtshöfen arbeiten. Im Jahr 1777.
wurde er K. Kammerherr und Marschall, und zugleich Offizier bey
dem K. Corps der Volontairs im Seedienste. Im Jahr 1780.
erhielt er die Commende von St. Antonio di Gaeta in K. Constan=
tin=Orden, und 1782. das Priorat von St. Antonio di Carno in
eben diesem Orden. Mit K. Genehmigung bezog er 1783. nebst
seiner Gattin ein Landhaus in der Stadt la Cava, 5. deutsche
Meilen von Neapel, um mit mehrerer Muße seine Studien fort=
setzen zu können. Hernach kam er 1787. als Beysitzer des K. Raths
der Finanzen nach Neapel zurük. Durch anhaltendes Studiren so=
wohl als durch seine wichtige Staatsgeschäfte hatte er die Kräfte
seines sonst starken Körpers geschwächt, so daß er mit Kolik und
Hypochondrie zu kämpfen hatte, welche den 22. Jul. 1788. æt. 37.
sein ruhmvolles Leben endigten. — — Schrieb: Scienza della Legis-
lazione: IV. 8. Ein wichtiges Werk, das wegen seiner Vortreflich=
keit seit 1780 dreymal in Neapel, dreymal in Venedig, zweymal
in Florenz, einmal in Mailand und Catania in großen Auflagen
gedrukt und in mehrere cultivirte Sprachen übersetzt wurde. Deutsch,
mit einigen Berichtigungen, von G. C. R. Link. Cajetan Filans=
gieri System der Gesetzgebung rc. Anspach, 1784—93. VIII. 8.
Dabey ist die Gedächtnißschrift auf den Ritter von Donato Tom=
masi, welche auch besonders übersetzt ist von Friedrich Münter.
Kopenhagen, 1791. 8. Eine andere deutsche Uebersetzung lieferte
Gustermann in Wien. 1784. 8.

    Cf. Elogio &c scritto dal Avoc. *Donato Tommasi.* Neapel, 1789. 8.
    Zu Fridr. Jon. Fischers Schriften setze bey: Geschichte
Friedrichs II. König von Preussen. Halle, 1787. II. gr. 8. (2. Thlr.
12. gr. moderirt 1. Thlr.) — De prima expeditione Attilæ regis
Hunnorum in Gallia, ac de rebus gestis Waltharii, Aquitan. princ.
carm. ep. Sec. VI. Lipf. 1780. 4.m. (12. gr.) — Quid de officiis
et amore erga inimicos. Halæ, 1789. 8.m. (4. gr.) — Erbfolge=

geschichte des Herzogthums Bayern unter dem Mittelsbachischen Stamme. Frankf. 1778—80 II. gr. 8. in 5 Abtheil. (20. gr.) — Litteratur des germanischen Rechts. Leipz. 1782. 8. (16. gr.) — Untrennbarkeit und Unveräußerlichkeit der Pfalzbayrischen Erbländ. Berl. 1786. gr. 8. (8. gr.) — Kurzer Begriff des Cameralrechts. Halle, 1796. 8. (18. gr.)

Lin. 8. 10. von unt. Statt: „Geschichte des deutschen Handels rc. Hannov. 1785. II. gr. 8." Lese: Geschichte des deutschen Handels rc. Hannov. 1785—92. IV. gr. 8. (6 Thlr. 14. gr.) Neue Aufl. 1. und 2. Th. 1794. 97.

Zu Joh. Chr. Fischers Lebensnachrichten, merke: Er studirte seit 1723. zu Jena ; wurde 1740. Adjunct der philos. Facultät; errichtete aber hernach eine Buchhandlung.

Seite 142.

Lin. 5. Die Worte: „starb 1767." streiche durch.

Lin. 9. Nach: „1766. 8.m. (1. fl.) Seze zu: ib. 1786. 8.m. Meissen, 1787. 8.m.

Lin. 10. Nach : 8. (1. fl.)" Seze zu: Ed. III. act. ib. 1793. 8.m.

Lin. VI. Nach: „1770. 8." Seze zu: Ed. VI. ib. 1789. 8.m.

Lin. 18. sq. Statt: „Prolusiones XVII. &c. 1772—82. 4." Lese : Prolusiones XXXI. &c. 1772—89. ib. 1791. 8.

Vor L. M. Fischlin rufe folgenden Artikel ein:

Joh. Eberhard Fischer, geb. 1697. zu Eßlingen. Er wurde 1730. Prorector des Gymnasiums in Petersburg ; reiste 1739. nach Kamtschatka, wo er bis 1747. blieb; starb den 24. Sept. 1771. als Mitglied der Kais. Akademie und Professor der Geschichte und Alterthümer zu Petersburg. — — Quæstiones Petropolitanæ. Petropol. 1770. 8. — Anmerkungen über Schlözers Probe russischer Annalen. ib. 1769. 8. — Sibirische Geschichte. ib. 1768. und 1771. II. 8. Ins Russische übersezt. ib. 1774. 4. b)

Seite 143.

Lin. 14. Nach: „ib. 1682." Seze zu: und 1749. (die deutsche Uebersezung. Leipz. 1765. gr. 8. ist elend.)

Lin. 23. sq. Nach: „Lesenswürdig." Seze zu: Ins Spanische übersezt. Saragossa, 1696. 4. Lugd. 1712. 8.

---

b) *Meuselii* Bibl. hist. Vol. II. P. II. p. 245. sq.

Not. c. Seße zu: — Lamberts Gelehrtengeschichte der Regierung Ludwigs XIV. 1. B. p. 282. sqq.

Seite 144.

Carl Fr. Flögels Lebensnachrichten, ändere so: geb. den 3. Dec. 1729. zu Jauer, wo sein Vater deutscher Schulhalter war. Er studirte 1752—54. zu Halle; wurde 1761. erster College in der 5ten Classe des Magdalenen ⸗ Gymnasiums zu Breslau; 1762. Prorector, und 1773. Rector der Stadtschule zu Jauer; 1774. Prof. philos. an der Ritter ⸗ Akademie zu Liegniz; starb im März 1788. æt. 59.

Zu seinen Schriften seße zu: — Geschichte des Burlesken Leipz. 1794. gr. 8. — Er arbeitete auch an Klozens Bibliothek der schönen Wissenschaften, an der Berliner Monatschrift ꝛc.

Rüke folgende Artikel ein:

Heinrich i Serien Flores, ein Spanier, starb den 5. Mai 1773. — — Hauptwerk: Espanna sagrada &c. (eine spanische Kirchengeschichte) Madrit, 1744—80. XXXV. 4. Den 29. Theil gab der Augustiner⸗Mönch Risco heraus. — Memorias de las Reynas Catholicas &c, ib. 1761. II. 4. mit Kupf. — Medallas de las Colonias de Espanna &c. c)

Daniel de Foe, ein Strumpfhändler und Dichter, der gegen das englische Ministerium viele fliegende Blätter schrieb, und deßwegen zu London an den Pranger gestellt wurde; starb 1731. zu Islington. — → Schriften: Robinson Crusoe, ein bekannter Roman, welcher sehr oft aufgelegt und übersezt, und zulezt von J. C. Wezel neu bearbeitet herausgegeben wurde. Leipz. 1779. 80. II. 8. — The true‑born Englishmann. Eine Satyre ꝛc. wurde 21. mal aufgelegt. — A Plan of Commerce. — Family Instructor, in 2. Bänden. — Hist. of Magic. — Collection of the Writings of the Author of the true‑born Englishman. Lond. 1703. 8. &c. d)

Not. t. Seze zu: — Mem. de Trevoux. 1701. p. 1948. und aus denselben sein Leben, im N. Büchersaal. 55te Oeffn. p. 521. sqq. — Bambergers biogr. Anecdoten ꝛc. 2. B. p. 337—347.

Seite 145.

Rüke folgenden Artikel ein:

---

c) *Meuselii* Bibl. hist. Vol. VI. P. I. p. 36. 459—486.

d) Jöcher von Adelung verb. — *Cibber* Lives o. engl. Poets. T. IV. p. 311.

Peter Franz Foggini war Profeſſor der ſchönen Wiſſenſchaften im Seminarium zu Florenz; hernach erſter Cuſtos der Vatica-
niſchen Bibliothek zu Rom. Er ſtarb den 1. Jun. 1783. æt. 71.
— — Schriften: De romano D. Petri itinere et episcopatu, ejusque
antiquiſſimis imaginibus exercitationes hiſtorico - criticæ. Florent.
1742. 4. Dagegen ſchrieb Joh. Chr. Leo: Comment. de D. Petri
itinere et episcopatu. Lipſ. 1743. 4. — *Virgilii* Codex antiquiſſ. qui Florentiæ in Bibl. Mediceo - Laurentiana adſervatur. Flor. 1741. 4. mit
Uncial-Buchſtaben prächtig gedruft. — *Epiphanii* liber de XII. gem-
mis ſummi ſacerdotis Hebræorum ; ex antiqua verſ. lat. c. n. ib.
1744. 4. — Ej. Comment. in Cant. cant. Romæ, 1750. 4. — Fa-
ſtorum anni romani a Verrio Flaccio ordinatorum reliquiæ ex mar-
morearum tabularum fragmentis Præneſte nuper effoſſis collectæ et
illuſtratæ; accedunt Verrii Flacci operum fragmenta omnia, ac Faſti
rom. ſingulorum menſium ex hactenus repertis calendariis marmoreis
inter ſe conlatis expreſſi. Romæ, 1779. fol. — Mehrere archäologi-
ſche Abhandlungen. e)

Not. x. Seze zu: — Elogium &c. in den Actis erudit. 1725. p. 477.

Seite 147.

Rüfe folgende Artikel ein:

Carl Fontana, geb. 1638. zu Rancati im Gebiet von Como.
Er war zu Rom ein berühmter Architect, und ſtarb 1714. nach-
dem er viele Gebäude, Kirchen und Monumente aufgeführt hatte.
Er ſtund ſeinem Lehrer Bernini an Richtigkeit und Genauigkeit
nach. — — Schriften: Il Tempio Vaticano e ſua origine con gli
Edificii piu conſpicuj antichi e moderni. Roma, 1694. fol. rar. —
Tr. dell' aque correnti. ib. 1694. und 1696. fol. — Antio e ſua
antichita. ib. 1710. fol. — L'Anfiteatro Flavio deſcritto e delineato.
Haag, 1725. fol. &c. f)

Peter Claudius Fontenay, ein Jeſuit, ſtarb 1742. — —
Hauptwerk: Hiſt. de l'égliſe gallicane. Paris, 1730 — 49. XVIII. 4.
Der 9te, 10te und zum Theil der 11te Band ſind von ihm; die 8.
erſten von Jac. Longueval; ein Theil des 11ten und der 12te von
Brumoy; der 13te bis 18te von Wilh. Franz Berthier. g)

---

e) Jöcher von Adelung verbeſſert. — *Saxii* Onomaſt. T. VII. p. 2. ſq.

f) Jöcher von Adelung verb. — *Paſcoli* Vite d'Architetti. T. II. p. 541.

g) Jöcher von Adelung verb. — Le Long und Fontette. T. I. p. 251.

Lin. 5. von unten. Nach: „und 1789. 8." seze zu: auch von R**. Halle, 1794. 8. (12. gr.)

Seite. 148.

Lin. 4. Zu „Oeuvres diverses &c. seze bey: Paris, 1790. II. 8.m. Dabey sein Leben.

Zu David Fordyce's Schriften seze bey: Von der Erziehung ꝛc. Aus dem Englischen. Hannover, 1753. 8.

Seite 149.

Rüfe folgende Artifel ein:

Johann Nicol. Forkel, geb. den 2. Febr. 1749. zu Meeder bey Coburg; seit 1779. Musikdireftor zu Göttingen, und seit 1787. Magister der Philosophie. — — Schriften: Musikalisch-kritische Bibliothef. Gotha, 1777—79. III. B. gr. 8. — Allgemeine Geschichte der Musik. I. B. Leipz. 1788. gr. 4. — Musikal. Almanach auf die Jahre 1782—89. ib. 8. — Steph. Arteaga Geschichte der italien. Oper ꝛc. Aus dem Ital. mit Anmerf. ib. 1789. II. 8. — Bestimmung einiger musikalischer Begriffe. Göttingen, 1780. 4. — Ueber die Theorie der Musik. ib. 1777. 4. — Allgemeine Litteratur der Musik, oder Anleitung zur Kenntniß musikalischer Bücher ꝛc. Leipzig, 1793. gr. 8. (3. fl. 20. fr.) h)

Thomas Forrest, Capitän ꝛc. — — Voyage to New-Guinea, and the Moluccas, from Balambangan &c. Lond. 1779. 4.m. mit Kupf. Französisch, Paris, 1780. 4. mit Kupf. Deutsch, von J. P. Ebeling, im Auszug. Hamb. 1782. 8. 2ter Th. oder Reise nach dem Marqui-Archipelagus. ib. 1793. gr. 8.

Zu J. H. S. Formey, merfe: starb den 8. März 1797. æt. 86. Zu seinen Schr. seze bey: — Souvenirs d'un Citoyen. Berl. 1789. II. 8.

Zu J. R. Forster, merfe: Ehe er nach Oxford fam, war er reformirter Prediger zu Naffenhuben bey Danzig; trat darauf zu Petersburg in russische Dienste, und sollte die Aufsicht über die neu anzulegende Colonien an der Wolga übernehmen; nach diesem privatisirte er zu London, von wo aus er sich nach Oxford begab. Zu seinen Schriften seze bey: — Der Capitaine Portlofs und Dixons Reise um die Welt, besonders nach der nordwestlichen Küste von Amerifa, in den Jahren 1785—88. Aus dem Englischen mit Anmerkungen. Berlin, 1790. 4. mit Kupf. (6. fl. 20. fr.) —

h) Meusel l. c.

William Fränklins Bemerkungen auf einer Reise von Bengalen nach Persien; in den Jahren 1786. 87. aus dem Engl. mit Anmerk. ib. 1790. gr. 8. — Magazin von merkwürdigen neuen Reisebeschreibungen, aus fremden Sprachen übersetzt, mit Anmerk. ib. 1790—96. XIII. gr. 8. Der 2te Band enthält le Vaillants erste Reise in das Innere von Afrika, in den Jahren 1780—82. Der 3te B. des Grafen Moriz Aug. von Beniowsky Schiksale und Reisen, die von seinem Sohn übersetzt und besonders gedruft sind. Leipzig, 1790. II. gr. 8. (3. Thlr.) — Wilh. Pattersons Reisen in das Land der Hottentoten und der Kaffern in den Jahren 1777—79. Aus dem Engl. mit Anmerk. ib. 1790. gr. 8. — Von Verbesserung der Lohgerberey ꝛc. Halle, 1781. 8. — Allgemeine Geschichte der Schiffarth und Entdekungen des Nordens. Frankf. 1785. gr. 8. — Vom Kalk und Mörtel. Halle, 1783. 8. — Bemerkungen über Gegenstände der physischen Erdbeschreibung, Naturgeschichte ꝛc. ib. eod. gr. 8. — Sammlung von Abhandlungen ökonomisch-technischen Inhalts. ib. 1784. 8. Bengt Bergius über die Lekereyen; aus dem Schwedischen, mit Anmerkungen, in Gemeinschaft mit Kurt Sprengel. Halle, 1792. II. 8. (à 16. gr.)

Seite 151.

Lin. 1. Nach: „1778. gr. 4." setze zu: Deutsch, mit Anmerk. von Ge. Forster. Berlin, 1783. gr. 8.

Lin. 3. Statt: „Leipz. 1781—89. XI. 8." lese: Leipz. 1781—90. XII. St. oder IV. B. 8.

Lin. 5. Nach: „Halle, 1781. fol." setze zu: sehr vermehrt, ib. 1795. fol. Das engl. Original erschien zum zweiten mal zu London 1790. gr. 4. mit 15. nach dem Leben ausgemahlten Kupfertafeln.

Lin. 12. Nach: „Hamb. 1785. 87. II. 8." setze zu: Die zwote Ausgabe des engl. Originals kam zu London 1790. IV. 8. (9. Thlr. 14. gr.) heraus. Sehr lesenswürdig.

Lin. 21. Zu „Halle, 1786." setze bey: und 1790.

Zu Joh. Ge. Ad. Forsters Lebensnachrichten, merke: Er wurde 1788. kurf. Hofrath und Ober-Bibliothekar zu Mainz; war in der Folge unter der Zahl der bekannten Clubbisten, begab sich nach Paris, und starb daselbst den 12. Jan. 1794. æt. 40.

Zu seinen Schriften setze bey: — Geschichte der Reisen, die seit Cook an der Nordwest- und Nordostküste von Amerika, von Meares, Dixon, Portlof, Coxe, Long ꝛc. unternommen wor-

den find; aus dem Engl. Berlin, 1792. III. gr. 4. mit Charten.
(22. fl.) ib. 1792. III. gr. 8. (12. fl. 40. kr.) — Bemerkungen
auf der Reise durch Frankreich, Italien und Deutschland, von
Esther Lynch Piozzi; aus dem Engl. mit Anmerkungen. Frankf.
1790. II. 8. — Briefe über Italien, vom Jahr 1785. II. 8. (3. fl.)
— Ansichten vom Niederrhein, von Brabant, Flandern, Holland,
England und Frankreich, im April, Mai und Junius 1790. Berl.
1791. 92. III. 8. — Wilh. Robertson's histor. Untersuchung über
die Kenntnisse der Alten von Indien, und die Fortschritte des Handels mit diesem Lande, vor der Entdekung des Weges dahin um
das Vorgebirg der guten Hofnung; aus dem Engl. ib. 1792. gr. 8.
(1. Thlr. 6. gr.) — Les Ruines par Volney &c. ins Deutsche übersetzt. Berlin, 1792. 8. Original und Uebersetzung wurden in Berlin, bey 100. Dukaten Strafe für jedes Exemplar, verboten. —
Erinnerungen aus dem Jahr 1790. in historischen Gemälden und
Bildnissen rc. Berlin, 1793. 8. (2. Thlr. 12. gr.) Der Text allein,
von Forster (16. gr.) Die Kupfer (oft Carricatur) sind von
Chodowiecki, Berger, Kahl, Bolt und Ringk. — Geschichte der
amerikanischen Revolution, aus den Acten des Congresses rc. von
Dr. David Ramsay, vormaligem Mitgliede des Congresses; aus
dem Engl. Berlin, 1794. II. 6. (2. Thlr. 8. gr.) — Kleine Schriften. ib. 1795. 96. 97. VI. 8. — Reise aus Bengalen nach England.
Aus dem Engl. mit Anmerk. von Meiners. Zürich, 1. Th. 1796.
2. Th. 1800. gr. 8. Das engl. Original: A Journey from Bengal to
England through the northern Part of India, Kashmire, Afghanistan,
and Persia, and into Russia, by the Caspian Sea. Calcutta, 1790. 4.
(Verfasser dieser Reise ist ein andrer Forster, der 179*. in Ost-
indien starb. S. die Vorrede des 2ten Theils der deutschen Uebersezung.) — Florulæ insularum australium prodromus. Gottingæ,
1786. 8. m. — Arbeitete mit Sprengel an den Beyträgen zur Völ-
ker- und Länderkunde.

Lin. 3. von unten. Nach: „1771. 4." seze bey: Das französische Original: Voyage autour du monde, en 1766—69. Paris,
1771. 4. mit XXII. Kupfertafeln. Vermehrt, ib. 1772. II. 8. m.
mit Kupf. Neuchatel, 1772. II. 8 m.

Not. c. Seze zu: *Meuselii* Bibl. hist. Vol. III. P. II. p. 142. sq.

Seite 152.

Füge folgende Artikel ein:

Nathanael Forster, Kapellan des Bischofs von Durham ꝛc.
Biblia hebr. sine punctis. Oxon. 1750. 4. Sehr schön und richtig.
— Ed. *Platonis* Dialogi V. græce et lat. ib 1745. 8.

Adrian Claudius le Fort de la Morininiere, geb. den
23. Dec. 1696. zu Paris, aus einer adelichen Familie. Er studirte
bey den Jesuiten; lebte vor sich in der Stille, und starb den
12. Apr. 1768 zu Paris. — — Schriften: Choix de Poesies morales
et chretiennes. Paris, 1739. III. 8. — Oeuvres choisies de Rousseau.
ib. 1741. 12. oft aufgelegt. — Bibliotheque poetique, ou nouveau
choix des plus belles pièces de vers. ib. 1745. VI. 12. und IV. 4. —
N. choix de l'oesies morales et chretiennes. ib. 1747. III. 4 sehr
schön gedruft; aber nur wenige Exemplare, und ohne hinlängliche
Auswahl. — Instruction militaire. ib. 1753. 8. — Abrégé de l'hist.
de Constance, Empereur d'Orient et d'Occident. ib. 1753. 12. —
Les Passe-temps poetiques, hist. et crit. ib. 1757. II. 8. — Einige
Comödien. i)

Fortunatus von Brescia, daselbst geb. den 1. Dec. 1701.
Eigentlich hieß er Hieron. Ferrari; er änderte aber diesen Namen
in jenen um, da er 1719. in den Franziskaner-Orden trat. Er
lehrte die Mathematik, Philosophie und Theologie; wurde 1753.
Sekretär des Generals, mit welchem er nach Spanien gieng. Er
starb hier zu Madrit den 11. Mai 1754. an einem hizigen Fieber.
— — Schriften: Geometriæ elementa &c. Brescæ, 1734. 8. —
Philosophia sensuum mechanica &c. ib. 1735. 36. II. 4 auct. ib.
1745—48. IV. 4. ib. 1752. 4 Venet. 1756. 4. — Elementa mathe-
matica &c Brescæ, 1737. 38. auch 1739. und 1756. 4. — Philosophia mentis &c. ib. 1741. 42. II. 4. ib. 1749. 4. — Corn. Jan-
senii systema de medicinali gratia expositum et confutatum. ib. 1751.
8, und 1757. 4. Madriti. 1756. 8. machte ihm Verdruß ꝛc. k)

La Fosse, ein berühmter Vieharzt zu Paris ꝛc. — — Schriften: Tr. sur le veritable siége de la morve des chevaux et les moyens
d'y remedier. Paris, 1749. 8. Haye, 1750. 8. Deutsch, mit Anmerkungen von D. G. Schreber. Halle, 1752. 8. — Observations
et découvertes faites sur des chevaux, avec une nouvelle pratique
sur la ferrure. Paris, 1754. 8. Deutsch von Schreber. Halle, 1759.

---

i) Jöcher von Adelung verbessert. — *Formey* France litt.

k) Jöcher v. Adelung verb. — *Mazzuchelli* Scritt. ital. T. VI. p. 2056.

8. Englisch, Lond. 1759. 8. — Cours de Hippiatrique. Paris, 1772. fol. Deutsch von Knoblauch. Lehrbegriff der Pferdearznenkunst. Prag, 1787. IV. gr. 8. mit Kupf. — In Erfahrung gegründete Gedanken vom Gebrauch der Mannschaften bey Angriff und Vertheidigung kleiner Posten. Aus dem Franz. von J. H. von Krebs. Kopenh. 1790. gr. 4. — — Von seinem Sohn hat man: Guide du Marechal, ouvrage contenant une connoissance exacte du Cheval et la manière de distinguer et de guerir ses maladies. ib. 1766. 4. l)

Seite 153.

Rüke folgende Artikel ein:

Joh. Fothergill, geb. den 8. März 1712. zu Carrend bey Richmond in der Graffschaft York. In seinem 16. Jahr kam er zu Bradford zu einem Apotheker in Pension; studirte hernach zu Edinburg die Medizin, und erhielt 1739. die Doctorwürde. Er kam 1750. nach London und practicirte daselbst; machte eine gelehrte Reise nach Deutschland und Frankreich, und setzte hernach seine Praxis mit allgemeinem Beyfall und vieler Wohlthätigkeit gegen arme Kranke, 30. Jahre lang zu London fort. Er starb den 26. Dec. 1780. æt. 69. unverheurathet an einer Blasen-Krankheit. Nach seiner Grabschrift zu Windmore-Hill hat er 200000. Guineen zum Besten der Armen verwendet. Zu Upton in Essex hatte er 1762. einen großen Garten mit exotischen und seltenen Pflanzen angelegt. Von diesen waren bey seinem Tod 1200. Zeichnungen fertig, die in das Cabinet der russischen Kaiserin kamen. Er hinterließ auch ein kostbares und vollständiges Naturalien-Cabinet. — — Seine philosophische und medicinische Schriften gab John Elliot heraus. Lond. 1781. 8. und Lettson, ib. 1785. 4. und III. 8. Eine deutsche Uebersetzung davon, nebst seinem Leben erschien zu Altona, 1785. II. gr. 8. m)

Jacob Fouilloux, ein Jansenist und Licentiat der Sorbonne, geb. circa 1670. zu Rochelle; starb 1736. zu Paris. — — Schriften: Hist. abrégée du Jansenisme. Cologne, 1696. und 1698. 12. — Memoires sur la destruction du Port-Royal. Amst. 1711. in 12. — Les grands Hexaples. Paris, 1721. VII. 4. — Edirte die Lettres de

l) Jöcher von Adelung verb.
m) Jöcher von Adelung verbessert. — Gruners Almanach 2c. 1787. p. 123—141.

Mr. Arnauld, avec des notes. Nancy (Amſt.) 1727. VIII. 12. Das
zu kam der 9. Band. Paris. 1743. 12. — Anmerkungen zu der Hiſt.
du Cas de conſcience. Nancy (Amſt.) 1705 — 12. VIII. 12. wovon
Jo. Couail und die Mlle. *de Joncoux* die Verfaſſer ſind. n)

Peter Simon Fournier, ein gelehrter Kupferſtecher und
Schriftgieſſer zu Paris, geb. den 16. Sept. 1712. zu Paris. Er
ſchnitt ſeine Schriften in Stahl, und erfand eine beſſere Propor-
tion der Lettern; ſtarb den 8. Oct. 1768. — — Schriften: Tables
des proportions. Paris, 1737. — Modéles des charactéres de l'Imprimerie &c. ib. 1742. 4. mit Vermehrungen und Fortſetzungen. —
Differt. ſur l'origine et le progrès de l'art de graver en bois &c. ib.
1758. 8. — De l'origine et des productions de l'Inprimerie primitive
en Taille de bois &c. ib. 1759. 8. — Obſervations ſur un ouvrage
(de *Schapflin*) intitulé Vindiciæ typogr. ib. 1760. 8. und Remarque
ſur un ouvrage intitulé: Lettre ſur l'origine de l'Imprimerie. ib. 1761.
8. Alle 4. zuſammengedrukt bey Barbou in 8. — Manuel typo-
graphique. ib. 1764. II. 12. Es ſollten noch 2. B. folgen. o)

Lin. 8. v. unt. Statt: „reiſ'te 1729." Leſe: reiſ'te 1729—30.
Lin. 4. v. unt. Statt: „ſtarb 1745." Leſe: ſtarb 1746.

Not. i. Setze zu: Lamberts Gelehrtengeſchichte der Regierung
Ludwigs XIV. 3. B. p. 522. ſqq.

Seite 154.

Zu J. Ge. Frank, merke: Er ſtarb den 20. Jun. 1784.

J. P. Frank, merke: Er iſt gebohren zu Rodalben in der
Marggräfl. Badenſchen Herrſchaft Gräfenſtein, jenſeit des Rheins,
wo ſein Vater ein Handelsmann war. Im Jahr 1796. verließ er
Pavia, und gieng nach Wien, als Hofrath und Lehrer der klini-
ſchen Schule, auch Oberaufſeher der ſämtlichen Spitäler, mit
7000. fl. Gehalt, nebſt freyer Wohnung.

Zu ſeinen Schriften ſetze zu: De curandis hominum morbis epitome &c. Manheim. 1792. 93. V. 8. (8. fl.) Deutſch: Grundſäze
über die Behandlung der Krankheiten ꝛc. Mannheim, 1793. 94.
V. gr. 8. (4. fl. 30. kr.) Abhandlung über eine geſunde Kinder-
Erziehung ꝛc. Aus dem Lateiniſchen. Leipz. 1794. gr. 8. (8. gr.)
etwas ſteif überſezt. — Drey zum Medicinalweſen gehörige Ab-

---

n) Jöcher l. c.

o) Jöcher von Adelung verbeſſert.

handlungen. Aus dem Italienischen. ib. 1794. gr. 8. — Kleine Schriften practischen Inhalts. Aus dem Lateinischen. Wien, 1797. gr. 8. — Opuscula medici argnmenti. Lipſ. 1790. 8.m. — (Syſtem der landwirthſchaftl. Polizey, beſonders in Hinſicht auf Deutſch, land, nach den beſten Verordnungen, Vorſchlägen und Anſtalten. Leipz. 1791 III. gr. 8. Iſt von D. Johann Philipp Frank, wel, cher als Privatdocent den 7. Apr. 1792. æt. 32. zu Erlangen ſtarb.)

Lin. 13. Nach: „ib. 1784 " ſetze zu: Wien, IV. gr. 8. (5. fl. 30. kr.) In einen Auszug gebracht, mit Berichtigungen und Zu, fäzen, von J. Chr. Fahner. Berlin, 1793. gr. 8. (3. fl. 20. kr.) Nicht gut.

Lin. 14. Statt: „1785 — 88. 89. VI. 8.m." Leſe: 1785 — 93. XI. 8.m. Nachgedruckt, Lipſ. 1790. ſqq. 8.m.

Seite 155.

Rüke folgende Artikel ein :

Joh. Michael Franke, geb. 1718. zu Ebersbach bey Dres, den. Er war Bibliothekar an der Bünauiſchen Bibliothek zu Nethniz bey Dresden; hernach, da dieſe mit der Kurfürſtl. vereinigt wurde, Bibliothekar und geheimer Sekretär zu Dresden; ſtarb 1775. — — Hauptwerk: Catalogus Bibliothecæ Bunavianæ. Lipſ. 1750 — 56. III. P. VII. T. 4.m. Ein Meiſterſtük von gelehrten Bücherverzeichniſſen; aber unvollendet. p)

Chriſtian Heinrich Freiesleben, geb. den 6. Jun. 1696. zu Glaucha, wo ſein Vater damals Gräfl. Schönburgiſcher Rath und Amtmann war. Er ſtudirte die Rechte zu Leipzig; wurde 1721. Regierungs, Advocat zu Altenburg; practicirte hernach zu Leipzig, und hielt philoſophiſche und juriſtiſche Vorleſungen; wurde 1728. Gräfl. Reuß, Plauiſcher Regierungs, und Conſiſtorial, Advocat; 1730. Prof. jur. ord. zu Altdorf; 1738. Brandenburg, Culmbachiſcher und 1741. Onolzbachiſcher Regierungsrath und Hofgerichts, Aſſeſ, for; ſtarb den 23. Jun. 1741. — — Schriften: Einleitung zur bür, gerlichen deutſchen Rechtsgelahrtheit. Altenb. 1726. 8. — Volumen deciſionum et responsorum. Norib. 1734. 4. — Schüzius illuſtratus et examinatus, ſ. Comp. juris Schüzio - Lauterbachianum illuſtratum. Altenb. 1735. II. 4. (9. fl.) — Edirte Corpus juris canonici; c. n.

---

p) Daßdorfs Nachricht von ihm. Dresden , 1777. 8. — Jöcher von Adelung verbeſſert.

Lancellotti. Baſil. 1746. II. 4.m. (5. fl.) und Corpus jur. civ. ib.
1759. II. 4.m. (6. fl.) — Einige Diſſertationen und Abhandlungen. q)
Den Artikel B. Fränklin ändere ſo:

Benjamin Franklin, geb. den 6. Jan. 1706. zu Boſton in
Amerika, wohin ſein Vater Joſias, ein Seifenſieder, 1682. we‑
gen der Religion aus dem Dorf Eaton in Northamptonshire ſich
begeben hatte. Der Sohn ſollte des Vaters Handwerk lernen; aber
er zeigte keine Luſt dazu. Weil er großen Hang zum Bücherleſen
zeigte, ſo wurde er ſeinem ältern Bruder, einem Buchdruker, in die
Lehre gegeben, und machte bey dieſem ſo große Fortſchritte, daß er
in der Folge ſeine Kunſtverwandte an Fertigkeit übertraf, und in
England viel Geld verdiente, mit welchem er aber nicht ſehr ſpar‑
ſam zu Werk gieng. Im October 1726. kam er nach Philadelphia,
wo er im Dienſt eines Kaufmanns jährlich 50. Pf. Sterl. bezog,
und ſich mit allem Eifer auf die Buchhalterey legte. Nach dem
Tode ſeines Principals, welcher 1727. erfolgte, war er wieder
Buchdrukergeſell bey Keimer in Philadelphia, deſſen ganzes Waa‑
renlager er beſorgte. Hier machte er viele Kunſtverſuche mit Schrift‑
gießen, Kupferdrukerpreſſen ꝛc Endlich legte er eine eigene Dru‑
kerey an, ſammelte einen gelehrten Clubb, und trieb von 1729. an
den Handel mit gutem Glük. Nebenher beſchäftigte er ſich mit
Staatsplanen, welche Beyfall erhielten und mit der Naturlehre.
Im Jahr 1752. machte er ſeine wichtigen Entdekungen über die
Natur des Blizes und die Blizableiter bekannt. Im Jahr 1762.
ertheilte ihm die Univerſität Oxford den Titel eines Doctors der
Rechte. Wegen ſeinen politiſchen Talenten ernannte ihn nicht nur
das brittiſche Miniſterium zum adjungirten General‑Director der
Poſten, ſondern er erhielt auch Siz und Stimme in der General‑
Verſammlung der Provinz. Dieſe wählte ihn 1764. zu ihrem
Agenten in London. Weil aber die Mißhelligkeiten zwiſchen dem
Mutterreich und den Colonien immer höher ſtiegen, ſo gieng Frank‑
lin 1776. als amerikaniſcher Agent nach Frankreich. Hier bewirkte
er durch ſeine Staatsklugheit und ſeine Unterhandlungen, in dem
den 20 Jan. 1783. zu Paris mit den engliſchen Commiſſarien unter‑
zeichneten Frieden die Unabhängigkeit der 13. vereinigten Staaten,
wodurch England 4500. Quadratmeilen an Land und 3. Millionen

q) *Zeidleri* vitæ profeſſorum Altdorf. T. III. n. 33. — Jöcher l. c.

an Unterthanen verlohr. Im Jahr 1785. kehrte er nach Amerika
zurük; war von 1786. bis 1788. Gouverneur des Staats von Pens-
sylvanien, und starb den 17. Apr. 1790. æt. 85. an einem Lungen-
geschwür zu Philadelphia. Die vereinigten Staaten feyerten seinen
Tod durch Anlegung der Trauer auf 2 Monate; die Nationals-
Versammlung zu Paris legte die Trauer 3. Tage an, und man hielt
Gedächtnißreden auf ihn. Er selbst hatte sich seine Grabschrift
gemacht, welche interessant genug ist, um hier einen Plaz zu
verdienen:

> Hier ruht der Leichnam
> Benjamin Franklins, Buchdrukers,
> Wie der Einband eines alten Buchs
> Dessen Blätter abgenuzt,
> Dessen Rüken und Schnitt verstreift sind;
> Eine Nahrung für Würmer.
> Aber das Werk selbst wird nicht verlohren gehen;
> Es wird, wie er hoft, wieder erscheinen
> In einer neuen und schönen Ausgabe,
> Uebersehen - und verbessert
> von dem Autor.

Mit seiner Gattin Miß Read hatte er sich 1730. verehligt. Schon
in früherer Jugend fieng er als Presbyterianer an gegen die ge-
offenbarte Religion Zweifel zu hegen, und in der Folge wurde er
durch Lesung deistischer und antideistischer Schriften ein Deist.
Sein Character war übrigens gerad und offen. — — Man hat
von ihm: Briefe von der Electricität, aus dem Engl. von J. C.
Wilke. Leipz. 1758. 8. (39. kr.) — Bericht für diejenige, so sich
nach Amerika begeben wollen. Aus dem Engl. Hamb. 1786. —
Freyer Wille, ein Werk für denkende Menschen, über die Macht
des Zufalls. Leipzig, 1787. 8. — Schreiben an Ingenhausen,
über das Rauchen der Camine. Hamburg, 1788. — Eine
Sammlung seiner Schriften kam zu London heraus: Works &c.
s. a. II. 8. mit seinem Leben. Sie ist aber nicht vollständig. Vielleicht haben wir aus Amerika etwas vollkommneres
zu erwarten. Sie ist ins Deutsche übersezt von Wenzel. Dreß-
den, 1780. III. gr. 8. mit Kupfern. — Kleine Schriften, nebst

Frank-

Franklins Leben. Aus dem Englischen. Weimar, 1794. II.
gr. 8. r)

Zu J. G. F. Franz, merke: Er starb den 14. April 1789.

Seite 158.

Not. q. Setze zu: Man hat auch von der Maria d'Agreda
Mistica ciudad de Dios &c. (ein geistlicher Roman.) Perpignan.
1690. IV. 4. Antw. 1692. III. fol. ib. 1705. III. fol und IV. 4.
Madrid, 1700. III. fol Ins Französische übersetzt von P. Thomas
Croizet. Bruxelles, 1729. III. 4.

Seite 159.

Zu Fresnoys Schriften setze bey: Plan d'une hist. générale et par-
ticulière de la monarchie françoise &c. Paris, 1753. III. 12.

Lin. 7. Statt: „1753. 8. (1. fl. 45. kr.) 1748. 4." Lese:
1753. III. 8. ib. 1759. III. 8.

Not. r. Setze zu: Le Long l. c. T. II. p. 185. sq. T. IV. p. 391.

Seite 161.

G. A. Freylinghausen's Lebensnachrichten ändere so: Er ist
gebohren den 12. Oct. 1718. zu Halle. Hier studirte er seit 1735.
die Theologie; wurde 1742. Inspector des Waisenhauses; 1749.
Adjunct der theol. Facultät; 1753. Prof. theol. extraord. und 1771.
ordin. aber ohne Besoldung; zugleich Director des Waisenhauses.
Er starb den 18. Febr. 1785. æt. 66.

Amadeus Franz Frezier, geb. 1682. zu Chambery aus der
schottischen Familie Frazer. Er sollte zu Paris die Rechte studiren; legte sich aber auf die Mathematik, und wurde 1700. Lieutenant. Im Jahr 1707. kam er unter das Ingenieur Corps, gieng
nach St. Malo, 1711. nach Chili und Peru, und 1715. nach Paris zurük. Er hatte sich während dieser Zeit so rühmlich ausge-

---

r) Seine Jugendjahre, von ihm selbst für seinen Sohn beschrieben; übersetzt von Gottfr. Aug. Bürger. Berlin, 1792. 8. Die aus einem
engl. Manuscript übersetzte Memoires de la vie privée de B. Franklin
ecrits par lui même &c. Paris, 1791. 8.m. liegen hier zum Grund. —
— Denkwürdigkeiten zur Geschichte B. Franklins; von C. Millon (übersetzt? oder verfaßt?) Petersb. 1793. 8. (8. gr.) — Nekrolog ic für das
Jahr 1790. von Schlichtegroll. 1. B. p. 262—311. — Eloge &c. par
l'Abbe Fauchet. Paris, 1790. 8. (4. gr.) — Sein Leben ic. gut beschrieben. Tübingen, 1795. 8. (16. gr.)

(Supplem. II.) F

zeichnet, daß man ihm die Befestigung von St. Malo übertrug und ihn 1719. zum ersten Ingenieur der Insel Domingo ernannte weil er aber hier das Clima nicht ertragen konnte, so erhielt e seine Entlassung, und 1728. das Ludwigs-Kreuz. Nach diese wurde er als Capitain und erster Ingenieur nach Philippsbur geschickt, und befestigte zugleich Landau. Von 1740—64. hatte e die Aufsicht über die Festungswerke in Bretagne, lebte nachher be sich, und starb den 10. Oct. 1773. zu Brest. — — Schriften Tr. sur les feux d'artifice. Paris, 1766. 8. Haye. 1741. 12. verbes sert, ib. 1747. 4. und 8. — Voyage de la Mer du Sud. Paris, 1715 4. interessant. Deutsch: Reisen nach der Südsee und den Küste von Chili, Peru und Brasilien. Hamburg, 1745. 8. — Tr. de Stéréométrie, ou Coupe des pierres et des bois. Strasb. 1737—39. III. 4. ib. 1763. 4. Eine glückliche Anwendung der Geometrie auf die Architectur. — Dissertations sur les ordres d'Architecture. ib. 1738. 4. — Elemens de Stéréométrie. Paris, 1759. II. 8. — Einige Abhandlungen. s)

Christoph Conrad Wilhelm Friderici, geb. 1722. zu Hildes heim; starb den 1. Jan. 1769. als Prof. juris zu Greifswalde. — — Schriften: Apparatus juris canonico-pontificio-ecclesiastici. Gothæ, 1759. 60. II. 9. — Abhandlung von der Freyheit der deutschen Kirche. Leipz. 1780. 8. — Vom Münzwesen im römischen Reich. Breslau, 1782. 8. — Einleitung in die Kriegswissenschaften ꝛc. ib. 1763. 64. II. 8. — Sammlung von Kriegsrechtssprüchen ꝛc. Leipzig, 1762, 8. t)

Seite 162.

Lin. 11. v. unt. Statt: „und 1743. fol. 4. Tome mit Kupf." Lese: und 1743—63. fol. 4. Tome in 12. Classen, mit Kupf. t)

Not. y. Setze zu: — *Bidermanni* Acta scholast. T. III. p. 259. sqq.

Seite 163.

Johann Leonhard Frocreisen, geb. den 9. Mai 1694. zu Brau-Schwikersheim, einem Dorf bey Straßburg, wo sein Vater gleiches Namens damals Prediger war, hernach aber nach Straß burg kam. Er studirte zu Straßburg, Giesen und Jena; wurde 1721. Lehrer am Wilhelmitanum und Vesperprediger zu Straß

---

s) Jöcher von Adelung verbessert.

t) Jöcher l. c.

burg; 1724. Prof. theol. und 1731. Canonicus zu St. Thomas, und Präses des Kirchen-Convents; auch 1741. Prediger an der neuen Kirche. Er starb den 13. Jan. 1761. Der Mangel an Beurtheilungskraft und seine Bitterkeit entzogen ihm die gehörige Achtung. — — Ausser einigen Differtationen hat man von ihm: Abschilderung Muhammeds und Zinzendorfs, als seines Aff.n. Straßburg, 1747. 4. auch lat. und französisch. — Richtige Eintheilung und deutliche Erklärung der Psalmen Davids ꝛc. Straß. 1724. 4. — Erklärung der Evangelien durchs ganze Jahr. ib. 1725. 4. u)

Erhard Andreas Frommann, geb. den 8. Nov. 1727. zu Wiesenfeld bey Coburg, wo sein Vater damals Prediger war. Er studirte zu Coburg und Altdorf; wurde Prediger zu Walbenern im Coburgischen, und nach 6. Jahren zu Garnstadt; 1756. Prof. L. gr. et orient. am Gymnasium zu Coburg; 1761. Director des Gymnasiums; 1767. K. Preussischer Consistorialrath, General-Superintendent und Abt zu Kloster Bergen. Er starb den 1. Oct. 1774. — — Er schrieb: — Tractatus de fascinatione, quo vulgaris profligatur, naturalis confirmatur et magica examinatur. Nürnberg, 1775. — Sehr viele Differtationen und Programme. x)

Zu Ge. D. Fuchs, merke: Er starb den 26. Sept. 1783. Not. a. Statt: „von Sam. Wilhm. Oetter." lese: von Rhell. Setze zu: Jöcher l. c. — *Meuselii* Bibl. hist. Vol. III. P. II. P. 355. sqq.

Seite 164.

Joh. Conrad Füeßli's Schriften setze bey: — Mehrere Abhandlungen. — Edirte *Joh. Simleri* Respublica Helvetiorum. Tig. 1734. 8.

Seite 165.

H. H. Füeßli's Lebensnachrichten ändere so: Er ist gebohren den 3. Dec. 1745. zu Zürich. Als Johann Rudolphs einziger Sohn hatte er mehrere Hauslehrer, vorzüglich Steinbrüchel. Diese gaben zwar seinem Geist und Charakter viele Bildung, brachten ihm aber mehr Geschmak bey, als eigentliche trofene Schulwissenschaften, wozu hauptsächlich auch sein Umgang mit Bodmer

u) Jöcher l. c. — Strodtmanns jetleb. Gelehrtengesch. 9. Th. p. 124. sqq. x) Jöcher l. c. — *Harlesii* Vitæ philol. T. II. p. 63. sqq.

beytrug. Er reiſte æt. 17. nach Italien, und hielt ſich beſonders bey Winkelmann 5. Monate zu Rom auf, welcher ſeinen Geiſt mit den Schönheiten des Alterthums nährte. Nach ſeiner Rük-kunft æt. 19. verehligte er ſich, und trat hernach in die berühmte Buchhändler-Geſellſchaft Orell, Geßner, Füßli und Compagnie, (jezt Orell, Füeßli und Compagnie,) da er die in Verlag genom-mene Schriften größtentheils ſelbſt prüfte, und wohl auch verbeſ-ſerte. Man übertrug ihm 1775. die öffentliche Lehrſtelle der vater-ländiſchen Geſchichte und Politik, welche Bodmer nach 50. Jahren niedergelegt hatte. Ueberdieß wurde er 1777. Mitglied des großen Raths der Zwenhunderte, auch 1778. der Reformations-Kammer und des Ehegerichts; 1779. Examinator der Kirchen und Schulen, und 1783. Pfleger des Stifts zum Großen Münſter. Durchgängig bewieß er ſich als einen für das allgemeine Beſte eifrigen Mann.

Zu ſeinen Schriften ſeze bey: Sämtliche Schriften des armen Mannes in Tokenburg. ib. 1. Th. 1789. 8. mit Kupf. 2ter Th. ib. 1792. 3. (9. gr.)

Lin. 7. Statt: „V. Jahrg. 9. St. 1788. 8." Leſe: VII. Jahrg. jeder 9. St. 1783 — 90. 8. und neues ſchweizeriſches Muſum. 1ter Jahrg. 1793. gr. 8.

Zu M. Fuhrmann ſeze bey: Er ſtarb 1773. zu Wien. — Das alte und neue Oeſterreich. Wien, 1734. IV. 8. — Abhand-lung von Streitfragen, ob Vindobona Wien ſey? ib. 1765. 8. — Dux viæ angelicus ad urbem Romam. ib. 1748. 8. auch deutſch. ib. eod. — Hiſt. de baptiſmo Conſtantini M. Romæ et Viennæ, 1734. 46. II. 4. mit Kupfern. — Allgemeine Kirchen- und Welt-geſchichte von Oeſterreich. Wien, 1769. 4.

Friedrich C. Fulda's Lebensnachrichten ändere ſo: gebohren den 23. Sept. 1724. zu Wimpfen, wo ſein Vater Diaconus war. Er ſtudirte im theol. Stift zu Tübingen; kam 1748. als Feldpredi-ger nach Holland; wurde 1751. Garniſonsprediger auf der Feſtung Aſperg; 1758. Pfarrer zu Mühlhauſen an der Enz, und 1787. zu Enſingen im Wirtembergiſchen, wo er den 11. Dec. 1788. æt. 64. ſtarb. Hauptſächlich ſtark war er in der Geſchichte und deutſchen Sprache.

Zu ſeinen Schriften ſeze bey: Natürliche Geſchichte der Deutſchen und der menſchlichen Natur; herausgegeben von Gräter. Nürnb. 1795. gr. 8.

Not. f. Seze zu: „Meiſters berühmte Männer Helvetiens.
2. B. p. 387 — 405.

Seite 166.

C. Ch. Gärtner's Lebensnachrichten ändere ſo: gebohren den
24. Nov. 1712. zu Freyberg, wo ſein Vater Poſtmeiſter und Kaufmann war. Er war mit Gellert und Rabener auf der Schule zu
Meiſſen; ſtudirte hernach zu Leipzig im Zirkel der damaligen deutſchen Geſellſchaft vorzüglich die ſchöne Litteratur. Im Jahr 1747.
wurde er Profeſſor der Sittenlehre und Redekunſt am Carolino,
und 1775. Canonicus des Stifts St. Blaſii zu Braunſchweig;
erhielt noch 1780. den Charakter als Hofrath, und ſtarb den 14.
Febr. 1791. allgemein geſchäzt.

Cf. Nekrolog ꝛc. für das Jahr 1791. von Schlichtegroll. 2. B.
1te H. p. 29 — 50.

Zu ſeinen Schriften ſeze bey: — Er arbeitete auch an der
Ueberſezung des Baylischen Wörterbuchs und der Rollinſchen
Werke.

Seite 167.

Rüke folgende Artikel ein:

Joseph Gärtner, geb. 1732. Er ſtudirte zu Tübingen; war
Prof. botan. bey der Akademie zu Petersburg; privatiſirte ſeit 1770.
zu Calw im Wirtenbergiſchen; ſtarb den 14. Juni 1791. æt. 59. —
— Hauptſchrift: De fructibus et ſeminibus plantarum &c. Stuttg. et
Tub. 1789. 90. 91. III. 4.m. 10. Centurien, mit 180. Kupferplatten. Ein klaſſiſches Werk. Der Verfaſſer unternahm, wegen den
ausländiſchen Früchten dreimal eine Reiſe nach Holland und England, arbeitete unter eilfjähriger Kränklichkeit unermüdet an der
Vollendung ſeines Werkes fort, und verwendete viele Koſten darauf.
Aber zu ſeinem Verdruß wurden in dreien Jahren nur 200. Exemplare vom erſten Theil abgeſezt.

Nicolaus Galeotti, gebohren den 17. Jul. 1692. zu Siena,
aus einer adelichen Piſaniſchen Familie. Er trat 1709. in den Jeſuiterorden; lehrte an verſchiedenen Orten in Italien die Grammatik, Rhetorik und Theologie, und ſtarb den 30. Dec. 1758. plözlich
zu Rom. — — Schriften: Imagines præpoſitorum generalium
S. J. &c. Romæ, 1748. fol.m. lat. und ital. mit 15. Bildniſſen. —
Museum Odeſcalcum. ib. 1751. fol. — Franc. Ficoronii gemmæ

antiquæ litteratæ &c. ib. 1758—67. IV. 4. — Einige lateinische
Gedichte. y)

Zu Joh. Gagnier's Schriften setze bey: — L'Eglise rom. convaincue d'Idololatrie et d'Antichristianisme. Haye, 1706. 8.

Lin. 12 Nach: „1732. II. 12." Setze zu: ib. 1748. III. 8.
Den Artikel „Gaillard" ändere so:

Gaillard, Mitglied der Akademie der Inschriften und schönen
Wissenschaften zu Paris. — — Hist. de François I. Roi de France &c.
Paris, 1766 — 68 VII. 8. vermehrt und verbessert. ib. 1769. 8.
Deutsch durch Joh. Nic. Meinhard, die 4. ersten, und von
Theodor Christoph Mittelstedt die 3. letzten Bände. Braunschw.
1767 — 69. VII. 8. — Geschichte der Rivalität Frankreichs und
Englands. Aus dem Französischen. Dessau, 1784. 8. z)

Lin. 2. Nach: „in Verse gebracht," setze zu: Eine ächte Fortsetzung brachte Don Chavis, ein gebohrner Araber, in die K.
Bibliothek nach Paris, und übersetzte sie aus dem Arabischen. Cassotre gab ihr das französische Gewand: Suite des mille et une
Nuits, Contes Arabes. Généve, 1788. 89 IV. 8. Gut übersetzt in
der blauen Bibliothek, die zu Gotha seit 1790. herauskömmt.

Joh. Ge Galleti's Lebensnachrichten ändere so: geb. 1750. zu
Altenburg; Collaborator an der Landesschule, und seit 1783. Professor zu Gotha.

Zu seinen Schriften setze bey: — Geschichte des dreißigjährigen
Krieges und des westphälischen Friedens Halle, 1792. III. gr. 4.
(9. fl.) auch in seiner Geschichte von Deutschland enthalten. —
Lehrbuch für den ersten Unterricht in der Geschichtskunde. Gotha,
1793. 8. (12. gr.) nicht ganz zwekmäßig, jedoch brauchbar. —
Kleine Weltgeschichte zum Unterricht und zur Unterhaltung. ib. 1797.
II. gr. 8. (2. Thlr. 16. gr.)

Seite 169.

Lin. 1. Zu „Thüring. Geschichte, merke: Neue Aufl. ib. 1795.
Lin. 3. Nach: „Skelet" setze zu: 2te ganz umgearbeitete Auflage. ib. 1794. 8. (92 gr.)
Lin. 5. Statt: „1. B. ib. 1789. 90. II. 8.

---

y) Joecher von Adelung verbessert.
z) Meuselii Bibl. hist. Vol. VII. P. II. p. 221. sq.

Lin. 6. Statt: „53. und 54. Th. Leipz. 1787—89." Lese:
53—62. Theil. Leipzig, 1787—96.

Lin. 8. Statt: „1788—89. III." Lese: 1788—96. X.

Rüke folgende Artikel ein:

Benno Ganſer, (ehe er das Kloſterleben erwählte, Franz
Xaver,) geb. den 15. Nov. 1728. zu München, wo ſein Vater
Anton Ganſer ein Bürger von mittelmäſigen Vermögensumſtänden
war. In ſeiner Jugend zeigte er ſchon vielverſprechende Fähig-
keiten, und beſuchte die lateiniſche Stiftsſchule und das Kurfürſtl.
Schulhaus zu München mit vielem Nuzen. Nachdem er hier 6. Jahre
zugebracht hatte, fieng er an ſich ganz auf Philoſophie zu legen.
Um in den Wiſſenſchaften weiter vorzurüken, wählte er das Kloſterleben und gieng 1748. in das Benedictiner-Kloſter Obernalteich in
Baiern, wo er auch den 8. Dec. 1749. förmlich aufgenommen wurde.
Nun legte er ſich mit vielem Fleiß auf die Naturkunde und Gottes-
gelehrſamkeit, wurde auf verſchiedenen Kloſterpfarreyen Vikar,
kam aber bald wieder als Lehrer der Theologie in ſein Kloſter zurük, und lehrte die Dogmatik und im Kloſter Ensdorf die Moral.
Als die Akademie der Wiſſenſchaften zu München im Jahr 1761.
die Preisfrage über den eigenen Beytrag der Pflanzen zur Zubereitung ihres Nahrungsſafts, über die dabey in Betracht kommen-
de Beſchaffenheit des Erdreichs, und von deſſelben Beſtimmung
durch chemiſche Verſuche, ausſezte; ſo wagte ſich Ganſer an die
Beantwortung, welche ihm auch ſo gelang, daß er zwar nicht
den erſten Preiß erhielt, jedoch mit einer ſilbernen Medaille beehrt
und als Mitglied aufgenommen wurde. So arbeitete er verſchiedene
Abhandlungen aus und kam zum zweitenmal zum theologiſchen Lehramt, hielt ſich aber noch an die alte unbrauchbare Lehrart der
Theologie. Ueberdiß war er einer der eifrigſten Vertheidiger der
päbſtlichen Gewalt und Hoheit, daß er es ſogar wagte, gegen den
D. Huth in Erlangen zu ſchreiben. Vielleicht hat aber Ganſer öfters wider ſeine eigene Ueberzeugung und Einſichten geſchrieben,
und nur den klöſterlich-obrigkeitlichen Auftrag befolgen müſſen.
Auch ſcheute er ſich nicht in die damalige Streitigkeiten über geiſtliche Immunität in zeitlichen Dingen ſich zu miſchen, und wider
den verdienten von Oſterwald zu ſchreiben, dem er doch durchaus nicht gewachſen war. Dadurch ſezte er ſich ſelbſt herab, und
in der Folge gab er ſich blos mit kleinen Schriftchen ab, da er

doch zu den Größten die Fähigkeiten gehabt hätte. Endlich wurde er von seinem theologischen Lehramt zurük und zum Klosterarchiv gezogen; aber seine schwache Gesundheitsumstände erlaubten ihm nicht, seine Kräfte auf historische Arbeit zu verwenden, sonst hätte man von ihm ohne Zweifel etwas besseres erwarten können, als seine Streitschriften, durch welche er wenig leistete. Sechs Jahre lang schmachtete er ein sieches Leben hin, und trug den Tod im Busen, während dem er seine eigene Lebensbeschreibung aufzeichnete. Sein Tod erfolgte den 5 August 1778. — — Schriften: Systema S. P Augustini de divina gratia actuali. Ratisb. 1758. 4 — Auctoritas Rom. Pontificis a calumniis D. Huthii prof. Erlangensis vindicata. ib. 1759. 4 — Cogitationis hum. nat. Principia et Genes. ord. perfect et defect. adjumenta ab auctoritate &c. Salipoli, 1764. 4. — Von Benutzung der Torferde und der moosigten Gründe. Im 3. Band der akademischen Abhandlungen, S. 213. sqq. — Minister Sacramenti matrimonii. Strasb. 1766. 4. — Verschiedene Fragen über Vermunds von Lochstein Gründe, sowohl für als wider die geistliche Immunität in zeitlichen Dingen. 1766. 8. — Historia illustrissimorum et antiquissimorum Comitum de Pogen, fundatorum utriusque Monasterii Oberaltachensis et Windbergensis &c. Im 2ten Band der neuen historischen Abhandlungen ꝛc. a)

David Garrik, geb. 1717. zu Hereford, wo sein Vater Major war. Er sollte die Rechte studiren; wählte aber 1740. die Schaubühne, und spielte mit allgemeinem Beyfall zu London und Dublin. Im Jahr 1747. kaufte er in Gesellschaft mit Lacy das Theater in Druryane. Endlich nöthigten ihn 1776. die Steinschmerzen das Theater zu verlassen. Er starb den 20. Jan. 1779. zu London, und wurde in der Westmünster Abtey feyerlich beygesetzt. — — Man hat von ihm 35. Schauspiele, die er theils selbst verfertigt, theils umgearbeitet hat. b)

Renatus Jacob Croissant de Garengeot, geb. den 30. Jul. 1688. zu Vitré in Ober-Bretagne, wo sein Vater ein Wundarzt war. Bey diesem lernte er die ersten Anfangsgründe seiner Kunst, übte

a) Von Vacchiery Rede zum Andenken Benno Ganfers und Michael Steins. München, 1790. 4.
b) Sein Leben ꝛc. von Davies, englisch. Deutsch übersetzt. Leipz. 1782. 8. — Jöcher von Adelung verbessert.

ich nachher in den Hospitälern zu Angers und Brest, machte zwo Seereisen, studirte noch seit 1711. die Chirurgie zu Paris, und erhielt 1725. das Meisterrecht in der Zunft des heil. Comus. In der Folge wurde er Mitglied der K. Gesellschaft zu London, und K. Demonstrator in den chirurgischen Schulen; 1731. Mitglied der chirurg. Akademie; 1742. Chirurgien Major bey dem K. Infanterie-Regiment. Er starb den 10. Dec. 1759. zu Cöln. — — Schriften: Tr. des Operations de Chirurgie. Paris, 1720. III. 12. ib. 1731. und 1749. III. 12. Engl. Lond. 2723. 8. Deutsch, Berlin, 1733. 8. — Tr. des instruments de chirurgie. Paris, 1723. 12. ib. 1727. II. 12. Deutsch, Berlin, 1729. 8. — Myotomie humaine et canine &c. Paris, 1724. 1728. und 1750. II. 12. — Splanchnologie, ou Tr. d'Anatomie, concernant les vitceres. ib. 1728. und 1739. 12. ib. 1742. II. 12. Deutsch, Berlin, 1733. und 1744. 8. mit Kupf. (45. Jr.) c)

Zu Don J. Garnier merk' als Note:

* *Phil. le Gref* Bibl. hist. et crit. des auteurs de la congreg. de S. Maur. Haye, 1726. 8.m. p. 143. sqq.

Zu Abt Garnier merke: Er war Historiograph, Professor am K. Collegium und Mitglied der K. Akademie der Inschriften zu Paris.

Zu P. N. von Garelli setze bey: Er reis'te als Leibarzt mit dem Erzherzog Carl nach Portugal, wo er den König von einer gefährlichen Krankheit herstellte, und dafür ein Geschenk von 30000. fl. erhielt. — — Man hat von ihm hie und da z. B. in dem Journal des Savans &c. gedrukte Briefe.

Seite 170.

Rüke folgenden Artikel ein:

Simon Peter Gasser, geb. den 23. Mai 1676. zu Colberg in Pommern, wo sein Vater Landrentmeister war. Er studirte zu Leipzig und Halle; reis'te als Hofmeister mit dem Baron von Enden nach Holland, und als Licentiat an die vornehmsten deutschen Höfe, auch nach Italien; hielt seit 1706. Vorlesungen zu Halle; wurde daselbst 1710. Prof. jur. extraord.; hernach Kammer-Consulent, auch 1711. Beysitzer des Schöppenstuhls, kam mit der Regierung nach Magdeburg; wurde 1716. Kammerrath; 1721. Prof. jur. ord. zu Halle, auch Kriegs- und Domänenrath; 1727. Prof. oecon. und Ge-

---

c) Joecher von Adelung verbessert. — *Eloy* Dict. de la med.

heimerrath; ſtarb den 22. Nov. 1745. — — Schriften: Prælectiones ad codicem Juſtinianeum ejusque titulos, qui in digeſtis non
continentur. Halæ, 1727. 4. — Selectæ obſervationes foren-
ſes. ib. 1789. 4. — Einleitung zu den ökonomiſchen, politiſchen
und Kameral-Wiſſenſchaften. ib. 1719. 4. — Viele Diſſertationen ꝛc. d)

Zu Ch. Garve's Schriften ſetze bey: — Ueber die Verbindung
der Moral mit der Politik ꝛc. Breslau, 1788. 8. — Ueber den
Charakter Zollikofers ꝛc. Leipz. 1788. 8. — Verſuche über verſchiedene Gegenſtände aus der Moral, der Litteratur und dem geſellſchaftlichen Leben. 1792—97. III. 8. (à 1. Thlr. 12. gr.) — Sammlung einiger Abhandlungen aus der neuen Bibliothek der ſchönen
Wiſſenſchaften. Leipz. 1779. 8. — Ueber den Charakter der Bauern
und ihr Verhältniß gegen den Gutsherrn. Breslau, 1786. 8. —
Züge aus dem Leben und Charakter C. J. Paczensky von Tenczin.
ib. 1793. 8. — Vermiſchte Auffäze. ib. 1796. 8.

Lin. 16. Zu „Commentar" ſetze bey, unter dem Titel: Philoſophiſche Anmerkungen und Abhandlungen zu Ciceros Büchern von
den Pflichten.

Lin. 17. Statt: „ib. 1788." Leſe: ib. 1784. und 1788.

Zu John Gaſt merk' als Note:

* Meuſelii Bibl. hiſt. Vol. III. P. II. p. 201. ſq.

Zu J. Ch. Gatterer's Schriften ſetze bey: — Verſuch einer allgemeinen Weltgeſchichte bis zur Entdekung Amerikens. Göttingen,
1792. gr. 8. — Practiſche Heraldik. Nürnb. 1791. gr. 8. (20. gr.)
— Stammtafeln zur Weltgeſchichte ꝛc. 1te Samml. Tafel 1—32.
Göttingen, 1799. gr. 4. — Kurzer Begriff der Weltgeſchichte.
ib. 1785. gr. 8. (18. gr.)

Seite 171.

Lin. 5. Nach: „ib. 1789. II. 8." ſetze zu: — Zwote vermehrte
und verbeſſerte Ausgabe. ib. 1793. 8. (2. Thlr. 8. gr.) Ins Holländiſche überſezt. Utrecht, 1793. II. 8.

Lin. 6. v. unt. Nach: „1784." ſetze zu: und 1791.

Lin. 3. v. unt. Nach: „Paris, 1770. 12." ſetze zu: Dabey
ſind zu merken, Gaub's Vorleſungen: Commentaria in inſtitut.
pathologiæ med. digeſta a Ferd. Dejean M. D. Viennæ, T. III.

---

d) Jöcher von Adelung verbeſſert.

1792. 93. 8. (4. Thlr. 16. gr.) Dejean Gaub's Schüler machte Zusäze. Der Stil ist hie und da unlateinisch.

Seite 172.

Zu Heinrich Gautier's Schriften seze bey: — Tr. de la construction des chemins &c. Paris, 1715. 8. ib. 1721. 8. Deutsch, Leipz. 1759. 8. ib. 1773. gr. 8. mit Kupf. — Die Kunst zu tuschen. Nürnberg, 1764. 8.

Rüke folgenden Artikel ein:

Brandan Gebhardi, Brandan Heinrichs Sohn, geb. 1704. zu Greifswalde; er studirte hier, und starb den 18. Jun. 1784. als Doct. theol. Consistorialrath und Superintendent zu Stralsund. — — Schriften: Gedanken von der Versöhnung. Greifsw. 1745. 8. — Betrachtungen über die christliche Liebe. Stralsund, 1754. 4. — Fromme Entschliessungen 2c. 2te Auflage. Berlin, 1768. 69. II. 8. und 1775. 8. e)

Seite 175.

Zu C. A. Gebhardi's Schriften seze bey: — Geschichte des Herzogthums Kurland und Semgallen, und Geschichte der Wenden und Slaven 2c. im 51. Th. der allgem. Welthist. Halle, 1789. gr. 4.

Seite 175.

Zu G. Ch. Gebauers Schriften seze bey: — Godofr. Barthii Dissertat. juridicæ, c. n. Lips. 1733. 4. — Tr. de caldæ et caldi apud veteres potu. Lips. 1721. 8. mit Kupf. — De patria potestate. Gœtt. 1751. — De libertinitate et de judiciis capitalibus vet. German. ib. 1761. 4. — Dissertationes anthologicæ. Leipz. 1733. 8. — Mehrere andere Dissertationen.

Not. y. Seze zu: — *Meuselii* Bibl. hist. Vol. V. P. II. p. 39. sq.

Seite 176.

Lin. 4. Nach: „1776. II. 3." seze zu: auct. Gœttingæ 1796. 4.

A. C. de Gebelins Lebensnachrichten ändere so: geb. 1725. zu Lausanne, wo sein Vater Prediger war. Er studirte hier vorzüglich die orientalische und andere Sprachen; kam 1763. nach Paris, wo er mit zwo unverehligten Frauenzimmern, Linot und Fleury, in vertrautem Umgang lebte, die ihn bey Verfertigung seines Werks: Monde primitif &c. thätig unterstüzten. Er war K. Censor, beständiger Ehrenpräsident des Museums, auch Mitglied der K.

---

e) Joecher von Adelung verbessert. — Meusel gel. Deutschland.

Akademie zu Rochelle, und der ökonomischen Gesellschaft zu Bern. Er starb den 18. Mai 1784. zu Paris.

Zu F. Gedike seze zu: Auch Oberconsistorialrath und Oberschul= rath, und seit 1791. Doctor theologiæ. — — Französisches Lese= buch ꝛc 5te Auflage. Berlin, 1793. 8. — Englisches Lesebuch ꝛc. ib. 1795. 8. (16. gr.) — Hebräisches Lesebuch für Schulen ꝛc. Breslau, 1790. 8. — Kinderbuch zur ersten Uebung im Lesen, ohne a b c und Buchstabiren. Berlin, 1791. gr. 8. — Erinnerung an Büschings Verdienste um das Berlinische Schulwesen. ib. 1795. 8. (8. gr.) — Einige Gedanken über die Methode zu examiniren. ib. 1789. 8. — Pindari Carmina selecta. Olymp. I. II. IV. V. IX. XI. XII. XIV. Pyth. I. VI. VII. IX. XI. Nem. I. Isthm. III. VII. cum scholiis selectis suisque n. in usum acad. et scholar. Berol. 1786. 8. — Aristoteles und Basedow, oder über Schulerziehungswesen. Berlin, 1778. — Beytrag zur Methode des öffentlichen Schul= unterrichts. ib. 1781. — Gedanken über die Uebungen im Lesen. ib. 1785. 8. — Gedanken über den mündlichen Vortrag der Lehrer. ib. 1786. 8. — Gedanken über die Beförderung des Privatfleisses in Schulen. ib. 1785. 8. — Einige Gedanken über Schulbücher und Kinderschriften. ib. 1787. — Ueber den Unterricht im Lesen, Rechnen, Schreiben, Zeichnen auf Schulen. ib. 1788. 8. — Nach= richt von dem, mit dem Friederichswerderschen Gymnasium verbun= denen Seminarium für gelehrte Schulen. ib. 1789. 8. — Kurze lateinische Grammatik. ib. 1790. 8. — Gedanken über die Ordnung und Folge der Gegenstände des Unterrichts. ib. 1791. 8. — Luthers Pädagogik, oder Gedanken über Erziehung und Schulwesen aus Luthers Schriften gesammelt. ib. 1792. 8. — Lateinische Chre= stomathie aus den klassischen Autoren, zum Gebrauch der mitt= lern Classen. ib. 1792. 8. — Ueber Du und Sie. ib. 1794. 8. — NB. Lateinisches, griechisches und englisches Lesebuch sind ins Deutsche übersezt; eben so die lat. Chrestomathie. — Ueber deutsche Sprach= und Stil=Uebungen, auf Schulen. Berlin, 1793. 8.

Not. z. Seze zu: — *Bruckeri* Pinacoth. Dec. IV. n. VI.

Seite 178.

Zu J. C. Gehler, merke: Er starb den 6. Mai 1795. æt. 64.

Zu J. S. T. Gehler, merke: Er starb den 16. Oct. 1795. æt. 46. an einer Brustwassersucht.

Lin. 10. von unt. Nach: „1787. gr. 8." ſeße zu: 2ter Theil.
789. (bis Liq.) 3ter Th. 1790. (bis Seb.) 4ter Th. 1791. (bis Z.)
5er Th. oder Supplementband. ib. 1795. gr. 8. 6ter Th. 1796.
15. Thlr. 16. gr.)

Seite 180.

Rüke folgende Artikel ein:

Ludwig le Gendre, geb. 1655. zu Rouen. Der Erzbiſchoff
von Harlen ſorgte für ſeine Erziehung, und ernannte ihn 1690. zum
Canonicus ſeiner Kirche zu Paris. Er wurde hier 1723. Subcantor
und erhielt 1724. die Abtei Notre Dame de Clairefontaine in der
Dióces von Chartres. Er ſtarb den 1. Februar 1733. æt. 78. als
Canonicus zu Paris. — — Schriften; Hiſt. de France. Paris, 1700.
II. 12. ſehr vermehrt. ib. 1718. III. fol. und VI. 8. ib. 1719. VIII.
12. Er beſchreibt darin ſehr getreu die Geſchichte der Könige bis
auf den Tod Ludwigs XIII. nebſt den Sitten und Gebräuchen
der Nation. Die Abhandlung : Moeurs et Coutumes des François
dans les differens temps de la Monarchie. Paris, 1711. 12. ib. 1753
12. — Eſſays du regne de Louis le Grand. — Vie du Cardinal
d'Amboiſe &c. — Sein eigenes Leben, fünfmal beſchrieben. f)

Gilbert Carl le Gendre war Requeten-Meiſter, hernach Marquis de St. Aubin ſur Loire; ſtarb 1746. — — Des Antiquités
de la Nation et de la Monarchie françoiſe. Paris, 1741. 4. Zu partheyiſch und durch ungereimte Hypotheſen verunſtaltet. g)

Anton Genoveſi, geb. den 1. Nov. 1712. zu Caſtiglione, in
der Provinz Salerno. Er ſtudirte die Theologie und das canoni-
ſche Recht, und wurde Lehrer der Beredſamkeit im Seminarium zu
Salerno, legte ſich aber ſeit 1737. zu Neapel ganz auf die Philoſophie, die er auch ſeit 1741. als Prof. extraord. lehrte. Man ernannte ihn 1745. zum Profeſſor der Moral. Weil er ſich aber
durch ſeine philoſophiſche und theologiſche Schriften vielen Verdruß
zuzog, ſo wählte er die ökonomiſchen und Handlungswiſſenſchaf-
ten zum Hauptſtudium, und lehrte ſie ſeit 1754. als erſter Profeſſor
zu Neapel. Er ſtarb den 23. Sept. 1769 — — Schriften: Diſcipli-

---

f) *Meuſelii* Bibl. hiſt. Vol. VII. P. I. p. 66.ſq. 245. ſqq. — *Le Long*
l. c. T. II. p. 41. 58. — Acta erudit. 1791. p. 109—113. und 1720.
p. 49—55.

g) *Meuſel* l. c. Vol. VII. P. I. p. 231. ſqq. — *Le Long* l. c. T. II. p. 16. ſq.

næ metaphyſicæ. Neap. 1743—52. IV. 8. vermehrt und ſehr verb
ſert. ib. 1760. V. 8. — *Muſchenbroekii* Elementa &c. ib. 1755.
— Elementa artis Logico - criticæ. ib. 1745. — Elementa Theologi
hiſtorico - critico - dogmatica. ib. 1747. — Storia del commercio de
Gran-Bretagna , ſcritta da John Gray, tradotta &c. ib. 1757. III.
— Lezioni di Commercio , o ſia d'Economia civile. Baſſano , 176
II. 8. Deutſch, von A. Witzmann. Leipzig , 1772. 76. II. 4. -
Lettere academiche. 1772. 8. — Lettere familiari. 1774. — Meh
rere Streitſchriften. h)

Zu Dom. Georgi's Schriften ſeze bey: Poggii Bracciolini Hiſt.
de varietate fortunæ Lib. IV. c. not. Pariſ. 1724. 4. — Martyrologiuæ
Adonis . Archiep. Viennenſis, c. n. Romæ, 1745. fol. — De Mo
nogrammate Chriſti. ib. 1738. 4. — De antiquis Italiæ metropolibus.
ib. 1724. 4.

Not g. Seze zu: — Lobrede ꝛc. von Choffin; aus dem Fran
zöſiſchen, von Bertram. Berlin, 1779. 4. — Elogium &c. a *Joh.*
Aug. Erneſti. Lipſ. 1770. 4. — Schmids Nekrolog ꝛc. 2. B. -
Meiſters Charakteriſtik deutſcher Dichter. 3. B.

Not. h. Seze zu: — Lamberts Gelehrtengeſchichte der Regie
rung Ludwigs XIV. 2. B. p. 493. ſqq.

Not. i. Seze zu: — *Meuſelii* Bibl. hiſt. Vol. IV. P. I. p. 4. ſqq.

Seite 181.

Lin. 17. Nach: „fehlerhaft," ſeze zu: Die weit beſſere Fort
ſezung davon: Wilhelm Heinſius allgemeines Bücher ꝛ Lexicon ꝛc.
Leipz. 1793. IV. gr. 4. (8. Thlr. 12 gr. auf Schreibp. 9. Thlr.
16. gr.) und 1ſter Supplementband. ib. 1798. gr. 4.

Seite 183.

Martin Gerbert's Lebensnachrichten ändere ſo : geb. den 12
Aug. 1720. zu Horb am Nekar in der untern Grafſchaft Hohenberg,
Er ſtudirte zu Freyburg, Klingnau in der Schweiz und St. Bla
ſien. Hier legte er den 28. Oct. 1736. das Ordenskleid an, und
wurde den 30. Mai 1744. zum Prieſter geweiht. Er lehrte nun
die Philoſophie und Theologie, bis er den 15. Oct. 1764. zu des
H. R. R. Fürſt und Abt der Congregation St Blaſii auf dem
Schwarzwald kanoniſch gewählt wurde. Er ſtarb den 14. Mai
1793. æt. 73. Ein gelehrter und ſehr arbeitſamer Mann. Ihm

---

h) Jöcher von Adelung verb. — Sein Eloge &c. Venet. 1772. 74. 82. 8.

folgte sogleich den 16. Mai in der Würde der bisherige Statthalter P. Mauritius Ribbele. In den Jahren 1760—62. hatte er seine gelehrte Reisen durch Deutschland, Italien und Frankreich gemacht.

Zu seinen Schriften seze bey: — De translatis Habsburgo-Auftriacorum Principum eorumque conjugum cadaveribus &c. ad conditorium novum monasterii St. Blasii. 1772. 4.m. — Janseniftarum controverfiarum ex doctrina St. Augustini retractatio. ib. 1791. 8. — De Rudolpho Suecico, Comite de Rhinfelden, Duce, Rege. deque ejus illustri familia &c. Basil. 1786. 4.m. (2. Thlr.) — De sublimi in evang. Chr. juxta div. verbi incarnati oeconomia. St. Blas. 1793. III. 8.m. (1. Thlr. 16. gr.) — Solitudo sacra &c. Augsb. 1786. 8.m. (19. gr.) — Dæmonurgia. Ulm, 1775. 4. (1. Thlr.)

Lin. 10. von unt. Zu: „Hist. nigræ silvæ &c. Seze bey: und Codex diplomaticus &c. ib. 1738. III. 4. Dabey ist zu merken: Codex diplomaticus Alemanniæ et Burgundiæ transjuranæ intra fines dioecesis Constantiensis &c. ed. c. n. *Trudpertus Neugart*, Monast. Blaf. Decanus. T. I. ib. 1791. 4.m.

Ph. W. Gercken's Lebensnachrichten ändere so: geb. den 5. Jan. auf Burg Salzwedel und Schwarzenholz. Er pflegte immer herumzureisen, um historische und diplomatische Nachrichten zu sammeln, ohne je eine öffentliche Bedienstung anzunehmen, ob sie ihm gleich oft angetragen wurde. Er brachte endlich die lezten 6. Jahre seines Lebens zu Worms im stillen Zirkel weniger Freunde, als K. preußischer Justizrath zu, und starb daselbst den 27. Juni 1791. æt. 74. am Schlag. Seine kostbare Bibliothek wurde theils hier, theils zu Salzwedel einzeln verkauft.

Not. s. Seze zu: — Taffin gel. Geschichte der Congregation von St. Maur. 2. B. p. 483—548. — *Phil. le Gref* Bibl. hist. et crit. des Auteurs de la congreg. de S. Maur. Haye, 1726. 8.m. p. 157, sqq.

Not. q. Seze zu: Nicolai Reise durch Deutschland re. 12. B. p. 64—74.

Seite 184.

Not. g. Seze zu: — Nekrolog re. für das Jahr 1791. vom Schlichtegroll. 2te H. p. 333. sq.

Seite 185.

Not. r. Seze zu: — *Bruckeri* Pinath. T. II. Dec. VII.

Seite 186.

Zu **Ch. F. Germershausen's** Schriften seze bey: — Das Ganze der Schaafzucht. ib. 1789. 90. II. 8.m. (2. Thlr.) — Oekonomisches Real-Lexicon ꝛc. ib. 1795—97. III. gr. 4. (9. Thlr.) Etwas zu weitläuftig.

Lin. 2. v. unt. Statt: „Schorndorf im Wirtembergischen ꝛc. Lese: Böblingen im Wirtembergischen ꝛc.

Zu **Gerstlachers** Lebensnachrichten seze bey: Er starb den 15. August 1795. æt. 63. an den Folgen eines Schlagflusses, der ihn durch mehrere Jahre zu wiederholten Malen besallen, und ihm endlich alle Lebenskräfte geraubt hatte.

Seite 187.

Lin. 16. sq. Statt: „1786—88. IX. 8. (7. fl. 20. kr.)" Lese: 1786—94. XI. gr. 8. (15. fl)

Not. y. Seze zu: — Bcks Sammlung von Bildnissen und Biogr. gel. Männer und Künstler. 12tes Heft.

Seite 188.

Johann Geßners Lebensnachrichten ändere so: geb. 1709. zu Zürich; studirte seit 1726. unter Boerhave und Albinus zu Leiden, und machte eine Reise durch Holland nach Paris, hernach mit Haller durch die Schweiz und auf die Alpen. Im Jahr 1729. wurde er Doctor der Arznenkunst und 1733. und 1738. Professor der Naturlehre und Mathematik zu Zürich, auch Chorherr des Stifts zum Großen Münster. Ueberdiß wählten ihn von 1742. bis 1756. die Schwedische Akademie zu Upsal, die Kais. Akademie der Naturforscher, die Königl. zu Berlin, die Kaiserl. zu Petersburg, und mehrere andere zu ihrem Mitglied. Er selbst stiftete 1747. die naturforschende Gesellschaft zu Zürich, und war ihr Vorsteher. Er starb den 6. Mai 1790. und hinterließ den Ruhm eines redlichen, sanften, dienstfertigen und bescheidenen Mannes.

Zu **Johann Jacob Geßner**, merke: Er starb im Dec. 1787.

Lin. 11. und 12. v. unt. Statt: Numismata græca populorum et urbium. ib. 1739—54 fol. " Lese: Numismata græca populorum et urbium; regum Macedoniæ, illustrata notis variorum; regum Syriæ, Aegypti et Arsacidarum; regum Siciliæ, Judææ, minorum gentium et virorum illustrium &c. ib. 1739—54. fol. mit 120. Kupfertafeln. Dazu gehören als Supplemente: *Aloysii* Comitis *Christiani*

Ad-

Adpendicula ad numifmata gr. populorum et urbium &c. Viennæ, 1762. 4. ib. 1769. 4. und *Jofephi Kbell* Adpendicula altera &c. ib. 1764. 4.

Zu Salomo Geßner ſeze bey: Er hatte ſich durch ſeine Naturgaben ſelbſt gebildet. Wegen dem Buchhandel, zu welchem er aber keine große Luſt bezeigte, mußte er ſich einige Jahre in Leipzig, Berlin und Hamburg aufhalten. Erſt in ſeinem 30. Jahre lernte er zeichnen, und bald lieferte er Meiſterſtüke. Sein Leben war gleichförmig; ſein Charakter ſanft und edel, und immer wird man ihn, als den beſten Idyllendichter unter den Deutſchen bewundern.

Lin. 2. v. unt. Nach: „II. 4.m. (15. fl.)" ſeze zu: Italieniſch, von Marth. Procopio, Prof. der ital. Sprache zu Stuttgard, 1790. II. 8. (1. Thlr. 8. gr.) getreu.

Not. b. Seze zu: — Meiſters berühmte Männer Helvetiens. I. B. p. 164 — 172. — Nekrolog für das Jahr 1790. von Schlichtegroll. I. B. p. 351 — 373.

Not. c. Seze zu: — *Meufelii* Bibl. hiſt. Vol. III. P. II. p. 345. ſq. 631. ſq.

Seite 189.

Not. d. Nach: „Sehr leſenswürdig," ſeze bey: Deutſch, Zürich, 1789. gr. 8. Görliz, 1794. (8. gr.) — Meiſters berühmte Männer Helvetiens. I. B. p. 257 — 270.

Seite 190.

Not. f. Seze zu: — Schweizeriſcher Ehrentempel. Zürich, 1759. II. 8. — Börners Leben der Aerzte. III. 8.

Seite 191.

Lin. 5. Nach: „IV. gr. 4. (15. fl.)" ſeze zu: Dabey ſein Leben, im 3ten Band von le Bret.

Lin. 17. ſq. Statt: „Baſel. 1788. 89. VIII. 8 m. (11. fl.)" Leſe: Baſel, 1788 — 93. XV. 8.m. (15. Thlt. 8. gr.)

Zu Eduard Gibbon, merke folgende Lebensnachrichten: geb. den 27. Apr. 1737. zu Putney in Surry. Er wurde 1749. 50. auf der Schule zu Weſtmünſter unterrichtet, und ſtudirte ſeit 1752. zu Oxford. Er nahm die Grundſäze der katholiſchen Kirche an. In den Jahren 1753 — 58. ſezte er ſeine Studien unter der Aufſicht eines proteſtantiſchen Geiſtlichen zu Lauſanne fort. Nach ſeiner

(Supplem. II.) G

Rükkunft wurde er in England Offizier bey der Hampshire-Miliz.
Hernach reiſte er 1764. nach Italien, und hielt ſich beſonders zu
Rom auf, wo er auf den Ruinen des Capitols die erſte Idee zu
ſeinem Hauptwerke von Roms Zerfall faßte. Er brachte nun ſein
Leben in ſeinem Vaterlande unter gelehrten Beſchäftigungen zu,
und endigte daſſelbe den 16. Jan. 1794. æt. 57.

Zu ſeinen Schriften ſeze bey: — Verſuch über das Studium
der Litteratur; aus dem Franzöſ. von Eſchenburg. Hamb. 1792.
8. — Miſcellaneous Works &c. Lond. 1796. II. 4. (2. L. 10. Sh.)
Enthalten, nebſt Gibbons Leben, ſeine gelehrte Correſpondenz,
Auszüge aus Büchern mit Anmerk. und kleine gedrukte und ungedrukte Abhandlungen. — Bekehrung Kaiſer Conſtantins des Großen.
Aus dem Engl. Deſſau, 1784. (5. gr.) — Ausbreitung des Chriſtenthums aus natürlichen Urſachen. Aus dem Engl. 1788. (12. gr.)

Lin. 18. Nach: „VIII. 8.m. (11. fl.)" ſeze zu: Franzöſiſch
von *le Clerc de Septchénes*, K. Sekretär. Paris, 1777. ſqq. 8. und
von *Demeunier* und *de Cantwel.* ib. 1789. XVIII. 8. Italieniſch,
Piſa, 1779. 8.

Lin. 20. Statt: „1779—89. IV. gr. 8." Leſe: 1779—90.
XVII. gr. 8. und verkürzt in 3. Bänden. Auch von C. W. v. K.
Magdeb. 1790. VI. gr. 8. fortgeſ. von *Riemberg*, Preuß. Capitän in Magdeburg. Wien, 1788—92. XV. gr. 8. (26. fl.) mit Regiſter; und von Karl Gottfr. Schreiter. Leipz. 1790—95. IX.
gr. 8 Als Einleitung dazu: Geſchichte des Verfalls der Sitten,
der Wiſſenſchaften und Sprache der Römer ꝛc. von Chr. Meiners.
Wien, 1791. 8.

Nach dem Artikel Balthaſar Gibert rüke folgenden Artikel ein:

Joſeph Balthaſar Gibert, des vorigen Bruders-Sohn, ein
Juriſt, Hiſtoriker und Mitglied der K. Akademie der ſchönen Wiſſenſchaften zu Paris; geb. den 27. Apr. 1711. zu Aix; ſtarb den
12 Nov. 1772. zu Paris. — — Schriften: Memoires pour ſervir à
l'hiſt. des Gaules et de la France. Paris, 1744 12. — Mehrere hiſtoriſche Abhandlungen in den Memoiren der Akademie. i)

Not. g. Seze zu: — Vita di P. F. Giannone. Lucca, 1765. 8.
— (*Le Bret*) Abiuratio P. Jannonii. Erlangæ, 1764. 4.

---

i) Sein Eloge &c. von le Beau in der Hiſt. de l'Acad. des Inſcr.
T. XXXVIII. p. 263—276. — Jöcher l .c.

Seite 192.

In J. G. Gichtel seße bey: Johann Wilhelm Ueberfeld, ein Kaufmann zu Frankfurt am Main, der 1731. starb, seßte seine Secte fort, welche den Namen der Engelsbrüder annahm.

Seite 195.

Füße folgende Artikel ein:

Carl Gildon, geb. zu Gillingham, in der Grafschaft Dörset, von kathol. Eltern. Nachdem er sein väterliches Vermögen durchgebracht hatte, suchte er sich, so gut er konnte, durch seine Gedichte und Schriften zu nähren. Er starb den 12. Jan. 1725. — Schriften: Miscellaneous Poems and Translations from Horace, Persius, Petronius &c. Lond. 1692. 8. — The Miscellaneous Works of *Charles Blount* ib. 1695. 12. mit deßen Leben. — Lives and Characters of the english dramatick Poets, ib. 1699. 8. als eine Fortseßung des *Langbaine.* — Complet art of Poetry. ib. 1718. II. 8. — The Laws of Poetry. ib. 1721. 8. ꝛc. — Einige Tragödien k)

Philipp Salvator Gily, ein Jesuit, der sich als Missionär 18 Jahre lang in den Gegenden an dem Ufer des Orinoks aufhielt, schrieb: Saggio di storia Americana; o sia storia naturale, civile e sacra de' Regni e delle Provincie Spagnuole di Terra ferma nell' America meridionale. Roma. 1780—84. IV. 8.m. mit Kupf. sehr genau. Deutsch, die 3. erstern Tome im Auszug; von M. C. Sprengel. Hamb. 1785. 8 l)

Joseph Ginanni, ein gelehrter Graf, geb. den 7. Nov. 1692. zu Ravenna. Er studirte vorzüglich die Naturgeschichte; sammelte ein kostbares Naturalien-Cabinet, und starb den 23. Oct. 1753. — Man hat von ihm: Delle Uova e dei Nidi degli Uccelli. Venet. 1737. fol. mit 30. Kupfertafeln. — Opere posthume ib. 1755. 57. II. fol. Eine Beschreibung der Pflanzen und Schaalthiere im Adriatischen-Meere. m)

Zu John Gillies seße bey: Er war Prediger zu Glasgow, und starb den 29. März 1796. æt. 83. — Devotional Exercises on the N. Testament. 1769. 8. — Memoirs of the Life of the G. Whitefield; M. A. 1772. 8. — *Miltons* Paradise lost illustrated with

---

k) *Cibber* Lives of engl. Poets. T. III. p. 326. — Jöcher l. c.

l) *Meuselii* Bibl. hist. Vol. III. P. II. p. 3. sqq.

m) Jöcher von Adelung verbeßert.

Tents of Scriptures. 1788. 8. — Betrachtung über die Geschichte, Sitten und Charakter der Griechen. Aus dem Engl. Bremen, 1781, 8. — Vergleichung zwischen Friedrich II. und Philipp. Aus dem Engl. Breslau, 1791. 8. — NB. Von der Geschichte von Alt-Griechenland ꝛc. 3. und 4ter Theil bis 1797.

Zu N. D. Giesecke, merk' als Note:
Jöcher von Adelung verbessert.

Seite 194.

Rücke folgenden Artikel ein:

Christoph Girtanner ꝛc. Doct. med. et chirurg. — — Abhandlung über die venerische Krankheiten. Göttingen, 1788. 89. III. gr. 8. und 1792. 93. III. gr. 8. Neue Aufl. 1797. u. f. — Anfangsgründe der antiphlogistischen Chemie. Berlin, 1792. gr. 8. (1. Thlr. 20. gr.) Neue Auflage. 1795. — Ueber die Krankheiten der Kinder und ihre physische Erziehung. ib. 1794. gr. 8. — Historische Nachrichten und politische Betrachtungen über die französische Revolution. Berlin, 1791—97. XIII. gr. 8. — Schilderung des häuslichen Lebens und Charakters Ludwigs XVI. Berlin, 1793. 8. — Neue chemische Nomenclatur für die deutsche Sprache. ib. 1791. 8. — Ueber das Kantische Princip für die Naturgeschichte. Göttingen, 1796. gr. 8. (1. Thlr. 4. gr.) — Ausführliche Darstellung des Brown'schen Systems der practischen Heilkunde, nebst Litteratur und Critik desselben. ib. 1797. gr. 8. — Politische Annalen. ib. seit 1793. 8. monatlich 2. Stücke. — Aufsätze in Crells chemischen Annalen. — Mehrere Abhandlungen ꝛc.

Zu A. F. Glafey's Schriften setze bey: — Bibliotheca Rinckiana Lips. (1747.) 8.m. Sehr gut systematisch geordnet.

Seite 195.

Joh. Gottl. Gleditsch's Lebensnachrichten ändere so: geb. den 5. Febr. 1714. zu Leipzig, wo sein Vater Stadtmusicus war. Er studirte hier seit 1729. nebst der Philosophie und Mathematik die Medicin, und vorzüglich die Botanik. Wegen dieser letztern Wissenschaft und wegen der Anatomie und Chirurgie begab er sich 1735. nach Berlin. Er wurde 1740. Physikus der Lebuser Kreise; 1742. Prof. med. zu Frankfurt an der Oder; 1744. Akademiker zu Berlin; 1746. Prof. der Botanik, nebst der Aufsicht über den botanischen Garten. Im Jahr 1774. erhielt er noch den Hofrathstitel, und starb den 5. Oct. 1786. æt. 73. an einer Brustkrankheit.

Not. o. Seze zu: — Beyträge zu seiner Biographie ꝛc. von
W. L. Willdenow und P. Usteri. Zürich, 1790. 8.
Seite 197.

Zu F W. Gleims Schriften seze bey: — Epoden. 1792. 8.
nur 2. Bogen. (4. gr.) — Zeitgedichte vor und nach dem Tode
des heiligen Ludwigs des Sechszehnten. 1793. 8.

Rüke folgende Artikel ein:

Christian Friedrich Glük, beider Rechte Doctor, geb. den
1. Jul. 1755. zu Halle in Sachsen, wo sein Vater K. Hoffiskal,
auch Syndikus und Quästor der Universität war. Er studirte hier
die Jurisprudenz; wurde 1784. Prof. jur. ord. zu Erlangen und Beysizer der Facultät; erhielt 1790. den Charakter als Hofrath. — —
Schriften: Erläuterung der Pandekten, nach Hellfeld ꝛc. Erlangen,
1790—98. V. gr. 8. noch nicht vollendet; ein äusserst weitaussehen-
des Werk. — Opuscula juridica. ib. 1790. fasc IV. 8. n)

Christoph von Gluk, geb. 1714. in der obern Pfalz. Er studirte zu Prag, wo man schon damals seine große Fertigkeit auf verschiedenen Instrumenten bewunderte. Von hier gieng er nach Italien, und führte seine erste Oper mit allgemeinem Beyfall auf.
Sein Ruhm war bald entschieden. In Wien wurde er von Kaiser
Franz I. mit Gnadenbezeugungen überhäuft, und als Ritter geadelt.
In London und Paris war er das musikalische Orakel. Er suchte
hier durch seine Compositionen, die er alle eben so nach allen Theilen im Kopfe dachte, wie sie andere Tonkünstler mit Noten auszu-
drüken pflegten, den französischen Geschmak mit dem italienischen
zu verbinden, und die Musik neu zu beleben; und er erreichte seine
Absicht. Seine Iphigenie wurde den 17. Mai 1782. zum 175. mal
in Paris aufgeführt, und die Einnahme betrug 9000 — 15000. zulezt noch 6500. Livres. Man verwilligte ihm überdiß eine lebenslängliche Pension von 6000. Livres. Zulezt gieng er auf Verlangen
des Kaisers nach Wien zurük, wo er den 15. Nov. 1787. æt. 73.
starb, nachdem er ein Vermögen von 300000. fl. gesammelt hatte.
Seine besten Stüke sind: Ernelinde von Philidor (1767.) — Iphigenie in Aulis und Orpheus (1774.) — Alceste (1776.) — Ar-
mide (177*.) — Iphigenie in Tauris. — Echo und Narcisse. (1779.) o)

---

n) Boks Samml. v. Bildnissen gel. Männer u. Künstler. Nürnb. 1791. ꝛc. 4. Hft.
o) Forkels Litteratur der Musik ꝛc. p. 130. fqq.

Seite 108.

Lin. 16. Nach: „**Keralio**," seße bey: sehr verstümmelt. Paris.
1767. II. 8.

Lin. 17 Nach: „**Elverfeld**," seße bey: Harlem, 1753. sq. IV. 8.

Not. 1. Seße ju: — *Meuselii* Bibl. hist. Vol. II. P. II. p. 243. sq.

Seite 199

Zu Joh. Fr. **Gmelins** Schriften seße bey: — Grundriß der
Pharmacie Göttingen, 1792. 8 — Apparatus medicaminum &c.
ib. 1796. II. 8m. — Grundsäze der technischen Chemie. Halle, 1787.
gr. 8. Neu bearbeitet unter der Aufschrift: Handbuch der technischen
Chemie. Ed. II. Halle, 1795. 96. II gr. 8. (4. Thlr.) — Chemische Grundsäze der Gewerbskunde. Hannover, 1795 8 — Grundriß der Mineralogie. ib. 1790. 8. — Linné systema naturæ, ed. XIII.
aucta, reformata. Lips. 1788 — 93. P. I. Vol. VI. 8. m. begreifen das
Thierreich. Tomus II. partes II. ib. 1791. 92. 8.m. (4. Thlr. 16. gr.)
Das Pflanzenreich. — J. L. L. **Loeseke** Materia medica, oder Abhandl. von den Arzneymitteln, verm. 6te Ausg. Berlin, 1790. gr. 8.
Geschichte der Chemie, seit dem Wiederaufleben der Wissenschaften
bis zum Ende des 18 Jahrhunderts. Göttingen, 1797. Steht
auch in der Geschichte der Künste und Wissenschaften. 8te Abtheil. —
Göttinger Journal der Naturwissenschaften. Seit 1797. Göttingen.

Seite 200

Lin. 7. Nach: „Göttingen, 1782. 8." seße ju: 4te Ausgabe.
ib. 1790. 8.

Not. 2, Seße ju: — **Jöcher** l. c.

Seite 201.

Zu L. F. G. **Gsking**, seße bey: Er wurde Commissarius,
auch Kriegs- und Steuerrath zu Wernigerode, und 1793. geheimer
Finanzrath bey dem Südpreuß. Departement zu Berlin.

Lin. 1. v. unt. Statt: „ib. 1780 — 82. III. 8. (3. fl.)" Lese:
ib. 1780 — 87. IV. 8. (4. fl.) Der 4te Theil auch besonders unter
der Aufschrift: Neue Sammlung, Episteln und Lieder. ib. 1787. 8.

Seite 202.

Lin. 8. Nach: „Amst. 1690 1700. II fol." Seße ju: Sein
Vater **Hugo Wilhelm**, Doct. theol. zu Middelburg, der zugleich
die Medicin übte, ist eigentlich der Verfasser.

Zu von **Göthe's** Schriften seße bey: — Versuch, die Meta-
morphose der Pflanzen zu erklären. Gotha, 1790. gr. 8. — Neue

Schriften. Berlin, 1792—97. VI. 8. mit Kupf. auf Schreibpap. und Druckp. — Hermann und Dorothea, in Hexametern, mit Kupf. Taschenbuch für 1798. Berlin.

Joh. A. E. Göze, merke: Er starb den 27. Jun. 1793. Ein Mann von edlem Charakter, der sich als Naturforscher und Erziehungsschriftsteller rühmlich bekannt machte. — , Cornelius, ein Lesebuch für allerlei Volk, das Gott fürchtet und recht thun will. Leipz. 1789—'92. III. 8. — Europäische Fauna, oder Naturgeschichte der europäischen Thiere ꝛc. ib. 1791 — 95. V. gr. 8. (7. Thlr. 6. gr) Fortgesetzt von Donndorf. ib. 6ter Band 1796. 7ter Band 1797. gr. 8. — Predigten ꝛc.

Lin. 6. v. unt. Statt: „I. B. ib. 1789. 8." Lese: ib. 1789—92. VI. 8. mit einem vollständigen Register. Anhang dazu. ib. 1794. Neue Auflage, nebst dem Anhang. ib. 1796. (4. Thlr.)

Not. h. Setze zu: — Nachrichten von niedersächs. ber. Leuten. I. B. p. 73 — 91. — Von seinem Streit mit Semler über 1. Joh. V. 7. und über die Complutensische Bibel. Cf. Mosheims Kirchengeschichte ꝛc. von Schlegel. 6. B. p. 475—484.

Seite 206.

Lin. 16. Nach: „III. gr. 4. (6. fl.)" setze zu: Das Werk blieb wegen dem frühzeitigen Tod des Verfassers (Georg Christoph Hamberger's) unvollendet. Einen Auszug daraus lieferte Joh. Paul Sattler. Nürnb. 1796. gr. 8.

Not. i. Setze zu: — Sein Andenken ꝛc. von H. M. A. Crammer. Leipz. 1793. 8. (6. gr.)

Not. k. Setze zu: — N. Dict. hist. h. v.

Seite 207.

Zu Carl Goldoni, merke folgende Lebensnachrichten:

Er ist gebohren zu Venedig, wo sein Vater ein Arzt war. Er studirte die Rechtsgelahrtheit, und advocirte eine Zeitlang in seiner Vaterstadt; aber widmete sich in der Folge ganz dem Theater, zu welchem er von Jugend auf als Dichter leidenschaftlich gestimmt war, und zog nun mit Schauspielern in den vornehmsten Städten Italiens herum. Auf Zureden seines Vaters studirte er noch die Medizin; aber auch diese Lebensart mißfiel ihm. Er kam 1762. nach Paris, das ital. Theater zu bilden, fand aber Schwierigkeiten. Indeß unterrichtete er die Töchter Ludwigs XV. in der ital. Sprache, und verfertigte kleine ital. Schauspiele, welche auf dem

Hoftheater zu Versailles und Fontainebleau aufgeführt wurden.
Er bezog ein Jahrgeld von 4000. Livr. und starb im Dec. 1792.
æt. 85 zu Paris. Seine 76 jährige Witwe erhielt nicht nur 1200.
Liv. Penſion von der National-Verſammlung, ſondern überdiß
4000. Livr. Rüſſtand. p)

Lin. 8. v. unt. Statt: „ib. 1775. II. 8." Leſe: Lond. 1769.
und 1775. II. 8.

Nach: „Deutſch," ſchalt' ein: von Joh. Lorenz Benzler.

Lin. 6. v. unt. Nach: „(3. fl. 15. kr.) ſeze zu: auch aus dem
Engl. nach der 6ten Ausg. von Lud. Theob. Roſegarten. Leipz.
1792 — 95. III. gr. 8 (3. Thlr.)

Lin. 3. v. unt. Nach: „(I. Thlr. 8. gr.)" ſeze zu: auch von
Chr. Dan. Beck, mit Anmerk. und Zuſäzen. ib. 1792. 93. II. gr. 8.

Seite 208.

Zu Alexander Gordon ſeze bey: — Man hat auch, ob von
dieſem, oder einem andern Alexander Gordon? Das Leben P.
Alexanders VI. und deſſen Sohnes Borgia, in engl. Sprache;
wovon eine franzöſ. Ueberſezung (Amſt. 1732. II. 8.) herauskam.

Lin. 9. ſq Statt: „Itinerarium ſeptentrionale &c. (engliſch)
Lond. 1747. fol." Leſe: Itinerarium ſeptentrionale, or a Journey
thro' moſt of the Counties of Scotland, and thoſe in the North of
England &c. Lond. 1727. fol. mit Kupf.

Lin. 9. v. unt. Statt: „den 22. Aug. 1751.

Not. m. Seze zu: — Meuſelii Bibl. hiſt. Vol. V. P. I. p. 304. ſq.

Not n. Seze zu: — Bambergers biogr. Anecdoten ꝛc. I. B.
— Meuſelii Bibl. hiſt. Vol. IV. P. I. p. 77. ſqq.

Seite 210.

Lin. 20. Nach: „in der Gallerie zu Florenz erläutert." Seze
zu: Im Auszug von Nic. Schwebel, Rector des Gymnaſiums zu
Anſpach, unter der Aufſchrift: Antiquitates Etruſcæ &c. Norimb.
1770. fol. mit 57. Kupfertafeln.

Seite 211.

Lin. 13. Nach: „Romæ, 1752. II. 8" ſeze bey: auch in den
Symbolis litterariis Vol. I. und II. p. 53 — 157. und italieniſch
in Firenzo, 1748. 8.m.

Rüke folgenden Artikel ein:

---

p) La Memorie della Vita &c. 1789. III. 8.

Johann von Gorter, gebe den 19. Febr. 1689. zu Enkhuysen in Westfriesland, wo sein Vater ein Bürger war. Er studirte seit 1709. zu Leiden; practizirte in seinem Vaterlande, nachdem er 1712. die Doctorwürde angenommen hatte; wurde 1725. Prof. med. ord. und Stadtphysicus zu Harderwyk; kam nach 29. Jahren 1754. als Kaif. Leibarzt nach Petersburg; gieng aber 1758. wieder zurük, und starb den 11. Sept. 1762. — — Schriften: Compendium medicinæ &c. Lugd. Bat. 1731. 37i II. 4. Francpf. 1749. 4. Patavii, 1751. 4. Venet. 1751. 4. — Materies medica &c. Harderov. 1733. 4. — De perspiratione insensibili &c. Lugd. B. 1736. 4. Patavii, 1748. 4. — Medicina Hippocratica, exponens aphorismos Hippocratis. Amst. 1739—41. Lib. VII. 4. Patav. 1747. 4. und 1753. 4. — Medicina dogmatica, tres morbos, delirium, vertiginem et tussim exhibens. Harderov. 17p1. 4. Patav. 1751. 4. — Chirurgia repurgata &c. Lugd. B. 1742. 4. Florent. 1745. 4. Patav. 1750. 7. Viennæ, 1762. 8. — Praxis medicæ systema &c. Harderov. 1750. II. 8. Patav. 1752. 4. Lipf. 1755. 4. — Formulæ medicinales &c. Harderov. 1752. 8. Amst. 1755. 8. Lipf. 1760. 4. — Exercitationes medicæ IV. de motu vitali, de somno et vigilia, de fame, de siti. Amst. 1737. 4. Patav. 1751. 4. — Opuscula varia medico theoretica et practica. Harderov. 1751. 4. — Mehrere Abhandlungen. q)

Zu Fr. Wilh. Gotter setze bey: Ist jetzt geheimer Sekretär zu Gotha.

Not: p, Setze zu: — Menselii Bibl. hift. Vol. III. P. II. p. 335. sq. Vol. IV. P. I. p. 29—32. 35. 37. Vol. V. P. I. p. 40—44.

Seite 212.

Lin. 12. v. unt. Nach: „12. Hefte" setze zu: — — Hierbey find zu merken: Voyage pittoresque de Sicile, de Lipari et de Malte, par Houel, Peintre du Roi. Paris, 1787—89. IV. T. oder 44. Hefte. gr. fol. (528. Livres) — Voyage pittoresque, fait dans les XIII. Cantons et Etats alliés du corps Helvetique. ib. 1779—88. V. gr. fol. mit Register und 430. Kupf. (360. Livr.) — Voyage pittoresque de Naples et Sicile, par Msr. de Non. Deutsch im Auszug von Joh. Heinrich Keerl. Gotha, 1791. III. gr. 8.

q) Börner jetzleb. Aerzte. 2. 3. Th. — Eloy Dict. de la med. — Jöcher von Adelung verbessert.

Seite 213.

Zu **Thomas Goulard**, merke: Er ist gebohren zu St. Nicolas de la Grave bey Bourdeaux. — — Memoire sur l'operation de la Taille. — Memoire sur les maladies de l'Urethre &c.

Zu **Cospar Gozzi** merke: Er ist gebohren den 20. Dec. 1713. zu Venedig, und starb den 22. Dec. 1786. æt. 74.

Lin. 15. v. unt. Statt: „Venet. 1773. VI. 8." Lese: Venet. 1772. VIII. 8. Dazu kam der 9te Tom 1787. als Nachlese. ib. 1795. sqq. XII. 8.

Seite 314.

Zu **Joh. Gramm** merk' als Note:

Harlesii vitæ philol. Vol. III. p. 146 — 156.

Seite 215.

Not. x. Setze zu: — Eloge &c. par *Bougerel*, in dem Mercure de France. 1734. p. 244. sqq. und in den Mem. de Trevoux. 1734. 1724. p. 908. lat. in den Actis erudit. 1735. p. 44. sqq. — *Niceron* Mem. T. XXVI. p. 123. sqq.

Seite 217.

Zu **Phil. Christoph Gratianus**, merke: Er wurde in der Folge Pfarrer zu Osterdingen bey Tübingen.

Zu **Joh. Gratian** setze bey: Er war Professor der Philosophie zu Padua. Man schätzt an seinen Schriften den reinen guten Stil. — — Gesta Franc. Mauroceni, Venetiarum ducis. Patavii, 1698. 4.

Seite 219.

Merke, daß **Thomas Gray** und **Gray**, welcher auf Seite 220. steht, dieselbe Person sind.

Seite 220.

Not. g. Setze zu: — *Niceron* Mem. T. XXIX. p. 233. sq.

Seite 221.

Rücke folgende Artikel ein:

Johann Gregory, Prof. med. zu Edinburg, starb den 9. Febr. 1773. æt. 49. — — Man hat von ihm: Lecture on the duties and qualifications of an Physician. vermehrte Ausgabe. Lond. 1772. 8.m. Deutsch, Leipz. 1780. 8. wird sehr geschätzt. — Instruction d'un pere à ses filles &c. Trad. par Mr. *Bernard*. Leide, 1777. 8. — Elements of the practice of physick &c. — Works &c. Lond. 1788. IV. 8.m. r)

---

r) Jöcher von Adelung verb.

Georg Sigmund Green, geb. den 8. Apr. 1712. zu Chemnitz, wo sein Vater gleiches Namens Prediger war. Er studirte zu Wittenberg und Leipzig; hielt hier als Magister seit 1732. Vorlesungen; wurde 1736. Conrector an der Stadtschule zu Meissen; 1738. Rector; 1746. Diaconus, und bald darauf Archidiaconus; starb den 12. Jan. 1754. — — Schriften: Exercitationes philol. antiq. et crit. Misniæ, 1744. 4. Eine Sammlung von 31. Programmen und Abhandlungen. — — Exercitationum sacrarum decades II. ib. 1746. 4. s)

Zu Fr. A. C. Gren's Schriften setze bey: — Handbuch der Pharmacologie, oder die Lehre von den Arzneimitteln. Halle, 1790. 92. II. gr. 8. — Karstens Naturlehre, vermehrt mit Anmerkungen. ib. 1790. 8. mit 8. Kupfertafeln. — Journal der Physik. Leipzig, 1790—94. VIII. Bände. 8.m. jeder 4. St. (à 50. fr.) mit Kupf. — Neues Journal der Physik. ib. 1795—98. IV. à 4. Hefte. (à 19 gr.)

Lin. 12. Nach: „Halle, 1790. II. gr. 8." setze zu: ganz umgearbeitet. ib. 1794 95. IV. gr. 8. (à 5. Thlr. 16. gr.)

Lin. 13. Nach: „ib. 1788. 8." setze zu: Stark vermehrt und verbessert. ib. 1793. 8. mit Kupf. ib. 1794. gr. 7. mit Kupf.

Zu J. J. Griesbach's Schriften setze bey: — Stricturarum in locum de theopneustia librorum sacrorum particulæ V. Jenæ, 1784—88. 8. — Synopsis Evangeliorum Matthæi, Marci, Lucæ &c. Halle, 1776. 8.m. — Ueber Hezels Vertheidigung der Aechtheit der Stelle 1. Joh. V. 7. Giessen, 1794. gr. 8.

Seite 222.

Lin. 1. Nach: „(5. fl.) setze zu: sehr vermehrt und verbessert. ib. 1796. 97. II. 8.m.

Lin. 2. Zu „T. I. ib. 1785." setze bey: T. II. ib. 1793.

Rüke folgenden Artikel ein:

Joh. Friedrich Carl Grimm, Doctor med. und Hofrath zu Gotha ec. — — Bemerkungen eines Reisenden durch Deutschland, Frankreich, England und Holland, in Briefen an seine Freunde. Altenb. 1775—81. VI. 8. nüzlich und angenehm. (5. Thlr. 22. gr.) — Abhandlung von dem Mineralwasser zu Ronneburg. ib. 1770. gr. 8. (18. gr.) — Sendschreiben von der Epidemie. Hildburghausen. 1768. gr. 8. (8. gr.)

s) Jöcher l. c.

Heinrich Griffet, ein Jesuit und K. Hofprediger, geb. den 9. October 1698. zu Moulins in Bourbonnois. Nach Aufhebung des Jesuiterordens begab er sich nach Brüssel, wo er 1775. starb. Er machte sich durch seine Beredsamkeit beliebt. — — Schriften: L'Année du chretien, contenant des Instructions sur les mystères et les fêtes, l'explication des épitres et des évangiles &c. Paris, 1747. XVIII. 12. — Hist. de France par le P. Daniel. ib. 1756. XVII. 4. mit Abhandlungen und mit der Fortsetzung vom 13. Theil an. — Memoires du P. d'Avrigny pour l'hist. profane. ib. 1737. V. 12. mit Verbesserungen und Zusätzen. — Sermens. Liège. 1767. IV. 8. und 12. — Tr. des differentes sortes de preuves, qui servent a établir la verité de l'histoire. ib. 1769. 12. gut. — Poemata lat. &c. nicht gut. t)

Seite 213.

Lin. 13. v. unt. Statt: „Sein Sohn." Lese: Des vorigen Brudersohn.

Seite 124.

Lin. 3. Nach: „II. 4. (7. Thlr.)" setze zu; Ist eigentlich von Jacob Gronov. Abraham lieferte nur 5. Blätter Varianten, die Dedication und Vorrede.

Rüke folgende Artikel ein:

Nicolaus le Gros, geb. 1675. zu Rheims. Er wurde hier von dem Erzbischof le Tellier dem Seminario zu St. Jacob vorgesetzt, und erhielt ein Canonicat an der Domkirche. Weil er sich aber der Bulle Unigenitus &c. zu sehr widersetzte, so that ihn der folgende Erzbischof in den Bann, und wirkte eine Lettre de Cachet gegen ihn aus. Nun wanderte er in Frankreich, Italien und Holland umher, bis er sich zu Utrecht niederließ. Hier ernannte ihn der Erzbischof zum Prof. theol. in seinem Seminarium zu Amersfort. Er starb 1751. zu Rheinwik bey Utrecht. — — Schriften: Du rendans l'affaire de la Constitution Unigenitus. 1716. II. 12. ohne Namen. — Meditations sur la concorde des evangiles. Paris, 2730. III. 12. — Meditations sur l'épitre aux Romains. ib. 1735. II. 12. — Meditations sur les épitres canoniques. Alle 3. werden in der römischen Kirche geschätzt. — Discours sur les nouvelles ecclesiastiques. (Paris) 1735. 48. 59. 60. 4. und 12. — La S. Bible traduite sur les textes originaux avec les differences de la vulgate. Col.

---

t) Jöcher l. c.

Amſt.) 1739. 8. und von Konder verändert. VI. 12. — Noch eiige Schriften in Beziehung auf die Bulle Unigenitus &c.

Peter Johann Grosley, geb. 1718. zu Troyes; war daſelbſt Advocat, auch Mitglied der Akademie der ſchönen Wiſſenſchaften u Paris, und der K. Societät zu London; ſtarb den 4. Nov. 1785. — — Schriften: Memoires de l'Acad. des ſc. belles lettres &c. Troyes. Liège (Troyes) 1744. 12. vermehrt ib. 1756. 12. und ohne Ort, 1768. 12. Eine Sammlung ſcherzhafter Auffäze; denn zu Troyes war keine Akademie. — Memoir. pour ſervir de ſupplement ux antiquités eccleſ. du Dioceſe de Troyes par N. Camuſat. (Troyes) 750. 8. gegen die Jeſuiten. — La vie de Mſr. Pithou. Paris, 1756. I. 12. — Mem. pour ſervir à l'hiſt. des Jeſuites. ib. 1757. 12. — Mem. pour ſervir à l'hiſt. des Jeſuites. ib. 1757. 12. — Nouv. Mem. ur l'italie &c. Lond. (Paris) 1764. III. 8. Deutſch, Leipz. 1766. 8. Fanden, ſo wie ſeine Voyage de Londres, vielen Beyfall ꝛc. u)

Seite 225.

Zu Fr. Rudolph von Großing ſeze bey: Er iſt gebohren den 20. Oktober 1753. und wurde 1788. in Wien gefangen geſezt. — — Eine Handvoll Schurkereyen. Wien, 178*. 8. — Refutatio juris publici Hungariæ. Peſt. 1791. 8. (20. gr.) — Der Souverain, oder die erſten Grundſäze einer monarchiſchen Regierung. Wien, 1780. gr. 8. (12. gr.) — Allgemeines Toleranz und Religions ſyſtem für alle Staaten und Völker der Welt. Offenbach, 1783. gr. 8. (16. gr.) — Papſtengeſchichte im Grundriß. ib. 1784. 8. (20. gr.) — Mythologiſches Handbuch. Berlin, 1787—88. II. 8. (1. Thlr. 16. gr.) — Ungariſches allgem. Staats und Regiments recht. Wien, 1786. 8. (12. gr.) NB. Staatenjournal ꝛc. bis 1788. XIV. Stük. — Von den lehrreichen Erzählungen der 3te Band. Berlin, 1793. 8.

Seite 226.

Zu Chr. G. Grundig's Schriften ſeze bey: — Beyträge zu den nöthigen und angenehmen Wiſſenſchaften. Freyberg, 1772. 78. XXIV. St. in 2. Bänden. 8.

Zu Chr. Gottfr. Gruner ſeze bey: Seit 1791. Sachſen Coburgiſcher Geheimerhofrath und Leibarzt. — — Aphrodiſiacus ſeu de lue venerea P. II. quarum altera continet ejus veſtigia in veterum

---

u) Jöcher l. c.

auctorum monumentis obvia, altera, quos Aloyſius Luiſinus omiſit
ſcriptores &c. collegit c. n. et gloſſario. Jenæ, 1789. fol — Cen-
ſura librorum Hippocrateorum &c. Vratislav. 1773. 8. m. (12 gr.)—
Anleitung, Arzneyen zu verſchreiben. Heidelb. 1790. 8. (10. gr.)
— Ueber veneriſche Anſtekung gemeinſchaftlicher Trinkgeſchirre.
Weiſſenfels, 1788. 8. (7. gr.) — Delectus Differtat. medicarum
Jenenſ. Altenb. 1779—84. II. 4. m. c. fig. (2 Thlr. 20. gr) —
De variolis et morbillis fragmenta medicorum Arabiſtarum &c. c. n.
et gloſſario. ib. 1790. 4 — De morbo gallico ſcriptores medici et
hiſt. partim inediti partim rari, c. not. ib. 1793. 8. m (1. Thlr.
18. gr.) — Noſologia hiſtorica ex monimentis medii ævi lecta &c.
ib. 1795. 8. m. — Phyſiologiſche und pathologiſche Zeichenlehre.
Zweite umgearbeitete und verbeſſerte Ausgabe. ib. 1794. gr. 8.
(1. Thlr.) Die beſte Ausgabe iſt die oben angeführte Semiotice &c.
Vorzüglich.

Seite 227.

Lin. 1. Nach: „1784. gr. 8." ſeze zu: Vermehrt und verbeſſert. ib. 1791. gr. 8.

Lin. 6. Statt: „1. Th. Jena, 1788. gr. 8.'. Leſe: Jena,
1788. III. gr. 8.

Zu Joh. Fr. Gruners Schriften ſeze bey: — *Coelii Seduli*
mirabilium divinorum Lib. V. ſ. Carmen paſchale &c. Lipſ. 1747. 8.
— Introd in antiquitates rom. Jenæ, 1746. 8. — Miſcellanea ſacr.
Faſcic. I. ib. 1750. 4. — Eutropii Breviar. hiſt. rom. c. n. Coburgi,
1752. und 1768. 8. — *S. Aur. Victoris* hiſt. rom. c. n. ib. 1757. 8.
— *Vell. Paterculi* quæ ſuperſunt c. comment. ib. 1762. 8.

Not. 1. Geze zu: — *Harleſii* Vitæ philologorum. Vol. I. p. 234—
243. und 249—259.

Seite 228.

Zu dem Artikel Maria Guarnacci merk' als Note:
* Jöcher von Adelung verb. — *Meuſelii* Bibl. hiſt. Vol. IV.
P. I. p. 7. ſq.

Lin. 7. v. unt. Statt: „Lucca, 1747. fol." Leſe: Lucca, 1767.
72. II. fol. mit vielen Kupfern. Sehr gelehrt, aber nicht
kritiſch.

Not. a. Geze zu: — Vita &c. a *Joh. Lud. Frey*, in dem Muſeo Helvetico. Vol. I. P. I. p. 80 — 102. — Eloge &c. in der Nouv.
Bibl. germanique. T. III. P. I. p. 44 — 56.

Seite 229.

Zu A. F. v. Gudenus merke: Er war geb. 1731. zu Erfurt; wurde 1788. Scholaster, und starb den 16. Mai 1789. æt. 58.

Rüke folgende Artikel ein:

Joh. Anton Guer, aus Savoyen gebürtig, war Advocat zu Paris ꝛc. — — Schriften: Moeurs et usages des Turcs. Paris, 1747. II. 4. mit vielen Kupfern, typographisch schön. — Hist. crit. de l'ame des bêtes. ib. 1749. II. 8. — Hist. de l'électricité. ib. 1752. III. 12. — César aveugle et voyageur. ib. 1740. 12. umgearbeitet unter der Aufschrift: Pinolet ou l'Aveugle parvenu ib. 1755. IV. 12. x)

Franz Guerin, geb. 1681. zu Loches in Touraine; war Professor im Collegio Beauvais zu Paris; starb den 39. Mai 1751. — — Schriften: Hist. rom. de T. Live, trad. Paris, 1740. X. 12. — Les Annales de Tacite, trad. ib. 1742. III. 12. zu platt. y)

Franz Robinson de la Gueriniere, Stallmeister des Königs von Frankreich, starb 1751. — — Man hat von ihm: Ecole de Cavalerie &c. oft gedrukt. Paris, 1736. 51. 61. fol aber am schönsten. ib. 1733. fol. Deutsch von Knöll: Vollständige Anweisung zur Reitkunst. Marburg, 1791. II. gr. 8. mit Kupf. — Manuel de Cavalerie &c. Haye, 1742. fol. mit vielen Kupfern. — Elemens de Cavalerie. Paris, 1754. II. 12. z)

Seite 230.

Zu Dom. Guglielmini merk' als Note:

* Elogium &c. in den Actis erudit. 1711. p. 47. sqq. — Vita &c. à Joh. Bapt. Morgagni, in den Ephemer. Nat. Curioforum. Cent. III. et IV. Append. p. 225. sqq. — Eloge &c. par Bern. de Fontenelle, in der Hist. de l'Acad. des sciences. 1710. p. 197. sqq. — Niceron Mem. T. I. p. 96. sq. T. X. p. 10. — R. Büchersaal, 9te Oeffn. p. 712. sqq.

Seite 231.

Rüke folgende Artikel ein:

Peter Guilbert war Lehrer der K. Pagen zu Paris, starb 1759. æt. 62. — — Schriften: Description hist. des Chateau, Bourg et Forêts de Fontainebleau. Paris, 1731. II. 12. — Memoires hist. et chronologiques de Port-Royal. I. P. Utrecht, 1758. II. 12. (bis

---

x) Jöcher von Adelung verbessert.
y) Jöcher l. c.
z) Jöcher l. c.

1632.) P. III. ib. 1755. VII. 12. (von 1668—51.) Der 2te Theil blieb zurük. a)

Johann Maximilian von Günderrode, geb. den 14. Febr. 1713. zu Frankfurt, wo sein Vater Kais. Rath und Schöffe war. Er studirte seit 1730. zu Halle; übte sich zu Wezlar im Reichsproceß; wurde 1746. Assessor bey der Regierung zu Giessen; 1737. Regierungsrath, und 1745. zugleich Oberamtmann zu Bingenheim; privatisirte seit 1748. zu Frankfurt; trat 1750 als Regierungs- und Hofgerichtsrath, auch Oberamtmann in Hanauische Dienste; kam 1758. als Geissel nach Straßburg, Paris und Nantes; wurde nach seiner Rükkunft 1759. Rentkammer-Director und geheimer Regierungsrath; erhielt aber wegen seiner schwachen Gesundheit, mit dem Charakter eines Geheimeraths und Oberamtmanns der Aemter Windeken und Ortenberg, seine Entlassung, und starb den 29. Nov. 1784. zu Höchst an der Nidda, wo er eine zahlreiche Familien-Bibliothek zum öffentlichen Gebrauch hinterließ. — — Schriften: Untersuchung vom Ursprung, Fortgang und heutigen Zustand des Kreiswesens. Giessen, 1738. 4. — Abhandlung des deutschen Staatsrechts. ib. 1743. 8. (1. fl. 30. kr.) — Mehrere andere Abhandlungen. b).

Hector Wilhelm von Günderrode, des vorigen jüngster Sohn, geb. den 16. Jul. 1755. zu Hanau. Er studirte seit 1770. zu Carlsruhe, und seit 1772. zu Göttingen; übte sich seit 1774. im Reichsproceß; wurde 1775. Assessor bey der Regierung zu Carlsruhe; 1776. Hofrath und Kammerjunker; 1780. erster Ephorus des Gymnasiums. Er starb den 17. Mai 1786. an einem abzehrenden Fieber. Ein in der Geschichte und Numismatik erfahrner, und in allen seinen Berufsgeschäften thätiger Mann. In seiner Ehe hat er 3. Töchter und einen Sohn gezeugt. Durch eine historische Abhandlung, von den vorzüglichsten Ursachen, welche den Verfall der Eintheilung Deutschlands in Gauen veranlaßt haben ꝛc. erhielt er von der Akademie zu Mannheim die Preismedaille von 50 Dukaten. — — Seine sämtliche (gedrukte und ungedrukte) Werke aus dem deutschen Staats- und Privatrecht, aus der Geschichte und Numismatik ꝛc. hat Ernst Ludwig Posselt (der Verfasser der

euro-

---

a) Jöcher l. c.
b) Strieders Hess. Gelehrtengeschichte. — Jöcher l. c.

uropäischen Annalen) mit vielen Zusätzen herausgegeben. Leipzig,
1787. 88. II. gr. 8. Dabey seine eigene Lebensbeschreibung.

Bey De Guignes merke, daß er schon IV. B. p. 74. steht,
und hierher zu ergänzen ist.

Zu J. A. Güldenstädt, merke: Pallas gab seine Reisen durch
Rußland und im Caukasischen Gebirge heraus. Petersburg, 1791.
)2. II. gr 4. mit Kupfern.

Not. d, Setze zu: — Nouveau Dict. hist. h. v. — Saxii Onomast.
T. VII. p. 205. sq.

Not. f. Setze zu: — Acta Acad. scient. Petropolit. 1781. T. I.
Sein Leben ꝛc. von Pallas, bey seinen Reisen durch Rußland ꝛc.

Seite 232.

Lin. 19. sq. Statt: „Hist. rom. de Laur. Echard trad. et con-
tinuee. ib. 1737. 12." Lese: Suite de l'hist. rom. de Laur. Echard,
depuis le regne de Constantin jusqu'à la prise de Constantinople &c.
trad. et continuée. ib. 1736 — 41. XII. 12.

Lin. 12. sq. Nach: „des Fontaines," setze bey: und Dan. de
la Rocque. Die Uebersetzung ist zu frey.

Rücke folgenden Artikel ein:

H. Guys, Negociant der Akademie zu Marseille ꝛc. — —
Voyage litteraire de la Grèce, ou lettres sur les Grecs anciens et
modernes &c. Paris, 1771. II. 8. vermehrt, ib. 1776. II. 8.m durch
seinen Sohn vermehrt, ib. 1783. II. 4.m. mit Kupf. Deutsch:
Litterarische Reise nach Griechenland. Leipz. 1771. 72. II. 8.

Seite 233.

Lin. 20. Nach: „von Senkenberg fortgesetzt." setze zu: 21. Band,
ib. 1790. gr. 8. (3. fl.) 22. B. ib. 1791. (3. fl.) 23. B. ib. 1792.
(3. fl.) 24 — 26. B. ib. 1793 — 95. gr. 8. (à 3. fl.)

Seite 236.

Rücke folgenden Artikel ein:

Heinrich Carl Alexander Hänlein, Doctor theol. geb. den
11. Jul. 1792. zu Anspach, wo sein Vater, der 1790. starb, Hof-
und Regierungsrath und Lebenprobst war. Er war das 3te von
11. Kindern. Nachdem er sich auf dem Gymnasium seiner Vaterstadt gründlich vorbereitet hatte, bezog er 1782. die Universität zu

---

e) Meuselii Bibl. hist. Vol. III. P. II. p. 378.

Erlangen, und nach 2. Jahren begab er sich nach Göttingen. Er wurde hier 1786. theologischer Repetent und 1788. Doctor der Philosophie. Im Jahr 1789. wurde er Prof. theol. extraord. in Erlangen; 1792. Prof. theol. ord. und Universitätsprediger; 1795. Doct. theol. — — Schriften: Observationes criticæ ad loca quædam V. T. Gœttingæ, 1788. 8. — Fest: und Casualpredigten. Erlangen, 1792. 8. — Handbuch der Einleitung in die Schriften des N. Test. ib. 2794. 66. II. Th. 8. vorzüglich. — Neues theolog. Journal. Nürnb. 1793. 94. IV. 8. mit Ammon. 5ter Band und Jahrg. 97. ꝛc. mit Ammon und Paulus ꝛc. d)

Zu Balth. Hasquet, setze bey: Seit 1788. Professor der Naturgeschichte zu Lemberg. — — Neueste physikalisch politische Reise in den Jahren 1788. 89. durch die Dacische und Sarmatische Karpathen. Nürnb. 1790 — 01. II. 8. mit Kupf. — Reisen durch die norische Alpen in den Jahren 1784 — 86. ib. 1791. II. gr. 8. mit Kupf. — Physikalisch politische Reise durch die Alpkette ꝛc. Leipz. 1787. IV. 8. — Mineralogisch botanische Lustreise vom Berg Terglou zum Berg Glockner. Wien, 1784. gr. 8. (16. gr.) mit Kupf. — Physische und technische Beschreib. der Flintensteine, wie sie in der Erde vorkommen, und deren Zurichtung. ib. 1792. gr. 8. (12. gr.)

Zu Joh. Fr. Häselers Schriften setze bey: — Betrachtungen über die natürliche Religion. Leipz. 1787. 8. — Julius, oder von der Unsterblichkeit der Seelen. Braunschweig, 1790. 8.

Not. k. Lin. 3. Nach: „Berlin, 1785. 8." setze zu: — Das englische Original. Lond. 1785. 8.m.

Seite 237.

Lin. 1. Statt: „Lemgo, 1776—77. II. 8. mit Kupf. (5. fl.)" Lese: Lemgo, 1776 — 90. III. 8. mit Kupf. (5. fl.) vermehrt, ib. 1792. 8.

Seite 239.

Lin. 13. Statt: „den 30. Sept " Lese: den 30. Dec.

Zu C. Gottfried Hagen's Schriften setze bey: — Grundriß der Experimental Chemie, 2te vermehrte und veränderte Ausgabe. Königsberg, 1790. 8. — Grundriß der Experimental Pharmacie.

---

d) Böks Samml. von Bildnissen gel. Männer und Künstler. 16. Heft p. sq. 1. — Meusel l. c.

ib. 1790. gr. 8. — Historia lichenum et præsertim prussicorum. Königsberg, 1781. 8. — Disquisitio aquæ thuronensis in Prussia. ib. 1789. 4. — Mehrere Abhandlungen.

Lin. 8 v. unt. Nach: „gr. 8." setze zu: Ed. IV. vermehrt. ib. 1792. II. gr. 8. (3. Thlr.)

Seite 240.

Ph. Matth. Hahn's Lebensnachrichten ändere so:

Er ist geb. den 25. Nov. 1739. zu Scharnhausen, wo sein Vater damals Prediger war. Er studirte im theol. Stift zu Tübingen; wurde 1764. Pfarrer zu Onstmeldingen; 1770 zu Kornwestheim bey Ludwigsburg; 1781. zu Echterdingen, einer der besten Pfarreyen im Wirtembergischen. Er starb den 2. Mai 1790. æt. 51. Mehr seine mechanische Kenntnisse und Erfindungen machten ihn berühmt, als seine theol. Schriften, welche, mit mystischen Ideen angepfropft, von geringem Werth sind. Unter seinen mechanischen Werken, welche er mit anhaltender Geduld und vielem Scharfsinn zu Stande brachte, zeichnen sich aus: Die große astronomische Pendeluhr, welche den Lauf der Erde und der übrigen Planeten, des Monds und der übrigen Trabanten mit ihren Excentricitäten darstellt. — Die kleine astronomische Sezuhr, welche die Phasen und Knoten des Mondes anzeigt. — Die allgemeine Aequinoctial-Sonnenuhr, welche durch Räderwerk die Minuten mit der Sonnen-Declination anzeigt. — Eine Rechnungsmaschine. — Eine Wage für Flüssigkeiten ꝛc.

Zu seinen Schriften setze bey: — Eine sonderbare Uebersetzung des N. Test. unter der Aufschrift: Die heil. Schriften der guten Botschaft vom verheissenen Königreiche. Winterthur, 1777. II. 8. — Erbauungsstunden über die Offenbarung Johannis ꝛc. Stuttgard, 1796. 8. (I. Thlr.) ganz in Bengels Geschmak.

Seite 241.

Not. y. Setze zu: — Nekrolog ꝛc. für das Jahr 1790. von Schlichtegroll. I. B. p. 335—350.

Seite 242.

Lin. 6. v. unt. Statt: „den 18. Aug. 1745." lese: d. 8. Oct. 1749.

Seite 243.

Lin. 2. Nach: „IV. 8. mit Kupf. setze zu: Russisch, Petersb. 1774. sqq. IV. 4.m. mit Kupf. Die vollständigte Nachricht, doch hie und da für den Jesuiterorden zu partheyisch.

Seite 244.

Zu F. A. Hallbauer merk' als Note:

* Götten jeztleb. gel. Europa. 2. Th. p. 456. sqq. 3. Th. p. 823.

Zu J. S. Halle's Schriften seze bey: — Kunst des Bley-
arbeiters ꝛc. aus dem Französ. Berlin, 1789. gr. 4. mit Kupf. —
Uebersicht der alten Weltgeschichte ꝛc. ib. 1796. gr. 8. mit Kupf. —
Practische Kenntnisse zur Verfertigung des engl. Steinguts, der
Fayence und des ächten Porcellains. Berl. 1798. gr. 6. mit Kupf. —
NB. Die deutsche Giftpflanzen ꝛc. 1ster Th. neu aufgelegt. 1794.
2ter Th. 1795. 1ste Auflage.

Seite 245.

Lin. 2. sq. Statt: „ib. 1784—89. VI. gr. 8. mit Kupf. (18. fl.)
Der 5te Theil begreift die erste Fortsezung." Lese: ib. 1784—97.
IX. gr. 8. mit Kupf.

Seite 247.

Lin. 12. Nach: „Lausannæ, 1755. V. 4.m. mit Kupf. (23. fl.)"
seze bey: Deutsch im Auszug mit Anmerk. von Friedr. Aug.
Weiz, Landphys. und Practicus zu Nauenburg. Leipz. 1787. V. 8.

Lin. 19. Nach: „Berlin, 1781. II. 8.m." seze zu: Verbessert
von Weisberg, Sömmering und Nickel. Erlangen, 1795. II. gr. 8.

Seite 248.

Lin. 2. von unt. Statt: „2. B. ib. 1789. 8." Lese: ib. 1789—
91. III. 8. (6. fl.)

Seite 249.

Not. d. Seze zu: — Meisters berühmte Männer Helvetiens.
I. B. p. 155—164. — Lobrede auf ihn, von V. B. Tscharner.
Bern, 1778. 8. — Eloge &c. par Mr. le Marquis de Luchet. Cassel,
1778. 8. und von Marquis von Condorcet in der Hist. de l'Acad.
des sciences à Paris. A. 1777.

Zu Ge. Alb. Hamberger merk' als Note:

* Die gel. Fama. 48. Th. p. 959. sq.

Seite 250.

Not. g. Seze zu: — Götten l. c. 1. Th. p. 574. 2. Th. p. 814.
3. Th. p. 784. — Bruckeri Pinacoth. Vol. II. Dec. VI. — Börners
Nachrichten von jeztleb. Aerzten. p. 75. sqq.

Seite 251.

Lin. 2. sq. Statt: „3. Nachträge in 3. Bänden." Lese:
5. Nachträge in 5. Bänden. 5te Auflage. sq. 1796. 97. VII. gr. 8.

Zu J. W. Hambergers Schriften seze zu: — Merkwürdigkeiten bey der römischen Königswahl und Kaiserkrönung. Gotha,
1790. und 1791. 8.

Not. h. Seze zu: — *Saxii* Onomast. T. VII. p. 160. sqq.

Seite 252.

Lin. 9. v. unt. Statt: „1762 — 83. XVI gr. 4. mit Kupf.
(96. fl.)" lese: 1762 — 91. XIX. gr. 4. mit Kupf. (100. fl.)
(S. Justi.) — Naturgeschichte oder Beschreibung der Erdbeer-
pflanze. Nürnb. 1775. gr. 4. mit Kupf. (1. Thlr. 8 gr.) —
Beschreib. der Weinstöke. ib. 1784. 4. mit Kupf. (1. Thlr. 4. gr.)
— Anweisung zur Schiffsbaukunst. Aus dem Französ. von Müller.
ib. 1791. gr. 4. mit Kupf. (7. Thlr. 8. gr.)

Merke ferner zu Du Hamel de Monceau: Naturgeschichte
der Bäume, nicht II. sondern IV. Theile. — Traité général des
peches &c. von Schreber übersetzt, unter dem Titel: Abhandlung
von Fischereyen und Geschichte der Fische. Königsb. 1775. II.
gr. 4. mit Kupf. (8. Thlr.)

Not. i. Seze zu: — Eloge &c. par *Bern. de Fontenelle*, in der
Hist. de l'Acad. des sciences. 1706. p. 179. sqq. — Lamberts Gelehrtengeschichte ic. 2. B. p. 257. sqq.

Seite 253.

Zu Wilhelm Hamilton's Schriften seze zu: — Nachrichten
von den neuesten Entdekungen in der im J. C. 79. den 24. Aug.
durch den Ausbruch des Vesuvs verschütteten Stadt Pompeji;
aus dem Englischen, mit Zusäzen von Murr. Nürnb. 1780. 4.
mit Kupfern.

Merke zu diesem Artikel als Note:
* *Mensselii* Bibl. hist. Vol. IV. P. I. p. 40. sq.

Lin. 1. u. 2. v. unt. Merke: Die Bemerkungen über die Mittel wider den Biß toller Hunde ic. sind nicht von Wilhelm, sondern von R. Hamilton.

Not. k. Seze zu: — Hist. de l'Acad. rom. des sc. 1782.

Seite 257.

Rüke folgenden Artikel ein:

Christian Ernst Hanselmann, geb. den 8. Jul. 1699. zu Weis-
kersheim im Hohenlohischen, wo sein Vater Rath und Amtmann
war. Er studirte zu Jena von 1719. bis 1722; war hernach von
1725. bis 1730. Hofmeister bey einem jungen Grafen Rechtern zu

Rechtern in Obernſſel ; wurde Rath und Archivar zu Oehringen;
1737. Hofrath ; 1752. Lehensrath und Auffeher über das Lehens-
archiv ; ſtarb den 26. Aug. 1775. æt. 77. am Schlagfluß. Die Akademien und gel. Geſellſchaften zu Berlin, Jena, Göttingen, München, Mannheim ꝛc. hatten ihn zu ihrem Mitglied aufgenommen.
— — Schriften: Diplomatiſcher Beweiß, daß dem Hauſe Hohen-
lohe die Landeshoheit zuſtehe ꝛc. Nürnb. 1751. fol. mit Kupf. —
Weitere erläuterte und vertheidigte Landeshoheit ꝛc. ib. 1757. fol.
Noch einige gegen Strube gewechſelte Abhandlungen. — Beweiß,
wie weit der Römer Macht — auch in die Oſtfränkiſche, ſonder-
lich Hohenlohiſche Lande eingedrungen ꝛc. Halle in Schwaben. 1768.
fol. mit Kupf und mit der Fortſetzung. ib. 1773. fol. mit Kupf.
Für die alte und mittlere Erdbeſchreibung Deutſchlands intereſſant. — Mehrere wichtige noch ungedrukte Werke und Abhandlungen. e)

Zu M. Hanſiz Schriften ſetze bey: — Illuſtratio apologetica
Proelronii &c. Vindob. 1755. 4. — Disquiſitio de valore privilegiorum
monaſterii Emeranenſis ib. 1755. 4. — Documentum deciſorium li-
tis de ſede monaſtica olim Ratisbonæ. ib. 1756. 4. — Analecta ſ. Col-
lectanea pro hiſtoria Carinthiæ concinnanda. P. I. II. Norimbergæ,
1793. 8. (18. gr.)

Seite 258.

Rüke folgenden Artikel ein:

Jonas Hanway, Eſq. ein Kaufmann zu London, und einer
der thätigſten Menſchenfreunde, deſſen ganzes Beſtreben dahin ge-
richtet war, das menſchliche Elend zu mindern, und Menſchen
glüklich zu machen. In dieſer Abſicht unternahm er große Reiſen.
In Liſſabon hielt er ſich ſeit 1729. mehrere Jahre auf. Im J. 1743.
reiſ'te er mit einer Karavane von Petersburg nach Perſien, um
den engl. Handel zu erweitern, und kam nach 16. Monaten wieder nach Petersburg zurük. Von da kam er 1750. nach London.
Hier machte er ſich's zur wichtigſten Angelegenheit, die arme Jugend zu unterſtützen, und ſie durch Anlegung der Sonntagsſchulen
unterrichten zu laſſen So ſuchte er auch das traurige Schikſal
der Schornſteinfeger-Jungen zu verbeſſern. Seine edle Abſicht ge-

e) Sein Leben ꝛc. von G. W. Zapf. Augſp. 1776. 8.. — Saxii Onomaſt.
T. VII. p. 163. ſq. — Jöcher l. c.

ang ihm, weil er durchgängig dem Uebel auf die Quelle nachspürte, und die zwekmäßigsten Mittel wählte. Er starb den 5. Sept. 1786. und erhielt auf Subscription in der Westmünster-Abtey ein Monument. Ein seltener Mann. — — Man hat von ihm: Beschreibung seiner Reise von London durch Rußland und Persien, in engl. Sprache. Lond. 1753. IV. 8. Deutsch, Leipz. 1754. II. 4.m. mit Kupfern und Charten. Für Geographie, Geschichte und Handlungswissenschaft sehr wichtig. — Tugend im niedrigen Leben ꝛc. in Gesprächen zwischen einem Vater und seiner Tochter. Aus dem Engl. Leipz. 1775. 76. IV. 8.

In dem Art. Harboe verbessere: Er ist geb. den 16. Aug. 1709. und gestorben den 15. Jul. 1783.

Zu seinen Schriften setze zu: — Commentationes de reformatione sacrorum ecclesiæ Islandicæ &c. — In Manuscript hinterließ er: Nachträge zum Jöcherschen Gelehrten-Lexicon, und Sammlungen zur Dänischen Kirchengeschichte.

Seite 260.

Zu G. Ch. Harles Schriften setze bey: — Brevior notitia litteraturæ romanæ inprimis scriptorum lat. ib 1789. 8. (1. Thlr. 8. gr.) Zu viel Mißverhältnisse und manche Fehler. — Tho. Tyrwhitti Conjecturæ in Strabonem &c. Ed. II. Erlangæ, 1785. 8. — Aristophanis nubes, gr. et lat. c. n. Lips. 1788. 8.m. — J. A. Fabricii Bibliotheca græca &c. Ed. IV. c. n. Vol. V. Hamb. 1790—96. 4.m. (à 5. Thlr. 12. gr. auf Schreibpap. 7, Thlr. 12. gr.) — Himmerii Sophistæ oratio, qua laudes urbis Constantinopoleos et Juliani Augusti celebrantur, ex rec. et cum comment. Gottl. Wernsdorfii. Erlangæ, 1785. 8. — Juliani Imperatoris Cæsares c. n. ib. eod. 8. — M. Tullii Ciceronis orationes Verrinæ ꝛc. c. Q. Ausonii Pediani Commentationibus. ib. 1784. II. 8. — Sexti Aurelii Victoris hist. rom. ex rec. Gruneri. ib. 1787. 8. — Kritische Nachrichten von kleinen Schriften. Nürnb. 1782—85. IV. 8.

Lin. 6. Nach: „1772. 8. (40. kr.)" setze zu: ib. 1789. 8.

Liv. 7. Nach: „(2. fl. 30. kr.)" setze zu: Ed. II. emend. et auct. ib. 1792. 8 m. T. II. P. II. ib. 1795. 8.m.

Lin. 11. Nach: „1775. 8. (1. fl.)" setze zu: auct. Baruthi, 1792. 8.

Lin. 9. v. unt. Nach: „ib. ed. III. 1771. 8 m." setze zu: Deutsch, mit Anmerk. und Abhandlungen von F. A. Wolf. Halle, 1788. gr. 8.

Seite 261.

Zu Harris seze zu: (Joseph) Er starb 1764. als Münzwardein und Mitglied der K. Societät zu London. — — Beschreibung der Erd- und Himmelskugel rc. Engl. Lond 1736. — Treatise on Optiks &c, ib, 1745. (1775.) 4. unvollendet rc.

Seite 262.

Zu J. Hartmann seze bey: — Kurze Betrachtungen über Stellen der heil. Schrift. Rostok, 1788. 8. — Fortgesezte Betrachtungen über wichtige Stellen der heil. Schrift. Rostok, 1788. 8.

Zu Ed. Harwood seze bey: — A view of the various Editions of the greek and roman Classics. Lond. 1775. 8. Deutsch, vermehrt und verbessert von F. C. Alter in beyden folgenden Werken: Uebersicht verschiedener Ausgaben der Classiker, und bibliogr. Nachrichten von Ausgaben der Bibeltexte und Kirchenväter. Wien, 1778. 79. gr. 8. — Frohe Gedanken über das Glük eines gottseligen Lebens. Leipz. 1774. 8. — Kleine theol. Abhandlungen. ib. eod. 8. — Abhandl. über den Socinianismus. ib. 1774. 8. — Frohe Gedanken über die Glükseligkeit eines religiösen Lebens. ib. 1781. 8. — Leben und Charakter Jesu. ib. 1781. sämmtlich aus dem Englischen. — Abhandlungen rc.

Seite 263.

Zu Ch. H. Hase, merke: Er starb im März 1791.

Seite 264.

Zu J. M Hassencamp's Schriften seze bey: — Annalen der neuesten theol. Litteratur und Kirchengeschichte. Rinteln, 1789. 92. Der Jahrg. zu 12. Stüken. 8. — Kleine Schriften, theol. philol. und mathematischen Inhalts rc. ib. 1799. 8. (Subscr. 1. fl. 48. kr. Ladenpr. 2. fl. 24. kr.)

Seite 266.

Zu E. R. Hausen's Schriften seze bey: — Staatskunde der preussischen Monarchie rc. Berlin, 1789—92. 2. St. gr. 8. — Einfluß der Geschichte auf das menschliche Herz. Halle, 1769. 8. — Die Nationalvorurtheile, ein Buch für alle Stände. Frankf. 1772. II 8 — Vermächtnisse für alle Stände. Halle, 1778. 8. — Von der Macht der Beyspiele in Monarchien. Franff. 1773. 8. — Biographie Herzogs Max. Jul. Leopold von Braunschw. ib. 1785. 8. — Allerneueste Staatskunde von Holland. Berlin, 1785. 4. St. — Darstellung des Weinbaues, ib. 1798. gr. 8.

Lin. 12 u. 13 v. unt. Statt: „Berlin, 1774. IV. gr. 4. mit
Kupf. (36. fl.) Auszug ⁊c. ib. 1775 — 78. III. gr, 8. mit Kupf.
Das engl. Original. Lond. 1775. III. 4." Lese: aus dem Engl.
von Joh. Friedr. Schiller. Berlin, 1774. III. gr. 4. mit Kupf.
(36. fl.) Auszug ⁊c. ib. 1775 — 78. III. gr. 8. mit Kupf. Das
engl. Original. Lond. 1773. III. 4.m. Französisch, Paris, 1774.
III. 4.m. mit Kupf. Lausanne, 1774. IV. 8. Joh. Byrons Reise ist
auch besonders gedruft: Voyage round the World in the Years 1764. 65.
With an Description of the Magellan Street. Lond. 1766. 4. Französ.
(von *Suard*) Paris, 1767. 8. Deutsch (von Christ. Henr. Zorn)
Franff. und Leipzig. (Stuttgard) 1769. 8. Spanisch, Madrid,
1780. 8.

Merf' hierzu als Note:

* *Meuselii* Bibl. hist. Vol. III. P. II. p. 131. 134. fqq.

Zu Thomas Hearne's Schriften seze bey: — The Life of
Aelfrid &c. Oxoniæ, 1710. 8. — *Joh. Rossi* Hist. regum Angliæ &c.
ib, 1716. 8. — *Titi Livii* Foroiulienfis Vita Henrici V. Angliæ regis &c. ib. 1716. 8. — Guil. Roperi Vita D. Tho. Mori &c. ib. 1716.
8. — *Tho. Sprotti* Chronica &c. ib. 1719. 8. — *Rob. de Avesbury*
hist. de mirabilibus geftis Eduardi III. ib. 1729. 8. — *Joh. de For-*
dun Scotichronicon &c. ib. 1722. 8. — *Tho. de Elmbam* vita et
gefta Henrici V. A. R. &c. ib. 1727. 8. — Liber niger Scaccarii &c.
ib. 1728. 8. II. 8. — Hist. vitæ et regni Ricardi II. A. R. &c.
ib. 1729. 8.

Seite 267.

Zu Joh. Ernst Hebenstreit. — Erflärung der griechischen
Wörter von Kranfheiten des Körvers. Leipz. 1760. 4. (16. gr.)
— De homine fano et ægroto, fiftens phyfiologiam, pathologiam &c. ib. 1753. (18. gr.) — Aetiologia chymica inveftigata.
ib. 1757.

Zu E. B. G. Hebenstreits Schriften seze bey : — *Car. Guil.*
Scheele Opufcula chemica et phyfica ; latina fecit et collegit. Leipz.
1788. 89. II. 8.m — Aftrucs Abhandl. von Geschwülften und Ge-
schwüren; mit Anmerf. und Zusäz'n. Dresden, 1791. II. 8. —
Lehrfäze der medizinischen Polizenwissenschaft. Leipz. 1791. gr. 8. —
T. *Bergmanni* Opufc. phyf. et chemice. Vol. IV — VI. ib. 1787.
90. 8.m. — R. Sullivan's Uebersicht der Natur, in Briefen an
einen Reisenden; nebst Bemerfung über den Atheismus, in Bezie-

bung auf deſſen Verbreitung im neuern Frankreich; aus dem Engl.
mit Anmerk. ib. 1795. 96. III. gr. 8. (4. Thlr.)

Rüke folgenden Artikel ein:

Heinrich Michael Hebenſtreit, Johann Ernſts Sohn, geb.
den 12. Okt. 1745 zu Leipzig. Er ſtudirte hier; wurde 1778. Doctor
juris, 1779. Oberhofgerichts- und Conſiſtorial-Advocat; 1780. Prof.
antiquit. juris: ſtarb den 17. Jul. 1786. — — Schriften: Hiſt. juris-
dictionis ecclef. ex legibus utriusque codicis illuſtrata. Lipſ. 1773-
78. III. P. IV.   Sind 3. gelehrte Diſſertationen. — Mit ſeinem
Bruder Ernſt Benj. Gottf. gab er heraus: Wilh. Falconers
Bemerkungen über den Einfluß des Himmelſtrichs ꝛc. Aus dem
Engl. mit Zuſäzen. ib. 1782. 8. — Arbeitete an Schotts juriſti-
ſchem Journal. f)

Lin. 15. Statt: „ib. 1782—85. IX. Stüke. 8. mit Kupf."
Leſe: ib. 1782—89. XXIV. Stüke. 8. mit Kupf. Fortgeſezt: Neueſte Samml. ꝛc. ib. 1790. II. St. 8.

Seite 269.

Zu Philipp Hecquet (nicht Hacquet) merk' als Note:

* *Niceron* Mem. T. XLI. p. 83 — 111. — Bibl. françoiſe.
T. XXVIII. p. 69 — 88. — Lamberts Gelehrtengeſchichte ꝛc.
2. B. p. 915. ſqq.

Seite 270.

Lin. 14. Statt: „Lond. 1727. 4." Leſe: Lond. 1727. u. 1730.
4. Durch Morell. ib. 1778. 4.

Seite 271.

Zu J. C. Hedlinger, merke: — Man hat auch Hedlingers
Medaillenwerk ꝛc. von J. E. Haid, in ſchwarzer Kunſt bearbeitet,
und von J. C. Füßli gezeichnet, mit des Künſtlers Leben. Augsb.
1781. fol.

Seite 272.

Lin. 2. Nach: „Leben" ſeze zu: Der Text iſt von de la Veauf.

Zu Joh. Hedwigs Schriften ſeze bey: — Deſcriptio et adum-
bratio microſcopico - analytica muſcorum, frondoſorum nervorum,
dubiisque vexatorum. ib. 1792. fol. III. Bände, jeder in 4 Heften,
(ſchwarze Kupf. à 2. Thlr. 12. gr. und illumin. à 5. Thlr.) ein
wichtiges Werk; ſoll noch mit dem 4ten Band vermehrt werden. —
Stirpes cryptogamicæ. Lipſ. 1793—97. Vol. IV. jedes faſc. II. fol.

---

f) Jöcher von Adelung verbeſſert.

mit ſchwarzen und illumin. Kupf. — Daſſelbe mit deutſchem Text, mit ſchwarzen und illumin. Kupf. — Sammlung ſeiner zerſtreuten Abhandlungen über botaniſche und ökonomiſche Gegenſtände. ib, 1794. 97. II. gr. 8. mit Kupf.

Zu D. H. Hegewiſchs Schriften ſetze bey: — Geſchichte der Regierung Carls des Großen. Hamb. 1791. gr. 8. — Ueber die Neutralität bey dem gegenwärtigen Kriege mit den Franzoſen. Kiel, 1793. 8. (4. gr.) — Hiſtoriſche, philoſ. und litterariſche Schriften. Hamb. 1793. II. gr. 8. — Mehrere Abhandlungen ꝛc.

Not. p, Setze zu: — J. C. Füßli Geſchichte der Schweizer-Künſtler. p. 74—123. — Meiſters berühmte Männer Helvetiens. I. B. p. 100—109.

Seite 273.

C. H v. Heineken's (nicht Heineke) Lebensnachr. ändere ſo: Er iſt geb. 1706. zu Lübek, wo ſein Vater ein Mahler war. Er ſtudirte in Leipzig nebſt der Rechtsgelahrtheit die ſchöne Litteratur; wurde hernach Lehrer in verſchiedenen adelichen Häuſern zu Dresden, und endlich Sekretär und Bibliothekar bey dem Grafen von Brühl. Durch dieſen ſchwang er ſich von einer Stufe zur andern empor; wurde in den Reichsritterſtand erhoben, und zum geheimen Kammerrath ernennt. Im 7.jährigen Krieg ſowohl, als 6. Jahre lang nach Endigung deſſelben verwaltete er die Brühliſchen Güter, ob er gleich 1763. wegen fälſchlich beſchuldigter Untreue, gefangen geſetzt worden war. Zuletzt lebte er in einer gelehrten Muße, auf ſeinem Landgut zu Altdöbern in der Nieder-Lauſitz, wo er den 23. Jan. 1791. æt. 85. ſtarb.

Zu ſeinen Schriften ſetze bey: — Einige kleinere Schriften, z. B. Eine Moral ꝛc. — Ein Finanz-Catechismus ꝛc. — Nachrichten über die Beſchaffenheit der Niederlauſitz ꝛc.

Lin. 7. v. unt. Statt: „T. I. ib. 1778. 8.m. (2. Thlr. 16. gr.)" leſe: ib. 1778—90. IV. 8.m. bis Diz. (8. Thlr. 16. gr.)

Lin. 6. v. unt. Statt: „Samuel Henike, geb. 1735." Leſe: Samuel Heinike, geb. 1725.

Zu Heinikes Schriften ſetze bey: — Clavicula Salomonis, oder Schlüſſel zur höchſten Weisheit. Presburg, 1789. II. 8. — Wörterbuch zur Kritik der reinen Vernunft ꝛc. 1789. 8. — Ueber graue Vorurtheile und ihre Schädlichkeit. Kopenh. 1787. 8. — Ueber Scheingötterey der Naturaliſten, Deiſten ꝛc. Köthen, eod. 8. —

Entdekungen und Beyträge zur Seelenlehre. Leipzig, 1784. 8. —
Einige Auffäze.

Not. t. Seze zu: — *Klotzii* Acta litt. Vol. I. P. II. p. 232 — 241.
Mursinna Biogr. sel. p. 109 — 130.

Not. x. Seze zu: — Nekrolog ꝛc. für das Jahr 1791. von
Schlichtegroll. 2. B. 1te H. p. 294 — 305.

Seite 274.

Not. y. Seze zu: — Nekrolog ꝛc. für das Jahr 1790. von
Schlichtegroll. 1. B. S. 313. sqq.

Seite 270.

Zu Joh. Mich. Heinze's Lebensnachrichten ändere so: geb.
den 21. März 1717. zu Langensalza. Er studirte seit 1730. auf der
Schulpforte, und seit 1732. die Theologie zu Wittenberg und Leipzig; auch seit 1744. die schönen Wissenschaften zu Göttingen;
wurde 1746. auf Geßners Empfehlung Hauslehrer bey dem Vicekanzler Strube in Hannover; 1746. Conrector an der Michaelis-
schule in Lüneburg, und 1753. Rector; zulezt 1770. Director des
Gymnasiums zu Weimar. Er starb den 6. Okt. 1790. æt. 74.

Zu seinen Schriften seze bey: — Syntagma opusculorum varii
argumenti. ib. 1788. 8.m. Sind seine Schulschriften, die er in
seinem 30.jährigen Amt verfertigte. — Des sokratischen Philosophen
Aeschines drei Gespräche von der Tugend, vom Reichthum und
vom Tode, nebst Plato's Krito; aus dem Griechischen übersezt.
Dessau, 1783. und nach einem neuen Titelblatt: Göttingen, 1788.
8. — Cicero's drei Bücher von den besten Gesezen; aus dem Lat.
mit einer Abhandlung von den Ferialen des alten Roms. ib. 1783.
und nach dem neuen Titelblatt: Göttingen, 1788. 8.

Zu D. Aug. Heinze's Schriften seze bey: — Sammlungen zur
Geschichte und Staatswissenschaft. Göttingen, 1789. gr. 8. —
Eobald Toze Einleitung in die allgemeine und besondere Staats-
kunde. 4te Auflage. Neu bearbeitet mit Verbesserungen und Zusäzen.
Schwerin, 1790 gr. 8. — Kielisches Magazin für Geschichte ꝛc.
Kopenh. 1783 — 86. II. 8. NB. Neues Magazin ꝛc. II.

Lin. 8. v. unt. Statt: „ib. 1782 — 87. III. gr. 8." Lese: ib.
1782 — 91. V. gr. 8.

Seite 276.

Maximilian Hell Lebensnachrichten: geb. den 15. Mai 1720.
zu Schemniz in Ungarn, wo sein Vater Oberkunstmeister über alle

Waſſermaſchinen in den daſigen Bergwerken war. Nachdem er zu Neuſohl ſeine Schulſtudien geendigt hatte, trat er 1738. zu Trenſchin in den Jeſuiterorden. Er ſtudirte zu Wien nebſt der Philoſophie vorzüglich die Mathematik und Aſtronomie unter Frölich und Joſeph Franz, der ihn bey ſeinen aſtronomiſchen Beobachtungen und andern Arbeiten gebrauchte. Er lehrte 1747. an der Schule zu Leutſchau in Ungarn; kam nach Wien zurük, die Theologie zu ſtudiren; erhielt 1752. die öffentliche Lehrſtelle der Mathematik zu Clauſenburg, die er auch mit allem Eifer verſah, bis er 1755. als Aſtronom nach Wien berufen wurde. Im Jahr 1757. wurde er zum Prof. Aſtron. und Vorſteher der K. K. Sternwarte ernennt. K. Chriſtian IV. verlangte ihn 1767. um den Durchgang der Venus durch die Sonnenſcheibe zu beobachten, welcher den 3. Jun. 1769. erfolgte; er reiſte alſo 1768. nach Wardöehuus, und kam 1770. nach glüklich angeſtellter Beobachtung nach Wien zurük, wo er den 14. Apr. 1792. æt. 72. ſtarb.

Zu ſeinen Schriften ſetze bey: — Beyträge zur practiſchen Aſtronomie ꝛc. Ein Auszug aus ſeinen Ephemeriden, von L. A. Jungnitz. Breslau, 1791. 92. II. gr. 8. mit Kupf. — Planetarum, Saturni, Jovis, Martis, Veneris, et Mercurii deſcriptio. Wien, 1764. — De parallaxi ſolis &c. ib. 1772. 8.m. — Obſervatio tranſitus Veneris ante diſcum ſolis. d. 3. Jun. anno 1769. Hafniæ, 1770. 4. c. fig. — Adjumentum memoriæ, manuale chronologico - genealogico - hiſtoricum. Wien, 1789. Deutſch, nebſt Fortſetzung: Chronologiſch-genealogiſch-hiſtoriſches Handbuch zum Behuf des Gedächtniſſes. ib. 1797. — Kurzer Unterricht von der Oſterfeyer für den ungeehrten Mann. ib. 1716. 4.

Seite 277.

Lin. 2. Statt: „1757 — 82. ib. XXV. 8.m. (à 1. fl. 30. kr.)" Leſe: 1757 — 91. XXXVII. 8.m. (à 1. fl. 30. kr.)

Lin. 4. Nach: „aſtronomiſcher Anhang," ſetze zu: Sie wurden bisher von Trieſneker und Bürg fortgeſetzt.

Lin. 12. v. unt. Nach: „ib. 1787. 8 m." ſetze zu: ib. 1792. 8.m. Merke hierbey: Chr. Fr. Glüks Commentar darüber: Ausführliche Erläuterung der Pandecten ꝛc. Erlangen, ſeit 1791. gr. 8. wird fortgeſetzt. Sehr gelehrt. Zu weitſchweifig.

Zu B. G. H. von Hellfeld, merke: Er wurde zuletzt wirklicher Hof- und Regierungsrath zu Eiſenach, und ſtarb den 14. Jul. 1778.

Not. e. Seze zu: — Nekrolog ꝛc. für das Jahr 1792. von Schlichtegroll. 1te H. p. 282—303. — Das gelehrte Oesterreich. Ed. II. 1. B. p. 176—194.

Seite 278.

Zu J. Ch. Ludw. **Hellwig**, merke : Er ist seit 1790. Prof. der Mathematik und Naturgeschichte am Gymnasium zu Braunschweig. — — Fauna Etrusca, sistens insecta, quæ in provinciis Florentina et Pisana collegit *Petrus Rossius &c.* c. annotat. Brunsvici, 1794. ꝛc. 8. (2. Thlr. 10. gr.) mit Kupf.

Lin 18 Statt: „Berlin, 1774 gr. 8." Lese: Berlin, 1774 und 1790. 11 gr. 8.

Zu dem Artikel Adrian **Helvetius**, merk' die Note: * Lamberts Gelehrtengeschichte ꝛc. 2. B. p. 403. sqq.

Seite 280.

Not. i. Seze zu: Mosheims Kirchengeschichte ꝛc. von Schlegel. 5., B. p. 390. sqq. — Hist. de l'Acad. des sciences à Paris A. 1755.

Seite 281.

Rüke folgende Artikel ein:

Carl Joh. Franz **Henault**, geb 1685. zu Paris, wo sein Vater ein reicher Generalpachter war. Er trat in den Orden des Oratorii, aber 1707. verließ er ihn wieder; wurde 1723. Mitglied der französischen Akademie; hernach auch der Akad. der Wissenschaften, und Ehrenpräsident des Parlaments, und starb den 24. Nov. 1770. æt. 85. Bis in sein hohes Alter behielt er die Munterkeit seines Geistes, die ihn zu einem angenehmen Gesellschafter machte. — — Schriften: L'homme inuile &c. Ein Gedicht, das 1707. den Preis erhielt. — Nouvel Abrégé chronologique de l'hist. de France. Paris, 1744. 4. oft gedrukt, aber sehr vermehrt, ib. 1768. II. 4. und III. 8. Auch deutsch, italienisch und dänisch übersezt. — Abrégé chronol. de l'hist. d'Espagne et de Portugal. ib. 1759 8. mit Macquer. — Mehrere Gedichte, Lustspiele, und wizige Aufsäze. g)

Seite 283.

Zu A. **Hennings** Schriften seze bey: — Materialien zur Statistik der dänischen Staaten ꝛc. Flensbnrg, 1784. 86. II. gr. 8,

Zu. **Henry** Pred. in Edinburg, merke : Er starb den 24. Nov. 1790.

---

g) *Meuselii* Bibl. hist. Vol. VII. P. I. p. 74. sqq. — Jöcher l. c.

Not. n. Setze zu: — N. Büchersaal der gel. Welt. 58te Oeffn. p. 764. sqq.

Seite 284.

Zu J. F. W. Herbst's Schriften setze bey: — Jablonski's Naturgeschichte aller Insecten, besonders der Schmetterlinge. Berl. 1788—96. VIII. gr. 8. (mit 118. illum. Kupf. 36. Thlr. 4. gr. prænum. 23. Thlr. 20. gr.) — Ejusd. Naturgeschichte der Käfer. ib. 1789—93. V. gr. 8. mit illum. Kupf. (18. Thlr., prænum. 11. Thlr. 20. gr.) — Betrachtungen zur Veredlung des menschlichen Herzens. ib. 1792. gr. 8. (12. gr.) — Natursystem aller bekannten ins und ausländischen Insekten, als eine Fortsetzung der Büssonschen Naturgeschichte; der Käfer, ib. 1790—92. IV. 4. mit Kupf. und der Schmetterlinge, 7ter Th. ib. 1794. 4. mit 28. illum. Kupfertafeln. (8. Thlr. 8. gr.)

Lin. 6. v. unt. Nach: „Kupf." setze zu: 2ten Bandes 6tes H. ib. bis 1796. gr. 4.

Seite 285.

Zu Joh. G. Herder setze bey: Seit 1789. Vicepräses des Oberconsistoriums zu Weimar, da er den Ruf als Kanzler nach Göttingen von sich ablehnte. — — Ueber die Denkmäler der Vorwelt. Gotha, 1792. 8. — Briefe zur Beförderung der Humanität. Riga, 1793—97. X. 8. (5. Thlr. 16. gr. auf Velinpap. 9. Thlr. 12. gr.) — Von der Auferstehung, als Glaube, Geschichte und Lehre. ib. 1794. 8 (12. gr.) — Von der Gabe der Sprachen am ersten Pfingstfest. ib. 1794. 8. — Vom Erlöser der Menschen. ib. 1796. — Von Gottes Sohn, dem Weltheiland. ib. 1799. 8. Alle 4. auch unter dem gemeinschaftlichen Titel: Christliche Schriften. III. — Terpsichore. Lübek, 1795. III. 8. (2. Thlr. 12. gr.) Aus dem lat. Original eines Dichters, der zur Zeit des 30.jährigen Krieges lebte, meisterhaft übersetzt, für unsere Zeiten sehr passend und lesenswürdig — Palmblätter. 1786—96. III. (1. Thlr. 18. gr.) — Zerstreute Blätter bis 97. 6. Th. — Ideen ꝛc. 93. der 4te Th. — Vom Geist der hebr. Poesie. 96. 3ter Th. und neue Aufl. Leipz. 1787. II.

Lin. 14. Nach: „1772. 8. (48. kr.)" setze zu: ib. 1789. 8.

Lin. 16. Nach: „8. (24. kr.)" setze zu: ib. 1789. 8.

Zu H. D. Hermes, merke: Seit 1791. Ober-Consistorialrath zu Berlin. — — Predigten ꝛc. Breslau, 1786. 8. und 2te Samml. ib. 1790. 8. — Einige Abhandl. z. B.: Ueber Bestimmung der

Lebensart für die Jugend, Zeichnung des Charakters eines Wohl-
thäters. Von den Mitteln das Vertrauen auf Schulen auszubrei-
ten ꝛc. — NB. Lehre der heil. Schrift. 3. Theile.

Seite 286.

Zu Joh. Timoth. Hermes Schriften seze bey: — Manch
Hermäon, im eigentlichen Sinn des Worts. Leipz. 1788. II. 8.
Ein Roman wider die Empfindeley. — Für Eltern und Eheluſti-
ge ꝛc. ib. 1789. 90. V. 8. — Zween litterariſche Märtyrer und
deren Frauen. ib. 1789. II. B. 8. — Predigten für die Sonntage
und Feſte des ganzen Jahres. Breßl. 1792. 8. und neue Predigten ꝛc.
ib. 1795 8 iſt der 2te Jahrgang. — Anhang dazu. ib. 1797. gr. 8.

Zu Joh. Aug. Hermes, merke: Er iſt ſeit 1787. Adjunct des
Conſiſtorialraths und Oberhofpredigers Boyſen.

Lin. 2. v. unt. Nach: „Faßlich und erbaulich." Seze zu:
4te Ausgabe, nicht ſehr verändert. ib. 1791. II. 8.

Seite 287.

Lin. 2. Nach: „1787. 8. (40. kr.)" ſeze zu: 4te verbeſſerte
Aufl. in grobem und reinem Druk. ib. 1792. 8.

Seite 288.

Zu E. Fr. Graf v. Herzberg, merke: Er ſtarb den 27. Mai
1795. æt. 70. — Abhandl. über das 3. bis 5te Jahr der Regierung
K. Friedr. Wilh. II., ib. 1792. gr. 8. — Neues Wörterbuch der Politik. 1796. 8. — Seine Deductionen, Auffäze ꝛc. ſind in folgende
Sammlung gefaßt: Recueil des Deductions, Manifeſtes, Declara-
tions, Traités et autres actes et écrits publiés &c. depuis l'année
1756. jusqu'à l'année 1789. Berlin, 1789. II. 8. und dans les années
1789. et 1790. ib. 1795. 8.

Not. u. Seze zu: — Fragmente aus dem Leben des Grafen
von Herzberg; herausgegeben von P. F. Weddigen, Prediger
zu Buchholz ꝛc. Bremen, 1796. 8. (18. gr.)

Seite 289.

Lin. 12. Nach: „Edinb. 1789. VI. 8.m. (83. fl.)" ſeze zu:
Dabey iſt ſein Leben.

Not. x. Seze zu: — Biographia Britannica &c. Vol. VI.

Seite 290.

Zu Joh. Jacob Heß Schriften ſeze bey: — Bibliothek der
heil. Geſchichte; Beyträge zur Beförderung des bibl. Geſchichts-
studiums,

ſtudiums, mit Hinſicht auf die Apologie des Chriſtenthums. Zürich,
1791. 92. II. 8. wird fortgeſezt. — Chriſtliches Uebungsjahr ꝛc. in
Predigten. 1ſte Hälfte. ib. 1791. 2te Hälfte. ib. 1792. 8. (2. Thlr.)
— Erasmus von Rotterdam. Nach ſeinem Leben und Schriften.
Zürich, 1790. II. (3. Thlr.) gr. 8.

Seite 291.

Not. a. Seze zu: — Meiſters berühmte Männer Helvetiens.
I. B. p. 238—284.

Seite 292.

Lin. 13. Nach: „Verbeſſerung bedarf," ſeze zu: Umgearbeitet und verbeſſert von Jer. Nik. Eyring. (Prof. in Göttingen)
Hannov. 1791. 8.

Lin. 5. v. unten. Nach: „zu dieſem Schritt" ſeze zu: Der
2te Theil (Heidelberg und Göttingen 1764.) iſt eine heftige Widerlegung, und der 3te (Berlin, 1766.) eine muthwillige Zurechtwei-
ſung des pſeudonymiſchen William Cliffords, der zu Heumanns
Vertheidigung einen Verſuch im philoſophiſchen Denken über das
heil. Abendmahl, Altona, 1765. 8. herausgab.

Not. a. Seze zu: — Mosheims Kirchengeſchichte ꝛc. von
Schlegel. 6. B. p. 309—313. — *Bruckeri* Pinacoth, Dec. I. n. IX.
Götten l. c. I. Th. p. 578. ſqq.

Seite 293.

Not. b. Seze zu: — Bruckers Bilderſaal ꝛc. 2. B. Decas X.
Nr. 10 — Wills Nürnb. gel. Lexicon. — *Saxii* Onomaſt. T. VII.
p. 16. ſq.

Seite 294.

Lin. 10. v. unt. Nach: „(1. fl. 15. kr.)" ſeze zu: Dabey iſt
ſein Leben von Fr. Aug. Töpfer.

Seite 296.

Zu J. Fr. Heynaz, merke: Seit 1791. Prof. extraord. der Beredſamkeit und der ſchönen Wiſſenſchaften zu Frankfurt a. d. O.
—— Auszug ſeiner Vorleſungen über die theol. Encyklopädie. Berl.
1692. gr. 8. — Schulſtudienplan ꝛc. ib. 1792—94. III. 8. — An-
tibarbarus der deutſchen Sprache ꝛc. ib. 1796. II. gr. 8. — Anweiſung zur deutſchen Sprache. Zittau, 1785. 8.

Lin. 11. v. unt. Nach: „3te Aufl. 1777." ſeze zu: 4te Aufl.
ib. 1790.

Seite 297.

Zu C. G. Heyne's Schriften setze bey: — Plinii hist. n:
excerpta &c. ib. 1790. 8.

Lin. 8. Nach: „1765 — 77. VII. gr. 8." setze zu: Fortgesetzt vc
Dan. Ernst Wagner, XVIter Band. 9te Abtheil. ib. 1789. gr. (
begreift den Schluß der russischen Geschichte bis zum Regierung:
antritt Peters III.

Lin. 11. Nach: „1779. 80. II. 8." setze zu: Ed. II. auct. (
emend. ib. 1789. 90. II. 8. Von der größern Ausgabe. Ed. III
emend. et auctior. Lond. 1793. VIII. 4 roy. auf Belinpapier; eben (
in gr. 8. und auf Schreibpapier IV. gr. 8. (2. Pf. 12. Sch.) Et
was von Heyne verbessert; splendid gedruckt, aber von Druckfehlen
verunstaltet; die Vignetten der Leipziger Ausgabe sind hie und dc
versetzt. Noch eine Schulausgabe in 8 (7. Sch.) Ein Uebelstant
ist bey der roial 4. Ausgabe, daß sie den Oktavdruck hat.

Lin. 12. Nach: „(3. fl. 30. kr.)" setze zu: Dazu kamen: Ad
ditamenta ad lectionis varietatem &c. ib. 1791. 4 min.

Seite 298.

Rüke folgende Artikel ein:

Aaron Hill, geb. den 10. Febr. 1684. oder 1685. zu London,
wo sein Vater Georg, Esq. jährlich 2000. Pf. Einkünfte hatte.
Durch die Verschwendung desselben gerieth er in traurige Umstände.
Nachdem er zu Devonshire und in der Westmünster=Schule die
Anfangsgründe gelernt hatte, schifte ihn seine Mutter 1700. zum
englischen Gesandten Lord Paget nach Constantinopel. Dieser
sorgte für ihn, und ließ ihn in den morgenländischen Sprachen
unterrichten. In Begleitung eines gelehrten Mannes reiste der
junge Hill nach Aegypten, Palästina und einen großen Theil des
Orients. Nach seiner Rükkunft gieng er mit dem Lord zu Lande
nach London zurük, der nun sein Glük als Vetter zu gründen
suchte. Weil er aber gegen dessen Willen sich an eine Mätresse
hängte, so erhielt er bey des Lords Absterben keine Erbschaft. Er
begleitete hierauf einen jungen Baronet auf seinen Reisen, und
wurde 1709 von dem Grafen von Peterborough zum Sekretär
ernennt. Er verließ aber im folgenden Jahr diese Stelle, und
verheurathete sich. Durch die Vermittelung seiner Freunde erhielt
er nun die Aufsicht über das K. Theater zu Drury=Lane, hernach
in Hay=Market. Er verließ aber beyde, und beschäftigte sich mit

Projecten, die größtentheils scheiterten; z. B. aus Bucheicheln ein
Baumöl zu pressen; eine Colonie in Südcarolina anzulegen: die
Wälder des nördlichen Schottlands zu benutzen ꝛc. Nur eines ist
ihm gelungen, die inländische Potasche zu verbessern und zu verfeinern. Nach einer 20 jährigen Ehe verlohr er seine Gattin, mit
welcher er 9. Kinder gezeugt hatte. Er starb den 8. Febr. 1749.
an einer langwierigen abzehrenden Krankheit, und in großer Dürftigkeit. — — Schriften: Accounts of the present State of the Ottoman Empire in all its branches. Lond. 1709. fol. — Camillus;
a Poem. ib. 1709. Ein Lobgedicht auf den Gr. von Peterborough.
— The Northern Star. ib. 1718. und 5te Ausg. 1739. Ein Lobgedicht auf Peter I. — The Plain Dealer &c. und: The Prompter &c.
Wochenschriften, 1724. und 1735. — Dramatik Works. Lond. 1760.
8. sind Opern und Trauerspiele. — Works &c. ib. 1750. IV. 8.
sämtliche Schriften, zum Besten seiner Familie herausgegeben. h)

Zu Wilh. Fr. Hezel, setze bey: Er ist seit 1788. Hessischer geheimer Regierungsrath; auch seit 1793. Definitor. — — Anleitung zur Erklärung des N. Test. ꝛc. Franff. 1792. gr. 8. — Allgemeine Judenbekehrung ꝛc. gr. 8. (20. kr.) — Ueber die Aechtheit
der Stelle 1. Joh. V. 7. ib. 1793. gr. 8. (24. kr.) — Anleitung
zur Bildung des Geschmaks für alle Gattungen d. r Poesie. Hildburghausen, 1791. II. gr. 8. — Nominal-Formenlehre, oder Formalmechanik der hebräischen Sprache. Halle, 1795. gr. 8. (1. Thlr.)
— Hebräische Lehrstunden für Anfänger, als ein Anhang zur hebr.
Grammatik. Duisburg, 1793. 8. (6. gr.) — Kritisches Wörterbuch der hebr. Sprache. Halle, 1793. gr. 8. — Institutio philologi hebræi. ib. 1793. 8.m. — Ueber Griechenlands älteste Geschichte
und Sprache. Leipz. 1795. 8. — Ausführliche griechische Sprachlehre ꝛc. ib. 1795. gr. 8. (1. Thlr. 12. gr.) — Neuer Versuch
über den Brief an die Hebräer ꝛc. gegen Morus. ib 1795. gr. 8.
(6. gr.) — Geneseos ex Onkelosi paraphrasi chaldaica quatuor priora
Capita una cum Danielis Cap. II. chaldaice. Lemgo. 1788. 8. Für
seine chaldäischen Vorlesungen bestimmt. — Schriftforscher in einem Sonntagsblatt zur Ehre der Offenbarung. Gießen, seit 1791.
8. — Orion; ein Blatt für Bibel und Religion. Gießen, 1790. 8.
Enthält exegetische Abhandlungen. — Geist der Philosophie und

b) *Cibber* Lives of engl. Poets, T. V. p. 252. sqq. — Jöcher l. s.

Sprache der alten Welt. Lübek, 1794. 8. 1ter Band. — Ueber
Griech la ds älteste Geschichte und Sprache. Weissenfels, 1795.
8. — Ausführliche griechische Sprachlehre. ib. eod. gr. 8 —
NB. Ein Auszug aus der Bibel A. und N. Test. mit Anmerk. von
Wilhelm Schenk. Lemgo, 1787. II. 8. (2. Thlr.)

Seite 299.

Lin. 7. sq. Statt: „I. B. 1—3. Stük. Halle, 1786 87. gr. 8.“
Lese: Halle, 1786—93. III. gr. 8. in Geselschaft mit Prof. Leun
in Giessen; wird fortgesezt.

Lin. 11. sq. Statt: „ib. 1780—88. VIII. gr. 8. Der 8. Th.
in 2. Abtheilungen, bis Marcus incl.“ Lese: ib. 1780—91. X. Thle.
gr. 8. Der 8te Theil in 2. Abtheilungen. (19. Thlr. 6. gr.)

Seite 300.

Zu C. F. Hindenburg, merke: Er ist seit dem 30. Apr. 1793.
Collegiat des kleinen Fürsten-Collegii. — — Archiv der reinen
und angewandten Mathematik. Leipzig, 8. bis 1797. 6. Hefte. —
Antliæ novæ hydraulico-pneumaticæ mechanismus et descriptio.
c. fig. Lips. 1787. 4. — Infinitinomii dignitatum exponentis inde-
terminati historia, leges ac formulæ. Gœtt. 1779. 4. — Novi systematis permutationum, combinationum ac variationum primæ lineæ &c. Lips. 1787. 4. — Beschreibung einer neuen Art, nach einem bekannten Gesez fortgehende Zahlen durch blosses Abzählen zu
finden. ib. 1776. 8. nebst 5. Beylagen, mit Kupf. — Ueber den
Schachspieler des Hrn. von Kempele. ib. 1784. gr. 8. — Proble-
ma solutum maxime universale ad serierum reversionem formulis loca-
libus et combinatio analyt. ad absolv. paralipomenon. ib. 1794. 8.
— Noch einige kleinere Abhandlungen.

Lin. 9. v. unt. Statt: „Hatte auch Theil ꝛc.“ Lese: Sein
Sohn Georg Ludwig hatte Theil ꝛc.

Ch. C. L. Hirschfeld's Lebensnachrichten ändere so: geb. den
16. Febr. 1742. zu Nüschel bey Eutin, wo sein Vater Prediger war.
Er studirte seit 1756. auf dem Waisenhaus zu Halle, und nach
4. Jahren auf der dasigen Universität; wurde 1764. Informator der
Prinzessin und der beyden Prinzen von Holstein-Gottorp; gieng
mit den leztern 1765. auf Reisen in die Schweiz; kam 1767. nach
Leipzig; wurde 1770. Prof. phil. ord. und Sekretär des akademischen Curatels Collegiums, und endlich 1777. K. Dänischer Justiz
rath zu Kiel. Er starb den 20. Febr. 1792. æt. 50. Er machte

neben seinen Berufsgeschäften die schönen Künste zu seinem Haupt-
fach, und vorzüglich die Gartenkunst, die er zuerst wissenschaftlich
bearbeitete, nachdem er 1780. 81. und 83. ansehnliche Reisen gemacht, und viele Beobachtungen gesammelt hatte.

Seite 301.

Lin. 11. Nach: „1782 — 89. (nicht 83.) 12." setze zu: Das
zu eine Fortsetzung: Kleine Gartenbibliothek. Kiel, 1790. 2c. 8. m. Kupf.

Zu Fr. C. G. Hirsching, merke: Er ist geb. den 21. Dec.
1762. zu Uffenheim; Candidat der Rechte; seit 1786. Hofmeister
zu Erlangen, und seit 1792. Prof. philos. extraord. daselbst. —
Allgemeines Archiv für die Länder- und Völkerkunde. Erlangen,
1790. 91. II. 8 m. — Hist. geogr. Stifts- und Kloster-Lexicon.
Leipz. 1798. gr. 8. — Denkwürdigkeiten für die Länder- und Völkerkunde. 1. Th. ib. 1792. 8. — Historisch-litterarisches Handbuch berühmter und denkwürdiger Personen, welche im 18 Jahrhundert
gestorben sind 2c. Leipz. 1794 — 97. III. gr. 8. (6 Thlr.) — Hi-
storisch-geographisch-topographisches Stifts- und Klosterlexicon,
oder Verzeichnis aller Bisthümer, Abteyen, Prälaturen, Stifter 2c. ib. 1792. gr. 8. (2. Thlr. 20. gr.)

Lin. 15. Statt: „1786 — 88. III. gr. 8." lese: 1786 — 91.
IV. gr. 8.

Lin. 18. Statt: „1789. IV. gr. 8." lese: ib. 1789 — 93.
VI. gr. 8.

Not. a. Setze zu: — Nekrolog 2c. von Schlichtegroll für das
Jahr 1792. Ite H. p. 39 — 50.

Seite 302.

Zu H. C. Hirzel setze bey: An Gleim, über Sulzer den Welt-
weisen. Zürich, 1780. II. 8. — Lesebuch für Frauenzimmer, über
Hebammenkunst ib. 1784. gr. 8. (1. Thlr. 2. gr.) — Auserlesene
Schriften zur Beförderung der Landwirthschaft und der häuslichen
und bürgerlichen Wohlfahrt. Zürich, 1792. II. 8. (1. Thlr. 21. gr.)
werden fortgesetzt; diese Bände beschäftigen sich größtentheils mit
dem philosophischen Bauer Kleinjogg.

Lin. 1. v. unt. Nach: „fortgesetzt," setze zu: ib. 1789. 8.

Not. b. Setze zu: — Meisters berühmte Männer Helvetiens.
2. B. p. 212 — 234.

Seite 303.

Not. q. Setze zu: — Biographia Britannica &c. Vol. VI.

Seite 304.

Not. t. Seze zu: — Schattenrisse edler Deutscher. 2. B. p. 1—34.

Seite 305.

Zu L. J. F. Höpfners Schriften seze bey: — *Dav. Mevii* Decisiones super causis præc. ad tribunal reg. Wismariense delatis; ed. X. c, n. et emendat. Francof. 1790. 93. II. 4. (13. Thlr. 8. gr.)

Lin. 14. v. unt. Nach: ib. 1787. II. 4." seze zu: ib. 1790. 4. und 1793. 4te verbefferte Aufl. 4. (3. Thlr. 16. gr.)

Lin. 11. v. unt. Nach: „ib. 1788. 8. seze zu: 5te Auflage. ib. 1790. 8.

Zu F. L. A. Hoerschelmann, merke: Er hält sich in Regensburg auf. — — Neuestes Reichs- Staats- Hand- und Adreßbuch ꝛc. Regensb. 1791. 8. (1. Thr. 4. gr.)

Seite 306.

Rüke folgenden Artikel ein:

Carl Christoph Hofaker, geb. den 26. Febr. 1749. zu Böringsweiler im Wirtembergischen. Er studirte zu Tübingen und Göttingen; wurde hier, nachdem er eine gelehrte Reise gemacht hatte, ausserordentlicher Professor; 1774. Prof. jur. ord. zu Tübingen, und 1783. auch am Collegio illustri. Er starb den 21. Apr. 1793. ꝛc. 44. an den Pedechen. Die Universität erlitt durch seinen Tod einen großen Verlust. — — Schriften: Entwurf einer systematischen Methode im Vortrage des ungemischten römischen Rechts. Göttingen, 1771. und Vertheidigung desselben ꝛc. ib. 1773. 8. — Tabulæ synopt. juris rom. Gottingæ, 1772. 8 — Principia juris civilis Romanorum. Gœtt. 1785. 8. 1789. 4. 96. III. Eigentlich die 2te Ausgabe von den Institut. juris rom. &c. — Ausführung des dem Hrn. Grafen von Pöfler und Limb zuständigen Erbrechts. Tüb. 1789. fol. i)

Zu H. G. Hoffs Schriften seze zu: — Magazin nüzlicher und angenehmer Lecture. Brünn, 1792. 8. — Skizze von Linz ꝛc. nebst Nachtrag ꝛc. Linz, 1787 II. 8. — Geschichte der Revolutionen in Portugal ꝛc. aus dem Französischen des Abt Vertot, mit Zusäzen. Regensb. 1788. 8. — Interessante Schilderungen zur Erholung des Geistes. Linz, 1789. 8. — Das Buch für Oekonomen. Salzburg. 1763 II. gr. 8. (1. Thlr. 8. gr.) — Gallerie nach

---

i) Weidlichs biogr. Nachrichten. — Meusel l. c. — Ueber sein Leben und Charakter ꝛc. Tübingen, 1793. 8. (8. gr.)

Der Natur gezeichneter Gemälde, aus dem menschlichen Leben. Cöll. 1793. II. 8. (1. Thlr.) — Ueber Flor und Verbesserung der Stadt- und Landwirthschaft. Gräz. 1793. 8. — Goldne Legende, oder Lehr- Hand- und Anekdotenbuch. ib. 1794. II. 8. (1. Thlr.) — Neues Damenjournal. ib. 1749. 4. Quartale. 8. (à 12. gr.)

Seite 308.

Not. d. Seze zu: — *Saxii* Onomast. T. VII. p. 17. sq.

Seite 309.

Zu Carl Gottlob Hofmanns Schriften seze bey: — Orthodoxa confessio ecclesiæ orientalis. Vratisl. 1751. 8.m. — Institutiones theologiæ exegeticæ. Wittemb. 1754. 8.

Seite 510.

Zu Ch. Ludw. Hofmanns Schriften seze bey: — Opuscula lat. medici argumenti &c. Münster, 1789. 8. — Vermischte medicinische Schriften. ib. 1790. III. 8. Herausgegeben von Chavet. — De sensibilitate et irritabilitate partium. Düsseld. 1794. 8. (1. Thlr.) — Von den Arzneykräften des rohen Quecksilbers. Mainz, 1797. 8. (14. gr.) — Beantwortung der Einwürfe von Unzer über die Anstekung, besonders der Poken. Frankf. 1781. 8. (12. gr.) — Von der Nothwendigkeit einem jeden Kranken sein Zimmer und Bette zu geben. ib. 1789. 8.m. (10. gr.) — Unterricht von dem Collegio der Aerzte in Münster, bey zustoßenden Krankheiten die besten Mittel zu treffen. Münster, 1778. gr. 8. (1. Thlr.) — NB. Abhandl. von den Poken. 2ter Th. 1789.

Zu Joh. Andr. Hofmanns Schriften seze bey: — Handbuch des deutschen Eherechts ꝛc. Jena, 1789. 8. — Von dem Kriegs- staat in Deutschland. Lemgo, 1769. II. gr. 8.

Seite 311.

Zu Wilhelm Hogarth, merke: G. C. Lichtenberg lieferte: Ausführliche Erklärung der Hogarthischen Kupferstiche, mit ver- kleinerten aber vollständigen Copien derselben von E. Riepenhaus sen. Göttingen, 1794 — 97. IV. Lieferungen. 8. und gr. fol. (13. Thlr.) jede mit 6. Kupferplatten. Sehr gut.

Not. l. Seze zu: — *Klozii* Acta litterar. T. III. P. IV. p. 245 — 451.

Seite 313.

Lin. 16. v. unt. Nach: „Berlin, 1766. 8. (24. kr.)" seze zu: 4te vermehrte Auflage. ib. 1790. 8.

Seite 314.

Lin. 1. Nach: „und 62. 8. mit Kupf. (1. fl.)" setze zu: Holländisch. Amsterdam, 1778. 8. mit Kupf.

Seite 315.

Rüke folgenden Artikel ein:

Thomas Hollis, geb. 1720. zu London, wo sein Vater gleiches Namens ein reicher Kaufmann war. Er kam in seinem 14. Jahr nach Amsterdam, um die holländische und französische Sprache sowohl, als schreiben und rechnen zu lernen. Hier verweilte er 15. Monate, und kehrte nach London zu seinem Vater zurük. Von 1740. bis 1748. wohnte er in Linkolns-Inn, und studirte die Rechte. Alsdann reiste er mit seinem Freund und nachmaligen Erben Thomas Brand, Esq. durch Holland, Frankreich, die Schweiz, und einen Theil von Italien. Seine zwote Reise, welche er 1750. unternahm, gieng durch Holland, das nördliche und östliche Deutschland, durch den übrigen Theil von Italien nach Sizilien, Maltha ꝛc. Nach seiner Rükkunft lebte er zu London für sich, und sammelte eine große Bibliothek und ein kostbares Münzkabinet. Seine Freygebigkeit an einzelne Personen sowohl, als an ganze gelehrte Gesellschaften war ohne Grenzen. So schenkte er zwo große Büchersammlungen an die öffentliche Bibliothek zu Bern; an das Harvard-Collegium zu London 1400. Pf. Auch die Schweiz, Benedig, Genf, Leiden, Schweden, Rußland genossen diese Freygebigkeit. Selten verwendete er in einem Jahr weniger auf solche Geschenke, als 800. Pf. Er begab sich zuletzt 1770 in die Grafschaft Dorset auf das Land, und starb auf seinem Gut Corscombe, den 1. Jan. 1774. plözlich am Schlag. — Man hat von ihm: Denkwürdigkeiten. Lond. 1780. II. 4. mit vielen Kupfern. — Durch seine Unterstützung beförderte er mehrere Ausgaben fremder Bücher. k)

Not. o. Setze zu: — *Bruckeri* Pinacoth. Dec. VII.

Seite 318.

Lin. 11. Nach: „von 125. Charten," setze zu: und seinen Atlas cosmographicus major.

Seite 319.

Lin. 5. Statt: „I. B. Leipz. 1789. gr. 8." Lese: Leipz. 1790. 91. III. gr. 8.

k) *Bambergers* biogr. Anecdoten ꝛc. 1. B. p. 481—489.

Seite 320.

Lin. 5. sq. Statt: „Haye, 1703. und 1728. III. 12. mit Kupf. (2. Thlr.) Deutsch: Neueste Reisen nach Indien ꝛc." Lese: Haye, 1702. II. 12. und Amst. 1718. III. 12. ib. 1731. III. 8. mit Kupf. (2. Thlr.) Holländ. v. Gerard Westerwyk. Haag, 1739. II. 8. m. K. Deutsch, von Lud. Friedr. Vischer: Neueste Reisen nach Indien ꝛc.

Johann Niclas von Hontheims Lebensnachrichten ändere so: Er ist gebohren zu Trier (nicht zu Coblenz) den 27. Jan. 1701. aus einem alten Patrizier-Geschlecht. Sein Vater war Generals Einnehmer der Ober-Erzstiftischen weltlichen Stände. Er studirte zu Löwen und Leiden, nebst der Philosophie die Rechtswissenschaft. Nach überstandenem Examen wurde er Doctor U. J. Weil er von seinem Vetter 1713. ein Canonicat erhalten hatte, so trat er in den geistlichen Stand und reis'te nach Rom, sich in der Praxis der päbstlichen Curie zu üben. Nach seiner Rükkunft wurde er zum geistlichen Rath am Consistorium zu Trier, und zum Professor der Pandecten und des Codex ernannt. Mit dem Titel eines geheimen Raths wohnte er den Wahlconventen K. Karls VII. und Franz I. bey. Er kam, weil seine Geschäfte zu drükend waren, 1747. als Offizial an das Consistorium zu Trier; wurde 1748. Weihbischof, welche Würde er bis an sein Ende beybehielt; 1749. Prokanzler der Universität. Er kaufte die Herrschaft Monquintin, wo er immer vom 15. Mai bis zum 15. October die stille Landruhe genoß. Hier starb er den 2. September 1791. æt. 90. Sein Charakter war edel, sanft, wohlthätig und fromm.

Seite 322.

Lin 8. sq. Nach: „Febronius bleibt ein Zeuge der Wahrheit," setze zu: Eben so wichtig ist die Schrift des gelehrten und freymüthigen Prof. Pilati: Reflexionen eines Italieners über die Kirche überhaupt; über die regulare und säculare Geistlichkeit; über die Bischöfe und römische Päpste, und über die kirchlichen Gerechtsame der Fürsten; aus dem Italienischen. Freyburg, 1768. 8. Dazu kam in der Schweiz heraus: Reflexionen eines Schweizers über die Frage: Ob es nicht zuträglich wäre, die regulären Orden aufzuheben, oder wenigstens einzuschränken? 1769. 8. Beyde merkwürdige Schriften wurden durch zwo Widerlegungen, welche 1769. herauskamen, nicht entkräftet, sondern von Staatsmännern begierig gelesen und benuzt.

Not. z. Seze zu: — Kirchenhistorie von Schlegel. 5. B.
p. 1043 — 1070. — Nekrolog ꝛc. auf das Jahr 1791. von Schlichtegroll. 2te. H. p. 359—380. — Walchs neueste Religionsgeschichte,
3. Art.

Seite 323.

Rüke folgenden Artikel ein:

Nathanael Hooke, ein Katholik und Quietist in England,
starb 1564. — — Schrieb: Roman History, from the Building of
Rome to the Ruin of the Common - wealth. Lond. 1756—64. III.
4. Dublin, 1771. 72. IV. 4. 1)

Seite 324.

Zu Joh. Gottl. Horn, merke: Er ist geb. 1680. zu Pulsniz
in der Ober-Lausiz, wo sein Vater Amtmann war. Er verfiel
durch vieles Sizen in Hypochondrie, und 1734. in Melancholie;
starb den 13. Oct. 1754. æt. 74. auf seinem Gut Morizburg. — Vom
Obrist-Reichs Jägermeisteramt. Leipz. 1756. 4. — Er hinterließ sehr
viele Abhandlungen handschriftlich.

Seite 325.

Zu Joh. Horsley, merk' als Note:

* *Menselii* Bibl. hist. Vol. V. P. 1. p. 79—73. — Nova Acta erudit. 1766. p. 97 — 105.

Not. d. Seze zu: — Vita &c. a *Matthia Anchersen,* in der
Dänischen Bibliothek. 8. Th. p. 717—720.

Not. e. Seze zu: — Vita &c. Tiguri, 1736. 4. — Tempe
Helvetica. T. II. p. 7. sqq. — Acta hist. ecclef. T. II. p. 240. sqq.

Seite 326.

Zu Joh. J. Hottingers Schriften seze bey: — Ciceros Bü-
cher von der Divination; aus dem Lateinischen. Zürich, 1789. 8.
— Opusculorum quæ in certaminibus civium Gymnasii Turicensium,
Carolini annuis nummi aurei præmium tulerunt. ib. 1787. 88. II.

Seite 327.

Rüke folgende Artikel ein:

Nic. Ten. Hoven, ein Historicus im Haag. — — Hauptwerk: Memoires genealogiques de la Maison de Medicis. Haye,
1773 — 75. VIII. 8.m.

---

1) *Bambergers* Anecdoten von großbritt. Gelehrten. 1. B. p. 464—
472. — *Meuselii* Bibl. hist. Vol. IV. P. I. p. 198. sq.

Lin. 6. v. unt. - Nach: „ib. 1695. 12." setze zu: Lyon, 1740.
III 12. Italienisch, Cöln, 1681. 12. Verdient Beyfall.

Lin. 3. v. unt. Nach: „(3. Thlr.)" setze zu: ib. 1698. und
1704. 4.

Zu Nic. Amelot de la Houssaye's Schriften setze zu: —
Hist. des Princes d'Orange &c. augmentée de notes par l'Abbé Pierre
Jac. Sepher. Paris, 1754. II. 12. — Anmerk. zu des Mezeray Hist.
de France. Amst. (Paris) 1740. und 1755.

Seite 328.

Lin. 1. Nach: „8." setze zu: Amst. 1686. 8.

Lin. 6. Statt: „1732. 22." Lese: Paris, 1697. IV. 8.; und
II. 4. vermehrt, Amst. 1752. V. 13.

Lin. 7. Nach: „Spanischen" setze zu: oft gedruckt; 6te Ausgabe. Haye, 1707. 12.

Joh. Howard, geb. 1725. zu Lower Clapton in Middlesex,
aus einer vornehmen Familie. Er legte sich vorzüglich auf Physik
und Medicin, und lebte 7. Jahre lang bey stiller Muße auf dem
Lande, bis ihn 1773. die Grafschaft Bedford zu ihrem Sherif
wählte. Da er bey diesem wichtigen Posten viele Gefangene und
Nothleidende zu sehen bekam, so traf er die besten Anstalten, ihre
traurige Lage sowohl als die Gefängnisse und Hospitäler zu verbessern. Die häufige schlechte Beschaffenheit derselben und der Ge-
danke in diesem Betracht gemeinnützig zu seyn, flößten ihm den
Vorsatz ein, nach Frankreich, Flandern, Holland, in die Schweiz,
nach Italien, Dännemark, Schweden, Rußland und Pohlen zu
reisen. Ueberall besuchte er Gefängnisse und Krankenhäuser, oft
mit Lebensgefahr, und überall machte er seine Bemerkungen über
die eingeschlichenen Mißbräuche und unmenschlichen Behandlungen,
die er auch hier und da den Regenten freymüthig sagte. Er kam
auch nach Malta, Smirna und Constantinopel; zuletzt 1789. nach
Cherson. Hier starb er den 20. Jan. 1790. an einem epidemischen
Fieber, mit welchem er bey einer krankliegenden Dame angesteckt
wurde. In seinem Testament vermachte er 40000. Pf. St. zu Verbesserung der Gefängnisse und Tollhäuser. — — Man hat von ihm:
An Account of the principal Lazarettos in Europe &c. Lond. 1789.
4. Deutsch mit Zusätzen, von Prof. Ludwig in Leipzig, unter der
Aufschrift: Nachrichten von den vorzüglichsten Kranken- und Pest-
häusern in Europa. Leipz. 1791. 4.

Not. k. Seze zu: Lamberts Gelehrtengeschichte ꝛc. 3. B. p. 435. sqq. — Jöcher l. c.

Seite 326.

Zu Wilh. Friedr. Hufnagel, seze bey: — Er kam 1791. an Mosche's Stelle als Senior nach Frankfurt. — — Die Schriften des A. Test. nach ihrem Inhalt und Zwek bearbeitet. Erlangen, 1784. 8. — Liturgische Blätter. ib. 1790 — 97. 8. VII. Hefte. (à 24. kr.) — Predigtentwürfe über die Sonntagsevangelien ꝛc. Frankf. 1793 — 96. — Predigtentwürfe über die Episteln. ib 1794. — Predigtentwürfe über Schriftstellen des A. Test. ib 1795. II. Die Schriften des A. Test. nach ihrem Inhalt und Zwek. Erlangen, 1784. 8. — Ueber den ersten Religionsunterricht. ib eod 8. — Ueber die deutsche Gesellschaft zur Beförderung reiner Lehre. ib. 1786. 8. — Hauptsäze der christlichen Glaubens- und Sittenlehre. Frankf. ib. 1797. 8. — Katechetische Sonntags Lektionen. ib. 1797. 8. ite Abtheil. — NB Für Christenthum Aufklärung und Menschen- wohl ꝛc. 1785 — 89. 2. Bände oder XVI. Stüke.

Not. n. Seze zu: — Boks Samml. von Bildnissen und Bio- graphien gel. Männer und Künstler. ites Heft. Nürnb. 1791. 8.

Seite 330.

Rüke folgende Artikel ein:

Johann Hughes, geb. den 29. Jan. 1677. zu Marlborough in Wiltshire. Er erhielt eine Bedienung bey dem Artillerie-Depar- tement; wurde 1717. Sekretär bey dem Lord-Kanzler; starb den 17. Febr. 1739. æt. 62. an der Auszehrung. — — Seine Gedich- te, welche geschäzt werden, Oden, Tragödien ꝛc. gab Wilhelm Duncoms heraus. Lond. 1739. II. 12. dabey sein Leben. — Er selbst besorgte eine Ausgabe des Shakespeare. ib. 1715. VI. 12. — Ausserdem hat man viele Briefe von ihm in den Letters by seve- ral eminent Persons deceased. Lond. 1772. 8. m)

Griffith Hughes ꝛc. ließ auf seine Kosten druken: Natural history of Barbados. Lond. 1750. fol. mit illuminirten Kupfern.

Zu David Hume's Schriften seze bey: — The hist. of England. Lond. 1778. VIII. 8. nachgedrukt, Basil. 1783. 89. XII. 8. Neu ge- drukt mit typographischer Pracht, in 60. Nummern, jede mit einem Hauptkupf. und mehrern Vign. Lond. 1794. fol. atl. (à 1. Guinee)

---

m) *Cibber* Lives &c. T. IV. p. 27. — *Chaufepié* Dict. h. v. — Jöcher l. c.

Der Unternehmer ist Richard Bowyer, Königl. Miniaturmaler.
(S. oben Joh. Dalrymple) — In seinen vermischten Schriften,
1. Th. p. 254—297. steht ein Versuch von den Wundern. Weil
er diese leugnete, so versuchte Ge. Campbell, Prediger zu Aberdeen, ihn zu widerlegen, dessen Schrift Joh. du Castillon ins
Französische übersezte und mit Anmerkungen begleitete: Differtations
fur les miracles. Utrecht, 1765. 8.

Seite 332.

Lin. 6. Nach: „Amst. 1758 12." seze zu: Deutsch, mit kriti-
schen Versuchen 2c. von Ludw. Heinrich Jacob, Prof. philof. zu
Halle. Halle, 1790. II. gr. 8. (3. fl. 30. kr.) Neu übersezt von
M. W. G. Tennemann 2c. Jena, 1783. 8. (1. Thlr.)

Zu Wilhelm Hunter, merke: Er war seit 1767. Mitglied der
K. Gesellschaft, seit 1768. der Gesellschaft der Alterthumsforscher,
seit 1787. Präsident derselben, seit 1780. Mitglied der medizinischen
Gesellschaft und seit 1782. der K. Akademie zu Paris. Durch seine
glükliche Praxis sammelte er sich große Reichthümer.

Not. p. Seze zu: — Walchs neueste Religionsgeschichte. 8. Th.
p. 211. sqq. — Mosheims Kirchengeschichte 2c. von Schlegel.
5. B. p. 322—331. — Nouv. Dict. hist. h. v. — Saxii Onomast.
T. VII. p. 270. sq.

Seite 335.

Lin. 7. Nach: „Sehr wichtig und prächtig." Seze zu: Dazu
gab Baillie aus Hunters Manuscript heraus: An anatomical
description of the human gravid Uterus. ib. 1794. 4.m.

Lin. 14. Nach: „1782. 4.m." seze zu: von Karl Combe mit
68. Kupfertafeln.

Nach dem Artikel Wilhelm Hunter, rüke folgenden Artikel ein:
John Hunter, des vorigen Bruder, geb. 1728. zu Lanerk in
Schottland, war anfangs ein Zimmermann, bis sein Bruder die
Anatomie öffentlich lehrte. Er studirte nur 5. Monate die Chirurgie, und diente von 1761. als Chirurg bey der Armee in Bellisle
und Portugal, und eröfnete nach seiner Rükkunft zu London ein
anatomisches Theater; wurde 1767. Mitglied der K. Societät,
und 1768. Wundarzt am St. Georgens-Hospital; sammelte ein kostbares Museum, und starb 1793. Seine anatomische und andere
Aufsäze wurden hier und da widerlegt. Nach seinem Tode gab
Everard Home mit des Verfassers Leben heraus: A Treatise on

the Blood-Inflammation and gun-shot Wounds. Lond. 1794. 4.
mit Kupf. classisch. n)

Lin. 17. Nach: „Deutsch." schalt' ein: von Eschenburg.

Lin. 5. v. unt. Statt: „Hutchinson," lese: Hutcheson.

Not. r. Seze zu: — Account of the Life and Writings of the
late *W. Hunter*, by *Sam. Foart Simon*.

Seite 334.

Füte folgenden Artikel ein:

Georg Leonhard Huth, geb. den 29. März 1705. zu Nürnberg, wo sein Vater ein Kaufmann war. Er studirte seit 1724.
zu Altdorf die Medizin; reiste nach Straßburg, und 1730. nach
Paris. Nach 16. Monaten gieng er nach Holland, und hörte
2. Jahre lang die berühmte Lehrer Boerhave, Albin, Gaubius,
Gravesande ꝛc. zu Leiden; wurde 1735. practischer Arzt in Nürnberg; 1752. Mitglied der K. Akademie der Naturforscher, unter dem
Namen Hygienus II. Er starb 1761. — — Schriften: Heinrich
Franz le Dran Abhandl. von der Cur der Schußwunden; aus
dem Französischen. Nürnb. 1740. 8. — Die natürliche Historie des
Nashorns; aus dem Engl. des D. Parsons. ib. 1747. 4. — Angenehmer und nüzlicher Zeitvertreib mit Betrachtung curieuser Vorstellungen kriechender, fliegender und schwimmender Thiere ꝛc ib.
1748. sq. fol. mit Kupf. Die Beschreibung ist von ihm. — Samml.
ausländischer und seltener Vögel, mit illumin. Abbildungen von
J. M. Seligmann. ib. 1739. sq. fol. — Das engl. Gartenbuch ꝛc.
von Phil. Miller; aus dem Engl. ib. 1750 — 58. III. fol und neu
übersezt, ib. 1769 — 76. IV. — Abhandlung von Hyacinthen; aus
dem Französischen des Ge. Boorhelm, ib. 1753. 8. — Perraults
Nachrichten über die Naturhistorie der Thiere; aus dem Französ.
ib. 1753. 4. — Des Pater d'Ardene Tr. von den Ranunkeln; aus
dem Französ. ib. 1754. 8. — Ludw. Feuillé Beschreibung der zur
Arzney dienlichen Pflanzen in Peru und Chili; aus dem Französ.
ib. 1756. 66. 4. — K. H. Knoops Pomologie ꝛc. aus dem Französ.
ib. 1760. fol. mit illum. Kupf. — Hortus nitidissimus omnem per
annum superbiens floribus, s. florum imagines, quas collegit C. Zac.
Trew &c. ed. *J. M. Seligmann*. ib. 1759. sq fol. Die lateinische und

---

n) The Life of John Hunter, by *Jeſſi Foot* Lond. 1794. 8. Er wird
hier stark kritisirt,

Deutſche Beſchreibung iſt von ihm. — l'iſcium, ſerpentum, inſecto-
rum aliorumque animalium nec non plantarum imagines, quas *M. Ca-*
tesby deſcripſit &c. ib. 1750. fol. Die Beſchreibung überſetze er aus
dem Engl. ins Latein. und Deutſche. — Mehrere Ueberſetzungen,
z. B. J. Palfins chirurgiſche Anatomie ꝛc. o)

Seite 335.

Not. x. Setze zu: — *Bruckeri* Pinacoth. Dec. II. n. IV.

Seite 337.

Zu Joh. Frid. Jacobi. ſetze bey: Er ſtarb den 21. März 1791.
a æt. 80. miniſt. 54. — — Einleitung in die Glaubens- und Sittenlehre. Hannover, 1771. 8. — Gedanken über die herrſchende Mode, großmüthig zu ſterben. ib. 1757. 8. — Entdekung eines Lehr-
gebäudes der Religion. ib. 1773. 8. — Beantwortung erneuerter
Einwürfe gegen die Lehre von der Ausſöhnung. Cölln, 1785. gr. 8.
— Was ſoll ich zu Beruhigung meiner Seele glauben? 2te verm.
Ausg. Zelle, 1790. 8. — Mein Glaube an die Lehren der göttlichen Offenbarung ꝛc. ib. 1701. 8.

Not. y. Setze zu: — Zuverläſſige Nachr. ꝛc. 131. Th. p. 771—808.

Seite 338.

Zu Ad. Fr. E. Jacobi's Schriften ſetze bey: — Holländiſche
Staatsanzeigen ꝛc. Gotha, 1786. VI. Th. 8. — Religion aus den
Hauptſtellen der Bibel. Weimar, 1783. 8. — Alte Geſchichte der
Grafſchaft Spiegelberg. Jena, 1785. gr. 8. — Kurze Rechenkunſt
für Kinder. Erfurt, 1789. 8. — Reden bey der Vorbereitung zum
Abendmahle. Gotha, 1788. 8. — Unterhaltungsbuch zur Beförderung der Menſchenkenntuiß. Eiſenach, 1793. II. 8. — Unterhaltungen eines Lehrers mit ſeinen Zuhörern. Frankf. 1796. 97. II. 8. —
Predigten über die Sonn- und Feſttagsevangelien. ib. 1788. II. 8.
und über die Apoſteltags-Evangelien. Leipz. 1790. gr. 8. — Sammlung ſeiner kleinen zerſtreuten Schriften, theologiſchen, hiſtoriſchen,
ökonomiſchen und vermiſchten Inhalts, nebſt ſeiner Lebensgeſchichte.
Leipz 1790. 8. — Philoſ chriſtliche Sittenlehre. Altona, 1796. 8.

Lin. 1. v. unt. Nach: „4 fl 30. fr." ſetze zu: Nachtrag dazu:
Theatraliſche Schriften. Leipz. 1792. 8. (1. fl. 20. fr.)

Not. z. Setze zu: — Nekrolog ꝛc. für das Jahr 1791. von
Schlichtegroll. 2. B. 1te H. p. 204—221.

---

o) Wille Nürnb. gel. Lexicon — Jöcher L c.

Seite 339.

Zu Joh. K. Gottfr. Jacobson, merke: Er studirte seit 1743. die Rechtsgelahrtheit zu Jena und Leipzig, und wurde 1747. bey der Regierung in Dresden angestellt. Weil er aber einen Gegner im Zweikampf verwundet hatte, so nahm er Sächsische Kriegs= dienste und 1755. Preussische. Er starb den 14. Sept. 1789 æt. 63.

Lin. 11. Statt: „ib. 1781—84. IV. gr. 8. (20. fl)" Lese: ib. 178—87. IV. gr. 4. (32. fl.) Fortgesezt von G. E. Rosenthal, 5—8ter B. oder der Supplemente 1—4ter B. ib. 1793—95. gr. 4. (zusammen 32. Thlr.)

Lin. 12. sq. Statt: I. Th. 2. Stüke. ib. 1788. 8. mit Kupf." Lese: Elbing, 1787. 88. II. B. 8. mit Kupf.

Zu N. J. Jacquin Schr. seze zu: — Flora Austriaca Wien, 1776—77. IV. fol. — Index plantarum, quæ continentur in Linnæano systemate. ib. 1785. 4. — Beyträge zur Geschichte der Vögel, mit illum. Kupf. ib. 1782. gr. 4. (8. Thlr.) — Von der Gesundheit für alle Leute. Augsp. 1764. 8. — NB. Icones plant. bis 95. Vol. II. Fasc. XVI. (180. Thlr.)

Lin. 4. v. unt. Statt: „1786. 89. II. 4.m. mit Kupf." Lese: 1786. 89. III. 4.m. m. K. (4. fl.) und Collectaneorum supplemen= tum. ib. 1796. 4.m. mit Kupf.

Not. d. Seze zu: — Das gelehrte Oesterreich. Ed. II. 2. St. p. 208—211.

Seite 340.

Zu Wolfg. Jäger, merke: Er ist geb. den 22. Dec. 1734. und gestorben den 30. Mai 1795. æt. 61. — — Zu seinen Schrif= ten seze bey: — Die Schreibkunst 2c. Nürnb. 1765. gr. 8. — Dizzionario italiano-tedesco e tedesco-ital. ib. 1764. gr. 8. in Ge= sellschaft mit Cl. Romani 2te Aufl. ib. 1789. gr. 8. — Commenta= tio de rebus Conradi Staufensis, ducis Sueviæ. ib. 1778. 4. NB. Auch deutsch. (S. Handbuch.) — Appendix observationum ad Panegyricos veteres. ib. 1790. 8.m. — Geschichte Heinrichs VI. ib. 1793. gr. 8. (9. gr.) — Geschichte Karls des Kühnen, Herzogs von Burgund. ib. 1795. gr. 8. (16. gr.) — Sammlung historischer Aufsäze. ib. 1793. I. St. 8. — — Merke ferner: Daniels französ. Geschichte kam heraus. Nürnb. 1761—63. 11—15ter Theil. — Geogr. hist. statist. Zeitungslexicon. Neue Aufl. ib. 1791. 92. II. fl. 4. vermehrt und verbessert. 3*

Zu Pet. Jänichen's Metelemata litt. merke: Tom. IV. Breslau, 1762. 8.

Zu Christ. Jos. Jagemanns Schriften setze bey: — Italieni-sche Sprachlehre. Leipzig, 1792. gr. 8. — Italienische Chrestoma-thie. ib. 1794. 96. II. gr. 8. (2. Thlr. 12. gr.) — Dizzionario ita-liano-tedesco &c. ib. 1790. 91. II. gr. 8. Ein Auszug aus dem Wörterbuch der Akademie della Crusca. — Joseph Maria Ga-lantis Beschreibung beyder Sicilien; aus dem Italienischen. ib. 1790-93. IV. 8. — Ebendesselben Geographie von Italien. ib. 1795. II. gr. 8. Das Original erschien zu Neapel. 1782. II. 8.

Merke ferner zu Pombals Leben, aus dem Ital. — Italienisch (Florent.) 1781. IV. 8. Siena, 1782. IV. 8. Französisch, à Bruxel-les, 1784. IV. 8. gegen Pombal partheyisch.

Rüke folgenden Artikel ein:

Gustav Friedrich Jägerschmid, geb. den 16.' Mai 1740. zu Sandern in der obern Markgrafschaft Baden, wo sein Vater Hof-rath und Physicus war. Er studirte seit 1759. zu Strasburg und Jena; wurde 1766. Landphysicus des Oberamts Carlsruh; erhielt 1770. den Charakter als Hofrath; starb den 10. Jun. 1775. zu Carlsruh am Faulfieber. — Man hat von ihm einen sehr faß-lichen Unterricht für die Hebammen ꝛc. iter Th. Carlsruh, 1775. 8. Sein Schwager und Nachfolger D. Christian Ludw. Schweik-hard verfaßte den zweiten Theil. ib. 1776. 8. — De catarrho prae-focante; seine Inauguraldissertation, die er 1763. unter Kaltschmieds Vorsi; zu Jena vertheidigte.

Seite 341.

Rüke folgende Artikel ein:

Robert James, ein berühmter Arzt zu London, der zwischen 1760. und 1770. starb. — — Schriften: Cure of the Bit of mad Dogs. Lond. 1743. und 1757. 4. — Abhandlung über das Podagra und die Gicht. Engl. ib. 1746. 8. auch ins Französ. übersezt. — Wörterbuch der Medizin, Physik, Chemie, Botanik, Chirurgie ꝛc. XI. 4. Französisch mit Buffon's Zusäzen; auch italienisch. — Phar-macopöe ꝛc. engl. 4. und italienisch. Venet. 1758. 4. — Mehrere kleinere Abhandlungen. p)

---

p) Jöcher v. Adelung verbessert.

(Supplem. II.)   K

Thomas James, Lieutenant-Colonel bey dem K. Artillerie Regiment. — — The History of the Herculean straits, now called the Straits of Gibraltar. Lond. 1771. 72. II. 4.m. q)

Lin. 8. v. unt. Statt: „D. F. Jani" lese: D. F. Janus.

Not. g. Seze zu: — Bambergers biogr. Anecdotten ꝛc. 1. B. p. 301 — 308.

Seite 342.

Christian David Janis Lebensnachrichten, ändere so : geb. den 10. December 1743. zu Glaucha vor Halle, wo sein Vater Prediger war. Er studirte seit 1760. auf der Universität zu Halle, nebst der Theologie vorzüglich die alte Litteratur, um sich zu einem Schulamt tüchtig zu machen; wurde 1763. Mitlehrer am Pädagogium, und nach 4. Jahren Conrector am lutherischen Gymnasium zu Halle ; 1780. Rector zu Eisleben. Er starb den 5. Oct. 1790. æt. 47.

Zu seinen Schriften seze bey: — Observationes criticæ. Islebiæ. 1784 — 86. P. III. 4. — Erklärende Anmerkungen zu Horazens Oden, aus seinen Vorlesungen. Leipz. 1796. gr. 8.

Zu J. D. Janozki oder Janisch, merke: Er starb im J. 1786. — — NB. Seine Polonia litt. ist gebr. Wratisl. 1750—56. P. IX. 8.m. (1. Thlr.)

Not i. Seze zu: — Nekrolog ꝛc. für das Jahr 1790. von Schlichtegroll. 1. B. 2te H. p. 269.

Seite 343.

Rüke folgende Artikel ein:

Benignus dû Jardin de Boispreaur, von Paris gebürtig; war daselbst Maitre de Requêtes &c. — — Schriften: Satyres de Petrone , trad. Paris, 1742. II. 8. — Vie de Pierre Aretin. ib. 1750. 12. Aus dem Italien. des Gr. Mazzuchelli. — Satyres de Rabener , trad. ib. 1754. IV. 12. — Hist. générale des Provinces-Unies. ib. 1755. VIII. 4. mit Gottfried Sellius gemeinschaftlich. — Einige Romane r)

Nic. des Jardins, Prof. der Rhetorik und Vorsteher des Collegiums St. Quentin zu Paris. — — Man hat von ihm: Ciceronis orationes c. n. et dissertat. Parisi. 1738. 4.

q) *Meuselii* Bibl. hist. Vol. VI. P. I. p. 34.
r) Jöcher l. c.

Gabriel Jars, geb. den 26. Jan. 1732. zu Lyon, wo sein Vater gleiches Namens an den Bergwerken zu St. Bel und Cheissey Theil hatte. Er befuhr die Gruben; lernte dabey die Schulwissenschaften zu Lyon, und zu Paris die Zeichenkunst, Mathematik und Chemie. Nach zwei Jahren untersuchte er die Bleygruben in Bretagne, hernach die Steinkohlengruben in Anjou; ferner die Gruben im Elsaß. Nachdem er sich ein Jahr lang zu Paris aufgehalten, und mit Beyfall mehrere Plane gemacht hatte, erhielt er den Auftrag, die sächsische, österreichische, böhmische, ungarische, tyrolische, kärnthische und steyermärkische Bergwerke zu besichtigen. Nach seiner Rükkunft 1761. nahm ihn die K. Akademie der Wissenschaften anfangs zu ihrem Correspondenten, hernach zum Mitglied auf. Indeß machte er zu St. Bel und Cheissey viele nützliche Verbesserungen. Ein Jahr lang hielt er sich bey den Kohlengruben in der Franche - Comté auf; erweiterte dann noch seine metallurgische Kenntnisse in England, und wurde Mitglied der in London errichteten Akademie der Künste. Zulezt reiste er noch zu den nordischen Bergwerken, nach Holland, in das Hannöverische, Sächsische, nach Dännemark und Schweden; wurde Chemiker bey der Akademie zu Paris, und starb den 20. Aug. 1768. — — Man hat von ihm: Voyages metallurgiques. Lyon, 1774. 4. auch ins Deutsche übersezt: Metallurgische Reisen zur Untersuchung der Eisen- Stahl- Blech- und Kohlenwerke. Berlin, 1777—85. IV. gr. 8. mit Kupf. (6. Thlr. 16. gr.) — Die Kunst, wie in Holland Ziegel gestrichen und mit Torf gebrannt werden, nebst Wynblad Anweisung zu Ziegelhütten. Ins Deutsche übersetzt. Königsberg, 1768. gr. 4. mit Kupfern. (1. Thlr.) — Mehrere Abhandlungen in den Schriften der Pariser Akademie. s)

Seite 345.

Rüke folgende Artikel ein:

Georg Jefferys, geb. 1678. zu Weldron in Nordhampshire. Er studirte zu Cambridge, wo er 1701. Collegiat war; wurde hernach Sekretär bey dem D. Hartstonge, Bischof von Derry; lebte zulezt bis an seinen Tod 1755. in dem Hause der beyden Herzoge von Chandos, seiner Anverwandten. — Er gab seine sämtliche Schriften in einer Sammlung heraus: Miscellanies in verse and pro-

---

s) Jöcher l. c.

2c. Lond. 1754. 4. darunter die Trauerspiele Elwin und Merope den meisten Beyfall hatten. t)

Thomas Jefferys, K. brittannischer Geograph 2c. — — Description of the Spanish Islands and Setlements on the Coast of the Westindies. Lond. 1762. 4. mit XXXII. Kupfertafeln, auf welchen die Städte, Seehäfen und Castelle genau und sehr schön gezeichnet sind. Die Beschreibung nimmt nur 106. Blätter ein. u)

Zu **Samuel Jebb,** merke: Er war Collegiat zu Cambridge; practizirte zu Stratford; sezte sich kurz vor seinem Tode in der Grafschaft Derby zur Ruhe, und starb 1772. — — Zu seinen Schriften seze bey: — *Justini* Martyris Dialogus cum Tryphone. Lond. 1719 8. — Bibliotheca litteraria. ib. 1722. X. Hefte. 4.

Lin. 5. Statt: „Franciscæ Datariæ." Lese: Franciæ Dotariæ.

Zu **John Jebb,** merke: Er ist vermuthlich Sam. Jebbs Sohn; war Collegiat zu Cambridge, und einige Zeit Pfarrer zu Hommersfield in Suffolt; starb den 2. März 1786. zu London.

Not. m. Seze zu: — **Rathlefs** Geschichte jeztleb. Gel. 4. Th. p. 464—481. — Beyträge zur Historie der Gelahrtheit. 4. Th.

Not. u. Seze zu: — **Bambergers** biogr. Anecdoten 2c. 1. B. p. 123. sq.

Seite 347.

Zu J. F. W. Jerusalems Schriften seze bey: — Beantwortung der Frage: Ob die Ehe mit der Schwester Tochter nach den göttl. Gesezen zuläßig sey. Chemniz, 1755. 8. — Entwurf von dem Charakter und Leben des Prinzen Wilhelm Adolph von Braunschweig. Berlin, 1771. gr. 4. mit Kupf. — Philosophische Aufsäze; herausgegeben von Lessing. Braunschweig, 1775. 8. — Lehre von der moralischen Regierung Gottes über die Welt, oder die Geschichte vom Fall. ib. 1780. gr. 8. — Nachgelassene Schriften. ib. 1792. 93. II. gr. 8. Auch unter der Aufschrift: Fortgesezte Betrachtungen über die Religion. 3. und 4ter Theil. Sind vermischte Aufsäze, Biographien, Reden 2c. von ungleichem Werth; der zweite Titel ist also merlantilische Täuschung.

Not. q. Seze zu: — Jerusalems lezte Lebenstage: von Emperius, Prof. zu Braunschweig. Leipz. 1790. gr. 8. Lesenswürdig.

---

t) Jöcher l. c.

u) *Meuselii* Bibl. hist. Vol. III. P. I. p. 331. sq.

— Sein Leben ꝛc. Altona, 1790. 8. — Deutsche Monatschrift. 1791. n. III. p. 97—135.

Not. r, Setze zu: — *Klotzii* Acta litt. Vol. IV. P. II. p. 185—202. — *Meuselii* Bibl. hist. Vol. V. P. II. p. 76. sqq.

Seite 349.

Zu Conrad Iken setze bey: — Harmonia historiæ perpessionum J. C. Trai. 1758. 8. — NB. Seinen Thesaurus novus theol. philol. &c. setzte Menthen fort, und Joh. Chr. Mehlhorn machte einen Auszug daraus: Gründliche Erklärung der heil. Schrift A. und N. Test. Leipz. 1738. VI. 4.

Not. s. Setze zu: — Schmehrsahls neue Nachrichten von jüngstverstorbenen Gelehrten. I. B. 3. St.

Seite 350.

Zu Jacob Jochims, merke: Er starb den 8. Nov. 1790. æt. 71. zu Altona. — NB. Hauspostille ist II. 8.

Zu Chr. Gottl. Jöcher, merke: An den deutschen Actis erudit. arbeitete er von 1718 — 1739. 240. Theile. 8. An den zuverläßigen Nachrichten von 1740 — 1757. incl. 216. Th. 8. — Viele Dissertationen, Programme, Vorreden ꝛc.

Seite 351.

Samuel Johnson. Zu seiner „Beschreibung der Künste Juliani ꝛc." merke: Das Original Julian the Apostate, or an Account of his Life &c. London, 1682. 8. und 1689. 8. Auch ins Französische übersetzt. 1688. 12.

Not. y. Setze zu: — *Bruckeri* Pinacoth. Dec. III. n. VII.

Zu Sam. Johnsons, des jüngern, Schriften, setze bey: — Reise nach den westlichen Inseln von Schottland. Lond. 1775. 8. Deutsch, Leipz. 1775. gr. 8. (16. gr.) Er hatte die Reise mit Boßwell gemacht. — Kleinere Gedichte. — The poetical Works &c. Lond. 1785. 8. — — Merke ferner: Seine Prefaces to his Collection of Poets. Zuerst mit den Werken der Dichter in 68. Octavbänden; hernach die Lebensbeschreibungen besonders. Die deutsche Uebersetzung von Blankenburg ist 1781—83. II. 8. — Sein Diction. 6te Ausg. Lond. 1796. II. 4. (3. L. 3. Sh.) Der Auszug davon. 1ote Ausgabe. ib. cod. II. 8. (8. Sh.)

Seite 352.

Rücke folgenden Artikel ein:

Joh. Christoph von Jourdan, K. Böhmischer Hofrath ꝛc.
— — De originibus Slavicis opus chronologico-geographico-histo-
ricum &c. Vindobonæ, 1745. 46. II. fol. (6. Thlr. 16. gr.) — De
archipincernatu regni Bohemiæ. Lipf. 1740. 4.

Not. a. Setze zu: — Sein Leben; englisch von John Haw-
kins. Lond. 1787. 8. Weit besser: The Life &c. by *James Boswell.*
ib. 1791. II. 8. — Deutsches Museum. 1777. II. St. p. 211—215.
und 1785. XII. St. p. 555—560. — Journal aller Journale. 1786.
VI. St. p. 219—242.

Seite 353.

Zu Joh Jortins Schriften setze bey: — Reden über den Nutzen und die Wichtigkeit der Kirchengeschichte. Aus dem Engl. Leipz.
1774 8. — Ueber die Lehre von einem künftigen Leben. Aus dem
Engl. Frankf 1778. 8. — Das Leben des Erasmus, Lond. 1758.
II. 4. — — Merke ferner: Seine Remarks on eccl. hist. Deutsch:
Anmerkungen über die Kirchenhistorie. Bremen, 1755. III. 8.
(1. Thlr) — Von seinen Abhandlungen von der Wahrheit der
christlichen Religion; ist das engl. Original. Lond. 1746. 8. ib. 1747.
1752. 1758. 8. — Predigten ꝛc. sind aus dem Engl. Hannov. 1775—
82. VI. 8. (3. Thlr.) — Die holländische Ausgabe seiner Observat.
miscellan. &c. ist Amst. 1732—1734. IV. 8. von d'Orville und
Burmann fortgesetzt. ib. 1739. P. X. und 1741—45. P. IX.
Vol. III. 8. Dazu kam 1751. noch ein Band. (S. unten d'Orville.)

Not. e. Setze zu: — Bambergers biogr. Anecdoten ꝛc. I. B.
p. 25—36.

Seite 354.

Rücke folgende Artikel ein:

Joh. Jriarte, starb 1771. — — Regiæ Bibliothecæ Madriten-
sis codices &c. c. n. Madriti, 1796. fol.

Jrwin, NB. Seine Reisen ꝛc. sind von J. A. Engelbrecht.
Das englische Original. Lond. 1780. ed. I. II. 4m.

Jacob Christ. Iselin. NB. starb 1736. (nicht 1737.)

Not. g. Setze zu: — Meisters ber. Männer Helvetiens. 2. B.
p. 277—286. — Mem. de l'Acad. roy. des Inscr. T. XII. p. 345—
sq und Hist. de l'Açad. &c. T. VI. p. 534. — Acta hist. eccles.
Vol II. p. 964—982. Vol. III. p. 1156. Vol. IV. p. 1160. — Bibl.
germanique. T. XLI. p. 199. sqq.

Seite 355.

Zu If. Iselins Schriften seze bey: — Versuch über die gesel- lige Ordnung. Basel, 1772. 8. — Schreiben an Ulysses von Sa- lis über die Philanthropine in Dessau. ib. 1776. gr. 8. — Versuch über die Verbesserung der öffentlichen Erziehung. Berlin, 1791. 8.

Zu Jacob Frid. Isenflamm, seze bey: Er studirte zu Preß- burg, zu Neustadt an der Aisch, und seit 1744. zu Erlangen; hielt sich hernach zu Wien auf, und machte einige gelehrte Reisen. Im Jahr 1763. wurde er Professor zu Erlangen; 1771. Mitglied der Kaif. Akademie der Naturforscher nnd 1790. derselben Adjunct. Er starb den 23. Febr. 1793. æt. 67. — Versuch einiger practischen Anmerkungen über die Eingeweide. Erlangen, 1784. gr. 8. (1. Thlr.) — De difficili in obfervat. anatom. epicrifi. ib. 1793. 4.

Not. i. Seze zu: — Meisters ber. Männer Helvetiens. 1. B. p. 239—251. — Sein Leben ꝛc. von Beker in den Ephemeriden der Menschheit. 1788. 1. St. p. 3—16.

Seite 356.

Zu Jof. Fr. de Isla, seze bey: Uebersezte aus dem Franzöfi- schen des Joh. Bapt. Philopotor du Chesne: Compendio de la hiftoria de Efpanna. 1757.

Not. k. Seze zu: — Bofs Samml. von Bildnissen und Biographien gelehrt. Männer und Künstler. Nürnb. 1792. 8. 8. Heft. — Das gelehrte Oesterreich. Ed. II. 1. B. p. 215—221.

Seite 257.

Joh. Frid. Jugler. NB. starb den 9. Jan. 1791. (nicht 1787.) æt. 77. muneris 45. nachdem er 1787. sein Gesicht verlohren hatte. — — De nundinatione fervorum apud veteres &c. Accedit medicus romanus fervus, fexaginta folidis æftimatus, rariff. opufculum. Lipf. 1741. 8.

Not. n. Seze zu: — Nachricht von niedersächsischen berühm- ten Leuten. 1. B. p. 358—375. — Nekrolog ꝛc. für das J. 1791. von Schlichtegroll. 2. B. 1te Helfte. p. 1—12. — Meufelii Bibl. hift. Vol. IV. P. II. p. 296. fqq.

Seite 358.

Zu Christian Junker, merk' als Note:

* Neue Bibliothek. 46. Th. p. 527. fqq. — N. Büchersaal der gelehrten Welt. 28te Oeffn. p. 231. fqq. — Gelehrte Fama. 37. und 38ter Theil. — Sein Ehrengedächtnis ꝛc. Schleusingen, 1714. 4.

Seite 359.

Zu Joh. Junkers Schriften setze bey: — — Die Hallische griechische Grammatik. 1705. 8. die aber in der Folge von Wesselmann, J. H. Schulz und Hieron. Freyer verbessert und oft aufgelegt wurde.

Lin. 16. v. unt. Statt: „Ein starker Gegner 2c." Lese: Ein starker Anhänger 2c.

Seite 360.

Rücke folgende Artikel ein:

Johann Zacharias Junkheim, geb. den 8. Sept. 1729. zu Ansbach, wo sein Vater Kammerdiener und Mundschenk war. Er studirte seit 1747. zu Göttingen, und ein halbes Jahr zu Helmstädt; begleitete zwey junge Edelleute auf das Gymnasium zu Koburg; wurde 1754 Vicarius an der Stadtkirche zu Ansbach, und nach 2 Jahren Prediger an der Caserne; 1757. Conrector, und nach 3 Jahren Rector des Ansbachischen Gymnasiums; 1764. Schloßprediger der verwitweten Markgräfin und Pastor im Dorfe Schwaningen, wo ihr Wittwensitz war; 1774. Oberhof und Stiftsprediger und wirklicher Kirchen und Consistorialrath, auch Doctor der Theologie und GeneralSuperintendent des Fürstenthums Ansbach. Er starb den 17. August 1790. aet. 61. am Steckfluß, und hinterließ den Ruhm eines sanften Mannes und gründlichen Theologen. — — Schriften: Von dem Uebernatürlichen in den Gnadenwirkungen. Erlangen, 1775. 8. Wurde mit Beyfall aufgenommen. — Predigten. Ansbach, 1762. gr. 8.

Seite 361.

Lin. 8. sq. Bey „PflanzenVerzeichnis 2c.", merke: Anton Lorenz de Jussieu edirte Genera plantarum secundum ordines naturales disposita &c. Paris, 1789. 8. und c. not. Pauli Usterii. Tyrici, 1791. 8.

Seite 362.

J. H. G. von Justi. NB. Schauplatz der Künste und Handwerker 2c. Berlin 1762 — 91. XIX. gr. 4. (100. fl.) Nur die 4. ersten Bände von Justi; der 6te — 13te von Schreber; der 14te und 15te von Joh. Conrad Harrepeter; der 16te—18te von J. S. Halle; der 19te vom Capitän Müller; alle in verschiedenem Verlag. Dazu mag als ein Supplementsband kommen: Beytrag zu der Kunst des Schlossers 2c. von Joseph Bottermann; aus dem

Holländischen (zum V. und VI. Band des größern Werks) ins
Französische und von diesem ins Deutsche übersetzt. Berlin, 1790.
gr. 4. mit 6. Kupfern. (S. du Hamel.)

Zu Ed. Ives Reisen ꝛc. merke: von Chr. Wilh. von Dohm
übersetzt. Das englische Original. Lond. 1773. 4. mit Kupf.

Seite 363.

Zu Kämpfers Geschichte und Beschreib. von Japan, merke:
Deutsch, im Auszug, von Friedrich Casimir Medicus. Frankf.
1783. 8.

Lin. 10. Nach: „Lond. 1717. II. fol." setze zu: mit Kämpfers
Leben.

Zu Joh. Kämpfs Lebensnachrichten setze bey: Von Hanau
kehrte er 1787. als Geheimerrath nach Homburg zurük, wo er den
28. October 1787. ær. 61. starb.

Not. u. Setze zu: — *Niceron* Memoires. T. XIX. p. 237. sqq.
— Baumgartens Nachrichten von merkwürdigen Büchern. XI. B.
p. 223—242.

Seite 364.

Zu Abr. Gotth. Kästners Schriften setze bey: — Geometrische Abhandlungen. Göttingen, 1789. 91. II. 8. mit Kupf. — Anfangsgründe der höhern Mechanik; 2te sehr verbesserte und vermehrte Ausgabe. Göttingen, 1793. 8. mit 4 Kupfertafeln. Anfangsgründe der angewandten Mathematik; 4te durchaus vermehrte Auflage, ib. 1792. II. Abtheilungen. gr. 8. — Weitere Ausführung der
mathematischen Geographie. ib. 1795. 8. mit Kupf. (1. Thlr. 4. gr.)
— Geschichte der Mathematik. ib. 1796. 1797. II. gr. 8. (4. Thlr.
4. gr.) (Auch in der Geschichte der Künste und Wissenschaften.
VII. Abtheil.) — NB. Anfangsgründe der Arithmetik. 5te vermehrte
Ausgabe. Gött. 1492. gr. 8. — Anfangsgründe der Anal. endl. Gr.
Dritte vermehrte Ausg. ib. 1794, 8. (1. Thlr. 12. gr.) — Neue
Abhandlungen ꝛc. bis 91. XII. gr. 8.

Zu Ludwig Mart. Kahle, merke: Er edirte aus dem Manuscript: *Car. Wilb. Ern. de Münchhausen* Comment. de originibus
Romanorum. Gœttingæ, 1744. 4.

Seite 368.

Zu Imman. Kant's Schriften setze bey: — Falsche Spitzfindig-
keit der vier syllogistischen Figuren. Königsberg, 1763. 8. ib. 1797.
gr. 8. — Versuch, den Begrif einer negativen Größe in die Welt-

weisheit einzuführen. ib. 1764. 8. — Beobachtungen über das Gefühl des Schönen und Erhabenen. ib. 1771. 8. — Ueber eine Entdeckung, wodurch alle Kritik der reinen Vernunft entbehrlich gemacht
werden soll. ib. 1792. gr. 8. — Kritik der Urtheilskraft. Berlin,
1790. 8. — Prolegomena zu einer künftigen Metaphysik. Riga,
1783. gr. 8.   Ins Lateinische übersetzt von H. Zuhnhardt:
Προλεγομενων metaphys. cuilibet inveniendæ præmiss. quæst. Helmst.
1797. 8. Ein Auszug daraus von B. Ströger. Salzburg, 1794.
gr. 8. — Ueber Philosophie, mit Hinsicht auf gewisse Bedürfnisse
unsers Zeitalters. Bremen, 1792. 8. — Zwo Abhandlungen über
moralische und politische Gegenstände. Königsberg, 1796. 8. —
Metaphysik der Sitten. ib, 1797. II. gr. 8. — Allgemeine Naturgeschichte und Theorie des Himmels. Frankf. und Leipz. 2te Aufl.
1797. gr. 8. — Antwort an Sieyes. 1796. Aus dem Latein. 1797.
gr. 8. — Die Religion innerhalb den Grenzen der bloßen Vernunft.
Königsberg, 1793. 8. — Zum ewigen Frieden; ein philosophischer Entwurf. Königsb. 1795. 8. — Kleine Schriften. Neuwied,
1793. gr. 16. — Neue kleine Schriften. Lingen, 1795. 8. — Frü-
here, noch nicht gesammelte kleine Schriften. Linz. 1795. II. gr. 8.
— Sämtliche kleine Schriften. Königsberg, 1797. III. 8. — —
NB. Opera ad philosophiam criticam lat. vertit *F. G. Born.* Lips. 1796.
III. 8 m. (6. Thlr.) — Constitutio principii metaph. morum in lat.
convert. *J. C. Zwantziger.* Lips. 1796. — Kritik der reinen Vernunft, im Auszug von B. Ströger. Salzburg, 1797. gr. 8.
(5. gr.) — Kants Theorie der reinen moralischen Religion, mit
Rüksicht auf das reine Christenthum; kurz dargestellt. Riga,
1795. 8.

Merke ferner: Von der Kritik der reinen Vernunft. Neue Auf-
lagen. 1790. und 1794. 8. — Einzig mögliche Beweisgründe des
Daseyns Gottes. Neue Aufl. 1794. — Kritik der pract. Vernunft.
Neue Aufl. 1792. und 1797. — Grundlage zur Metaphysik der
Sitten. Neue Aufl. 1792.

Zu Peter Kalm, merk' als Note:
* *Mensferii* Bibl. hist. Vol. III. P. I. p. 301. sq.

Zu C. F. Kaltschmied, merk' als Note:
* Börner's Nachrichten von jetztleb. Aerzten. p. 84. sqq.

Seite 367.

Zu Joh. Erh. Kapp, setze bey: — — Edirte *Fr. Alph. Ciaconii*

Bibliotheca &c mit neuen Zusäzen von Camusat, zum zweytenmal. Amst. et Lipf. 1744. fol.

W. J. G. Karstens Lebensnachrichten ändere so: geb. ben 15. Dec. 1732. zu Neubrandenburg im Stargardischen Kreise des Herzogtbums Güstrow, wo sein Vater Apotheker war. Er studirte zu Jena und Rostok vorzüglich die Mathematik; wurde 1766. Prof. philos. und 1775. Hofrath zu Büzow ꝛc. — Zu seinen Schriften seze zu: — Anleitung zur gemeinnüzigen Kenntnis der Natur, besonders für angehende Aerzte, Cameralisten und Oekonomen. Halle, 1783. 8. — Theorie der Witwencassen. ib. 1784. 8.

Merke ferner: Sein Lehrbegriff der Mathematik, vermehrt mit Anmerkungen von Alb. Friedr. Carl Gren. Greifsw. 1790. 8. mit 8. Kupfertafeln. — Von den Anfangsgründen der Naturlehre. 2te verbesserte Auflage. Halle, 1793. V, 8.

Seite 368.

Not. c. Seze zu: — Schattenrisse edler Deutschen. 3. B. p. 158 — 178.

Zu B. Kennicots Schriften seze bey: — Remarks on select Passages in the Old Testament &c. Oxford, 1787. 8.

Rüke folgende Artikel ein:

Franz Borgias Ker, ein Jesuit in Ungarn, starb 1759. — — Imperatores orientis, compendio exhibiti a compluribus, græcis præcipue, scriptoribus, a Constantino M. ad Constantinum ultimum et expugnatam a Turcis Constantinopolim. Tyrnaviæ, 1744. fol. mit schönen Bildnissen und Münzen. Ein Jesuit Nic. Schmith sezte das Werk fort: Imperatores Ottomannici, a capta Constantinopoli &c. ib. 1760. II. fol bis 1718. mit Bildnissen. x)

Joseph Khell, ein Jesuit, Aufseher der Garellischen Bibliothek und Lehrer der Numismatik am Theresianum zu Wien; starb 1772. — — Schriften: Physica &c. Vindob. 1759. 55, 4. — Thesauri Britannici s. Museum numarium, complectens numos græcos et latinos omnis metalli et formæ necdum editos. depictos et descriptos a Nic. Franc Haym, Romano. ib. 1762. 65. II. 4. — De numismate Augusti aureo formæ maximæ, ex ruderibus Herculani eruto. Wien, 1767. 4 m. (4. Thlr. 8. gr.) — Einige kleinere Abhandl. y)

---

x) *Alex. Horanyi* Memoria Hungarorum. P. II. p. 332. sq. — *Meuselii* Bibl. hist. Vol. V. P. I. p. 173. sqq.

y) *Saxii* Onomast. T. VIII. p. 170. sq.

Seite 370.

Zu Joh. Chr. Kinds Harduin von Perefixe Leben Hein=
richs IV. merke: Das französ. Original kam zu Paris heraus, 1661.
8. Nicht viel besser übersetzt von einem Ungenannten. Tübingen,
1792. 8. (1. Thlr 4. gr.)

Zu Kind, merke ferner: Er war zuletzt Stadtrichter zu Leipzig,
und starb den 22. Aug. 1793. æt. 76.

Seite 372.

Ad. Fr. Kirsch cornu copiæ &c. Neue Auflage. Aug. Vindelicor.
1796. 8.m (4. Thlr. 12.)

Ant. E. Klausings Geschichte der engl. Colonien. Merke: Das
englische Original kam zu London heraus, 1763. 4. Die Geschichte
reicht nur bis 1750.

Lin 3. v. unt. Statt: „starb den 27. Febr. 1760." Lese: starb
den 27. Febr. 1759.

Seite 373.

Bey Kleins Hist. nat. piscium &c. merke: Dazu kam Ichthy=
ologia enodata, f. Index ad hist. nat. piscium, synonymis recentiss.
systematicorum explicatus a *J. J. Walbaum.* Lipf. 1793. 4.

Not. i. Setze zu: — Sein Leben von ihm selbst beschrieben, mit
Sendels Lobrede. Danzig, 1759. 8. — Journal encyclopedique. 1762,
T. V. P. II. p. 120. sqq.

Zu E. Chr. von Kleist, merk' als Note:
* Sein Ehrengedächtniß ꝛc. von Nicolai. Berlin, 1760. 4.
(6. gr.) — Schmidts Biographie D. Dichter; und Nekrolog ꝛc.
2. B. — Meister Charakteristik D. Dichter. 2. B.

Seite 375.

Zu Kleukers Schriften setze bey: — Abhandlungen über die
Geschichte und Alterthümer, die Künste, Wissenschaften und Littera=
tur Asiens; aus dem Engl. des Sir William Jones. Riga, 1795.
96. III. 8. — Italienisches Lesebuch ꝛc. Frankf. und Leipz. 1787. 8.
— Ausführliche Untersuchung über die Aechtheit und Glaubwürdig=
keit der schriftlichen Urkunden des Christenthums. Münster, 1793—
95. II. 8. (2. Thlr.)

Merke ferner: Gegen seine „Prüfung der Beweise für die Wahr=
heit und göttl. Ursprung des Christenthums und der Offenbarung"
kam heraus: Unumstößlicher Beweiß, daß Kleuker so wenig, als
Michaelis, Leß und Semler, die Wahrheit des Christenthums ge=

:ettet haben. Frankf. und Leipz. 1789. 8. Im entscheidenden Ton. — Vom Verfasser des Hierokles erschien noch): Frevel über Gott, Religion und Unsterblichkeit. Deßau, 1794. 8. (14. gr.) — NB. Sein Plato hat IV. Theile.

Zu Fr. G. Klopstoks Schriften seze bey: — Gelehrte Republik. 1ter Th. Leipz. 1774. 8. — Fragmente über Sprach und Dichtkunst, nebst 2. Fortsezungen. Hamburg, 1779—81. 8. — Grammatische Gespräche. Altona, 1794. 8. (1. Thlr.) — Sämtliche Werke Leipz. 1798. Prachtausg. 4. auf Velinpap. mit Kupf. II. B. (36. fl.) ib. eod. gr. 8. Velinpap. II. (18. fl.) auf Schreibpap. (3. fl. 36. kr.) auf Drukpap. (3. fl.) Enthalten die Oden. Obige sind die Subscriptionspreise.

Merke ferner: Messias zc. Neue Aufl. Altona, 1790. II. 4. (6. Thlr.) Auch ins Schwedische übersezt von Christoph Olof Humble, Rector an der Catharinenschule in Stokholm. Stokh. 1790. II. 8. nach der Hallischen Ausg. 1760—1773. — Geistliche Lieder. Neue Aufl. Kopenh. 1786. II. 8. — Oden zc. Neue Aufl. Leipz. 1787. 8. Neue Oden. Wezlar, 1780. 8.

Not. m. Merke: Klopstok, er und über ihn zc. 3ter Th. ib. 1782. 8. 4ter Th. ib. 1790. 8. 5ter Th. nebst Anhang. ib. 1793. 8. mager und egoistisch.

Zu Chr. Ad. Kloz Schriften seze bey: — Anti - Burmannus. Jenæ, 1761. 8. und cum Anti - Klotzio, Tral. 1761. 4. — Thesaurus epistolicus Gesnerianus. Halæ, 1768. 70. II. 8. — *Saxonis Grammatici* Hist. Danicæ Lib. XVI. c. lection. var. Lipf. 1771. 4.m.

Seite 377.

Zu G. S. Klügel's Schriften seze bey: — Von der besten Einrichtung der Feuersprüzen. Berlin, 1774. gr. 4. — Anfangsgründe der practischen Mechanik, der bürgerlichen und Kriegs-Baukunst. ib. 1784. gr. 8. mit Kupf. — Geometrische Entwikelung der Eigenschaften der stereographischen Projectionen. ib. 1788. gr. 8. — Die gemeinnüzigsten Vernunftkenntnisse, oder Anleitung zu einer verständigen Betrachtung der Welt. Leipz. 1789. vermehrt und verbessert. ib. 1791. und 1793. gr. 8. — Astronomie mit der mathematischen Geographie, Schiffahrtskunde, Chronologie und Gnomonif. ib. 1793. gr. 8. — Anfangsgründe der Naturlehre, in Verbindung mit der Chemie und Mineralogie. Berlin, 1792. gr. 8. — Unterricht in der Naturlehre und Naturgeschichte für die Jugend.

Leipz. 1794. 8. — Naturhiſtoriſches A, B, C. Halle, 1793. 8. mit
Kupf. — Abbildung merkwürdiger Völker und Thiere, in zinnernen
Figuren, nebſt Beſchreibung ihrer Lebensart ꝛc. In Geſellſchaft
mit J. R. Forſter. Halle, 1793—98. Ites—6tes Geſchenk.
(à 1. Thlr. 12. gr.)

Werke ferner: Anal. Dioptrik ꝛc. 2tel B. ib. 1778. — Encyclopädie ꝛc. Ganz umgearbeitet und vermehrt. Berlin, 1792—94. V.
gr. 8. mit Kupf. (6. Thlr. 16. gr.) — Anfangsgründe der Arithm.
und Geom. Neue Aufl. ib. 1792. 8.

Rücke folgenden Artikel ein:

Adolph Franz Friedrich Ludwig von Knigge, geb. den
16. Oct. 1752. zu Bredenbek im Hannöveriſchen. Er war Ober-
hauptmann und Scholarch in der Reichsſtadt Bremen, zugleich
S. Weimarſcher Kammerherr. Abwechſelnd hielt er ſich zu Hanau,
Frankfurt, Heidelberg, Hannover ꝛc. auf, und ſtarb den 6. Mai
1795. æt. 44. — — Schriften: Ueber den Umgang mit Menſchen.
Hannover, 1790. III. 8. Neue Aufl. ib. 1796. (1. Thlr. 12. gr.)
Hierzu ein Pendant: Welt- und Menſchenkenntniß. ib. 1796. 8.
(14. gr.) — Ueber den gegenwärtigen Zuſtand des geſellſchaftlichen Lebens in den Niederlanden. ib. 1790. 8. (9. gr.) iſt nur
von ihm überſetzt. — Der Roman meines Lebens. — Briefe auf
einer Reiſe aus Lothringen nach Niederſachſen geſchrieben. ib. 1793.
8. (14. gr.) — Geſchichte des Amtsraths Gutmann. — Drei
Sammlungen von Predigten gegen Despotismus, Aberglauben,
Ungerechtigkeit ꝛc. über Troſt in Leiden, Toleranz, gute Werke,
Demuth, Verläumbung ꝛc. — Ueber den Büchernachdruck. Hamb.
1791. 8. (4. gr.) — Geſchichte Peter Clauſens. — Journal aus
Urſſtädt ꝛc. — Die Verirrungen des Philoſophen, oder Geſchichte
Ludwigs von Selberg. — Dramaturgiſche Blätter. Hannover,
1789. 8. 3. Quartale. (1. Thlr. 12. gr.) — Geſchichte des armen Herrn von Wildenburg. Hannover, 1789—90. III. 8. — Benjamin Noldmanns Geſchichte der Aufklärung in Abyſſinien ꝛc. —
Philippine, Verſuch einer Logik für Frauenzimmer ib. 1789. 8.
(10. gr.) — Ueber Eigennuz und Undank. Ein Gegenſtük zu:
Ueber den Umgang mit Menſchen. Leipz. 1796. 8. (1. Thlr. und
auf Poſtpap. 1. Thlr. 8. gr.) — Des ſel. Etatsraths von Schaaf-
kopf hinterlaſſene Papiere. — Die Reiſe nach Braunſchweig, ein
komiſcher Roman. — Joſephs von Wurmbrand, Kaiſ. Abyſſiniſchen

Exministers, jetzigen Notarii cæſ. publ. in der Reichsſtadt Bopfin-
gen; politiſches Glaubensbekenntniß, mit Hinſicht auf die franzöſiſche Revolution ꝛc. — Theaterſtüke ꝛc. Hanau, 1779. 80. II. 8.
(18. gr.) — Ueber Schriftſteller und Schriftſtellerey. Hannover,
1793. 8. (20. gr.)

Zu Fr. A. Knittel, merke: Er ſtarb den 13. Dec. 1792. æt. 71.
Not. n. Seze zu: — Nova Acta erudit. 1772. Febr. p. 84 — 90.
wo das Leben von Mangelsdorf eingerükt iſt, das zu Halle,
1772. 8. beſonders herauskam. — Saxii Onomaſt. T. VII. p. 206 —210.

Seite 379.

Chr. W. von Koch. NB. Sein Tableau des revolutions &c.
Strasburg, 1790. II. 8.m.

Joh. Chr. Koch. NB. Seine Inſtitutiones jur. criminal. Deutſch:
Anfangsgründe des peinlichen Rechts. Jena, 1790. gr. 8.

Seite 381.

Joh. Bernh. Köhler. NB. Lebt ſeit 1786. wieder in ſeiner
Vaterſtadt Lübek.

Joh. Heinr. Juſt Koppens Lebensnachrichten, ändere ſo: geb.
den 15. Nov. 1755. zu Hannover, wo ſein Vater Handelsmann
war. Er ſtudirte ſeit 1776. zu Göttingen vorzüglich unter Heyne.
die Schulwiſſenſchaften; wurde 1779. Collaborator am Pädagogium zu Ilefeld; 1783. Director der Schule zu Hildesheim, und
ſtarb den 9. Nov. 1791. æt. 36. nachdem er das Rectorat der
Stadtſchule zu Hannover kaum angetreten hatte. Ein Mann von
edelm Character, deſſen Verluſt die gelehrte Welt mit Recht bedauert. — — Zu ſeinen Schriften ſeze bey: — Platons Alcibias
des der zweite. Hannover, 1786. gr. 8. — Vermiſchte Auffäze ꝛc.
ib. 1787. gr. 8. — Ueber Homers Leben und Geſänge. ib. 1788. 8.
— Lectiones hiſtoricorum latinorum; in uſum ſcholarum. ib. 1788. 8.
— Platons Menexemus im Grundriß ꝛc. mit Anmerkungen. ib. 1790.
8. — Erklärende Anmerkungen zu den auserleſenen Oden und Lie-
dern des Horaz. I. Th. Braunſchweig, 1791. 8. (1. fl. 20. kr.)
— Die chriſtliche Frey- und Gleichheit. Leipz. 1795. 8. (18. gr.) z)

Merke ferner: Griechiſche Blumenleſe. 3ter Th. ib. 1787. —
Anmerkungen zu Homer. 1787—92. V. 8. Nur 20. Bücher der
Iliade.

z) Nekrolog ꝛc. für Jahr 1791. 2te H. von Schlichtegroll. p. 159—277.

Seite 382.

Joh. Gottfr. Körner. NB. War zuletzt Pastor zu St Thomä, und Superintendent in Leipzig, auch Domherr in Meissen.

H. M. G. Köster. NB. Neueste Religionsbegebenheiten bis 1790. XII. Jahrg. à 12. Stüke. 8.

Seite 333.

Zu Ad. F. K. v. Keresten's Schriften setze bey: — *Saqdeddini Annales Turcici*, turcice et lat. Vindob. 1755. fol. — — NB. Petri Lambecii comm. de bibl. Vind. ist bis 1782. VIII. fol. Dazu lieferte Denis: Supplementorum Lib. I. ib. 1790. fol. worin 138. Codices beschrieben werden.

Not. c. Setze zu: — *Alexii Horanyi* Memoria Hungarorum et Provincialium. P. II. p. 409—411. — *Saxii* Onomast T. VIII. p. 189. sq. — Das gelehrte Oesterreich. Ed. II. 1. B. 1. St. p. 268—276.

Seite 384.

Kolbs Beschreibung des Vorgebirgs der guten Hofnung. NB Holländisch. Amsterdam, 1727. II. fol. mit Kupf. Engl. von Medley. Lond. 1731. II. 8. mit Kupf.

Zu J B. Koppe, merke: Er hatte seit 1769. zu Leipzig, und seit 1771. zu Göttingen studirt, und wurde 1775. Professor zu Göttingen 2c. Er starb den 12. Febr. 1791. æt. 40. am Seitenstechen. Sein Verlust wurde mit Recht allgemein bedauert. — — Zu seinen Schriften setze bey: — Vindiciæ oraculorum a dæmonum æque imperio ac sacerdotum fraudibus. Gœttingæ. 1775. 8. — Christliches Gesangbuch. ib. 1789. 8. — Katechismus der christlichen Lehre, in Gemeinschaft mit seinen Collegen. Hannover, 1791. 8. (15. kr.) Sehr zwekmäßig. — Predigten 2c. Göttingen, 1792. 93. II. gr. 8. (3. Thlr.)

Merke ferner: Sein Nov. Test. gr. &c. hat bis 1791. VII. 8.m. und ist fortgesetzt von Joh. Heinr. Heinrichs. Vol. VIII. complectens epist. ad Hebr. ib. 1792. 8.m.

Not. e. Setze zu: — Nekrolog 2c. für das Jahr 1791. von Schlichtegroll. 2. B. 1te H. p. 101—138. — Ueber Koppe; ein biographisches Fragment. Hannover, 1791. 8. Lesenswürdig.

Seite 385.

Den Artikel Carl Arnold Kortum, ändere so: geb. den 5. Jul. 1745. zu Mühlheim, an der Ruhr, im Herzogthum Berg; prac-

ticirte

ticirte als Arzt zuerst in seiner Vaterstadt; hernach seit 1771. zu
Bochum in der Grafschaft Mark. — — Schriften: Bienen-Calender.
Wesel, 1776. 8. — Der Märtyrer der Mode c. ib. 1778. 8 —
Anfangsgründe der Entzifferungskunst deutscher Schriften. Duisburg, 1782. gr. 8. — Leben, Meinungen und Thaten von Hieronymus Jobs, dem Candidaten; in Knittelversen. Münster, 1784. 8.
originell. — Eben so: Die magische Laterne. Wesel, 1784—86.
IV. Hefte. 8. — Vertheidigung der Alchymie c. Duisburg, 1789.
gr. 8. — Vertheidigung der Alchymie gegen die Einwürfe der neuesten Gegner. ib. 1791. 8. — Vom Urin. ib. 1793. 8. (8. gr.)

A. F. F. von Kotzebue. Zu seinen Lebensnachrichten merke:
Er wurde 1787. Präsident des Gouvernements-Magistrats in der
Provinz Esthland; 1796. Theater-Direktor in Wien, wo er 1798.
mit 1000. fl. Pension zur Ruhe gesetzt wurde. — — Zu seinen Schrif-
ten setze bey: — Bibliothek der Journale. Petersburg, 1783. II. B. 8.
Hernach unter der Aufschrift: Petersburgische Bibliothek der Jour-
nale; von andern fortgesetzt. — Ildegerte, Königin von Norwe-
gen c. Leipz. 1788. 8. (1. Thlr.) — Meine Flucht nach Paris, im
Winter 1790. ed. 1791. 8. ist auch der 4te Theil seiner kleinen
Schriften. — Die jüngsten Kinder meiner Laune. Leipz. 1793—97.
VI. 8. sind vermischte Aufsätze, Gedichte, Erzählungen c. — Vom
Adel; ein Bruchstük eines größern historisch-philosophischen Werkes
über Ehre und Schande c. Leipz. 1792. 8. (1. Thlr. 4. gr.) —
Fragmente über Recensenten-Unfug. Leipz. 1797. gr. 8. — Sämtliche Schauspiele. Leipz. 1797. 98. VI. 8. Sie zeichnen sich im Ganzen genommen durch interessante Situationen, auffallende Charaktere und große Handlung aus, und verfehlen den Zwek der Rüh-
rung selten. Besonders schäzt man den Bruderzwist und Menschen-
haß und Reue. Im erstern ist die rechtliche Schurkerey meisterhaft
an den Pranger gestellt. Jedoch wollen manche den Ifflandischen
Stüken darin einen Vorzug geben, daß Charaktere und Handlung
mehr aus der Natur und dem gewöhnlichen Gang des menschlichen
Lebens aufgegriffen sind, und dennoch hinlängliches, belehrendes Interesse behalten. — Mehrere Lustspiele Abhandlungen und Gedichte.

Merke ferner: Kl. Schrift. Neue Aufl. ib. 1792. IV. 8. — Le-
ben der Ortenb. Familie. 2ter Th. 1788. und neue Aufl. ib. 1792.
II. 8. — Geschichte meines Vaters. Neue Aufl. ib. 1792. 8. —
Adelheid von Wulfingen. 3te Aufl. ib. 1792.

Zu A. J. v. Krakewiz, merk' als Note: Acta hist. ecclef. 1. B. p. 200 — 238.

Seite 487.

Zu M. Kramer, merk' als Note: Wills Nürnberger gel. Lexicon. Not. h. Seze zu: — Sein Leben ꝛc. Leipz. 1759. 8. (3. gr.) Not. i. Seze zu: — *Bruckeri* Pinacotheca &c. Dec. VII.

Seite 388.

Zu St. Krascheninnikov, merke: Er machte mit J. G. Gmelin die gelehrte Reise, wurde 1736. nach Kamtschatka geschikt, und hielt sich bis 1741. da auf. Nach seiner Rükkunft bearbeitete er seine Reisebeschreibung, übergab sie 1755. dem Druk, starb aber vor dessen Vollendung. Nach seinem Tod besorgte G. F. Müller die Ausgabe. — — Zu seiner Beschreib. von Kamtschatka ꝛc. merke: Neue Auflage. Lemgo, 1789. gr. 4. Das russische Original: Opifanie Zemli Kamtschatki sotschinennoje. Petersb. 1755. II. 4. mit XXV. Kupf. Ins Engl. übersezt, sehr verstümmelt, von Jacob Grieve, Doct. med. Lond. 1764. 8 mit Kupf. Französisch, von *M A. Eidous.* Lyon, 1767. II. 8. weit besser unter G. F. Müllers Aufsicht, à Petersb. 1770. 4. mit XVII. Kupf. (Cf. *Menselii* Bibl. hist. Vol. II. P. II. p. 250. sq.)

J. G. Krause. NB. Neue Zeitungen von gel. Sachen ꝛc. sind bis 1748. LXVI. B. dazu. (Ausser das Suppl.) Nöthiger Beytrag ꝛc. Leipz. 1743. VIII. B 8. und Universalregister über die Bände von 1715 — 1737. ib. 1749. 8.

Zu C. Chr. Krause. Merke: Ist geboren zu Delitsch (nicht Leipzig); studirte seit 1742. zu Leipzig die Chirurgie und Medizin; starb den 16. April 1793. — — Zu seinen Schriften: — Trillers kleinere Werke. Leipz. 1766 — 72. III. 8.

Seite 390.

Zu C. F. Kretschmann's Schriften seze bey: Lucius Annæus Florus. Lipf. 1785. 8. — Litterarischer Briefwechsel an eine Freundin. Zittau, 1767. 8. (19 gr.)

Rüke folgende Artikel ein:

Georg Christoph Kreysig, geb. zu Dörffel bey Annaberg; starb den 13. Jan. 1758. zu Dresden. — — Diplomataria et scriptores hist. german. medii ævi. Altenburgi, 1753—1760. III. fol. — Nachlese zur Historie von Obersachsen. Dresden, 1730—33. XII. 8. — Beyträge zur sächsischen Historie. Altenburg, 1754—64, VI. gr. 8.

(7. fl.) — Hiſtoriſche Bibliothek von Oberſachſen. ib. 1749. I. Th. 8. — Nachrichten von Blech- und Dikmünzen. ib. 1799. 4. — Bibliotheca ſcriptorum venaticorum. ib. 1750. 8. (24 fr.)

Not. o. Seze zu: — *Saxii* Onomaſt. T. VII. p. 18. ſq.

Seite 391.

Joh. Ge. Krüniz, merke: Er ſtarb den 20. Dec. 1796. æt. 69. — — Zu ſeinen Schriften: — Martini's allgemeine Geſchichte der Natur ꝛc. 8 —10ter B. 1789 — 91. — — NB. Oekon. technol. Encyklopädie ꝛc. iſt 1773 — 97. LXXII. B. (226. Thlr. 7. gr.) — Schütz Auszug daraus iſt 1786 — 92. XII. B. (27. Thlr. Subſcr. Preis 17. Thlr. 14. gr.)

Seite 392.

J. Ph. Kuchenbeker. NB. Iſt geb. den 10. Apr. 1703. zu Caſ ſel. Nach Schminkens Tod wurde er daſelbſt Rath und Biblio thekar, und ſtarb den 1. Jan. 1746.

J. B. Büchelbeker. NB. Zu ſeiner Beſchreibung von Wien ꝛc. merke: Die erſte Ausgabe erſchien 1730. 8. wurde aber unterdrükt, weil der Verfaſſer über Religion, Sitten, Adel ꝛc. zu freymüthig geſchrieben haben ſollte. Er mußte in der zwoten vieles weglaſſen, was dem K. Hof mißfiel.

Seite 393.

Zu J. Ad. Kulmus, merke: Er war Stadtphyſicus und Prof. der Arzneykunſt an dem akademiſchen Gymnaſium, auch Mitglied der Kaiſ. Akademie der Naturforſcher und der K. Preußiſ. Geſell ſchaft zu Berlin, und ſtarb den 30. Mai 1745. æt. 57.

Zu J. von Kurzbök, merke: Er ſtarb 1792. und hinterließ eine halbe Million.

Seite 394.

J. B. Labat. NB. Zu ſeiner Relation hiſt. de l'Ethiopie &c. merke: Das italieniſche Original des Johann Anton Cavazzi erſchien zu Bologna, 1687. fol. und zu Mailand, 1690. 4. Deutſch, ſehr ſchlecht. München, 1694. 4. mit 48. ſchlechten Kupfern. Der Verfaſſer Cavazzi, welcher 1654—66. in den beſchriebenen Ländern war, ſtarb 1692. — Seine Voyage en Eſpagne et en Ital. Deutſch, durch Carl Friedrich Tröltſch, Nürnb. 1758 — 62. VIII. 8. mit Kupfern. Das Original erſchien 1730.

Not. d. Seze zu: — Acta erudit. 1724. p. 187 — 191. — Journal des Savans, T. LXXI. p. 298. ſqq.

Seite 395.

Zu Abt Ladvocat's Dictionnaire &c. merke: Den 7. und 8. Th. lieferte ein Ungenannter B**. Ulm, 1794. 95. gr. 8.

Not. e. — Seze zu: — Acta hist. ecclef. 2. B. p. 96—106.

Seite 398.

Lin. 1. u. 2. v. unten. Statt: „Verité évidente de la religion chretienne. ib. 1694. 12." Demonstration ou preuves évidentes de la verité et de la sainteté de la morale chrétienne. ib. 1694. 12. und Rouen, 1706. 12. Deutsch, 1737. 8. zu weitschweifig, nicht bündig.

Seite 400.

Zu de la Lande, merke: (Hieronymus Franz) war K Lec tor und Mitglied der K. Akademie der Wissenschaften. — — Zu sei ner Astronomie &c. Paris &c. ist die zwote Ausgabe. Die erste (1764.) hatte nur 2. Quartanten. Ed. III. ib. 1792. 4. — Zu „arbeitete an der Description des arts &c." merke: In diesem Werk kommen von ihm vor: Kunst, Papier zu machen. — Kunst, Pergament zu machen. — Kunst, Pappe zu machen. — Kunst des Weißgerbers. — Kunst des Lohgerbers. — Kunst, Leder auf ungarische Art zu bereiten. — Kunst, Saffianleder zu bereiten. Alle diese sind auch von 1762—1797. besonders gedrukt.

Seite 401.

Rüke folgenden Artikel ein:

Xaver Lampillas, ein Exjesuit ꝛc. — — Saggio storico-apologetico della Letteratura Spagnuola &c. Genova, 1778—81. IV. 8. gegen Bettinelli und Tiraboschi, welche die spanische Lit teratur herabsezten. Der Streit dauerte in einigen Schriften noch fort. a)

Zu Georg Heinrich Lange, merke: Ist seit 1789. taxischer Kirchenrath und Hofprediger zu Regensburg. — — Zu seinen Schrif ten seze bey: Katechetisches Magazin. Nördlingen 1782—83. III. 8. — Neues katechetisches Magazin. Erlangen, 1786—91. IV. 8. — Entwikelung biblischer Begriffe und Säze; ein Erbauungsbuch. Anspach, 1790. 8. — Mitwirkung zur Reformation der Liturgie in der protestantischen Kirche. Regensburg, 1792. gr. 8. — Lehren und Vorschriften des thätigen Christenthums, in Predigten über die Sonn- und Festtags-Evangelien. Nördlingen, 1778. 4. mit J. G.

a) *Meuselii* Bibl. hist. Vol. VI. P. I. p. 448.

F. Schöner. — NB. Beförderung des nüzlichen Gebrauchs des Tellerischen Wörterbuchs ist 1778—85. IV. 8.

Seite 402.

J. Langebek. NB. Scriptor. rer. Danicar. ist 1786—92. VII. fol.

C. Ch. Langsdorf. NB. Ist seit 1784. Brandenburgischer Rath und Aufseher der Saline zu Gerabronn.

Seite 403.

N. Lardner. Studirte seit 1699. zu Utrecht und Leiden; wurde 1713. Prediger; starb den 24. Jun. (nicht 17. Jul.) 1768.

Not. s. Seze zu: — Brittisch-theol. Magazin. Halle, 1771. 8. 2ter B. — Bibliothek der vorzüglichsten engl. Predigten. Giessen, 1772. 8. 2ter Band.

Seite 404.

Zu Lavaters Schriften seze bey: — Joseph von Arimathia, in sieben Gesängen. Hamburg, 1794. 8. (18. gr.) — Handbibliothek für Freunde. Zürich, 1790—93. IV. Jahrgänge zu 6. Theilen. 12. (Der Jahrg. à 3. Thlr. 8. gr.) — Etwas über Pfenninger. Offenbach, 1793. 3. Hefte. 8. (à 8. gr.) Fortsezung. Zürich, 1793. 94. VI. Stüke. 12. (1. Thlr. 12. gr.) — Regeln für Kinder. Zürich, 1793. 8. (4. gr.) durch Beyspiele erläutert von Armbruster. St. Gallen, 1794. 8. (16. gr.) — Reise nach Kopenhagen, im Sommer 1793. Hamburg, 1794. 12. (1. Thlr. 4. gr.) — Monatsblatt für Freunde ꝛc. Zürich, 1794. 12. Hefte. — Anacharsis, oder vermischte Gedanken und freundschaftliche Räthe. ib. 1795. II. (12. gr.) — Christliche Belehrungen. ib. 1795. gr. 8. (12. gr.) — Vermächtniß an seine Freunde. Ein Auszug aus seinem Tagebuch. ib. 1796. II. 12. (1. Thlr. 8. gr.) ꝛc.

Not. u. Seze zu: — Meisters berühmte Männer Helvetiens. 1. B. p. 271—278.

Seite 407.

Zu H. W. Lawäz Schriften seze bey: — Ueber die Tugenden, über Neigungen und Leidenschaften des Menschen. Flensb. 1789—92. III. gr. 8. — Journal aller Journale ꝛc. Hamburg, 1790. 8. monatlich 1. St. und 6. St. in einem Band. — — NB. Handbuch ꝛc. ist 1788—93. gr. 8. 1ster Theil in 4. Bänden. Der 4te auch unter der Aufschrift: Verzeichnis einzelner Lebensbeschreibungen der Gelehrten und Schriftsteller. 2ter Band. 1te Abtheilung. ib. 1794. gr. 8. Register über die 3. ersten Bände. ib. 1791. gr. 8.

ıſter Nachtrag. ib. 1791. gr. 8. 2ter Nachtrag. ib. 1794. gr. 8. Zu
weitläuftig und koſtbar. — Verſuch über die richterliche Billigkeit.
Hamburg, 1790. 8.

Zu P. E. Layriz Schriften ſeze bey: — Betrachtungen über
eine verſtändige und chriſtliche Erziehung der Kinder. Barby, 1776.
8. anonymiſch.

Seite 408.

Not. a. Seze zu: — Acta hiſt. ecclef. 3. B. 13. Th. p. 90—
105. — Nova Acta erudit. 1739. p. 428 — 432.

Zu J. H. Leichs Schriften ſeze bey: — Comment, de Conſtantini Porphyrog. vita et rebus geſtis. Lipſ. 1746. 4.

Merk' als Note: Nova Acta eruditorum. 1752. p. 94—96. menſe
Febr. — *Saxii* Onomaſt. T. VII. p. 20. ſqq.

Rüke folgenden Artikel ein:

Thomas Leland, Med. Doct. &c. — — Hiſtory of the Life and
Reign of Philip King of Macedon. Dublin, 1758. 4. Lond. 1769. 4.
mit Kupfern.

Seite 410.

Rüke folgenden Artikel ein:

Johann Daniel von Lennep, geb. 1724. zu Leuwarden in Friesland. Er ſtudirte zu Francker vorzüglich die Humaniora, hernach zu
Leiden; wurde 1752. Prof. gr. et lat. L. zu Gröningen, zuletzt zu
Francker, wo er 1771. ſtarb. — — Schriften: *Coluthi* raptus He-
lenæ, c. n. var. gr. et lat. Leovardiæ, 1747. 8.m. — *Phalaridis* epiſtolæ &c. gr. et lat. c. n. Groningæ, 1777. II. 4. — Etymologicum
linguæ gr. c. n. *Everardi Scheidii.* Traj. ad Rh. 1790. II. 8.m.
nach Scapulas Lexicon, aus Lenneps Vorleſungen, mit vielen
nicht wahrſcheinlichen Conjecturen. b)

Zu P. G. Leonardi, ſeze bey: Charakter, Sitten und Religion
aller bekannten Völker unſeres Erdbodens ꝛc. Ein Handbuch von
Boſche angefangen ꝛc. Leipz. 1791. IV. 8. nicht richtig.

J. G. Leonhardi. NB. Zwote Ausg. von Macquers chemi-
ſchem Wörterbuch, iſt 1789—91. VII. gr. 8. — — Zur erſten Ausgabe: Neue Zuſäze und Anmerkungen ꝛc. Leipz. 1792. 93. II. gr. 8.
— Umriß der neuen Entdekungen über die Luftgattungen. ib. 1782. 8.

Nath. Gottfr. Leske, merke: Er ſtarb den 25. Nov. 1786. ꝛt

---

b) Das neue gel. Europa, 9. Th. p. 219 — 224. — *Saxii* Onomaſt.
T. VII. p. 147. ſq.

35. zu Warburg an den Folgen einer Erkältung, vielleicht auch zum Theil aus Verdruß, weil ihm sein Ansuchen um die Profeſſur der Phyſik in Leipzig verſagt worden war.

Seite 411.

Zu **Gottfried Leß**, merke: Er gieng 1791. an Koppes Stelle als Conſiſtorialrath und Hofprediger nach Hannover. — — Zu ſeinen Schriften ſetze bey: — Ueber chriſtliches Lehramt, deſſen würdige Führung und ſchikliche Vorbereitung dazu. Göttingen, 1790. 8. — Entwurf eines philoſophiſchen Curſus der chriſtlichen Religion. ib. 1790 8. — Chriſtliche Lehre von der Arbeitſamkeit und Geduld; in Predigten. Göttingen, 1782. gr. 8. — Chriſtliche Lehre von den geſellſchaftlichen Tugenden; in Predigten. ib. 1785. II. gr. 8. — De donis ſpiritus ſancti miraculoſis. ib. 1766. 4. — Väterlicher Rath an die Confirmirten. Göttingen, 1793. 8. — Entwurf eines Religionsunterrichts für gebildete Confirmanten. Hannov. 1797. 8. (16. gr.)

Seite 412.

Zu **Fr. Chr. Leſſers** Schriften ſetze bey: — Beſondere Münzen auf gelehrte Geſellſchaften und Gelehrte. Leipz. 1789. 8.

Zu **G. Ephr. Leſſing**, merke: Er iſt geboren zu Kamenz in der Oberlauſitz (nicht zu Paſewalk in Pommern.) — — Zu ſeinen Schriften ſetze bey: — Collectaneen zur Litteratur; herausgegeben und weiter ausgeführt von Joh. Joach. Eſchenburg. Berlin, 1790—93. III. 8. — Leben des Sophocles; von ebendemſelben herausgegeben. ib. 1790. 8. — Sämtliche Schriften. ib. 1793. 94. XXVII. 8. — — Merke ferner: Beyträge zur Geſchichte und Litteratur. Neue Aufl. Braunſchw. 1793. gr. 8. — Vermiſchte Schriften bis 92. XVI.

Zu „Fragmente eines Ungenannten ꝛc." merke: Man hielt in der Stille den berühmten Philoſophen Reimarus zu Hamburg für den Verfaſſer; aber ohne Grund. Nachher glaubte man, die Schrift könnte von dem Wertheimiſchen Bibelüberſetzer herrühren, der wegen ſeinen erlittenen Verfolgungen einen Haß auf die Theologen geworfen, und ſich bis 1746. in Hamburg aufgehalten hatte. Aber auch dieſer wurde vom Verdacht befreyt, und Joh. Georg Pfeifer, der Sohn eines getauften Juden, der als theologiſcher Candidat zu Braunſchweig vergeblich auf Beförderung harrte, für den wahren Verfaſſer angegeben. S. Harles kritiſche Nachrichten von kleinern Schriften. 2ten B. 3tes St.

Not. i. Seze zu: — Chriſtian Gottfried Schütz, über Leſſings
Genie und Schriften. Halle, 1782. 8. — Sein Denkmal ꝛc. von
Großmann. Hannover, 1781. gr. 8. — *Saxii* Onomaſt. T. VII.
p. 150. ſqq. — Moßheims Kirchengeſchichte von Schlegel. 5ter B.
p. 435—449 6ter B. p. 350. — Sein Leben ꝛc. von ſeinem Bruder
C. G. Leſſing. Berlin, 1793—95. III. 8.

Seite 415.

Joh. Jac. Leuw. NB. Holzhalbs Supplem. zum eibgenöſſ.
Lexicon iſt 1786—80. IV. 4. Mangelhaft.

Zu Levesques Schriften ſeze bey: — Gemälde von Rom, und
neueſtes Gemälde von Rom; aus dem Franzöſiſchen. Riga und
Lübek. 1793. II. 8.

Rüke folgenden Artikel ein:

Proſper Levesque, ein Benedictiner von der Congregation des
H. Vannus ꝛc. — — Mémoires pour ſervir à l'hiſt. du Cardinal de
Granveile, premier Miniſtre de Philippe II. Roi d'Eſpagne. Paris,
1753. II. 8. c)

Chr. L. Leucht. NB. Starb 1716. (nicht 1726.)-

Seite 416.

Joh. Lewis. NB. Starb den 27. Jan. 1747. als Prediger zu
Margate in London.

Not. l. Seze zu: — Neue Bibliothek. 56. Th. p. 435. ſqq.

Seite 418.

Ludw. Chr. Lichtenbergs Lebensnachrichten, ändere ſo:
Friedrich (nicht Ludw.) Chr. Lichtenb. geb. 1734. zu Oberam-
ſtadt bey Darmſtadt; ſeit 1783. geheimer Tribunalrath, vorher geheimer Secretär und erſter Archivar zu Gotha; ſtarb den 15. Jul.
1790. æt. 56 — — NB. Magazin für das Neueſte aus der Politik ꝛc.
iſt fortgeſezt von Heinrich Voigt, Prof. Math. zu Jena. ib. 1790—
97. 8 6—11ter Band. (à 12. gr.)

Zu Ge. Chr. Lichtenberg, merke: Er ſtarb den 24. Febr.
1799. æt. 55. — — Zu ſeinen Schriften ſeze bey: — Ausführliche
Erklärung der Hogarthiſchen Kupferſtiche, mit verkleinerten, aber
vollſtändigen Copien, von E. Riepenhauſen. Göttingen, 1794—97.

---

c) *Meuſelii* Bibl. hiſt. Vol. VI. P. I. p. 354. ſqq. — Zuverläſſige Nachrichten ꝛc. 20. Th. p. 662—686.

IV. Sammlungen, jede mit 6. Kupferplatten. 8. und gr. fol. (13.Thlr.) Erklärung und Kupfer gleich treffend und gut.

Not. q. Seze zu: — Meisters Charakteristik D. Dichter. 2ter B. Seite 420.

Zu John Lightfoot, merke: Er war Pennants Begleiter auf seiner Reise durch Schottland, und starb den 20. Febr. 1788. als Pfarrer zu Gotham.

Not. r. Seze zu: — Hist. de l'Acad. des sciences à Berlin. A. 1757. Seite 422.

Rüke folgenden Artikel ein:

Ludwig Cajetan de Lima, ein Theatinermönch, Examinator der 3. Militärorden und Mitglied der K. histor. Akademie zu Lissabon etc. — — Tablettes chronol. et historiques des Rois de Portugal jusqu'à l'annee 1716. Amst. 1716. 8. — Geografia historica de todos os Estados soberanos da Europa com as mudancas &c. Lisboa, 1734. 36. II. 4.m. begreift nur die Staaten von Portugal. Ein ähnliches Werk, und gewissermassen die Fortsezung lieferte Joh. Bapt. de Castro, ein Priester der Patriarchal-Kirche zu Lissabon: Mappa de Portugal &c. ib. 1745 — 58. V. 8. auct. ib. 1762. 63. III. 4. d)

Zu Heinr. Phil. de Limiers Schriften seze bey: — Abrégé de la chronologie et l'hist. de France sous les regnes de Louis XIII. et XIV. pour servir de suite à l'hist. de France de Mezeray. Amst. 1722. 1722. II. 12. ib. 1723. II. 12. ib. (à Trevoux) 1727. 1728. und 1734. jedesmal III. 12.

Not. u. Seze zu: — Meuselii Bibl. hist. Vol. VII. P. I. p. 71. sq. Seite 423.

Lin. 9. v. unt. Statt: „mit dem jungen von Renterholm etc." Lese: mit dem jungen von Reuterholm etc.

Zu Linne's Schriften seze bey: — Reisen in Schweden, zur Verbesserung der Naturkunde, Arzneykunst etc. Stokholm, 1756. gr. 8. mit Kupf. — Versuch einer Natur-, Kunst- und Oekonomie-Historie von den Schwedischen Provinzen. Stokh. 1756. gr. 8. — Schwedischer Pan, oder Abhandlung über die Fütterung der einheimischen Thiere in Schweden. Wien, 1785. 8. Aus dem Latein. von Lippert. — Abhandlungen von Zwiebelgewächsen. Nürnberg, 1784. gr. 8. — Epistolæ ad viros illustres &c. Ed. D. H. Stoever.

---

d) Meuselii Bibl. hist. Vol. V. P. II. p. 115—118.

Hamb. 1792. 8. — Prælectiones in ordines naturales plantarum &c. Ed. *Paul. Dieter. Giefeke.* ib. 1792. 8. .c. fig. (3. Thlr.)

Merke ferner: Von J. A. Donndorf haben wir: Zoologische Beyträge zur XIII. Ausgabe des Linneischen Naturſyſtems. Leipzig, 1794. 95. II. 8. — NB. Genera plantarum &c. Vol. II. ib. 1791. — Bey Species plant. f. ſyſtem. ſexuale merke: Neue Aufl. Vindobonæ, 1797. 8m. ed. *Wildenow.* Ferner: *Joh. Milleri* Illuſtratio ſyſtematis ſexualis Linnæani &c Aus dem Engliſchen mit Zuſätzen und Erläuterungen von Fr. Wilhelm Weiß. Francof. 1789. 8. mit illum. Kupf. — Flora Lapponica &c. NB. Auct. et emend. a *Jac Eduard<» Smith.* Lond. 1792. 8. — Syſtema vegetab. ed. *Murray.* NB. Ed. nova. 1797. — Vollſtändiges Naturſyſtem. NB. Wird fortgeſetzt. Iſter B. 1796. mit Kupf. ꝛc. — Pflanzenſyſtem ꝛc. NB. Im Auszug. Nürnb. 1791 — 94. V. gr. 8. mit Kupf. (9. Thlr.) — Syſtema naturæ ſiſtens tria regna &c. NB. Holmiæ, 1748. 8. m. c. fig. (18. gr.) Halæ, 1760 — 69. 8 m. (3. Thlr. 16. gr.) Gottingæ, 1772. II. 8m. ed. *Beckmann.* (1. Thle 13. gr.) NB. Ed *Gmelini* iſt 1788 — 93. T. III. T. I. P. VII. Das Thierreich. T. II. Das Pflanzenreich; zwar vermehrt , aber mehr nach Thunberg, als nach Linne. T. III. Das Mineralreich (13. Thlr. 8. gr.)

Seite 426.

Rüke folgende Artikel ein:

Carl Linné, des vorigen Sohn, geb. den 20. Jan. 1741. zu Falun im Thallande; wurde 1763. æt. 22. Nebenlehrer zu Upſal, und zum Nachfolger ſeines Vaters beſtimmt; ſtarb aber, nachdem er von 1781. bis zum Febr. 1783. England, Holland und Frankreich bereiſ't hatte, den 1. Nov. 1783 æt. 42. an einem Gallenfieber. Der Haß ſeiner Mutter hatte die Ausbildung ſeiner Geiſteskräfte gehindert. — — Man hat von ihm: Decades III. plantarum rariorum. 1762. 8. — Supplementum ſyſtematis vegetabilium. Brunswic. 1782. 8. m.

Anton Johann Lipowsky, geb. den 28. Oktober 1723. zu St. Martin, einer Gräfl. Tattenbachiſchen Herrſchaft zu Ried, wo ſein Vater , Wenzel , Tattenbachiſcher Bräus und Wirthſchafts verwalter war. Den erſten Unterricht erhielt er zu Kuttenberg; 1738. ſchifte man ihn nach Paſſau, und endlich nach Salzburg. An letzterm Ort hörte er bey Puecher von Oberaltaich die Philoſophie, und bey Herz, Peregrini und Stark die juriſtiſchen Wiſ

senschaften. Unter diesen Lehrern bereicherte er seinen Geist mit
Kenntnissen, mußte aber wegen der damaligen Kriegsunruhen, um
sich weiter auszubilden, nach Ingolstadt gehen, wo er denn auch
unter Ißstatt und Klingensperg sich in dem juristischen Fach öfters vollkommte. Hierauf nahm er die Würde eines Lizenziaten der
Rechte an, und wurde sogleich zweiter Sekretär des damaligen
Oberstallmeisters Grafen von Tattenbach Lipowsky, erschien mit
mehr als gemeinen Fähigkeiten im juristischen Fach, und trat in
einem der verworrensten Streithändel als Sachwalter mit einer Zu-
versicht auf, zu der ihn nur seine tiefe Kenntniß der baierschen Alterthümer berechtigen konnte. Neben seinen Berufsarbeiten beschäftigte er sich unermüdet mit dem Studium der Geschichte und der
Alterthümer, und machte sichs zum Zwek, halbausgelöschten Grab-
schriften, grauen Denkmälern und Urkunden nachzuspüren. Im
Jahr 1759. wurde er Mitglied bey der historischen Klasse der Akademie der Wissenschaften zu München, nachdem er vorher schon
1756. zum Kurfürstl. geistlichen Rathssecretär ernannt worden war.
Höher konnte er sich nicht schwingen, und er mußte sein Leben,
in Betracht seiner schweren Arbeit, mit einem sehr mäßigen Einkom-
men hinbringen. Im Jahr 1758. verheurathete er sich mit Marie
Adelheit von Geretshofen, und zeugte in dieser Ehe fünf Kinder.
Ohnerachtet seiner ger..gen Umstände lebte er mit seiner Familie
ruhig und gelassen. Doch konnte er den Schmerz über seine Hintan-
setzung nicht ganz unterdrüken; am Ende seiner, in latein. Sprache
verfaßten, Lebensgeschichte, schrieb er folgende rührende Stelle:
„Meine ganze Lebenszeit widmete ich den Werken der Künste. Dafür erhielt ich den Lohn, welchen die Welt giebt; man ließ mich
in Armuth." Er starb den 19. Okt. 1780. — — Schriften: Geschichte und aktenmäßiger Unterricht wegen des auf des Grafen
Johann Michael von Hörwarth Tod, dem Grafen Joseph von Hörwarth jure substitutionis angefallenen Fideicommiß-Gutes Hochenburg
cum annexis. 1764. fol. — Beurtheilung der Frage, worauf es bey Ent-
scheidung des Graf Hörwartischen Feideicommißstreits ankomme.
1767. fol. — Aktenmäßiger Entwurf über den Graf Hörwartischen
Fideicommißstreit und dessen wahren Enthalt. 1768. fol. — Ur-
grund der Domainen in Baiern, erwiesen aus Geschichte und Staatsverfassung. II. Th. München, 1769. 4. — Gründliche Abfertigung
der fiskalischen Deduction, oder Widerlegung rc. der behaupteten

Domainen, oder vielmehr Rechte der Churfürstl. Kammergüter in Baiern. 1769. 4. — Aktenmäßiger Verhalt des zwischen beiden Gebrüdern Ferdinand und Karl, und Franz Xaveri Freyherrn von Lerchenfeld, obwaltenden Feideicommißstreits. ib. 1770. fol. — — Prüfung der gründlichen Beleuchtung des aktenmäßigen Verhalts in causa eadem. ib. 1771. fol. — Aktenmäßiger Verhalt des Graf Wartenbergischen Fideicommiß- und Regreßstreits. 1774. fol. — Unumstößlicher Beweiß des dem Churfürstl. Kämmerer, Geheimen rath und Bergwerkspräsidenten Grafen Siegmund von Haimhausen, auf Absterben seines Herrn Bruders Karls ex capite Fideicommissi zustehenden Erbfolgerechts auf das Gut Haimhausen. ib. 1778. fol. — Kurze, doch gründliche Abfertigung des aktenmäßigen Beweises, welchen die Grafen Karl Haimhausische Intestaterben entgegengestellt haben. ib. 1779. fol. — Ausser diesen hinterließ er noch eine Menge historischer und anderer Schriften in Manuscript. e)

Phil. Daniel Lipperts Lebensnachrichten, ändere so: geb. den 29. Sept. 1702. zu Meissen, wo sein Vater ein wenig begüterter Beutler war, der ihm zu früh starb. Er sollte dessen Handwerk lernen, aber es war für ihn zu klein und langweilig; seine Mutter brachte ihn also zu dem Leibschneider der Königin in die Lehre, aber das immerwährende Sizen behagte ihm nicht, und er lief davon. Man that ihn endlich zu einem Glaser nach Pirna; aber auch dieses Handwerk, das man, wie er sagte, bey einem Drexerlichte erlernen könne, war ihm zu gering und einförmig. Er entwich nach Dresden. Ein Zufall brachte ihn hier zu einem Gelehrten, der ihm Gelegenheit verschafte, sich nicht nur, seinem Hang gemäß, im Zeichnen zu üben, sondern auch durch Lesung guter Bücher sich mit der Kunst der Alten bekannt zu machen, und die schönen Wissenschaften zu studiren. Unter Anleitung des K. Hofmahlers Raphael Mengs, brachte er es so weit, daß man ihn in seinem 21sten Jahr als Zeichenmeister und Porzellans-Mahler bey der Fabrik in Meissen anstellte. In seinem 28sten Jahr wurde er Zeichenmeister bey den Edelknaben in Dresden; zulezt Professor der Antiken bey der Akademie der Künste zu Dresden, wo er den

_____

e) Westenrieders Andenken des Churfürstl. geistlichen Rathssekretärs Anton Johann Lipowsky. München, 1781. 4.

28. Merz 1785. æt. 82. starb, nachdem er in seinen jüngern Jahren mit einer Reihe von Widerwärtigkeiten gekämpft hatte.

Merke ferner: Seine Dactyliothek ꝛc. Lateinisch von Christ, Profeſſor in Leipzig. Lipſ. 1755. III. Das Supplement lateiniſch von Heyne.

Not. b. Seze zu: — Sein Leben ꝛc. von D. Heinrich Stöver. Hamb. 1792. II. 8. (2. Thlr. 8. gr.) — Olla Potrida. 1780. III. St. p. 112 — 117. — Hannöveriſches Magazin. 1782. p. 1223 — 1232. NB. *Pulteney* general View &c. iſt ins Franzöſiſche überſezt: Revue générale des écrits de Linné &c. par *M. L. A. Millin de Grand-Maiſon*, mit Anmerkungen und Zuſäzen. Paris, 1789. II. 8.

Not. i. Seze zu: — Schattenriſſe edler Deutſchen. 2. B. p. 87 — 114. — Meuſels Miſcellaneen. XVIII. St. p. 328 — 330.

Seite 427.

Zu Joh. Wilhelm von der Lith, merke: Er gab anonymiſch heraus: Philoſophiſches und juriſtiſches Syſtem von den Ehen. Onolzbach, 1777. 8.

Seite 428.

Zu Joh. Hieronimus (nicht Heinrich) Lochner, merke: Er iſt geb. 1700. zu Lichtenau im Nürnbergiſchen; ſtudirte zu Altdorf; wurde Conrector an der Sebaldſchule zu Nürnberg; ſtarb den 9. April 1769 (Cf. Wills Nürnb. gel. Lexicon.)

Zu Juſt. Chriſt. Loder's Schriften ſeze zu: — Anfangsgründe der mediziniſchen Anthropologie und der Staatsarzneikunde. Zweite verbeſſerte Auflage. Weimar, 1793. 8.

Rüke folgenden Artikel ein:

Georg Simon Löhlein, geb. 1727. in einer kleinen Stadt im Coburgiſchen. Er wollte in ſeinem 16. Jahr nach Kopenhagen reiſen, mußte aber wegen ſeiner Größe in Potsdam Kriegsdienſte nehmen. In der Schlacht bey Collin wurde er verwundet, und in ein Kaiſ. Spitalhaus gebracht. Nicht ganz hergeſtellt kam er in ſein Vaterland zurük, da ihn ſeine Anverwandten noch als einen Todten betrauerten. Er lebte nun zu Jena und Leipzig als Tonkünſtler für ſich, bis er 1779. als Kapellmeiſter nach Danzig kam, wo er 1782. æt. 55. ſtarb. — Auſſer mehrern theoretiſchen und practiſchen Werken, die er zum Theil ſelbſt radirte, hat man von ihm: Clavierſchule, oder Anweiſung zur Melodie und Harmonie, mit practiſchen Beyſpielen erklärt. Züllichau, 1773. 4. (1. fl. 30. kr.) neu bearbeitet von Withauer. ib. 1792. 4.

Seite 430.

Lin. 10. von unt. Nach: „3. Bänden. IV. 4.m." ſetze zu: Partis II. Vol. IV. et ult. ib. 1790. 4 m.

Zu Longchamps chronolog. und kritiſcher Entwurf einer Gelehrtengeſchichte Frankreichs ꝛc. merke: Das franzöſiſche Original: Tableau hiſt. des gens de Lettres, ou Abregé chronologique de l'hiſt. de la litterature françoiſe. Paris, 1762. VI. 12. (15. Livr.)

Not. h. Setze zu: — Acta erudit. T. VIII. p. 437 — 456. — *Meuſelii* Bibl. hiſt. Vol. VI. P. II. p. 6 — 17.

Seite 431.

Zu L. du Four von Longuerue, merk' als Note:

* Lamberts Gelehrtengeſchichte der Regierung Ludw. XIV. 3. B. p. 515. ſqq,

Seite 432.

Lin. 4. Den Titel: „ Deſcription hiſtorique &c. faſſe richtiger auf: Deſcription hiſtorique et geographique de la France ancienne et moderne. Paris, 1719. fol. mit 9. geographiſchen Charten, von d'Anville. — Merke hierzu: Das Buch wurde wegen zu freymüthigen Aeuſſerungen vom Herzog Regenten unterdrückt, hernach aber von den anſtößigen Stellen gereinigt, und kam ohne des Verfaſſers Namen und ohne Druckort 1722. fol. heraus.

Zu Joſias Lork, merke: Er erhielt für ſeine Bibelſammlung auſſer 4000. Dukaten noch eine lebenslängliche Penſion für ſeine Wittwe von 200. Thalern. Er ſtarb den 8. Febr. 1785. æt. 68. Profeſſor Adler in Kopenhagen lieferte über die Lorkſche Bibelſammlung ein Verzeichnis. 1787. V. 4.

Seite 433.

Den Artikel „A. C. Lorry," ändere ſo: Anna Carl Lorry, geb. 1725. zu Crone, ohnweit Paris. Er war Doctor regens bey der mediziniſchen Facultät zu Paris, und übte ſeine Kunſt ſehr glüklich. Er ſtarb den 18. Sept. 1785. æt. 58. — — Schriften: Eſſai ſur les alimens. Paris, 1757. 8. Deutſch von Akermann: Abhandlungen über die Nahrungsmittel ꝛc. Leipzig, 1786. II. 8. — Hippocratis aphoriſmi c. not. Paris, 1759. 8. — De melancholia et melancholicis. ib. 1764! II. 4.m. (3. Thlr. 8. gr.) Deutſch von Krauſe: Von der Melancholie und den melancholiſchen Krankheiten,

Frankf. 1770. II. gr. 8. (1. Thlr. 8. gr.) — Tr. de morbis cutaneis. Paris, 1777. 4. (3. Thlr. 12. gr.) Deutsch von Held: Abhandlungen von den Krankheiten der Haut. Leipzig, 1779. II. gr. 8. (3 Thlr.) — Uebersicht der vornehmsten Veränderungen und Umwandlungen der Krankheiten; aus dem Latein. von Halle. Leipz. 1785. gr. 8. (1. Thr. 4. gr.) — Ueber das Fett im menschlichen Körper; aus dem Französischen. Berlin, 1797. 8.

Seite 434.

Zu Moses Lowmann, merke: Er ist geb. 1688; wurde sehr jung Prediger der presbyterianischen Gemeinde zu Clapham bey London, und verwaltete dieses Amt 40. Jahre lang. Er starb 1752. æt. 64. am Brand, der Folge einer unglüklichen Operation eines Leichdorns. — — Zu seinen Schriften seze bey: — Beweiß aus den Weissagungen, daß Jesus der Messias sey ꝛc. Englisch, Lond. 1733. 8. — Vertheidigung der alten Geschichte der Hebräer. Engl. ib. 1741. 8. gegen Morgan. — Die Vernunftmäßigkeit der Gebräuche des jüdischen Gottesdienstes. Engl. ib. 1748. 8. — NB. Von der bürgerl. Regierung der Israeliten; das engl. Original, Lond. 1740. und vermehrt, ib. 1745. 8. mit einer Widerlegung des Morgan. Die Uebersezung Hamb. Ausgabe ist von Steffens; die Zeller Ausgabe von J. H. Meyenberg, und die Vorrede von Laur. Hagemann.

Merk' als Note: Bambergers biogr. Anecdoten ꝛc. 2ter B. p. 189. sqq.

Zu Robert Lowth seze bey: — Introduction to the english grammar. Basel, 1794. 8. (12. gr.) Deutsch: Engl. Sprachlehre mit kritischen Noten, nach dem neuesten Original übersezt, mit Anmerkungen von Reichel. Leipz. 1790. 8. (12. gr.) — — NB. De sacra poesi Hebr. Im Auszug deutsch mit Herders und Jones Grundsäzen, von C. B. Schmidt. Danzig, 1793. gr. 8. — Jesaias ꝛc. Das Original, Lond. 1778. 79. 4.

Merk' als Note:

* Sein Leben ꝛc. in englischer Sprache. Lond. 1787. 8.m.

Zu De Loys, merke: Er starb den 29 Aug. 1789. zu Strasburg. — NB. Sein Abrégé chronologique &c. ist Strasb. 1786—89. IV. 8. und geht bis 1698.

Zu De Lücs Ideen über die Meteorologie ꝛc. merke: Das französische Original erschien, Lond. 1786. 87. II. 8. mit Kupfern.

Seite 435.

Zu Ignaz de Luca, merke: Er ist seit 1787. zu Wien Ma giftratsrath im politischen Fache. — — Zu seinen Schriften setze bey: — Landeskunde von Oesterreich ob der Enns. 1ster Theil. Linz, 1786. gr. 8. — Politischer Codex ꝛc. Wien, 1789—95. XIV. 8. (à 20. gr. 10. Thlr. 16. gr) — Reisealmanach, enthaltend die Postcurse von Wien nach den vornehmsten Städten und Handels plätzen, ib. 1789. gr. 8. (22. gr.) — Geographisches Handbuch der österreichischen Staaten. ib. 1790—02. VI. 8. (7. Thlr. 19 gr.) — Geographie des Königreichs Ungarn ꝛc. ib. 1791. 8. — Oester reichs Spezialstatistik. ib. 1792. gr. 8. (16. gr.) — Vorlesungen über die österreichische Staatsverfassung. Wien, 1791. 8. — Leit faden in der practischen Kenntniß der österreichis. Staaten. ib. 1794. 8. — Conspectus statist. stat. Austr. in XXX. Tab. Viennæ, 1794. fol. (12. gr) — Justizcodex ꝛc. Wien, 1793—95. V. 8. (5. Thlr.) — Oesterreichisches Staatsarchiv ꝛc. ib. 1794. gr. 8. — Practische Staatskunde von Europa. ib. 1796. 8. (1. Thlr.) — Historisch statistisches Lesebuch zur Kenntniß der österreichischen Staaten. ib. 1797. 8. 1ter Th (1. Thlr. 8. gr.)

Seite 437.

Zu Christ. Friedr. Ludwigs Schriften setze bey: — William Cruikshanks Geschichte und Beschreibung der einsaugenden Gefäße oder Saugadern des menschlichen Körpers; aus dem Engl. mit An merkungen. Leipz. 1789. 4. mit Kupf. — Paul Mascagni Ge schichte und Beschreibung der einsaugenden Gefäße oder Saug adern ꝛc. Aus dem Latein. mit Anmerk. ib. 1789. 4. mit Kupf. — Exercitationes academicæ. Fasc. I. ib. 1790. 8. — Scriptores neu rologici minores selecti, seu opera minora ad anatom. physiologiam et pathologiam nervorum spectantia. Lipf. 1792—95. IV. 4 m. — Primæ lineæ anatomiæ pathologicæ, sive de morbosa partium corp. humani fabrica &c. Ib. 1785. 8. m. — Grundriß der Naturgeschichte der Menschenspezies ꝛc. Leipzig, 1796. gr. 8. mit Kupf. (1. Thlr. 8. gr.)

Zu Chr. W. Lüdcke, merke: Er ist geb. den 3. Merz 1737. (nicht 1738.) zu Schönberg in der Altmark. In Smirna war er von 1758—1765. und stiftete dort eine lutherische Kirchen und Schulanstalt. — — NB. Allgemeines Schwedisches Gelehrsamkeits Archiv geht bis 1786. incl. und hat bis 1790. VI. Th. gr. 8. —

Zu

Allgemeines Schwedisches Gelehrsamkeits-Archiv unter Gustav III.
Regierung. ib. bis 1796. VII. gr. 8. Der 7te und lezte Theil
enthält das Register. — Mehrere Predigten und Aufsäze.

Zu Fr. H. H. Lüder, merke: Er wurde 1791. Superintendent
zu Ronnenberg im Fürstenthum Calenberg, und starb den 31. Dec.
1792. æt. 59. — Der vollkommene Propf- und Oculirmeister ꝛc. herausgegeben von J. U. Wilks. Leipz. 1793. 8. (1. fl. 15. kr.) —
NB. Briefe über die Bestandtheile eines Küchengartens. 2te Aufl.
ib. 1793. li. 8. verbessert.

Seite 439.

Lin. 8. Nach: „mit eingerükter Lästerschrift," seze zu: Die
Aufschrift derselben ist: Horus, oder astrognostisches Endurtheil
über die Offenbarung Johannis, und über die Weissagungen des
Messias, wie auch über Jesum und seine Jünger; mit einem Anfang von Europens neuerer Aufklärung, und von der Bestimmung
des Menschen durch Gott. Ein Lesebuch zur Erholung für die Gelehrten, und ein Denkzeddel für Freymäurer. Ebenezer, im Verlag des Vernunfthauses. 1783. 8.

Zu Joh. Balth. Lüderwalds Schriften seze bey: — Bemühungen zur Vertheidigung des geoffenbarten Glaubens. Braunschw.
1756 — 59. 3. St. — Anmerk. über 1. Joh. V. 7. nebst Fortsezung.
ib. 1762 — 1772. 8. — Revision der von ihm durchlebten fünfzig-
jährigen theologischen Periode von 1740 — 80. nebst seinem Leben.
Helmst. 1789. 8. — Freye Anmerkungen über einige, die H. Schrift,
deren Würde und Nothwendigkeit betreffende, sogenannte Axiomata.
ib. 1780. gr. 8. — Anti - Hierocles, oder Jesus Christus und Apol-
lonius von Thyana in ihrer großen Ungleichheit vorgestellt. Halle,
1793. 8.

Zu Fr. G. Lüdke, merke: Er starb den 8 März 1792. æt.
62. am hizigen Brustfieber. Zulezt war er Archidiaconus in Berlin. — Gespräche über die Abschaffung des, dem Staat entbehrlich,
ja schädlich seyn sollenden geistlichen Standes. Berlin, 1784. 8.
— NB. Communionbuch ꝛc. 4te Auflage. Berlin, 1793. 8.

Not. y. Seze zu: — Sein Leben ꝛc. Helmstädt, 1789. gr. 8.
(16. gr.)

Seite 440.

Zu Roch. Frid. Gr. von Lynar seze bey: — Hinterlassene
Staatsschriften und andere Aufsäze vermischten Inhalts. Hamburg,

(Supplem. II.)   M

1793—97. II. gr. 8. (6. Thlr.) — Er erklärte alle Schriften des N. Test. ausser der Apostelgeschichte und Apokalypse.

Seite 441.

Zu Heinr. Cas. G. Gr. von Lymar, merke: Er ist geb. den 7. Mai 1748. und gest. den 19. Sept. 1796. æt. 48.

Zu Ge. Lord Lyttelton, merke: geb. 1709. zu Hagley in der Grafschaft Worcester. Er studirte zu Oxford, reis'te 1728. nach Frankreich und Italien. — — Zu seinen Schriften setze bey: — Geschichte des Lebens und der Regierung K. Heinrichs II. Lond. 1764. III. 4. ib. 1767. und 1777. 4. Die 3te Ausgabe ist voll von Druckfehlern. — NB. Gespräche der Todten. Das engl. Original, Lond. 1754. 8.

Seite 442.

Zu (Georg) Lyttleton, merke: — The Works &c. Ed. II. Lond. 1775. 4.m. dabey sein Leben — Miscellancen. ib. ed. III. 1776. III. 8. — NB. Wahrheit der christl. Religion ꝛc. Das englische Original erschien, Lond. 1747. 4.

Zu Mably, merke: (Bonnet de), geb. zu Grenoble. Starb 1785. æt. 76. zu Genf. Durch seine gründliche Kenntnisse sowohl, als durch seinen vortreflichen Charakter erwarb er sich allgemeine Achtung. — — Observations sur les Grecs; Généve, 1749. 8.m. — Observations sur les Romains. ib. 1751. 12. — Parallele des Romains et des François. 1740. II. 8. — Oeuvres posthumes. Paris, 1790. II. 8. — Oeuvres complettes &c. ib. 1793. — NB. Bemerkungen über die Geschichte von Frankreich. Das französische Original: Observations sur l'histoire de France; nouv. ed. continuée jusqu'au regne de Louis XIV. par l'Abbé *Brizard*. Kehl, 1788. VI. 8. Die erste Ausgabe hatte nur 2. Bände. — NB. Observations sur l'hist. de la Grece &c. Italienisch, Venet. 1766. 8. Polnisch, Warschau, 1772. 8. Das französische Original ist auch: Genéve (Paris) 1749. 12. ib. 1766. 8. — NB. De la legislation &c. Deutsch: Ueber die Gesetzgebung, oder über die Grundsäze der Geseze. Nürnb. 1779. II. 8. (1. Thlr.) — NB. Entretiens de Phocion &c. Hierdurch erhielt er den Preis von Genf, wo man das Urtheil fällte, es sey ein vortrefliches Gesezbuch für Freystaaten. — — NB. Le droit publ. de l'Europe &c. Ist Amst. 1748. II. 8. vermehrt, ib. 1761. III. 12. (nicht 8.)

Rüke folgenden Artikel ein:

James (Jacob) Macpherson , Esq. geb. am Ende des
Jahrs 1738. zu Ruthven in der Grafschaft Inverneß, aus einer
alten Familie in Nordschottland. Er studirte zu Aberdeen und
Edinburg die Theologie; wurde Hofmeister, und bereiste, durch
eine Subscription unterstützt, die Schottischen Hochländer um die
alten Volkslieder zu sammeln. Im Jahr 1764 begleitete er den
Statthalter Johnstone als Sekretär nach Pensacola in Westflori-
da, und besuchte die westindischen und nordamericanischen Provinzen.
Nach seiner Rükkunft 1766. sezte er seine Studien fort, bis er 1776.
zum Agenten des Nabobs von Arcot ernannt wurde. In den Jahren 1780. 84. und 90. traf ihn die Wahl als Parlamentsglied. Er
starb den 17. Febr. 1796. auf seinem Landsize zu Bellevue in Inverneß, und wurde in der Westmünster-Abtey beerdigt. In seinem
1793. niedergelegten Testament hatte er beträchtliche Legaten gemacht. Er zeigte in seinem Charakter viele Eitelkeit. — — Schriften: Hist. of Gr. Brit. from the Restoration to the Accession of the
House of Hanover. Lond. 1775. 4. Hier verrieth er sich zu sehr als
Anhänger der Tory-Parthey. — Introduction to the History of Great
Britain, and Ireland. Lond. 1771. 4. — Fingal, an ancient epic
Poëm in six Books &c. Lond. 1760. 4. und Fragments of ancient
Poetry &c. Edinburg, 1780. 8. unächt. — The Iliad of Homer;
translated &c. Lond. 1773. II. 4.m. Zu gekünstelt. — Original
Papers &c. ib. 1776. 4. — Einige historische und politische
Schriften.

Not. d. Seze zu: — Mosers patriotisches Archiv. 16. B. p. 540.
Not. e. Seze zu: — *Saxii* Onomast. T. VII. p. 286. sq. —
Eloge &c. par Mr. *Levesque* Paris, 1787. 8. (6. gr.) und par l'Abbé
Brizard. ib. 1787. 8. — Vie &c. par l'Abbé *Barthelemy.* 1790. 8.
(6. gr.) — *Meuselii* Bibl. hist. Vol. III. P. II. p. 195. sq.

Zu Pet. Jos. Macquer, merke ; Er war auch Mitglied der
K. Akademie der Wissenschaften. — NB. Leonhardis zwote Aus-
gabe von Dictionaire de chymie &c. Leipz. 1789—91. VII gr. 8.
Die Zusäze und Anmerkungen sind zum Besten der Besizer der ersten
Ausgabe besonders gedrukt. Leipz. 1792. 63. II. 8.

Seite 443.
Zu D. S. von Madai, merk' als Note:
* Börners Nachricht von jeztlebenden Aerzten. p. 130. sqq.
Räke folgende Artikel ein:

Georg Samuel Madihn, geb. den 24. Dec. 1729. zu Wolfenbüttel, wo sein Vater Generalauditeur und Beysitzer des Hofgerichts war. Nach einem zweyjährigen Aufenthalt auf dem Waisenhaus zu Halle, kam er in das Collegium Carolinum zu Braunschweig; von da 1747. nach Helmstädt, alsdann nach Halle. Seit 1751. praktizirte er in seiner Vaterstadt, gieng aber in der Folge wieder nach Halle zurük, wurde daselbst 1754. Doct. juris. und hielt Vorlesungen; 1757. wurde er Beysitzer des Schöppenstuls, und 1758. Prof. jur. ord. und Beysitzer der Facultät. Dieselbe Stelle erhielt er 1772. zu Frankfurt an der Oder, wo er den 14. Oct. 1784. starb. — — Schriften: Institutiones juris civilis Justinianei, inprimis ordine naturali digesti. Halæ, 1763. 8. (1. Thlr.) — Opusculum I. vicissitudines substitutionis exemplaris ejusque veram indolem continens. ib. 1775. 4. — Exercitationes academicæ Halenses. ib. 1777. 4. — Gedanken von der Verjährung nach dem Naturrechte. ib. 1764. 4. — Gedanken von den wahren Grenzen des Rechts der Natur. ib. 1767. 8. — Edirte G. L. Menkenii opuscula. ib. 1770. 8. Ej. Introd. in doctrinam de actionibus forensibus. ib. 1769. und 1780. 8. m. f)

Ludwig Gottfried Madihn, des vorigen Bruder, geb. den 12. Jan. 1748. zu Wolfenbüttel; seit 1773. Prof. jur. extraord. und seit 1785. ordinar. zu Frankfurt an der Oder. — — Schriften: Systema jurisprud. criminalis. P. I. Francof. ad V. 1783. 8. — Principia juris romani systematice disposita &c. Francof. 1791—98. V. 8. m. und unter gleicher Aufschrift ein Commentar darüber. Berol. 1788. V. 8. — Principia juris rom. de hereditatibus et successionibus. ib. 1792. 8. m. (1. Thlr.) — Grundsäze des Naturrechts. ib. 1789. gr. 8. (12. gr.) — Ueber die Majoratsfolge in dem Lieberosischen Successionsfalle. ib. 1784. 4. (10. gr.) — Rechtfertigung des Frankfurthischen Urtheils in der Rechtssache des Freyherrn von Moser. ib. 1789. — Dissertationen ꝛc. g)

Zu Gregorio von Mayans Schriften seze bey: — Defensa del Rey Witiza. En Valencia, 1772. 4.

---

f) Weidlichs biogr. Nachrichten. 2. und 4ter Th. p. 163. — Ej. Nachrichten von jeztleb. Rechtsgel. 5ter Th. p. 341—354. — Meusel l. c.

g) Weidlichs biogr. Nachrichten. — Meusel l. c.

Not. g. Seße zu: — Neuer Bücherfaal der gelehrten Welt. 34te Oeffn. p. 705. fqq. — Sein Leben ꝛc. von Fabroni, in des Bernoulli Archiv. V. St. p. 3 — 56.

Seite 445.

Not. h. NB. Bey „Strodtmanns Geschichte ꝛc. merke: und Zusäße ꝛc. in den Beyträgen zu den Geschichten der Gelehrten unserer Zeit. 3ter Th. Vorrede, p. 5 — 13.

Seite 446.

Zu Michael Maittaire, seße bey: — Er gab heraus: Justinus; Lucretius; Phædrus; Salluftius und Terentius. Lond. 1713. 8. Catullus; Tibullus und Propertius; Corn. Nepos; Florus; Juvenalis; Ovidius, in 3. Bänden; Virgilius 1715. Im folgenden Jahr: Julius Cæfar; Martialis; Q. Curtius. — Vellejus Paterculus. ib. 1718. und 1725. 8. — *Homeri* Batrachomyomachia &c gr. ib. 1721. 8. — An folgenden Ausgaben, die unter feinem Namen herauskamen: Sophoclis tragœdiæ; Homeri Ilias; Livius; Plinii epift. et panegyricus &c. hatte er keinen Antheil. — NB. Annales typographici &c. In beffere Ordnung gebracht, vermehrt und verbeffert von G. W. Panzer. Norib. 1793 — 97. V. Tomi. 4.m. (25. Thlr.) — Gr. linguæ dial. Lond. 1742. 8.m.

Not. l. Seße zu: — *Bambergers* biogr. Anecdoten ꝛc. 1ter B. p. 253 — 259.

Seite 447.

Not. n. Seße zu: — Das gel. Oefterreich. Ed. II. I. B. 1. St. p. 307 — 309.

Seite 448.

Rüke folgenden Artikel ein:

Julius Friedrich Malblanc, geb. den 18. Jan. 1752. zu Weinsperg im Herzogthum Wirtenberg, wo fein Vater Oberamtmann war. Er fludirte feit 1765. zu Stuttgard, hernach feit 1769. zu Tübingen; wurde hier 1773. Doct. juris und Hofgerichtsabbocat; 1779. Prof. juris ord. zu Altdorf, und 1792. zu Erlangen. Von hier gieng er 1793. als Prof. jur. ordinarius nach Tübingen zurük. — — Schriften: Doctrina de jurejurando &c. Norimb. 1781. 8. — Allgemeine juriftische Bibliothek. ib. 1781 — 88. VI. 8. in Gefellschaft mit Siebenkees. — Geschichte der peinlichen Gerichtsordnung. K. Karls V. ib. 1783. 8. — Anleitung zur Kenntniß der deutschen Reichs- und Provinzialgerichts, auch Kanzleyverfaffung und Praxis.

ib. 1791—93. IV. 8.m. (7. fl.) wird fortgeſetzt. — Deduction, oder Ausführung der Gerechtſame der Grafen und Gräfinnen von Püſler von Wertheim und Limburg, gegen die Anſprüche der Grafen Friedrich, Carl, von Püſler und Limburg. Nürnb. 1791. fol. — — Opuſcula ad jus criminale. Erlangæ, 1793. 8.m. — Abhandlungen aus dem reichsſtädtiſchen Staatsrecht. ib. 1793. gr. 8. — Conſpectus rei judiciariæ Rom. Germ. Norimb. 1797. 8.m. (1. Thlr. 20. gr.) h)

Zu Joh. Fr. Maler, merke: — Elem. l. gr. NB. auct. et emend. a *W. F. Wucherer.* Carolsr. 1796. 8m. — Unterricht zum Rechnen ꝛc. Sehr vermehrt und verbeſſert, ib. 1791. gr. 8. (24. fr.) 5te Aufl. ib. 1795. gr. 8. — Geometrie ꝛc. ed. W. F. Wucherer. Frankf. 1795. gr. 8. — Algebra ꝛc. vermehrt von W. F. Wucherer. ib 1796. 8.

Lin. 9. v. unt. Statt: „Mallet ꝛc. Profeſſor, geb. zu Genf; privatiſirt daſelbſt." Leſe: Jacob Andreas Mallet, geb. 1740. zu Genf. Hier und in Baſel ſtudirte er vorzüglich die Mathematik. Im Jahr 1765. reiſte er nach Frankreich und England; wurde Profeſſor zu Genf, auch Mitglied der K. und Kaiſ. Akademie zu Paris und Petersburg. Er lebte in der Stille, beſchäftigte ſich mit aſtronomiſchen Beobachtungen, und ſtarb 1790. allgemein geſchätzt.

Seite 449.

Zu Th. Maria Mamachi ſetze bey: Er war Predigermönch und Bibliothekar zu Rom. — — Epiſtolæ ad Juſtinum Febronium, de ratione regendæ chriſtianæ reipublicæ deque legitima rom. pontificis poteſtate. Romæ, 1776. 77. II. 8. — Epiſtolæ de dignitate et auctoritate ſummorum pontificum. 1788. 8. II.

Zu Bernh. von Mandeville. — Fabel von den Bienen ꝛc. — NB. The fable of the Bees, or Privat Vices public Benefits. Lond. 1732. 33. II. 8. (nicht 1723.)

Merk' als Note:

* Mosheims Kirchengeſchichte ꝛc. von Schlegel. 5ter B. p. 313. ſqq. — *Niceron* Mem. T. XXV. p. 250. ſq. — Biogr. Brittan. T. VI. Not. q. Setze zu: — *Senebier* Hiſt. litt. de Geneve. T. III.

Seite 450.

Zu J. J. Mangets Schriften ſetze bey: — Bibliotheca ſcripto-

---

h) Meuſel l. c. — Boks Sammlung von Bildniſſen und Biogr. gel. Männer und Künſtler. Nürnb. 1792. 8. 6tes Heft.

rum medicorum veterum et recentiorum &c. Genevæ, 1731. IV. T. fol. (18. Thlr. 16. gr.)

Rufe folgenden Artikel ein:

Thomas Mangey, war zuletzt Doctor theol. Mitglied der Gesellschaft der Alterthumsforscher, und Rector von der St. Mildreds kirche in London; starb 1754. — — Schriften: Practische Reden über das Gebet des Herrn. Lond. 1716. 1717. und 1721. 8. — Anmerkungen über den Nazarenus (des Tolands) ib. 1718. 8. — Philonis Judæi opera &c. ib. 1732. II. fol. i)

Zu **Joh. Casp. Frid. Manso**, merke: Er ist seit 1788. Professor, und seit 1795. Rector am Magdalenischen Real-Gymnasium in Breslau. — — Zu seinen Schriften setze bey: Meleagri reliquiæ, c. lect. var. versione metrica et comment. Jenæ, 1789 8.m. — Das befreyete Jerusalem, ein episches Gedicht; nach dem Italien. des Torquato Tasso. Leipz. 1791. 8 — Versuche über einige Gegenstände aus der Mythologie der Griechen und Römer. Leipz. 1794. gr. 8. (1. Thlr. 12. gr.) — Ueber Verläumdung der Wissenschaften; eine Epistel an Garve. ib. 1796. (8. gr.) — NB. Ueber die Horen und Grazien 2c. Hiervon ist Heimbach, dritter Lehrer an der Schule zu Meissen der Verfasser.

Not. r. Setze zu: — Sein Leben 2c. aus Fabroni, deutsch übersetzt, in des Bernoulli Archiv zur neuern Geschichte 2c. N. 2. p. 59—96. — Eloge &c. in der Hist. de l'Acad. des sc. a Paris, 1739. p. 80.

Not. s. Setze zu: — *Senebier* Hist. litr. de Généve. T. II.

Not. t. Setze zu: — Elogio &c. Venezia, 1789. 4.

Seite 451.

Zu **Joh. Domin. Mansi**, merke: Er war Erzbischof zu Lucca; starb den 27. Sept. 1769. — — De epochis conciliorum Sardicensis et Sirmiensium, ceterorumque in causa Arianorum &c. Lucæ, 1746. — Sanctorum conciliorum et decretorum collectio nova &c. ib. 1748— 52. IX. fol. Florentiæ, 1765—67. X—XIII. fol. Supplementum collectionis conciliorum *Nic. Coleti.* Lucæ, 1748—52. VI. T. fol. — Collectio amplissima sacrorum conciliorum. Florentiæ, 1759—89. XXIX. fol. — Epitome doctrinæ mor. et canon. Aug. Vind. 1772. 8.

---

i) **Bambergers** biogr. Anecdoten 2c. 1. B. p. 252. sq.

— Beforgte die Ausgaben von des Baronii Annalen und Pagi Critica darüber. Lucca, 1738. fol.

Merk' als Note:

* *Saxii* Onomaft. T. VII. p. 4. fq.

Seite 452.

Zu Jeremias Markland, merke: Er ist geb. 1693, wurde zulezt Senior, und starb den 7. Jul. 1776. æt. 83. am Podagra. Ein sehr gelehrter, und, welches selten vereint ist, ein dienstfertiger und bescheidener Kritiker; ein wohlthätiger Menschenfreund. Ihm haben wir viele schäzbare Verbesserungen der Classiker, vorzüglich des Statius zu danken, in welchem er gegen 500. Stellen durch glückliche Conjecturen ergänzte. Er hätte leicht die Professur der griechischen Sprache erhalten können, wenn er sich darum bemüht hätte; aber er zog seine gelehrte Muße vor. — Man findet seine Verbesserungen auch bey folgenden kritischen Ausgaben: *Euripidis* Hippolytus &c. Oxon. 1756. 4. — *Sophocles* &c. Lond. 1753 8.m.

Not z. Statt: „Bambergers Anecdoten von England ꝛc." Lese: Bambergers Anecdoten von den berühmten großbrittanischen Gelehrten des 18ten Jahrhunderts.

Seite 453.

Zu Fr. Mariani, merk' als Note:

* *Meufelii* Bibl. hift. Vol. IV. P. I. p. 26. fq. — Acta erudit. 1731. p. 382—380.

Zu Aug. de Marigni's Hift. des Arabes &c. merke: Als Fortsezung: Hift. des revolutions de l'Empire des Arabes. Paris, 1750. II. 8.

Not. a. Seze zu: — Hift. de l'Acad. des fciences. 1782.

Seite 454.

Zu Joh. Mariti, merke: NB. Reisen durch Cypern, Syrien und Paläftina ꝛc. Das ital. Original ist Florenz, 1769—71. V. gr. 8. (nicht 1770. III.) Französisch, Paris, 1791. II. 8. — — Reise nach Jerusalem, durch Syrien; aus dem Ital. Straßburg, 1789. 90. II 8. — Geschichte Fakkardins, wie auch der übrigen Großvizire der Drusen; aus dem Ital. Gotha, 1790. 8. mit Kupf. (1. Thlr.)

Von Marivaur Lebensnachrichten ändere so: Peter Carl Chamblain von Marivaur, geb. 1688. zu Paris. Er zeigte schon in seiner Jugend viele Fassungskraft und eine Feinheit des Geistes,

wovon in der Folge seine Schriften Zeugen wurden. Zuerst machte
er sich durch seinen modernen Don Quixote bekannt, hernach
arbeitete er für das Theater mit Beyfall, ohne den so gewöhnlichen Autorstolz. Er wurde 1743. in die französische Akademie aufgenommen; genoß den vertrauten Umgang des Fontenelle, und
starb den 11. Febr. 1763. æt. 75. Sein Charakter war sanft und
edel; nur wenn er dazu gereizt wurde, zeigte er Bitterkeit. In
seinen Lustspielen herrscht mehr Witz, als Empfindung, mehr Ver-
wirrung als Verwikelung. — — Zu seinen Schriften seze bey: —
Der französische Zuschauer ꝛc. enthält trefliche Charakterzeichnun-
gen. — Oeuvres &c. Paris, XXI. 12. die vollständigste Ausgabe. —
Merke: Esprit de Marivaux. ib. 1769. 8. dabey sein Leben.

Zu Marmontels Contes &c. merke: Deutsch übersetzt von Chr.
Gottfr. Schütz. Leipzig, 1794. II. 8. (2. Thlr.) sehr gut.
Winterthur, 1793. II. 8.

Merk' als Note:

* Mosheims Kirchengeschichte v. Schlegel. 5ter B. p. 408. sqq.
Zu Bernh. W. Marperger, merk' als Note:

* Görten jeztleb. gel. Europa. 2ter Th. p. 234. sqq. 3ter Th.
p. 807.

Seite 455.

Zu Frid. Wilh. Marpurg, merke: geb. 1718. gest. den
22. Mai 1795. æt. 77.

Seite 457.

Not. e. Seze zu: — Eloge &c. par *Bern. de Fontenelle*, in der
Hist. de l'Acad. des sc. 1730. p. 179. sqq. — Bibliotheque française.
T. XVII. p. 291—302. — *Menselii* Bibl. hist. Vol. II. P. I. p. 322. sqq.

Seite 458.

Lin. 3. und 4. von unt. Zu: Voyage de deux Benedictins &c.
merke: Die Fortsezung davon, Paris, 1724. 4.

Seite 459.

Not. h. Seze zu: — *Phil. le Gref* Bibl. hist. et crit. des Auteurs
de la Congreg. de St. Maur. Haye, 1726. 8.m. p. 298. sqq. — Lamberts Gelehrtengeschichte der Regierung Ludwigs XIV. 1ter B.
p. 230, sqq.

Seite 460.

Zu Jacob Martins Schriften seze bey: Hist. des Gaules et des
Conquêtes des Gaulois &c. Paris, 1752—54. II. 4. Nach seinem

Tod wurde das sehr nüzliche Werk von seines Bruders Sohn Johann Franz de Brezillac, einem Mönch von der Congregation des H. Maurus fortgesezt.

Den Artikel Martini ꝛc. ändere so: Joh. Baptist Martini, ein gelehrter Tonkünstler, starb 1783. über 80. Jahre alt zu Bologna. — — Hauptschrift: Storia della Musica. Bologna, 1757—81. III. T. fol.m. Der 4te Tom blieb unvollendet. — Mehrere Abhandlungen, 6. Sonaten für das Clavier; auch in Manuscript mehre practische Aufsäze.

Zu Fr. Heinr. Wilh. Martinis Schriften seze bey: Beschreibung der Colonie von Surinam; aus dem Französ. des Phil. Fermin (Doct. med. zu Mastricht). Berlin, 1775. II. 8. mit Kupf. Das Original, Amst. 1769. II. 8. Erläutert größtentheils die Naturgeschichte.

Not. k. Seze zu: — Meuseli Bibl. hist. Vol. VII. P. I. p. 122—125. — Le Long l. b. T. I. p. 243. sq. — Tassin Hist. litt. de la Congreg. de St. Maur. p. 688. sqq und in der deutschen Ausg. T. II. p. 455. sqq.

Seite 461.

Lin. 19. sq. NB. Naturgeschichte der vierfüßigen Thiere ꝛc. Ist 1772—92.

Lin. 22. NB. Naturgeschichte der Vögel. Ist 1772—75. V.

Lin. 23. sqq. NB. Allgemeine Geschichte der Natur, fortgesezt von Fr. W. Otto ist ꝛc. Ist 1785—95. XI. Th. (mit schwarzen Kupf. 44. Thlr. 14. gr. prænum. 28. Thlr. 23. gr. mit illum. Kupf. 68. Thlr. 18. gr. prænum. 49. Thlr. 9. gr.)

Seite 462.

Zu Ge. Heinr. Martinis Schriften seze bey: — Die ersten Gründe der griechischen Sprache. Leipz. 1789. 8. — J. L. a Mosheim Comment. de Beghardis et Beguinabus &c. c, n. ib. 1790. 8. — J. A. Ernesti Archæologia litteraria. Ed. II. auct. et emend. ib. 1790. 8.m. — Akademische Vorlesungen über die Litterär-Archäologie, nach Ernesti. Altenburg, 1796. gr. 8. (1. Thlr. 12. gr.) — Antiquorum monimentorum sylloge. ib. 1787. II. 8.

Seite 463.

Zu Andr. Gottl. Maschs Schriften seze bey: — Religion, Glaube und Tugend in Verhältniß gegeneinander. Schwerin, 1788. 8. — Die Rechte des Gewissens bey dem Lehrvortrage in der prote tantifchen Kirche. Halle, 1791. 8. — Die Gerechtfame der Kirche und ihres Lehrbegriffs. ib. 1789. 8. — NB. Bibliotheca facra &c. ist Halæ, 1779—90. IV. 4.m.

Seite 465.

Zu Renat. Maffuet, merk' als Note:

* *Phil. le Gref* Bibl. des Auteurs de la Congreg. de St. Maur. p.. 327. fqq.

Not. r. Seze zu: — Lamberts Gelehrtengeschichte der Regierung Ludwigs XIV. 1ter B. p. 332. fqq.

Seite 466.

Zu C. Maftalier, merke: Er war auch Titular-Canonicus zu Laybach; starb den 6. Oct. 1795. æt. 59 zu Wien.

Zu Chrift. Fr. Matthäi, merke: Er ist feit 1789. Profeffor der Philosophie in Wittenberg.

Zu feinen Schriften feze bey: Evang. Marci. Rigæ, 1787. 8.m. — Evang. fecundum Matthæum &c. ib. 1788. 8.m. Das ganze neue Teft. begreift alfo 12. Theile. — XIII. Epistolarum Pauli codex græcus cum versione lat. veteri vulgo Antehieronymiana, olim Boernerianus nunc bibliothecæ elect. Dresdenfis fumma fide et diligentia transfcriptus &c. c. tabb. ære expreffis. Mifenæ, 1791. 4. — *Euthymii Zigabeni* Comment. in IV. Evangelia &c. gr. et lat. ex rec. et c. not. Lipf. 1792. III. 8.m.

Seite 467.

Zu Maubert, merke: Er ist aus Laufanne gebürtig, war Sekretär bey K. Auguft III. in Polen, und starb den 27. Nob. 1767. — — Teftament politique du Cardinal Jul. Alberoni. 1753. 8. — Lettres du Cheval. Talbot fur la France. 1767. 8. — Gazette des Païs-bas &c. Merk als Note:

* Memoires pour le Sr. Maubert de Goureft, appellé au Haut Tribunal de la cour de Hollande. Amft. 4.

Zu P. Aem. de Mauclerc, merk' als Note:

* Eloge &c. in der nouv. Bibliotheque germanique T. I. p. 1—8. — Sein Leben 1c. in den Beyträgen zu den Actis hift. ecclef. 1ter Th. p. 71—78.

Not. u. Seze zu: — Börners Nachrichten von jeztleb. Aerzten 1c p. 130. fqq.

Not. y. Seze zu: — Börner l. c. p. 132. fqq.

Seite 469.

Not. z. Sehe zu: — Hist de l'Acad. roy. des sciences à Berlin, 1759. — *Bruckeri* Pinacoth. Dec. III. n. 5.

Seite 470.

Jacob Mauvillons Lebensnachrichten, ändere so: geb. den 8. März 1743. zu Leipzig, wo sein Vater die französische Sprache lehrte. Er kam mit demselben 1758. nach Braunschweig, und begab sich 1760. als Privat-Ingenieur zur Armee. Im Jahr 1762. wurde er Conducteur bey dem hannöverischen Ingenieur-Corps; und 1765. Fähndrich, nahm aber seinen Abschied, und studirte zu Leipzig nebst der Philosophie die Litteratur; wurde 1771. Lehrer der französischen und italienischen Sprache am K. Pädagogium zu Ilefeld, und in der Folge Lehrer der militärischen Wissenschaften am Carolinum, und 1779. Hauptmann zu Cassel; 1784. Ingenieur-Major zu Braunschweig, und 1790. Obristlieutenant. Er starb den 11. Jan. 1794. æt. 52. an der Wassersucht. — — Zu seinen Schriften sehe bey: — Essai sur l'influence de la poudre à canon dans la guerre moderne. Dessau, 1782. 8. gründlich. — Das einzige wahre System der christlichen Religion. Berlin, 1787. 8. — Schilderung der preußischen Monarchie unter Friedrich II. Aus dem Französ. des Mirabeau, mit welchem er an dem Werk arbeitete; vermehrt und verbessert (und doch sehr fehlerhaft) Leipz. 1793—95. IV. gr. 8. (6. Thlr.) — Vie de Gustave Adolphe &c. — Geschichte Ferdinands, Herzogs von Braunschweig ꝛc. Leipz. 1794. II. 8. — Schilderung des preußischen Kriegsheers unter Friedrich II. Mit Anmerkungen von Blankenburg, ib. 1796. gr. 8. (1. Thlr. 12. gr.)

Rüke folgenden Artikel ein:

Tobias Mayer von Marpach im Wirtenbergischen gebürtig; war Astronom und Cosmograph zu Göttingen, berühmt durch seine Mondstafeln, wodurch er 1764. den Preis von 3000. Pf. Sterl. bey der K. Akademie zu London gewann. Er starb 1762. æt. 39. — Außer mehrern Abhandlungen haben wir von ihm: Neue und allgemeine Art alle Aufgaben aus der Geometrie, vermittelst der geometrischen Linien aufzulösen. Eßlingen, 1741. 8. k)

---

k) Sein Elogium &c. von Abr. Gotth. Kästner, in den Nov. Actis erudit. 1762. Martii P. II. p. 132—150. und besonders gedruckt, Goettingæ, 1762. T. V. P. III. p. 120. sqq. — Witt Nürnb. gel. Lexicon. h. v.

Zu Johann Tobias Mayer, merke: Tobias Sohn. Er stu=
dirte seit 1769. zu Göttingen vorzüglich die Mathematik, und ist seit
1786. Hofrath und Professor der Mathematik und Physik zu Er=
langen. — Ueber das Ausmessen der Wärme, vermittelst des Baro=
meters. Nürnb. 1786. 8. — Adams Tellurium; aus dem Französ.
mit Anmerk. ib. 1789. 8. — Ueber die Geseze und Modificationen
des Wärmestoffs. Erlangen, 1791. 8. — NB. Unterricht zur practi=
schen Geometrie. 3ter Th. ib. 1780. Zwote vermehrte und verbesserte
Aufl. ib. 1792—95. III. 8. Hierzu kam 1794 der 4te Theil heraus,
welcher auch den besondern Titel hat: Anweisung zur Verzeichniß
der Land= See= und Himmelscharten, und der Neze zu Coniglobien
und Kugeln, mit Kupf. (2. Thlr.)

Cf. Boks Sammlung von Bildnissen und Biogr. gel. Männer
und Künstler. 3tes Heft. Nürnb. 1791. 8.

Zu Joh. Frid. Mayer, merke: Er starb den 17. März 1798.
æt. 77. — Die Lehre vom Gips, als einem guten Dung. Anspach,
1769. 4. und Vertheidigung dieser Schrift. Frankf. 1771. 8. —
Oekonomischer Briefwechsel. Frankf. 1778—80. III 8. (1. Thlr.
6. gr.) — Anfragen und Antworten in Briefen über Gegenstände
der Landwirthschaft. Tübingen, 1783—85. 8. Zwo Lieferungen. —
Gallerieschilderungen guter und böser Hauswirthe in ihren Lebens=
läufen. Nürnb. 1781. 8. — Catechismus des Feldbaues. Frankf.
1770. 8. (4. gr.) — Der erfahrne Oekonom, oder Wirthschafts=
buch. Wien, 1791. gr. 8. (20. gr.) — Kupferzell, durch Landwirth=
schaft in besserm Wohlstand. Leipz. 1793. (1. Thlr.) — Practi=
sches Lehrbuch der gesammten Landwirthschaft. Gräz, 1793. 8.
(16. gr.) — Der sichere Nothhelfer für Städtebewohner und Land=
leute. Wien, 1794. 8. (20. gr.) — NB. Beyträge und Abhand=
lungen zur Aeufnung der Landwirthschaft ꝛc. 1r. Th. ib. 1786. und
3. Anhänge.

Not. a. Seze zu: — Nekrolog von Schlichtegroll auf das
Jahr 1794. 1ter B. p. 163—245.

Seite 471.

Zu J. B. Mazini, merke: Er ist geb. 1677. in Brescia. —
Opera &c. Brixiæ, 1743. 4.

Zu Christian Mayer, merk' als Note:

* Hist. Acad. Palatinæ. Manhemii. 1789. 4. T. VI. — Murrs
Journal. XII. St. p. 311—325.

Seite 472.

Zu Alex. S. Mazachis Schriften seze bey: — Comment. in mutilum Campani amphitheatri titulum aliasque Campanas inscriptiónes. Neap. 1717. 4. m. mit Kupf. Auch in *Poleni* novo Thesauro antiquit. T. V. p. 485.

Rufe folgenden Artikel ein:

Albert Mazzolani, ein Benedictiner und Archäolog in der Abtey Casino ꝛc. — — Numismata ærea selectiora máximi moduli e Museo Pisano, olim Corrario, tabulis XCII. 1740. 41. u. 1744. II. fol. m.

Zu J. M. Gr. Mazzuchelli — Museum Mazzuchellianum &c. Venet. 1761. 63. NB. Pierr' Antonio de' Conti Gaetani ist der Verfasser davon. Dabey ist eine ital. Uebersezung vom Ritter Cosini Mei, in gespaltenen Columnen.

Zu J. P. Mazzuchelli, merk' als Note:

* Giornale de' Letterati d'Italia. XX. p. 405 — 417.

Not. e. Seze zu: — *Fabronii* Vitæ Italorum doctrina excell. T. VIII.

Not. f. Seze zu: — *Fabronii* l. c. T. XIV.

Seite 473.

Lin. 11. v. unt. Nach: „Die Erklärung ist von de la Deaux." Seze bey: Scheiz verfertigte die Kupfer. Mechel war Verleger.

Not. g. Seze zu: — Bambergers biogr. Anecdoten ꝛc. I. B. p. 336 — 342.

Seite 474.

Zu Gerh. Meermann, merke: Er starb den 15. Dec. 1771. (nicht 1765.) — Zu seinen Schriften seze bey: Reise durch Preussen, Oesterreich, Sicilien und einige an jene Monarchien grenzende Länder; aus dem Holländ. von Professor Lüder in Braunschweig. Braunschw. 1794. II. gr. 8. (1. Thlr. 12. gr.) — NB. Thesaurus jur. civ. et canon. &c. Hierzu gab sein Sohn den 8ten To'm heraus: Supplementum novi Thesauri &c. Hagæ D. 1780. fol.

Not. i. Seze zu: — Baldingers Biographien ꝛc. 1ten B. 3tes St. p. 71. sqq.

Seite 475.

Not. l. Seze zu; — Weidlichs Nachrichten von jeztleb. Rechtsgelehrten. 2ter Th. — *Saxii* Onomast. T. VII. p. 42 — 45.

Seite 476.

Rufe folgenden Artikel ein:

Lorenz Mehus, Abt zu Florenz, Archäolog und Geschichtschreiber ꝛc. — — Schriften : *Leonardi Bruti*, Aretini Epiſtolarum
Lib. VIII. cum ejus vita, *Manetti* et *Poggii* oraiionibus. Florentiæ,
1740. II. 8m. — *Cyriaci* Anconitani Itinerarium, e codicibus ſcriptis
Phil Stoſchii erutum. c. n. ib. 1742. 8. — *Leonardi Dathi* Epiſtolæ XXXIII. cum *Jac. Angeli* vita, ib. 1743. 8. — *Barthol. Facii*
Lib. de viris illuſtribus. ib. 1745. 4. — *Jannotii Manetti* Specimen
hiſtoriæ litterariæ Florentinæ Sec. XIII. et XIV. ſ. vitæ *Dantis*,
Petrarchæ et *Bocacci* &c. ib. 1747. 8.m. — *Bened. Colluccii* lib. de
diſcordiis Florentinorum. ib. 1747. 8. — *Laurentii Medicei* vita a
Nic. Valorio ſcripta. ib. 1749. 8. l)

Seite 477.

Zu C. **Meichelbeks** Chronicon &c. merke: Dabey iſt ſein Leben
von **Alphons Haidenfeld**.

Not. n. Seze zu: — *Molleri* Cimbria litt. T. III. p. 443—452.

Seite 470.

Zu **Joh. Heinrich Otto Meyerottos** Schriften seze bey: —
De præcipuis rerum roman. auctoribus &c. Berol. 1792. 8. — De
rebus ad auctores quosdam Claſſicos pertinentibus dubia &c. ib. 1785.
8. — Gedanken über die Entſtehung der Baltiſchen Länder. ib. 1790.
8. (4. gr.) — Erempelbuch für Seefahrende und Strandbewohner.
ib. 1790. 8. (16. gr.) — Abſchnitte aus deutſchen und verdeutſch-
ten Schriftſtellern zu einer Anleitung der Wohlredenheit. ib. 1794.
8m. (1. Thlr. 12. gr.) — De Socrate &c. Berol. 1794. — Fontes,
quos Tacitus tradendis rebus ante ſe geſtis videtur ſecutus. ib. 1795.
8. — De candore T. Livii Pat. ib. 1796. — De teſtimoniis T. Livii
Pat. &c. Berol. 1797. fol. (12. gr.) ꝛc.

Not. q. Seze zu: — *Meuſelii* Bibl. hiſt. Vol. V. P. I. p. 18. ſq.

Seite 480.

Zu **Joh. W. Meiner**, merke: Er ſtarb den 23. März 1789.

Zu **Chriſtoph Meiners** Schriften seze bey: — Hiſtoria doctrinæ
de Deo uno. Lemgov. 1780. II. 8. Ins Deutſche überſezt von
Menſching: Geſchichte der Lehre vom wahren Gott, dem Urhe-
ber und Regierer aller Dinge. Duisburg, 1791. 8. (1. Thlr.) —
Vorſtellung der Alten von Gott; ein Auszug aus Hiſt. doct. de
Deo. &c. Erlangen, 1780. 8. (5. gr.) — Entwurf einer Geſchichte

l) *Saxii* Onomaſt. T. VII. p. 28. ſq.

des Fürstenthums Altenburg. Altenb. 1789. 8. — Philosophische
Bibliothek. Göttingen, 1788—1791. IV. 8. in Gesellschaft mit
Feder. — Kleinere Länder- und Reisebeschreibungen. 1ter B. Berl.
1791. 8. 2ter B. ib. 1794. 8.m. — Geschichte des Verfalls der Sit-
ten, der Wissenschaften und Sprache der Römer, in den ersten
Jahrhunderten nach Christi Geburt ꝛc. als Einleitung zu Gibbons
Geschichte der Abnahme und des Falls des römischen Reichs.
Wien, 1791. 8. wichtig. — Geschichte der Ungleichheit der Stände
unter den vornehmsten europäischen Völkern. Hannover, 1792. II.
8. (1. Thlr. 8. gr.) — Historische Vergleichung der Sitten, der
Geseze und Gewerbe, des Handels und der Religion, der Schulen und Wissenschaften des Mittelalters mit unserm Jahrhundert ꝛc.
Hannover. 1793. 94. III. gr. 8. (8. Thlr. 12. gr.) — Georg Forsters Reise von Bengalen nach Engelland, durch die nördlichen
Theile von Hindostan, Kaschemir, Afganistan, Persien und Rußland. Aus dem Engl. mit Anmerkungen. Zürich, 1786. gr. 8. Das
englische Original: A Journey from Bengal to England. &c. Calcutta.
Vol. I. 1790. 4. schwer zu bekommen. — Lebensbeschreibungen berühmter Männer, aus den Zeiten der Wiederherstellung der Wissenschaften. 1795—97. III. gr. 8. (5. Thlr. 8. gr.) Der erste enthält
Johann von Ravenna, Joh. Reuchlin und Corn. Agrippa;
der dritte, Ulrich von Hutten. — Betrachtungen über die Fruchtbarkeit oder Unfruchtbarkeit, über den vormaligen und gegenwärtigen Zustand der vornehmsten Länder in Asien. Lübek, 1795. 96. II.
gr. 8. (3. Thlr.) — Anweisung für Jünglinge zum eigenen Arbeiten ꝛc. Hannover, 1792. 8. — NB. Geschichte der Menschheit.
Neue Auflage. Lemgo, 1793. — Grundriß der Geschichte der Weltweisheit. Neue Aufl. ib. 1789. — Briefe über die Schweiz ꝛc. sind
1788—91. IV. gr. 8. (3. Thlr. 12. gr.) und ib. eod. II. 8. (4. Thlr.
8. gr.) — Historisches Magazin ꝛc. ist 1787-90. VIII. Bände und
Fortsezung: Neues Magazin ꝛc. ib. 1791.

Zu A. G. Meißners Schriften seze bey: — Sallustius, deutsch
übersezt mit histor. Anmerkungen. Leipz. 1790. 4. — Schönberg
von Brenkenhofs Leben. ib. 1782. anonym. — Masaniello, ein historisches Bruchstük. ib. 1785. — Lope di Vega, Lessing und Richter, eine Anekdote aus der Unterwelt. ib. 1792. gr. 8. anonymisch.
— Ueber die Pflichten eines Lehrers, und den Unterschied von

Schrift

Schrift und Vortrag. Prag, 1786. 8. — Der unsichtbare Kunds
bafter; aus dem Engl. Berlin, 1791. II. 8. war des Uebersezens
zum werth, zumal da schon 1756. eine erträgliche Uebersezung
erauskam. — Aesopische Fabeln für die Jugend, nach verschieds
en Dichtern gesammelt. Prag, 1791. 8. und 1793. 8. — Spartas
us Biographie. Ein Pendant zu Masaniello. Berlin, 1792. —
lpollo, eine Monatschrift ꝛc. Prag, 1793 — 97. à 12. Stüke. —
Capuas Abfall und Strafe. Leipz. 1798. 8. (20. gr.) — NB Skiz
en. 1778 — 95. XIV. Samml. (8. Thlr.) und 3te verbesserte Aufl.
b. 1792 — 96. XIV. Samml 8. (8. Thlr.) auch Supplementband
für die Besizer der 10. ersten Sammlungen der vorigen Ausgabe.
(1. Thlr. 12. gr.) — Dialogen und Erzähl. bis 89 III. (1. Thlr.
18. gr.) — Alcibiades. Ins Französ. frey übersezt (von Mercier).
Paris, 1789. III. 8.

Zu Christoph Ge. Ludw. Meisters Schriften seze bey: —
Unterhaltungen der Andacht über die lezten Worte Jesu am Kreuz.
Bremen, 1789. 8. 2te Ausgabe. — Lieder für Christen. ib. 1790. 8.
— Predigten, 1793. — Abendzeiten, ein Gedicht, 1797. ꝛc.

Seite 482.

Zu Christ. Frid. Ge. Meister, merke: Er starb den 18. Dec.
1783. æt. 65. — — NB. Principia jur. crim. Germ. wurde von seis
nem Sohn Ge. Jac. Frid. Meister (Prof. jur. und seit 1792. Hofs
rath in Göttingen) sehr verbessert. Gött. 1789. 8. Ed. II. emend.
ib. 1791. 8. Dieser gab auch heraus: Practische Bemerkungen aus
dem Criminal und Civilrecht. ib. 1791. 95. II. gr. 8. (1. Thlr.)

Zu Leonhard Meisters Schriften seze bey: — Fliegende Bläts
ter, grössentheils histor. und politischen Inhalts. Basel, 1775. 8.
(12. gr.) — Abhandlung über die Pyramiden. Franff. 1787. 8.
mit Kupf. — Sittenlehre der Liebe und Ehe, nebst einer Beylage
über die helvetische Galanterie. Zürich, 1785. 8. (20. gr.) — Fried
rich des Großen wohlthätige Rüfsicht auf Verbesserung der deutschen
Sprache. ib. 1787. 8. (8. gr.) — Kurze Geschichte des französischen
Reichstags, bis zur Bürgerbewafnung. ib. 1789 8. (12. gr.) —
Schweizerische Geschichten und Erzählungen. Winterthur, 1789. 8.
(16. gr.) — Neue schweizerische Spaziergänge. St. Gallen, 1790.
8. — Vermischte Unterhaltungen über Europens Umbildung während
der lezten Hälfte des 18ten Jahrhunderts. Zürich, 1790. II. gr. 8.

(Supplem. II.)   N

(1. Thlr. 12. gr.) — Ueber die Leidensgeschichte Jesu. ib. 1793. 8.
— Theokratische Sittengemälde aus dem Heiligthume der morgenländischen Vorwelt. St. Gallen, 1791. 8. — Vorbereitung zur Religion nach Jesus Christus Gesprächen und Reden. ib. 1793. 8.
(14. gr.) Etwas hart und schleppend, und in einem nicht reinen
Stil. — Briefe an Freundinnen. Wien, 1794. 8. (1. Thlr.) In
Versen und Prose; nicht sehr interessant. — Ueber die Einbildungskraft, in ihrem Einfluß auf Geist und Herz ꝛc. Zürich, 1795. 8.
(18. gr.) — Biblische Erzählungen; dramatisirt. Zürich, 1794. 12.
(8. gr.) — Der Philosoph für den Spiegeltisch, mit Kupf. Leipz.
1796. 16. (16. gr.) — NB. Berühmte Männer Helvet. bis 94. III. B.

Seite 484.

Moses Mendelsohn. NB. Phädon ꝛc. Ins Englische übersetzt
von Cullen. Lond. 1789. 8.

Seite 485.

Zu A. R. Mengs Schriften setze zu: Opere &c. Parma, 1788. 4.
Not. b. Setze zu: — Ueber seinen Tod, von Sim. Hoch-
heimer. Wien, 1786. 8. — Sein Leben ꝛc. Berlin, 1788. 8.

Seite 486.

Not. c. Setze zu: — Biographie des Ritters A. R. Mengs,
nebst einem Verzeichniß seiner Gemälde; aus dem Ital. des Bianconi.
Wien, 1781. 8. (6. gr.) — Leben aller spanischen und fremden
Mahler, nebst dem Leben des R. Mengs; von A. P. Velasco.
Dresden, 1781. 8. (18. gr.) — Deutsches Museum. 1782. VIII.
p. 106—125. und 1786. p. 180—184.

Seite 487.

Rüke folgenden Artikel ein:
Moreau de Saint-Mery, Mitglied des hohen Raths in Cap-
François auf der Insel Domingo, schrieb: Loix et Constitutions des
Colonies françoises de l'Amerique sous le Vent. Paris, 1786. 87. VIII.
4. mit Kupf. und einer geogr. Karte. Enthält sehr lesenswürdige
Nachrichten von Domingo. m)
Zu Peter Metastasio, merke: Sein Gehalt in Wien wurde
zuletzt auf 600. Louisd'or erhöht. Er lebte hier still und ohne Ge-
räusch. Man erkennt ihn für den treflichsten Operndichter, dessen
Produkte von Inhalt sowohl als Einkleidung gleich interessant und

---

m) *Meuselii* Bibl. hist. Vol. III. P. II. p. 69. sq.

schätzbar sind. — Lettere Fiorenz. &c. 1787. 89. IV. 8. — Opere &c.
Lucca, 1790. VIII. 8.m. — Opere scelte &c. dal *Ant. Montucci.*
Lond. 1796. II. 12.

Seite 488.

Zu Jul. O. de la Mettrie, merke: Er erhielt vom König in
Preussen die Grabschrift: Ci git La Mettrie, petit philosophe, me-
diocre médecin et grand fou. — Pénélope, ou le Machiavel en médecine. 1748. III. 12. — Ueber die reine Luft, und verwandte Luftarten und Stoffe. Aus dem Französischen. Leipz. 1791. II. gr. 8. —
NB. L'homme machine &c. Ins Engl. übersetzt, Lond. 1749. 8.

Merk' als Note:

* Nouveau Dict. hist. h. v. — Mosheims Kirchengeschichte ꝛc.
von Schlegel. 5. B. p. 261—269. — Sein Leben ꝛc. aus dem
Französ. Halle, 1750. 8. — Eloges &c. Haye, 1753. 8.

Zu Joh. Gerh. Meuschen, merk' als Note:

* Götten jetzleb. gel. Europa. 2ter Th. p. 568. sqq. 3ter Th.
p. 831. — Acta hist. eccles. 7. B. p. 267—288.

Not. f. Setze zu : — Elogio &c. dal *Mich. Torcia.* Napoli, 1772. 8.

Seite 489.

Zu Joh. Ge. Meusel, merke: Sein Vater war Cantor und
Schullehrer zu Eyrichshof. Er studirte seit 1755. zu Coburg, und
seit 1764. zu Göttingen, wo er sich vorzüglich auf Geschichte und gelehrte Sprachen legte. Seit 1766. hielt er öffentliche Vorlesungen
in Halle, bis er 1768. nach Erfurt kam. — — Zu seinen Schriften
setze bey: Des Freyherrn von Bielefeld Lehrbegriff der Staatskunst.
Breslau, 1777. II. gr. 8. Vorzüglicher als die Gottschedische Uebersetzung. — Historisch litterarisch bibliographisches Magazin. Zürich,
1788—94. VIII. Stüke, gr. 8. Eine Fortsetzung vom histor. litterarischen Magazin, welches zu Bayreuth 1785. 86. IV. gr. 8. erschien.
— Litteratur der Statistik. Leipz. 1790. gr. 8. und Nachtrag dazu.
ib. 1793. gr. 8. — Lehrbuch der Statistik. ib. 1792. gr. 8. und ib.
1704. gr. 8. — Ueber Kaiser Joseph II ib. 1790. 8 (10. gr.) —
NB. Gelehrtes Deutschland ꝛc. 4. Nachtr. Lemgo, 1791. 5. Nachtrag.
ib. 1795. in 2. Abtheilungen. Des Ganzen 3te Aufl ib. 1796—98.
VII. gr. 8. (à 1. Thlr. 12. gr.) — Verzeichnis anonym. Schriften.
Fortgesetzt von J. S. Ersch. ib. 1794. gr. 8. (20. gr.) — Museum
für Künstler ꝛc. ist 1787—92. XVIII. Stük. gr. 8. (à 30. fr.)
und fortgesetzt: Neues Museum für Künstler ꝛc. Leipz. 1794. 95.

IV. Stüke. gr. 8. (à 16. gr.) — Miscellaneen artist. Inhalts ꝛc.
fortgesezt: Neue Miscellaneen ꝛc. Leipz. 1795—97. VII. Stüke. gr. 8.
— Bibliotheca historica &c. Vol. IV. P. II. ib. 1790. Vol. V. P. II.
ib. 1791. Vol. VI. P. II. ib. 1793. Vol. VII. ib. 1794. Vol. VIII.
ib. 1795. 96. Vol. IX. ib. 1797.

Not. h. Seze zu: — Boks Samml. von Bildnissen und
Biographien gel. Männer und Künstler. Nürnb. 1791. 8. 3. Heft.
Seite 492.

Joh. Dav. Michaelis Lebensnachrichten, ändere so: geb. den
27. Febr. 1717. zu Halle. Er studirte hier, nachdem er das Waisen=
haus verlassen hatte, seit 1733. auf der Universität nebst den Spra=
chen die Theologie, las seit 1740. Collegia; reiste aber im folgen=
den Jahr nach England, und kam 1742. über Hamburg nach Halle
zurük. Nun sezte er seine Vorlesungen fort, bis er 1745. als
Privatdocent mit einem kleinen Gehalt nach Göttingen berufen
wurde. Das folgende Jahr wurde er Prof. philos. extraord. 1750.
ordinarius, aber nicht der orientalischen Sprachen, ob er sie gleich
alle lehrte. Ausser seinen Vorlesungen, die immer zahlreich besucht
wurden, hatte er von 1753—70. bey den Göttinger gel. Anzeigen
die Direction, so wie bey der Societät der Wissenschaften. Er er=
hielt 1764. das Prädicat als Hofrath, und wurde durch Empfeh=
lung eines französischen Generals Correspondent der K. Akademie
der Inschriften zu Paris. Das Jahr vorher wollte ihn der König
in Preussen in seine Dienste ziehen; er verbat sich aber dieses durch
O. Icilius gemachte sehr vortheilhafte Anerbieten. In der Folge
wurde er nicht nur zum Ritter des K. Schwedischen Nordstern=
Ordens, sondern auch 1788. zum geheimen Justizrath und 1789.
zum Mitglied der Akademie der Inschriften zu Paris, und der K.
Societät der Wissenschaften zu London ernannt. Er starb den
22. Aug. 1791. æt. 74. an völliger Entkräftung. Man kann ihm
seine große Verdienste um das Sprachstudium, um die Kritik und
Exegese nicht absprechen; er half diesen wichtigen Fächern eine neue
glükliche Richtung geben.

Zu seinen Schriften seze bey: — *Edmundi Castelli* Lexicon syriacum, ex ejus Lexico heptaglotto seorsim typis describi curavit.
c. n. Gœttingæ, T. I. 1788. 4. T. II. 1789. — Ejusd. Lexicon
hebraicum. ib. 1790—93. III. 4. — *Car. Aurivillii*, Prof. L. orient.
Upsal. Dissertationes ad sacras litteras et philologiam orient. pertinen-

tes. ib. 1790. 8.m. — Moral ꝛc. herausgegeben von C. F. Stäud,
lin. ib. 1792. II. 8.m. (.1. Thlr. 14. gr.) seicht. Der 3te Theil soll
die Geschichte der Sittenlehre enthalten. — Observationes philolog.
et crit. in Jeremiæ vaticinia et Threnos; ed. *Jon. Frid. Schleusner* ib.
ib. 1793. 4. (1. Thlr. 16. gr.) — Lebensbeschreibung; von ihm
selbst verfaßt. Herausgegeben von Hassencamp; nebst Anmerk. über
ihn, von Eichhorn und Schulz. Rinteln, 1793. (1. Thlr.) —
Litterarischer Briefwechsel ꝛc. Herausgeg. von Joh. Gottl. Buhle.
Leipz. 1694—96. III. 8. (4. Thlr. 4.) — Grammatica syriaca. Halae.
1784. 4. (1. Thlr. 4. gr.) — Zerstreute kleine Schriften ꝛc. Jena,
1794. 95. IV. Liefer. 8. — Curæ in versionem syriacam actuum
apostolorum. Gottingæ, 1755. 4. (12. gr.) — Gedanken über die
Lehre der heil. Schrift von Sünde und Genugthuung. Bremen,
1779. 8. — Entwurf der typischen Gottesgelahrtheit. ib. 1763. —
Kritisches Collegium über die Hauptpsalmen, so von Christo hans
deln. Frankf. 1759. gr. 8. (1. Thlr. 8. gr.) — Beurtheilung der
Mittel, welche man anwendet, die ausgestorbene hebräische Spra,
che zu verstehen. Bremen, 1757. (12. gr.) — Fragen an eine Ge,
sellschaft gelehrter Männer, die auf Befehl des Königs von Dänne,
mark nach Arabien reisen. Frankf. 1762. (20. gr.) — Geschichte
der Pferde und Pferdezucht in Palästina, sonderlich in Aegypten und
Arabien. ib. 1776. 8. (6. gr.)

Merke ferner: Einleit. in die göttl. Schriften des neuen Bun,
des ꝛc. Ins Engl. übersezt, mit Anmerk. von Herbert Marsh,
Fellow im Johannis,Collegium zu Cambridge. Cambridge, 1793.
III. 8. gut. Eigentlich 2. Bände, jeder in 2. Theilen, die aber
nur den ersten Band des Originals begreifen. — Die Uebersezung
des alten Test. für Ungelehrte. Ins Holländische übersezt von W. E.
de Perponcher. Utrecht, 1788. — Ueberf. des neuen Test. ist 1789,
90. II. 4. (2. Thlr. 4. gr.) — NB. Anmerkungen für Ungelehrte
zu dieser Uebersezung. Göttingen, 1790—92. IV. 4. (7. Thlr. 8. gr.)
Dabey ist zu merken: Joh. Christ. Friedr. Schulz Anmerkungen,
Erinnerungen und Zweifel über obige Anmerkungen. Halle, 1790,
94. VI. Stüfe. 8. — Neue orient. und exeg. Bibl. [bis 91. VIII. —
Supplementa ad Lex. hebr. bis 1792. P. VI.

Seite 493.

Zu Joh. Benj. Michaelis, merk' als Note: Sein Leben ꝛc.
von Chr. Heinr. Schmid, Frankf. 1775. 8.

Not l. Seze zu: — Ej. Memoria &c. von Heyne. Göttingen, 1791. 4. und Bemerkungen über seinen litterarischen Charakter, von Eichhorn. ib eod. 8. — Sein Leben von ihm selbst beschrieben, mit Anmerkungen von Hassencamp ꝛc. Rinteln, 1793. 8. (I. Thlr.)

Seite 494.

Zu C Muchelbck, merk' als Note:

* Sein Leben von Joseph Grimewald in Parnasso Boico, in seinem Chronico Benedict. Burano. — Franz von Paula Schrank in seiner baierischen Reise. München, 1786. 8.

Not. m. Seze zu: — Job. Lamii Memorab. Italor. eruditione præstantium. T. I. p. 16 — 29. — Niceron Mem. T. XLIII. p. 358. sqq. — A. Cocchi Discorsi Toscani. T. I. p. 770. sqq.

Seite 495.

Rüke folgenden Artikel ein:

Johann Andreas Christian Michelsen, geb. zu Queblinburg, den 6. Juni 1747. Ist Magister der Philosophie und Professor der Mathematik und Physik am vereinigten Berlinischen und Cöllnischen Gymnasium zu Berlin. — — Schriften: Anfangsgründe der reinen Mathematik. Berlin, 1780. 8. (14. gr.) — Versuch in sokratischen Gesprächen über die wichtigsten Gegenstände der ebenen Geometrie. ib. 1781. 8 mit Kupf. Neue Aufl. ib. 1792. 8. Fortsezung, ib. 1782. 8. und: Vollständigere Fortsezung, ib. 1783—89. III. 8. (zusammen I. Thr. 19 gr.) — Versuch in sokratischen Gesprächen über die wichtigsten Gegenstände der Arithmetik. Berlin, 1784 — 86. III. 8. Auch unter der Aufschrift: Anleitung zur practischen Rechenkunst. ib. 1785 80. II. 8. — Anleitung zur juristischen, politischen und ökonomischen Rechenkunst. Halle, 1782. 84. II. gr. 8. (2. Thlr. 4. gr.) — Horazens Dichtkunst, erläutert, übersezt, und als ein Ganzes dargestellt. ib. 1784. 8. — Allgemeinverständliche Auflösung verschiedener wichtiger Aufgaben der höhern practischen Arithmetik. Berlin, 1786. 8. — Der vollkommne Haushalter und Kaufmann, oder Samml. von Haushaltungs Holz Interesses Rabats Münz und Gerichtstabellen, nebst Quadratwurzeln von 1 — 1000 ꝛc. ib. 1787. gr. 8. 2te vermehrte und verbesserte Auflage. ib. 1796. gr. 8. (1. Thlr. 4. gr.) — Anfangsgründe der Buchstabenrechnung und Algebra. ib. 1788. und 1790. 8. — L. Eulers Einleitung in die Analysis des Unendlichen; aus dem Lat. mit Anmerkungen und Zusäzen. ib. 1788. 90. II. gr. 8. — Ebend. Anleitung zur Differential

rechnung; aus dem Lat. mit Anmerk. ib. 1790. 91. und 93. III.
gr. 8. — Gedanken über den gegenwärtigen Zustand der Mathematik ꝛc. ib. 1789. gr. 8. (22. gr.) — Anleitung zur Selbsterlernung
der Geometrie ꝛc. ib. 1790. 8. (14. gr.) — Beyträge zur Beförderung des Studiums der Mathematik. ib. 1790. V. Stüfe. gr. 8.
(20. gr.) — Euklides Elemente ꝛc. erweitert und fortgesezt. ib. 1791.
8. 1ter Th. mit Kupf. — Vollständige Theorie der Gleichungen.
ib. 1791. gr. 8. (oder 3ter Theil von Eulers Einleitung in die
Analysis des Unendlichen). — Ueber allgemeine Wittwen-Verpflegungs-
anstalten. ib. 1796. gi. 8. 1ter Th. — Mehrere Abhandlungen, z. B.
in Krüniz Encyclop., der Berl. Monatschrift ꝛc.

Conyers Middletons Lebensnachrichten ändere so: geb. 1683.
zu Richmond in der Grafschaf: York, wo sein Vater Prediger war.
Er studirte zu Cambridge, legte sich aber hier mit solch vorwiegen-
dem Hang auf Musik, daß ihn Bentley den Fiedler zu nennen pflegte.
Hernach heurathete er ein Frauenzimmer, die ihm nebst großem
Vermögen ein Pfarrstelle auf der Insel Ely zubrachte. Im Jahr 1717.
wurde er Doctor der Theologie, 1731. Professor und erster Bibliothekar zu Cambridge, und starb den 22. Jul. 1750. æt. 67. ꝛc. — —
Zu seinen Schriften seze bey: Vermischte Abhandlungen über einige
wichtige theologische Gegenstände; aus dem Engl. mit Zusäzen.
Leipz. 1793. gr. 8. (18. gr.) — — Merke ferner: NB. The hist.
of the Life of M. T. Cicero. Auch Basel, 1789. IV. 8. (4. Thlr.)
Deutsch, auch von G. K. F. Seidel. Danzig, 1791—93. IV. 8.
(à 20. gr.) Im Auszug, Kehl, 1784. 8. — Tr. on the rom.
Senate &c. ist im Original. Lond. 1747. 8. m. ib. 1748. 8. m. Ins
Französische übersezt. Montauban, 1753. 8. und Amst. 1755. 8. —
Miscellan. Works &c. auch Lond. 1753. II. 8. In benden Ausgaben
sein Leben; hingegen fehlt Hist. of the Life of Cicero.

Zu Stephan Mignots Schriften seze bey: — Hist. de l'Im-
peratrice Irène. Amst. (Paris) 1762. 8. Deutsch, Leipz. 1763. 8. —
Hist. des Rois catholiques Ferdinand et Isabelle. Paris, 1766. II. 8.

Not. n. Seze zu: — Biograph. Brittan. T. V. — Bambergers
biograph. Anecdoten ꝛc. 1. B. p. 184—195.

Seite 496.

Zu Joseph Milbiller, merke: Er ist seit 1787. Prof. eloquent.
und der deutschen Reichsgeschichte. — — Pragmatische Geschichte
des Hildebrandismus ꝛc. Leipz. 1787. II. gr. 8. sehr lesenswürdig.

— Geſchichte Deutſchlands im XVIII. Jahrhundert. Zürich , 1795.
II. 8 (2. Thlr.) Ein Nachtrag zur Skizze einer ſyſtem. Geſchichte
des deutſchen Reichs ꝛc.

Seite 498.

Rüke folgenden Artikel ein :

Johann Miller , Archäolog und Mahler zu London. — —
The Ruins of Paeſtum or Poſidonia &c. Lond. 1767. fol. m. Auch
von dem berühmten Kupferſtecher Thomas Major , unter gleicher
Aufſchrift. ib. 1768. fol. Franzöſiſch : Les Ruines de Paeſtum &c.
ib. 1763. fol. Paris, 1769. 4. m. — Illuſtratio ſyſtematis ſexualis Linnæani &c aus dem Engl. mit Verbeſſerungen , Zuſäzen , Erläuterungen und Regiſtern von Fr. W. Weiß. Francof. 1789. 8. m. m. K.
(12. Thlr.) Neue Aufl. ed. M. B. Borkhauſen. c. 108. tab. æri inc.
per C. Feſſing gr. fol. 1792. Auch deutſch, ib. eod. Die Kupfer
ſchwarz und illuminirt.

Zu Millot, merke: (Claudius Franz Xaver) Exjeſuit, Mitglied der franzöſiſchen Akademie und Lehrer des Herzogs von En-
ghien ; ſtarb den 22. (nicht 20.) März 1785. æt. 59. zu Paris.
— — NB Univerſalhiſtorie ꝛc von Chriſtiani. 12. Th. Leipz. 1793.
gr. 8. (2. Thlr. 12.) Das Ganze (15 Thlr. 4. gr.) Regiſter über
die 9. erſten Bände. ib. 1788. gr. 8. (16. gr.) — Hiſt. de France &c.
iſt Lauſanne, 1767 II. 12. und ib. vermehrt, 1770. und 1774 III.
12 Engl. Lond. 1771. 12. Deutſch : Anfangsgründe der Geſchichte
von Frankreich. Leipzig, 1770 — 80. III. 8. (2. Thlr. 4. gr.) —
Mém. pour ſervir à l'hiſt. de Louis XIV. &c. auch Lauſanne, 1778.
VI. 8 und deutſch, Leipz. 1777. 78. VI. 8.

Seite 499.

Zu Miniana's : De bello ruſtico Valentino &c. merke : Dabey
ſein Leben von Greg. Majans.

Zu Mirabeau's d. Phyſiokr. Schriften ſeze bey : — Hommes à
celebrer pour avoir en ces derniers ages mérité de leur ſiècle et de
l'humanité , relativement à l'inſtruction politique et oeconomique.
Ouvrage poſthume. à Strasbourg, 1790. II. 8. m.

Not. t. Seze zu : — Eloge critique &c. Paris, 1789. (6. gr.)

Seite 500.

Mirabeau's (des Sohns) Lebensnachrichten ändere ſo: Gabriel
Honorius Riquetti, Graf von Mirabeau, geb. 1749. zu Egreville.
Sein Vater ſchikte ihn 1769. als einen Flüchtling nach Korſika,

wo er als Unterlieutenant diente, und sich allgemein verhaßt machte. Er kehrte nach der Provence zurük, und heurathete 1772. die Madem. Marignane mit einem Vermögen von einer Million Livres. Bald hatte er nicht allein alles durchgebracht, sondern obendrein eine Schuld von 300,000. Livres contrahirt. Nun mißhandelte er seine liebenswürdige Gattin so hart, daß sie genöthiget war zu ihren Eltern zurükzukehren. Der Vater erklärte jezt den Sohn für einen Verschwender, und dieser wurde in das Staatsgefängnis Chateau Dif bey Marseille, in der Folge aber in das Schloß zu Joux, in der Franche Comté gebracht. Am leztern Ort fand er Gelegenheit die Gattin des Präsidenten von Monnier in Pontarlier zu verführen; er floh mit ihr in die Schweiz, und von da nach Holland. Nachdem er auch hier seine Baarschaft verschwendet hatte, lebte er in großer Dürftigkeit, bis er endlich 1777. als Gefangener in das Schloß Vincennes, und die Dame in ein Kloster wandern mußte. Nach 3. Jahren und 7. Monaten wurde er (den 17. Dec. 1780.) wieder in Freyheit gesezt, und benuzte diese so, daß er die Sängerin Huberti an sich kettete, um auf ihre Kosten ein Flatterleben zu führen. Als endlich auch dieses ein Ende nahm, reiste er mit einer andern Dame von leichtem Kaliber nach England, und lebte hier kümmerlich vom Büchermachen. Er kam wieder nach Paris zurük, und wurde zum Spion am preussischen Hof gewählt; mußte aber Berlin verlassen, und unterhielt jezt das Publikum zu Paris mit fliegenden Schriften. Endlich näherte sich seine glänzende Periode, da der König durch Berufung der Reichsstände den Grund zu der nachher ausgebrochenen Revolution legte. Er blies den Freyheitsfunken, wo er konnte, in helle Flammen auf; wurde Repräsentant, und zulezt Präsident bey der Nationalversammlung zu Paris. Bey seinem feurigen Patriotismus vergaß er keineswegs sich selbst. Er machte fürstlichen Aufwand, sammlete ein ungeheures Vermögen, und seit 1789. eine sehr große Bibliothek. Er starb endlich den 2. April 1791. und wurde sehr feyerlich beerdigt, aber kurz nach seinem Tod gehaßt und verwünscht. In seinen Schriften und Handlungen herrschen keine festen Grundsäze, kein fester Charakter. — Zu seinen Schriften seze bey: — Lettres originales, écrites du Donjon de Vincennes, pendant les années 1777 — 80. Recueillies par *Manuel*. Paris, 1792. IV. 8. Ein Briefwechsel mit der obenerwähnten, von ihm entführten Madame de Monnier.

Deutsch, Königsberg, 1792. I. Th. 8. (I. Thlr. 4. gr.) — Seine
Jugendgeschichte, von ihm selbst geschrieben, in einem Brief an
seinen Vater aus dem Kerker zu Vincennes, im Jahr 1778. übers.
von F. W. Rübiger. Mannheim, 1792. 8. (12. gr.) ist den vorigen beygefügt, und enthält blos eine Rechtfertigung wegen der gegen ihn gemachten Beschuldigungen. — Briefe an einen Freund in
Deutschland (an Mauvillon) in den Jahren 1786—90. geschrieben. Braunschw. 1792. 8. (I. Thlr. 16. gr.) — Leben und Selbst-
geständnisse, nebst umständlicher Nachricht des letzten Aufruhrs; aus
dem Französischen. Leipz. 1790. 8. (10. gr.) — — Merke ferner:
NB. De la monarchie Prussienne &c. Deutsch, vermehrt und verbessert von Mauvillon. Leipz. 1793—95. IV. gr. 8. (6. Thlr.)

Seite 501.

Zu Joh. B. Mittarelli's Schriften setze bey: Bibliotheca codicum manuscriptor. monasterii St. Michaelis Venetiarum prope Ma-
rianum, una cum appendice librorum impressorum Sec. XV.
Venet. 1779.

Seite 502.

Zu Justus Möser, merke: Sein Vater war Consistorialrath
und Direktor der Lands und Justiz-Canzley zu Osnabrük. Er studirte
zu Göttingen. Er starb den 7. Jan. 1794. æt. 74. Ein witziger und
origineller Schriftsteller, der zur Verbesserung des Geschmaks und
der Sitten vieles beytrug. — Fünf kleine Schriften. Bremen, 1777.
8. (16. gr.) — Vermischte Schriften; herausgegeben von F. Nicolai. I. Th. Berlin, 1797. gr. 8. (I. Thlr. 8. gr.) Dabey sein
Leben.

Seite 503.

Not. b. Setze zu: — Nekrolog auf das Jahr 1794. von
Schlichtegroll. 2. B. p. 463—274.

Zu Joh. H. D. Moldenhauers Schriften setze bey: — Abriß der
Briefe der Apostel und der Offenbarung Johannis ꝛc. Quedlinburg,
1788. gr. 8. — Anweisung, wie die von den 4 Evangelisten auf-
gefaßten Nachrichten nach der Zeitordnung auf einander folgen.
Bremen, 1781. gr. 8.

Seite 504.

Zu D. G. Moldenhauer, merke: Ist jetzt Doct. und Prof. theol.
auch Oberbibliothekar der Königl. Bibliothek zu Kopenhagen. — —
Prozeß gegen den Orden der Tempelherrn; aus den Originalacten

der päbstl. Commiſſion. Hamburg, 1793. gr. 8. (2. Thlr.) Sehr
wichtig für die Unſchuld des Ordens.

Rüke folgenden Artikel ein:

Joh. Ignatius Molina, ein Jeſuit in Chili, von europäiſchen
Eltern ſtammend, ſchrieb: Saggio ſulla ſtoria naturale del Chili. In
Bologna, 1782. 8. mit einer geographiſchen Charte. Deutſch, von
J. D. Brandis. Doct. med. zu Göttingen. Leipzig, 1786. gr. 8.
Der Verfaſſer giebt zugleich Nachricht von den Sitten der In=
wohner. n)

Not. c. Seze zu: — Nekrolog ꝛc. für das Jahr 1790. von
Schlichtegroll. 1. B. p. 246—255.

Seite 505.

Zu Molters toscaniſche Sprachlehre ꝛc. merke : Ein gewiſſer
Franz Lanuti, Lehrer auf der hohen Schule zu Wien, gerieth auf
den Einfall dieſelbe beynahe von Wort zu Wort, jedoch äuſſerſt ver=
ſtümmelt, unter ſeinem Namen wieder abdruken zu laſſen. Wien,
1780. gr. 8.

Seite 506.

Monboddo. NB. Of the orig. and progr. of Lang. Iſt.1783—
94. IV. 8. Deutſch durch Schmidt. 2. Th. Riga, 1785. 8. Mit
einer Vorrede von Herder.

Zu Moncrif, merke; (Franz Auguſtin Paradis von) geb.
1687. zu Paris. Er war hier Sekretär des Grafen von Clermont,
Vorleſer der Königin, und einer von den Vierzigen der franzöſ.
Akademie; ſtarb den 13. Nov. 1770. — — Les ames rivales, ein
kleiner Roman. — Einige Theaterſtüke, Lieder und Romanzen. —
Oeuvres &c. Paris, 1761. IV. 8. — NB. Eſſais ſur les moy. de plaire,
Ueberſezt von K. G. Löbel: Ueber die Nothwendigkeit und die
Mittel zu gefallen. Leipz. 1798. 8. (16. gr.)

Seite 307.

Zu Alex. Monro's Schriften ſeze bey: — Beſchreibung der
Krankheiten in Feldlazarethen; aus dem Engl. Altenburg, 1784. II.
gr. 8. (2. Thlr.) — Vergleichung des Baues und der Phyſiologie
der Fiſche mit dem Bau des Menſchen und der übrigen Thiere;
aus dem Engl. mit Zuſäzen und Anmerk. von P. Lampe; ver=
mehrt von Joh. Gottl. Schneider. Leipz. 1787. gr. 8. mit Kupf.

---

n) *Meuſelii* Bibl. hiſt. Vol. III. P. II. p. 43. ſq.

(3. Thlr. 8. gr.) — Schauspiele der Natur, mit den Dingen, welche sich in der Höhe an Firmament ꝛc. darstellen. Freyberg, 1787. 8. (16. gr.) ꝛc. — Ueber thierische Electrizität, und deren Einfluß auf das Nervensystem. Leipzig, 1795. 8. in Gemeinschaft mit Fowler.

Not. g. Setze zu: — *Lamberts Gelehrtengeschichte der Regierung Ludwigs* XIV. 3. B. p. 270. sqq.

Seite 508.

Mary Montagues Briefe ꝛc. Französ. ꝛc. NB. Auch: Wien, 1786. III. 8. (14. gr.) Engl. Berl. Neue Aufl. 1790.

Not. k. Setze zu: — Histoire &c. trad. de l'Anglois. Paris, 1783. II. 12. (8. Livr.)

Seite 509.

Montesquieus Considerations sur les causes de la grandeur et décadence des Romains. NB. Auch Paris, 1748. und ib. 1750. 8. Amst. 1760. 8. Deutsch ꝛc. NB. Auch von Hrn. von *Bielefeld*. Berlin, 1742. 8. Engl. Lond. 1734. 12. Ital. Venedig, 1736. 8.

Seite 510.

Rüke folgenden Artikel ein:

John Moore, Med. Doct. &c. — A View of Society and Manners in France, Switzerland and Germany &c. Lond. 1779. und 1780. II. 3. Französisch, Lausanne, 1784. IV. 12. Deutsch: Abriß des gesellschaftlichen Lebens und der Sitten in Frankreich, Schweiz und Deutschland. Leipzig, 1779. II. gr. 8. und ib. 1785. II. gr. 8. (1. Thlr.) — Abriß der Gesellschaft und Sitten in Italien; eine Fortsetzung des obigen Werkes. Aus dem Engl. Leipz. 1786. II. gr. 8. (1. Thlr. 4. gr.) — Zeluko, oder Schilderungen der menschlichen Natur; aus dem Engl. Liegnitz, 1791. II. 8. (3. Thlr.) — Abhandlung über die Arzneymittellehre, oder Beleuchtung der Theorien des Dr. Cutten und Hutters; aus dem Engl. Leipz. 1794. (14. gr.) — Tagebuch während eines Aufenthalts in Frankreich, vom August bis zum Dec. 1792. Aus dem Engl. Berl. 1794. II. 8. (2. Thlr. 4. gr.) — Uebersicht von den Ursachen und dem Fortgange der französ. Revolution; aus dem Engl. Leipz. 1794. II. 8. (2. Thlr. 4. gr.) — Medizinische Skizzen; aus dem Engl. Leipzig, 1789. gr. 8. (1. Thlr.)

Philipp Morant, geb. 1700. zu St. Saviour, auf der Insel Jersey, wo sein Vater Stephan Prediger war. Er studirte zu

Oxford, und bekleidete mehrere geistliche Stellen in der Graffchaft Essex, und starb 1770. Seit 1751. war er Mitglied der Gesellschaft der Alterthumsforscher. — — Schriften: Die entdekten Graufamkeiten und Verfolgungen in der römischen Kirche. (Engl.) 1728. 8. — Ueberfezung und Anmerkungen zum zweiten Theil der Ottomannischen Geschichte des Prinzen Cantemir. 1735. fol. — Geographia antiqua et nova &c. nach *du Fresnoy* methode pour étudier la Géographie, mit den Charten des *Cellarius.* 1742. 4. — Die Geschichte und Alterthümer von Colchester. 1748. und 1768. fol. — Biographia Britannica &c. 1739 — 1760. VII. fol. von ihm find die Lebensbeschreibungen mit C. bezeichnet. — Die Geschichte von Essex. 1760 — 1768. II. fol. o)

Jacob Nikolaus Moreau, Advocat des Parlaments zu Paris und in der Folge Historiograph von Frankreich ꝛc. — — Leçons de morale, de politique et de droit public, puifées dans l'hist. de notre monarchie, ou nouveau plan d'étude de l'hist. de France &c. Versailles, 1773. 8. weitläufig ausgearbeitet, Paris, 1776 — 89. XXI. 8.m. geht nur bis **Philipp VI.** aus dem Valesischen Stamm. p)

Joh. Fr. Cl. Morands Lebensnachr. ändere so: geb. den 8. Apr. 1726. zu Paris, war dafelbst Professor der Anatomie und Geburtshilfe, Penfionair der Königl. Akademie der Wissenschaften, Leibarzt des Königs in Polen, Stanislaus, Mitglied der Königl. Societät der Wissenschaften zu London, und anderer Akademien ꝛc. starb 1784. æt. 58. Ohnerachtet er nicht selten auf Mikrologien verfiel, so befaß er doch viel Forschungsgeist und Glük in feiner Praxis. — NB. Kunst auf Steinkohlen zu bauen; aus dem Französis. Königsb. 1771. gr. 4. mit Kupf. (2. Thlr. 8. gr.)

Zu Thomas Morgan, merk' als Note:

* Mosheims Kirchengeschichte ꝛc. von Schlegel. 5ter Band. p. 316. sqq.

Not. l. Seze zu: — Mosheims Kirchengeschichte von Schlegel. 5. B. p. 387 — 390. — Hist. de l'Academie des sciences à Berlin. T. X. — Biographia Brittan. T. VI.

Not. m. Seze zu: — Gruners Almanach ꝛc. 1786. p. 63 — 66.

---

o) Bambergers biogr. Anekdoten ꝛc. 1ter B. p. 400. sqq.

p) *Meufelii* Bibl. hist. Vol. VI. P. I. p. 94. sqq.

Seite 511.

Den Artikel Carl Philipp Moriz, ändere so: geb. 1756. zu
Hannover. Er war zwar zu Erlernung des Hutmacherhandwerks
bestimmt; allein seine Neigung führte ihn zum Studiren, und seine
Schwärmerey zur Sekte der Herrenhuter, von welchen er von Barby
aus in Wittenberg unterstüzt wurde. In der drükendsten Dürftigkeit wurde er Conrektor im grauen Kloster zu Berlin; machte 1782.
eine Reise nach England, und erhielt nach seiner Rükkehr 1784.
ein Professorat am vereinigten Berlinischen und Kölnischen Gymnasium. Er legte aber 1786. diese Stelle nieder, und machte eine
Reise nach Italien. Im Jahr 1789. wurde er Professor bey der
Akademie der bildenden Künste, und Mitglied der K. Akademie der
Wissenschaften in Berlin, 1791. K. Hofrath daselbst, und starb
den 26. Juni 1793. æt. 37. — Schriften: Kleine Schriften, die
deutsche Sprache betreffend. Berlin, 1781 8. Neue Aufl. ib. 1792.
8. (12. gr.) — Deutsche Sprachlehre für Damen ꝛc. ib. 1782. 8.
(1. Thlr. 8. gr.) 2te Ausg. ib. 1790. 8. unter verändertem Titel:
Vom richtigen deutschen Ausdruk, oder Anweisung, die gewöhnlichen Fehler im Reden und Schreiben zu vermeiden, für solche, die
keine gelehrte Sprachkenntniß besizen. 3te Aufl. ib. 1792. 8. richtig
und faßlich. — Beyträge zur Philosophie des Lebens. ib. 1781.
(8. gr.) Neue Aufl. ib. 1790. 8. — Engl. Sprachlehre für die
Deutschen. ib. 1783. 8. Neue Aufl. ib. 1790. gr. 8. (16. gr.) —
Tabellen von der engl. Aussprache, und von der engl. Etymologie ꝛc.
ib. 1780. (6. gr.) — Anweisung zur engl. Accentuation ib. 1780.
8. (6. gr.) — Anleitung zum Briefschreiben. ib. 1783. 8. (6. gr.)
— Unterhaltungen mit seinen Schülern. ib. 1783. 8. (12. gr.)—
Reisen eines Deutschen in England, im Jahr 1782. ib. 1785 8.
mit Kupf. (12. gr.) — Magazin zur Erfahrungsseelenkunde. ib.
1783—93. 8. X. Bände, jeder zu 3. Stüken. Ist geschlossen. —
Reisen eines Deutschen in Italien von 1796 88. ib 1792. 93. II. 8.
mit Kupf. (1. Thlr. 12. gr. und mit illum. Kupf. 2. Thlr.) —
Versuch einer kleinen practischen Kinderlogik. ib. 1786. 8. mit Kupf.
(16. gr.) — Versuch einer deutschen Prosodie. ib. 1786. 8. (16. gr.)
— Denkwürdigkeiten zur Beförderung des Edlen und Schönen. ib.
1786—1788. II. B. in 4. Quartalen. 8. (2. Thlr.) — Ueber die
bildende Nachahmung des Schönen, Braunschweig, 1788. gr. 8.
(3. gr.) — Fragmente aus dem Tagebuch eines Geistersehers. Berl.

1787. 8. — Götterlehre, oder mythologische Dichtungen der Alten. ib, 1791. 8. mit 65. Kupfern. (1. Thlr. 12. gr.) — Handbuch der Mythologie ꝛc. ib. 1790. II. 8. mit Kupf. — Italien und Deutschland, in Rükſicht auf Sitten, Gebräuche, Litteratur und Kunſt ꝛc. ib. 1789—93. II. 8. — Anthuſa, oder Roms Alterthümer, ein Buch für die Menſchheit. ib. 1791. 8. mit Kupf. (1 Thlr. 12. gr. mit illum. K. 2. Thlr.) Aeſthetiſch bearbeitet. — James Beatties Grundlinien der Pſychologie, natürlichen Theologie, Moralphiloſophie und Logik; aus dem Engliſchen (Edinburg, 1790.) mit Anmerk. und Zuſätzen. ib. 1790. gr. 8. 1r. Bd. — Bemerkungen auf einer Reiſe durch Flandern, Deutſchland, Italien und Frankreich von A. Walker; aus dem Engl. mit Anmerk. ib. 1791. 8. Schlecht. — Anton Reiſer ꝛc. ib. 1790. IV. 8. — Neueſtes A B C Buch, welches zugleich eine Anleitung für Kinder zum Denken enthält. ib. 1790. gr. 8. mit Kupf. (6. gr. mit illum. K. 8. gr.) — Leſebuch für Kinder, ꝛc. ib. eod. 8. (6. gr. und die Kupfer illum. 9. gr.) — Annalen der Akademie der bildenden Künſte. ib. 1791. 8. (8. gr.) — Mythologiſcher Almanach für Damen. ib. 1791. 16. mit Kupf. (1 Thlr.) — Vorleſungen über den Styl, oder praktiſche Anweiſung zu einer guten Schreibart, in Beyſpielen, aus vorzüglichen Schriftſtellern. ib. 1792. 8. (16. gr.) Launen und Fantaſien Berlin, 1796. 8. (1 Thlr. 4. gr.) herausgegeben von K. P. Kliſchning. — Allgemeiner teutſcher Briefſteller. ib. 1797. 8. (18. gr.) — NB. Beyträge zur Philoſ. des Lebens ꝛc. ſind von D. Jeniſch fortgeſetzt. 2r. Th. Berlin, 1794. 8. (20. gr.)

Sam. Friedr. Nathanael Morus Lebensnachrichten, ändere ſo: geb. den 30 Nov. 1736. zu Lauban, in der Oberlauſitz, wo ſein Vater Cantor und Collega an Gymnaſium war. Er ſtudirte ſeit 1757. zu Leipzig 6 Jahre lang, und war in der lezten Hälfte dieſer Zeit Privatlehrer im Hauſe eines Kaufmanns. Im Jahr 1768. wurde er daſelbſt Prof. philoſ. extraord. nachdem er ſeit 1761. als Magiſter öffentliche Vorleſungen gehalten hatte. Nach 3 Jahren erhielt er die öffentliche Profeſſur der griechiſchen und lateiniſchen Sprache; 1775. die Würde eines Baccalaureus theol. 1782. wurde er an Erneſti's Stelle Prof. theol. ordin. und Collegiat des großen Fürſten-Collegii; 1786. Decemvir der Akademie, und Domherr des Stifts Meiſſen, und im folgenden Jahr noch Beyſitzer im Leipziger Conſiſtorium. Er ſtarb den 11 Nov. 1792. æt. 56. Ein

gründlich gelehrter, bescheidener, sanfter Theolog, deſſen Ver=
luſt empfindlich war.

Zu ſeinen Schriften ſ. bey: — Abhandlungen, daß Erfahrung
und Thatſachen die Mittel geweſen ſind, die Menſchen auf Religi=
onßkenntniſſe zurükzuführen. Leipzig, 1790. gr. 8. (9. gr.) — *Iſocra-
tis* Panegyricus, rec. Ed. II. Lipſ. 1786. 8m. Predigten. ib.
1786. 8. (18 gr.) und nachgelaſſene Predigten ꝛc. herausgegeben
von D. Karl Auguſt Gottl. Keil, (Prof. theol. zu Leipzig,) ib.
1794 — 97. III. gr. 8. (2 Thlr. 12. gr.) (20. gr.) — Prælectiones in epiſtolam ad Romanos cum locorum quorundam difficil.
N. Teſt. interpretatione. ib. 1793. 8m. — Vorleſungen über die
theologiſche Moral. ib. 1793 — 95. III. 8m. 4 Thlr — Kleine
Schriften, theologiſchen und philologiſchen Inhalts; aus dem Lat.
mit Morus Leben. ib. II. B. 1793. 94. 8. — Verſio et explicatio Actuum Apoſtolorum; ed. c. n. *Gottl. Imman. Dindorf,*
Prof. hebr. L. ib. 1794. II. 8. (1. Thlr. 16. gr.) Aus Heften; feh=
lerhaft. — Prælectiones in Lucæ evangelium ed. *Car. Aug.
Donat.* ib. 1795. 8m. (1r. Thlr. 8. gr.) — Prælectiones in Iacobi
bi et Petri epiſtolas. ed. *Donat.* ib. 1794. 8. (16. gr.) — *C. A.
Clodii,* Prof. Lipſienſis, Diſſertationes et carmina. ib. 1787. 8.
— Acroaſes in epiſtolas Pauli ad Galatas et Epheſios. ib. 1795.
8m. (1. Thl.) — Recitationes in Evang. Ioannis. ed. *G. I. Dindorf.* ib. 1796. (1. Thlr. 6. gr.) — Erklärung des Briefs Pauli
an die Corinthier. ib. 1794. 8. (1. Thlr.) — — Merke ferner: Epitome theol. chriſt. NB. Neue Aufl. 1795. Ein Commentar darüber
nach den Principien der Kantiſchen Philoſophie: Dilucidationes
ad theoreticam religionis chriſtianæ partem &c. ſcripſit *Ioh.
Henr. Tieftrunk.* Berol. 1793. II. 8. — In epiſt. ad Hebræos &c.
Eine Kritik darüber von Hezel. Leipz. 1795. gr. 8. (6. gr) — Diſſert. theol. et philol. NB. Neue Aufl. des 1ten B. und 2r. B.
1794. (a 20. gr.)

Gabr. Chr. Benj. Moſche's Lebensnachr. ändere ſo : geb.
den 28 Merz 1723. zu Groſſen = Erich im Schwarzenburg = Sonders=
hauſiſchen, wo ſein Vater Pfarrer war. Er ſtudirte ſeit 1736. bis
1740. auf dem Gymnaſium zu Gotha; hernach drey und ein hal=
bes Jahr in Jena. Im Jahr 1748. wurde er Diaconus zu Greuſ=
ſen; 1749. Diaconus und hernach Paſtor an der Predigerkirche zu

Er=

:rfurt; 1759. Superintendent und Consistorialrath zu Arnstadt, und
773. Senior des Ministerii und Consistorialrath zu Frankfurt am
Mayn. Er starb hier den 8 Febr. 1791. æt. 67. plötzlich am
Schlag, nachdem er seit 1787, durch eine plötzliche Erkältung, das
Besicht beynahe ganz verlohren hatte. Sein Körper war stark und
ungewöhnlich groß.

Not. o. Setze zu: — Schattenrisse edler Deutschen. 3r. B. pag.
:79 — 192. — Nekrolog ꝛc. für das Jahr 1792. von Schlichtegroll. 1te H. p. 304 — 351. — Ueber sein Leben und seine Verdienste ꝛc. von Joh. Ge. Chr. Höpfner. Leipz. 1793 8. (8. gr.)
Hie und da gute Nachrichten, aber zu viele unnöthige Digressio-
nen; keine eigentliche Biographie.

Seite 512.

Zu Johann Jakob Moser's Schriften s. bey: — Miscellanea
juridico - historica. Francof. 1729. 30. II. 8. — Relationen von
gelehrten Neuigkeiten und Extract allerhand Journale. Nürnberg,
1730. 8. XII Stücke. (1r. Thlr.) — Specimen Wirtenbergiæ diplomaticæ oder Samml. vieler rarer Urkunden das Wirtenbergi-
sche Haus betr. Tübingen, 1736. 8. (8 Thlr.) — Erläutertes Wirtenberg, oder Saml. alter und neuer Schriften, Wirtenberg betr.
ib. 1765. III. 8. (1. Thlr. 8. gr.) — Sammlung aller Wirtenbergischen Stipendien und anderer Stiftungen. Frankfurt, 1732. 8. (8.
gr.) und: Neue Nachrichten von Wirtenbergischen Stipendien. ib.
1783. 8. (9. gr.) — Diplomatisches Archiv des XVIII. Jahrh. dar-
rinn viele wichtige, das deutsche Reich und dessen Stände betr.
Urkunden, so bishero ungedrukt gewesen. ib. 1743. 8. (20. gr.) —
Nachlese ungedrukter, rarer Staatsbedenken, Urkunden, Nachrichten und Schriften. ib. 1743 — 1745. III. 8. — Staatsrecht des
churfürstl. Erzstifts Trier, der gefürsteten Abtei Prüm und der Abt.
St. Maximin. Frankf. und Leipz. 1740. Fol. (1. Thlr. 12. gr.) —
Anmerkungen über des röm. Kaisers Franz I. Wahlkapitulation,
nebst Beylagen, Frankf. 1746. III. 4. (2. Thlr. 18. gr.) — Betrachtungen über die Wahlkapitulation Joseph's II. ib. 1778. II.
St. (2 Thlr. 20 gr.) — Vermischte Schriften, über mancherley,
das deutsche Staatsrecht betr. Materien. ib. 1733 — 36. II. 8.
(21. gr.) — Vermischte Berichte in Religionssachen. Stuttgard,
1752. II. B. (16 Theile 1. Thlr. 8. gr.) — Grundriß des eur-

(Supplem. II.) O

päischen Völkerrechts in Kriegszeiten. Tübingen, 1752. 8. — Grundsätze des europäischen Völkerrechts in Friedenszeiten. Ebersdorf, 1776. 8. (16. gr.) — Versuch des neuesten europäischen Völkerrechts und Ceremoniels in Friedens- und Kriegszeiten. Frankf. 1778 — 80. X. gr. 8. (13. Thlr. 21. gr.) — Beyträge zu dem neuesten europäischen Völkerrecht in Friedenszeiten. Tübingen, 1778 — 80. V. 8. (4 Thlr. 4. gr.) — Beyträge zum Völkerrecht in Kriegszeiten. ib. 1779 — 81. III. 8. (2 Thlr. 12. gr.) — Beyträge zum europäischen Gesandschaftsrecht. Frankf. 1781. 8. (16. gr.) — Einl. in das churfürstl. Bayerische Staatsrecht. ib. 1754. 8. (10. gr.) — Einl. in das churf. Mainzische Staatsrecht. ib. 1755. 8. (8. gr.) — Einl. in das Ch. und H. Braunschweig-Lüneburgische Staatsrecht. Ulm, 1765. 8. (20. gr.) — Bibliothek von öconomischen, Cameral-Polizey-Handlungs-Manufacturen-Mechanischen- und Bergwerksgesetzen ꝛc. Ulm, 1757. 8. (20. gr.) — Staats- und Canzleyakademie ꝛc. Hanau, 1749. 8. (8. gr.) und, wiederholte Nachricht davon. ib. 1750. 8. (10. gr.) — Hanauische Berichte von Religionssachen. Frankf. 1750. 16. Th. 8. (1 Thlr. 12. gr.) — Neue Berichte von Religionssachen. ib. 1751 — 56. 6 Th. 8. (11. gr.) — Einl. zu den neuesten Staatsangelegenheiten ꝛc. Ebersdorf, 1750. 8. (8. gr.) — Einl. zu Canzleygeschäften ꝛc. ib. eod. 8. (11. gr.) — Nebenstunden von deutschen Staatssachen. Ulm, 1757. 8. 6. Th. (1. Thlr.) — Von Comitialabhandlungen über Religionsbeschwerden. Stuttgard, 1767. 8. (6. gr.) — Letzte Stunden ein und dreyßig hingerichteter Personen. Tübingen, 1767. 8. (1. Thlr.) — Neuestes Reichsstaatshandbuch auf 1773. Tübing. 1774. IV. Stücke, nebst Anhang. 8. (20. gr.) — Neueste Bibliothek des allgem. deutschen Staatsrechts. Frankf. 1771. 8. (12. gr.) — Neuester Zustand des besondern deutschen Staatsrechts. ib. 1776. 8. (12. gr.) — Abhandlungen einiger Rechtsmaterien. Ulm, 1772 — 78. XX. Stücke. 8. (5. Thlr.) — Vermischte Nachrichten von reichsritterschaftlichen Sachen. Nürnberg, 1773. 74. VI. gr. 8. (2. Thlr.) — Beyträge dazu. Ulm, 1775. IV. St. 8. (1. Thlr.) Vom reichsständischen Schuldenwesen, soviel der weltl. Churfürsten betrift. Tübingen, 1773. 76. II. 4. (4. Thlr.) — Rechtliches Bedenken von Aufhebung des Jesuiterordens, nebst Zugabe und Nachrichten. Ulm, 1774. 75. III. Stücke. 8. (8. gr.) — Reichsstädtisches Magazin. ib. 1774. 75. II. 8. (1. Thlr.) — Ueber das Ab-

sterben des churfürstl. Hauses Bayern, Frankf. 1778. 2 Stücke. 4.
(9. gr.) — Staatsgeschichte des Kriegs zwischen Oesterreich und
Preussen, in den J. 1778. und 79. Erfurt, 1779. 4. (10. gr.) —
Der Teschnische Friedensschluß, vom Jahr 1779. mit Anm. Tübingen, 1779. 4. (1 Thlr.) — Rechtliches Gutachten, über die zwischen
dem Erzhaus Oesterreich und der Marggraffschaft Burgau obwalten-
de Streitigkeiten. Augspurg, 1781. fol. (1. Thlr. 16. gr.) — Rechte der Menschheit in Religionssachen, im Natur- und Gesellschaftl.
Stand. Stuttgard, 1781. 8. (3. gr.) — Sehr viele kleine Abhandlungen. — — NB. Neues deutsches Staatsrecht ꝛc. besteht in XX.
Bänden, (53. Thlr.) und Register zum alten und neuen Staatsrecht.
Frankf. 1775. 4. (12. gr.)

Not. p. Seze zu: — Sein Leben, Charakter und Schriften ꝛc.
von C. J. W. Mosche. Frankf. 1792. gr. 8. (54. kr.) — Nekrolog ꝛc. für das Jahr 1791. von Schlichtegroll. 2r. Bd. 1tes H.
p. 82 — 101.

Seite 514.

Not. 9. Seze zu: — Patriotisches Archiv für Deutschland. 6tes
B. n. VI.

Zu Friedr. Carl von Moser, merke: Er privatisirte seit 1790.
zu Ludwigsburg im Wirtembergischen, und starb den 10. Novemb.
1798. æt. 75. am Schlage. — — Zu seinen Schriften seze bey:
— Sammlung des heil. römischen Reichs Kreisabschiede. Eberss-
dorf, 1747. 4. III. (3. Thlr.) — Versuch einer Staatsgrammatik.
Frankf. 1749. gr. 8. (12. gr.) — Idea d'un buon governo, o
traduzione della cel. opera. Cosmopoli. (Erlangen) 1762. 8.
(20. gr.) — Reliquien ꝛc. Frankf. 1767. 8. (18. gr.) — Neues pa-
triotisches Archiv. Frankf. 1792 — 94. II. gr. 8. (4 fl. 30 kr.) —
Geschichte der päbstlichen Nuntien in Deutschland. Mannheim,
1788. II. gr. 8. (3. Thlr. 16. gr.) — Ueber die oberste Gewalt im
Staate. Meissen, 1794. gr. 1. (10. gr.) in Gesellsch. mit Schlözer.
Nebst Nachtrag. — Mannigfaltigkeiten. Zürich, 1796. II. 8. (1.
Thlr. 18. gr.) — Politische Wahrheiten ꝛc. Zürich, 1796. II. (1.
Thlr. 18. gr.) — Mehrere kleinere Abhandlungen ꝛc. — — NB.
Patriot. Archiv ꝛc. ist Mannheim, 1784 — 92. XII. mit Kupf.
(18. Thlr. 4. gr.)

Seite 516.

Zu Just. Chr. Motschmann's, Erfordia litt. ꝛc. merke: Wurde auch von Johann Nicolaus Sinnhold fortgesetzt.

Zu Ant. Houd. de la Motte, merk als Note:

* Lamberts Gelehrtengeschichte der Regier. Ludwigs XIV. 3r. B. p. 273. sqq.

Zu Eust. Aug. Heinr. de la Motte, merke: — Neue Beyträge zur Cameralwissenschaft ꝛc. Berlin, 1789. gr. 8.

Seite 517.

Rüke folgenden Artikel ein:

Johann Chrysostomus Wolfgang Mozart, geb. den 27 Jan. 1756. zu Salzburg, wo sein Vater Leopold Vicekapellmeister und ein rühmlich bekannter Tonkünstler war. Schon im 4ten Jahr lernte dieß ausgezeichnete Genie kleine und grössere Stüke in kurzer Zeit mit Ausdruk und Takt auf dem Clavier spielen, und im 5ten componirte er schon kleinere Piecen. Einst traf ihn der Vater über der Composition eines Conzerts an, betrachtete lächelnd über des Knabens Kühnheit, das Blatt, fand aber bald zu seinem freudigen Erstaunen daß die Composition richtig, jedoch für die Ausführung zu schwer war. Er gab letzteres dem Knaben zu verstehen und erhielt die zuversichtliche Antwort: „Dafür ists auch ein Conzert!" Der Vater unternahm nun 1762. mit dem sechsjährigen Jungen eine Reise nach München und Wien, und 1763. nach Paris. Hier erschienen von ihm die ersten beyden Werke, Claviersonaten. Im April 1764. reisten sie nach London, und der Sohn dedizirte hier der Königin in seinem 8ten Jahre 6 Sonaten von seiner Composition. Die schwersten Stücke von Bach, Händel ꝛc. spielte er vom Blatte weg. Sie sezten ihre Reisen in den Niederlanden, Deutschland und der Schweiz fort, und kehrten erst nach drey Jahren wieder nach Salzburg zurük. Im Jahr 1768. unternahmen sie eine nochmalige Reise nach Wien, und hier dirigirte Mozart als zwölfjähriger Knabe eine feyerliche Musik, bey Einweihung der Waisenhauskirche, in Gegenwart des ganzen kaiserlichen Hofs. Im Jahr 1769. bereiseten sie Italien, und auch hier erndete Mozart allgemeine Bewunderung. In Rom sezte er das berühmte Miserere, welches er durch bloses aufmerksames Zuhören in der Sixtinischen Kapelle aufgefaßt hatte, indem bey Strafe der Excommunication kein päbstlicher Musiker eine Copie davon nehmen durfte, und wurde vom Pabst mit dem Kreuz und Breve als Ritter des goldenen Sporns beehrt. Zu Mailand componirte er im 14ten Jahre die Oper Mitridate mit großem Beyfalle und verließ nun Italien, in welchem er den Namen Cavaliere filarmonico erhalten hatte. Eine Menge von Aufträgen veranlaßten ihn in Deutschland zu vielen Reisen und vortreflichen Compositionen, wodurch sein Ruhm immer entschiedener sich verbreitete, so daß die größten Musiker seiner Zeit ihm ihre Bewunderung nicht versagten, und die Erwartungen zu welchen seine frühe Fähigkeiten berechtigten, vollkommen erfüllt wurden. Er starb als kaiserl. Kapellmeister in Wien den 5 Dec. 1791. in seinem 36sten Jahr, für seine Kunst zu früh. Seine Produkte zeichnen sich durch Reichthum an neuen Gedanken, glükliche Melodien, immer wechselnde harmonische Wendungen, ausserordentlichen Ausdruck und große Wirkung so sehr aus, daß sie nur das Werk eines unermeßlichen Genie's seyn konnten. Der größte Theil seiner Opern z. B. Idomeneo, Entführung aus dem Serail, Figaro, Don Juan, Zauberflöte, ꝛc. sind hiervon die sprechendsten Zeugen. Letztere wurde 1791. in Wien 33 mal aufgeführt, und machte den Direkteur Schikaneder reich. Als Mensch betrachtet, hatte er beynahe kindische Schwäche, und so kam es daß er von seiner Kunst den Nutzen nicht zog, welchen sie ihm hätte auswerfen können; sogar sein bestimmtes Gehalt von 4000 fl. erhielt er erst kurz vor seinem Tod ausbezahlt. Von Statur war er klein und aufgedunsen. q)

Zu Johann Joach. Müller's Schr. setze bey: — Historie von der evangelischen Stände Protestation zu Speyer und der Augsburgischen Confession. Jena, 1705. 4. (1. Thlr 12. gr.) — Dispensationsrecht in verbotenen Ehen. ib. 1706. (10. gr.) — Königl. spanischer Vermählungssaal; nebst einer Beschreibung der spanischen Provinzen. Frankf. 1710. III. 8.

Seite 518.

Zu Gerhard Friedrich Müller's Sammlung russischer Geschichte ꝛc. merke: Im 3ten Band p. 1 sqq. stehen Nachrichten von Seereisen, und zur See von den Russen gemachten Entdeckungen ꝛc. Sie wurden ins Englische übersetzt: Voyages from Asia to America etc. Lond. 1761. 4. von Thomas Jefferies. Französisch:

---

q) Converfationslexicon ꝛc. Leipz. 1798. 3t. B. p. 183. sqq.

Voyages et découvertes faites par les Russes le long des Co-
tes de la Mer glaciale et fur l'Océan oriental , tant vers le
Japon que vers l'Amérique etc. Amst. 1766, II. 12. von C. G.
Dumas.

Not. t. Setze zu: — *Meuselii* Bibl. hist. Vol, II. P. II. p.
241 fp. 244 fq. Vol. III. P. II. p. 99 fq.

Seite 520.

Zu Johann Müller merke: Seit 1790. geheimer Staatsrath
in Mainzischen Diensten. Ein vorzüglicher Geschichtschreiber. —
Merkwürdige Ueberbleibsel von Alterthümern an verschiedenen Orten der Eidgenossenschaft. Leipzig, 1773 — 83. XII. Theile. 4. —
Geschichte der schweizerischen Eidgenossenschaft. Leipzig, 1786 — 88,
III. gr. 8. (3. Thlr. 20. gr.) Vortreflich. Sehr pragmatisch und in
ächtem Geschichtsstyl.

Zu Joh. Ernst. Just. Müller, merke: — Promt. juris &c.
NB. Neue Aufl. vermehrt. ed. *C. Breyer.* ib. 1792 -- 97. VII.
T. 4m. (22. Thlr.) — Observat. pract. ad Leyf. Medit. &c.
NB. sind bis 93. VI. T. (jeder II. fascic.)

Seite 521.

Balth Münter's Lebensnachr. ändere so: geb. 1735. zu Lübek, wo sein Vater anfangs ein bemittelter, zuletzt ein verunglüf-
ter Kaufmann war. Er studirte seit 1754. zu Jena; wurde das
selbst 1757 Privatdocent, hernach Adjunct der philosophischen Facultät; bald hernach Waisenhausprediger und Hofdiaconus zu Gotha; ferner Superintendent in Tonna, und 1764. Doct. theol.
und Prediger an der deutschen Petrikirche zu Kopenhagen. Er starb
den 5 Oct. 1793. und hinterließ den Ruhm eines gelehrten und
rechtschaffenen Mannes. — — Zu seinen Schr. f. bey: — Baum
des Erkenntnisses vertheidigt. Jena, 1761. 8. (12. gr.) — Sammlungen geistlicher Lieder. Leipzig, 1773. 8. (18. gr.) — Christliche
Lehre vom Gebet. Kopenhagen, 1789. gr. 8. (10. gr.) — — NB.
Predigb. über die Sonn- und Festtags-Evang. rc. Neue Aufl. ib.
1787 — 93. gr. 8. IX. B. mit des Verfassers Leben, von seinem
Sohn.

Christ. Gottl. v. Murr's Lebensnachr. ändere so: geb. den
6 Aug. 1733. zu Nürnberg, wo sein Vater Pfleger war. Er studirte seit 1751. zu Altdorf, hernach 1757. zu Straßburg die Jurisprudenz und Humaniora. In den Jahren 1758. und 1760. hielt

er sich in Geschäften zu Wien auf, nachdem er vorher Holland und England bereis't hatte; machte 1760. eine Reise nach Italien, und 1761. zum zweytenmal nach England. Im folgenden Jahr kam er über Hamburg nach Nürnberg zurück, und wurde 1770. daselbst Waagamtmann. — — Zu seinen Schr. f. bey: — Briefe über die Aufhebung des Jesuiterordens. Stuttgard, 1773. III. 8. — Wolfgang Bayer's (eines Jesuiten aus Bamberg) Reise nach Peru rc. Nürnberg, 1776. 8. Der Verfasser reis'te von 1749 — 1770. und giebt lesenswürdige Nachrichten. — Reisen einiger Missionarien der Gesellschaft Jesu in Amerika, ib. 1785. gr. 8. — Inscriptio arabica litteris cuficis auro textili picta, in infima fimbria pallii imperialis Panormi, A. C. 1113. confecti, inter S. R. Imperii Germ. Klinodia Norimbergæ adfervati. Norimb. 1790. 4m. (36 kr.) — Beschreibung der sämtlichen Reichskleinodien und Heiligthümer, welche zu Nürnberg aufbewahrt werden. ib. eod. 8m. (36 kr.) — Beyträge zur Geschichte des dreysigjährigen Kriegs. ib. eod. gr. 8. mit Kupf. (1. Thlr. 4. gr.) — Ueber Calvin's Verfahren gegen Servet rc. ib. 1791. 8. — Abbildungen der Gemälde und Alterthümer in dem königl. neapolitanischen Museo zu Portici, welche seit 1738. aus Herculanum und Pompeji ans Licht gebracht worden. ib. 1792 — 94. IX. Lieferungen. fol. (4. Thlr.) — — Merke ferner: — Beschr. der Merkwürdigk. der Stadt Nürnberg rc. NB. Besser und zweckmäsiger ist die Beschreibung der Reichsstadt Nürnberg rc. von Christian Gottl. Müller, Amts- und Gegenschreiber daselbst. Nürnberg, 1793. 8. (22. gr.) — NB. Seite 522. lin. 9. sq. Nachr. von Herculan. Napoli &c. sind 1757 — 92. VIII. (40 Ducaten.)

Seite 522.

Zu Joh. Andr. Murray merke: Er studirte seit 1756. in Upsal, und seit 1760. zu Göttingen; wurde hier 1764. Prof. med. extraordinarius und 1766. ordinarius rc. Er starb den 22 Maj. 1791. æt. 52. an einer Lungensucht. — — Zu seinen Schriften f. bey: — Enumeratio librorum præcipuorum medici argumenti. Lips. 1773. 8. (6. gr.) contin. F. G. ab Halem. Aurici, 1792. 8. (10. gr.) unvollständig. — Commentatio de redintegratione partium corporis animalis. Gottingæ, 1787. 8m. (8. gr.) — — Merke ferner: Apparat. medicam. tam simpl. quam præpar. &c. NB. ist bis 91. VI. Vol. 8m. (7. Thlr. 10. gr.) und Ed. II.

auct. et emend. cur. *Ludov. Chr. Althof.* Gottinga 1793. 94.
Vol. II. (4. Thlr. 16. gr.) Auch lieferte Dr. L. Ch. Althof eine
stark vermehrte deutsche Uebersetzung: Vorrath von einfachen zube=
reiteten und gemischten Heilmitteln. Göttingen, 1793. 95. II. 8.
(4. Thlr. 4. gr.) Murray hatte diesem die Ausgabe des Originals
übertragen. Das nützliche Werk wurde fortgesetzt von Johann
Friedrich Gmelin. Göttingen, 1795. 9. 6. Part. II. Vol. II.
(2. Thlr.) Die erste Uebersezung von Seeger hat VI. Theile (bis
1792.)

Not a. S. zu: — Bocks Sammlung von Bildnissen und
Biogr. gel. Männer und Künstler. 2tes Heft. Nürnberg, 1791. 8.

Seite 523.

Zu Sam. Mursinna merke: Er starb 1795. æt. 78. — —
Classische Biographie ꝛc. NB. Das englische Original erschien. Lon=
don, 1740. II. 8.

Not. b. Seze zu: — Elogium &c. a *Chr. G. Heyne.* Got=
tingæ, 1791. 4.

Seite 524.

Joh. C. Aug. Musäus Lebensnachr. ändere so: geb. 1735.
zu Jena, wo sein Vater Landrichter war. Er studirte hier seit sei=
nem 19ten Jahr die Theologie, kehrte nach 3 1/2 Jahr zu seinen
Aeltern nach Eisenach zurük, und übte sich hier mit Beyfall im
Predigen. Er war zur Pfarren Pfarrode bey Eisenach ernennt,
weil er aber einmal getanzt hatte, so nahmen ihn die Bauern nicht
an. Er wurde 1763. Hofmeister, 1770. Professor am Gymnasium
zu Weimar und starb den 28 Oct. 1787. an einem Polyp im Her=
zen. Er ist ein wiziger Schriftsteller, der leicht und gut erzählt.
Seine heitere Laune wurde durch nichts unterbrochen ud unver=
ändert blieb er ein schlichter, redlicher Mann, der allgemein geehrt
und geliebt ward. — — Zu seinen Schr. seze bey: — Nachge=
laßene Schriften; von seinem Zögling August von Kozebue
herausgegeben. Leipzig, 1791. 8. (20. gr.) Dabey sein Leben.
— — Merke ferner: Volksmärchen ꝛc. Neue Aufl. Gotha, 1787.
V. 8. — Kinderklapper ꝛc. n. Aufl. Gotha, 1794. 8. — Zu W. Mus=
grave's Schr. f. bey: — Geta Britannicus, c. n. *If. Casauboni.*
et var. Lond. 1716. mit Kupfern.

Not. f. Seze zu: — *Bruckeri* Pinacotheca, Dec. III. n.
X. — Boerners Nachr. von jetztlebenden Aerzten. p. 134. sqq.

Seite 525.

Zu Sam. Musgrave, merke: Man hat auch von ihm: Euripidis, quæ extant, omnia &c. c. n. et lect. var. Oxoniæ,
1778. IV. 4. (50 fl.) splendid.

Zu J. Chr. Mylius, merke: Litterator und Historicus zu Jena. — — NB. Seine Bibliotheca anonymorum &c. ist ein
Supplement zu Vincentius Placcius Theatrum anonymorum
&c. — Einige Differtationen.

Seite 526.

Zu Wilh. Chr. Sigm. Mylius Schriften f. bey: — Der
emporgekommene Landmann; aus dem Französischen des Marivaux.
Berlin, 1787. II. 8 — Galathee, ein Schäferroman ꝛc aus dem
Französ. ib 1787. 8. — Klimms unterirrdische Reisen. ib. 1788:
8. — Roderich Random, ein Seitenstük zum Gil Blas von Santil-
lana. ib. 1790. II. 8.

Seite 527.

Zu Lor. Natter, m. als Note:
*) Klotzii Acta litt. Vol. I. P. II. p. 228 — 220.

Not. k. Seze zu: — Wills Nürnberg. Gelehrten-Lexicon.
h. v.

Seite 528.

Not. m. Seze zu: — Bambergers biogr. Anekdoten ꝛc.
2ter Band.

Seite 529.

Zu J. Negeleins Thesaurus numism. hod. &c. merke: NB.
ist Nürnberg, 1700 — 1709. X. Theile oder Jahrgänge in II.
Bänden. fol.

Zu Necker (Jacob) merke folg. Lebensnachrichten: geb. 1730.
zu Genf, wo sein Vater Professor war. Er widmete sich der Handlung und kam sehr jung in das Comtoir seines Verwandten Verner.
Die Pünktlichkeit in seinen Geschäften erwarb ihm Achtung und vortheilhafte Handlungs-Connexionen, so daß er sich ein ansehnliches
Vermögen erwarb. Im Jahr 1765. heyrathete er die Tochter eines Predigers zu Nyon im Kanton Bern, die geistreiche Curchod,
einst Gibbon's Geliebte. Diese versammelte in der Folge einen
Zirkel von Freunden der Litteratur, eine Art von Akademie, um
sich her, welche sogar D'Alembert besuchte, und arbeitete nicht
ohne Glück an mehrern Journalen. Ihr Gatte trat eben so als

Schriftsteller auf. Eine Lobrede auf Colbert, (1773.) in welcher er das Finanzsystem unter diesem Minister mit vieler Sachkenntniß und Scharfsinn auseinander sezte, erwarb ihm den Preis der Akademie und in Verbindung mit einer andern „über den Kornhandel" allgemeine Bewunderung. In London, wo er sich 1776. aufhielt, ließ man seinem Genie die nehmliche Gerechtigkeit wiederfahren. Am Ende dieses Jahrs wurde er durch Empfehlung, besonders des Marquis de Pesay Aufseher über die königliche Schazkammer in Paris, nebst dem Charakter eines Finanzraths, und im folgenden Jahr an Taboureaus Stelle Finanzminister, jedoch, weil er Protestant war, ohne Siz und Stimme im Staatsrath, welche er durch kein Mittel erlangen konnte. Sein und seiner Gemahlin Ehrgeiz war dadurch gekränkt, er verlangte und erhielt den 22 Maj 1781. seine Dimission und zog sich in die Schweiz auf die Baronie Copet zurük, welche sein Eigenthum war. Die Dienste welche er dem Staate geleistet hatte, waren allerdings von vielem Nuzen; er schränkte die Intendanten und Generalpachter ein, und führte genaue Rechnung, scheute sich sogar nicht die Verschwendung der königlichen Familie zu rügen, und suchte so die zerrütteten Finanzen wieder herzustellen. Dieß hatte ihm die allgemeine Liebe des Volkes erworben. Erst nach Calonnes Verschwendung und Briennes Zerrüttungen wurde er auf seine vorige Stelle, und zwar jezt mit Siz und Stimme im Staatsrath, nach Paris zu rükberufen. Er berief sogleich die Notabeln zum zweytenmal zusammen, suchte geflissentlich das königliche Ansehen auf diesem Wege herabzusezen, um alsdann, indem er die Stände zu gewinnen hofte, es wieder zu heben, und so seinem Ehrgeiz zum Opfer, dem König aus seinen Händen zu übergeben. Ohnerachtet dessen war er ein Feind von allen tyrannischen Maasregeln und wurde deßwegen den 11 Juli 1789. zum zweytenmal vom Hof entfernt, aber nach der Zerstöhrung der Bastille und der Bürgerbewafnung, welche die Ueberzeugung hervorgebracht hatten, daß Despotismus bey Volksgährungen untauglich sey, abermals zurükberufen. Die Freude des Volkes hierüber war unbeschreiblich, man stellte in Paris Feuerwerke und Festins an, und empfing ihn unter Jubel und Händeklatschen. Dieß war der schmeichelhafteste aber auch zugleich der lezte Zeitpunkt seines Glanzes; den Demagogen war er nicht demokratisch genug und dem vernünftigen Theile zu egoistisch, so kam es daß sein Einfluß ein Ende nahm, und der Nationalkonvent nach eigenem Gutdünken handelte. Er fühlte sein politisches Ende, legte Rechnung ab und reißte in der Nacht am 3 Sept 1790. von Paris ab. Ein heimlicher Plan auf sein Leben, von Mirabeau angelegt, soll ihn zur nächtlichen Entfernung bewogen haben. Auf seiner Reise erfuhr er Kränkung und Schmach von dem nemlichen Volke, welches ihm kurz vorher ein jauzendes Vivat zugerufen hatte. Seine Pünktlichkeit in Geschäften, seine strenge Oekonomie und seine Freymüthigkeit verdienen alles Lob, während man auf der andern Seite bekennen muß, daß er im Ganzen genommen seiner Charge nicht ganz gewachsen war. Sein Charakter war nicht schlecht, aber sein kleinlicher Ehrgeiz machte einen starken Flecken darein, und dieser war auch viel Schuld an der Herabsetzung des königlichen Ansehens. Jedoch würde es ungerecht seyn, wann man alle Uebel der Revolution ihm zuschreiben wollte, da es nicht zu verkennen ist, daß diese auf jeden Fall ihren Gang genommen haben würde. — — Zu seinen Schr. s. bey: — Ueber die Französische Staatsumwälzung; aus dem Franz. Zürich, 1797. II. Bände, jeder in 2 Abtheil. gr. 8. (2. Thlr. 12. gr.) Du Pouvoir exécutif dans les grands Etats. 1792. II. 8. Deutsch. Nürnb. 1793. 8. II. (2. Thlr.) Gegen die französische Revolution. Damit muß man verbinden des Geheimen Kanzley-Secret. Brandes Abhandlung, über einige Folgen der Französischen Revolution in Deutschland. Hannover, 1792. gr. 8. — Bemerkungen über Ludwigs XVI. Schicksal, an die französische Nation ꝛc. aus dem Franz. Paßau, 1793. gr. 8. — — Merke ferner: Von zwey Ungenannten: Necker's Staatsverwaltung ꝛc. mit (unbedeutenden) Anmerkungen. Hildburghausen, 1792. 8. (1. Thlr. 4. gr.) — De l'import. des opinions reléligieuses. NB. erschien Lond. 1788. 8.

Merk als Note:

*) Meisters ber. Männer Helvetiens. 1r. B. p. 251 — 257. — Vie &c. par un Citoyen. Genéve, 1790. 8. (1 Liv.)

Zu Joh. Chr. Nemeriz, Vernünft. Gedanken über bibl. krit. und moral. Mat. merke: wurde von Johann Benedikt Scheibe fortgesezt. Frankf. 1755. II. 8.

Seite 530.

Zu D. Nerreter, m. als Note:

*) Wills, Nürnb. Gel. Lexicon. h. v.

Seite 531.

Zu D. Nettelblade, merke : Er starb den 4 Sept. 1791. æt. 73. Als ein eifriger Wolfianer brachte er die mathematische Lehrart in die Rechtsgelahrtheit, ohne Beifall und Nachahmung. Uebrigens war er bey guten Glüksumständen sehr arbeitsam, religiös und dienstfertig. — — Zu seinen Schr. seze bey: — Erörterung einiger einzelnen Lehren des deutschen Staatsrecht. Halle, 1773. gr. 8. — Exercitationes academicæ varii argumenti &c. Halæ, 1749. 8. (1. Thlr. 6. gr.) — Sammlung kleiner Schriften, nebst des Verfassers Leben, Halle, 1792. gr. 8. (1. Thlr. 8 gr.)

Not. p. Seze zu : — Nekrolog ꝛc. für das Jahr 1791. von Schlichtegroll. 2te H. p. 178 — 191.

Seite 533.

Rüke folgenden Artikel ein:

Franziscus Neumann, Canonicus regul. und Auffeher des kaif. Münzkabinets zu Wien. — — Populorum et regum numi veteres inediti, colleëti et illuftrati. Viennæ, 1779. 83 II. 4. mit XIV. Kupfertafeln. Ein Supplement zu Pellerius Werk. — Unterfuchung des Wunderbeweifes für die Wahrheit der chriftlichen Religion. Büzow, 1779. gr. 8. — Mehrere Abhandlungen über theol. Gegenstände. r)

Seite 534.

Zu Neufville merke: (Jacob le Quien de la) Er war Mitglied der königl. Akademie der Infchriften zu Paris und starb 1725. zu Lissabon. — — Hiftoire générale de Portugal. Paris, 1700. II. 4.

Not. t. Seze zu: — Lamberts Gelehrtengefch. der Regier. Ludwigs XIV. 1r. B. p. 147. fqq. — Chaufepié Diction. T. IV. p. 4. fqq.

Seite 535.

Zu Joh. Nic. Niclas Schr. f. bey: — Antigoni Caryftii Hiftoriarum memorabilium colleëtanea. Lipf. 1791. 4. mit J. Beckmann gemeinfchaftlich. — Narratio de J. M. Gefnero ad J. N. Lyring. Gottingæ, 1769. — — NB. Heineccii fund. ftili &c. n. Aufl. Leipz. 1791. 8.

---

r) Meufelii Bibl. hift. Vol. III. P. II. p. 359. fq.

Zu **Ernst. Ant. Nicolai's** Schr. f. bey: — Systema mate-
riæ medicæ ad praxin applicatæ. Hallæ, 1750. 52. II. 4. (1
Thlr. 8. gr.) — Sammlungen von Beobachtungen, Recepten,
Curarten, nebst theoretisch-praktischen Anmerkungen. Jena, 1784.
8. (1. Thlr. 4. gr.) — Von Recepten und Curarten, mit Anmerk.
Jena, 1788 — 94. V. 8. (6. Thlr.) Im Auszug. Prag, 1795. 1r.
Th. — — NB. Pathologie ꝛc. hat 6 Theile und III. Fortsetz.
Seite 536.

Zu **Fried. Nicolai** merke: NB. Allgemeine deutsche Bibliothek,
hat von 1765 — 1794. CXVII. Bände. Hierzu mehrere Anhänge
zum I — XIIten Band. 1771. zum XIIIten — XIVten B. 1776.
3 Abtheilungen oder Bände, zum XXVten — XXXVIten 1779.
1780. 6 Abth. oder Bände, zum XXXVIIten — LIIten B. 1784.
4 Bände. Zum LIIIten — LXXXIten. 1780. 5 Abth. oder B.
Vom 117ten Band an, hat Nicolai den Verlag an den Buchhändler Bohn in Hamburg abgegeben, und die Fortsetzung erschien unter dem Titel: Neue allgemeine deutsche Bibliothek. Kiel, 1793 — 98.
XL. Bände, jeder zu 2 Stücken. 8. Anhang zu I — XXVIII. B.
1797. 98. III. Abtheilungen oder Bände. 8. — Zu **Ludw. H. von
Nicolai's** verm. Gedichte, merke: Neue Aufl. ganz umgearbeitet. Berlin, 1792 — 95. VII. 4.
Seite 538.

Zu **K. Niebuhr's** Reise nach Arabien und den umliegenden
Ländern ꝛc. merke: Ins Französische übersetzt. Kopenhagen, 1773.
4. mit Kupf. Besser *Deguignes*. Paris, 1779. II. 4. Das deutsche
Orig. hat 124 Kupfer.

Zu **Aug. Herm. Niemeyer**, merke: Er verbat sich 1792. den
Ruf als erster Prediger nach Danzig, und erhielt nebst 500 Thlr.
Zulage, den Titel eines Consistorialraths. — — Zu seinen Schr.
setze bey: — Predigerbibliothek ꝛc. Halle, 1782 — 84. III. gr. 8.
(3. Thlr.) — Beschäftigungen der Andacht und des Nachdenkens,
für Jünglinge. ib. 1787. 8. (12. gr.) — Ueber den Aberglauben
bey Ertrunkenen. ib. 1783. gr. 8. (5. gr.) — Ueber den Geist des
Zeitalters, in pädagogischer Rüksicht. ib. 1787. 2 Stüke. (4. gr.)
— A. H. Frankens., Leben und Verdienste ꝛc. ib. 1788. gr. 8.
— Ueber die Lesung griechischer Dichter, zur Entdekung der stufen-
weisen Ausbildung moralischer Begriffe. ib. 1792. gr. 8. (2. gr.)
— Johann Wesley's Leben, von Hampson; aus dem Englischen.

ib. 1793. II. 8. — Reden an Jünglinge, über religiöse und moralische Gegenstände. ib. 1794. 8. (12. gr.) — Grundsätze der Erziehung und des Unterrichts. ib. 1796. (1 Thlr. 18. gr.) — Briefe an christliche Religionslehrer. ib. 1796. 1te Samml. 1797. 2te Samml. 8m. (1. Thlr. 18. gr.) — — Merke ferner: Entwurf der wesentl. Pflichten christl. Religionslehrer ꝛc. NB. Vermehrt unter der Aufschrift: Homiletik, Pastoralanweisung und Liturgik. Halle, 1790 8. (16. gr.) Sodann zusammengefaßt mit einem theoret. Theil unter dem Titel: Populäre und praktische Theologie, oder Handbuch für Religionslehrer ꝛc. ib. 1791. 92. II. 8. Die Homil. Pastoralanw. und Lit. befassen d. 2ten Th. 3te Aufl. ib. 1795. 96. II. gr. 8. (1. Thlr. 20. gr.) Aeußerst schätzbar und nützlich. — Philotas ꝛc. 3te Aufl. 1785. NB. ist bis 91. III. 8.

Zu Dav. Gottl. Niemeyer, merke: Er starb den 6 Febr. 1788. æt. 43. Ein thätiger, exemplarischer Theolog. — — Predigerbiblioth. ꝛc. NB. Ins Dänische übersetzt von Jacob Wolf. Kopenhagen, 1783 — 85. III. 8.

Not. c. Setze zu: — *Meuselii* Bibl. hist. Vol. II. P. I. p. 208 — 211.

Seite 539.

Wilh. H. Nieupoort's Hist. reip. et imp. Rom. NB. reicht ab U. C. bis 727. oder bis auf Augustus. Auch Venet. 1731. 32. III. 8.

Not. f. Setze zu: — *Meuselii* Bibl. hist. Vol. IV. P. II. p. 116. sq.

Seite 540.

Joh. Aug. Nösselts Lebensnachr. ändere so: geb. den 2 Maj. 1734. zu Halle, wo sein Vater ein reicher und angesehener Handelsmann war. Er studirte hier im Waisenhaus und auf der Universität, und zwar auf lezterer 5 Jahre; besuchte 1755. die vornehmsten Städte und Akademien in Deutschland, und machte eine Reise in die Schweiz und nach Frankreich. Im Jahr 1757. wurde er Prof. philos. extraord. ferner 1760. Prof. theol. extraord. und 1764. ordinarius zu Halle, auch nach 2 Jahren Doctor theol. und hernach noch Direktor des theologischen Seminariums. — — Merke: Anweisung zur Kenntn. der besten Bücher in d. Theol. ꝛc. NB. 3te Aufl. Leipz. 1790. 8. (1. Thlr. 16. gr.) — Anw. zur Bild. angehender Theol. NB. hat III. Bände.

Zu Joh. A. Nollet, merk' als Note:

*) Nouveau Dictionnaire hist. h. v.

Not. h. Seze zu: — Schattenriſſe edler Deutſchen. 2r. Band. 152 — 175.

Seite 542.

Zu Fried. Ludw. Norden, merke: Nach ſeiner Aegyptiſchen Reiſe diente er als Volontair bey der engliſchen Flotte gegen die Spanier; hielt ſich 1741. und im Anfang des folgenden Jahrs in London auf, um das Seeweſen gründlicher zu ſtudiren, und wurde Mitglied der königl. Geſellſchaft der Wiſſenſchaften daſelbſt. Um eine zerrüttete Geſundheit herzuſtellen, begab er ſich nach Frankreich, wo er ſtarb.

Lin. 16. Zu: „ib. 1758. II.. 8. merke: Iſt ein Auszug der erſten Ausgabe. (1757.)

Zu G. Phil. H. Normann, merke: Iſt jetzt Hofrath und Profeſſor in Roſtok.

Zu N. le Nourry, merk' als Note:

*) Phil. le Gref Bibl. des Auteurs de la Congrég. de S. Maur. p. 397. ſqq.

Seite 543.

Zu Jer. J. Oberlin, merke: Seit 1787. Gymnaſiarch und Canonicus des Capitels bey St. Thomä. — — Rituum romanorum tabulæ &c. Argent. 1774. 8. auct. ib. 1784. 8. — Artis diplomaticæ primæ lineæ. ib. 1788. 8. — Litterarum omnis ævi fata. ib. 1749. 8m.

Rüke folgenden Artikel ein:

Simon Ockley, geb. 1678 zu Exeter. Er ſtudirte zu Cambridge; wurde 1705. Pfarrer zu Suadeſey und 1711. Prof L. arab. zu Cambridge. Im Jahr 1717. kam er wegen Schulden ins Gefängniß, und ſtarb 1720. zu Suadeſey .Seine Kenntniſſe in den morgenländiſchen und mehrern neuern Sprachen, beſonders in der franzöſiſchen, ſpaniſchen und italieniſchen Sprache waren vorzüglich. — — Schriften: Die Geſchichte der Sarazenen. Engliſch. Ed. III. Oxford. 1757. II. 8. Deutſch, Altona, 1745. II. 8. (1. Thlr.) Iſt ſein Hauptwerk. — Introductio ad linguas orientales. ib. 1706. 8. — Die Geſchichte der Juden ꝛc. aus dem Italieniſchen des R. Leo Modena. ib. 1707. 12. — Beſchreibung der ſüdweſt-

lichen Barbaren ıc. aus der Handſchrift eines Sklaven. ib. 1713.
8. ıc. Deutſch. Hamb. 1717. 8. s)

Fr. Oberthürs Lebensnachr. ändere ſo: geb. den 6 Aug. 1745.
zu Wirzburg, wo ſein Vater ein Gärtner war. Nach vollendeten
Studien, 1763. trat er in den weltgeiſtlichen Stand; wurde nach
8 Jahren Kaplan im Julius-Hoſſpital, und, nachdem er 1771.
Italien und Deutſchland durchreiſt hatte, erhielt er 1773. zu Wirzburg den Lehrſtuhl der dogmatiſchen Theologie und Polemik. Ueberdieß wurde er noch geiſtlicher Rath, Canonicus bey dem Stift
Haugh, und Direktor der Stadtſchulen. — — Zu ſeinen Schriften ſeze bey: — *Optatii* Afri, Milevitani epiſcopi, de ſchiſmate
Donatiſtarum Lib. VII.. Salisburgi, 1789. 92. II. 8m. — *Origenis* Adamantii opera. Wirzburg, 17 — 1787. XII. 8. — —
Merke ferner: Patrum lat. opera &c. NB. bis 91. XIII. — Patrum græc. opera &c. NB. bis 1793. XX.

Not. o. Seze zu: — Boks Samml. von Bildniſſen und Biograph. gel. Männer und Künſtl. Nürnb. 16tes Heft.

Seite 544.

Georg Chriſt. (von) Oeder's Lebensnachr. ändere ſo: geb.
den 3 Febr. 1728. zu Anſpach, und in Feuchtwangen, wo ſein
Vater Spezial-Superintendent war, erzogen. Er ſtudirte ſeit ſeinem 18ten Jahr zu Göttingen die Medizin, und wurde auf Hal-
lers Empfehlung Prof. Botan. zu Kopenhagen. Unter Struenſee
ſtieg er in ſeinem vierzigſten Jahr zum Finanzrath, nach deſſen
Fall ſollte er als Stiftsamtmann nach Drontheim, verbat ſich aber
dieſen Poſten und erhielt 1773. die Landvogtey in Oldenburg. Wider ſeine Neigung mußte er, als Doctor med. bey dieſem Amt Juriſt ſeyn. Im Jahr 1788. wurde er in den Reichsadelſtand erhoben. Er ſtarb den 28 Jan. 1791. æt. 63. nachdem er viele wohlthätige Einrichtungen Z. B. die Errichtung einer Wittwenkaſſe ıc.
veranlaßt, aber auch viele widrige Schikſale erduldet hatte.

Rüke folgenden Artikel ein:

Andreas Felix von Oeſele, geb. zu München den 17 Mai.
1706. Seine Aeltern waren in verſchiedenen Kriegsläufen in ihren
Vermögensumſtänden ſo ſehr zurükgekommen, daß ſie ihren Adelſtand

s) Bambergers biogr. Anecdoten ıc. 1. B. p. 308. ſq.

stand verliessen und den bürgerlichen erwählten, ihren Sohn aber
zur Ehrlichkeit nach Art des Zeitalters unterrichten liessen. Der
junge Oefele lernte vom blosen Zuhören bey Kindern seines Gleichen
das Lesen, und durch freywillige Nachzeichnung verschiedener Schriften auch das Schreiben. Im 9ten Jahr kam er in die lateinische
Schule in München, aber die Langsamkeit der Lehrart that seiner
Wißbegierde kein Genüge, sondern er beeiferte sich ausser der Schule für sich die lat. und griech. Sprache zu lernen, und wandte hierzu Tage und Nächte an, besonders auf die klassischen Autoren,
welche noch in seinem Alter seine vertrautesten Freunde waren.
Durch diesen angestrengten Fleiß brachte er es so weit, daß er in
der dritten Classe schon Cicero's und Virgils Werke ohne Anstoß erklären konnte, und in der fünften Classe den Homer mit ausnehmen-
der Fertigkeit ins Lat. übersetzte. Auch in der Philosophie machte
er so starke Fortschritte, daß er von allen Systemen der alten Philosophen mit der genauesten Kenntniß schrieb und sprach. Dieß
erregte Aufmerksamkeit bey den gelehrtesten Männern, besonders
aber bey seinem nachmaligen Stiefvater von Schollenberg, der
ihn auf verschiedenen nach Oesterreich, Böhmen, Schlesien und in
das Reich gemachten Reisen mit sich nahm. Seine Nebenstunden
benuzte er zur Erlernung der französischen und italienischen Sprache und zum eifrigen Studium der Vaterlandsgeschichte und des
Nationalgeist's. Aventin's und Wolfers Geschichten von Baiern
las er mit großem Vergnügen und wurde dadurch auf den Gedanken geführt, alles was zur baierschen Geschichte etwas beytragen
könnte, aufzuzeichnen und zu sammeln. Im 16ten Jahr fieng er diese Sammlung an, und sezte sie bis 1761. fort, daß XXIII. Bände
daraus entstunden. Eben so fieng er 1732. im 17ten Jahr seines
Alters seinen Apparatum Bavariæ doctæ an, und brachte solchen
auf 10 Bände. Lezteres Werk, das die Biographien der gelehrtesten Männer Baierns enthält, wollte er 1732. durch monatliche
oder jährliche Decaden in Druk geben; allein sein Freund Euse-
bius Amort brachte ihn auf andere Gedanken, und so unterblieb
das nüzliche Vorhaben. Unter diesen Arbeiten, die für sein Alter
beynah zu groß waren, verließ er 1724. den 22 Nov. seine Vaterstadt und bezog die hohe Schule zu Ingolstadt, wo er die weltli-
che und geistliche Rechte, und sogar die Theologie hörte. Um sich

(Supplem. II.)   P

nicht mit einseitigen Meinungen begnügen zu müßen, wünschte er noch eine auswärtige Universität zu besuchen, und der damalige Oberhofmeister Graf von Fugger, ein besonderer Gönner von ihm, wußte ihn 1726. in das Collegium milliarium auf der hohen Schule in Löwen zu bringen. Hier fand er was er wünschte, eine gute Bibliothek und vortrefliche Lehrer. Er besuchte den Lehrstuhl der hebr. und griechischen Sprache, und bekam von dem Lehrer der leztern, Quareux, das ehrenvolle Zeugniß des besten Schülers. Im Jahr 1727. wurde er zum Bibliothekar der deutschen Nationalbibliothek ernannt, und 1730. gieng er mit litterarischen Kenntnissen bereichert, in sein Vaterland zurük. Er wurde der Reisegefährte des jungen Franz Xaver Freyherrn von Lerchenfeld und gieng mit diesem zuerst nach Frankreich. Hier machte er interessante Bekanntschaften mit Demeraie, Du Pres, Moncrif, Fontenelle, Montfaucon u. a. und bildete sich nach dem Geschmak dieser grosen Männer, besuchte Bibliotheken und erweiterte seine Bücherkenntniß. Während seines Aufenthalts in Paris, verfertigte er verschiedene Werke, besonders sein Otium parisianum und sammelte sich die ersten Kenntnisse der Künste und Alterthümer, der Kupfstecher- und Malerkunst, wobey er besonders den Abt Vivien zum Führer hatte. Die Akademie d. W. ließ ihm 1734. die Ehre eines correspondirenden Mitglieds anbieten, die er aber aus gegründeten Ursachen verbat. Den 15 Maj 1734. verließ er Paris, sezte seine Reise über Cambrai, Valenciennes, Mons ꝛc. in die Niederlande und von hier am Rheinstrom fort, erwarb sich überall gelehrte Bekanntschaften, und kam zu Ende des Jahrs ins Vaterland zurük. Intriguen hinderten ihn an einer Beförderung, er arbeitete also für sich, besuchte die Bibliotheken der Jesuiten und Augustiner, sammelte seine Analecta boica fürs 8te, 9te und 10te Jahrhundert und die Judicia eruditorum de eruditis. Endlich wurde er zum Erzieher der Herzoglichen Prinzen, Max und Klemens gewählt. Zum Unterricht verfertigte er jezt eine Kaisergeschichte von Karl M. bis Karl VI. und eine Moralphilosophie. Sein Werth wurde erkannt; 1737. ernannte ihn August Churf. von Kölln zum Hofrath; 1738. wurde er geheimer Kabinets-Sekretär des Herzog Clemens; 1746. Bibliothekar. Das ihm angetragene Antiquarium verbat er sich. Er war nun in seinem Element und die Bibliothek gewann an ihm einen würdigen Vorsteher. Seine Analecta boi-

ca ſetze er indeſſen bis zum XVI. Jahrh. unermüdet fort. Im
Jahr 1743. verheyrathete er ſich mit Maria Anna Bliemelmaie=
rin und erzeugte mit ihr 4 Kinder. Nach und nach ſammelte er
ſich eine anſehnliche ſehr gute Hausbibliothek, wobey er hauptſäch=
lich auf Inkunabeln und andere ſeltene Werke Rükſicht nahm. Sie
wurde nach ſeinem Tod von ſeinem Sohn dem Kloſter Rothenburg
für 20000 fl. verkauft. Eben ſo machte er ſich auch eine beträcht=
liche Naturalienſammlung. Im Jahr 1759. wurde er eines der er=
ſten Mitglieder der Akademie der Wiſſenſchaften. Nach ſo vielen
Arbeiten, die — wären ſie alle zum Vorſchein gekommen — ſein
Andenken verewigt haben würden, ſtarb er den 24 Hornung 1780.
æt. 74. — — Schriften: De Minerva ſapientiæ olim præſide
Syntagma mythologico - hiſtoricum. Lovannii, 1730 — Scriptores rerum Boicarum nusquam antehac editi. Aug. Vind. 1763.
II. (16. gr.) — Nur dieſe beyde Werke kamen zum Vorſchein, 29
andere aber liegen noch in Handſchriften da, worunter viele aus
mehrern Bänden beſtehen, und ſo ausgearbeitet ſind, daß ſie gera=
de dem Druk übergeben werden könnten. t)

Not. q. Setze zu: — Nekrolog ꝛc. für das Jahr 1791. von
Schlichtegroll. 2tes H. p. 306 — 311. — Andenken an Oeder;
von Halem. Altona, 1793. 8.
Seite 546.

Zu Chriſt. Wilh. Oemler, merke: Iſt geb. den 20 Sept. 1728.
— — Winke für Stadt = und Landprediger, nach den Bedürfniſ=
ſen unſerer Zeit. Jena, 1790. 8. (20. gr.) — Reſultate der Amts=
führung eines alten Predigers. Leipzig, 1796 — 98. II. gr. 8.
(2. Thlr. 4. gr.) — Supplementband nebſt Regiſter zum Reperto=
rium über Paſtoralth. ꝛc. Jena, 1793. gr. 8. (1. Thlr. 8. gr.)!

Not. s. S. zu: — Schattenriſſe edlerDeutſchen. 2r. B. p 176—226.

Sam. W. Oetter's Lebensnachr. ändere ſo: geb. den 25
Decemb. 1720. zu Goldcronach, wo ſein Vater Johann Heinrich
Bürgermeiſter und Hauptmann war. Im Jahr 1736. kam er auf
das Gymnaſium nach Bayreuth, wo er ſich durch Fleiß auszeich=
nete, und 1742. bezog er die Univerſität Erlangen. Noch als Stu=
dent erhielt er den Ruf, auf das durch Deubner's Tod erledigte
Conrectorat am Gymnaſium daſelbſt und trat dieß Amt 1745. an.
Er hatte nie den Willen gehabt ein Geiſtlicher zu werden, ſondern

_____

t) Von Vachiery Andenken Andre Felix von Oefele. München, 1781. 4.

ſich den Plan gemacht als öffentlicher Lehrer auf einer Akademie
zu bleiben. Allein die Eltern ſeiner zwoten Frau lagen ihm ſo lan
ge an, bis er ſich 1749 entſchloß, in ihrer Nähe auf die Pfarrey
Linden zu geben. Im Jahr 1756. erhielt er die Würde eines kai
ſerl. Hofpfalzgrafen; 1762. die Pfarrey zu Markterlbach. Während
ſeiner Amtsführung daſelbſt, wurde er Brandenburgiſcher Geſchicht
ſchreiber, 1767. Conſiſtorialrath, ferner, Mitglied mehrerer Aka
demien und gelehrten Geſellſchaften, z. B. der zu Göttingen, Duis
burg, Augsburg, Leipzig und München ꝛc. Eben ſo hatte er eine
äuſſerſt ausgebreitete Correſpondenz mit Staatsmännern und Ge
lehrten. Er ſtarb den 7 Jenner 1792. æt. 71. So ſehr er ſich oft
Mikrologie zu Schuld kommen ließ, ſo lieferte er doch auch viele in
tereſſante Nachrichten. — — Zu ſeinen Schr. ſ. bey: — Das
aufgeweckte Interregnum. Frankf. und Leipz. 1756. 8. — Erläute
rung einer merkwürdigen Urkunde, vom Jahr 1290. Schwabach,
1762. 4. — Hiſtoriſche Betrachtung über das Hohenlohiſche Wap
pen. Nürnb. 1780. gr. 8. mit Kupf. (16. gr.) — Nachrichten von
dem ehemaligen burggräfl. nürnberg. und churfürſtl. Brandenburgi
ſchen Reſidenzſchloß Kadolzburg. Erlangen, 1785. 4. (16. gr.) —
Auffſäze und Abhandl. in den Bayreuther wöchentlichen Nachrichten.

Seite 547.

Not. u. Seze zu: — Netrolog ꝛc. für das Jahr 1792. von
Schlichtegroll. 1te H. p. 51 — 60. — Friedr. Wilh. Oetters
Nachrichten von dem Leben und den Schriften Samuel Wilhelm
Oetters. 1792. 8.

Seite 548.

Not. z. Seze zu: — Acta erudit. 1713. p. 428 — 434. —
Gel. Fama. 28r. Th. p. 240. ſqq.

Not. a. Seze zu: — Götten jeztleb. gel. Europa, 2r. Th. p.
525 — 267.

Seite 549.

Rüfe folgenden Artikel ein:

Franz Xaverius de Oliveyra geb. den 21 Maj 1702. zu Liſſa
bon, wo ſein Vater bey der Schazkammer angeſtellt war, und her
nach 25 Jahre lang, als Geſandſchafts-Sekretär an den Höfen
zu London, im Haag und zu Wien diente. Der Sohn wurde mit
vieler Sorgfalt ſtandesmäßig erzogen. Schon in ſeinem 14ten Jahr
wurde er zur Rechnungs- oder Schazkammer gezogen und bekleide

te seine Stelle 17 Jahre. Zur Belohnung ernannte ihn der König 1729. zum Ritter des militärischen Christordens. Er folgte 1734. seinem Vater als Gesandschaft = Sekretär zu Wien; kam 1740. nach Holland und 1744. nach London, wo er 1746. sich feyerlich zur engslischen Kirche bekannte. Nun war Portugal für ihn verschlossen. Er verlohr alle seine Güter, und sein Bildniß wurde nach einem 1762. gehaltenen Auto da Fe verbrannt. Der Prinz von Wallis bewilligte ihm ein Jahrgeld, und er wurde ausserdem noch von mehrern würdigen Freunden unterstüzt, so daß er ohne Mangel leben konnte. Er hielt sich eine Zeitlang in Kentisch = Town, nahe bey London, hernach zu Knightbridge und endlich zu Hakney auf, wo er im Oktober 1783. am Harnzwang starb. Er hatte sich 3 mal verheyrathet, und 3 Töchter, die aber jung starben und einen Sohn gezeugt. — — Schriften: Nachrichten von seinen Reisen. Amsterdam, 1741. II. 8. und vertrauliche hist. polit. und kritische Briefe. Haag, 1741. 42. III. 8. Beyde in portugiesischer Sprache. — Nachsrichten von Portugal. ib. 1741. II. 8. und Haye, 1743. II. 8. Französisch. — Amusemens périodiques. Lond. 1751. XII. 8. — Discours pathétique &c. ib. 1755. 8. Durch das Erdbeben zu Lissabon veranlaßt; und Suite du Discours pathétique. ib. 1757. 8. worinn er auf die ihm gemachten Einwürfe antwortete. — Le Chevalier d'Oliveyra brulé en effigie comme hérétique, comment et pourquoi? ib. 1762. 8. — Unter seinen hinterlassenen Handschriften ist das Wichtigste: Oliveyrana, ou Mémoires historiques, litteraires &c. XXVII. B. 4. u)

Cl. M. Olivier, merk' als Note:

*) *Meuselii* Bibl. hist. Vol. III. P. II. p. 237. — Zuverläßige Nachrichten ꝛc. 36r. Th. p. 899 — 928.

Seite 550.

Zu Joach. Oporin, merk' als Note:

*) Schmersahls Nachr. von jüngstverst. Gel. 1r. Th. 4 St. Rüke folgenden Artikel ein:

Orme ꝛc. — — History of the military Transactions of the British Nation in Indostan from the Year 1745. &c. Lond.

---

u) Bamberger's biogr. Anekdoten ꝛc. 2r. M. p. 367 — 376. *Meuselii* Bibl. hist. Vol. V. P. II. p. 144. sq.

1763. 4. Vermehrt und verbeſſert, ib. 1778. II. 8. mit geographiſchen Charten. Der 1ſte Theil wurde ins Franzöſiſche überſezt. Amſt. (Paris) 1765. II. 8. Dazu lieferte der Verfaſſer als Supplement: Historical Fragments of the Mogul Empire &c. Lond. 1782. 8. alles zuverläſſig. x)

Seite 553.

Den Artik. Peter von Oſterwald, ändere ſo: geb. 1718. zu Weilburg im Naſſauiſchen, von bürgerlichen, proteſtantiſchen Aeltern. In ſeiner Vaterſtadt beſuchte er das Gymnaſium und machte ſich ſchon frühzeitig mit den römiſchen und griechiſchen Claſſikern bekannt, deren Geiſt er auch in der Folge ſtudirte. Mit hinreichenden Vorkenntniſſen bereichert, begab er ſich auf die Univerſitäten Leipzig, Jena, Halle und Straßburg und legte ſich vorzüglich auf die bürgerlichen Rechte und die mathematiſchen Wiſſenſchaften. Sein Genie war durchdringend, forſchte alles, ſezte alles ins Licht und er entſprach in der Folge den Erwartungen, wozu ſeine Fähigkeiten frühzeitig Anlaß gaben. Noch als Jüngling, in ſeinem 14ten Jahr, bekannte er ſich 1732. öffentlich zur katholiſchen Religion, ob aus Ueberzeugung, oder Zwang oder Uebereilung — iſt unentſchieden. Oſterwald ſuchte ſich, um ganz nach ſeinem Hang leben zu können, eine gelehrte Ruhe; er glaubte ſie darinn zu finden, daß er 1740. ſich in den Benediktinerorden und zwar ins Kloſter Gengenbach begab. Aber er hielt ſeine Probe nicht länger aus, als 3 Vierteljahr, binnen welcher Zeit er die jüngern Geiſtlichen in der Mathematik unterrichtete, und gieng wieder in die Welt. Er beſuchte jezt Augsburg, und wurde hier mit dem damaligen Stadtbaumeiſter ehmaligen Prälaten der Schotten in Regensburg, Bernhard Stuart, und dem geſchikten Brander bekannt. Im Jahr 1744. kam er nach Regensburg und erhielt im Seminarium der Schotten den Beruf eines franzöſiſchen Sprachmeiſters, in der Abtey St. Emeran aber die Stelle eines Lehrers der mathematiſchen Wiſſenſchaften. Zugleich benuzte er die Gelegenheit bey den Schotten die engliſche Sprache zu erlernen. Im Jahr 1745. wurde er Sekretär, und 1749. Hofrath und Zahlmeiſter beym Hochſtift zu Regensburg. Oſterwalds Vorzüge wurden dem Kardinal und Her-

---

x) *Meuſelii* Bibl. hiſt. Vol. II. P. II. p. 50. ſq.

og in Bayern, Karl Theodor, bekannt; er ernannte ihn 1757. zu
einem Kabinetsſekretär, 1758. zum wirklichen Geheimenrath und
rhob ihn in den Adelſtand. Oſterwald begab ſich nun nach Frey-
ingen, wurde 1759. Mitglied der Akademie der Wiſſenſchaften in
München und 1760. ſelbſt dahin berufen. Er trat jezt die wichtig-
ſte Periode ſeines Lebens an, wurde zuerſt zum Direktor des geiſtlichen Raths, zwey Jahre darauf aber zum erſten Direktor und
dann zum Geheimenrath ernannt. Ohne ſich durch Schwierigkeiten,
mit welchen er beſtändig zu kämpfen hatte, irre machen zu laſſen,
beſiegte er alle Hinderniſſe und arbeitete mit gleichem Muthe fort,
bis er den 19 Jan. 1778. an einem Stekhuſten ſtarb. — Schriften: Von dem Zuſammenhang und der Ordnung aller Wiſſenſchaften, nebſt dem Nuzen, welchen ſie dem geſellſchaftlichen Leben der
Menſchen gewähren. München, 1764. 4. — Von der lateiniſchen
Sprachlehre. 1765. 4. — Von dem Nuzen der logikaliſchen Regeln,
beſonders wider die Freygeiſterey und den Aberglauben. 1767. 4.
— Chronologiſche Einleitung in die Kirchengeſchichte. München,
1767 — 1774. III. B. 8. — Von des Herrn von Limbrunn neuer
Entdekung des wahren Sterbejahrs Jeſu Chriſti. 1768. 4. — Unter dem Namen Veremund von Lochſtein: Gründe ſowohl für,
als wider die geiſtliche Immunität in zeitlichen Dingen. Wien,
1769 gr. 8 (19. gr.) und Straßb. 1767. 4. — De religioſis or-
dinibus, et eorum reformationes liber ſingularis. Viennæ, 1781.
8ti. (8. gr.) Durch dieſe Schriften wurde er den Mönchen furcht-
bar und verhaßt. — Antwort auf die Frage eines ungenannten Mitglieds der churbayerſchen Akademie der Wiſſenſchaften, wegen der
geiſtlichen Immunität. 1767. 8. — Nahe Beleuchtung wider einige Kanoniſten, welche wider das churbayerſche Sponſaliengeſez Einwürfe gemacht. 1770. 4. — Von der natürlichen Antipathie zwiſchen dem geometriſchen und Pedantengeiſt. 1771. 4. — Schreiben an Herrn G. L. Brander, Mechanikus in Augsburg, einige
Mesmeriſche ſogenannte Magnetkuren betreffend. Augsburg, 1776.
8. — Verſchiedene Aufſäze in den Abhandlungen der churbayr. Akademie der Wiſſenſchaften. y)

---

y) Weſtenrieders Andenken Peters von Oſterwald. München, 1778. 4.

Not. e. Setze zu: — Meisters berühmte Männer Helvetiens.
ir. B. p. 120 — 123. — Beyträge zu den Actis hist. ecclef. 5r.
Th. p. 714 — 742.

Seite 554.

Zu Fr. Oudendorp's Schr. setze bey: — Brevis veterum
monumentorum, a Gerardo Papenbrœkio Academiæ Lugduno - Batavæ legatorum, defcriptio, cujus prima pars græcos
latinosque titulos et Anaglypha, fecunda ftatuas, imagines,
capita deorum illuftriumque virorum complectitur. Lugd. Bat.
1746. 4.

Seite 556.

Zu Bon. von Overbek's Reliquiæ ant. U. Romæ &c. setze
se: Italienifch, von Paul Rolli. Lond. 1739. fol. max. mit 150.
Kupf. NB. Das lat. Orig. auch: Regiomontii, 1763. III. fol. —
— Merk' als Note:

*) *Meufelii* Bibl. hift. Vol. IV. P. II. p. 107. fqq.

Zu Joh. d'Ourrein, merk' als Note:

*) Biblioth. Bremenfis Cl. I. fafc. II. p. 181 — 191.

Rücke folgenden Artikel ein:

Jacob Maria Paiton, ein Bibliograph zu Venedig. — —
Bibliotheca degli Autori antichi &c. h. e. Bibliotheca fcripto-
rum veterum græcorum et latinorum &c. Venetiis, 1766. 67.
V. 4.

Not. k. Setze zu: — Eloge &c. par *Claude Gros de Boze*,
in der Hift. de l' Acad. des Infcript. Tom. II. p. 485 — 493. —
Lamberts Gelehrtengeschichte der Regier. Ludwigs XIV. 3t. B.
p. 441. fqq.

Seite 557.

Zu Pet. Sim. Pallas Schriften setze bey: — Linguarum to-
tius orbis vocabularia comparativa &c. Sect. I. Petropol. 1787.
4. auch ruffisch und deutsch. — Güldenstädts Reisen durch Rußland und im Caufafischen Gebirg. Petersb. 1791. 92. II. gr. 4.
mit Kupf. — Georg Wilhelm Stellers Reise von Kamtschatka
nach Amerika ꝛc. ib. 1793. 8. Ein Pendant zu deffen Beschreibung
von Kamtschatka. — Phyfifalifch ꞏ topograph. Gemälde von Tau-
rien. Petersb. 1796. 8. (20. gr.) — Neueste Beschreibung des fibi-
rischen Schafes und Steinbols. Berlin, 1779. gr. 8. mit Kupf.
(12. gr.) — — Merke ferner: Elenchus Zoophytorum &c. NB.

Ins Holländische überſezt, von Boeddert. Utrecht, 1768. gr. 8.
mit Kupf. Deutſch, von Chriſtian Friedr. Wilkens (Inſpektor
und erſtem Prediger zu Kotbus) und Joh. Friedr. Wilh. Herbſt,
unter Aufſchrift: Charakteriſtik der Thierpflanzen, nach ihren verſchiedenen Gattungen und den dazu gehörigen Arten, mit Anmerk.
Nürnb. 1787. II. gr. 8. mit Kupf. (5 Thlr.) — Flora Roſſica &c.
NB. Faſc. II. ib. 1792. Nachgedruckt, Francof. 1790. ſq. 8. —
Reiſen durch verſch. Provinzen Rußlands ꝛc. NB. Im Auszug, Frankf.
1776 — 78. III. gr. 8. (6. Thlr. 20. gr.) Franzöſiſch, von Gau-
thier de la Peyronnie. Paris, 1793. VI. 4. mit einem Band Kupf.
(150 Livres) — Nordiſche Beyträge ꝛc. NB. 5r. 6r. 7r. Theil, bis
1796. (7. Thlr. 4. gr.) Auch unter dem Titel: Neueſte Nordiſche
Beyträge ꝛc. III. Bände.

Seite 559.

Zu G. Wolfg. Panzer's Schriften ſeze bey: — Annales typographici, ab artis inventæ origine ad annum MD. poſt
Maittairii, Deniſii, aliorumque curas in ordinem meliorem re-
dacti, emend. et aucti. Norimbergæ, 1793 — 97. V. Tomi.
4m. (à 5 Thlr. 25. Thlr.) — — NB Entw. einer vollſtänd. Litterar-
geſch. d. d. Bibelüberſ. ꝛc. Iſt mit einem neuen Titel verſehen: Entwurf einer vollſtändigen Geſchichte der deutſchen Bibelüberſezung ꝛc.
ib. 1791. 8. und Zuſäze. ib. eod. 8.

Not. m. Seze zu: — Götten jeztleb. Gelehrtes Europa. 1r.
Th. p. 112. ſqq. 2r. Th. p. 802. 3r. Th. p. 747. — Acta hiſt.
eccleſ. 7r. B. p. 613 — 624.

Seite 560.

Zu Ge. Wolfg. Franz Panzer's Schriften ſeze bey: — —
Voet's Beſchreibung und Abbildung hartſchaaligter Inſekten. Nürnberg, 1785 — 95. IV. 4. mit Kupf. — Joh. Martyn's Abbildung und Beſchreibung ſeltener Gewächſe; neu überſezt, mit Anmerkungen. Nürnb. und Leipz. 1791. 8. mit Kupfern. — Faunæ in-
ſectorum Germanicæ initia, oder Deutſchlands Inſekten. Nürnb.
1792 — 98. IV. Jahrgänge zu 12 Heften und 5ten Jahrg. 1 — 6tes
Heft. In allem 54 Hefte, in 12. (à 12 gr. ein Heft.) Vom erſten
Jahrg. Neue Aufl. 1796. mit Kupf. — Beyträge zur Geſchichte der
Inſekten. Erlangen, 1793. gr. 4. 1r. Th. oder 5r. Th. zu Voets
Käferwerk. mit illum. Kupf. — Deutſchlands Inſektenfauna, oder
entomologiſches Taſchenbuch für 1795. Nürnberg, 1795. 8. mit

illum. Kupfern. (2. Thlr.) Auch unter dem Titel: Entomologia germanica exhibens infecta per Germaniam indigena fecundum Claffes, Ordines, Genera, Species &c. ib. eod. mit Kupf. — Faunæ infectorum Americæ borealis prodromus. ib. 1794. 4. (12 gr.) — Joh. Andr. Rob's Abhandl. die Urfache der Baum, trofniß der Nadelwälder betr. Vermehrt und verb. herausgeg. ib. 1786. 4. — Abhandlungen und Auffäze im Naturforfcher ic.

Not. o. Seze zu: — Bok's Saml. von Bildniffen und Bio, graphien gel. Männer und Künftler ic. 1tes Heft. Nürnb. 1791. 8.

Seite 561.

Zu Nic. Com. Papadopoli, merke: Er ftudirte zu Rom im Collegium des heil. Athanafius, und trat 1672. in den Jefuiter, orden.

Zu Ph. Papillon, merke: Joly befchrieb fein Leben in der Biblioth. des Auteurs de B. und im Mercure de France, 1738. p. 1066 — 1080. Abgekürzt fteht es auch in der Biblioth. françai-fe. T. XXX. p. 377. fqq.

Seite 562.

J. Ge. Fr. Pabft's Lebensnachr. ändere fo: geb. den 21 Oct. 1754. zu Ludwigsftadt im Bayreuthifchen, wo fein Vater ein Hand, werksmann und Burgermeifter war. Er ftudirte feit 1774. zu Leip, zig die Theologie, hernach zu Erlangen; wurde 1780. Hofmeifter der jungen Grafen zu Caftell; 1783. Prof. philof. extraord. und 1790. ordinarius zu Erlangen. Seit 1796. ift er Probechant und Pfarrer zu Zirndorf im Anfpachifchen. — — Zu feinen Schriften feze bey: Gefchichte der chriftlichen Kirche, nach den Bedürfniffen unferer Zeit. 1ten Theils 1r Band. Erlangen, 1787. 8. — Die Reifenden für Länder, und Völkerkunde, von zween Gelehrten her, ausgegeben. Nürnberg, 1788 — 1791. V. B. 8. erft beym 4ten B. nannte er fich. — Commentar über die Gefchichte der chriftlichen Kirche nach dem Schröckifchen Lehrbuch. 1r B. in 3 Abtheilungen, und 2ten B. 1te und 2te Abtheilung. Erlangen, 1792 — 96. gr. 8. — — Merke ferner: Entdekung d. fünften Welttheils. NB. ift 1783 — 90. V. 8. und 2te Ausg. 1788 — 90. V. 8.

Den Artikel „Paquot ic.„ ändere fo: J. Nat. Paquot, Pro, feffor der hebräifchen Sprache zu Löwen. — — Mémoires pour fervir à l' hift. litt. des XVII. Provinces des Pays Bas, de la principauté de Liége, et de quelques contrées voisines. Louvain, 1763 — 70. XVIII. 8. und III. fol.

Not. s. Seze zu: — Bok's Samml. von Bildnissen und Biograph. gelehrter Männer und Künstler. 4tes Heft. Nürnb. 1791. 8.

Seite 563.

Zu Passeri, merke: Er starb den 4 Februar 1780. zu Pesaro, nachdem er dieser Stadt sein Naturalien-Kabinet geschenkt hatte.

Seite 564.

Rüke folgende Artikel ein:

Simon Tyssot de Patot war Professor der Mathematik zu Deventer. Er schrieb unter dem angenommenen Namen Jaques Massé: Voyages et avantures de J. Massé, à Bourdeaux, 1710. 8. und Lettres choisies. Haye, 1727. II. 8. Das erstere ist ein Roman, in welchem er durch eine Fabel von den Bienen, die er einem Türken in dem Mund legt, das Christenthum lächerlich zu machen sucht. Eine Parodie auf die Erlösungstheorie, die er am Ende selbst une Fable impertinente et ridicule nennt. Auch in den Briefen bestritt er die Lehre von der Genugthuung und von der Auferstehung der Todten. z)

Benedikt Passionei :c. — — Inscriptione antiche, con qualche Spiegazioni &c. In Lucca, 1764. fol. Die Sammlung enthält 844. griechische und lateinische, zum Theil neue Inschriften, mit erläuternden Anmerkungen.

Zu Albert Radicati, Graf von Passerani, merk' als Note:
*) Mosheims Kirchengeschichte von Schlegel. 5r Band, p. 271 — 276.

Johann Samuel Paake's Lebensnachr. ändere so: geb. 24 Okt. 1727. zu Gelow bey Frankfurt an der Oder. Er studirte hier sehr kümmerlich seit 1748. auch von mitleidigen Freunden unterstüzt, seit 1751. zu Halle; wurde auf Sack's Empfehlung 1755. Landprediger bey dem Marggrafen von Schwedt zu Wormsfeld und erhielt durch ihn, da er von Rußen vertrieben war, 1759. die Predigerstelle auf der Comthurey Liezen in der Churmark. Im Jahr 1762. wurde er erster Prediger an der H. Geistkirche, und zulezt Senior des Ministeriums der Altstadt zu Magdeburg und Scholarch des Gymnasiums daselbst. Er starb den 14 Decemb. 1787. æt. 60. Ein Mann von dem edelsten Charakter, und ein beliebter

---

z) Mosheims Kirchengeschichte :c. von Schlegel, 5r. Band. p. 414 — 417.

Kanzelredner. — — Zu seinen Schr. seze bey: — Auswahl der vorzüglichsten Kanzelreden ⁊c. Deſſau, 1794. gr. 8.

Seite 565.

Rüke folgenden Artikel ein:

Heinrich Eberhard Gottlob Paulus, geb. den 1 Septemb. 1761. zu Leonberg im Wirtenbergiſchen ohnweit Stuttgardt, wo ſein Vater, Gottlob Chriſtoph Diaconus war. Er genoß von dieſem eine ſorgfältige Erziehung und ausſchließenden Unterricht bis er im October 1775. in die Kloſterſchule nach Blaubeuren, bey Ulm, und zwey Jahre nachher in das höhere Kloſter Bebenhauſen, bey Tübingen, aufgenommen wurde. Durch die Belehrungen ſeines Vaters und den Unterricht der damaligen Kloſter-Profeſſoren Gmelin, Kübler, Gaum, Wild, Schelling wurde der Grund ſeiner Kenntniſſe auf ſolide Sprachſtudien gebaut und er fühlte beſonders für die zur Theologie nothwendige Sprachen vorzügliche Neigung, weil er einen eigentlichen innern Trieb hatte, in dieſe Wiſſenſchaft, ſeiner eigenen Ueberzeugung halber, tiefer einzudringen. Die Umſtände boten ihm hierzu die Hand, indem er unter Storr und Schnurrer zu dieſen Studien Aufmunterung und Belehrung fand. Außerdem führten ihn Rößlers aufgeklärte Kirchenhiſtoriſche Einſichten in das Studium der Patriſtik und der Geſchichte von Entſtehung der Lehrbegriffe ein, und vollendeten ſeine innern Ueberzeugungen. Nach geendigten Univerſitätsjahren hielt er ſich einige Jahre in dem Hauſe ſeines Oheims des Hofraths Paulus in Schorndorf auf, wo er ſich mit Informationen und Predigen übte. Durch den Baron von Palm in Kirchheim an der Tek, einen wohlthätigen Beförderer der Studien, unterſtüzt, machte er ein Jahr lang litterariſche Reiſen durch Deutſchland, um Univerſitäten und Erziehungsinſtitute kennen zu lernen und Bibliotheken zu benuzen. Zu eben dieſem Zweck und mit denſelben Hilfsmitteln reiſ'te er im May des folgenden Jahrs nach Holland, blieb hier bis gegen den Winter und kehrte dann im November über Frankreich ins Vaterland zurük. Auf dieſer Reiſe wurde er in Jena perſönlich bekannt und erhielt von hier 1789, den Ruf an Eichhorns Stelle als ordentlicher Profeſſor der morgenländiſchen Sprachen, welche er bis 1793, bekleidete. In dieſem Jahr wurde er von der Facultät zu einer theologiſchen Lehrſtelle, nach D. Döderlein's Tod, vorgeſchlagen, erhielt zuerſt eine profeſſionem Theologiæ ordinariam honorariam, und im nemlichen Jahre noch die dritte Stelle in der theologischen Facultät. — — Schriften: Obſervationes philologico-criticæ ad quædam loca vaticiniorum Jeſaiæ. Tubingæ, 1781. 4. zu Erlangung der Magiſterwürde, in Tübingen geſchrieben. — Exegetiſch-critiſche Abhandlungen. ib. 1784. 8. (8. gr.) liefern Proben von exegetiſchen und kirchenhiſtoriſchen Unterſuchungen. — Einheit, Geiſtigkeit Gottes und Glaube, als allgemeine Grundbegriffe der Chriſtuslehre betrachtet; nebſt einem Anhang für gelehrte Leſer. Lemgo, 1788. gr. 8. (8. gr.) In Form von Predigten. — Accuratior MScriptorum, quibus verſio N. T. Philoxeniana continetur, catalogus, cum quibusdam adviros eruditos quæſtionibus. Helmſtadii, 1788. 8. (Siehe auch in den Annal. litterar. Helmſtad.) Eine Frucht ſeiner Nachforſchungen in der Göttingiſchen Bibliothek und ſeiner Vorbereitung zu ſeinen gelehrten Reiſen. — *Abdollatiphi* Compendium Hiſtoriæ Aegypti. Arab. Tubingæ, 1787. 8. Iſt eigentlich von D. Joſeph White herausgegeben, und zu Oxford gedruckt. Dieſer entſchloß ſich nemlich eine ſplendidere Ausgabe zu veranſtalten, hielt deßhalb dieſe zurük, und gab ſie ſeinem Freund Paulus, bey deſſen Anweſenheit in England, mit, welcher ſolche mit einer Vorrede begleitete, und ſo zu Tübingen in den Buchhandel brachte. — Commentatio critica, exhibens e Bibliotheca Oxonienſi Bodlejana ſpecimina verſionum Pentateuchi ſeptem Arabicarum, nondum editarum, cum obſervat. Jenæ, 1789. 8.m. (8. gr.) Eine Jnaugural-Diſſertation beym Antritt ſeines Lehramts in Jena. — Neues Repertorium für bibliſche und morgenländiſche Litteratur. Jena, 1790. 91. III. gr. 8. (3. Thlr. 12. gr.) Eine Fortſezung des Eichhornſcheu Repertoriums. (Von ihm ſind folgende Abhandlungen darinn: Im erſten Theile: Codex reſcriptus gr. Ev. Matthæi. Dublin. Zuſammenhang der Stelle 1. Timoth. 3, 16. Neuer Verſuch über das Koheleth. Die fremden Sprachen der erſten Chriſten, eine natürliche Geiſtesgabe. Im 2ten Theil: Abdulcurims Pilgrimsreiſe von Bagdad nach Meka; aus dem Engl. Ueber Anlage und Zwek der zwey erſten Fragmente der moſaiſchen Menſchengeſchichte. Ueber die fremden Sprachen der erſten Chriſten, Fortſezung. Ueber den apokryphiſchen Appendix des Evang. Johannis. Im 3ten Theil: Ueber H. Joel Löwe's Bemerkungen, die angebliche hebr. Chronik in Kochim betreffend. — Memorabilien, eine philoſophiſch-theologiſche Zeitſchrift der Ge-

schichte und Philosophie der Religion, dem Bibelstudium und
der morgenländischen Litteratur gewiedmet. Leipzig, 1791 — 96.
VIII. Stüke, gr. 8. Ist eigentlich eine Fortsezung des Repertos
riums mit etwas geänderten und ausgedehntern Zweken. (Von
ihm sind folgende Abhandl. darinn: Im 1. Stül: Erklärungen von
ὁς Φανερωϑη ἐν σαρκι. I. Tim. III. 16. Nachrichten vom 3ten Theil
des arabischen Geschichtsbuchs von Elmacin. Ueber klimatische Vers
schiedenheiten im Glauben an Religionsstifter und in den Forderuns
gen von Zweken derselben selbst. Bemerkungen über Hacim und die
Drusen. Anecdoten aus Elmacin von Hacim. Anmerkungen zu den
Drusischen Religionsbüchern. Die Wundergaben, ein Apolog nach
Ben Sira. Zu Kennicots Biographie, nebst Nachricht von einem
Chaldäischen, von Kennicot so benannten Buch der Maccabäer. Im
2ten und 3ten Stück: Ueber die syrischen Nassirier, zur Erklärung des
53. Cap. Jesaiä. Im 4ten Stül: Das Chaos, eine Dichtung, nicht
ein Gesez für physische Kosmologie. Zweifel gegen das Annageln
der Füsse bey Gekreuzigten. Im 5ten Stück: Beyträge zu einem
Commentar über Jesaia. Noch etwas über den Appendix oder das
lezte Cap. des Evang. Johannis. Im 6ten Stük: Archäologische
Betrachtungen und Muthmassungen über semitische, besonders hebr.
Lesezeichen. Im 7ten Stük: Ueber den Gebrauch des Wortes
ὁι αἰωνες,, Hebr. XI. 1 — 3. und den Zusammenhang der leztern
Stelle. Im 8ten Stük: Die Gottheit, als Lehrer durch Werke
und Worte. Joh. I. 1 — 18. — Bibliothek von Anzeigen und Aus
zügen kleiner, meist academischer Schriften, theologischen, philos
sophischen, mathematischen, historischen und philologischen Inhalts.
Jena, 1789 — 92. XII. Stüke in III. Bänden. 8. — Compendium
Grammaticæ Arabicæ, ad indolem linguarum orientalium et
ad usus rudimentorum conformatum, c. Progymnasmatibus
lectionis arab. ex historia ortus ac progressus litterarum inter
Arabes decerptis, Chrestomathiæ Arab. a se editæ jungend.
ib. 1790 — 86. (12. gr.) — R. *Saadiæ* Phijumensis Versio Jesaiæ
Arabica, c. aliis speciminibus arabico - biblicis e M.Sto
Bodlejano nunc primum edidit atque ad mod. chrestomathiæ
arabico - biblicæ glossario perpetuo instruxit. Jenæ, 1790 — 91.
Fasc. II. 8.m. Fasc. I. cont. Cap. I — XXXVIII. Fasc. II. cont.
Jesaiam Saadiæ jam totum; ex II. aliis versionibus specimina
exhib. — Philologischer Clavis des alten Testam. ib. 1791 — 93.

II. 8.m. (2. Thlr. L. gr.) Der 1ste Theil enthält die Pfalmen. Der 2te den Jefaias, zur Beförderung einer richtigern hebräischen Sprachkenntniß auf Academien und Gymnafien. — Sammlung der merkwürdigsten Reifen in den Orient, in Ueberfezungen und Auszügen, mit Einleitungen, Anmerkungen und collectiven Regiftern, nebft den nöthigen Karten und Kupfern. Jena, 1792—94. gr. 8. 1ster bis 3ter Theil. Diefe enthalten Maundrells Reife nach Paläftina; Belon über Paläftina und Syrien im Auszug; Dandini über die Maroniten, die ungedrufte erfte und zwote Reife Wanslebs nach Aegypten, nebft den d'Anvillefchen, hier verbefferten Karten von Paläftina, vom Tigris und Euphrat, und der Pocockefchen Karte von Aegypten, auch der Niebuhrfchen vom rothen Meer. Der Verfaffer wollte durch diefes Werk die Kenntniß der Sitten und Lage des für die Bibelerklärung wichtigen Theils vom Orient durch eine zugleich unterhaltende Lectüre weiter verbreiten. — Unter feinen Programmen heben wir aus: Hiſtoriæ refurrectionis Jefu ab iniquis fufpicionibus liberandæ cauſa, de cuſtodia ad fepulcrum difpoſita, quid philologico-critice, quid philofophico-hiſtorice judicandum fit, de novo expenditur. Jenæ, 1795. 8.m. Erregte hie und da Auffehen. Phariſæorum de refurrectione fententia ex tribus *Joſephi* archæologi, locis explicatur. ib. 1796. 4. — Zerſtreute kleine Schriften von J. D. Michaelis. Jena, 1793—94. 8. 2te Lieferung. — Seit 1795. vom 5ten Band an mit Ammon und Haenlein: Neues theologifches Journal. Nürnb. Monatlich 1. Stük. — Im Eichbornfchen Repertorium: Ueber das hohe Lied. In Eichhorn's allgem. Bibliothek der bibl. Litteratur: Merkwürdige Nachrichten von einer hebräifchen Chronik der Juden zu Kochim. Ueber das zweyte Buch der Maccabäer. — Arbeitet mit an Schillers Memoiren und der allgemeinen Litteratur-Zeitung. — Im Handbuch der alten Erdbefchreibung (Nürnb. 1793. 8.) ift von ihm Aegypten revidirt und verbeffert a).

Seite 566.

Zu Corn. von Pauw's Schriften, feze bey: — Récherches

---

a) Sein Leben von ihm felbft befchrieben in Bayers allgem. Magazin für Prediger. VII. B. 3tes St. p. 329—351. — Leben und Bildniß in Bok's Samml. von Bildniffen und Biogr. gel. Männer und Künftler. Nürnb. 1793. X. Heft. — Meufel gel. Deutfchl. 5te Auflage. VI. B.

philofophiques fur les Grecs. Berlin, 1787. II. R. P. IV. 8.m.
Gründlich. Deutfch, mit Anmerkungen von Villaume. ib. 1789.
II. 8. (2. Thlr.)

Cf. *Denina* Pruffe litt. T. III.

Seite 568.

Den Artifel Pellerin ꝛc. ándere fo: Jofeph Pellerin, ein
Numismatifer, ftarb 1785. — — Recueil des medailles des Rois,
des peuples et des villes, qui n'ont point encore été publiées,
ou font peu connues. Paris, 1762 — 67. IX. 4. mit Kupfern.
Hierzu: Additions aux IX. Volumes du Recueil des Medailles etc. imprimées en 1762 — 70. avec des rémarques fur quelques medailles dejà publiées. Paris, 1778. 4. Auch unter der
Auffchrift: Lettres de l'Auteur du Recueil &c. Haye, 1770. 4.
Daben find als Supplement zu merken: Des Abbé *le Blond* Ob-
fervations fur quelques Médailles du Cabinet de Mfr. *Pellerin*.
Haye, 1771. 4.

Cf. *Meufelii* Bibl. hift. Vol. III. P. II. p. 357.

Zu Simon Pelloutier Echriften merke. — Religionsgebräuche
der Celten. Aus dem Französifchen. Frankf. 1784 8. (20. gr.) —
NB. Die deutfche Ueberfezung von Hift. des Celtes &c. ift von
Joh. Georg Purmann.. Frankf. 1777. 78. 84 III. 8. (2. Thlr.
4. gr.)

Zu Franz Martin Pelzel, merke: Ift feit 1793. ordentlicher
Profeffor der böhmifchen Sprachfunde in Prag. — — Zu feinen
Schriften feze ben: — Böhmifche, Mährifche und Schlefifche Gelehrte aus dem Orden der Jefuiten, von Anfang der Gefellfchaft
bis auf gegenwärtige Zeiten. Prag, 1786. gr. 8. (16. gr.) — Nowa
Kronyka Czeskà, w Kteréz pribety obywateliiw zemé
Czeské od pocàtku az do nynegffjch cafii. Djl Prwnj od
pocàtku az do léta. 1092. Prag, 1791. — — NB. Gefchichte
der Böhmen ꝛc. 3te vermehrte und fortgefezte Auflage. Prag, 1782.
II. gr. 8. (2. Thlr.) — NB. Leben Wenzeslaus ꝛc. 2ter Band.
ib. 1793. gr. 8. Benm erften ift ein Urfundenbuch von 116 jezt erft
gebruften Diplomen, Briefen und Alten.

Not. d. Seze zu: — Schröth's Abbildungen und Lebensbefchrei-
bungen ꝛc. 2ter Th. p. 275 — 280. — *Meufelii* Bibl. hift. Vo. V.
P. I. p. 315 — 320.

Seite 569.

Zu W. Penn merk' als Note: * Es

* Leben W. Penns ꝛc. aus dem Französischen des D. Marsillac. Straßburg, 1793. 8. (20. gr.) Das französische Original, Paris, 1791. II. 8. ist hier zusammengezogen. Zu enthusiastisch. — Sein Leben von Wilhelm Abraham Teller beschrieben. Berlin, 1779. gr. 8.

Zu Thomas Pennant's Schriften setze bey: — Nördliche Polarzoologie. Aus dem Engl. von E. A. W Zimmermann. Leipzig, 1787. gr. 4. II. mit Kupf. (9. Thlr.) — Beschreibung von London, vorzüglich in Rücksicht auf ältere Geschichte. Aus dem Engl. von J. H. Wiedmann. Nürnb. 1791. gr. 8. mit Kupf. (2. Thlr. 8. gr.) — Handschriftlich hinterließ er ein aus 13. Bänden bestehendes Werk in engl. Sprache: Umriß des Erdballs ꝛc. das vor seinem Tod nicht gedrukt werden sollte.

Cf. Sein litterarisches Leben, von ihm selbst beschrieben. Aus dem Engl. mit Anmerkungen von J. C. Timäus, Hannover, 1794. 8. (18. gr.)

Seite 570.

Zu Abraham Penzel merke: Ist seit 1793. Prof. poes. am Gymnasium zu Leybach, nachdem er sich vorher einige Zeit zu Teschen aufgehalten hatte. — — Dio Cassius Coccejanus Jahrbücher römischer Geschichte. Aus dem Griechischen, mit Anmerkungen. Leipzig, 1786. gr. 8.

Zu Anton Pereira merke: Ein Mönch aus der Congregation des Philipp Neri. — — Comment. de terræ motu et incendio Olyssiponensi &c. Ulyssiponæ, 1756. 4. Englisch, Lond. 1756. 4. — Abhandlung vom Rechte der Metropolitanen über die Bischöfe. Aus dem Portugiesischen, von le Bret. Frankfurt, 1780. gr. 8. (20. gr.) — — A. J. Pernety. NB. Journal hist. d'un voyage fait aux Isles Malouines &c. Ed. II. à Paris, 1770. II. 8. mit Kupf. Engl. London, 1771. 4. — NB. La connoissance de l'homme moral &c. Deutsch. Versuch einer Physiognomik, oder Erklärung des Moralmenschen durch die Kenntnisse des physischen. Dresden, 1785. III. gr. 8. mit Kupf. (2. Thlr. 12. gr.)

Seite 571.

J. G. Pertsch. NB. Observ. juris canon. &c. Hierbey ist sein Leben von Joh. Christ Wernsdorf.

Cf. Götten jetzleb. gel. Europa. 1ster Th. p. 777. sqq. 2ter Th. p. 818. 3ter Th. p. 747.

(Supplem. II.)   Q

Not. g. Seze zu: — *Meuselii* bibl. hist. Vol. III. P. l p. 249. sq. P. II. p. 76. sq.

Seite 573.

Zu Joh. Wilhelm Petersen, merke: — Aus seiner Urania, welche Leibniz noch ausfeilte, sieht man, daß er ein Dichter w. dem es zwar nicht an Wiz, aber an Urtheilskraft fehlte.

Seite 574.

Not. k. Seze zu: — *Molleri* Cimbria litt. T. II. p. 639. 4.

Seite 575.

Zu C. Graf von Peyssonel's Schriften seze bey: — Verfaßung des Handels auf dem schwarzen Meere; aus dem Franzöß. mit Anmerkungen, von Cuhn. Leipz. 1787. gr. 8. (1. Thlr. 8. gr.) — Frankreichs politische Lage, und seine gegenwärtige Verhältniße mit den übrigen europäischen Mächten; aus dem Französ. ib. 1790. II. gr. 8. (1. Thlr.) — NB. Examen du livre intitulé: Confiderations &c. steht fälschlich doppelt.

Seite 576.

Zu Joh. Pezzl's Schriften seze bey: — Charakteristik Josephs II. eine historisch-biographische Skizze. Wien, 1790. 8. (1. Thlr.) — Oesterreichische Biographien oder Lebensbeschreibung seiner berühmtesten Regenten, Kriegshelden ꝛc. ib. 1791. 92. (4. Thlr.) Hier sind die vorhergehenden und die folgenden Biographien zusammengefaßt. — Lebensgeschichte Laudons. ib. 1790. 8. (20. gr.) — Leben und Thaten Eugens, Prinzen von Savoyen. ib. 1791. 8. (1. Thlr.) — Marokkanische Briefe; aus dem Arabischen. Frankf. und Leipz. 1784. 8. — Vertraute Briefe über Katholiken und Protestanten. Straßburg, 1787. 8. — Mouradgea d'Ohssons vollständige Schilderung des Ottomannischen Reichs; aus dem Französ. Wien, 1790. II. gr. 8. mit Kupf.

Not. n. Seze zu: — *Lamberts* Gelehrtengeschichte der Regierung Ludwigs XIV. 1. B. p. 139. sqq.

Seite 577.

Zu Aug. Fr. Pfeiffer, merke: — Von der Musik der alten Hebräer. Erlangen, 1779. 4. — Beyträge zur Kenntniß alter Bücher und Handschriften. Hof, 1783—87. 4. Stüke. (1. Thlr. 12. gr.) 8. — — NB. Philonis opera &c. ist 1785—92. V. — NB. Hebräische Grammatik. Ed. nova. Erlangen, 1790. 8.

Zu Joh. Frid. von Pfeiffer, merke: Er starb den 5. Nov

1787. æt. 69. — — NB. Manufacturen und Fabriken Deutschlands.
Neue Auflage. Frankf. 1787. II. gr. 8. (2. fl.)

Seite 578.

Zu Chriſtian Frid. Pfeffel, merke: Seit 1792. geheimer
Staatsrath in Zweybrükiſchen Dienſten. — — Hat auch Antheil
au Schlözers Staatsanzeigen.

Zu Conrad Gottl. Pfeffel, merke: Privatiſirt jetzt zu Colmar,
nachdem die Kriegsſchule daſelbſt aufgehoben worden. — — Dra-
matiſche Kinderſpiele. Strasburg, 1769. 8. — Lieder für die Col-
mariſche Kriegsſchule. 1778. 8. — Principes du Droit naturel,
à l'uſage de l'école militaire de Colmar. à Colmar, 1781. 8. —
Arete; ein Trauerſpiel. Frankf. 1774. 8. — Der Schatz; ein Schä-
ferſpiel. ib. 1761. 8. — Der Einſiedler; ein Trauerſpiel. Carlsruhe,
1763. 8. — Philemon und Baucis; ein Schauſpiel. Strasburg,
1763 8. — Aus den theatraliſchen Beluſtigungen ſind beſonders
abgedrukt: Der Kaufmann. Frankf. 1770. 8. (nachgedrukt unter
der Aufſchrift: Freymund, oder der übelangebrachte Stolz). Die
Schnitter; Luſtſp. Triumph der ehelichen Liebe; Luſtſp. Triumph
des guten Herzens; Luſtſp. Der Philoſoph, ohne es zu wiſſen. —
Viele Fabeln und Gedichte in den Muſenalmanachen, im deutſchen
Muſeum, in Schillers Muſenalmanach, in Bekers Taſchenbuch
zum geſelligen Vergnügen, und in der Berliner Monatsſchrift.
Ferner: Aufſätze in Benekens Jahrbuch der Menſchheit, in der
Monatſchrift der Berliner Akademie der K. und mechan. Wiſſen-
ſchaften, im Berliner Journal für Aufklärung und in der Flora,
Deutſchlands Töchtern geweiht. — — NB. Fabeln; 3te verbeſſerte
Ausgabe. Heilbronn, 1792. III. 8. — Poetiſche Verſuche. Baſel,
1796. III. 8. (1. fl. 12. kr.)

Zu Joh. Chriſtoph Pfennig, merke: — Anleitung zur Kenntniß der phyſikaliſchen Erdbeſchreibung. Berl. und Stettin, 1781. 8.
(20. gr.) — Kurzer Entwurf der neueſten Geographie nach ihren
fünf Theilen für Anfänger. Stettin, 1790. 8. (6. gr.) Ein Auszug
der Anleitung ꝛc. nach der 4ten Ausgabe. — — NB. Anleitung zur
Kenntniß der neueſten Erdbeſchreib. 3te umgearbeitete Ansgabe.
ib. 1783. 4te vermehrte Ausg. ib. 1787. 5te durchgängig vermehrte
und verbeſſerte, mit vollſtändigen Regiſtern verſehene Ausgabe.
ib. 1794. 8.

Seite 579.

Zu Joh. C Pfenninger, merke: Starb den 11. Sept. 1792. æt 45. — Predigten über die Leidensgeschichte Jesu Christi, nach den 4. Evangel. Franff. 1791. II. 8. (1. Thlr. 4. gr.) — Paulus Lob der Liebe, in 12. Kanzelreden. Zürich, 1791. gr. 8. (1. Thlr. 4. gr.) — Familie von Eden, oder Bibliothek des Christenthums, für seine Freunde und Gegner. Zürich, 1792. 1. Heft. 8. (16. gr.) — — NB Jüdische Briefe ꝛc. sind 1783—92. XII. B. 8. (5. Thlr. 14. gr. Schreibp. 7. Thlr. 12 gr.) — NB. Von der Popularität in Predigten ist bis 1789 III. 8. (1. Thlr, 3. gr.)

Zu Joh. Herm. Pfingsten, merke; Doct. med. geb. zu Stuttgard (nicht Tübingen), den 15. May 1751. (nicht 1750.) war seit 1784. Professor zu Erfurt (nicht Mainz), und seit 1791. kurmainzischer wirklicher Kammerrath zu Erfurt. Im Jahr 1794. verließ er die Mainzischen Dienste und gieng nach Constantinopel — — Königl. französische Instruktion zu besserm Betrieb des Salpeterwesens, nebst Cornette's Abhandl. über das Salpetererzeugen. Dresden, 1781. 8. — Deutsches Dispensatorium, oder allgemeines Apothekerbuch nach den neuesten und besten lat. Dispensatorien und Pharmacopöen nach alphabet. Ordnung eingerichtet. Stuttgard, 1783. 4. (1 Thlr. 16. gr.) 2te verbesserte und vermehrte Ausgabe. Franff. und Leipzig. 1795. 4. — Magazin für die Philosophie und ihre Geschichte; aus den Jahrbüchern der Akademien angelegt von weil. Michael Hißmann; fortgesezt. 7ter B. Gött. 1789. 8. — — Merke ferner: Journal für Forst-Bergwerkssachen ꝛc. ist 1786—90. V. Hefte in 3. Jahrgängen. 8. (1. Thlr. 6. gr.) — NB. Clerk's Werke über die Arzneykunst ist 1786—87. IV. 8. — NB. Quesnay's Abhandl. über Eiterung und den heissen Brand ist 1786. 87. II. 8. — NB. Magazin für die Mineralogie ꝛc. ist 1789—90. II 4. mit Kupf. (2. Thlr. 4. gr.) — NB. Archiv für Kammern ꝛc. hat I. B.

Seite 581.

Rüke folgende Artikel ein:

Carl Anton Pilati, geb. in Graubündten, den 28 Dec. 1733. stammt aus einem adelichen Hause im Trientinischen. Er privatisirt meist zu Wien. — — Schriften: Voyages en differens Pays de l'Europe en 1774—76. ou Lettres écrites de l'Allemagne, de la Suisse, de l'Italie, de la Sicile et de Paris, à la Haye, 1777. II. 8. Deutsch, nachlässig übersezt. Leipz. 1778. II. 8. —

Hiſt. des revolutions, arrivées dans le Gouvernement, les
Loix et l'Eſprit humain, après la Converſion de Conſtantin
jusqu'à la chûte de l'Empire d'Occident. Haye, 1783 8 m.
Deutſch, mit Anmerkungen. Leipzig, 1784. gr. 8 — L'eſiſtenza
della legge naturale impugnata e ſoſtentata, in Venez. 1764. 8.
— Raggionamenti intorno alla Legge naturale e civile, in
Venez. 1766. 8. — La ſtoria del imperio Germanico e dell' Italia dai tempi dei Carolingi fine alla pace di Veſtfalia. Stochol-
ma (Chur), 1769. und 1772. II. 4. — Di una Riforma d'Italia,
Borgo Francone (Coira). 1770. 8. — Lettres ſur la Hollande,
écrites en 1778. u. 79. à la Haye, 1780. II. gr 12. — Traité
des Loix politiques des Romains du tems de la République.
ib· 1781. 2. Parties, gr. 8. b)

Joh. Pine, ein berühmter Kupferſtecher zu London, lieferte
Horatii opera. Lond. 1733. II. 8. ganz in Kupfer geſtochen, mit
Vignetten. Nach dieſer fehlerhaften Ausgabe wurde ein Abdruk
veranſtaltet. Berolini, 1745. 8.

Alexander Guy Pingré, geb. den 4. Sept. 1711. zu Paris.
Er wurde ein Zögling des Collegiums der Chorherrn von St. Gé-
néviève, wo er ſo große Fortſchritte machte, daß man ihn zum
Prof. theol. ernannte. In den Streitigkeiten wegen der Bulle
Unigenitus, wurde er verfolgt, und floh nach Rouen, wo man
ihn als Aſtronom in die Akademie aufnahm. Eben ſo wurde er
1753. correſpondirendes und 1756. ordentliches Mitglied der K Akademie der Wiſſenſchaften zu Paris, nachdem man ihn in das Kloſter St. Généviéve berufen hatte. In den Jahren 1757. 1766.
und 1768. machte er große Reiſen zu Berichtigung der See-Uhren.
Er lebte unter ſeinen gelehrten Beſchäftigungen ſehr einfach, als
ein guter Republikaner, und ſtarb 1796. æt. 85. — — Schriften:
Etat du Ciel. Paris, 1754—57. 8. — Cométographie, ou Tr.
hiſt. et théorique des Comètes. ib. 1783. 84. II. 4. — Manilii
Aſtronomicon Lib. V. acceſſ. Ciceronis Arataea, c. interpret.
Gallica et notis. ib. 1786. 8. — Hatte Antheil an den Beſchrei-
bungen folgender See-Reiſen: Journal du Voyage de M. le
Marq. de Courtanvaux &c. 1769. 4. Voyage fait par ordre du
Roi en 1768. 69. pour éprouver en mer les horloges, inven-

---

b) *Meuſelii* Bibl. hiſt. Vol. V. P. I. p. 176. ſq. Vol. VI. P. II. p. 181.

tés par Frid. Berthoud. 1774. II. 4. und Voyage fait par ordre
du Roi en 1771. 72. &c. 1787. 4. — Gab heraus: Mémoires de
l'Abbé *d'Arnaud*. 1756. III. 4. — Mehrere Abhandlungen in den
Mém. de l'Acad. von 1755 — 1770. c).

Den Artikel Piranesi ꝛc. ändere so: Joh. Baptista Piranesi,
Architect zu Rom — — Hauptwerke: Antichità di Roma &c.
Roma, 1798—56. IV. fol. — Opere varie d'Architettura &c.
ib. 1750. fol.m. — La Magnificenza di Roma antica e moderna
delineata &c. ib. 1751. fol.m. — Della Magnificenza d'Architettura de'Romani. ib. 1761. fol. — Lapides Capitolini, f. Fasti
consulares triumphalesque Romanorum, ab U. C. usque ad
Tiberium Cæsarem &c. ib. 1762. fol. atl. d).

Zu G. Christ. Pisansky, merke: War seit 1789. Consistorialrath, und starb den 11. Oct. 1790. — — Antihephästion. Danzig,
1776. 8. — — NB. Entwurf einer Geschichte der Gelehrsamkeit in
Preussen, N Aufl. Königsb. 1791. gr. 8. und lateinisch: Hist. litt.
Prussiæ primis lineis adumbr. ib. 1765. 4. (12. gr.)

Seite 582.

Gayot's von Pitaval Lebensnachr. ändere so: (Franz),
geb. den 24. Jul. 1673. zu Lyon, wo sein Vater Präsidialrath
war. Er wurde zuerst Mönch, hernach Soldat; endlich 1723. Parlaments-Advocat zu Paris, wo er den 1 Jan. 1743. starb. Bey
seinen wenigen Fähigkeiten und Kenntnissen suchte er sich durch
fleissig compilirte Schriften zu entschädigen. — — Zu seinen Schriften seze bey: — Campagne du Maréchal de Villars en 1712.
Paris, 1713. 12. — — NB. Franz Rechtsfälle ꝛc. sind 1782—92.
IV. Ueber dieß Werk f. Friedrich Schiller, IV. B. p. 679.

Seite 583.

Zu G. J. Plank, merke: Ist seit 1791. Prof. theol. primar.
und Königl. Grosbrittan. und Braunschweig-Lüneburgischer Consistorialrath zu Göttingen. — — Zu seinen Schriften: Grundriß
einer Geschichte der kirchl. Verfassung, kirchlichen Regierung und des
kanonischen Rechts, besonders in Hinsicht auf die deutsche Kirche ꝛc.
Göttingen, 1791. 8. — Einleitung in die theologischen Wissenschaften. Leipz. 1ster Th. 1793. 2ter Th. 1795. (2. Thlr. 6. gr.) — No-

c) Sein Eloge &c. von *Prony*.
d) *Saxii* Onomast. T. XII. p. 128. sq.

riß einer hiſtoriſchen und vergleichenden Darſtellung der dogmati=
ſchen Syſteme unſerer verſchiedenen chriſtlichen Hauptpartheyen nach
ihren Grundbegriffen, ihren daraus abgeleiteten Unterſcheidungs=
lehren und praktiſchen Folgen ꝛc. Göttingen, 1797. 8. — Geſchichte
der proteſtantiſchen Theologie, von Luthers Tode bis zur Einfüh=
rung der Concordienformel. 1r. B. Leipz. 1797. gr. 8. — Iſt Mit=
arbeiter an den Götting. gel. Anzeigen. — — NB. Geſchichte des
proteſt.Lehrbegriffs ꝛc.. Der 3te B. hat 2.Thle. Alſo das Ganze 4.Thle.
in 3. B. bis 1791. (4. Thlr. 16. gr.) Vom 1ſten B. eine neue Aufl.
1791. — NB. Neueſte Religionsgeſch. 2ter Th. 1790. 3ter Th. 1793.
Cf. Pütters gel. Geſch. von Göttingen. II. Th. pſ. 121. ſqq.
— Haugs Schwäb. Magaz. 1777. p. 682.

Seite 584.

Zu **Ernſt Platner,** merke: Iſt ſeit 1789. Decembr der Univer=
ſität Leipzig, ſeit 1790. Collegiat des groſſen Fürſtenkollegiums,
ſeit 1796. beſtändiger Decan der medicin. Facultät, auch kurſächſ.
Hofrath. — — Neue Anthopologie für Aerzte und Weltweiſe. 1ter Th.
Leipz. 1790. gr. 8. (1. Thlr. 20. gr.) — Quæſtionum phyſiolo-
gicarum LL. II. quorum altero generalis, altero particularis
phyſiologiæ potiora capita illuſtrantur. Lipſ. 1794. 8.m. Eine
Sammlung von Abhandlungen, welche vorher einzeln erſchienen
waren. — Lehrbuch der Logik und Metaphyſik. Leipz. 1795. 8. —
Vermiſchte medicin. Auffſäze. Frankf. und Leipz 1797. gr. 8.

Zu **Joh.** (Joſeph) **Jac. Plenck,** merke: Hygrologia corporis humani, ſ. doctrina chemicó-phyſiologica de humori-
bus in corpore humano contentis. Viennæ, 1794. 8. — Phyſio-
logia et Pathologia plantarum. ib. eod. 8.m. (12. gr.) Deutſch,
ib. 1795. 8. (12. gr.) — Elementa terminologiæ botanicæ ac
ſyſtematis ſexualis plantarum. ib. 1797. 8. m. — Abhandlungen
in Mohrenheims Wieneriſchen Beyträgen und in den Abhandl. der
Joſephiniſchen med. chirur. Akad. — — NB. Icones plantarum &c.
ſind 1788 — 95. VI. Vol. Iſt geſchloſſen. Die Kupf. ſind illuminirt.

Seite 586.

Pluche. NB. Schauplaz der Natur. Neue Aufl. Sehr vermehrt
und verbeſſert. Nürnb. 1789 — 91. III. 8.m. (4. Thlr.) Empfeh=
lungswürdig.

Zu **Richard Pocok,** merke: War Juriſt und Archäolog, auch
Mitglied der K. Geſellſchaft zu London; geb. 1704. zu Southamp=

ton. Er studirte zu Oxford, und wurde hier Doctor der Rechte, reiste 1737. in das Morgenland, und kam 1742. zurück, wurde 1744. Präceptor zu Waterford; begleitete hernach noch verschiedene Aemter, z. B. das Archidiaconat zu Dublin, das Bisthum zu Osforn und zu Meath, und starb 1765. am Schlag. — — NB. Beschreib. des Morgenlandes rc. Neue Ausgabe von J. F. Breyer, und Joh. Christ. Daniel von Schreber. Erlangen, 1790. 91. III. gr. 4. (12. Thlr.) Soll eigentlich die alte Ausgabe von 1771. und nur mit einem neuen Titelbogen versehen seyn. Wurde auch aus dem Engl. ins Holländische übersetzt von Ernst Wilhelm Cramer. Utrecht, 1780—82. 4.m. — Ben den Inscript. ant. gr. et lat. war Jeremias Milles sein Gehilfe.

Not. h. Seze zu: — *Saxii* Onomast. T. VII. p. 67. sq. — *Meuselii* Bibl. hist. Vol. III. P. II. p. 338. sq.

Seite 588.

Zu Joh. Polenus, merke: (Marchese Poleni), geb. den 23. Aug. 1683. zu Venedig. Sein Vater hatte ihn zum Studium der Rechte bestimmt; er wurde aber aus Neigung ein Mathematiker, und starb den 14. November 1761.

Not. k. Seze zu: — Bibl. Bremens. Cl. III. fasc. I. p. 75—93.

Seite 590.

Noi. n. Seze zu: — Eloge &c. in den Mem. de Trevoux. 1742. p. 1053—1091. — Bibl. raisonnée. T. XXIX. p. 204—323.

Seite 592.

Not. q. Seze zu: — Schmersahls Nachricht von jüngst verstorbenen Gelehrten. 2r B. 1s St.

Seite 593.

Zu Carl Porée, merk' als Note: — Eloge &c. in den Mem. de Trevoux. 1741. q. 546—560. — Bibl. française. T. XXX. p. 351. sqq.

Not. r. Seze zu: — Biogr. Brittan. T. V.

Seite 594.

Zu Paul Pott, merke: (NB. nicht Paul, sondern Percival), starb den 16. Jan. 1789. æt. 74. in London. — — Sämtliche chirurgische Werke; aus dem Engl. Berl. 1787. 88. II. gr. 8. (3. Thlr. 8. gr.) Das engl. Original; The Works &c. erschien. Lond. 1785. III. 8.m.

Seite 595.

Zu Joh. Potter. NB. Griechische Alterthümer ꝛc. engl. Er: schienen auch: Lond. 1728. Ferner: 1751. 1754. 1776. II. 8.m. mit Kupf. Noch unterhaltender als hier, werden die griechischen Alterthümer von Barthelemy erläutert in Voyage du jeune Anacharſis en Gréce &c. Paris, 1788. IV. gr. 4. wozu noch ge: hört: Recueil des Cartes geogr. Plans, Vues et Medailles de l'ancienne Gréce &c. ib. eod. — Merk' als Note:

* Biograph. Brittan. T. V. — *Meuſelii* Bibl. hiſt. Vol. III, P. II. p. 255 — 258.

Rüke folgenden Artikel ein:

Joh. Martin de Prades, Baccalaureus der Theologie und Prieſter in der Diöces von Montauban. Er diſputirte 1751. zu Paris über einige Säze, um die Lizenziatenwürde zu erlangen, die ihm aber verſagt wurde, weil jene mehrere Irrthümer zu enthalten ſchienen. Er mußte ſogar heimlich nach Holland entweichen. Von da kam er nach Berlin, und hier nahm ihn der König an die Stelle des La Mettrie zu ſeinem Lector an. Erſt nachdem er ſich mit der Kirche ausgeſöhnt hatte, erhielt er vom Papſt eine Pfründe; er wurde Domherr zu Breslau und Archidiaconus zu Oppeln, und ſtarb 1782. æt. 60. zu Glogau. — — Seine Theſes, die ſehr ſelten waren, gab der Prof. Kapp mit der Cenſur der Sorbonne heraus; Lipſ. 1751. 5. Der Abbé de Prades ſchrieb 1753. eine Apologie &c. II. 8. und Suite de l'Apologie &c. 8. — Man ſchrieb ihm auch das deiſtiſche Buch zu: Abregé de l'hiſt. eccleſiaſtique de Fleury, à Berne (Berlin) 1766. 12. In die: ſem Fall wäre freylich ſein Widerruf nichts weniger als ernſtlich geweſen. e)

Zu Ephr. Prätorius, merke: Er hinterließ im Manuſcript ein Danziger Lehrergedächtniß ꝛc. in 2. ſtarken Folianten, welches 1760. zu Danzig in Druk erſchien. 4.

Seite 596.

Zu Joh. Heinr. Pratje (dem ältern), merke: Er ſtarb den 1. Febr. 1791. æt. 81. miniſt. 57.

---

e) Heinſii Kirchenhiſt. 4ter Th. p. 383—390. ſq. — Acta hiſt. eccleſiaſtica. 16. B. p. 106. ſqq. — Mosheims Kirchengeſch. von Schlegel, 5ter B. p. 391 — 398.

Not. u. Setze zu: — Sein Leben ꝛc. von Schlichthorst, Sub-
conrector zu Stade. Stade, 1791. 8. — Nekrolog ꝛc. für das
Jahr 1791. von Schlichtegroll. 2r B. 1s H. p. 13—28.

Seite 597.

Rüke folgende Artikel ein:

Hieronymus de Prato, ein Priester aus der Congregation des
Oratoriums zu Verona ꝛc. — — *Sulpicii Severi* Opera &c. c. n.
et Differtat. Veronæ, 1741. 54. II. 4. von Klotz kritifirt in den
Mifcellan. crit. C. 4. p. 18—26.

Zu G. Pray, merke: Er ist geb. 1724.

Seite 599.

Zu Joh. Pringle, merke: Er war ein gelehrter, dienstfertiger,
verträglicher Arzt, und sein Ruhm war so ausgebreitet, daß ihn
die Akademien zu Paris, Stokholm, Göttingen ꝛc. zu ihrem Mitglied ernannten. — NB. Obfervat. on the difeafes &c. Ed. VII.
Lond. 1775. 8.m. auch ins Italienische übersetzt. Neap. 1757. 4.

Not. z. Setze zu: — Hist. de l'Acad. roy. des fciences,
à Paris, A. 1782. — Bambergers biogr. Anecdoten ꝛc. 2ter Th.
p. 162. fqq..

Seite 600.

Zu Matthäus Prior, merk' als Note: Olla Potrida. 1. St. 1788.

Zu Jofeph Priestley, merke: Ein berühmter Philofoph, der
in stiller Muße zu Birmingham lebte, sich ganz den Wissenschaften
weihte, und seine Zeit meist auf phyfifche und chemifche Versuche
verwandte. In einem Tumulte, der den 14. Jul. 1791. gegen die
Diffenters ausbrach, wurden seine Häufer, sein Landgut, seine
kostbare Bibliothek, sein Laboratorium, nebst allen phyfikal. und
chemifchen Instrumenten, und, welcher Verlust am meisten zu be-
dauern und unerfetzlich war, alle seine Manufcripte, und unter
diefen ein wichtiges zum Druk fertiges Werk in 3. Bänden, das
Refultat vieljähriger Experimente, verbrannt oder zerstört. Er
trug seinen so großen Verlust und seine nun dürftige Lage mit
philofophifcher Gelaffenheit. — — Anleitung zur Religion, nach der
Vernunft und Schrift; aus dem Englischen. Frankf. 1782. III. 8.
(1. Thlr. 4. gr.)

Procopowicz ꝛc. NB. Siehe, 5ter B. p. 8. fq. unter Theopha-
nos Procopowitfch, welches derfelbe ist.

Rüke folgenden Artikel ein:

Anton de la Puente, eigentlich Ponz, Secretär bey der Akas demie der schönen Wissenschaften zu Madrit. — — Viage de Espanna &c. En Madrid, 1772—88. XV. 8. mit Kupf. Die 2. erstern Bände wurden von Joh. Andreas Dieze ins Deutsche übersezt. Leipz. 1775—79. II. gr. 8. (1. Thlr. 14. gr.) — Viage fuera de Espanna. Madrid, 1785. II. 8. f)

Seite 602.

Friedrich Esaias (Philipp) von Puffendorf's Lebensnachr. ändere so: Geb. den 12. Sept. 1707. zu Bükeburg. Er studirte zu Halle, wurde 1734. Hofgerichts-Assessor zu Zelle, im J. 1738. Ober-Appellations-Gerichtsrath daselbst, und 1767. Vice-Präsis dent desselben Gerichts. Schon vorher 1756. wurde er nebst seinen Brüdern in den Adelstand erhoben; starb den 25. August 1785.

Zu J. S. Pütters Schriften setze bey: — Specimen juris publ. et gent. medii ævi. Gottingæ, 1794. 8. (16. gr.) — Kurs zer Begriff der deutschen Reichsgeschichte. ib. 1780. gr. 8. (10. gr.) — Erörterungen und Beyspiele des deutschen Staats- und Fürstens rechts. ib. 1790 — 94. 1ter Band und 2r B. 1s Heft. gr. 8. — Systematische Darstellung der pfälzischen Religions-Beschwerden. ib. 1793. gr. 8. — — Merke ferner: NB. Institutiones jur. publ. germ. Ed. V. Gött. 1792. 8.m. Wurde ins Deutsche übersezt: Anleitung zum deutschen Staatsrecht, von Anton Fr. Graf von Hohenthal, mit Anmerkungen von Fr. W. Grimm. Bayreuth, 1791. 92. II. gr. 8. (1. Thlr. 3. gr.) — Staatsveränderungen des deutschen Reichs. NB. 7te Ausgabe bis zum 5. April 1795. fortgesezt. Gött. 1795. gr. 8. — Anleitung zur jurist. Praxi. NB. 5te Ausg. Gött. 1889. gr. 8. 6te Ausg. ib. 1790. II. gr. 8. (1. Thlr. 2. gr.) und Zugabe von der Orthographie ꝛc. 4te Ausg. Gött. 1789. gr. 8. — Auserlesene Rechtsfälle ꝛc. NB. 4r Th. 1791. — Kurzer Begriff des deutschen Staatsrechts. NB. Ein vorzüglicher Commens tar darüber von Hofrath und Professor Häberlin: Handbuch des deutschen Staatsrechts. Berl. 1794. II. 8. — Primæ lin. jur. priv. princ. NB. Auch ib. 1789. — Der einzige Weg zur wahren Glüks seligkeit ꝛc. NB. 4te größtentheils umgearbeitete Ausg. ib. 1794. 8. (1. Thlr.) — Beyträge zur nähern Erläuterung einiger Lehren des deutschen Staatsrechts. NB. Auch ib. 1793. — Hist. Entwikelung

---

f) *Meuselii* Bibl. hist. Vol. VI. P. I. p. 90. sqq.

der heutigen Verfaſſung des deutſchen Reichs. NB. Engl. durch
Dornford. Lond. 1790. 91. III. 8. m.

Seite 634.

Zu J. L. E. Püttmann, merke: Starb den 28. April 1795.
æt. 06. — — Diatriba de titulo ſemper Auguſtus. Lipſ. 1792.
8 m. — Ueber die Referir- und Dekretirkunſt. Leipz. 1783. gr. 8.
(12. gr.) — Ueber die Sattelhöfe, deren Rechte und Freyheiten,
mit Urkunden. ib. 1789. gr. 8. (8. gr.) — Miſcellanea. ib. 1793.
8 m. (1. Thlr.) — Edirte Joh. Ortwinii Weſtenbergii Opuſc. &c.
Lipſ. 1794. 95. II. 8. m. — — MB. Grundſäze des Wechſelrechts.
Neue Aufl. vermehrt und verbeſſert. ib. 1795. 8. (14. gr.)

Not. d. Seze zu: — Nachr. von niederſächſ. berühmten Leuten.
1r B. p. 161 — 173. — Schattenriſſe edler Deutſchen. 2r B.
p. 227 — 254.

Seite 505.

Joh. Theodor (Thaddäus) Pyl's Lebensnachr. ändere ſo:
Geb. den 16. Nov. 1749. zu Barth in Pommern, wo ſein Vater
Arzt war. Er ſtudirte zu Stralſund und Greifswalde die Me-
dicin; practizirte ſeit 1777. als Arzt in Berlin ; wurde 1778 k.
preuſſiſcher Feldarzt und Stabsmedicus zu Breslau; im nemlichen
Jahr noch erſter Stadtphyſicus und Beyſizer des mediciniſchen
Collegiums, auch 1796. Rath des Ober-Geſundheits-Collegiums
zu Berlin. Er ſtarb den 27. Dec. 1794. æt. 46. — — Zu ſeinen
Schriften: Repertorium für die öffentliche und gerichtliche Arzney-
wiſſenſchaft. Berlin, 1789,

Not. f. Seze zu: — Nekrolog auf das J. 1794. von Schlichtegroll. 2r B. p. 378 — 383.

Seite 606.

Zu Quiſtorp's Schriften ſeze bey: — Ausführlicher Entwurf
zu einem Geſezbuch in peinlichen und Straffachen. — — Verſuch
einer Anweiſung für Richter beym Verfahren in Criminalſachen ꝛc.
Leipz. 1789. gr. 8. (8. gr.) — — NB. Grundſäze des deutſchen
peinlichen Rechts. Neue Auflage. Roſt. 1789. II. gr. 8. (4. Thlr.
18. gr.) — Beyträge zur Erläuterung verſchied. Rechtsmaterien ꝛc.
NB. 2. Theile. (1. Thlr. 16. gr.)

Seite 607.

Zu Joh. Jacob Rabe, merke: Iſt ſeit 1790. General-Superintendent zu Anſpach.

Gotth. Wilh. Rabener. NB. Satyren. Wurden ins Hollän-
dische übersezt. Amst. 1774. V. gr. 8. — Cf. Sein Leben ꝛc. von
Weise, bey der neuesten Ausgabe seiner Schriften. — *Saxii*
Onomast. T. VII. p. 34. sq.

Seite 608.

Racine. NB. Kirchengesch. Deutsch. Ist 1789 — 93. XVI. gr. 8.

Zu Ge. Chr. Raff. NB. Geographie für Kinder ꝛc. Neue Aufl.
mit einer Vorrede von Feder. Göttingen. 1790 — 92. II. 8. (20. gr.)
Auch von Christ. Carl Andre fortgesezt. 2r und 3r Th. ib 1791.
92. gr. 8. (2. Thlr. 8. gr.) — NB. Naturgeschichte für Kinder.
6te vermehrte Aufl. von J. A. Meyer. ib. 1793. gr. 8. — NB. Naturgeschichte zum Gebrauch auf Schulen. 4te verbesserte Aufl. ib.
1792. 8. mit Kupf. (20. gr.) — NB. Abriß der allgemeinen Weltgeschichte ꝛc. Ist 1788 - 92. IV. 8. (2. Thlr. 6. gr.)

Seite 609.

Zu F. E. Rambach. NB. Archib. Bowers unparth. Historie
der Päpste. Ist 1751 — 80. X. 4. (16. fl.)

Seite 610.

Not. s. Seze zu: — Acta hist. ecclesf. nostri temporis. 15r B.

Seite 611.

Zu C. W. Ramler, merke: Legte 1790. seine Professur der schönen Wissenschaften nieder, und war bis 1796. Mitdirector des K.
Nationaltheaters zu Berlin. — — Zu seinen Schriften seze bey: —
Chr. Wernikens Ueberschriften, nebst Opizens, Tschernings,
Gryphius und Ad. Olearius epigrammatischen Gedichten, nebst
kurzer Biographie derselben. Leipzig, 1780. 8. — Friedrich von
Logau Sinngedichte, neu umgearbeitet und vermehrt, mit Anmerkungen. ib. 1791. 8. — Scherzreden aus dem Griech. des Hierocles. Berlin, 1782. 8. — Uebersezung der poetischen Stellen, in
dem aus 8. Bänden bestehenden Auszug des euglischen Zuschauers.
ib. 1782. 83. — Cajus Valerius Catullus. Im Auszug lat. und
deutsch. Leipz. 1793 8. — Fabeln und Erzählungen aus verschiedenen Dichtern gesammelt. Berlin, 1797. 8. Eine Fortsezung der
Fabellese. — Gedichte von ihm in mehrern Almanachs und andern
Zeitschriften, so wie auch hie und da eingerückte Abhandlungen.
Eben so hatte er Antheil an mehrern Werken, z. B. Kleists,
Lessings ꝛc. — Edirte F. M. Kubs Gedichte. Zürich, 1792. II. 8.
— — Merke ferner: Fabellese. NB. 1783 — 90. III. 8. (1.Thlr. 10.gr.

und holländ. Papier 4. Thlr.) — Martialis lat. und deutſch.
NB. 1787—91. V. 8.

Zu Andr. M. von Ramſay, merke: — Theologia myſtica &c. Lond. 1751. 8. erſchien nach ſeinem Tod. Er wollte
die Grundſäze derſelben ſtreng demonſtriren. — — Merke ferner:
NB. Les voyages de Cyrus. Ins Deutſche überſezt: Reiſen des
Cyrus. Wismar, 1745. 8. (8. gr.) Neu überſezt. Baſel, 1779. 8.
(1. Thlr.) Auch von Claudius. Bresl. 1780. 8. (1. Thlr.)

Seite 612.

Not. o. Seze zu: — Biograph. Brittan. T. V.

Zu Joh. Chr. Raſche. NB. Lexicon rei nummariæ &c.
Tom. IV. P. II. ib. 1789. (Pr. —Sam.) T. V. P. I. ib. 1791.
(St. —Trh.) P. II. 1793. (bis Victoria) T. VI. P. I. ib. 1794.
(bis Z. und Ω.)

Seite 614.

Not t. Seze zu: — Meuſelii Bibl. hiſt. Vol. V. P. I. p. 84—88.

Seite 615.

Zu W. Th. Raynal, merke: Starb den 6. März 1796. æt. 84.
zu Paſſy. — — NB. Hiſt. philoſ. et polit. des établiſſ. et du commerce des Eur. dans les deux Ind. erſchien auch Paris, 1770.
VII. 8.m. Er arbeitete an einer neuen Ausgabe, aber der Tod
hinderte die Vollendung. Wurde auch von einem Anonymus ins
Deutſche überſezt. Kopenh. 1774—78. VII. gr. 8. — Im Manuſcript hinterließ Raynal eine Geſchichte der Widerrufung des
Edicts von Nantes in 4. Bänden. — NB. Ueberſicht der polit.
Lage ꝛc. von St. Domingo. Das franzöſiſche Original: Eſſai ſur
l'adminiſtration de St. Domingue, ſ. l. 1785. III. P. 8.

Seite 616.

Not. a. Seze zu: — Sein Eloge &c. par Lebreton &c. in der
Decade philoſophique. N. 74. p. 263 —274. — Eloge &c. par
Cherhal Montréal. 1796. 8. — Allgemeine Litteratur-Zeitung. 1796.
N. 110. p. 931 —934.

Seite 617.

Zu Joh. Fr. Regnard, merk' als Note: Lamberts Gelehrtengeſchichte der Regierung Ludw. XIV. 3r B. p. 242. ſqq.

Seite 618.

Elias Caſpar Reichard's Lebensnachr. ändere ſo: Geb. den
4. Nov. 1714. zu Quedlinburg. Nachdem er die Schule in ſeiner

Vaterstadt verlassen hatte, hielt ihn sein Vater zur Erlernung der Leinendamastweberey an. Er brachte auch wirklich 3. Jahre damit zu, und gieng sodann auf die Wanderschaft, wurde aber 1733. in das Waisenhaus zu Halle aufgenommen, und studirte seit 1736. auf den Universitäten Leipzig und Halle. Im Jahr 1739. wurde er Lehrer zu Klosterbergen; 1740. Prof. am Gymnasium zu Altona; 1745. Prof. am Carolinum zu Braunschweig; 1754. Prof. und Rector des Gymnasiums der Altstadt Magdeburg. Er starb den 18. Sept. 1791. æt. 77, nachdem er seit 1784. pro emerito erklärt worden war.

Zu Heinr. Aug. Ottoc. Reichard's Schr. seze bey: — Reise eines franz. Offiziers nach den Inseln Frankreich und Bourbon, dem Cap ꝛc. Aus dem Französ. mit Anmerk. Altenburg, 1774. II. 8. — Bourrit Schilderung seiner Reise nach den Savoyischen Eisgebirgen. Aus dem Franz. mit Anmerk. und Zusäzen. Gotha, 1775. 8. — Sittliche und natürliche Geschichte von Tunkin. Leipz. 1779. 8. — Reise des Grafen von Choiseul-Gouffier durch Griechenland; aus dem Franz. mit Anmerk. 2. Hefte. Gotha, 1780—82. 8. — Des Abts Gaudin neueste Reise durch Korsika ꝛc. Aus dem Franz. Leipzig, 1788. 8. — Thiery de Menonville Reise nach Guaxaca in Neu-Spanien. Leipzig, 1789. 8. — Beschreibung von Candia und einigen andern Inseln des Archipelagus; aus Savary's Briefen. ib. 1788. 8. (9. gr.) — Die Familie auf Jsle de France; ein rührendes Gemälde häuslicher, gestörter Glükseligkeit. Riga, 1789. 8. — Reise durch einige romantische Gegenden der Schweiz ꝛc. Gotha, 1779. 8. — Mercier's neuestes Gemälde von Paris, für Reisende und Nichtreisende. Leipz. 1089. 90, II. mit I. Kupf. — Briefe der Prinzessin von Gonzaga auf ihren Reisen; aus dem Franz. Gotha. 1791. 8. — Guide des Voyageurs en Europe, à Weimar, II. T. gr. 8. — Revolutions-Almanach von 1793—98. 8. Göttingen. — Theaterkalender für die Jahre 1775. 97. Gotha, 16. — Mehrere Lustspiele, Romane, Abhandlungen in Zeitschriften. — — Merke ferner: Bibliothek der Romane. NB. Jst 1778—94. XXI. Jn Gesellschaft mit andern. — Olla Potrida. NB. Jst 1778—97. der Jahrgang zu 4. Stüken, in Gesellschaft mit andern, ein nüzliches, unterhaltendes Journal. — NB. Zur Kunde fremder Völker und Länder. Jst 1781—83. IV. — Kleine Reisen ꝛc. NB, 1785—91. VII. 8.

Seite 619.

Zu Joh. Fr. Reichardt, merke: Ist seit 1797. preussischer Salzinspector zu Schönebek im Magdeburgischen, nachdem er einige Jahre vorher seine Kapellmeisterstelle niedergelegt und abwechselnd auf seinem Gute bey Halle, in Hamburg und dessen Gegend privatisirt hatte. — — Zu seinen Schriften setze bey: — Löhleins Anweisung zum Violinspielen, mit practischen Beyspielen erläutert. 3te Aufl. von R. umgearbeitet. Züllichau, 1797. 4. — Leben Gubdens, des berühmten Tonkünstlers. Berlin, 1779. 8. — Frankreich im Jahr 1795. aus den Briefen deutscher Männer in Paris. Mit Belegen. 12. Hefte. Altona, 1795. — Im J. 1796. ib. 96. — Im J. 1797. ib. 97. gr. 8. Deutschland. 12. Stüke. Berlin, 1796. 8. An beyden Journalen arbeiteten andere mit. — Musicalischer Almanach. ib. 1796. 12. — — NB. Musical. Kunstmagazin ⁊c. Ist 1782—90. 8. Stüke in 1. Bänden, gr. 8.

Zu Joh. Albr. Heinr. Reimarus, merke: Seit 1796. Professor der Physik und Naturgeschichte am Gymnasium zu Hamburg. — — Neuere Bemerkungen vom Blitze, dessen Bahn, Wirkung, sichern und bequemen Ableitung, aus zuverläßigen Wahrnehmungen von Wetterschlägen dargelegt. Frankf. 1794. gr. 8 mit Kupfern. — Mehrere kleinere Abhandlungen, welche zum Theil besonders gedrukt, zum Theil in Zeitschriften eingerükt sind.

Seite 620.

Not. i. Setze zu: — Acta hist. litt. 6r B. p. 85—133. — Journal litt. d'Allemagne. T. II. p. 129 — 146.

Seite 623.

Zu Fr. Volkmar Reinhard, merke: Ist seit 1791. Oberhofprediger, Kirchenrath und Ober-Consistorial-Assessor in Dresden. — — De vi, qua res parvæ afficiunt animum, in præceptis de moribus diligentius explicanda. Vitembergæ, 1785 – 87. IV. P. Progr. 4. Vermehrt und verb. ib. 1789. 8.m. (12. gr.) Ins Deutsche übersetzt von Joh. Chr. Fried. Ek: Vom Werth der Kleinigkeiten in der Moral. Mit Anmerkungen. Berlin, 1793. 8. (28. gr.) — Progr. quo religionem Christianam esse optimum adversorum solatium demonstratur, ex ipsa consolationis natura. ib. 1789. 90. P. II. Sect. IV. Ins Deutsche übersetzt von Fest: Geist des Christenthums, in Hinsicht auf Beruhigung in Leiden. Leipz. 1792. 8. (1. Thlr.) — System der christlichen Moral.

ral. ib. 1r Band, 1788. 2te Aufl. 1791. 3te umgearbeitete Aufl.
1797. 8. 2ter B. ib. 1789. 2te Aufl. 1792. gr. 8. (3. Thlr,) —
Predigten bey Gelegenheit des Landtags, über Gegenstände, welche dem Geist der Zeit angemessen sind, z. B. über Achtung gegen
die Staatsverfassung 2c. — Predigten im J. 1796. zu Dresden gehalten. Sulzbach, 1797. gr. 8. und Auszüge aus einigen im
Jahr 1795. gehaltenen Predigten. ib. 1796. gr. 8. Alle vorzüglich.

Zu Joh. Jac. Reiske: *Dionysii Halicarnass.* Opera. Lips.
1774—77. V. 8.m. (25. fl.) Kritisch. — *Dionys. Chrysostomi* Orationes c. animadv. Lips. 1784. II. 8. Kritisch, nach der Pariser
Ausg. von Morell. — Opuscula med. ed. *Chr. Gottfr. Gruner.*
Halæ, 1776. 8.m. — — NB. *Abulfedæ* Annal. Moslem. &c.
Neue Ausg. von Jacob Georg Chr. Adler. Hafniæ, 1789—
93. IV. 4.m. — NB. *Plutarchi* Opera. Neue Aufl. Lips. 1791.
1791. 8.m. T. II. und ib. 1793. 8.m.

Seite 626.

Zu Peter Reland, merke als Note: — *Meuselii* Bibl. hist.
Vol. IV. P. I. p. 236. sqq.

Zu Jul. Aug. Remer, merke: Geb. 1736. — — Zu seinen
Schriften setze bey: Karl Stedmanns Geschichte des amerikani-
schen Kriegs; aus dem Engl. mit Anmerkungen. Berlin, 1794. 96.
II. gr. 8. — Versuch einer Geschichte der franzöf. Constitution,
von dem Eintritte der Franken in Gallien bis auf Ludwigs XVI.
Regierung. Helmstädt, 1796. gr. 8. (3. fl. 36. kr.) — Kleinere
Abhandl. im Braunschweiger Magazin 2c. — — NB. Handbuch der
ältern allgemeinen Geschichte. 3te durchaus umgearbeitete Auflage.
Braunschweig, 1794. 8. — NB. Handbuch der allgemeinen Geschichte. III. 3te umgearbeitete und vermehrte Aufl. ib. 1793. 8. —
NB. Robertsons Geschichte Carls V. NB. Erster Th. völlig umgearbeitet 1792. unter dem Titel: Abriß des gesellschaftlichen Lebens in Europa bis zum Anfang des XVI. Jahrh. nach dem 1. Th.
von Robertsons Leben K. V. bearbeitet. Vom 2ten und 3ten Th.
Neue Aufl. ib. 1796. gr. 8. — NB. Tabell. zur Aufbewahrung der
wicht. statist. Veränder. der europ. Staaten. Ist 1787—94. XIV.Tab.

Seite 629.

Zu Christ. Fried. Reuß Schriften setze bey: Compendium
botanices systematis Linnæani, conspectum ejusdemque ap-

(Supplem. II.)   R

plicationem ad felect. plantarum Germ. indig. ufum medico et
oecon. infignium genera eorumque fpec. continens. Ulmæ,
1774. 8. mit Kupf. Ed. II. ib. 1785. 8. m. (1. Thlr. 20. gr. und
illum. 3. Thlr.) — Beobachtungen, Versuche und Erfahrungen
über des Salpeters vortheilhaftefte Verfertigungsarten. Tübingen,
1783 8. Zwo Fortfezungen. ib. 1785. 86. 8. — Rindvieharzney-
buch 2c. ib. 1784. 8. — Medicinifch-chirurg. theoret. und prakti-
fche Beobachtungen über alle Arten von venerifchen Krankheiten 2c.
Leipzig, 1786. 8. — Hausvieharznenbuch für den Stadt- und Landmann. Tübingen, 1787. 8. — Botanifche Befchreibung der Grä-
fer für Liebhaber, Anfänger und Oekonomen zum Handgebrauch.
ib. 1788. 8. — Selectus obfervationum practicarum medicarum &c. Argent. 1789. 8. — Differtat. felectæ Tubingenf.
Tub. 1783—85. Vol. III. 8. — Viele öconom. medizin. botanifche
und andere Abhandl. Z. B. vom Torf, vom Kartoffelbau, dem
Weiffen der Leinwand 2c. — NB. Difpenfatorium univerf. Neue
Aufl. vermehrt und verb. Argent. 1792. II. 8. m. — NB. Supplement zum botan. Wörterbuch. Leipzig, 1786. gr. 8.

Zu Joh. Aug. Reuß Schriften feze bey: Staatsfchriften über
die Lütticher Revolution und Executionsfache. Ulm, 1790. 91. II.
8. (1 Thlr. 4. gr.) — NB. Deutfche Staatskanzley 2c. Ift 1785—
97. XXXV. 8. — NB. Deductionen und Urkunden-Sammlung.
Ift 1785—97. VII. 8. — NB. Beyträge zur neuen Gefchichte der
Reichsgerichts-Verfaff. und Praxis. Ift 1785—90. Beyde letzte
find eigentlich Anhänge zur deutfchen Staatskanzley.

In Aug. Chr. Reuß, merke: Ift feit 1791. Wirtemb. charak-
terifirter Leibarzt zu Stuttgard. War von 1783—84. aufferordentlicher Profeffor der Medicin zu Tübingen. NB. Er ift nur Chriftian Friedrichs Bruder, fo wie auch Jeremias Davids.

Rüke folgenden Artikel ein:

Jeremias David Reuß, geb. den 18. Jun. 1750. zu Neud-
burg. Er wurde Privatdocent und Unterbibliothekar zu Tübingen;
1784. aufferordentlicher Profeffor und Kuftos der Univerfitäts-
Bibliothek zu Göttingen; 1785. ordentlicher Profeffor der Gelehr-
tengefchichte dafelbft, fo wie auch feit 1789. Unterbibliothekar der
Univerfitätsbibliothek. — Schriften: Befchreibung einiger Hand-
fchriften aus der Univerfitätsbibliothek zu Tübingen. Tüb. 1779. 8.
(12. gr. Schreibp. 16. gr.) — Befchreib. merkwürdiger Bücher aus

Der Univerſitätsbibliothek zu Tübingen vom Jahr 1468. bis 1477.
ib. 1780. 8. (8. gr.) — Sammlung der Inſtructionen des Spaniſchen Inquiſitions-Gerichts; aus dem Spaniſchen. Hannov. 1788. 8.
Das Original: Copilacion de la Inſtructiones, del Oficio de la
S. Inquiſition. En Madrid, 1630. fol. Auf Befehl des Kardinals
und General-Inquiſitors Don Alonſo Manrique geſammelt.
Spittler vermehrte das Buch mit einem Entwurf der Geſchichte
der Spaniſ. Inquiſition. — Das gelehrte England oder Lexicon
der jeztlebenden Schriftſteller in Großbrittannien, Irland und Nord-
Amerika, nebſt einem Verzeichniß ihrer Schriften. Vom Jahr 1770.
bis 1790. Berlin, 1791. gr. 8. (1. Thlr. 6. gr. Schreibp. 1. Thlr.
12. gr.) — Mehrere kleinere Abhandlungen. 3. Beyſp. die hiſtor.
Einleit. zu Wansleb's Beſchreib. von Egypten, welche in D. Paulus
Samml. der merkwürdigſten Reiſen in dem Orient enthalten iſt ꝛc.
   Not. y. Seze zu: — Däniſche Bibliothek. 6r Th. p. 690. ſqq.
                     Seite 630.
   Zu Chr. G. Ricci's Schriften ſeze bey: — Exercitationes
XVIII. de jure cambiali univerſo. Gotting. 1779 — 81. 4.
(9. Thlr. 8. gr.) und ib. 1792. 8.
   Rüke folgenden Artikel ein:
   Angelus Maria Ricci, Profeſſor der griechiſchen Sprache zu
Florenz. — — Diſſertationes Homericæ &c. cum Orationibus
pro ſolemni inſtauratione ſtudiorum. Florentiæ, 1740. III. 4.
und cura Bornii in einen Band zuſammengezogen. Lipſ. 1784. 8m.
(1. Thlr. 16. gr.)
   Zu Sam. Richardſon, merke: NB. Hiſt. of Pamela. Aufs
neue ins Deutſche überſezt von Ludwig Theobul Koſegarten.
Leipz. 1789. 90. III. 8. — NB. Alle Romane wurden zuſammen-
gedruft. Lond. 1783. XX. 8. — — Cf. Eloge &c. par Diderot.
Lyon, 1762. 12. — Bambergers biogr. Anecdoten ꝛc 1r Band.
p, 230—252.
   Lin. 7. von unten. Statt: „Ob von dieſem oder von einem
andern Richardſon ꝛc.„ Leſe: Von einem andern (J.) Richard-
ſon haben wir ꝛc.
                     Seite 631.
   Lin. 4. Statt: „1. B. bis D. Lemgo, 1788. gr. 8.„ Leſe:
Lemgo, 1788—91. III. gr. 8.
   Rüke folgende Artikel ein:

Wilhelm Richardson, geb. 1698. zu Wilshamsted in der Grafschaft Bedford, wo sein Vater Samuel, Pfarrer war. Er studirte
zu Cambridge, wurde daselbst Doct. theol. und bekleidete ansehnliche geistliche Stellen bis an seinen Tod, welcher 1775. erfolgte.
— — Durch seine neue Ausgabe von *Goodwini* Lib. de præsuli-
bus Angliæ, mit einer Fortsetzung bis auf die neuere Zeiten,
Cantabrigiæ, 1773. 4. wurde er berühmt. g)

Zu Michael Richey, merke: Starb den 10. May 1761.

Ge. Herm. Richerz Lebensnachr. ändere so: geb. den 1. April
1756. zu Lübek, wo sein Vater Senior des Ministerii war. Er
studirte seit 1775. drey Jahre lang zu Göttingen, und ein halbes
Jahr in Leipzig; wurde 1779. zweyter Universitäts-Prediger zu
Göttingen; 1785. erster Prediger zu Harpstädt in der Grafschaft
Hoya; zuletzt 1788. Superintendent zu Gifhorn im Fürstenthum
Lüneburg. Er starb den 7. Jul. 1791. æt. 36.

Not. c. Setze zu: — Nachr. von niedersächs. berühmten Leuten.
2ter Band. p. 146—162.

Not. d. Setze zu: — Nekrolog ꝛc. für das Jahr 1791. von
Schlichtegroll. 2ter B. 1. H. p. 264.—283.

Seite 632.

Zu Aug. Gottl. Richter, merke: — Medicin. und chirurgische
Bemerkungen, vorzüglich im öffentlichen akademischen Hospitale gesammelt. Göttingen, 1793. 8. 1r B. (20. gr.) auch zu Linz nachgedruckt. 1794. 8. — — NB. Chirurg. Bibliothek. Ist 1771—97. XV.
8. — NB. Anfangsgründe der Wundarzneykunst. Ist 1782—97. IV.
Auch ins Russische übersetzt von Peken, Hofrath und Professor.
Petersburg. 1r Th. 1791. 8.

Seite 633.

Friedr. Aug. Riedels Lebensnachr. ändere so: geb. den 10. Jul.
1742. zu Wiffelbach bey Erfurt, wo sein Vater Pfarrer war. Er
studirte, nachdem er zu Weimar als Gymnasiast absolvirt hatte,
zu Jena, Leipzig und Halle. Hier war er Klotzens Vertraute.
Im Jahr 1768. wurde er Professor der eleganten Litteratur zu
Erfurt, und eben so 1772. zu Wien, mit einem Gehalt von 1500. fl.
und dem Titel eines Kais. Raths. Aber seine ausschweifende Lebensart, sein beleidigender Witz und seine boshafte Verleumdungen

---

g) Bambergers biogr. Anekdoten ꝛc. 1ter B. p. 144. sq.

brachten ihn in Ungnade und in die äufferste Dürftigkeit. Nach
dem Tod der Kaiserin nahm ihn der Fürst Kauniz zu seinem
Hausbibliothekar und Lector an. Er wurde endlich von einer
Hypochondrie befallen, welche bald in Wahnsinn ausbrach, so daß
man ihn in das Hospital zu St. Markus bringen mußte, wo er
den 3. Merz 1785. æt. 43. starb. — — NB. Theorie der schönen
Künste und Wissenschaften. Wurde ins Holländische übersezt durch
Hieronymus van Alphen. Rotterdam, 1779. 8.

Zu J. H. von Riedesel's Remarques d'un Voyageur mod.
au Levant &c. merke: Wurde ins Deutsche übersezt, mit Anmerkungen von Christian Conrad Wilhelm von Dohm. Leipz. 1774. 8.

Not. h. Seze zu: — Meusels Miscellaneen 2c. IV. St.
p. 50 — 58.

Seite 634.

Zu Jos. Ant. von Riegger, merke: Er lebte zulezt wieder in
Prag, und starb daselbst im Julius 1795. æt 54. — — Materialien zur alten und neuen Statistik von Böhmen. Prag, 1789.
IX. St. 8. — Rieggeriana. Wien, 1792. II. St. 8. Enthalten größtentheils seine Correspondenz, und hie und da Nachrichten von
seinen nicht günstigen Schiksalen.

Seite 635.

Zu Andreas Riem, merke: Er legte 1789. seine Predigerstelle
zu Berlin nieder, und wurde beständiger Sekretär der K. Akademie
der Künste und mechanischen Wissenschaften daselbst und Direktor
der Königl. Kunst- und Buchhandlung; 1791. Kanonikus beym Stift
St. Johannis und Dionysii zu Herford in Westphalen. Seit 1795.
privatisirt er zu Paris. — — Philos. und kritische Untersuchungen
über das alte Testament und dessen Göttlichkeit, besonders über
die mosaische Religion. London, (Leipz.) 1785. gr. 8. — Uebrige
noch ungedrukte Werke des Wolfenbüttelischen Fragmentisten; ein
Nachlaß von Gotth. Ephraim Lessing; herausgegeben von C. A.
E. Schmidt (ein erdichteter Name). Berlin, 1787. 8. — Beyträge zur Berichtigung der Wahrheiten der christl. Religion. 1s St.
Ueber Glauben und Ueberzeugung. Berl. 1787. 8. — Monatschrift
der Akademie der Künste und mechan. Wissenschaften zu Berlin.
XIII. St. ib. 1788. gr. 4. — Berlinisches Journal für Aufklärung.
ib. 1788 — 90. Jährl. XII. St. in Gemeinschaft mit G. N. Fischer. 8. und neues Berl. Journal über Gegenstände der Geschich-

te, Philosophie, Gesetzgebung und Politik. 1ten B. 1tes St. ib.
1791. 8. — Monumente indischer Geschichte und Kunst; aus dem
Engl. des William Hodges. ib. 1789. Quer fol. mit 2. Kupfertafeln. — Ueber Aufklärung, ob sie dem Staate, der Religion,
oder überhaupt gefährlich sey und seyn könne? Ein Wort zur
Beherzigung für Regenten , Staatsmänner und Priester. Ein
Fragment. ib. 1788. 8 — Ueber Aufklärung, was hat der Staat
zu erwarten? Was die Wissenschaften, wo man sie unterdrükt?
Wie formt sich der Volkscharakter? Und was für Einflüsse hat die
Religion, wenn man sie um Jahrhunderte zurük rükt, und an die
symbolische Bücher schmiedet? Zweytes Fragment, ein Commentar
des ersten. ib. 1788 8. Beyde wurden in Kurzem 4. mal aufgelegt. — Neues System der Natur über Gott, Welt, Intelligen-
zen und Moralität. 1r B. Dresden, 1792. 8. — Christus und die
Vernunft, oder Prüfung der Wahrheit und Göttlichkeit der Lehre
Jesu Christi, des dogmatischen Lehrbegriffs und der symbolischen
Bücher. Deutschland, 1792. 8. — Ueber Christenthum und moralische Religion, als Apologie der Schrift: Christus und die
Vernunft, gegen den Verf. der kritif. Theorie der Offenbarung,
und gegen D. Döderlein. Nebst einer Abhandl. über Moralität,
zur Replik vom Verf. der krit. Theor. der Offenb. Halle, 1793. gr. 8.
— Das reinere Christenthum, oder die Religion der Kinder des
Lichts. ib. 1799—95. III. 8. Der 2te B. auch unter dem Titel:
Fortgesezte Betracht. über die eigentl. Wahrheiten der Religion,
oder Fortgang, da, wo Abt Jerusalem still stand. Der 3te B. auch
unter dem Titel; Supplement zum Werke: Christus und die Vernunft. — Ueber Religion, als Gegenstand der verschiedenen Staatsverfassungen ıc. Berlin, 1793. 8. — Reines System der Religion
für Vernünftigere. ib. eod. 8. — Europens polit. Lage und Interesse. 1—5tes Heft. 1796. 8. (ohne Drukort). — Reisen durch
Deutschland, Frankreich, England und Holland, in verschiedener,
besonders polit. Hinsicht, in den Jahren 1785—95. I. B. 1796. 8.
(ohne Drukort).

Zu Johann Riem, merke: Wurde 1786. beständiger Sekretär
der Leipziger ökonomischen Gesellschaft und 1789. Kurfürstl. Sächs.
Commissionsrath in Dresden. — — Fundamentalgesetze zu einer
perennirenden Koloniebienenpflege. Berlin, 1775. 8. mit Kupf.
(16. gr.) Ist eigentlich die 2te Aufl. von der verb. Bienenpflege.

3te Aufl. Abgekürzt und verbessert: Vollkommenste Grundsätze dauer-
hafter Bienenzucht, in ganzen, halben, bis zwölftel Wohnungen
von Körben, Kästen und Klotzbeuten ꝛc. Mannh. 1795. 4. mit Kupf.
(18. gr.) — Prodromus der monatl. pract. ökonom. Encyklopädie,
oder vollständig allgemeiner Futterkräuter-Bau. Dessau, 1783. 8.
(16. gr.) — Monatl. practische, ökonomische Encyklopädie ꝛc. NB.
Ist 1785—99. III. B. (5. Thlr. 11. gr.) Vom ersten B. neue Aufl.
1797. 8. Anhang und Register. ib. 1792. 8. (12. gr.) und als
Zugabe: Samml. ökonomischer Schriften. Dresden, 1790—92.
II. 8. (6. Thlr.) — Vermischte ökonom. Schriften. 18 Heft. Dresd.
1788. 8. — Neue Samml. vermischter ökonomischer Schriften.
ib. 1792—98. XIII. Theile. 8. (8. Thlr. 2. gr.) — Physikalische,
ökonomische Zeitung; eine Monatschrift. ib. 1785—89. V. Jahrg.
8. (15. Thlr.) = Columella Abhandl. von Bäumen; aus dem
Lat. mit Anmerk. ib. 1791. 8. — Vom gesammten Torfwesen bis
zum Stich und Verkohlen des Torfes. ib. 1794. 8. mit Kupf. (12.gr.)
— Oekonomisch-Veterinärische Hefte von Gebäuden, Zucht und
Wartung der Haus- und Nutzthiere, mit Zeichnungen zu Ställen,
Häusern und Hütten ꝛc. von J. C. Heine. In Gesellschaft mit
G. S. Reuter (Oberthierarzt und Prof. der Thierarzneyschule in
Dresden). Leipz. 1te Liefer. 1799. 4. (2. Thlr. 16. gr.) — Sehr
viele Abhandl. über ökonom. Gegenstände, z. B. Krankheiten der
Schaafe, über Futter und Fütterung des Viehes ꝛc. S. Meusels
gel. Deutschland. Neue Aufl. 6r B. 1798. p. 365—370.

Seite 636

Joh. C. Risbek's Lebensnachr. ändere so: Geb. 1749. oder
1750. zu Höchst, wo sein Vater ein wohlhabender Mann war,
der mit leinenen Nastüchern und andern solchen Waaren handelte.
Er studirte zu Mainz und Giessen die Rechte ; practicirte hernach
zu Mainz, in Hofnung durch die Protection seiner Gönner, Gross-
schlag und Benzel, bedienstet zu werden. Da aber diese Aussicht durch den Tod des Kurfürsten verlohren gieng, so privatisirte
er zu Höchst, Frankfurt und Wien. Hier betrat er unter Moll's
Direction das Theater, und arbeitete für dasselbe. Zu Linz und
Salzburg trieb er für sich sehr eifrig das historische, statistische
und politische Studium. Da aber endlich das väterliche Erbgut
beynahe verbraucht war, so suchte er mit Bücherschreiben zu Be-
friedigung seiner wesentlichen und nichtwesentlichen Bedürfnisse.

Geld zu gewinnen. Seit 1779. schrieb er zu Zürich die Zeitung, und arbeitete sonst noch für die Orellische Buchhandlung. Weil seine Gesundheit geschwächt war, so verließ er endlich Zürich, und wählte die Stadt Arau im Canton Bern zu seinem Aufenthalt. Hier starb er den 10. Febr. 1786. in einem Alter von 36. Jahren, mit seinem Schiksal hadernd, an einem auszehrenden Fieber. Schade für ihn, daß er öfters vom Paroxismus der zu seiner Zeit spukenden Geniesucht befallen wurde. — NB. Briefe über das Mönchswesen ꝛc. Pendants dazu sind die lesenswürdige Briefe aus dem Noviziat, 3. Bände in 8. (von Joh. Pezzl), und das Grab der Bettelmönche. 1781. 8. Ferner: Neue Briefe für und wider das Mönchswesen. Ulm, 1782. IV. 8.

Zu Fr. Dom. King. — Geschichte der drey ersten Entdeker von Amerika. Frankf. 1781. 8.

Not. n. Setze zu: — Biographisches Denkmal ꝛc. (v. Pezzl) Kemten, (Wien). 1786. 8. — *Denina* la Prusse litteraire &c. T. II. p. 252 — 266.

Seite 638.

Rüke folgenden Artikel ein:

Giambatista (Conte) Roberti, geb. 1719. zu Bassano. Er trat 1736. in den Jesuiterorden; lehrte hernach bis 1773. in dem Collegium zu Bologna; kehrte, nachdem der Orden aufgehoben war, in den Schoos seiner Familie nach Bassano zurük, und starb daselbst allgemein gelobt und bedauert. — — Man hat seine poetische und prosaische Werke gesammelt: Opere &c. Bassano, 1789 XII. 8. Sie enthalten moralische und andere Abhandlungen, Reden, Briefe, Gedichte, Fabeln ꝛc. von ungleichem Werth.

Zu W. Robertson (D. D. Principal auf der Universität zu Edinburg, und Historiograph von Schottland), merke: — NB. Geschichte von Amerika, französisch. Auch Mastricht, 1777. IV. 12. — NB. Geschichte K. Carls V. Engl. Auch Lond. 1782. IV. 8. m. Französ. von Suard. Auch Amst. 1771. II. 4. m. Deutsch, von T. C. Mittelstädt, Braunschw. 1770—71. III. gr. 8. Besser, von Jul. Aug. Remer, mit Anmerk. ib. 1778—81. III. gr. 8. verbessert, ib. 1795. 96. III. gr. 8. — NB. Geschichte von Alt-Griechenland ꝛc. Holländ. Utrecht, 1780. 8. — — Weiter erschien von Robertson: Historische Untersuchung über die Kenntnisse der

Alten von Indien 2c. Ins Deutsche überseßt von Georg Forster. Berlin, 1792. gr. 8. (2. fl. 30. kr. und 3 fl.)
Seite 639.

Zu G. M. la Roche's Briefe über das Mönchswesen 2c. merke: Der eigentliche Verfasser soll nach Risbeks Versicherung Brechter, Prediger zu Schweigern bey Heilbronn, gewesen seyn, der 1772. starb. La Roche wurde indessen das Schlachtopfer.

Zu M. Soph. la Roche, merke: Rosalia und Cleberg auf dem Lande. Offenbach, 1791. 8. (NB. Ist auch der 4te Theil von Rosaliens Briefen). — Erinnerungen aus meiner dritten Schweizerreise, meinem verwundeten Herzen zur Linderung, vielleicht auch mancher trauernden Seele zum Trost geschrieben. ib. 1794. 8. (2. fl. 19. kr.) — Schönes Bild der Resignation. Leipz. 1795. 96. II. 8. — Mehrere Erzählungen und Aufsäße in Zeitschriften; z. B. Magazin für Frauenzimmer, dem schwäb. Magaz. von Armbruster 2c. — NB. Tagebuch einer Reise durch Holland und Engelland 2c. Wurde ins Engl. und Französische überseßt.

Seite 640.

Rüke folgende Artikel ein:

Raphael und Peter Rodriguez (Mohedano) Franciscanermönche in Spanien. — — Historia litteraria de Espanna &c. Madrid, 1766—85. IX. 4. noch unvollendet, zu weitläufig. Der 9te Tom begreift noch nicht ganz das erste christl. Jahrh. Pomponius Mela ist der lezte hier abgehandelte Span. Schriftsteller. b)

Zu Fr. E. von Rochow seze bey: Mirabeau's des ältern Discurs über die Nationalerziehung, nach seinem Tode gedrukt und überseßt; mit Anmerk. Berlin, 1792. 8. — Geschichte meiner Schulen, nebst 4. Beylagen. Schleswig, 1795. 8. — Summarium, oder Menschenkatechismus in kurzen Säzen. ib. 1796. 8. Zusäze hierzu. ib. 1796. 2. — Materialien zum frühen Unterricht in Bürger- und Industrie-Schulen. Berlin, 1787. 8. — Viele Abhandl. im Braunschweiger Journal, der deutschen Monatschrift 2c. — — NB. Schulbuch für Kinder der Landleute. 3te verbesserte Aufl. Berlin, 1790. 8. (9. gr.) — NB. Kinderfreund. Neuste verbesserte und wohlfeilste Ausgabe. Brandenburg, 1795. gr. 8. — NB. Handb. in katechetischer Form. 2te Ausgabe. Halle, 1789. 8 (4. gr.)

---

b) *Meuselii* Bibl. hist. Vol. VI. P. I. p. 445—447.

Zu J. G. Röderer's Elementa artis obstetriciæ &c. NB. Ins
Deutsche überſezt von Dr. Henkenius, mit Anmerkungen und
Zuſäzen, von Dr. Stark. Jena, 1793. 8. (1. Thlr. 4.)
Seite 641.
Zu L. H. Röhl, merke: Er ſtarb den 15. Juni 1790. — Kleine
mathematiſche Abhandlungen. Greifswalde, 1790. 4. (18. gr.) —
NB. Einleit. in die aſtronom. Wiſſenſchaften. Neue Aufl. ib. II. 8.
(2. Thlr. 16. gr.) NB. Bergmanns phyſ. Beſchreib. der Erdkugel.
Neue Aufl. ib. 1791. II. 8.
Seite 642.
Zu Le Roi, merke : Er war Königl. Architekt zu Paris. —
NB. Les Ruines des monumens de la Grèce &c. Iſt zuerſt
Paris, 1758. gedr. vermehrt ib. 1770. fol. Ins Engl. überſezt.
Lond. 1759. fol. Weit genauer und beſſer lieferten James Stuart
und Nic. Revett, Mahler und Architecten in London ein Werk
darüber : Antiquities of Athens. Lond. 1762. 87. reg. fol.
Seite 643.
Zu C. Rollin's Hiſt. romaine depuis la fondation de Rome
jusqu'à la bataille d'Actium &c. merke: Auch Paris, 1739—43.
XVI. 8. ib. 1752. VIII. 4. Ferner: à Halle, 1753—55. VI. 8.m.
und à Généve, 1753—55. VI. 4. — NB. Die Fortſez. Hiſt. des
Empereurs rom. &c. Auch Paris, 1750—56. VII. 4. und XII. 8.
Die deutſche Ueberſ. iſt: Leipz. 1756—69. XII. 8.
Seite 644.
Not. c. Seze zu : — *Meuſelii* Bibl. hiſt. Vol. VI. P. I.
p. 199. ſq. — *Niceron* Mem. T. XLIII. p. 217. ſq. — Eloge &c.
auch in der Bibl. raiſonnée. T. XXIX. p. 435. ſqq.
Seite 645.
Zu Joh. Georg Roſenmüller, ſeze bey: Programmata XI.
de fatis interpretationis ſacrarum litterarum in eccleſia. Lipſ.
1789—96. 4. — Hiſtoria interprétationis librorum ſacrorum in
eccleſia Chriſtiana, inde ab Apoſtolorum ætate usque ad Ori-
geueus. Pars I. Hildburghuſæ. 1795. 8 Iſt eigentlich ein verbeſ-
ſerter Abdruk der 9. erſten von vorerwähnten Programmen. — Anleitung zum erbaulichen Leſen der Bibel. Leipz. 1793. 8. — Paſtoral-
anweiſung zum Gebrauch akademiſcher Vorleſungen. ib. 1789. 8.
(16. gr.) — Predigten an Feſt- und Buſtagen , als Anhang zu
den 1789. erſchienenen Predigten auf Sonn- und Feſttage. ib. 1792. 8.

(12. gr.) — Mehrere Vorreden zu fremden Schriften. — — Merke
ferner: Abhandl. von den weisen Absichten Gottes bey den verschiedenen Haushaltungen der Kirche. Erschien in der Folge ganz
verändert unter dem Titel: Abhandl. über die Stufenfolge der göttl.
Offenbarung. Leipz. 1748. 8. (12. gr.) — Erster Unterricht in der
Religion für Kinder. NB. Erschien zum 5ten mal 1791. — Anleit.
für angehende Geistliche rc. Erschien nicht zu Erlangen 1777, sondern zu Ulm, 1778. 8. und 2te Aufl. ib. 1792. 8. — Scholia in
N. T. NB. 5te Aufl. Norib. 1792—94. V. 8.m. (7. Thlr. 16. gr.)
— Die Scholia in V. T. stehen hier falsch; sie sind von seinem
Bruder Ernst Karl Friedrich (Prof. der arab. Sprache in Leipzig)
in III. Bänden (bis 1792.), wovon der 5te, welcher den Jesaias
enthält, auch den besondern Titel führt: Jesaiæ vaticinia, lat.
vert. et explicavit. P. I — III. Der erste Band ist neu aufgelegt,
1795. 8.m. — Andachtsbuch rc. 13. Aufl. 1793. — Anweis. zum
Katechis. Neue Aufl. 1793.

Seite 647.

Zu J. B. de Rossi, setze bey: — Annales hebræo - typographici Sec. XV. Erlangæ, 1796. 4. Italienisch, Parma, 1795.
fol. (3. Thlr.)

Zu Eb. Rud. Roth, merke als Note: Nachricht von ihm und
von den für und wider ihn herausgekommenen Schriften. Frankf.
1754. 4.

Not. g. Setze zu: — Börner's Nachr. von jetztleb. Aerzten.
p. 150. sqq.

Seite 649.

Not. h, Setze zu: — Wills Nürnb. gel. Lexicon. h. v.

Not. i. Setze zu: — Hist. satyrique de la vie et des ouvrages &c. par François Gacon. Paris, 1716. 12. mit Kupf. —
Pieces curieuses sur le poëte Rousseau, supprimées en Hollande. Amst. 1734. 12. im 1ten Tom des Gordon de Percel (i. e.
Lenglet du Fresnoy) Livre de l'Usage des Romans. — Bibl. raisonnée. T. XXVI. p. 342. sqq. — Hist. du Procès entre Sau-
rin et Rousseau; in des Gaiot de Pitaval Causes celèbres. T. VI.
p. I — 191. und Bibl. germanique. T. XXXV. p. 166—173. —
Lamberts Gelehrtengeschichte der Regierung Ludwigs XIV. &c.
3ter B. p. 280. sqq.

Seite 651.

Zu Joh. Jac. Rouſſeau's Schriften. NB. Confeſſions &c. Deutſch, von Adolph von Knigge, 1783—90. IV. (4. fl.) Ein Auszug daraus: Ueber Rouſſeau's Verbindung mit Weibern. Leipz. 1792. II. 8. mit Kupf. (Schreibpap. 1. Thlr. 16. gr. Druckpap. ohne Kupf. (1. Thlr. 4. gr.) Ferner erſchienen von R. Suite des Confeſſions &c. Strasbourg, 1789. II. 4. (21. Liv.) und endlich Confeſſions complettes &c. Ed. par Mr. *du Peyron.* Neufchatel, 1790. VII. 8. (7 Thlr. 8. gr.) — NB. Emile xc. Auch Amſt. 1762. IV. 12. Die deutſche Ueberſ. v. Cramer hat IV. B. 1789—92. (4. Thlr.) Auch deutſch mit gründlichen Anmerkungen im 12—15 Th. der allgemeinen Reviſion des Schul- und Erziehungsweſens. Wien, 1789—91. 8. — NB. Oeuvres &c. Auch Généve, 1776—85. XII. 4. Zur Genfer Ausg. 1781. XXV. 8. kam 1789. T.. XVI. und XVII. oder Supplement T. I. II. 4. Neuerlich erſchienen Oeuvres complettes &c. Basle, 1794. XXXIV. 12. mit Baskervilliſchen Lettern. (Subſcriptionspreis 20. fl. 38. kr.)

Seite 652.

Not. k. Setze zu: — Tableau philoſophique de l'eſprit de Monſieur de Voltaire, Généve, 1771. 8 p. 1—26. — Björnſtåhls Reiſen. 1r Th. p. 127—131. — Vie de J. J. Rouſſeau precedée de quelques lettres &c. par Monſieur le Comte de *Barruel-Beauvert.* Paris, 1789. 8.m. Sind eigentlich Rouſſeau's Confeſſions, mit raiſonnirenden Gloſſen. — Meiſters berühmte Männer Helvetiens. 1r B. p. 172—189. — *Saxii* Onomaſt. T. VII. p. 146. ſq. — Mosheims Kirchenhiſtorie ꝛc. von Schlegel. 5r B. p. 371—387. — Eloge &c. Par M. D. *L. C. Advocat,* 1779. 8. — Sein Leben ꝛc. Leipzig, 1782. 8. (4. gr) — *Senebier* Hiſt. litt. de Généve. T. III. — Deutſcher Merkur. 1773. VI. St. p. 267—272. und 1778. IX. St. p. 201—218. Beyträge, XI. St. 182—188. — Deutſches Muſeum. 1779. VII. St. p. 61—69.

Seite 653.

Zu Caspar Royko, merke: Iſt geb. 1742. Wurde 1791. Referent bey der böhmiſchen geiſtl. Commiſſion daſelbſt, und iſt jetzt K. K. Gubernialrath im geiſtlichen Fach zu Prag. — Chriſtliche Religions- und Kirchengeſchichte. Prag, 1790—92. IV. gr. 8. — NB. Geſchichte der allgem. Kirchenverſammlung zu Koſtniz ꝛc.

Neue Ausg. verb. Prag, 1r Th. 1782. 2r Th. 1796. gr. 8. und
Register über die VI. Th. der ersten Ausg. ib. 1796. 8.

Seite 655.

Anton Rudolph. Starb den 24. April 1791. æt. 79.

Joh. Christ. Rudolph. Starb den 28. Febr. 1792. æt. 69.
(NB. Er war nicht 1726, sondern 1723. geb.)

Seite 656.

Carl de la Rue. Unter seinen Werken stehen hier fälschlich
Origenis Opera &c. (welche NB. 1733 — 40. III. fol. m. haben).
Ferner: Bibliorum lat. versiones antiquæ &c. Diese sind von
einem andern Carl de la Rue (Ruæus), welcher mit jenem nicht
verwechselt werden darf. Dieser ist geb. den 12. Jul. 1684. zu
Corbie in der Picardie, und trat 1703. in den Benedictinerorden
von der Congregation des H. Maurus. Montfaucon war sein vor-
züglichster Lehrer, der ihm auch die Ausgabe der Werke des Ori-
genes übertrug. Er lieferte die 2. ersten Bände im Druk, starb
aber nach deren Vollendung den 5. Oct. 1739. in der Abtey
St. Germain des Prés zu Paris am Schlag, und sein Vetter
Vincenz de la Rue, gab den 3. Band heraus. (Cf. *Phil. le Gref*
Bibl. des Auteurs de la Congreg. de St. Maur. p. 433. sqq. —
Lamberts Gelehrtengeschichte ꝛc. 1r B. p. 300. sqq.)

Zu Dav. Ruhnken, setze bey: — Gab heraus L. Apuleji
metamorphoseon Libri XI. c. not. integris Colvii, Wowerii,
Stewechii, Elmenhorstii et alior. inprimis c. animadvers.
hucusque ineditis Fr. Oudendorpii. Leiden, 1786. 4. m.

Seite 657.

Zu G. W. Rullmann, merke: Geb. im Schlangenbad 1747. ist
auch seit 1788. Doct. theol. und seit 1787. Prof. theol. — Die
heil. Schriften des neuen Bundes, übersetzt, mit Anmerkungen.
Lemgo, 1790. 91. III. gr. 8. (2. Thlr.) — Erklärung der Sonn-
und Festtagsepisteln, zur Beförderung der öffentl. und häuslichen
Andacht. Rinteln, 1789. 8. (18. gr.) — Anweisung zu einem erbaulichen und populären Kanzelvortrag, nach den Bedürfnissen
unsrer Zeit. Leipzig, 1786. 8. — Giebt in Gesellschaft heraus:
Materialien für alle Theile der Amtsführung eines Predigers,
nebst practischer Anweisung, dieselben dem Bedürfnisse unsrer Zeiten gemäß zu gebrauchen. Herausgegeben von einigen Freunden
der practischen Theologie. 1797. II. B. jeder zu 4. Heften. gr. 8.

Seite 658.

Rüke folgenden Artikel ein:

Peter Kyrschkow, war Staatsrath und Mitglied der Peters burger Akademie, und starb 1777. zu Catharinenburg in Sibirien. — — Schrieb: Topografija Orenburghskaja &c. Petrop. 1762. II. 8. Deutsch, von Jacob Rodde: Orenburgische Topographie, oder Beschreib. des Orenburgischen Gouvernements. Riga, 1772. II. 8. m. (1. Thlr. 8. gr.) mit 4. geogr Charten. Sehr zuverläßig. — Opiṭ Kaṣanskaj Iṣtorii &c. Petrop. 1767. 8. Deutsch, von Jacob Rodde. Versuch einer Historie von Kaṣan, alter und mittlerer Zeiten. Riga, 1772. 8. (12. gr.) — Auch ein Tagebuch sei ner Reisen durch mehrere Provinzen des russischen Reichs, in den Jahren 1769—71, welches ins Deutsche übersezt wurde. Riga, 1774. gr. 8. mit Kupf. (1. Thlr. 8. gr.) — (Cf. *Meuselii* Bibl. hist. Vol. II. P. II. p. 254. sq.)

Seite 659.

G. Saccarelli NB. Seine Historia ecclesiastica &c. besteht in XVI. Bänden, 1771 — 87. Der 16. Band geht bis zu Anfang des IX. Jahrhunderts. Das Werk ist ganz nach dem Schlag des Baronio.

A. Fr. W. Sak's Lebensnachr. ändere so: Geb. den 4. Febr. 1703. zu Harzgerode im Anhalt-Bernburgischen, wo sein Vater Burgermeister war. Er studirte auf dem Gymnasium zu Zerbst und zu Frankfurt an der Oder; wurde Hofmeister zu Stettin, hernach zu Gröningen; unterrichtete 3. Jahre lang den Erbprinzen der Landgräfin von Hessen-Homburg zu Hötersleben; wurde 1731. dritter Prediger, bald darauf erster Prediger zu Magdeburg; 1739. Hofprediger, zuletzt Ober-Consistorial- und Kirchenrath, auch Oberhofprediger zu Berlin, und starb den 23. Apr. 1786 2. æt. 84. ministerii 55.

Not. x. Seze zu: — Das neue gelehrte Europa. 1r Theil p. 228. sqq.

Seite 660.

Zu Fr. S. G. Sak, merke: — Neue Festpredigten, in Gesell schaft mit J. J. Spalding und W. A. Teller. Halle, 1792. gr. 8. — NB. H. Blairs Predigten sind 1781 — 95. IV. 8.

Zu Ludwig de Sacy, merk' als Note: *Lamberts* Gelehrten geschichte 2c. 3r B. p. 498 sqq.

Not. z. Setze zu: — Eloge &c. Berlin, 1786. 8. — Sein Leben von seinem Sohn. ib. 1789. II. gr. 8.

Not. b. Setze zu: — *Senebier* Hist. litt. de Généve. T. III.

Seite 662.

Not. c. Setze zu: — Journal litter. T. XII. p. 220—232.

Seite 663.

Zu Chr. G. Salzmanns Schriften setze bey: Der Bote aus Thüringen; eine Wochenschrift. Schnepfenthal, 1788—98. 8. Der Jahrg. zu 4. Quart. — Nachrichten aus Schnepfenthal für Eltern und Erzieher. Leipz. 1786. 1788. II. 8. (1. Thlr. 2. gr.) — Beyträge zur Verbesserung des öffentlichen Gottesdienstes der Christen. Schnepfenthal, 1785—88. 4. Stüke in II. Bänden. 8. In Gemeinschaft mit Hermes und Fischer. — Constants kuriose Lebensgeschichte und sonderbare Fatalitäten; ein Buch fürs Volk. Leipzig, 1791—93. III. 8. mit Bildern. — Christl. Hauspostille. Schnepfenthal, 1792. II. 8. (16. gr.) — Der Himmel auf Erden. Leipz. 1797. 8. und Ulm 1798. 8. (45. kr.) —— Merke ferner: NB. Reisen der Salzm. Zöglinge, hat VI. Theile, aber nur der 1te, und die Hälfte des 2ten sind von Salzmann.

Seite 664.

Not. b. Setze zu: — Mercure de France. 1733. p. 2624—2628.

Seite 665.

Rüke folgenden Artikel ein:

Heinrich Sander, geb. den 25. Nov. 1754. zu Köndringen in der Badischen Markgraffchaft Hochberg, wo sein Vater Nicolaus Christian, Kirchenrath, Specialsuperintendent und Pfarrer war. Den ersten Unterricht genoß er in dem Hause seines Vaters, besuchte hernach 1762. das Pädagogium zu Lörrach, und 1769. das Gymnasium zu Carlsruh. Nach 3. Jahren begab er sich nach Tübingen, und von da nach Göttingen. Er wurde 1775. Professor am Gymnasium zu Carlsruh; machte 1777. eine gelehrte Reise nach Paris, und kehrte über Holland zurük. Eben so reiste er 1780. durch Ober- und Niedersachsen nach Dresden, Berlin und Hamburg; 1781. in die Schweiz; 1782. über Tyrol, Wien und Ungarn nach Venedig. Gleich nach seiner Rükkunft zeigte sich bey ihm eine Vereiterung der Lunge, an welcher er den 5. Oct. 1782. zu Köndringen im hofnungsvollsten Alter starb. — — Schriften: Von der Güte und Weisheit Gottes in der Natur. Carlsruh,

1778. 8. und Franff. 1784. 8. (16. gr.) Wurde ins Holländische übersezt. Utrecht, 1780. 8. — Das Buch Hiob zum allgemeinen Gebrauch. Leipz. 1780. 8. und Franff. 1784. gr. 8. (18. gr.)— Ueber die Vorsehung. Leipz. 1780. 81. II. 8. Ist eine Fortsezung des Buches: Nichts von ungefähr; wurde hernach von Pazke fortgesezt. Auch Franff. 1784. III. 8. (I. Thlr. 8. gr.) — Ueber Natur und Religion für die Liebhaber und Anbeter Gottes. Leipz. 1781. II. 8. und 1784. II. gr. 8. (22. gr.) Auch im Auszug für Kinder. Quedlinb. 1791. 8. (5. gr.) — Ueber das Grosse und Schöne in der Natur. Leipz. 1780—82. IV. 8. verbessert, ib. 1784. 8. und 1790. II. gr. 8. (I. Thlr. 16. gr.) — Erbauungsbuch zur Beförderung wahrer Gottseligkeit. ib. 1781. und 1783, auch 1791. 8.m. (12. gr.) — Oekonomische Naturgeschichte für den Landmann und die Jugend. ib. 1781—83. III. 8. Fortgesezt vom Professor Fabricius in Kiel. Neue Aufl. ib. 1784—92. IV. gr. 8. (2. Thlr. 8. gr.) — Predigten für denkende Zuhörer in allen Ständen. ib. 1783. II. 8. und 1787. II. gr. 8. (2. Thlr.) — Beschreibung seiner Reisen durch Frankreich, die Niederlande, Holland, Deutschland und Italien ꝛc. ib. 1783. II. 8.m. (3. Thlr.)— Kleine Schriften. ib. 1784. 85. II. 8. Dabey sein Leben. (Cf. Meusel. l. c. — Sein Leben von Jacob Feddersen. Halle, 1784. 8. (3. gr.) und von Georg Friedr. Göz. Hanau, 1783. und verm. ib. 1785. gr.8.)

Seite 665.

Zu Ed. Sandifort, merke: Museum anatomicum academiæ Lugduno -Batavæ. Lugd. Bat. 1793. IL fol. imper. mit 141. Kupfertafeln. — Descriptio ossium hominis. Lipf. 1785. 4m. (I. Thlr. 16. gr.) — Opuscula anatomica selectiora. ib. 1788. 8.m. (20. gr.) — — NB. Observat. anat. pathol. haben III. Th. und kosten 9. Thlr. — NB. Exercitat. acad. sind in Leipzig gedr. 1783. 4.m. (3. Thlr. 12. gr.) — NB. Descript. musc. hominis sind ebendaf. gedr. 1781. 4.m. (2. Thlr. 12. gr.)

Seite 666.

Joh. Dom. Santorini. NB. Sein Leben bey de structura mammarum &c. ist v. Michael Girardi, der das Werk herausgab.

Zu Jos. von Sartori, merke: Er wurde seines Amts in Ellwangen entsezt, und lebt seit 1789. als K. K. wirklicher Rath zu Wien. — Zu seinen Schriften seze bey: — Geschichte von dem

Ur-

Ursprung und Fortgang der longobardischen und deutschen Lehns
rechte ꝛc. Augsb. 1783. 8. — Versuch einer pragmatischen Geschichte
der Lehen, aus den Zeiten von der Errichtung der Fränk. Monarchie
bis zur Erlöschung des Karoling. Stamms ꝛc. Augsb. 1785. gr. 8.
— Crameriana posthuma, oder auserles. Samml. von ältern
Reichskammergerichtl. Erkenntnissen ꝛc. ib. 1786 — 90. XII. 8. —
Reichs ; Vikariatis. Staatsrecht. ib. 1790. 8. etwas zu flüchtig. —
Memoiren über die wichtigsten Staatsmaterien unserer Zeit. Ger-
manien, 1795. 1797. II, gr. 8. — Deutsche Ministerialzeitung von
1790. und 91. Nürnb. 4. — Leopoldinische Annalen. Augsb. 1792.
gr. 8. — Merke ferner: Geist und weltliches Staatsrecht der
Deutschen geistl. Stifter ꝛc. hat 1788 — 91. IV. Theile in II. Bänden. (10. Thlr. 16. gr.)

Seite 667.

Zu Rich. Savage, merke: Works &c. with the Life, by
Dr. *Johnson*. Lond. 1777. II. 8.

Zu Fr. Boiss. de Sauvages, merke: Von seiner Nosologia &c.
durch *C. F. Daniel* erschien 1791. der 2te Th. mit Kupf.

Not. n. Seze zu: — Histoire &c. par Mr. *Tourneur*. Paris,
8. — Hannöverisches Magazin. 1765. p. 753 — 782.

Not. o. Seze zu: — Eloge &c. Lyon, 1768. 4. m.

Seite 668.

Zu Savary (lin. 12. sq.) merke: Er ist geb. 1748. zu Vitre
in Bretagne, und studirte zu Rennes. Er reiste nach Egypten,
verweilte dort drey Jahre, und hielt sich hernach 18. Monate auf den Inseln des Archipelagus auf. Im Jahr 1780. kehrte
er nach Frankreich zurük; arbeitete nun an einem großen arabischen
Wörterbuch und einer arab. Grammatik, starb aber während diesem Geschäft den 4. Febr. 1788. æt. 40. zu Paris. — — NB. Zustand des alten und neuen Egyptens. Ist von Johann Gottlob
Schneider (Prof. der Beredtsamkeit zu Frankfurt an der Oder),
übersezt, und hat bis 1789. IV. Th. (3. Thlr. 8. gr.) Das franz.
Original Lettres sur l'Egypte &c. erschien zu Paris, 1785. 86.
III. 8. — Savary lieferte auch: Voyage dans les Isles de
l'Archipel &c. und übersezte den Koran. (Cf. *Meuselii* Bibl. hist.
Vol. III. P. I. p. 96. sqq.

(Supplem. II.)

Zu Heinr. Bened. von Sauſſure, merk' als Note: *Senebier*
Hiſt. litt. de Généve. T. III.

Seite 669.

Chriſtop Saxe. NB. Zu deſſen Onomaſt. litt. &c. erſchien
1790. Pars VII. et ultima, cum indice omnibus partibus com-
muni. 8.m. (3. fl. Das Ganze. 18. Thlr. 20. gr.) Auch : Onomaſt.
litt. epitome &c. Traj. ad Rh. 1793. 8.m.

Seite 670.

Zu Auguſt Schaarſchmidt, merke: Er ſtarb zu Büzow den
24. Apr. 1791. æt. 72. Vorher war er ſeit 1742. Doctor und
Phyſikus zu Rathenau, und nachher zu Berlin bis 1760. Er hatte
zu Halle ſeit 1738. ſtudirt.

Not. r. Seze zu: — Bibl. germanique. T. XXII. p. 98—
105. — Deutſch: Acta erudit. 14r B. p. 346—351. — *Niceron*
Mem. T. XXXIX. p. 147. ſqq.

Seite 671.

Jacob Chriſt. Schäffer's (nicht Schäfer) Lebensnachr. ändere
ſo : Geb. den 30. Mai 1718. zu Querfurt in Thüringen, wo ſein
Vater Archidiaconus war. Er ſtudirte ſeit 1736. zu Halle, wurde
1738. Informator in einem Handlungshaus zu Regensburg; 1741.
auſſerordentlicher Prediger daſelbſt; 1774. Conſenior und 1779.
Superintendent, auch Aſſeſſor des Conſiſtoriums und Scholarch;
überdieß K. Däniſcher Rath und Prof. honor. am Gymnaſium
zu Altona, auch Ehrenmitglied mehrerer kön. u. a. gelehrter Geſellſchaften und Akademien. Das theologiſche Doctordiplom hatte er
1763. von Tübingen erhalten. Er ſtarb den 5. Jan. 1790. æt.
72. zu Regensburg. — — Zu ſeinen Schriften ſeze bey : Botanica
expeditior , genera plantarum in tabulis ſexualibus et univerſal. æri inciſis exhibens. Ratisb. 1760. 4m. (15. fl.) und
ib. 1776. 8m. (15 fl) — Die Armpolypen. Regensb. 1763. 4.
(1. fl. 30. kr.) — Beſchreibung der Blumenpolypen der ſüſſen
Waſſer, mit den Blumenpolypen der ſalzigen Waſſer verglichen.
ib. 1764. 4. mit Figuren (1. fl. 30. kr.) — Fünf neue Inſecten-
geſchlechter, zur Einleitung in die Inſectenkenntniß. ib. 1777. gr. 4.
mit 5. illum. Kupf. (1, fl. 30. kr.) — — NB. Zu den Icon. in-
ſectorum circa Ratisb. indig. lieferte A. Harrer Beſchreibun-
gen. Regensb. 1r B. 1791. 4.

Seite 672.

Zu Heinr. Scharbau, merke: Er starb den 6. Febr. 1759. als Senior und Pastor in Lübek.

Not. t. Seze zu: — Nekrolog für das Jahr 1790. von Schlichtegroll. 1r B. p. 65 — 77.

Not. u. Seze zu: — Nachr. von niedersächs. berühmten Leuten. 2r B. p. 258 — 275.

Seite 673.

Zu Fr. Christ. von Scheyb, merke: — Edirte: Orestrio über die drey Künste, Zeichnung, Malerey und Kupferstecherey. Wien, 1774. II. gr. 8. (2. Thlr.) (Cf. Bruckers Bildersaal. 2r B. Dec. X. No. 4. — Hamberger und Meusel l. c. ed. III.)

Seite 674.

Zu Joh. Ephraim Scheibel, merke: Ist seit 1788. Rector des Elisabethani, und Inspector der evangel. Schulen zu Breslau. — — NB. Einleit. zur mathemat. Bücherkenntniß ec. 19. St. ib. 1795. 8. — Astronom. Bibliographie ec. ist eigentlich eine Sammlung des 16 — 19. Stüks des obigen Werks. — Zum Unterricht vom Gebrauch der künstl. Himmels- und Erdkugeln ec. erschienen: Erläuterungen und Zusäze, ib. 1785. 8. mit Kupf. — — Er übersezte aus dem Französischen: Darquier Briefe über die praktische Astronomie. Mit Anmerk. ib. 1791. gr. 8. und: Du Sejour analytische Abhandlung von den Sonnenfinsternissen, mit Anmerk. ec. ib. 1793. 8. — Gab heraus: Mich. Scheffelts Unterricht vom Proportional-Zirkel; umgearbeitet mit einer hist. Einleit. ib 1781. 8.

Zu H. G. Scheidemantel, merke: Starb den 31. Decemb. 1787. zu Stuttgard, æt. 48.

Seite 675.

Not. a. Seze zu: — Saxii Onomast. T. VII. p. 138. sq.

Seite 676.

Zu J. J. G. Scheller's Schr. merke: — Lateinisch-deutsches und deutsch-lat. Handlexikon, vornemlich für Schulen. Leipzig, 1792. II. gr. 8. (3. Thlr.) — NB. Præcepta st li bene latini &c. Ed. III. ib. 1797. 8m. denuo auct. et emend. und Compendium præcept. Ed. III. ib. 1796. 8m. — Ausführl. lat. Sprachlehre ec. 2te Ausg. ib. 1782. gr. 8. und 3te Ausg. durchaus verbessert und vermehrt, ib. 1790. gr. 8. — Kurzgefaßte lat. Sprachlehre. Wurde ins Holländische übersezt: J. J. G. Scheller beknopte lat. Sprach-

kunſt. Leiden, 1788. 8. — Kleines lat. Wörterbuch. 3te Ausgabe.
ib. 1790: gr. 8. verb. (12. gr.)

Not. c. Seze zu: — *Brukerii* Pinacoth. Dec. VI.

Seite 677.

Zu Joh. Jacob Scheuchzer, merk' als Note: Meiſters berühmte Männer Helvetiens. 1r B. p. 92—99. — Neuer Bücher-
ſaal ꝛc. 22te Oeffnung. p. 743. ſqq. — D. Acta erudit.
10r B. 119r Th. p. 760—770. — *Mangeti* Bibl. ſcript. med.
T. II. p. 191. ſqq.

Seite 678.

Zu Joh. Scheuchzer, merke: Seine Biographie befindet ſich
bey der Agroſtographia.

Zu Joh. Juſt. Schierſchmidt, merk' als Note: Sein Leben ꝛc.
von Delius. Erlangen, 1779. 8.

Seite 679.

Zu Fr. Schiller, merke: Wurde 1788. Heſſen-Darmſtädtiſcher
Rath; 1789. Prof. philoſ. extraord. zu Jena; 1790. Herzogl.
Sachſen-Meinungiſcher Hofrath, und 1796. Prof. ordin. hono-
rarius zu Jena. — Trauerſpiele. Mannheim, 1784. gr. 8. (1. Thlr.
4. gr.) — Don Karlos, Infant von Spanien. Leipzig, 1787. 8.
II. Abtheilungen, mit und ohne Kupf. — Geſchichte des Abfalls
der vereinigten Niederlande von der ſpaniſchen Regierung. 1r Th.
Leipz. 1788. 8. (1. Thlr. 12. gr.) — Geſchichte der merkwürdig-
ſten Rebellionen und Verſchwörungen aus den mittlern und neuern
Zeiten. 1r Th. ib. 1788. 8. Hieran haben andere Theil. (18. gr.)
— Allgemeine Sammlung merkwürdiger Memoiren vom XII. Jahrhundert bis auf die neueſten Zeiten, neu überſezt, mit Anmerk.
Jena, 1790. bis 1797. XVI. Bände in 2. Abtheilungen. In Geſellſchaft mit andern. — Kleine proſaiſche Schriften vermiſchten
Inhalts, aus Zeitſchriften vom Verfaſſer geſammelt und verbeſſert.
Leipz. 1792. 8. (Drukp. 20. gr. Poſtp. 1. Thlr. 4. gr.) — Geſchichte des dreiſſigjährigen Kriegs. Im Kalender für Damen, auf
die Jahre 1791—93. Leipz. (3. Thlr. 16. gr.) In dieſem Kalender
auf das Jahr 1794. iſt die Geſchichte des 18. Jahrhunderts enthalten. — Wallenſteins Geſchichte, dramatiſch bearbeitet. In drey
Abtheilungen: Wallenſteins Lager, die Piccolomini und Wallenſteins Tod. 1797. 8. Eine ſehr vollendete Arbeit. — Er gab heraus: Die Horen, eine Monatsſchrift. III. Jahrgänge à XII. St.

Tübingen, 1795—97. gr. 8. — — NB. Thalia ꝛc. hat von 1785—91. XII. Hefte. (5. Thlr. 21. gr.) Hiervon erschien die Fortsetzung: Neue Thalia. ib, 1792—94. IV. Stüke. gr. 8. (2. Thlr.) — NB. Geisterseher ꝛc. Neue Auflage des 1ten Theils. ib. 1792. 8. Der zweyte Band, welcher ib. 1796. 8. erschien, ist nicht von Schiller.

Seite 680.

G. B. von Schirach. NB. Giebt seit 1781. anonym heraus: Polit. Journal ꝛc. Hamb. 1781—98. monatlich 1. Stük. Es wird geschäzt, jedoch den europäischen Annalen von D. Posselt nachgesezt.

Lin. 8. Statt: „Kaiser Carls IV." Lese: Kaiser Carls VI.

Seite 681.

Zu Joh. Elias Schlegel, merk' als Note: Sein Leben von J. H. Schlegel. Kopenhagen, 1770. gr. 8. (4. gr.)

Zu Joh. Adolph Schlegel, merke: Er starb den 16. Sept. 1793. æt. 72. Er hatte von 1735—41. auf der Schulpforte, und hernach bis 1746. zu Leipzig studirt; wurde alsdann Hofmeister; 1751. Diaconus und Schulcollege zu Pforta; erst 1754. Prediger in Zerbst, und 1759. in Hannover ꝛc.

Seite 682.

Zu Joh. Rudolph Schlegel, merke: Er studirte seit 1748. zu Jena und Göttingen; wurde 1754. Prediger zu Bekingen; 1756. zu Heilbronn, und erst 1760. Rector des Gymnasiums daselbst ꝛc. NB. Er starb den 22. (nicht 15.) Febr. 1760.

Zu Joh. Christ. Traugott Schlegel, merke: — — Sylloge selectiorum opusculorum de mirab. sympathia, quæ partes inter divers. corp. hum. intercedit. Lips. 1787. 8. — Thesaurus pathologico - therapevticus. Lips. 1789—93. Vol. I. P. III. et Vol. II. P. I. — Thesaurus materiæ med. et artis pharmacevt. ib. 1793. 94. II. 8m. — Sylloge operum minor. præstantior. ad artem obstetriciam spectantium. ib. 1795. Vol. I. 8m. c. tab. æneis. — Deutsches Apothekerbuch nach neuern und richtigen Kenntnissen in der Pharmakologie und Pharmacie. Gotha, 1793. II. gr. 8. 3te verbesserte und vermischte Ausgabe, ib. 1797. gr. 8. Gemeinschaftlich mit J. C. Wiegleb. — Er edirte auch: Josephi Lieutaud, historia anatomico - medica, mit Verbesserungen und Zusäzen. Langosalissæ, 1786. 87. II. 8. und einige andere Schriften. — — NB. An der neuen medicin. Litteratur arbeitete er mit

Arnemann nur bis zu des 2ten B. 2tem Stük mit. — NB. Collectio opusc. ad med. forens. spect. hat bis 1791. VI. Vol.

Zu Joh. Friedr S t leußner , merke: Er wurde 1790. Prof. theol. ordin. zu Göttingen, und kam 1795. an Reinhards Stelle als Prof. theol. ordin. Propst der Schloß, und Universitätskirche, und Assessor des Consistoriums nach Wittenberg. — — Novum Lexicon græco-lat. in N. Test. Lips. 1792. II. 8m. (6. Thlr.) Vorzüglich. — Göttingische Bibliothek der neuesten theolog. Litteratur. Göttingen, 1794 — 97. 3. B. 8. In Gesellschaft mit K. f. Stäudlin. Die folgenden Bände besorgte lezterer allein. — Predigten und viele Programme und Abhandlungen. S. Meusels gel. Deutschl. 5te Aufl. 7r B. p. 156. sqq. (Cf. Sein Leben von ihm selbst beschrieben in J. R. G. Beyers Magazin für Pred.)

Zu Aug. Ludw. Schlözer's Schr. merke: — Münz, Geld, und Bergwerksgeschichte des russ. Kaiserthums vom J. 1700—89. Gött. 1791. 8 Hieran hat seine Tochter M. Dorothea verehlichte Rodde den größten Antheil; nur die histor. Data sind von ihm, (20. gr.) — Staatsgelahrtheit nach ihren Haupttheilen im Auszug und Zusammenhang. ib. 1793. 8. 1r Th. Der zweyte Titel lautet: Allgemeines Staatsrecht und Staatsverfassungslehre. — Kritische Samml. zur Geschichte d. Deutschen in Siebenbürgen. ib. 1795—97. 3. St. gr. 8. — Kritisch, historische Nebenstunden; Ideal einer Anleit. zur Kenntniß der asiatischen Staatengeschichte im Mittelalter. Origines osmannicæ &c. ib. 1797. gr. 8. — NB. Die Staatsanzeigen haben bis 1794. LXXII. Hefte. — Erdbeschreibung von Amerika; aus dem Engl. 2c. Ist nicht von Schlözer, sondern wurde blos unter seiner Aufsicht von G. E. H. List und W. J. C. Hennemann übersezt. Das Original, Lond. 1773. II. fol. ist schon die vierte Auflage.

Zu Joh. Georg Schlosser: Er gab in Carlsruh 1794. den Abschied, und privatisirte seit dem 3. August dieses Jahres zu Ansbach, und dann zu Eutin. Von hier aus folgte er 1798. dem Rufe als Bürgermeister in seiner Vaterstadt Frankfurt am Main, wo er bald darauf, nemlich am 27. Oct. 1799. starb. — — Kleine Schriften. Frankfurt, 1772—94. VI. 8. (à 1. Thlr.)

Seite 685.

Zu Mart. Schmeizel seze bey: — Erläuterungen der Gold, und Silbermünzen von Siebenbürgen. Halle, 1748. 4. mit Kupf.

Not. s. Seze zu: — Götten jeztleb. gel. Europa. 1ter Th. p. 419. sqq. 5. Th. p. 769.

Seite 686.

Zu Joh. Lorenz Schmid, merke: Man hielt ihn für den Verfasser der von Lessing herausgegebenen Fragmente und über den Zwek Jesu und seiner Jünger. S. im Artikel Lessing.

Not. t. Seze zu: — Sein Leben 2c. von Joh. Christ. Ludwig. Langensalza, 1759. 8. vermehrt, ib. 1765. 8.

Not. u. Seze zu: — Mosheims Kirchengeschichte 2c. von Schlegel. 5. B. p. 435—449. 6. B. p. 336—850.

Seite 687.

Zu Christ. Heinr. Schmid: NB. Crusius Lebensbeschreibungen der römischen Dichter, erschien im englischen Originale. Lond. 1726. 32. II. 4. — Specimina polemicæ Horatianæ sind bis 1788. XXII.

Zu Mich. Ignaz Schmidt: Er starb am 1. Nov. 1794. æt. 59. am Schlagflusse. — Zur Geschichte der Deutschen erschien: Vollständige Register, nebst genauem Verzeichnisse der dort angeführten Schriften. Ulm, 1788. gr. 8. —. NB. Die neue Geschichte der Deutschen besteht iu VI. B. von 1785—93.

Seite 688.

Zu Anton Schmidt: Er ist seit 1789. Weihbischof.

Seite 689.

Zu Christ. Schmidt, genannt Phiseldek: Er wurde 1789. in den Adelstand erhoben. — Repertorium der Geschichte und Staatsverfassung von Deutschland, nach Anleitung der Häberlinischen ausführlichen Reichshistorie. Halle, 1789—94. VIII. Abtheil. gr. 8. Das Werk geht bis zum Jahre 1597. Enthält also nur noch die ersten zwanzig Regierungsjahre Rudolphs II. und ist geschlossen. Die 3te Abtheil. hat 4. Abschnitte. Die 6te einen Anhang, und die 8te und lezte 2. Hälften. — NB. Die Materialien zur russis. Geschichte haben 3. Theile. 1777—88. — Von ihm ist wohl zu unterscheiden sein Sohn, C F. von Schmidt, genannt Phiseldek. Von diesem haben wir: Vertraute Briefe über Gegenstände aus der practischen Moral. Kopenhagen, 1791. 8. — Philosophiæ crit. secundum Kantium expositio systematica. T. I. criticæ rationis puræ expos. systemat. Coppenh. 1796. (1. Thlr. 18. gr.)

— Gedichte. Braunschw. 1794. gr. 8. — Viele Abhandlungen, besonders über und für Kantische Philosophie.

Seite 690.

Zu Benj. Schmolk, merk' als Note: Götten jetzleb. gel. Europa. 2. Th. p. 289. sqq. 3. Th. p. 809.

Zur Not. g. setze bey: Oehringen, 1781. 8. (16. gr.)

Seite 691.

Zu Chriſt. Wilh. Schneider: Er setzte seit 1773. die Nova acta historico-ecclesiastica fort. — NB. Sein Leben in Beyer's Magazin für Prediger. 6ten Bandes, 6tes Stük, wo auch sein Bildniß iſt.

Zu Johann Gottlob Schneider, setze bey: — *Petri Artedi* Synonymia Pisclum græca et latina, emendata, aucta atque illuſtrata; f. Hiſt. plſcium naturalis et litteraria ab Ariſtotelis usque ævo ad sec. XIII. deducta, duce Synonymia piſc, *Pet. Artedi.* Lipſ. 1789. 4m, c. fig. — *Nicandri* Alexipharmaca &c. gr. et lat. c. schol. Halæ, 1792. 8m. — *Xenophontis* Memorabilium Socratis dictorum Libri IV. c. n. Lipſ. 1790. 8. — Ejusd. Hiſt. græcæ libri VII. ib. 1791. 8m. — Reliqua librorum Friderici II. Imperat. de arte venandi cum a*vibus;* accedunt *Alberti Magni* capita de falconibus, aſturibus et accipitribus, c. annotat. T. I. ib. 1788. und Commentarii &c. *ib.* 1789. 4. c. iconibus. — Amphibiorum phyſiologiæ Specimen I. Trajecti. 1790. 4. und Spec. II. Francof, ad Viadr. 1792. 4, — Beyträge zur Naturgeschichte der Wallfischarten. 1r Th. Enthaltend Johann Hunters Bemerk. über den Bau und die Oekonomie der Wallfische. Aus dem Engl. mit Anmerk. und Zusätzen. Leipzig, 1794. 8. — Scriptores rei ruſticæ veterum latinorum. Tom. I. et II. M. Portium Catonem. M. Terent. Varronem. et L. Jun. Mod. Columellam tenens, c. comment. et tab. æneis. Lipſ. 1791. 8m,

Rüke folgende Artikel ein:

Eulogius Schneider, geb. zu Wipfeld bey Würzburg, am 20. Oct. 1756. Wurde 1786. Hofprediger des Herzogs von Wirtemberg; 1789. Professor der schönen Wissenschaften auf der Universität zu Bonn; und 1791. Vikar des Bischofs vom unterrheinschen Departement zu Strasburg, und Professor der Theologie daselbst. Er war ein fanatischer Anhänger des neuen Systemes in

Frankreich, und half, so viel ihm möglich war, die Greuel der
Schrekensregierung im Elsaß vermehren. Dem ungeachtet wurde
er am Ende selbst eingezogen, und am 1. April 1794. zu Paris
guillotinirt. Sein Andenken ruht nicht im Segen. — — Schriften:
Joh. Chrysostomus Reden über das Evangelium Johannis; aus
dem Griechis. nach der neuesten Pariser Ausgabe. Mit Anmerk.
Augsburg, 1788. 89. III. gr. 8. — Die Uebereinstimmung des
Evangeliums mit der neuen Staatsverfassung der Franzosen; eine
Rede. Strasburg, 1791. 8. — Politisches Glaubensbekenntniß,
der Gesellschaft der Constitutionsfreunde vorgelegt; nebst einigen
Predigten und Reden zum Lobe und zur Vertheidigung der weisen
Staatsverfassung in Frankreich ꝛc. ib. 1791. 8. — Gedichte. Bonn
und Cölln. 1790. 8. und 2te Aufl. Frankf. 1791. 8. Viele Predig-
ten und Reden. i)

Christian Friedr. Schnurrer, geb. am 28. October 1742. zu
Canstadt im Wirtenbergischen; D. der Philosophie, ordentlicher
Professor der oriental. Sprachen, und Ephorus des theologischen
Stipendiums in Tübingen. — — Schriften: Specimen variarum
lectionum sacri textus, et chaldaica Estheris additamenta c.
vers. lat. et notis. J. B. de Rossi. Tubingæ, 1783. 8. Ist von
ihm nur herausgegeben. — Biograph. und litterarische Nachricht
von ehmaligen Lehrern der hebräischen Litteratur in Tübingen. Ulm,
1792. 8. — Viele gel. theologische Dissertationen und Abhandlungen. (S. Meusels gel. Deutschland.)

Seite 693.

Lin. 15. von oben. NB. Vindiciæ Celt. &c. sind 1754.
(nicht 1752.) erschienen.

Rüke folgenden Artikel ein:

Johann Friederich Schöpperlin, geb. am 24. August 1732.
zu Nördlingen. Sein Vater Adam Kaspar war Lehrer an der
zwoten Classe des dasigen Lyceums, und wurde in der Folge Pfarrer auf den Dörfern Schweindorf und Näher-Memmingen, wo er
1769. starb. Seiner mit männlichem Geiste ausgestatteten Mutter,
Maria Sibilla, einer Tochter des Stadtpfarrers und Superinten-
denten Wetsch, verdankte er hauptsächlich seine erste Bildung, indem sie ihn im Deutschen und Lateinischen unterrichtete. Im fünf-

---

i) Eulogius Schneiders Leben und Schilsale ꝛc. Frankf. 1792. 8.

ten Jahre frequentirte er die lat. Schule. Im 8. Jahre verlohr
er seine geliebte Mutter. Unter seinen Lehrern Simon, Rector
Dolp, und dem berühmten Albrecht Friedrich Thilo, zeichneten
sich seine Talente und sein Fleiß gleich ehrenvoll aus. In seinem
19. Jahre vertheidigte er, unter dem Vorsitze des leztern, mit
vieler Geschiklichkeit eine Differtation: De necessitate amplectendi
Christianorum fidem, ex paranda mentis tranquillitate. Noch
während seiner Schuljahre hatte er das Unglük, des Nachts durch
einen Stoß gegen ein spitziges Eisen, an einem seiner Augen
Schaden zu nehmen. Im Frühjahre 1751. bezog er die Akademie
Jena, und hörte daselbst bey Walch, Vater und Sohn, Köcher,
Rusch, Daries, Tympe, Rekenberger, Zikler, Stephan Müller, Succov, Schmidt und Blaufuß, philologische, historische,
philosophische und theologische Wissenschaften. Er genoß beftän-
dig den Umgang der beyden Walche und der Hofrath, Johann
Ernst Immanuel, dem seine Stärke in der lat. Sprache, und
der Kritik bald bekannt wurde, nahm ihn schon im ersten Jahre,
während seines Ephorates, als Mitglied der damals blühenden
latein. Gesellschaft auf. Schöpperlein machte dieser Auszeichnung
alle Ehre. Da sein Vermögen gering war, so übernahm er im
zweyten Jahre einigen Privatunterricht, besonders im Griechischen, Lateinischen und Hebräischen, ohne jedoch sich in seinem eigenen Studium Abbruch zu thun. Im Jahre 1754. kehrte er in
seine Vaterstadt zurük, und da gerade die Katecheten\stelle an dem
dasigen Waisenhause offen stand, so wurde diese sogleich mit ihm
besezt. Im folgenden Jahre 1755. wurde er Lehrer der vierten
Klasse. In diesem Jahre verheurathete er sich mit Maria Bar-
bara, einer Tochter Johann Wilhelm Engelhards, des innern
Raths Mitglied und Stadtkämmerers, und erhielt aus dieser Ehe
10. Kinder, wovon er jedoch nur einen Sohn hinterließ. Als
im Jahre 1763. Rector Thilo, in das Predigtamt befördert ward,
so wurde ihm das Rectorat übertragen, dem er bis an sein Ende
mit Treue und Eifer vorstand. Da er noch Lehrer der 4ten Klasse
war; so predigte er öfters; und seine Arbeiten waren gründlich
durchdacht und mit Anmuth vorgetragen; während seines Recto-
rats aber widmete er sich ausschliessend dem Schulwesen, bis er am
15. April 1772. im vierzigsten Jahre seines Alters sein rühmliches
Leben endigte. — — Schriften: De Rudolphi Agricolæ Frisii

in elegantiores litteras promeritis. Jenæ. 1753. 4. — Nummi antiqui rariores aut attriti e tabulis Cronagelianis producti et observat. illustrati. Onold. 1757. 8. — Horatius a criminationibus quorundam vindicatus. Nordl. 1764. 4. — Vita Dan. Heideri JCti. ib. 1765. 4. — Vita G. F. Luzii, theol. 1766. 4. — Sueviæ veteris per temporum periodos descriptæ primæ lineæ, ad supplendam Speneri notitiam Germaniæ. ib. 1767. 4. — Sueviæ mediæ, per pagos descriptæ, primæ lineæ, ad emendandum supplendumque Chronicon Gottwizense. ib. 1768. — Vita Theobaldi Billicani, cum additam. ib. 1768. 4. — Vita Jac. Steudlini. ib. 1769. 4. — Biblifche Kindergefchichte zur Aufflärung der Sittenlehre für Schulen. Nördl. 1766. II. 8. — Populärer Religionsbegriff für evangel. Schulen und Gymnasien. ib. 1771. 2te Auflage. 1774. 8. — Von der römif. Königswahl. ib. 1764. 4. — Ueber K. Arnolphs Beftätigungsbrief vom Jahr 898. ib. 1766. 4. — Von dem Rechte der Schullehrer, aus den wefentlichen Begriffen des Schul= und Erziehungsamts entwifelt. ib. 1769. 4. — Ueber K. Sigmunds Lehnbrief von 1481. die Nördlingifche Reichsmünze betreffend. ib. 1770. 4. — Kritifches Verzeichniß der Nördlingifchen Goldgulden, nebft der Ergänzung und Berichtigung deffelben. ib. 1770. und 1771. 4. — Verzeichniß der Nördlingifchen Grofchen und Grofchenförmigen Stüfe. ib. 1771. 4. — Aufferdem lieferte er viele Abhandlungen in die Acta Societatis lat. Jenenf., hatte neben Thilo, Geßner, Lang u. a., den größten Antheil an dem Magazine für Schulen, und die Erziehung überhaupt, welches von 1767—71. in 6. Bänden erfchien. Ferner an den Nördlingifchen wochentlichen Anzeigen von 1766—71, wovon ein großer Theil in feinen kleinen hiftorifchen Schriften, Nördl. 1787. II. 8. abgedrukt ift.

S. Abriß der Lebensgefchichte Joh. Friedr. Schöpperlins, vor dem 2ten Bande feiner kleinen hiftorifchen Schriften.

Zu Chriftian Schöttgen, merke: Sein Lexicon N. T. græco-lat. wurde neu bearbeitet; Lexicon &c. poft Joh. Tob. Krebfium recensuit, auxil. et obfervationibus locupletavit *Gottl. Leberecht Spohn.* Lipf. 1790. 8m. Noch immer fehlerhaft.

Not. l. Setze zu: — *Bruckeri* Pinacoth. Dec. II. — Sein Leben von Joh. Mich. Lobftein. Gieffen, 1776. 8. (2. gr.) — *Meufelii* Bibl. hift. Vol. V. P. l. p. 320. fqq.

Seite 694.

Zu Chriſtian Scholze Lexicon ægyptiaco-latinum, ex veteribus linguæ monumentis collectum et elaboratum. Seze zu: — A Maturino Veyſſiere *la Croze*; quod in compendium redegit *Chriſt. Scholz.* Oxon. 1775. 4.

Not. m. Seze zu: — Gôtten l. c. 2. Th. p. 295. ſqq. 3. Th. p. 809.

Seite 695.

Zu Aug. Friedr. Schott: Er ſtarb am 10. Oct. 1792. æt. 49. — — NB. Entwurf einer juriſt. Encyklopädie ꝛc. Neue Auflaze. Leipz. 1790. gr. 8. — Bibliothek der neueſten juriſt. Litteratur, es ſchien von 1783—98. und der Nachtrag dazu beſteht von 1789 bis 90. in II. 6.

Seite 696.

Zu Franz von Paula Schrank, seze bey: Bayeriſche Flora. München; 1789. II. 8m. (5. fl. 30. kr.) Abgekürzt, als Taſchen buch, in tabellariſche Form gebracht. ib. 1794. gr. 8. (1. Thlr. 8. gr.) Iſt nicht von ihm. — Vom Pflanzenſchlafe, und von an verwandten Eigenſchaften bey Pflanzen. Ingolſtadt; 1792. gr. 8. — Abhandlungen einer Privatgeſellſchaft von Naturforſchern und Oekonomen in Oberdeutſchland. München, 1792. gr. 8. mit Kupf. (1. Thlr. 4. gr.) — Primitiæ Floræ Salisburgenſis, cum diſſ. de diſcriminie plantarum ab animalibus. Francof. 1792. 8. c. tab. æn. — Reiſe nach den ſüdlichen Gebirgen von Bayern, in Hinſicht auf botaniſche und ökonomiſche Gegenſtände, nebſt Nach richten von den Bewohnern. München, 1795. gr. 8. — Akademi ſche Reiſe, im Jahre 1788. München, 1799. gr. 8. — Anfangs gründe der Bergwerkskunde. Ingolſt. 1793. gr. 8. — Von den Nebengefäſſen der Pflanzen und ihrem Nuzen. Halle, 1794. 8 (12. gr.) — Naturhiſtoriſche und ökonomiſche Briefe über das Donaumoor. Mannheim, 1795. 4. (1. Thlr. 16. gr.) — Fauna boica, oder Geſchichte der in Baiern einheimiſchen und zahmen Thiere. Nürnb. 1te Abtheil. 1798. (1. Thlr.) — Nachricht von Begebenheiten und Schriften berühmter Gelehrten. ib. 1797. I. B. gr. 8. (1. Thlr.) — Sammlung naturhiſtor. und phyſicaliſcher Auf ſäze. ib. 1796. gr. 8. mit Kupf. (1. Thlr. 12. gr.)

Zu Daniel Gottfried Schreber, merke: NB. Sein Schauplaz der Künſte und Handwerker hat bis 1791. XVI. (81. Thlr.)

Seite 697.

Zu Joh. Christian Daniel Schreber, merke; Er ist seit 1791. an Delius Stelle Präsident der Kais. Akademie der Naturforscher, womit der Adelstand, die Würden eines Kais. Rathes, Leibarztes, Hofpfalzgrafen und andere Vorzüge verbunden sind. Auch wurde er 1795. geheimer Hofrath. — NB. Abbildungen säugender oder vierfüßiger Thiere 2c. besteht bis 1797. aus LV. Heften, (mit schwarzen Kupf. 27. Thlr. 12. gr.) — Car. à Linné Amoenitates acad. erschien 1790. der X. Band. — Ejusd. Genera plantarum &c. erschien 1791. Vol. II.

Räke folgenden Artikel ein:

Carl Gottfried Schreiter, geb. 1756. zu Wurzen. War eine Zeitlang akademischer Privatlehrer, und ist seit 1787. außerordentlicher Professor der Philosophie in Leipzig. — — Schriften: David Hume's Gespräche über die natürliche Religion; aus dem Engl. Leipz. 1781. 8. — Montesquieu vom Geiste der Geseze; aus dem Französ. mit Anmerk. Altenburg, 1782, IV. gr. 9. — Geständnisse von J. J. Rousseau, nebst den Selbstbetrachtungen des einsamen Naturfreundes. Aus dem Französischen. Riga, 1782. II. 8. — Der Graf von Polen; aus dem Engl. Leipz. 1781. II. 8. — System der Natur; aus dem Franz. Liegniz, 1781. 8. — Vermischte Betrachtungen über Meinungen und Urtheile der feinen Welt; aus dem Franz. Liegniz, 1784. II. 7. — Eduard Gibbon's Geschichte des Verfalls und Untergangs des römisch. Reichs; aus dem Engl. mit Anmerk. 2ter bis 8ter Th. Leipz. 1788—92. gr. 8. Der erste Theil ist von Wenk. Ferner: 13. bis 15. Theil. oder der spätern Geschichte, 1 — 3. Theil. ib. 1789. 90. gr. 8. — Versuch über das Daseyn und die Natur einer materiellen Welt; aus dem Engl. Riga, 1784. 8. — Sittliche Schilderung von Amerika; getreues Gemälde der innern Lage, Denkungsart, Beschäftigungen und Gewohnheiten eines Theils der Bewohner von Nordamerika, in Briefen eines amerikanischen Gutbesizers an seinen Freund in England, aus dem Engl. Liegniz, 1784. 8. — Hugo Blair's Vorlesungen über die Rhetorik 2c. Aus dem Engl. Leipz. 1785—88. III. gr. 8. — Erste Grundsäze der Philosophie, mit Anwendung derselben auf Geschmak, Wissenschaften und Geschichte; aus dem Engl. des John Bruce. Züllichau, 1788. 8. — Die Brüder; ein Roman. Aus dem Englischen. ib. 1787. 89, III. 8. —

Fergusons Grundsäze der Moral und Politik. Aus dem Engl. Zürich, 1799. 8. 1r Band.

S. Meusel gel, Deutschland.

Johann Matthias Schröckh, merke; NB. Abbildung und Lebensbeschreibungen berühmter Gelehrten. Statt: „ ib. 1764—69. III. 8. (6. fl.) Fortgesezt, 1r Band. ib. 1789. gr. 8.” Lese: ib. 1764—69. VIII. Sammlungen. (6. fl.) Neue umgearbeitete Ausgabe, unter der Aufschrift: Lebensbeschreibungen berühmter Gelehrten, ib. 1790. II. Bände. gr. 8. In beyden Bänden sind 48 Biographien enthalten. — Von der allgemeinen Biographie ꝛc. erschien 1791. der 8te Theil. — Die christliche Kirchengeschichte hat von 1772—96. XXII. Bände. — Ueber die Hist. religionis et ecclesiæ Christianæ &c Schrieb: Joh. Georg Friedr. Papst, sonst Professor der Philosophie zu Erlangen, jezt Pfarrer zu Zirndorf im Anspachischen, einen Commentar. Erlangen, 1792—94 1r Th. in 3. Abtheil. gr. 8. und 2ten Theiles 1ste Abtheil. ib. 1795. gr. 8. (Zu weitläufig, ungleich und unvollständig.)

Seite 698.

Bey **Johann Joachim Schröder**, merke: Sein Sohn Johann Wilhelm, der ihm in seiner Lehrstelle nachgefolgt war; starb am 8. Merz 1793. æt. 67.

Seite 699.

Zu **Nicolaus Wilhelm Schröder**, merke: NB. Institutiones ad fundamenta linguæ hebr. erschien in einer neuen Auflage: Ed. novis indicibus aucta et emend. Ulm, 1785. 8.

Seite 700.

Rüke folgenden Artikel ein:

Johann Friedrich Schröter, geb. 1710. zu Magdeburg; war daselbst Regierungs= und Consistorial=Sekretär, starb am 6. April 1788: — — Schriften: Allgemeine Geschichte der Länder und Völker von Amerika. Halle, 1752. II. gr. 4. — Leben und Begebenheiten Joseph Thomsons; aus dem Englischen. Magdeburg, 1765. 8. — Ferrera's Geschichte von Spanien; aus dem Französischen. Halle, 1754. ꝛc. gr. 4. 1r bis 6r Band.

S. Meusel l. c. 4ter Nachtrag.

Christian Friedr. Daniel Schubart's Lebensnachrichten ändere so: geb. am 26. Merz 1739. zu Obersontheim in der Grafschaft Limpurg, wo sein Vater damals Cantor und Pfarrvikar war, aber 1740. als Schullehrer und Musikdirector nach Aalen kam, und 1744. daselbst Diaconus wurde. Der Sohn studirte seit 1753. zu Nördlingen, seit 1756. zu Nürnberg, und seit 1758. zu Erlangen, ohne Ordnung, so daß er wegen Schulden zu früh nach Haus zurükkehren mußte. Er wurde nun eine Zeitlang Haus-lehrer zu Königsbrunn; hernach Schullehrer und Organist in Geißlingen; 1768. Organist und Musikdirector zu Ludwigsburg. Letztere Stelle verlohr er aber, und nach mancherley Schiksalen und manchen vereitelten Hofnungen kam er nach Stuttgardt und von da nach Augsburg. Hier fieng er an seine deutsche Chronik zu schreiben, und gab nebenher Unterricht in Wissenschaften und Musik, in welcher letztern er sehr stark war. Durch die Verfol-gung der Jesuiten, gegen welche er zu frey geschrieben hatte, wurde er gefangen gesetzt, und aus der Stadt verwiesen. Er kam nach Ulm und lebte hier zufrieden und vergnügt im Schoose seiner Familie, bis er, durch Veranstaltung des östreichischen Generals Ried, auf Befehl des Herzogs von Wirtenberg 1777. vermittelst verrätherischer Hinterlist eines sogenannten Freundes, zu Bläubeuern gefangen genommen, und auf die Festung Asperg gebracht wurde. Hier mußte er, ohne daß man eine Ursache wußte, 10 Jahre bleiben und in den ersten, in einem unterirdi-schen dunkeln Kerker, ohne das geringste Mittel zu einer Beschäf-tigung schmachten, bis er endlich durch preußische Verwendung losgelassen wurde. Nach diesem wurde er, 1787. Director des herzoglichen Theaters zu Stuttgardt. Er starb am 9ten October 1791. æt. 52. am Steckflusse. Schade, daß seine hervorstechen-den Talente nicht frühe schon eine feste Richtung bekamen. Bey dem besten Herzen liebte er Extreme. — — Leben und Gesin-nungen, von ihm selbst im Kerker aufgesetzt, 1r. Theil, Stutt-gard, 1791. 8. Fortgesetzt von seinem Sohne. 2r. Thl. it. 1792. 8. Der 3te Theil fehlt noch. — — NB. Seine Musikalische Rhapsodien haben 3 Hefte in 4.

Christian Ludwig Schubart's Lebensnachrichten ändere so: (NB. Nicht Christian Ludwig, sondern blos Ludwig.) geb. am 17. Februar zu Geißlingen bey Ulm, wo sein Vater damals Präcep-tor und Organist war. Nachdem er auf dem Gymnasium zu Augs-burg und Ulm den Grund gelegt hatte, kam er in die Militär-schule nach Stuttgard, und studirte in der Folge die Jurispru-

denz auf der hohen Karlsschule daselbst. Durch des Ministers von
Herzberg Vorsorge, der zugleich seines Vaters Befreyung von
der Festung Hohen = Asperg bewirkte, wurde er 1787. geheimer
Sekretär bey der Staatskanzley zu Berlin mit 400 Thaler Gehalt.
Im Jahr 1788. reiste er mit dem preußischen Gesandten, in Ge=
schäften wegen des Fürstenbundes, nach Mainz und 1789. wurde
er geheimer Legationssekretär bey dem fränkischen Kreise zu Nürn=
berg. — — Ulrich von Hutten. Leipz. 1791. gr. 8. — Engli=
sche Blätter. Erlangen, 1793 — 98. VIII. B. 4. Heft, 8. 1.
Thlr. 16. gr. — — NB. Seine Uebersetzung von Thomsons
Jahrszeiten ist neu aufgelegt, verbessert, Berlin, 1796. gr. 8.
mit und ohne Kupfer.

S. Bock's Sammlung von Bildnissen und Biographien ge=
lehrter Männer und Künstler. XItes Heft.

Not. y. S. zu: — Baldingers Biographien jetztlebender
Aerzte. 1r. B. 3. St.

Seite 703.

Zu Johann Jacob Schudt, merk' als Note:

*) Deutsche Acta Eruditor. 8ter Band, p. 884 — 892. —
Acta scholast. 3r. Bd. p. 327. sqq.

Seite 704.

Not. b. Setze zu: — Acta erudit. 1736. p. 46 — 48.

Zu Johann Christoph Friedrich Schulz merke: Er ist auch
Superintendent der Alsfelder Diöces. — — Andreas Grays
Vorlesungen über die Gleichnißreden unsers Heilandes ic. Han=
nover, 1784. 8. — Anmerkungen, Erinnerungen und Zweifel
über Michaelis Anmerkungen für Ungelehrte zu seiner Uebersetzung
des neuen Test. Halle, 1790 — 94. VI. Stücke. 8. — — NB.
Burns und Entfield's Samml. der besten Predigten über die
Moral ic. besteht von 1777 — 81. in VI. B. — Cocceji Lexi=
con hebr. et chald. erschien eine zwote Ausgabe, Lips. 1793. —
Von Waltheri Ellipses hebraicæ &c. erschien 1784. der 2te Th.
— Seine Scholia in N. Test. bestehen von 1783 — 85. in III. B.
und sind fortgesetzt von Georg Lorenz Bauer, Professor der
morgenländischen Sprachen auf der Universität Altdorf, vom 4ten
bis zum 9ten Band, Nürnb. 1790 — 95. 8m.

Seite 705.

Rüke ein: Joas

Joachim Christoph Friederich Schulz, (in neuern Schriften nennt er sich blos Friederich) geb. 1762. zu Magdeburg. Er
privatisirte zu Dresden und Weimar, wurde 1789 Rath zu Weis-
mar, und ist seit 1796. Professor der Geschichte am Gymnasium
zu Mietau und Herzogl. Weimarscher Hofrath. — — Schriften: Almanach der Belletristen und Belletristinnen. 1782. 8. und
Beylage dazu, eod. 8. — Litterarische Reise durch Deutschland.
Wien, 1786. IV. Hefte, 8. — Kleine Wanderungen durch
Deutschland. Basel, 1786. 8. Standen vorher im D. Merkur,
1784. Dec. — Moritz, ein Roman; Dessau, 1785. 8. 2te Ausgabe, mit dem 4ten Buche vermehrt. Wien, 1786. 8 und 3te
verbesserte Ausg. mit 3 Kupf. von Lips. 1792. 8. — Damms
Einleitung in die Götterlehre re. Berlin, 1786. 8m. mit Kurf. —
Geschichte Friedrichs des Großen. 1787. 8. Vorher im D. Merkur, Octoberst. 1786. — Mineralogische Reisen durch Calabrien
und Apulien; aus dem Italienischen des Abbé Fortis. Weimar, 1788. 8. — Kleine prosaische Schriften. ib. 1788 — 92.
V. 8. — Kleine Romane. Leipz. 1788 — 90. V. 8. — Aufsätze
zur Kunde ungebildeter Völker. Weimar, 1789. 8. 2te Ausgabe,
ib. 1794. 4. — Zaide. Berlin, 1789. 8. — Historische Romane;
aus dem Franz. des von Mayer. Weimar, 1789 8. — Ro-
chefoucault's Sätze aus der höhern Welt- und Menschenkunde.
Franz. und deutsch. Berlin, 1780. 8. — Fritz, oder die Geschichte eines Belletristen. Altenburg, 1783. 8. — Der Wittwer zweyer
Frauen, nach Imbert. Berlin, 1788. 8. — Der Wüstling; eine
Geschichte aus Pyrmont; nach dem Engl. Berlin, 1788. 8. —
Albertine, Richardson's Clarissen nachgebildet, und zu einem lehrreichen Lesebuch für deutsche Mädchen bestimmt. ib. 1788. 89.
V. 8. — Geschichte der großen Revolution in Frankreich. ib.
1789. 8. mit Kupf. und ib. 1790. 8. — Ueber Paris und die Pariser. 1r. Bd. ib. 1790. 8. — Beschreibung und Abbildung der
Polsfarben. ib. eod. 8. — Geschichte der Camisarden, bey Gelegenheit der Revolution in Frankreich. 1r. Th. Weimar, 1790. 8.
Martinuzzi, oder Leben eines geistlichen Parvenü's, in Beziehung
auf neuere Erscheinungen. ib. 1790. 8. — Historisch-genealogi-
sches Taschenbuch für das zweyte Jahr der Freyheit; enthaltend
die Geschichte der franz. Revolution. Braunschweig, 1791. 12. —
Romanen-Magazin. Berlin, 1791 — 93. III. 8. — Mikrologb

(Supplem. II.)   T

sche Auffäße. Königsb. 1793. 8. (16. gr.) — Mehrere Auffäße im
D. Merkur, Museum, der D. Monatsschrift ꝛc.

S. Meusel l. c.

Zu Benjamin Wilh. Dan. Schulze merke: Er starb den 17.
März. 1790.

Zu Ernst Aug. Schulze: Er starb am 3. Mai. 1786. —
Compendium Archœologiæ hebraicæ, c. not. *Abrahami Philippi Godofredi Schikedanz*, D. theol. et Gymn. Servestæ acad.
rector. Dresdæ, 1793. 8m. Der 2te Band wird vom Herausge=
ber bearbeitet.

Zu Johann Ludwig Schulze seße bey: — Geschichte der
evangelischen Missions-Anstalten zur Bekehrung der Heiden.
Halle, 1792 — 93. XL — XLIII. Stück. 4. — Handbuch der
symbolischen Theologie ꝛc. ib. 1790. 8.

Seite 706.

Zu Joh. Dan. Schuman merke: Er war geb. 1713. und
starb am 13. März. 1787.

Zu Joh. Gottl. Schummel seße bey: Ist seit 1788. Pro=
feffor der Beredtsamkeit und griechischen Sprache am Elisabethas
nischen Gymnasium zu Breslau. — — Recucil des plus jo=
lis contes tirés des mille et une nuits. Magdeb. 1778. II. 8.
— Graf von Mirabeau über die preußische Monarchie unter
Friedrich dem Großen; aus dem Franz. übersetzt und zusammenge=
zogen; nebst berichtigenden Anmerkungen sachkundiger Männer.
1ten Bandes, 1r. Theil, Breslau, 1790. und 2ter Th. 1791.
gr. 8. — — NB. Von der moralischen Bibl. für den jungen Adel
kam der dritte Band 1787. heraus.

Seite 708.

Not. n. Seße zu: — Nachricht von niedersächsischen berühm=
ten Leuten. 1r. Bd. p. 313 — 321.

Bey Gottfried Schüße merke: NB. Comment. de scriptis
et scriptoribus hist. antiquis et novis &c. ist nicht von ihm, son=
dern von Heinrich Schüß.

Seite 709.

Rücke ein:

Heinrich Schüß, Jesuit und Professor der Geschichte zu In=
golstadt. — — Comment. de scriptis et scriptor. hist. &c.
was fälschlich unter Gottfried stand) — Mantum Bambergense

h. Henrici Cæsaris, notis illuſtratum. Ingolſtadii. 1754. —
Franken, niemals im bayerſchen Nordgau, eine kritiſche Unter=
ſuchung. ib. 1764. 4.

Zu Chriſtian Gottfried Schütz merke: Unter ſeiner Direc=
tion kam zur Litteraturzeitung auch heraus: Allgemeines Reper=
torium der Litteratur ſeit 1785. Jena, 1793. und folg. gr. 4. —
NB. Sein Elementarwerk für niedre Claſſen lat. Schulen, hat bis
1787. XIII. Bände. gr. 8.

Zu Gottwald Schuſter, ſetze bey: Er ſtudirte 5 Jahre lang
in Leipzig; wurde hernach Phyſikus in Penig; 1727. Stadt= und
Landphyſikus zu Chemnitz, und ſtarb am 25. December 1785. Ein
ſehr glücklicher praktiſcher Arzt. Er war auch Mitglied der kaiſer=
lichen Akademie der Naturforſcher.

Seite 710.

Bey Joh. Joachim Schwabe merke: NB. Maria le Prince
de Beaumont Magazin für Kinder ꝛc. erſchien in einer neuen Auf=
lage: Für die deutſche Jugend eingerichtet. Leipzig, 1795. II. 8.
(1. Thlr.)

Seite 711.

Rüke ein:

Joachim von Schwarzkopf, geb. am 23. März 1766. zu
Steuchorſt im Lauenburgiſchen. Er wurde 1786. Grosbrittanniſcher
und Braunſchweig=Lüneburgiſcher Legationsſekretär am königl.
Preußiſchen Hofe, machte 1792. eine gelehrte Reiſe durch Deutſch=
land, nach Wetzlar, Regensburg, Wien, ꝛc. und in die Schweiz,
und wurde in eben dieſem Jahre in Adelſtand erhoben. War ſeit
1793. Geſchäftsträger, und iſt ſeit 1794. königl. Grosbrittanni=
ſcher= und churfürſtl. Braunſchweig Lüneburgiſcher reſidirender Mi=
niſter bey dem Chur= und Oberrheiniſchen Kreiſe zu Frankfurt. —
— Schriften: Commentatio de fundamento Succeſſionis ab
inteſtato ex jure Romano, antiquo et novo. Gottingæ, 1785.
4. Eine Preisſchrift, welche, nach der gekrönten, die beſte war.
— Commentatio de fundamento Succeſſionis ab inteſtato ex
jure Germanico. ib. 1786. 4. Ebenfalls eine Preisſchrift, und
nach der gekrönten, die beſte. — Ueber das Herren=Meiſter=
thum der Mark=Brandenburg und den Maltheſer Orden. Ber=
lin, 1789. Auch im Hannöverſchen Magazin — Ueber den Sei=
denbau in den Königl. Preußiſchen Staaten. Berlin, 1789. 4. —

Sur l'élection et le couronnement de l'empereur. Berlin, 1790. 8. — Ueber Staats= und Addreßkalender; ein Beytrag zur Staatenkunde. Berlin, 1792. 8. — Ueber Zeitungen. Ein Beytrag zur Staatswissenschaft. Franff. 1795. 8. — Recueil des principaux actes publics sur les rélations politiques de la France avec les Etats d'Italie, depuis 1791. jusqu' à 1796. Francfort, 1796. 8. Ohne seinen Namen. — Handbuch für den Congreß zu Rastatt. Rastatt, 1798 8. Ebenfalls anonym. — Historischer Versuch über das National=Institut der Künste und Wissenschaften zu Paris. Göttingen, 1797. 8. Auch in den Annalen der Königl. Societät der Wissenschaften zu Göttingen. — Mehrere Aufsätze in dem Hannöbrischen Magazine und der Berli= ner Monatsschrift 2c. Auch ist er Mitarbeiter an der Jenaer Lit. Zeitung und der allgem. Berliner Bibliothek.

Christian Ludwig Schweickard, geb. am 23. Aug. 1746. zu Carlsruhe, wo sein Vater Kammerrath war. Er studirte seit 1765. zu Strasburg und Wien; wurde 1773. Oberamts=Physi= kus zu Pforzheim, und 1775. zu Carlsruhe. Im Jahre 1782. er= hielt er den Hofrathscharafter, und 1783. ward er Stadtphysikus zu Carlsruhe. Im Jahre 1792. nahm ihn die correspondirende Gesellschaft schweizerischer Aerzte und Wundärzte als Ehrenmit= glied auf. — — Schriften: Medizinisch=gerichtliche Beobach= tungen. Strasburg, 1789. III. 8. — Tentamen catalogi ra= tionalis differtationum ad artem obstetriciam spectantium. Fran= cof. 1795. 8m. (1 fl. 15 kr.) — Tentamen catalogi rationalis differtationum ad medicinam forensem et politiam medicam spectantium, ab A. 1559. ad nostra usque tempora. ib. 1796. 8. (1. fl.)

Nikolaus Schwebel, geb. 1713. war Lehrer am Gymnasium zu Nürnberg, und nachher zu Ansbach und starb am 17. December 1773. — — Schriften: *Bionis* et *Moschi* Idyllia. Venet. 1746. 8. — *Onosandri* Strategicum, græce et gallice, cum not. et fig. Norimb. 1762. fol — *Lamberti Bos* Ellipses græ= cæ cum not. variorum. ib. 1763. 8m. — Flavii Vegetii de re militari Lib. V. cum not. et verf. gall. ib. 1767. — Antiqui= tates Etruscæ &c. ib. fol. 1770. Ein Auszug aus des Gori Museum Etruscum &c. (S. Gori.)

Cf. Harlesii Vitæ philol. Vol. II. p. 111 — 136. — Hamsberger l. c. *Saxii* Onomast. T. VII. p. 107. sq.

Hermann Schyn, ein Mennonit zu Amsterdam; schrieb: Historia christianorum protestantium, qui Mennonitæ vocantur. Amsterd. 1711. 8. Erschien zuerst Holländisch, dann erst ins Lateinische übersetzt, und weiter ausgeführt, ib. 1723. 8. Endlich vermehrt unter der Aufschrift: Historiæ Mennonitarum plenior deductio &c. ib. 1729. 8. Wurde erst nach seinem Tode gedruckt.

Bey Christ. Fried. Schwan merke: NB. Nouveau Dictionnaire de la langue allemande et franç. hat IV. T. in VI. Vol. 1787 — 93. (25. Thlr. 16. gr.) — NB. Abbildung aller geist- und weltlichen Orden ꝛc. besteht 1780 — 91. in XLVI. Heften.

Zu Johann Schweighäuser merke: Er verlohr 1794. seinen Kopf unter der Guillotine. — Emendationes et observationes in Suidam. Fasc. II. Argentor. 1789. 8m. — NB. *Polybii* hist. &c. hat 1789 — 94. VIII. T.

Seite 516.

Zu E. Search merke: Er hieß eigentlich, seinem wahren Namen nach, Abraham Tucker.

Zu Thomas Secker, merke folg. Lebensnachrichten: geb. 1693. zu Sibthorp in der Grafschaft Nottingham von Aeltern, die sich zu den protestantischen Dissenters hielten. Anfangs war er zum Prediger seiner Kirche bestimmt; er legte sich also mit allem Eifer auf das Studium der theologischen Wissenschaften. Mehrere Zweifel brachten ihn aber zu dem Entschlusse, die Arzneygelahrtheit zu studiren. Am Ende widmete er sich doch noch dem geistlichen Stande. Er wurde 1722. Diaconus und Prediger der St. James-Kirche; 1732. Kaplan des Königes; 1734. Bischof von Bristol; 1737. Bischof von Oxford; endlich 1758. Erzbischof von Canterbury. Er starb 1768. æt. 75. Ein edeldenkender, toleranter, wohlthätiger Mann.

Bey Dionysius Franz Secousse setze zu: — Mémoires pour servir à l'histoire de Charles II. Roi de Navarre, surnommé le Mauvais. Paris, 1758. 59. II. T. 4m.

Seite 713.

Bey Sebast. Seemüller: Ist seit 1794. Bibliothekar und Capitular im Stifte Pollingen. — NB. Bibliothecæ acad. In-

golſtad. incunabula typogr. &c. hat 1787 — 1792. IV.
Faſc.

Not. t. Seze zu: — *Meuſelii* Bibl. hiſt. Vol. VI. P. I. p.
262. ſq.

Not. u. Seze zu: — 'Seeleniana h. e. de vita, meritis et
scriptis J H. a Seelen &c. auctore *Erneſto Leopoldo Frider.
Behmio.* Hamb. 1728. 8. — Zu Götten ꝛc. ſeze noch bey: 2. Th.
p. 804 3. Th. p. 752.

Seite 715.

Bey **Georg Friederich Seiler,** merke: — Schul‑Metho‑
denbuch. Erlangen, 1789. 8. — Leſebuch für den Bürger und
Landmann ꝛc. ib. 1790 und 1791. 8. — Kleine chriſtliche Kirchen‑
und Reformationsgeſchichte ꝛc. ib. 1790. 8. — Opuſcula theol.
T. I. ib. 1793. 8 (12. gr) — Die Weiſſagung und ihre Erfül‑
lung , aus der heiligen Schrift dargeſtellt. ib. 1794. gr. 8. (18.
gr.) — Der vernünftige Glaube an die Wahrheit des Chriſten‑
thums ꝛc. ib. 1795. 8. — Einleitung zum leichtern Verſtändniß
der prophetiſchen Schriften des alten Bundes ib. 1793. 8. —
Ueber die göttlichen Offenbahrungen. ib. 1796. 97. II. gr. 8.
(2. Thlr. 6. gr.) — Schullehrer‑Bibel. ib. 1790 — 93. III. 8.
(I. Th·r. 2. gr) — — NB. Geiſt und Geſinn. des vernünft.
Chriſtenth. Neue Aufl. Coburg, 1792. II. gr. 8. (I. Thlr. 8. gr.)
— Kurze Geſchichte der geoffenb. Religion. 8te Aufl. Erlangen,
1792 8. — Religion der Unmündigen. Neue Aufl. 1800. —
Lehrgebäude der evangel. Glaubens‑ und Sittenlehre. Neue Auf‑
lage. Erlang, 1788. u. ib. 1794. — Die Pſalmen, a. d. Hebr.
Neue Aufl. 1788. — Catechet. Methodenbuch. Neue Aufl. 1795.
— Das größere bibl. Erbauungsb. A. T. beſteht bis 1795 aus
X Th. und das des N. Teſt. bis 1794. aus VII. Th. — Ge‑
meinnüz Betracht d neueſten Schriften, welche Relig. und Sitten
betreffen, beſteht bis 1797. aus XX. Jahrgängen.

Not. y. Seze zu: — *Börners* Nachr. von jeztleb. Aerzten.
p. 165. ſq.

Seite 716.

Zu **Joh Heinr. Chriſt. von Selchow,** merke: Er ſtarb am
20. April. 1795. æt. 65.

Seite 718.

Bey **Chriſt. Gottl. Selle:** — Grundſäze der reinen Phi‑

losophie. Berlin, 1788. 8. — — NB. Rudim. Pyrethol. method. 3te Aufl. Berlin, 1789. 8m.

Zu Joh. Salomo Semler, merke: Er starb am 14. März 1791. æt. 66. Ein redlicher, gründlich gelehrter Theolog, dem es aber an philosophischer Ordnung, Präcision und Deutlichkeit fehlte. Vorzügliche Stärke zeigte er in der Geschichte und Kritik. — Zu seinen Schriften seze bey: Paraphrasis in 1. epist. Johannis. ed. *Noesselt.* Halæ, 1792. 8. (1 fl. 45 kr.) — Leztes Glaubens-bekenntniß über natürliche und christliche Religion. Mit einer Vor-rede herausgegeben von Christ. Gottfried. Schütz. Königsberg, 1792. 8. (21. gr.) — NB. Historische Abhandl. über einige Gegen-stände des mittlern Zeitalters. N. Aufl. Dessau, 1793. gr. 8. — — Seite 719. Lin. 3. und 4. von unten statt, „Dagegen schrieben der Kanzler Reuß u. a. Theologen." Lese: dagegen schrieben der Kanzler Reuß, Chr. Friedr. Schmidt, Franz Anton Knittel, Storr, Herder, u. a. Theologen.

Seite 720.

Not. d. Seze zu: — Von seinem Streite über die Apoca-lypse und über den Canon S. Mosheims Kirchengeschichte des n. Testam. von Schlegel. 6ter Band, p. 448 — 475. — Nekro-log von Schlichtegroll, für das Jahr 1791. 2te Hälfte, p. 1 — 81. — Ueber seine lezte Lebenstage ꝛc. von Fr. August Wolf. Halle, 1791. 8. — Seine lezten Aeusserungen über re-ligiöse Gegenstände ꝛc. von August Hermann Niemeyer. ib. 1791. 8. — Eben so, von Johann Otto Thieß. Hamburg, 1791. 8. — Wills Nürnberg. Gelehrten-Lexicon. h. v.

Seite 722.

Zu Renatus Leopold Christ. von Senkenberg, seze bey: — Fortsetzung der neuesten deutschen Reichsgeschichte von Häberlin. Halle, 1790 — 91. 21ter, 22ter, 23ter, 24ter, 25ter Band. gr. 8. Auch unter dem Titel: Versuch einer Geschichte des deutschen Reichs im siebenzehnten Jahrhundert. ib. 1791 — 94. 1ter bis 4ter Band.

Zu Anton Bauderon de Senecé, merk' als Note: Eloge &c. in dem Mercure de France. 1737. P. 874 — 896.

Zu Johann Senebier seze bey: — Histoire litteraire de Généve. a Généve, 1786. III, 8m. (2 Thlr. 8. gr.) Im 3ten Theil ist auch seine Lebensbeschreibung.

Seite 723.

Lin. 5. 6. 7 von unten. Statt „Lovanii, 1700. fol. (6 Thl.
12 gr.) Von dem Jesuiten Augustin le Blanc. — Serry lieferte dazu: Addenda &c. ib. eod. fol.„ Lese: Lovanii, 1699. und
1709. fol (6 Thlr. 12. gr.) Unter dem Namen Augustin le Blanc.
— Serry lieferte dazu: Addenda &c. ib. 1709. fol.

Seite 724.

Rüke folgenden Artikel ein:

Gregorius Sharpe, war Doctor der Rechte, Prediger der
Tempelkirche zu London, k. Hofprediger, und Mitglied der königlichen und antiquarischen Gesellschaften. Er starb ohngefähr 1770.
— — Schriften: Untersuchung über die Bedeutung der dämonischen Leute im n. Test. &c London, 1738. 8. — Ueber den Ursprung und Bau, die Theilung und das Verhältniß der Sprache &c. ib. 1751. 8. — Ueber den Ursprung und Bau, die Theilung und das Verhältniß der lateinischen und griechischen Sprache. ib. 175 und 1768 II. 8. — Ein Beweißgrund zur Vertheidigung des Christenthums, aus dem Geständnisse der ältesten Gegner, der Juden und Heiden &c. ib. 1755. 8. — Beweißgrund zur
Vertheidigung des Christenthums, aus den alten Weissagungen,
die auf Christum angewendet werden. ib. 1762. 8. — Beweißgrund zur Vertheidigung des Christenthums, aus dem Falle Jerusalems &c. ib. 1764. 8. — Syntagma disserta ionum, quas
olim Thomas Hyde separatim edidit; accesserunt nonnulla ejusdem opuscula inedita, ejus vita et appendix de lingua Sinen-
si, &c. ib. 1767. II. 4. — XVIII. Predigten über verschiedene
Materien. ib. 1772. 8.

S. Bambergers biogr. Anecdoten. 2ter Band, p. 218. sqq.

Zu Anton A. Coop. Graf von Shaftesbury setze bey:
Seine Schriften sind zusammengedruckt: Works &c. London,
1711. II. 8. Sie wurden öfters aufgelegt.

Not. g. Setze zu: — Deutsche Acta eruditorum, 8ter B.
85. Theil, p. 16 — 34.

Not. h. Setze zu: — Bibl. choisie. T. VII, p. 146 — 191.
— Biograph. Brittan. T. VI.

Seite 725.

Thomas Shaw's Biographie ändere so: Er ist ohngefähr
im Jahre 1692. zu Kendal in Westmoreland gebohren. Nachdem

er zu Oxford studirt hatte, wurde er, nach erfolgter Ordination, Kapellan der englischen Factorie zu Algier. Bey seiner Zurückkunft nahm er die theologische Doctorwürde an, und wurde 1740. Professor der griechischen Sprache und Rector des Edmunds-Collegii zu Oxford. Zuletzt war er Pfarrer zu Bramley in Hampshire, auch Mitglied der Londner königlichen Societät, und starb den 15. Aug. 1751.

Not. i. Setze zu: — *Bambergers* biogr. Anekdoten ꝛc. 1. Band. p. 344. sqq. — Zuverläßige Nachrichten ꝛc. 5ʳ Theil, p. 229 — 256.

Seite 726.

Den Artikel *Thomas Sherlok* ändere so: Er ist gebohren 1678. zu London. Er studirte zuerst auf der Schule zu Eton und nachher zu Cambridge, wo er in der Folge Vorsteher der Catharinen-Halle, und 1714. Vicekanzler wurde. Man ernannte ihn 1704. zum Prediger an der Tempelkirche. Er verwaltete dieses Amt, welches sein Vater bisher bekleidet hatte, beynahe 50 Jahre lang. Im Jahre 1727. ward er Bischof zu Bangor; 1734. Bischof zu Salisbury, 1749. Bischof zu London, nachdem er sich 1747. den Ruf zum Erzbißthum Canterbury verbeten hatte. Bey allen diesen Würden versah er bis 1753. die Predigerstelle an der Tempelkirche mit aller Treue. Er starb am 18. Juli 1761. æt. 84. Ein menschenfreundlicher Gelehrter und vorzüglicher Prediger, der allgemeine Achtung genoß. — — Schriften: Der Nutzen und Zweck der Weissagung in den verschiedenen Zeitaltern der Welt. Das englische Original. London, 1725. 8 französisch: L'usage et les fins de la Prophetie dans les divers ages du monde. In 6 Predigten; gegen Collins. Amsterdam, 1729. und 1733. 8. (18. gr.) — Das Zeugenverhör der Auferstehung Jesu. London, 1729. 8. Gegen Woolston. — Predigten. ib. 1755. 56. IV. 8. Hierzu kam noch 1776. der 5te Band.

S. *Bambergers* Anekdoten von englischen Gelehrten. 2. B. p. 121 — 132. — Biogr. Brittan. T. VI.

Zu *David Christoph Seybold*, merke: Er kam 1796. als Professor der alten Litteratur nach Tübingen. — — Neues Magazin für Frauenzimmer ꝛc. Strasburg, seit 1788. jeder Jahrgang zu 4 Bänden. 8 mit Kupfern. — Lusus ingenii et verborum, in animi remissionem. Argentorati, 1792. 12. Ist ei=

ne Sammlung. — Kleine Schriften. 1r. Theil, Lemgo, 1792. 8.
(12. gr.) Enthält Lebensnachrichten des Verf. und gemeinnützige
Reden. — — NB. Geographie, Gesch. und Statistik hat bis
1791. 5. Theile.

Seite 727.

Bey Joh. Christ. Siebenkees sese zu: — Erläuterungen der
Heraldik, nach Gatterers Abriß. Nürnberg, 1789. fol. — Kleine
Chronik der Reichsstadt Nürnberg. Altdorf, 1790. 8. — Deutsche
Sprüchwörter, mit Erläuterungen ꝛc. Frankf. 1790. 8. — Vom
letzten Willen, nach gemeinen und Nürnbergischen Rechten. Nürnb.
1792. 8. — Geschlechts = und Wappenbeschreibungen zu dem Ty=
roffischen Wappenwerke. ib. 1791. 4. — Materialien zur Nürnber=
gischen Geschichte. ib. 1792 — 94. III. B. oder 18 Stüke. 8. —
Vom Journal von und für Franken, welches von 1790 bis 1793.
in VI. Bänden erschien, war er Mitherausgeber. — — NB. Bey=
träge zum d. Recht bestehen 1786 — 90. aus VI. Theilen.
(3 fl. 30 kr.)

Not. n. Sese zu: — Bocks Samml. von Bildnissen und
Biographien gelehrter Männer und Künstler. 5tes Heft. Nürnb.
1792. 8.

Seite 728.

Georg Christoph Silberschlags Biographie ändere so:
geb. 1731. zu Aschersleben, wo sein Vater Arzt war. Er studirte
zu Halle, nebst der Theologie, die Mathematik und Physik; wur=
de 1753. Lehrer an der Schule zu Klosterbergen; 1762. Pfarrer
zu Engersen in der Altmark, und 1763. zu Stendal; 1771. Pre=
diger bey der Dreyfaltigkeitskirche und Inspector der Realschule
zu Berlin; 1780. General=Superintendent der Altmark und Prieg=
nitz, auch Inspektor und Pastor der Domkirche zu Stendal. Er
starb am 11. Julius 1790. æt. 59. — — Die wahre Beschaffen=
heit der Leidensgeschichte Jesu Christi. Stendal, 1787. 8.

Johann Jesaias Silberschlag's Biographie ändere: geb.
am 16. November, 1721. zu Aschersleben, wo sein Vater damals
Arzt war. Er studirte seit 1738. zu Klosterbergen, und seit 1741.
zu Halle. Im Jahre 1745. wurde er Lehrer an der Schule zu
Klosterbergen; 1753. Prediger in Wolmirsleben; 1756. Prediger
an der h. Geistkirche in Magdeburg; 1768. Director der Realschule
in Berlin; 1770. Ober=Baurath, und 1787. geheimer Ober=Bau=

rath. Er war auch Mitglied der k. Akademie der Wiffenfchaften zu
Berlin. Er ftarb am 22. Nov. 1791. æt. 71. Er ließ fich zu fehr von fei=
ner Imagination hinreiffen, und blieb dem alten orthodoxen Syfteme ge=
treu, war aber übrigens ein rechtfchaffener, arbeitfamer Mann. — —
NB. Die Lehre der H. Schrift von der H. Dreyeinigkeit zc. hat 1783
— 91. IV. Stüke. Die hierauf folgenden Worte: „verbeff. ib.
„1783. 8. Von der Dreyeinigkeit. ib. 1784. 86. III. 8. Die wah=
„re Befchaffenheit der Leidensgefch. J. Chrifti. Stendal, 1787. 8.„
ftreiche durch.

Not. o. Setze zu: — Nekrolog von Schlichtegroll zc. für
das Jahr 1790. I. Bandes. 2te Hälfte, p. 58 — 61.

Not. p. Setze zu: — Sein Leben von ihm felbft befchrie=
ben Berlin, 1792 8. (6. gr.) — Nekrolog zc. für das Jahr 1791.
2te Hälfte, p. 192 — 218.

Seite 729.

Bey Johann Simonis, merke: NB. Sein Lexicon ma=
nuale hebr. et chaldaicum erfchien in einer neuen Ausgabe:
Emendavit et auxit *Johann Godofredus Eichhorn.* Halæ, 1793.
8m. (5. Thlr.) — zu feinem Arcanum formarum nominum hebr.
ling. ift als Supplement zu merken: *Hezels allgemeine Nomi=
nal = Formenlehre zc.* Halle, 1793. gr. 8.

Seite 730.

Rüke ein :

Johann Sinclair, Baronet zc. — — The hiftory of the
public revenue of the british Empire. Ed. II. London, 1790.
III. 8. Ein fehr wichtiges Werk.

Bey Chrift. Friedr. Sintenis, merke: geb. am 12. März.
1750. Er war auch Profeffor der Theologie und Metaphyfik am
akademifchen Gymnafium zu Zerbft. Er erhielt hier 1798. feine
Dimiffion, und privatifirt feitdem dafelbft, mit Beybehaltung ei=
ner Penfion. — — Neue Predigten. Leipzig, 1795. II. gr. 8.
(1. Thlr. 16. gr.) vortrefflich. — Hallo's glüklicher Abend. Leipz.
1783. 8. 2te Ausg. ib. 1785. 8. Auch nachgedrukt zu Carlsruhe.
— Flemmings Gefchichte; ein Denkmal des Glaubens an Gott
und Unfterblichkeit. ib. 1789 — 92. III. 8. — Stunden für die
Ewigkeit gelebt. Berlin, 1791. II. 8. Nachgedrukt zu Carlsruhe.
— Briefe über die wichtigften Gegenftände der Menfchheit. Leipz.

1794. II. 8. — Trafimôr, oder das goldene Land; aus dem Engl.
Leipz. 1787. II. 8.

Seite 732.

Bey Wilhelm Smellie seze zu: — Philosophy of natural history. London, 1790. 4. Ins Deutsche überseßt von E. A.
W. Zimmermann. Berlin, 1791. 8. Auch deutsch, im Auszuge,
von Johann Gottl. Burkhard, Prediger in London. Bern,
1791. 8 unter der Aufschrift: Grundzüge einer Philosophie der
Naturgeschichte, zur bessern Kenntniß des Schöpfers und der Ge-
schöpfe, besonders der Bestimmung und Würde des Menschen.

Rüke ein:

John Smith, Prediger zu Campbleton ꝛc. — — Galic
Antiquities, or history of the Druids &c. London, 1780 4.
Aus guten Quellen geschöpft. Ins Deutsche überseßt. Leipzig,
1781. II. 8.

Adam Smith, war Professor der Moralphilosophie zu
Glasgow, und starb am 17. Julius 1790. zu Edinburg. — —
The Theory of moral sentiments &c. Ed. VI. London, 1790.
II. 8. — The Wealth of Nations &c.

Bey Thomas Smollet, merke: Er diente bis 1748. als
Seewundarzt, legte sich aber hernach mehr auf die Schriftstelle-
rey für das Lesepublikum. Er bereiste hauptsächlich Frankreich
und Italien. — — Seine Gesch. von Engl. geht bis 1748.
Sie erschien auch in VI. Th. in 8. — Nach Roderich Random ꝛc.
heißt es fälschlich: „fortgeseßt von William Pikle.„ Es muß
heissen: und Peregrine Pikle ꝛc. Beyde Schriften sind von Mylius ins Deutsche überseßt. — Humphrey Klinkers Reisen ꝛc. sind
von Bode meisterhaft überseßt. — Er überseßte auch einige Werke
von Voltaire.

Not. y. Seze zu: — Hist. de l'Acad. des sciences a Paris.
A. 1758. Vol. II. — Biogr. Brittan. T. VI. — Goetten gel
Anzeigen. 1754. P. 473 — 477.

Seite 733.

Bey Fr. Wilh. Sommer oder von Sommersberg ꝛc. merke: Er ist geb. 1698. zu Breslau, und starb 1756.

Seite 734.

Not. c. Seze zu: — Sein Leben ꝛc. S. in seinen gesammel-
ten Schriften.

Seite 735.

Rüfe folgenden Artifel ein:

Peter de Soufa, de Caſtello - Branco, ein Portugieſiſcher Oberſter; ſtarb 1755. — — Elementos da Hiſtoria &c. Lisboa, 1734 — 51. V. 4m. ed. II. ib. 1766. V. 4m. Iſt eine vermehrte Ueberſetzung des Vallemonts Elements de l'hiſtoire &c.

Anton Cajetan de Soufa, Qualificator der Inquiſition zu Liſſabon. — — Hiſtoria genealogica da Caſa Real Portugueza. &c. Lisboa, 1735 — 47. XII. 4m. Dazu kam der diplomatiſche Theil unter der Aufſchrift: Provas da hiſt. genealogica &c. ib. 1739 — 1748. VI. 4m. und ein Auszug aus dem größern Werke: Serie dos Reys de Portugal &c. ib. 1743. fol. — Memorias hiſtoricas e genealogicas dos Grandes de Portugal &c. ib. 1739. 8m. ib. 1742. 8m. ib. 1755. 8.

S. Meuſelii Bibl. hiſt. Vol. V. P. II. p. 141 — 144.

Bey Joh. Joach. Spalding, merfe: NB. die Beſtimmung des Menſchen ꝛc. n. Aufl. vermehrt und verbeſſ. Leipz. 1794. 8. (14. gr.) Auch öfter nachgedruft. — NB. Ueber die Nutzbarkeit des Predigtamts ꝛc. Dritte vermehrte Auflage. ib. 1791. 8. Hier: über und über die Gedanken über d. Werth der Gefühle im Chri: ſtenth. gerieth er in einen Streit. (S. Mosheims Kirchenge: ſchichte ꝛc. von Schlegel. 6. Band, p. 498 — 508.)

Bey Lazaro Spallanzani ſetze zu: — Viaggi alle due Si- cilie ed in alcune parti dell' Apennino. Pavia, 1792. 93. IV. 8. Deutſch, Leipz. 1795. 96. IV. gr. 8. (5. Thlr. 8. gr.)

Seite 736.

Aug. Gottl. Spangenbergs Biographie ändere ſo: geb. am 15. Julius 1704. zu Klettenberg in der Graffchaft Hohenſtein, wo ſein Vater lutheriſcher Prediger war. Nachdem er zu Ilefeld und Jena ſtudirt hatte, wurde er 1732. Adjunct der theologiſchen Facultät zu Halle, und Inſpektor des Waiſenhauſes. Seine An: hänglichkeit an den Grafen von Zinzendorf zog ihm jedoch ſchon 1734. eine Abſetzung zu. Endlich, nach vielen beſchwerlichen Reiſen in Europa und Amerika, wurde er 1744. Biſchof der Brüdergemeinde zu Barby. Er ſtarb am 1. Sept. 1792. æt. 89. zu Bertholsdorf, bey Herrenhut. — — Zu ſeinen Schriften ſetze bey: — Das neue Geſangbuch zum Gebrauch der Brüderge: meinde. Barby, 1778. 8. Iſt von anſtößigen und tändelnden

Ausbrüten sehr gereinigt. — Schuzschrift für die Brüdergemein=
de und ihren Ordinarius ꝛc. Görliz, 1752. II. 4.

Not. f. Seze zu: — Sein Leben ꝛc. von Jeremias Risler.
Barby, 1794. gr. 8. (1. Thlr.)

Seite 737.

Zu Ludw. Timoth. Spittler seze bey: Ist seit 1797.
wirklicher Geheimerrath zu Stuttgard. — Sammlung einiger Ur=
kunden und Actenstüke zur neuesten Wirtembergischen Geschichte.
Göttingen, 1791. gr. 8. — Entwurf einer Geschichte der vor=
nehmsten europäischen Staaten. Berlin, 1793. 94. II gr. 8. (2.
Thlr. 4. gr.) — — NB. Das Göttingische Magaz. von 1787
— 1790. besteht aus VIII. Bänden, jeder zu 4 Stüken. Seit
dieser Zeit wird es unter dem Titel fortgesezt: Neues Göttingi=
sches historisches Magazin. Hannover; jährlich 1. B. zu 4
Stüken.

Not, h. Seze zu: — Baldingers Biograph. jeztlebender
Aerzte. 1. B. 1. St. — Sein Leben ꝛc. von P. L. Wittwer.
Leipz. 1784. 8. — Crells chemische Annalen. 6. Stük.

Seite 738.

Zu Thomas Spraat, merk' als Note: Sein Leben in der
Bibl. Angloise. T. XI. p. 4. sqq.

Bey Matthias Christian Sprengel, merke: NB. Briefe
über Portugal ꝛc. Erschien im englischen Original. London, 1777.
8. Französisch, Paris, 1780. 8. — NB. Geschichte der Europäer
in Nordamerika ꝛc. Ist aus George Chalmers political Annals of
the present united Colonies &c. 1. B. London, 1780. 4m.
frey übersezt. — NB. Geschichte der wichtigsten geographischen
Entdek. N. Aufl. verm. und verb. Halle, 1792. 8. — NB. Bey=
träge zur Völker= und Länderkunde ꝛc. bestehen 1781 — 90. in
XIV. Theilen; und die neuen Beyträge von 1790 — 93. in XIII.
Theilen. (In Gesellschaft mit Georg, nicht mit J. R. Forster.)
Als Fortsezung ist zu betrachten: Auswahl der besten ausländischen
geographischen und statistischen Nachrichten zur Aufklärung der
Völker= und Länderkunde. Halle, 1794. 95. 5. Theile, 8.
(4. Thlr.)

Not. h. Seze zu: — Athenæ Rauricæ. p. 384 — 386.

Seite 739.

Rüke ein:

Chriſtian Conrad Sprengel, Rektor zu Spandau. — —
Das entdekte Geheimniß der Natur, im Bau und in der Befruch-
tung der Blumen. Berlin, 1793. 4. mit XXV. Kupfertafeln.

Bey Peter Nathan Sprengel, merke: — NB. Handwer-
ke und Künſte in Tabellen ꝛc. Ed. II. Berlin, 1792. 93. 94. 8.
faßt XVI. Sammlungen.

Bey Kurt Sprengel ſeze bey: — Verſuch einer pragmati-
ſchen Geſchichte der Arzneykunde. Halle, 1792 — 94. III. gr. 8.
(6. Thlr.) Geht bis 1633. — Peter Anton Perenotti di Cig-
liano von der Luſtſeuche; aus dem Italien. mit Zuſätzen. Leipzig,
1791. gr. 8. — W. Buchan's Hausarzneykunde, oder Anweiſ.
wie man den Krankheiten durch ſchikliche Lebensart vorbauen,
und durch leichte Arzneymittel abhelfen ſoll. Aus dem Engl. m.
Zuſ. Altenburg, 1792. gr. 8. — Bengt Bergius über die Lekereyen; aus dem Schwediſchen, mit Anmerkungen. In Gemeinſchaft mit Johann Reinhold Forſter. Halle, 1792. II. 8. —
Die Schikſale der Mannſchaft des Großvenor, nach ihrem Schiff-
bruche auf der Küſte der Kaffern im Jahre 1782. Aus dem Engl.
des Carter. Berlin, 1792. gr. 8. — Beyträge zur Geſchichte der
Medicin. I. B. 3 Stüke. Halle, 1794 — 96. 8. (I. Thlr. 8. gr.)
— Handbuch der Pathologie. 2. Theile. Leipzig, 1795. 8. (5 Th.
6 gr.) — — NB. Apologie des Hippocrates ꝛc. iſt 1789 — 92. II.
gr. 8. (3 fl. 45 fr.)

Zu Balthaſar Sprenger, merke: Er ſtarb am 14. Sept.
1791. æt. 67.

Zu Johann Chriſtoph Erich (von) Springer ſeze bey: Iſt
ſeit 1788. Heſſen-Caſſelſcher geheimer Rath, und ſeit 1789. Kanzler der Univerſität zu Rinteln, und zugleich erſter Profeſſor der
Rechte daſelbſt. — — Ueber Staatswirthſchaft und Rechnungs-
wiſſenſchaft. Rinteln, 1789 8.

Not. l. Seze zu: — *Meuſelii* Bibl. hiſtorica, Vol. III. P. I.
p. 315. ſqq. 319. Vol. V. P. II. p. 212. ſqq.

Seite 740.

Samuel Squire's Lebensnachr. ändere ſo: geb. 1714. zu
Warmünſter in der Grafſchaft Wilt, wo ſein Vater Apotheker
war. Er ſtudirte zu Cambridge; wurde hernach Kapellan und Archidiaconus zu Bath; 1749. Kapellan des Herzogs von Newcaſtle;
1750. Oberpfarrer bey der St. Annenkirche in Weſtmünſter; bald

hernach Pfarrer zu Greenwich in Kent, und Kabinetsprediger des Prinzen von Wallis; zuletzt, 1761. Bischof von St. David und Mitglied der königlichen und archäologischen Gesellschaft; er starb am 7 Mai. 1766. — NB. Versuch über die Chronologie und Sprache der alten Griechen ꝛc. Erschien im englischen Original: Cambridge, 1742. 8m. —— Merke als Note: Bambergers biogr. Anekdoten ꝛc. I. B. p. 390 — 394. — Hannöverisches Magazin, 1767. p. 1559 — 1564.

Bey **Thomas Stackhouse**, merke: NB. Systema theologicum &c. Das englische Original hat den Titel: A compleat Body of Divinity, both speculative and practical. (Vollständiger Begriff der speculativen und practischen Gottesgelahrtheit.) — NB. Vertheidigung der biblischen Geschichte und der darauf gegründeten Rel. Ist eigentlich eine Uebersetzung der New History of the holy Bible &c. — NB. Betracht. über das Apostol. Glaubensbekenntniß und 39. Lehrart. der engl. Kirche. Erschien im engl. Orig. London, 1747. fol.

Seite 741.

Zu **Phil. Dormer Stanhope Graf von Chesterfield**, merke folg. Lebensnachrichten: Er ist geb. 1694. Seine Beredsamkeit im Parlemente machte, daß er früh zur Hofpartie gezogen wurde. Er verließ diese jedoch bald wieder, und zwar aus Feindschaft gegen die Minister, besonders Walpole. Nach seinem Uebertritt machte er der Ministerialparten im Parlemente große Unruhen und half Walpoles Fall befördern. Als dieser gestürzt war, gieng er wieder an Hof. Er wurde in der Folge zum Vicekönig von Irland ernannt, und bekleidete diese Stelle so glüklich, daß ihm in Dublin eine Ehrensäule errichtet, und vom Könige ein Staatssecretariat übertragen wurde. Dieß legte er aber 1748. nieder, und lebte nun in gelehrter Muße. Er hatte das Glük die berühmtesten Männer seiner Nation zu Zeitgenossen zu haben. Er starb 1773; ein geistvoller Lord, der die Heiterkeit und Annehmlichkeit seines Geistes bis ans Ende behielt. Sein Fehler war Spielsucht. Seine Briefe enthalten im Grunde mehr Welt- und Lebensklugheit, als Moral, doch ist es Verläumdung, wenn Johnson, der sein abgesagter Feind war, von ihnen sagt, sie lehrten die Moral einer Hure, und die Manieren eines Tanzmeisters. Dieser fällte auch das bittere Urtheil über ihn: »Ich glaubte, Chester-

field

field sey ein Lord unter den witzigen Köpfen; allein ich finde, daß er blos ein witzigen Kopf unter den Lords ist." — — Von seinen vermischten Werken ꝛc. erschien das englische Original: London, 1777. II. 4m. Dabey sein Leben ꝛc. von Maty und Justamond.

Not. e. Seze zu: — Nekrolog ꝛc. für das Jahr 1790, von Schlichtegroll. 1. B. p. 112 — 118.

Not. p. Seze zu: — Bambergers biogr. Anecdoten ꝛc. 1. B. p. 421. sq.

Seite 742.

Bey Joh. Jacob Stapfer, merke: NB. Briefe des Ferd. Cortes, an K. Karl V. über die Eroberung von Mexico ꝛc. Das spanische Original (Sevilla, 1522. fol.) enthält nur den zweyten und dritten Brief. Diese beyden, nebst dem vierten, ließ der Erzbischof von Toledo, vorheriger Erzbischof von Mexico, Franz Anton Lorenzana, abdruken, unter der Aufschrift: Historia de nueva Espanna &c. En Mexico, 1770. fol. mit Kupfern. Der erste Brief gieng gänzlich verloren.

Zu Christoph Starke, merk' als Note: Rathlefs Geschichte jeztlebender Gelehrten. 8. Th. p. 497 — 504. — Beyträge zu den Actis hist. eccles. 4. Th. p. 542. sqq. — Sein Leben, von seinem Sohne Joh. Georg, im 5. Th. der 2ten Leipziger Ausgabe der Synopsis biblioth. exegeticæ.

Seite 743.

Zu Joh. August Stark, seze bey: — Geschichte der Taufe und Taufgesinnten. Leipz. 1789. 8.

Zu Bened. Stattler, seze bey: — Ethica christiana. Aug. Vind. 1782—88. P. III. 8. — Allgemeine katholische, christliche Sittenlehre ꝛc. München, 1789. 91. II. 8. — Kurzer Entwurf der unausstehlichen Ungereimtheiten der Kantischen Philosophie, samt dem Seichtdenken so mancher gutmüthiger Hochschäzer derselben. Hell aufgedekt für jeden gesunden Menschenverstand ꝛc. München, 1791. 8. — Unsinn der französ. Freyheitsphilosophie, im Entwurfe ihrer neuen Konstitutionen, zur Warnung und Belehrung deutscher französelnder Philosophen ins helle Licht gestellt. Augsburg, 1791. gr. 8. — Ueber die Gefahr, die den Thronen, den Staaten, und dem Christenthume den gänzlichen Verfall droht, durch das falsche System der heutigen Aufklärung und die tecken Anmassungen

(Supplem. II.) U

fogenannter Philofophen, geheimer Gefellfchaften und Sekten. An
die Großen der Welt, von einem Freunde der Fürften und der
wahren Aufflärung. Mit Datis und Urkunden belegt, aus dem
Archive unfers Jahrhunderts. München, 1791. 8. — Wahres
Verhältniß der Kantifchen Philofophie zur chriftlichen Religion und
Moral, nach dem nunmehr redlich gethanen Geftändniffe des Hrn.
Kants und feiner eifrigften Anhänger, allen redlichen Chriften zum
reifen Bedacht vorgeftellt ꝛc. ib. 1794. 8. — Allgemeine katholifch-
chriftliche theoretifche Religionslehre, aus hinreichenden Gründen
der göttlichen Offenbarung und der Philofophie, hauptfächlich
für die Nichttheologen unter den Studirenden in den Pfalzbairi-
fchen oberften Schulen und für alle, eine tiefere Religionskenntniß
äffectirende Layen, auf kurfürftl. Bef. verf. ib. 1793. II. gr. 8.

Seite 744.

Not. u. Setze zu: — Biogr. Brittan. T. VI.

Seite 745.

Rüke folgenden Artikel ein:

Michael Stein, geb. zu Eichftädt. 1747. Er befuchte die
Schulen zu Augsburg, und erwarb fich hier, fo wie in der Folge
zu Ingolftadt, und nachher durch fleiffiges Privatftudium, durch
Lefung der römifchen und griechifchen Claffiker, gründliche Kenntniffe in Litteratur- und Gefchichtskunde, überdieß in der franzöf.
und italienifchen Sprache und Mufik. Er wurde in dem regulirten Chorherrnftifte zu Rebdorf, unweit Eichftädt, aufgenommen,
wo er für die litterarifche und gefellfchaftliche Welt ein fehr thäti-
ges Leben führte. Seinen Berufsgefchäften lag er mit Eifer ob;
und feine ganze Sorge war der Aufficht über die Bibliothek gewidmet. Im Jahre 1777, am 8. Jänner, ward er von der Churs
baierfchen Akademie der Wiffenfchaften zu München, als Mitglied
aufgenommen. In Nebenftunden pflegte er auf verfallenen Grab-
ftätten in Grüften und Kirchen umher zu fteigen, um die alten
Denkmäler für feine Zeitgenoffen vom Untergange zu retten. Er
ftund fowohl mit katholifchen als proteftantifchen Gelehrten in
häufigem Briefwechfel, und wurde über Stellen der älteften Urkunden, in deren Lefung er vorzügliche Stärke befaß, oft zu Rathe
gezogen. Gerade zu der Zeit, da er zum Profeffor für die jüngern Stiftsgeiftlichen ernannt ward, und mit feinem Freunde und
Mitchorherrn Max Münch eine Reife machen wollte, ward er

von einem hizigen Fieber befallen, an welchem er den 20. Sept. 1779. im 32. Jahre seines Alters, zu früh für die gelehrte Welt, starb. — — Schriften: Bemerkung über die Widerlegung des Bedenkens und der Untersuchung der Frage, ob man den Ordens, geistlichen die Seelsorge abnehmen soll oder nicht, von A. L. (à Lapide), Nürnberg, 1774. 4. — Zusäze zu Caspar Bruschens Nachricht von dem Kollegiatstifte zu Rebdorf. Im litterarischen Wochenblatt, 2. Band, S. 242—248. — Diplomatische Nachrichten von dem Ort und dem ehmaligen Kloster Königshofen. In Meusels Geschichtsforscher. 5. Th. S. 205—231, auch besonders gedrukt. Halle, 1777. 8. — Abhandl. von dem ehmaligen Bistum zu Neuburg an der Donau. In den neuen historischen Abhandlungen. 1r B. S. 384—424. — Von Gebhard, dem lezten Grafen von Hirschberg. ib. S. 262—479. — Ausser diesen hinterließ er noch viele historische, litterarische und musikalische Schriften in Manuscript

S. von Vacchiery Rede zum Andenken Benno Gansers und Michael Steins. München, 1780. 4.

Bey Gotthilf Sam. Steinbart, merke: NB. Sein Eystem der reinen Philosophie oder Glükseligkeitslehre des Christenth. 2c. wurde widerlegt, von C. L. H. Dedekind, Superintendent in Seesen, in der gründlichen und gemeinnüzigen Schrift: Ueber die menschliche Glükseligkeit unter der moralischen Regierung Gottes. Braunschweig, 1789. 8. Auch ein ungenannter praktischer Theolog schrieb dagegen: Das philosophische Christenthum des Profeffor Steinbarts 2c. Weissenfels, 1792. 8. (1. Thlr.)

Seite 746.

Füke folgenden Artikel ein:

Wilhelm Ludwig Steinbrenner, geb. 1779. zu Petersaurach im Anspachischen. Er wurde zu Erlangen Mag. der Philosophie. Hielt sich seit 1786. 2. Jahre lang als Hofmeister der beyden jüngern Prinzen von Schwarzburg-Sondershausen zu Lausanne auf, und ist seit 1788. Pfarrer zu Großbodungen im Fürstenth. Schwarzburg-Sondershausen. — — Schriften: Bemerkungen auf einer Reise durch einige deutsche, schweizerische und französische Provinzen, in Briefen an einen Freund. Göttingen, 1791. 92. III. gr. 8. — Christliches Hausandachtsbuch, oder Betrachtungen auf alle Tage des Jahres, für den Bürger und Landmann. Sondershausen, 1793.

8. — Der Prediger, als Aufklärer auf der Kanzel und in seinem ganzen Amte; ein Handbuch für die Prediger und alle, die es werden wollen. Leipzig, 1794. gr. 8. — Predigten und Abhandlungen in der deutschen Monatsschrift ꝛc. Hat auch Antheil an Beyers Magazin für Prediger.

Bey Joh. Jac. Steinbrüchel: Er starb am 2. März 1796.

Rükte folgenden Artikel ein:

Don Ferdinand Sterzinger, geb. am 24. Mai 1721. auf dem Schlosse Lichtenwörth in der Grafschaft Tyrol, welches der adelichen Familie der Sterzinger von Sigismundslust und Lichtenwörth gehört. Sein Vater war Kaiserl. Gubernialrath zu Inbruk. Talente, Begierde nach Wissenschaften, und Reife in Kenntnissen, zeichneten seine Jugendjahre aus. Aus freyer Wahl trat er 1742. im 19. Jahre seines Alters in den Orden der regulirten Theatiner. Um sein Genie auszubilden gaben ihm seine Obern ihren Mitbruder Emanuel Walperga zum Lehrer in der Redekunst und Weltweisheit; er machte sich mit den beßten Schriftstellern Latiums vertraut, und erweiterte seine gründlichen Kenntnisse immer mehr. Im Jahre 1747. ward er nach Rom geschikt, um daselbst die Theologie und Rechte zu studiren, und hatte hier Caraffa und Velo zu Lehrern; weil ihm aber die Luft nicht zuschlug, so gieng er nach Bologna, und sezte dort seine Studien unter Masi und Offordi fort. Nach seiner Rükkehr mußte er 1750. das Lehramt der theol. Moral in Prag übernehmen. Von da gieng er 1753. nach München zurük, und faßte den rühmlichen Entschluß, eine dem Menschenverstande angemessene Philosophie zu verbreiten. In der That erreichte er auch den Ruhm, den Grund zu einer gereinigten Philosophie in Baiern gelegt zu haben. Im J. 1756. wurde er abermals als Lehrer des geistlichen Rechts, nach Prag gesendet, und nach 3. Jahren kehrte er 1759. nach München zurük. Er lehrte nun hier das geistliche Recht, bekam die Präfektenstelle der niedern Schulen, und wurde zum Mitglied der Akademie der Wissenschaften ernannt. Im Jahr 1762. erwählten ihn seine Ordensbrüder zu ihrem Obern, welche Stelle er 3. Jahre lang zu allgemeiner Zufriedenheit bekleidete. Nach diesem wurde er wieder Lehrer der Rechte. Um diese Zeit hielt er eine öffentliche Rede: „Von dem gemeinen Vorurtheile der wirkenden und thätigen Hexerey." Es gehörte mehr als gemeiner Muth dazu, ein

Vorurtheil zu bekämpfen, welches bis jezt eine Lieblingsmeinung durch ganz Baiern war, und der Geistlichkeit ihre Einkünfte vermehrte. Sterzinger zog sich damit viele Feinde und Verdrießlichkeiten zu, aber das Bewußtseyn nach sicherer Ueberzeugung für die Wahrheit gehandelt zu haben, lehrte ihn seine unverschämten Gegner, die der Dummheit oder Eigennuz das Wort sprachen, verachten und verlachen. Bey allen, nicht seltenen, Anfällen blieb er ruhig und fest, und ließ sich auf seiner Bahn nicht irre machen. Das Jahr 1774, in welchem der berüchtigte Teufelsbeschwörer Gaßner zu Ellwangen sein Unwesen anfieng, war für ihn sehr wichtig. Bekanntlich schrieb Gaßner alle Krankheiten dem Teufel zu, und versprach sie alle, im Namen Jesu zu heilen. Wahrscheinlich war er von den Exjesuiten hierzu berufen oder aufgefordert worden. Sterzinger wurde auf diesen Marktschreyer aufmerksam, und noch aufmerksamer auf die starken Wallfahrten zu demselben. Um mit Grunde, von ihm und seiner Kurart, dem Publikum etwas sagen zu können, reiste er selbst nach Ellwangen, und wohnte den Gaßnerischen Kuren bey. Er fand, wie es nicht anders seyn konnte, nichts als Betrügerey, und gab nach seiner Zurükkunft heraus: Die aufgedekten Gaßnerischen Wunderkuren, aus authentischen Urkunden beleuchtet, und durch Augenzeugen bewiesen. Hierin zeigte er mit der ihm eigenen Gründlichkeit, daß Gaßner nichts weniger als ächter Exorcist sey, daß er vielmehr der kathol. Religion und dem römischen Rituale schnurstraks zuwider handle. Er zog sich dadurch viele Gegner und Gegenschriften zu, achtete ihrer aber nicht, und überließ sich der guten Sache der Wahrheit und Vernunft. Im Jahre 1779. erwählte ihn die Akademie zum Direktor der histor. Classe, übertrug ihm die Aufsicht über die akademische Buchdrukerey, über den Kauf und Verkauf der Bücher. So arbeitete er, aller ihm in Weg gelegten Hindernisse ungeachtet, in voller Thätigkeit und mit rastlosem Eifer fort, bis er endlich am 18. März 1786. sanft in die andere Welt hinüber schlummerte. — — Schriften: Positiones selectæ ex Philosophia mentis 1755. fol. — Positiones sel. ex philosophia sensuum. 1756. fol. — Disput. canonica de V. libro Decretalium. 1761. fol. — Historisch-kritische Untersuchung, ob die Baiern von Theodorichen, dem Könige der Ostgothen, oder unter dessen Regierung, geschriebene Geseze empfangen haben. In

den Abhandl. der Akademie, 1. B. S. 135, — Rede von dem ge
meinen Vorurtheile der wirkenden und thätigen Hexerey. 1766. 4. —
Gedanken über die Werke des Liebhabers der Wahrheit. 1767. 4.
— Betrügende Zauberkunst und träumende Hexerey. eod. 4 —
Disput. de jurisprudentia ecclesiastica. 1769. 4. — Entwurf
von dem Zustande der baierschen Kirche unter dem ersten christlichen Herzoge Theodor II. 1773. 4. — Erläuterung über diesen
Entwurf, wider die Benediktiner Zenobiten in Salzburg, eod. 4.
— Johann Trithems, Abts zu Sponheim, Unterricht, wie ein
Priester wohlanständig leben soll. Aus dem Lat. 1774. 8. — Untersuchung, ob es eine Festigkeit gebe, dabey viele andere aber-
gläubische Irrthümer widerlegt werden. 1775. 8. — Die aufge-
dekte Gaßnersche Wunderkuren. eod. 8. 2te Aufl. mit dem Katechismus der Geisterlehre vermehrt. 1776. 8. — Chronológische Einleitung in die Kirchengeschichte. 4. und 5. Band. 1776. u. 1778. 8.
Ist die Fortsetzung der Arbeit Peter von Osterwalds. — Geister-
und Zauberkatechismus. 1783. 8. — Bemühungen, den Aberglauben zu stürzen 1785. 8.

S. Joh. Nepom. Felix Grafen Zechs von Lobming Andenken des Ferdinand Sterzingers. München. 1787. Vergl. de Luca
gelehrtes Oesterreich. 1. Bandes 2tes Stük. p. 199 — 204.

Zu Lorenz Sterne, merke als Note: Sein Leben rc. in den
neuen Mannigfaltigkeiten. 2tes Stük. p. 97 — 106. — Deutsches
Museum. 1779. IX. St. p. 220—235. und 1780. XI. St, p. 464—
466. III. St. p. 279—281. XII. St. p. 553—555.

Bey Paul von Stetten, merke; Geb. am 8. November. Er
studirte zu Altdorf, machte vor seiner Anstellung eine gelehrte
Reise durch Deutschland, und starb am 10. Febr. 1786. NB. S.
sein Leben im Journal von und für Deutschland. 1786. VI. St, p. 397.

Not. z. Setze zu: — Von seinen Streitigkeiten über sein System der reinen Philosophie rc. S. Mosheims Kirchengeschichte rc.
von Schlegel. VI. Band, p. 523 — 353.

Seite 747.

Bey Stewart rc. merke: NB. Untersuchung der Grundsätze von
der Staatswirthschaft, erschien auch: Nördlingen, 1790. V. gr. 8.
(15, fl.)

Seite 748.

Zu Joh. Christ. Stekhausen, setze bey: Er studirte seit 1741.

in Gießen, und seit 1744. zu Jena; hielt hernach Vorlesungen zu
Marburg und Helmstädt; wurde 1752. zweyter Lehrer an dem
Johanneum zu Lüneburg, und 1761. Rector; 1766. Professor und
Rector am Fürstl. Pädagogium zu Darmstadt, und 1769. Consistorial-
rath rc.

Seite 750.

Zu Friedr. Leop. Graf von Stollberg, merke: Er war seit
1790. K. Dänischer Gesandter in Berlin, und trat 1800. zur katholischen Religion über. — Reise in Deutschland, der Schweiz, Italien und Sicilien. Königsberg, 1794. IV. gr. 8. Nebst 1. Band
Kupfertafeln in gr. 4.

Zu Gottl. Stolle, merke: Sein Leben, von ihm selbst beschrieben, steht bey seiner Anleitung zur juristischen Gelahrtheit. Ferner:
S. Götten l. c. 2. Th. p. 613. sqq. 3. Th. p. 833.

Not. g. Seze zu: — *Meuselii* Bibl. hist. Vol. II. P. II.
p. 251. sq.

Seite 751.

Zu Maximilian Stoll, merke: Geb. am 12. Oct. zu Erzin-
gen (nicht Tüngen), wo sein Vater Landchirurgus war. Er trat
1761. in den Orden der Jesuiten, den er aber 1767. verließ. Er
studirte alsdann in Straßburg und Wien die Arznengelahrtheit,
kam als Comitialphysicus nach Ungarn, kehrte aber nach 2. Jahren nach Wien zurük rc. — Dissertationes medicæ, ad morbos
chronicos pertinentes. Ed. *Josephus Eyerel.* 1788—92. IV. 8. —
NB. Die deutsche Uebersetzung von Ratio medendi in nosocom.
pract. Vind. besteht 1789—96. aus VII. Theilen in XII. Bänden.
gr. 8. Auch im Auszug. Breslau, 1794. II. Bände, welche alle
VII. Theile begreifen. gr. 8. — Comment. in aphorismos de cognosc.
et cur. febr. &c. besteht 1788 — 93. aus VI. und ist von Joseph Eyerel.

Zu Caspar Stoll, seze bey: — Abbildung und Beschreibung der
Cicaden und anderer damit verwandter Insekten aus Europa,
Amerika rc. Aus dem Holländ. mit Anmerkungen. Nürnb. 1792.
VII. Ausgaben. gr. 4.

Bey Anton v. Störk, merke: NB. Von dem Unterricht für die
Feld- und Landwundärzte rc. erschien eine neue Aufl. Wien, 1789.
II. 8. Wurde ins Lat. übersezt von Joh. Mich. Schosulani:
Præcepta medico - practica , in usum chirurgorum castren-
sium. ib. 1791. II. 8m.

Not. i. Seze zu: — Denkmal ꝛc. von **Pezzl** verfaßt. Wien, 1788. 8. (2. gr.)

Seite 752.

Rüke folgenden Artikel ein :

Gottlob Christian Storr, geb. am 10. Sept. 1746. zu Stutt gard. Er wurde ordentlicher Professor der Philosophie, und auß serordentlicher Prof. der Theologie; 1780. ordentlicher Professor der Theologie, auch Superintendent und Stadtpfarrer ; 1786. ordent licher Prof. der Theologie. Ferner, am theol. Stifte zweyter Eu perattendens und dritter Frühprediger zu Tübingen. — — Schriften: Observationes super N. Test. versionibus syriacis. Stuttg. 1772. 8. — Observat. ad analogiam et syntaxin hebr. pertinentes. Tubingæ, 1779. 8. — Neue Apologie der Offenbarung Johan nis. ib. 1783. 8. — Opuscula theologica. ib. 2788. 4. — Ueber den Zwek der evangel. Geschichte und der Briefe Johannis. ib. 1786. 8. — Pauli Brief an die Hebräer erläutert. ib. 1789. gr. 8. — Doctrinæ christianæ pars theoretica. Stuttgardiæ, 1793. 8m. (I. Thlr. 4. gr.) — Opuscula academ. ad interpret. librorum sacrorum pertinentia. ib. 1796. 91. II. 8m. (2. Thlr. 4. gr.) — Viele Abhandlungen. S. Meusel l. c.

Seite 853.

Zu **Sam. Joh. Ernst Stosch,** merke: Er starb am 27. Juni 1796. æt. 82. zu Berlin, im Schoose seiner Familie, nachdem er sein Amt 1789. niedergelegt hatte.

Zu **Joh. von Strahlenberg,** merke: Schwedischer Oberster, — NB. Sein nord= und östliches Europa und Asia ꝛc. ward ins Engl. übersezt. London, 1738. 4. Auch ins Französische, von Gott fried Selle. Amst. (Paris), 1757. II. 8. Cf. *Meuselii* Bibl. hist. Vol. III. P. II. p. 224. sqq.

Seite 754.

Rüke folgenden Artikel ein :

Johann Gotthilf Stritter, war Conrector des akademischen Gymnasiums zu Petersburg. Ist nun Ritter des Wladimirordens, Hofrath und Präsident des kaiserl. Archivs zu Moskau. — — Haupt werk: Memoria populorum, olim ad Danubium, Pontum Euxi num, paludem Mæotidem, Caucasum, mare Caspium, et inde magis ad septentriones incolentium, e scriptoribus historiæ Byzantinæ erutæ et digestæ. Petropoli, 1771 —79. IV. 4m. Ein

wichtiges Werk. Es erschien ein latein. Auszug davon, ib. eod. IV.
8. Ins Russische überf. von W. Swieton, ib: 1771—75. IV. 8.
Cf. *Meuselii* Bibl. hist. Vol. V. P. I. p. 111—123.

Zu Conr. Friedr. Stresow, setze bey: Starb am 17. Dec. 1788.
æt. 83. zu Burg, nachdem er 1780. am 21. Febr. sein fünfzig=
jähriges Amtsjubiläum gefeyert hatte.

Zu Friedr. Wilh. Strieder, merke: Ist seit 1788. Hofrath.
NB. Von der Heßischen Gelehrten= und Schriftstellergeschichte 2c.
erschien 1794. der 9. Band. Das Ganze kostet 6. Thlr.

Georg Theod. Strobels Biographie ändere so: Geb. am 12.
Sept. 1736. zu Herspruk, wo sein Vater Beker, Bierbrauer und
Adjunct im Spitalamte war. Er studirte seit 1751. zu Nürnberg
in der Sebalder Schule, und seit 1756. zu Altdorf 5. Jahre lang;
wurde hernach zu Nürnberg Hofmeister; 1769. Pfarrer in Rasch
und Vicarius in Altdorf; 1774. Prediger in der Vorstadt Wöhrd
zu Nürnberg. Er starb am 14. Dec. 1794. æt. 58. am Faulfieber.
Er hatte alle Schriften und Bildnisse Melanchthons, so wie auch
alle Schriften gesammelt, welche dessen Geschichte erläutern. ——
J. G. Styrzelii epistolæ selectæ, c. not. Francof. 1768. 8. —
Rittershusiorum epistolæ, cum not. ib. 1769. 8m. — Joh.
Müllners Reformationsgeschichte der Stadt Nürnberg. ib. 1770. 8.
— Nachricht von dem Leben und den Verdiensten Veit Dietrichs.
Altdorf, 1772. 8. — Apologie Melanchthons wider einige Vor=
würfe des Hauptpastor Göze. Nürnberg, 1783. 8. — Leben und
Schriften Simon Lemnii, ib. 1792. 8. Ist aus den Beyträgen
zur Litteratur 2c. besonders abgedruft. — Leben, Schriften und
Lehren Thomas Münzers, des Urhebers des Bauernaufruhres in
Thüringen, ib. 1795. 8. (16. gr.) — Von Melanchthons Ruf nach
Frankreich. ib. 1794. Aus den neuen Beyträgen zur Litteratur be=
sonders abgedruft (12. gr.) So wie auch die vorhergehende Schrift.
NB. Melanchth. Bibliotheca &c. c. Cam. vita Mel. &c. erschien
zuerst: Halæ, 8.77. 8m. — NB. Miscellaneen 2c. bestehen, 1778—
83. aus VI. Bänden. — NB. Beyträge zur Litteratur 2c. sind 1784—
87. II. Und ferner erschienen: Neue Beyträge 2c. Nürnb. 1790—
94. V. B. 8. werden fortgesetzt.

Seite 755.

Zu Joh. Christ. Strödtmann, setze bey: Ist von Welau in
Preussen gebürtig. Er war Rector des Gymnasiums zu Harburg,

und hernach zu Osnabrük; starb am 11. Mai 1756. — NB. Sein
neues gel. Europa ꝛc. ist eine zwote Fortsezung von Rathlefs Geschichte jeztl. Gelehrten ꝛc. Zuerst hatte er es unter dem alten Titel
continuirt, vom IX. bis XII. Theil. Zelle, 1745—47. 8. Die neue
Fortsezung schrieb er nur bis zum 9. Theile, und von da an war
Ferdinand Stosch Verfasser.

Zu Friedr. Andr. Stroth, seze bey: — Repertorium für
biblische und morgenländische Litteratur. Leipzig, 1778—81. gr. 8.
— Diodors von Sicilien Bibliothek der Geschichte; aus dem
Griechis. Frankf. 1785. IV. 8. Fortgesezt von J. F. Sal. Kalt-
wasser. 5ter und 6ter Th. ib. 1786. 87.

Not. o. Seze zu: — Boks Samml. von Bildnissen und
Biographien gel. Männer und Künstler. 8. Heft. Nürnberg, 1792.
8. — Nekrolog, von Schlichtegroll, aufs Jahr 1794. 2. B.
p. 251—260.

Seite 756.

Zu Ad. Struensee, merke: Er studirte seit 1727. zu Halle
und Jena; wurde von einer Predigerstelle zur andern befördert,
bis er zulezt Doct. theol.&c. ward. Er starb am 20. Juni 1791. æt. 83.

Zu Carl August (von) Struensee, merke.: Ist seit 1791.
königl. preussischer wirklicher geheimer Staats-Kriegs- und diri-
girender Minister, zugleich Chef der Seehandlungs-Socität.

Not. r. Seze zu: — Sein Leben ꝛc. Flensburg, 1781. gr. 8.
(14. gr.) — Nekrolog, von Schlichtegroll, für das Jahr 1791.
2te Hälfte, p. 351. sq.

Seite 757.

Zu Fr. Gottl. Struve, merk' als Note: Götten l. c. 2. Th.
p. 651. sqq. 3. Th. p. 832.

Zu Christ. Sturm, merke: Sein Vater war ein Rechtsgelehrter und Actuarius bey den Magistratsgerichten zu Augsburg. Er ist geb. am 25. Jenner, und studirte seit 1760. zu Jena ꝛc.
Er wurde 1765. Conrector zu Sorau in der Niederlausiz; 1767.
vierter Prediger an der Margarethenkirche in Halle; 1769. zweiter
Prediger an der heil. Geistkirche zu Magdeburg ꝛc. — NB. Die ihm
beygelegte Schrift: Theol. Handlexicon für Prediger und theolog.
Schriftsteller, über mancherley Sachen, Ideen ꝛc. hat 1789—90.
II. Th. (nicht VI.) gr. 8. Ist mystischer Unsinn von dem schwär-
merischen Religionsvereiniger Masius, untergeschoben. — — Pre-

digten über die Sonn= und Festtagsevangelien. Hamburg, 1792.
93. III. gr. 8.

Siite 758.

Zu Helfr. Pet. Sturz, merke: S. sein Leben ꝛc. im 2. Theile
seiner Schriften.

Seite 759.

Zu Lor. Joh. Dan. Sukow: Ist seit 1796. geh. Kammerrath.

Seite 760.

Rüke folgenden Artikel ein:

Peter Friedrich Suhm, königl. dänischer Kammerherr und
Historiograph ꝛc. — — Historie af Danmark. Kopenh. 1782—93.
V. 4. mit Kupf. Classisch. Eine kostbare Arbeit von mehr als 30.
Jahren. Wird fortgesetzt. — Scriptores rerum Danicarum medii
ævi &c. quos collegit *Jac. Langebek*, a consiliis status et
tabularii sanctioris præfectus; post ejus mortem recognovit
et illustravit. Hafniæ, 1792. Tom. VII. fol. cum figuris. —
Versuch eines Entwurfes von einer Geschichte der Entstehung der
Völker im Allgemeinen. Aus dem Dänischen. Lübek, 1790. 8.
(1. Thlr. 4. gr.) — Symbolæ ad litteraturam teutonicam anti-
quiorum ex cod. Hafn. 1787. 4. (1. Thlr. 12. gr.)

Zu Ge. Adolph Sukow, seze bey: — Anfangsgründe der Mi=
neralogie. Leipz. 1790. 8. — Diagnose der Pflanzengattungen, nach
dem Linneischen Sexualsystem. ib. 1762. 8. (1. Thlr. 8. gr.)

Bey Joh. Ge. Sulzer, merke: NB. Kurzer Begrif aller Wis=
senschaften ꝛc. Ist ins Lateinische übersezt, von Ludwig Heinrich
Taucher: Brevis notitia artium omnium et eruditionis par-.
tium. Lipf. 1790. 8. Eben so von A. G. Ferber, Prorector am
Gymnasium in Magdeburg, unter der Aufschrift: Descriptio artium et disciplinarum. ib. 1790. 4. Die erstere hat den Vorzug
vor dieser. Wurde ferner deutsch ganz umgearbeitet von Erdmund
Julius Koch. Berlin, 1793. gr. 8. Schon die 6te Auflage. — NB.
Allgemeine Theorie der schönen Künste ꝛc. Neue Aufl. vermehrt,
Leipz. 1792. 92. III. gr. 8. (3. Thlr. 12. gr.) und Zusäze ꝛc. 1. B.
ib. 1796. gr. 8. Es kam dazu heraus: Nachträge ꝛc. oder Charak=
ter der vornehmsten Dichter aller Nationen, nebst kritischen und hi=
storischen Abhandlungen über Gegenstände der schönen Künste und
Wissenschaften (von einer gelehrten Gesellschaft.) Leipz. 1. Band,
in 2. Stüken. gr. 8. 1791. 2. B. in 2. St. ib. 1793. (1. Thlr. 8. gr.)

3. B. 1799. und 4 B. 1796. (à 16. gr.) — NB. Sein Leben ꝛc. bey seinen vermischten philos. Schr. ist von Blankenburg. — NB. Seine Vorlesungen über die Geographie ꝛc. ist von Traul (nicht Traue) und hat 1786. 87. III. Th.

Not. b. Seze zu: — Meisters berühmte Männer Helvetiens, I. B. p. 193—206. — N. Memoires de l'Acad. royale des sciences à Berlin. A. 1778, wo sein Leben von Formey steht. — Deutsches Museum. 1779 IV. St. p. 386. IX. St. p. 261—263. und 1780. I. St. p. 72—75. VIII. St. p. 10—19.

Seite 762.

Zu Daniel de Superville, merk' als Note: Journal litt. T. XIII. p. 197—211.

Seite 763.

Not. e. Seze zu: — Sein Leben ꝛc. von Johann Chr. Förster. Berlin, 1768. 8) 3. gr.) — Hist. de l'Acad. roy. des sciences à Berlin, T. XXIII.

Seite 764.

Zu Immanuel Schwedenborg, merke: Er hieß eigentlich Schwedbergsen. Nachdem er zu Upsal studirt hatte, machte er eine gelehrte Reise durch Deutschland, Frankreich und Holland. Sein Lieblingsstudium war, ausser der Philosophie und Theologie, die Physik, Chemie und Mathematik. Ohngefähr 1783. vereinigte sich sein Anhang in eine theosophische Gesellschaft. Unter seinen Anhängern in Deutschland zeichnete sich besonders der Wirtembergische Prälat F. Chr. Oetinger aus. Er hinterließ ausser den gedrukten Schriften, nicht weniger als 100. Bände in Manuscript, welche auf Veranstaltung seiner exegetisch-philanthropischen Gesellschaft, die 1786. zu Stokholm aus 50. Gliedern bestand, noch gedrukt werden sollten. Alle seine erschienenen Werke wurden in lateinischer Sprache zusammengedrukt. Amsterd. 1763. XIII. 4.

Not. g. Seze zu: — Mosheims Kirchengeschichte ꝛc. von Schlegel. 6. B. p. 1088—94.

Bey Gerhard van Swieten, merke: NB. Die Wirzburger Ausgabe seiner Comment. in H. Boerhavii aphorismos de cogn. et cur. morb. ist von 1790. XII. 8. (15. Thlr.)

S. Baldingers Lobrede auf van Swieten. Jena, 1772. gr. 4. (4. gr.) — Eloge &c. in der Histoire de l'Acad. des sciences à Paris, A. 1773.

Seite 767.

Rüke folgende Artikel ein:

Heinrich Swinburne, Esqu. 2c. — — Travels through Spain, in the years 1775. 76. &c. London, 1779. 8m. mit XIV. Kupfertafeln. Ed. II. ib. 1787. II. 8m.

S. *Meuselii* Bibl. hift. Vol. VI. P. I. p 95. fqq.

Joseph Suarez da Sylva, Ritter des Christordens, und Mitglied der königl. historischen Akademie zu Lissabon; starb 1739. — Memorias para a Historia de Portugal &c. Lisboa, 1730—34. IV. 4m. begreift die portugiesische Geschichte unter König Johann I.

S. *Meuselii* Bibl. hift. Vol. V. P. II. p. 156. fqq.

Zu Arthur Ashley Sykes, setze bey: Geb. 1684. zu London. Er studirte seit 1701. zu Cambridge; wurde hernach Unterlehrer an der Paulsschule zu London, bald aber 1712. Pfarrer zu Godmersham in der Grafschaft Kent; 1714. Oberpfarrer zu Dey, Drayton in der Grafschaft Cambridge, und 1718. Oberpfarrer zu Rayleigh in der Grafschaft Essex. Im Jahre 1721. ward er Vormittagsprediger bey der Capelle und 1725. Gehülfe im Predigen bey der Jacobskirche in London, auch 1726. Doctor der Theologie. Im Jahre 1739. wurde er zur Dechaney von St. Burien in Cornwall befördert, und erhielt im folgenden Jahre eine Pfründe an der Kirche zu Winchester. Er starb am 23. Novemb. 1756. æt. 73. am Schlage. Sein Hauptstudium war die Bibel. Bey seiner gründlichen Gelehrsamkeit war er immer bescheiden, auch in seinen Streitschriften. — — Untersuchung über die Gründe und die Verbindung der natürlichen und geoffenbarten Religion. Lond. 1740. 8. Deutsch. Memmingen, 1792. II. 8. (2. fl.) — Vertheidigung der Unschuld des Irrthums. Vierte engl. vermehrte Ausgabe. Lond. 1734. 8. Er mußte sich gegen Bischof Potter vertheidigen. — Versuch über die Wahrheit der christl. Religion 2c. ib. 1725. 8. gegen Collins. — Ueber die bey Phlegon gedachte Sonnenfinsterniß. ib. 1732. 8. — Untersuchung über die dämonischen Leute im neuen Test. ib. 1737. 8. — Ueber die Glaubwürdigkeit der Wunderwerke und Offenbarung. ib. 1742. und 1749. 8. — Untersuchung, wann der Artikel von der Auferstehung des Leibes in die öffentliche Glaubensbekenntnisse eingerückt worden. ib. 1757. 8. — Mehrere Streitschriften. — — NB. Von: Lehre der heil. Schrift,

von der Erlösung ꝛc. erschien das englische Original. London,
1756. 8.

S. Memoirs of the Life and Writings of *A. A. Sykes*,
by *John Disney* (Doctor der Theol. und Mitglied der Gesellschaft der Alterthumsforscher). London , 1785. 8. — Bambergers biogr. Anecdoten ꝛc. 2. Th. p. 1—31.

Bey Not. i. merke: NB. Joh. von Orrery Briefe über
Swift ꝛc. erschienen im engl. Original. Lond. 1752. gr. 8. —
NB. Thomas Sheridan Leben Swifts ꝛc. ist abgekürzt und ins
Deutsche übersezt von *Philippine Freyin Knigge.* Hannov. 1795.
8. (1. Thlr. 4. gr.)

Supplemente

zum

fünften Bande.

Fünfter Band.

Seite 1.

Lin. 11. fq. Statt: „Paris, 1727. 4. (3. Thlr. 8. gr.) Die beßte Ausgabe. „ lese: Paris, 1721. 4. (3. Thle.) ib. 1737. 4. (3. Thlr. 8. gr.) Die beßte Ausgabe.

Not. a. Seze zu: — Lamberts Gelehrtengeschichte 2c. 1. B. p. 460. fqq.

Seite 3.

Zu Joh. Taylors Schriften seze zu: Erste Gründe des bürgerlichen Gesezes. ib. 1755. und 1769. 4.

Hermann Friedr. Teichmayers Biographie, ändere so: Geb. ben 30. April 1680. zu Hannöverisch-Münden. Er studirte seit 1702. zu Leipzig und Jena. Hier hielt er anfangs Privatvorlesungen; wurde 1719. Prof. med. extraord. hernach ordinarius. auch 1731. Hofrath. Er starb ben 5. Febr. 1744. Er zeigte in der Chemie vorzügliche Stärke.

Not. e. Seze bey: — Bambergers biographische Anecdoten 2c. 1. B. p. 108—122.

Not. g. Seze zu: — Nouvelles litter. T. IV. p. 129. fqq. 158. — M. Büchersaal 2c. 59. Oeffn. p. 827. fqq. — Niceron Mem. T. V. p. 256. fqq.

Seite 4.

Lin. 10. von unten. Nach: „(2. fl. 30. kr.)" Seze bey: 5te neu verbesserte Auflage. ib. 1792. gr. 8.

Lin. 7. von unten. Statt: „1780—83. III. 8. (bis O)" lese: 1780—85. IV. 8.

Zu Wilh. Abr. Tellers Schriften seze bey: — C. Crisp. Salustius &c. ex recens. et c. var. lect. Berolini, 1790. 8m. sehr schön bey Unger gedruckt. — Beytrag zur neuesten jüdischen Geschichte 2c. ib. 1788. gr. 8. — Valentinian der erste, oder geheime Unterredungen eines Monarchen mit seinem Thronfolger.

(Supplem. II.)   X

über die Religionsfreyheit der Unterthanen. ib. 1777. 8. 2te mit
einem Anhang vermehrte Ausgabe. ib. 1791. 8. — Anleitung zur
Religion überhaupt, und zum Allgemeinen des Christenthums besonders, für die Jugend höherer oder gebildeter Stände in allen
Religionsparthepen. ib. 1792. 8. 2te Aufl. ib. 1793. 8. — Religion der Vollkommnern, als Beplage zu seinem Wörterbuch.
2te Aufl. ib. 1793. 8. — Magazin für Prediger. Züllichau, 1792-
94. III. B. 8m. und neues Magazin rc. ib. I. B. I. St. 1796.
gr. 8. — Lebensbeschreibung des berühmten Wilhelm Penn. ib.
1779. gr. 8. — Vollständige Darstellung und Beurtheilung der
deutschen Sprache in Luthers Bibelübersetzung rc. ib. 1794. 95. II.
gr. 8. — Neue Festpredigten von Spalding, Teller und Sal-
Halle, 1792. gr. 8.

Seite 5.

Zu G. Fr. von Tempelhof, merke: Ist seit 1790. Oberster;
seit 1796. Generalmajor der Artillerie. — Geometrie für Solda-
ten rc. Berlin, 1790. 8. mit 30. Kupfertafeln. — NB. Geschichte
des siebenjährigen Krieges rc. hat bis 1789. IV. gr. 4. (bis 1760.)

Not. h. Setze bey: Von seinen Streitigkeiten über sein Leben
und Wörterbuch. Cf. Mosheims Kirchengeschichte rc. von Schlegel. 6. B. p. 485—498.

Not. k. Setze zu: — Lamberts Gelehrtengeschichte rc. I. B.
p. 408. sq.

Seite 7.

Zu Matthäus Terrasson, merk' als Note:
* Lamberts Gelehrtengeschichte rc. I. B. p. 530. sqq.

Zu Joh. Nicol. Tetens, merke: Ist seit 1790. k. dänischer Etats-
rath und Deputirter im Finanzcollegium zu Kopenhagen. — Reise
in die Marschländer an der Nordsee rc. Leipz. 1788. gr. 8. mit Kupf.

Seite 8.

Zu J. Ch. A. Theden, merke: Ist auch seit 1791. Mitglied
der Akademie der Chirurgie zu Kopenhagen.

Zu Theophanes Prokopowitsch, merke: Die übrige Schriften unter dem Artikel Procopicz rc. 4. B. p. 601. gehören hieher.

Seite 9.

Rücke folgenden Artik. ein:
Albrecht Friedrich Thilo, geb. den 5. Mai 1725. in Heilbronn. Sein Vater war Gräfl. Degenfeldischer Pfarrer; er ver-

lobr ihn aber, als er erst 6. Jahre alt war. Inzwischen wandte man auf ihn alle nur mögliche Aufmerksamkeit, um seine trefliche Talente, die sich schon in seiner frühesten Jugend zeigten, auszubilden. Seine Mutter, die ihn noch als eine 80jährige Matrone überlebte, verheurathete sich nach seines Vaters Tod an einen Bürger in Heilbronn, welche Heyrath für ihn in so fern glüklich war, als der Magistrat dieser Reichsstadt sich es zur Pflicht machte, diesen neuen Zögling und fähigen Kopf nicht nur zu unterstüzen, sondern auch in allen erforderlichen Wissenschaften unterrichten zu lassen. Er war 17. Jahre alt, als er die Universität Jena bezog. Er hörte hier gegen 4. Jahre die Vorlesungen der berühmtesten Lehrer damaliger Zeit. Von Jena gieng er nach Erlangen, wo er sich abermals einige Zeit aufhielt, und unter dem Vorsize des damaligen berühmten D. Huths eine Dissertation de fide matris Evæ ad Genes. IV. I. mit vieler Geschiklichkeit vertheidigte. Seine Kenntnisse, seine Gelehrsamkeit, die er sich eigen machte, blieben nicht unbekannt, denn gleich im Jahre 1748. wurde er als Hofmeister zu einem Kavalier berufen, und nach Verfluß einer kurzen Zeit wurde er in Heilbronn als Lehrer an die zweite Klasse befördert. Bald hernach 1750. kam er, nach dem Tode des beynahe 50. Jahre lang gewesenen Rectors Dolp, zum Rectorate nach Nördlingen. Ehe er aber noch aufzog, verheurathete er sich in Kirchberg Fürstl. Hohenlohischer Herrschaft, und zeugte in seiner 8jährigen, aber nicht ganz vergnügten Ehe einen Sohn, der aber in seiner Kindheit wieder starb. Den 5. Febr. 1759. verheurathete er sich zum zweyten male mit einer Tochter des Johann Paulus Barth, Fürstl. Oettingischen Pfarrers zu Alerheim. Im Jahr 1757. wurde er ordinirter Freytagsprediger; 1763. Klosters und Vesperprediger; 1764. Diaconus an der Hauptkirche zu St. Georgen: 1770. wollte man ihn als Hospitalprediger nach Augsburg berufen; er hatte deswegen schon Privatnachrichten erhalten, aber eine geheim-schleichende Kabale verhinderte diesen Ruf, da die Wahl auf einen andern von Nördlingen fiel. Im Jahr 1771. wurde er Archidiaconus und Beysizer des Konsistoriums, begleitete aber diese Würde nicht lange; denn als die durch ganz Deutschland eingerissene epidemische Krankheit auch in Nördlingen wüthete, und er seiner Pflicht als ein rechtschaffener, unbescholtener, gleichwohl aber verfolgter Theolog und Seelsorger, nachleben wollte, den armen Kranken, deren Beichtvater er war, viel Gutes erwies, und denselben Nahrungs= mittel ins Haus schikte, kam er von einem seiner armen Beicht= kinder, dem er zugesprochen hatte, und einen Abscheu nicht nur über den elenden Anblik, sondern auch über die Uneinigkeit faßte, legte sich krank, und entschlief am 6. Febr. 1772, da er sein Alter nicht ganz auf 47. Jahre gebracht hatte. — Er war ein eifriger Mitarbeiter an dem auf 6. Bände angewachsenen Magazin für Schu= len, und die Erziehung überhaupt, und an den Nördlingischen wö= chentlichen Nachrichten von 1766—71. Seine Artikel sind mit T. bezeichnet. Ausser einer Menge Programmen, die er als Rector schrieb, und die alle das Gepräge eines tiefdenkenden Kopfs zeigen, sind noch zu bemerken: Nachrichten von dem merkwürdigen Schik= sal der Reichsstadt Nördlingen, hauptsächlich im Schmalkaldischen Kriege. Nördl. 1755. 4. — Betrachtungen über die Noth der Zei= ten, mit politischen Anmerkungen. Ebendas. 1770. — Freymüthige Betrachtungen über philosophische Wahrheiten. 2. Stüke. Ebend. 1771. u. s. w. a)

Zu Styan Thirlby, merke: Er lebte zuletzt zu London in der Stille, wo er seit 1741. die Stelle eines K. Aufwärters im Hafen zu London mit 100. Pf. Einkünften ohne Mühe begleitete, welche ihm der Ritter Eduard Walpole verschafte. Er hatte die Rechte studirt, und hielt sich mehrere Jahre im Jesus Collegium zu Cambridge auf. Er hatte den Plan, Shakespeares Werke mit Anmerkungen herauszugeben. S. Bambergers biogr. Anecdoten ꝛc. I. B. p. 88. sq.

Bey Jacob Thomson's poëtical Works &c. merke: Sie erschienen auch. Lond. 1762. II. 4. Dabey sein Leben ꝛc. Die neueste engl. Ausgabe der Seasons &c. ist von J. J. C. Tunæus. Hamburg, 1791. roy. 8. Bey Schubarts D. Ueberf. ist des Verfassers Le= ben. — Merk' als Note: Biograph. Brittan. T. VI. — Lessings theatralische Bibliothek. I. St. — Schmidts Biographie der Dich= ter. I. Th. — Journal encycloped. 1762. T. IV. P. III. p. 99. sqq.

Zu Anton Thomas, merk' als Note:

---

a) Magazin für Schulen. 6. Band, wo die Nachrichten von seinem Le= ben stehen.

Deutscher Merkur, 1774. III. St. p. 287—291. 299—308.
Not. o. Seße zu: — Mosheims Kirchengeschichte ꝛc. von
Schlegel. 6. B. p. 57. sq. 74. sqq.

Seite 10.

Zu Mor. Aug. von Thümmel, seße bey: Reise ins südliche
Frankreich. Prose mit Versen vermischt. Leipz. 1791—1800. VII. 8.
Sehr witzig und launicht in Yorks Manier.

Rüke folgenden Artikel ein:

Thomas Thyrwhitt, ein gelehrter und vernünftiger Kritiker,
Mitglied der K. und antiquarischen Societät, auch einer von den
Curatoren des brittischen Museums zu London, starb daselbst den
15. Aug. 1786. æt. 95. nachdem er sein Leben durch viele wohl=
thätige Handlungen bezeichnet hatte. — — Schriften: Translations
in verse. Lond. 1751. — Anmerkungen zu Shakespeares Werken.
ib. 1766. 8. — Fragmenta II. Plutarchi. ib. 1773. 8. — Dif=
sertat. de Babrio, fabularum Aesopearum scriptore, cum fa=
bulis quibusdam Aesopeis ineditis et Babrii fragmentis ib.
1776. 8. und Auctarium dissertat. de Babrio. ib. 1781. 8. nach=
gedrukt: Erlangæ, 1785. 8. — Poems supposed to have been
written at Bristol, by *Tho. Rowley &c.* ib. 1778. 8. mit einer
kritischen Einleitung, einem Glossario, und mit Anmerkungen. —
Orphei poema de lapidibus, gr. et lat. c. n. ib. 1781. 8. —
Des D. Musgrave Abhandlungen über die griechische Fabellehre
und über die Olympiaden. ib. 1782. 8. zum Beßten seiner Wittwe.
— Coniecturæ in Strabonem. ib. 1783. 8. Erlangæ, 1788. 8.
— Isaei Oratio adv. Meneclem, c. n. crit. ib. 1785. 8. — Be=
sorgte die beßte Ausgabe von Chaucers Canterbury-Tales &c.
Einige Abhandlungen in der Archaeologia Brittannica, or Miscel=
laneous Tracts, relating to Antiquity. Lond. 1770. 4m. mit Kupf.b)

Zu Joh. Friedr. Tiede, merke: Ist geb. am 9. April 1732. Er
studirte seit 1748. auf dem akadem. Gymnasium zu Stettin, und
seit 1752. zu Halle, wurde 1756. Feldprediger bey dem Preussisch=
Amstelschen Regiment; 1757. Secretär bey dem General Mayer,
und nach dessen Tod 1759. Feldprediger bey dem Regiment Anhalt,
mit welchem er, nach geschlossenem Frieden, zu Halle in Garnison
lag. Er starb am 19. Oct. 1796. æt. 64.

---

b) *Saxii* Onomast. T. VII. p. 173. sq.

Zu Dieterich Tiedemann, merke: Ist geb. 1748. (nicht 1784.)
— Geist der speculativen Philosophie. Marburg, 1791—96. V. 8m.
(10. Thlr.) — Theätet, oder über das menschliche Wissen; ein
Beytrag zur Vernunst Kritik. Frankf. 1794. gr. 8. (2. Thlr. 12. gr.)
Gegen Kant. — Dialogorum *Platonis* Argumenta. Bipont.
1786. 8.

Not. q. Seze zu: — Schattenrisse edler Deutschen. 3ter B.
p. 278—320.

Seite 11.

Den ganzen Artikel „Hieronimus (Girolamo) Tiraboschi",
ändere auf folgende Art:

Hieronimus (Girolamo) Tiraboschi, geb. den 28. Dec.
1731. zu Bergamo, wo sein Vater ein angesehener Bürger war.
Ju seinem 15. Jahr trat er in den Jesuiterorden, für den er immer viele Anhänglichkeit zeigte. Er begleitete hie und da rühmlich
mehrere Lehrstellen, und wurde hernach Prof. eloquent. auf der
mailändischen Universität Di Brera; zulezt 1770. Abt und Bibliothekar zu Modena. Der Herzog gab ihm 1780. den Titel eines
Ritters (Cavaliere) und Raths, ernannte ihn zum Präsidenten
der Herzogl. Bibliothek und Medaillen-Sammlung, mit einer be-
trächtlichen Erhöhung seines Gehalts. Er arbeitete unermüdet an
seinen gelehrten Werken, und starb den 5. Jun. 1794. æt. 63.— —
Schriften: Memorie degli Umiliati. 1766—68. III. 4m. Eine
Geschichte des 1571. von Pius V. aufgehobenen Ordens, wodurch
die Geschichte Italiens erläutert wird. — Storia della Litteratura
Italiana. Milano, 1772—83. XIII. 4. vermehrt und verbessert.
Roma, 1784. sqq. XV. 4m. nachgedruckt zu Florenz und Venedig
in 8. und zu Neapel in 4. Im Auszug von Jagemann. Geschichte
der freyen Künste und Wissenschaften. Leipz. 1779—81. V. 8. über
die 2. ersten Theile des Originals. Auch in einem französischen
Auszug. — Bibliotheca Modenese. 1781—86. VI. 4. Enthält Nachrichten von allen Gelehrten und Künstlern im Modenesischen. —
Storia dell' augusta Badia di San Silvestro di Nonantola &c.
In Modena, 1784. II. fol.m. — Memorie storiche Modenesi. ib.
1793. 94. IV. 4. — Einige kleinere Abhandlungen. c)

---

c) Giorn. di Litterati di Pisa. T. XCV. p. 62—75. — Intelligenzblatt
der allgem. Litteraturzeitung. N. 84. p. 665. sq.

Seite 12.

Not. t. Setze zu: — Mosheims Kirchengeschichte ꝛc. von Schlegel. 5. B. p. 307 — 313.

Zu S. A. D. Tissot, setze bey: Geb. 1728. zu Grency, einem Dorf im Pays de Baud, wo sein Vater ein Feldmesser war. Er studirte zu Genf, hernach zu Montpellier. — NB. Anleitung für das Landvolk ꝛc. Das französische Original kam zuerst 1761. heraus, und wurde wegen seiner Brauchbarkeit oft aufgelegt, und in mehrere Sprachen übersetzt. — NB. Abhandlung über die Nerven und deren Krankheiten ꝛc. kam auch heraus: Mit Anmerkungen von Akermann. Leipz. 1793. II. 8. — NB. Von seinen sämmtlichen zur Arzneykunde gehörigen Werken. Deutsch. Erschien die 2te Aufl. Leipz. 1792. 93. IV. 8. Merk' als Note: Boks Sammlung von Bildnissen und Biograph. der Gelehrten. 1tes Heft. Nürnb. 1791. 8.

Zu Joh. Daniel Titius oder Tiez, setze bey: — Lehrbegrif der Naturgeschichte. ib. 1791. 8. mit 12. illum. Kupf. — Nützliche Sammlung von Aufsäzen ꝛc. ib. 1787 — 92. X. Bände. 8.

Seite 13.

Zu Carl Christ. Tittmann, setze bey: Ist seit 1789. Superintendent zu Dresden. — Gebete und Andachtsübungen. Wittenberg, 1788. 8. — Metelemata VI. in Evangel. Johannis. ib. 1786 — 88.

Seite 14.

Joh. Toblers Lebensnachr. ändere so: Geb. den 10. April 1732. zu St. Margarethen im Rheinthal, wo sein Vater damals Pfarrer war. Er studirte seit 1747. zu Zürich, wo er sich nebenher in der Dichtkunst und in den schönen Wissenschaften übte, wie es damals der herrschende Geschmak mit sich brachte; wurde 1754. Pfarrer zu Ermatingen, da sein Vater in gleichem Jahr als Canonicus und Stadtprediger nach Zürich kam. Er folgte dahin 1768. als Diaconus zum Frauenmünster, und 1777. wurde er zum Archidiaconat befördert. Mit seiner Gattin zeugte er 13. Kinder. In seinen Schriften zeigte er sich als einen vernünftigen Kritiker und erbaulichen Asceriker. — — Oniramint ꝛc. gegen Merciers l'an 2440. — Die Auferstehungslehre des Apostels Paulus über 1. Cor. XV. in 10. Predigten. Zürich, 1792. 4. (1. Thlr.)

Zu Joh. Clemens Tode, setze bey: Das Receptschreiben ꝛc. ib. 1792. 93. II. 8. (10. gr.) — Medicinisches Journal. I. B. 1793. 8. 2. B. I. u. 2. St. ib. 1796. 8. — Ad. Wilh. Hauchs,

Ritters vom Danebrog und Hofmarschalls zu Kopenhagen ꝛc. In
fangsgründe der Naturlehre; aus dem Dänischen übersetzt. Kopenh.
1795. 1. Th. gr. 8. (16. gr.) — — NB. Der unterhaltende Arzt ꝛc.
ist 1785—89. IV. 8. — NB. Arznenkundige Annalen sind 1787–
90. XIII. St. — NB. Erleichterte Kenntniß und Heilung des
Trippers ꝛc. 12. Aufl. vermehrt und verbessert. Leipz. 1790. 8.

Not. z. Seze zu: — Meisters ber. Männer Helvetiens. 2 B.
p. 297 — 302.

Seite 15.

Not. b. Zu: „ Sein Ehrengedächtniß ꝛc." Seze bey: Von sei
nem Bruder Carl Sam. Prozen.

Bey Joh. Toland, merke: Er hielt sich seit 1792. und 1709.
an den Höfen zu Hannover und Berlin auf, wo er gnädige Auf
nahme fand. Er starb am 11. März (nicht 21. Mai) 1722. zu
Putney bey London (nicht in London), als ein paradoxer Mann,
der seine treflichen Talente schlecht benuzt hatte. — — Tetrady
mus &c. in 4. Abhandlungen. Lond. 1728. 8 Deistische Ausfälle
gegen Christus und die Geistlichkeit. — Das Leben Joh. Mil
tons ꝛc. Lond. 1698. 8. Das auch dessen Werke, die in 3. Folio
bänden herauskamen, vorgesezt wurde. — — Von Christianity
not mysterious &c. erschien Ed. II. Lond. 1696. und Ed. III.
ib. 1702. 8. — NB. Adeisidæmon S. Tit. Livius vind. &c.
kam 1709. (nicht 1710.) heraus; und Pantheisticon, 1720.
(nicht 1710.) — NB. Sammlung verschiedener Schriften ꝛc. Nach
seinem Tode herausgekommen (Collection of several Pieces &c.)
erschien auch: Lond. 1747. und enthält 25. kleinere Abhandlungen.
Die angefügte Biographie ist von Peter des Maizeaur.

Seite 16.

Not. c. Lin. 4. Nach: „Lond. 1723. 8." Seze bey: Diese
wurde in der Bibliotheque Angloise T. X. p. 527. sqq. zurecht
gewiesen. — Zusäze zu Mosheim findet man in der Bibl. ger
manique. T. VI. p. 24. sqq.

Seite 17.

Vor dem Artikel „Thormod Torfäus", schalte folgenden Ar
tikel ein:

Joseph Torelli, geb. den 2. Nov. 1721. zu Verona, wo sein
Vater ein Kaufmann war. Er studirte zu Padua die Rechte, und
erhielt die Doctorwürde. Nach seiner Rückkunft legte er sich auf

alte und neue Sprachen, auf die Geschichte und ihre Hülfswissen=
schaften, auf die Philosophie, und vorzüglich auf die Mathematik
der Griechen, und die alte Litteratur. So ward er eine Zierde sei=
ner Vaterstadt, wo er nach einer kurzen Krankheit den 18. Aug.
1781. æt. 60. starb. Sein Erbe, *Albertinus Albertini*, ein
angesehener Kaufmann zu Verona, ließ ihm ein marmornes Grab=
mal setzen. — — Schriften (in zierlichem Latein): Somnium Pin-
demontii. Patav. 1743. 8. — Animadversiones in hebr. Exo-
di librum, et in graecam LXX. interpretationem. Veronae,
1744. 8. Lipf. 1746. 8. — *Catulli* Nupt. Pelei et Thetidos. ib.
1781. 8. italienisch übersetzt. — *Archimedis* quæ supersunt omnia, cum Comment. *Eutocii* Ascalonitæ et nova versf. lat.
Oxon. 1792. fol.m. d)

Bey *Franz Torti*, setze zu: War auch erster Herzogl. Leibarzt,
Hofrath und Obervorsteher 'des Collegii medicorum. Er starb
am 15. Febr. æt. 84.

Not. Setze bey: — *Mosheims* Kirchengeschichte von Schle=
gel. 5. B. p. 249—259. — Biograph. Brittan. T. VI. — *Bam=
bergers* biogr. Anecdoten 2c. 2. Th. p. 191—217. — Acta erudit. a. 1720. p. 308. sqq.

Seite 18.

Zu *Johann Toup*, merke: Er starb circa 1785. als Rector
der Kirche von Loo. — — Sein Schriftenverzeichniß ändere so:
Emendationes in Suidam. Lond. 1760—66. P. III. 8m. Hierzu
kamen noch: Curæ novissimæ s. Appendicula notarum et emen-
dationum in Suidam. ib. 1775. 8m. Diese Curæ &c. wurden
neu aufgelegt, unter der Aufschrift: Opuscula critica &c. Lipf.
1781. II. 8m. (2. fl. 30. kr.) Ein wichtiges Werk. Am vollstän=
digsten erschien das Hauptwerk mit des Verfassers Zusätzen: Emendationes in Suidam et Hesychium et alios Lexicographos
græcos. Oxonii, 1790 Vol. IV. 8m.

Bey *Anton Touron*, merke: Hist. des hommes ill. &c. ist:
Paris, 1743—51. VI. 4m. (16. Thlr. 8. gr.)

Zu *Franz Vincent Toussaint*, setze bey: Geb. 1715. zu Paris.
Starb am 22. Juni. — Seine Schrift: Les Moeurs &c. wurde

---

d) *Clementis Sibiliati*, in Patavino Lyceo rhetoris et philologi, de vita
  ejus comment. Patav. 1782. 8.

auf Befehl des Parlaments zu Paris durch den Scharfrichter
öffentlich verbrannt. Eine Widerlegung findet man in der Kritik,
welche Formey seinen Pensées raisonnables &c. Berlin, 1749. 8.
beygefügt hat, und des Joh. Melch. Götze Prüfung einiger Stellen aus dem Buche les moeurs. Halle, 1750. 8. — Merk' als
Note: Mosheims Kirchengeschichte von Schlegel. 5. Band,
p. 404. sqq.

Seite 19.

Schalte folgenden Artikel ein:

Carl Franz Toustain, ein Benedictiner aus der Congregation
des heil. Maurus zu Paris, geb. den 18. Oct. 1700. zu Repas,
ohnweit Briaux im Amte Sens, wo sein Vater Lieutenant unter
der Reuterey war. Er trat æt. 17. in den Benedictiner-Orden;
legte sich auf Erlernung mehrerer Sprachen, und studirte vorzüglich die Geschichte. Er wurde 1729. Priester zu Bec, wo er auch
die Mathematik und Botanik studirte. Er starb den 1. Jul. 1754.
zu Paris. — — Hauptwerke: Nouveau traité de Diplomati-
que &c. Paris, 1750—65. VI. 4m. mit Kupfern, in Gesellschaft
mit dem Benedictiner Renatus Prosper Tassin; Mabillons
Werk: De re diplomatica, wurde dadurch sehr verbessert und ergänzt. — L'Art de verifier les Dates des fajts hist. des chartes, des Chroniques et des antres anciens monumens depuis
J. Christ. &c. Paris, 1750. 4m. mit andern Benedictinern. e)

Zu E. Toze, setze bey: Er starb den 27. März 1789. zu Büzow. — Zu seinen Schriften setze bey: Geschichte der mittlern Zeit,
von der Völkerwanderung bis auf die Reformation; herausgegeben von Carl Friedr. Voigt. 1. B. Leipz. 1790. 8. — Don Car-
los und Alexei, Luines und Bukingham; ein Versuch in verschiedenen Lebensgeschichten. Greifsw. 1776. 8. — Kleine Schriften,
hist. und statistischen Inhalts; herausgegeben von C. E. Voigt.
Leipz. 1791. 8m. — NB. Einleit. zur europäischen Staatskunde ꝛc.
Hievon erschien die vierte Ausgabe, vom Professor Heinze
in Kiel vermehrt und verbessert, 1ter Band. Wismar, 1796.
gr. 8.

---

e) Das N. gel. Europa. 14. Th. p. 396—401. — *Saxii* Onomast.
T. VII. p. 57. sqq. — Sein Eloge &c. in der Vorrede zu dem 2ten
Tom des Nouveau tr. de Diplom.

Seite 20.

Zu S. F. Trescho's Schriften seze bey: Kurze Aufsätze zur häuslichen Selbsterbauung. Halberstadt, 1788. 8.

Not. g. Seze zu: — *Senebier* Hift. litt. de Généve T. III. — Vie &c. à Neufchatel, 1787. 8.

Seite 22.

Zu Friedr. von der Trenk, merke: Er gieng als ein unru= biger Kopf während der Schrekensregierung nach Frankreich, um eine Rolle zu spielen, wurde aber guillotinirt. — NB. Seine abentheuerliche und schwerlich ganz treue Lebensgeschichte ist nach= gedrukt: Frankfurt, 1787. III. 8. Dänisch übersezt. Kopenhagen, 1787. 88 II. 8. Französisch von *Tourneur*. Berlin, IV. 12. (1. Thlr. 8. gr.) Dabey ist zu merken: Nähere Beleuchtung der Lebensgeschichte ec. Leipzig, 1788. 8. (8. gr.) und etwas über die= se Beleuchtung ec. Berlin, 1788. 8. (4 gr.) Dagegen: Trenks Vertheidigung ec. Dresden, 1789. 8. — Der entlarvte Priester ec. Pest, 1790. 8.

Not. i. Seze zu: — Wills Nürnberg. Gel. Lexicon. h. v.

Seite 24.

Zu J. F. von Troeltsch Seze bey: Er starb den 21 Sept. 1793. — Zu seinen Schr. seze bey: Ueber anmasliche Bestrei= tung der Reichsvicariatsrechte. München, 1790. 4.

Seite 25.

Not. q. Seze bey: — Biblioth. Bremenſ. Cl. III. faſc. VI. p. 1117 — 1122.

Zu Th. Tronchin, merk' als Note.

*) *Senebier* Hift. lit. de Généve P. III. — Hift. de l'Acad. roy. des ſc. a Paris. A. 1782. — Olla Potrida. 1783. 3. St. p. 95 — 101.

Seite 26.

Trublets (nicht Troublet) Lebensnachr. ändere so: Nicolaus Carl Joseph, geb. 1697. zu St. Malo. Er war Abt, Mitglied der französischen und der königlichen Akademie zu Berlin, Archi= diaconus und Chorherr zu St. Malo. Mit dem Cardinal von Ten= cin hatte er eine Reise nach Rom gemacht; aber er kehrte bald aus Liebe zur Freyheit, nach Paris zurük; hier blieb er bis 1767, da er wegen geschwächter Gesundheit sich nach St. Malo begab. Hier starb er 1770, æt. 73. Er war ein Anverwandter des Mau=

pertuis. — Zu den Schr. seze bey: Mémoires pour servir ӏ
l'hist. de Mrs. de la Motte et de Fontenelle. Paris, 1761. ҭ
Seite 27.

Füle folgende Art. ein:

Theodor Christian Tychsen geb. den 8. Mai. 1758. Seit 1788.
Prof. ord. LL. orient. zu Göttingen. — — Schriften: Grundriß einer Archäologie der Hebräer. Göttingen, 1789. 8 — Bibliothek der alten Litteratur und Kunst. ib. 1786 — 91. VIII. St.
8. in Gemeinschaft mit andern Gelehrten. — Neue orient. und
exeget. Bibliothek, von J. D. Michaelis. Seit dem 8ten Theil
ist er hiervon Mitherausgeber. — Reisebeschreibung nach Spanien, vom Ritter Bourgoing; aus dem Französischen. Jena,
1790. II. gr. 8. — N. Test. gr. perpetua annotatione illustratum a J. B. Koppe. Vol. VI. Ed. II. auct. et emend. curavit.
Gott. 1791. 8m. — Viele Programme und Abhandlungen. (S.
Meusels gel. D.)

Georg Turnbull, ein Jurist, Archäolog und Philosoph zu
London. — — Schriften: A treatise on ancient Painting &c.
London, 1740. fol. m. mit 54. Kupfertafeln. Ein prächtiges Werk.
— Observations upon liberal Education, ib, 1742. 8.

Lin. 11. sq. im Artikel Richard Twiß. Statt: „Leipz. 1776.
II. gr. 8. (3. Thlr.) Der 2te Band enthält Plüers Reisen durch
Spanien.„ Lese: Leipz. 1776. gr. 8. mit Kupf. (3. Thlr.) Der 2te
Band sollte Plüers Reisen durch Spanien enthalten, kam aber
nicht heraus. Das englische Original. London, 1774. 75. II. 4m.
mit Kupf. Französ. Bern, 1776. 8.

Zu O. Gerh. Tychsen seze bey: Er ist nun zu Rostok. —
Explicatio Cuficæ inscriptionis, quæ in Columna lapidea Musei soc. antiquariorum Londinensis conspicitur. Rostochii 1789.
8. — Interpretatio inscriptionis cuficæ in marmorea templi Sti
Marci cathedra, qua Apost. Petrus Antiochiæ sedisse traditur.
Bützov, 1787. ed. II. ib. 1788. Und Appendix &c. ib. 1790.
4. — Introd. in rem nummariam Muhammedanorum. ib. 1794.
8. mit Kupf. Addit. I. ib. 1796. 8. — Elementare arabicum,
sistens L. A. elementa, catalecta maximam partem anecdota
et glossarium. ib. 1792. 8. (18. gr.) — Elementare syriacum,
sistens grammaticam, chrestomathiam et glossarium &c. ib.
1793. 4. (1. Thlr.) — Physiologus syrus s. Historia animali

um XXXII. in S. S. memoratorum, fyriace e codice biblioth. Vaticanæ, edidit, vertit et illuftravit. ib. 1795. 8. (16. gr.) Ein fabelhaftes Skelet. — — NB. Das ihm zugeſchriebe Werk: Biblioth. der alten Litt. und Kunſt ꝛc. iſt nicht von ihm, ſondern von Theodor Chriſtian.

Zu Vaillant, merke: Er wurde zu Paramaribo im holländL. ſchen Guiana gebohren und erzogen. Mit ſeinen Eltern verließ er 1763. Surinam. Er hielt ſich einige Jahre in Holland auf, und kam nach Paris. Als eifriger Naturforſcher (aber nur für Thiere und Vögel) entſchloß er ſich, zweymal nach Afrika, und hierauf nach Südamerika zu reiſen. — NB. Sein Voyage dans l'interieur de l'Afrique iſt auch von Forſter überſezt. Berlin, 1790. II. gr. 8. Er widerlegt überall Sparrmann und andere, und giebt ſehr merkwürdige Nachrichten. Er drang weiter ins Innere, als ſeine Vorgänger und ſcheute kein Ungemach und keine Gefahr, ſo daß ſelbſt die ihn begleitenden Hottentotten ihm nicht mehr folgen wollten.

Seite 28.

Zu L. Caſp. Valkenaer's Schr. ſeze bey: Diatribe in Euripidis perditas dramatum reliquias. Amſt. 1767. 4. — Euripidis Hippolytus. gr. et lat. c. n. ib. 1768. 4. — Obſervationes acad. et J. D. Lennepp Prælectiones acad. de græca lingua, c. not. Everardi Scheidii. Trai. ad Rh. 1790. 8m. — — NB. Theocriti Idyllia ex rec. Valkenarii cum ſcholiis ſeleĉtis ſcholarum in uſum edita, cura F. Jacobs. Gothæ, 1789. 8.

Not. t. Seze bey: Strodemanns Geſch. jeztleb. Gel. XI. Th. p. 411. ſqq. und Beytr. zur Hiſtorie der Gel. in der Vorrede zum 2ten Th. p. 14. ſqq.

Seite 29.

Rüke folgende Art. ein:

De Vayrac, Abbé ꝛc. — — Etat préſent de l'Eſpagne &c. Paris, 1718. T. III. Vol. IV. 8. mit Kupf. Amſterdam, 1719. III. 8. f)

Elias Veiel geb. den den 20. Jul. 1635. zu Ulm, wo ſein Vater ein nicht bemittelter Tuchmacher war. Er ſtudirte zu Tü

---

f) *Meuſelii* Bibl. hiſt. Vol. VI. P. I. p. 372. ſg. — Acta erudit. 1719. p. 276 — 279.

bingen, Straßburg, Jena, Wittenberg und Leipzig; wurde 1662.
Prediger zu Ulm; 1663. Prof. theol. am dasigen Gymnasio; 1671.
Direktor desselben; 1680. Superintendent und Biblothekar; starb
den 23. Febr. 1706. æt. 71. am Steckfluß. — — Man hat von
ihm viele polemische und dogmatische Differtationen, Predigten
und Tractate; hauptsächlich, Hist. et necessitas reformationis
evangelicæ per b. Lutherum feliciter inftitutæ, Ulmæ,
1692. 4. g)

Zu Jac. Daniere setze bey: NB. Sein Prædium rufticum
&c. auch Wirceb. 1789. 8. — Merk' als Note:

*) Eloge &c. in den Mem. de Trevoux 1739. p. 2403—2411.
— Lamberts Gelehrtengeschichte ꝛc. 3. B p. 277. fqq.

Zu de la Deaux, merke: Er hält fich jetzt in Straßburg auf.
— — Correfpondance politique &c. und Courier de Strasbourg. — Vie de Frederic II. Roi de Prufse &c. Strasbourg,
1787 — 89. VII. 8. fehr fehlerhaft. — Hist. des Allemands. ib.
1787. VI. 8. — Les vrais principes de la langue françaife;
neue franzöf. Grammatik für die Deutschen; von einer Gefellschaft
Gelehrter beider Nationen, ed. Berlin, 1785. 8. — — NB.
Cours théor. et pr. de la langue et litt. franç. &c. ift Basle
1784. 85. 87. III. 8m. — NB. Leçons method. de la langue franç.
&c. ift. Stuttg. 1786, 87. II. 8.

Seite 30.

Den Artikel Dolly ändere fo: Paul Franz Dolly, anfangs
ein Jefuit, hernach Prof am Collegio Ludwigs XIV. zu Paris.
Er ftarb den 4. Oct. 1759. — — Hist. de France &c. Paris,
1755 — 1769. XXII. 12m. (30 fl.) in Gemeinschaft mit dem Abt
Villaret; nur 8 Bände find von ihm; diefer war Sekretär und
Archivar der Pairs von Frankreich, und ftarb 1766. Das Werk
wurde fortgefetzt vom Abt Garnier ib. 1786. XXX. 12m. (a 3
Livers) bis 1564. h)

Zu R. Denuti's Schr. setze bey: Defcrizione delle prime fcoperte dell' antica città d'Ercolano &c. In Venezia, 1749 8.

---

g) *Pippingii* Mem. theol. Dec. X. p. 1665. fqq. — Memoria &c. ab
Eberb. Rud. Rothio. Ulmæ, 1707. 4.

h) *Meufelii* Bibl. hift. Vol. VII. P. I. p. 80 — 84.

Lond. 1750. 8. Deutsch sehr schlecht überseßt. Frankf. (Wien) 1749. 8.

Seite 32.

Bey Jacob Vernet, merke: NB. die Stelle seiner Biographie. „Er verwaltete hernach das ihm 1730. übertragene Predigtamt ꝛc.„ bis: „Er starb nach 1773.„ ist auszustreichen, und dafür zu sezen: Er verwaltete hernach das 1730. ihm übertragene Predigtamt zu Juffy, und 1731. zu Saconey bey Genf. Dann führte er den einzigen Sohn Turretin's, seines Busenfreundes, auf Reisen durch die Schweiz, durch Deutschland, nach Holland und England, wo er allenthalben mit den berühmtesten Gelehrten Bekanntschaft machte. Er kam 1733. in sein Vaterland zurük, und wurde 1734. als Prediger in die Stadt gezogen. Man übertrug ihm 1739. den Lehrstuhl der schönen Wissenschaften und 1756. wurde er Prof. der Theol. Er starb am 26. März 1789. æt. 91. Auf seiner frühern Reise nach Italien, entdekte er die Tabulam Isiacam, die man für verlohren gehalten hatte. — — Traité de la rel. chret, &c. von Vernet blos aus dem Lateinischen des Turretin übersezt. Das Original hat die Aufschrift: Dilucidationes philof. theol. dogmatico - morales, quibus præcipua capita tam theologiæ naturalis, quam revelatæ demonstrantur et ad praxin christianam commendantur. Genevæ, 1737. III. 4m. und in einer andern Ordnung. Lugd. B. 1748. III. 4. Beide sehr lesenswürdig, in einem edlen Stil.

Seite 33.

Zu Wilhelm Paul Verpoorten seze bey: eigentlich van der Poortenn. Er studirte zu Danzig, Jena und Leipzig, war, ehe er nach Danzig kam, seit 1751, Prediger zu Stüblau im Danziger Werder. Er starb den 17. Jan. 1794. Nach Wernsdorfs Tod gab er die Danziger Berichte von theologischen Schriften heraus.

Not. a. Seze zu: Meisters ber. Männer Helvetiens. 2 Bd. ꝛ. 308 — 334. — Senebier Hist. litt. de Généve. P. III. — Vie ꝛc. Paris, 1790. 8.

Bey Renat. Aubert. de Vertot d'Auboeuf, merke: NB. Hist. de la conjuration de Portugal &c. N. Aufl. Paris, vermehrt 1751. II. 8. Deutsch von H. G. Hoff, mit Anmerk. Regensburg, 1788. 8. — NB. Hist. de Suède &c. erschien deutsch in einer freyen und berichtigenden Uebersezung, von Hagemeister, unter der Aufschrift: Gustav Wasa ꝛc. Berlin, 1795. II. 8. (1. Thlr. gr. 4.) — NB. Bey Hift. des revolut. arrivées dans le gouvernement de la républ. Romaine. Streiche weg: „ Haye, 1720. III. 12. (1. Th.) ib. 1724. 4. (2. Th.) Paris, 1730. III. 12. (1.Thl. 16 .gr.),, und seze dafür: Paris, 1718. III. 12. ib. 1719. III. 12. ib.1724. III. 8. ib. 1730.¦III. 8. (1. Thlr. 16. gr.) Haye, 1720. III. 8. (1. Thlr.) ib. 1722 III. 8. ib. 1727. III. 8. ib. 1734. III. 8. ib. 1737. III. 8. (2. Thlr) Englisch London, 1721. II. 8. Bey der deutschen Uebersezung. Zürich, 1760. ꝛc ift auch Derrots Leben. Ins Ruffiche ift es überfezt von Hippolytus Boghdanowitfch. Petersburg, 1771 — 1775. III. 8. — Merk als Note:

*) Eloge &c. par *Cl. Gros de Boze*, in der Hift. de l'Acad. des Infcr. T. VI. p. 505. fqq. — *Lamberts Gelehrtengeschichte* ꝛc. 2. B. p. 158. fqq. — *Meufelii* Bibl. hift. Vol. IV. P. I. p. 193. fqq.

Seite 34.
Bey Zach. Conr. von Uffenbach, merke: Sein Leben ꝛc. fteht vor feinen Reifen durch Niederfachfen ꝛc. und vor Commercii epift. Uffenbach felecta.

Seite 35.
Zu B. Ugbolini, merke: ein Hifloricus zu Venedig.

Zu Joh. Ludw. Uhl, feze bey: Er ftarb den 16. Nov. 1790. æt. 77.

Not. d. Seze zu: — Sein Leben ꝛc. von Joh. Ge. Herrmann. Ulm, 1753. 8. (6. gr.)

Seite 37.
Not. h. Seze zu: — *Bruckeri* Pinacoth. Dec. II. n. 7. — Eloge &c. in der Hift. de l'Acad. roy. des fc. à Berlin, 1745. p. III — 119. — Nouv. Bibl. germanique. T. II. p. 251 — 262.

Seite 38.
Zu Villaume feze bey: (Peter) er ift gebohren am 18. Juli 1746. — Er legte 1793. fein Amt nieder und lebt feit diefer Zeit auf einem Gute des Grafen von Reventlow auf der Infel Fühnen. — Lefebuch der Geographie und Gefchichte. Leipz. 1792. II. 8. — Ueber das Verhältniß der Religion zur Moral und zum Staat. Liebau, 1791. 8. — Vermifchte Abhandlungen. Berlin, 1793. 8. — Abhandlungen das Intereffe der Menfchheit und der Staaten

bes

betreffend. Altona, 1794. gr. 8. (1. Thlr. 4. gr.) sind Preis=
schriften nach den Aufgaben der Akademien in Frankreich. — —
NB. Anfangsgr. zur Erkenntniß der Erde, des Mensch. und der
Nat. ist 1789 — 91. V. 8. mit Register (7 fl.)

Seite 39.

Zu J. A. H. Ulrichs Schr. seze bey: Einleitung zur Moral.
Jena, 1789. 8. — — NB. Initia philos. justi &c. N. Aufl.
Ienæ, 1783. auct. ib. 1789. 8m. — NB. Inst…tut. Log. et Me=
taph. &c. erschien auch. Ienæ, 1785. und 1792. 8m. (1. Thlr.
8. gr.)

Seite 40.

Bey Joh. Aug. Unzer : NB. Medizin. Handbuch ꝛc. N.
Aufl. Leipz. 1794. III. gr. 8.

Lucas Voch's Lebensnachr. ändere so: Er ist geb. 1728. zu
Augsburg; war hier Architect und Ingenieur, und starb daselbst
1783. als Schreiber auf dem Stadtzimmerhof. — Zu seinen Schr.
seze bey: Die Feldbefestigungs= oder Verschanzungskunst. Augsb.
1788. 8. mit Kupf. — NB. Von Anweis. zur Verf. der Bauriße
erschien 3te vermehrte Aufl. Augsburg, 1796. 8.

Seite 42.

Zu S. G. Vogel seze bey: Er ist seit 1789. Prof. med. ord.
zu Rostok. — — Anleitung zum gründlichen Studium der Arz=
neywissenschaft. Stendal, 1791. 8. — NB. Vom Handbuch der
pract. Arzneywissenschaft, Stendal ꝛc. erschien 4ter Th. ib. 1795.
8. (1. Thlr. 12. gr.) lat. übersezt von Joh. Bernh. Keup, un=
ter Aufschrift: Manuale praxeos medicæ &c. Stendal, 1790 — 92.
III. 8m. — NB. Unterricht ꝛc. über die Selbstbeflekung ꝛc. er=
schien auch ib. 1789. 8.

Zu G. J. L. Vogels Schrf. seze bey: Alb. *Schultens* Com=
ment. in Jobum, in compendium redactus, c. not. Halæ,
1773. 8.

Seite 43.

Bey C. F. Vogel, pract. Unterr. von Taschenuhren, merke:
Hierüber schrieb vollständiger J. G. Geißler: Der Uhrmacher,
oder Lehrbegrif der Uhrmacherkunst, aus den besten englischen,
französischen und andern Schriften zusammengetragen. Leipzig,
1793 — 95. VI. 4. — Ferd. Berthouds Versuche, Vortheile,
Grundsäze und Regeln zur Erreichung der möglichsten Vollkom=

(Supplem. II.)   Y

menheit der Taschenuhren ꝛc. Ein freyer Auszug aus dem Essai d'horologie par Ferd. Berthoud &c. mit Zusäzen und Anmerk. Meißen, 1790. 8. Wichtig.

P. J. S. Vogels Lebensnachr. ändere so: geb. den 13. Jan. 1753. zu Nürnberg, wo sein Vater ein Bordenmacher war. Er studirte zu Altdorf seit 1770, und seit 1774. zu Jena. Er wurde 1775. Hofmeister in Nürnberg; hernach Lehrer an der Sebalder schule, und zugleich 1776. Vicarius am Gymnasio; 1783. Con rektor, und 1787. Rector der Sebaldschule zu Nürnberg; seit 1794. Prof. theol. zu Altdorf. Cf. Bocks Samml. von Bild nissen und Biographien gel. Männer und Künstler. Ites Heft. Nürnb. 1791. 8. — Zu seinen Schr. seze bey: — Die Geschichte der Deutschen. Heilbronn, 1781. V. 8. — Versuch über die Re ligion der alten Aegyptier und Griechen ꝛc. mit XI. Kupferblät tern in Abbildungen ägyptischer Gottheiten. Nürnb. 1793. 4. Ein Supplement zu Jablonsky's Pantheon.

Bey Johann Vogt, merke: Catalogus libror. rarior. er schien auch: Hamb. Ed. II. mehr als gedoppelt vermehrt, 1737. 8. Ed. III. ib. wieder vermehrt, 1747. 8. Ed. IV. von 1753. ist hiervon blos ein neuer Abdruk. Endlich: emend. et aucta. Lipf. 1793. 8. (1. Thlr. 16. gr.) Der Herausgeber Mich. Trukenbrod war ein junger Gelehrter, der bald nach dem Abdruk des Buches im größten Elende zu Nürnberg starb.

Seite 44.

Rüke folgende Artikel ein:

Joh. Heinr. Vogt geb. den 13. März 1749. zu Mainz. Er stud irte daselbst in der Jesuitenschule und im Seminario die Phi losophie und Theologie, hernach auf der Universität, nebst der Jurisprudenz, hauptsächlich die Geschichte; wurde, damit er seine Vaterstadt nicht verlassen möchte, ordentlicher Lehrer des Naturrechts und der Moral; starb den 23. Nov. 1789. an einem Lungengeschwüre. Seine ausserordentliche Imagination, sein über triebener Ekel, der beynahe zum Wahnsinn ausartete, sein wun derbarer Eifer, überall auf der Straffe, in seinem Hause, unter gemischten Haufen ohne Unterschied des Standes, des Alters und der Religion zu lehren, zeichneten ihn aus. Er war sonst ein heller, selbstdenkender, origineller Kopf. — — Ideen ꝛc. her ausgegeben für Vogts Freunde, und Freunde der Menschenkunde und Weisheit, mit Erläuterungen und Anmerkungen, auch zu den Vogts Denkmal angehängten Fragmenten. 1792. 8. (22. gr.) Oft dunkel und räthselhaft. i)

Nikl. Vogt, Lehrer der Geschichte zu Mainz rc. — Unterhaltungen über die vorzüglichsten Epochen der alten Geschichte in Beziehung auf die neuere Begebenheiten. Mainz, 1791. 8. Ueber die europäische Republik. Frkf. 1787—1792. V. 8. Sehr lesenswürdig. Als Nachtrag: Gustaph Adolph; König in Schweden. ib. 1790. gr. 8. II. Theile. — Heinrich Frauenlob, oder der Sänger und Arzt. Mainz, 1792. 8. Rheinische Bilder. ib. eod. 8. — Das Urtheil des Paris; eine Farce. ib. eod. 8. — Shakespeares Beruf und Triumph. ib. eod. 8.

Joh. Heinr. Voigt, Prof. der Mathematik zu Jena rc. — Magazin für das Neueste aus der Physik und Naturgeschichte rc. fortgesetzt, Gotha, 1790 — 93. VIII. Bd. 8. jeder 4. St. Interessant. — Grundlehren der angewandten Mathematik. I Thl. Jena, 1794. 8. mit 8 Kupfertafeln. — Versuch einer neuen Theorie des Feuers, der Verbrennung, der künstlichen Luftarten, des Athmens, der Gährung, der Electricität, der Meteoren, des Lichts und des Magnetismus rc. ib. 1793. 8.

J. K. W. Voigt rc. Weimarischer Bergrath rc. — Mineralog. und Bergmännische Abhandlungen. Leipz. 1789 — 91. III. 8. — Bemerkungen über die Ponza-Inseln, und Verzeichniß der Vulkanischen Produkte des Aetna, zur Erläuterung der Geschichte dieses Vulkans; nebst Beschreibung seines Auswurfs im Julius 1787. von Deodat de Dolomieu. Aus dem Französ. mit Anmerk. ib. 1789. 8. Mehrere naturhistorische und andere Abhandlungen, in Zeitschriften.

Zu J. J. Volkmanns Schr. setze bey: Bruce Reisen zur Entdeckung der Quellen des Nils 1768 — 73. aus dem Englischen. Leipz. 1790. 91. V. gr. 8. mit Anmerkungen von Blumenbach. — Joseph Townsend A. M. Reise durch Spanien, in den Jahren 1786 und 87. rc mit Anmerkungen, ib. 1792. II. gr. 8. (3. Thl.) mit Kupfern.

Seite 45.

Zu A. Volta's Schriften setze zu: Meteorologische Briefe,

---

i) Sein Leben rc. mit einem Denkmal und Fragmenten rc. Mainz. 1791. 8.

nebſt der Beſchreibung eines Eudiometers; aus dem Ital. mit Anmerk. 1. Bd. Leipz. 1793. gr. 8. mit Kupf. — Schriften über die
thieriſche Electricität; aus dem Italien. von Dr. J. Mayer.
Prag, 1793. 8.

Bey Giov. Seraf. Volta, merke: NB. Elementi mineral.
anal. e ſyſtemat. &c. ſind ins Deutſche überſezt, unter der Aufſchrift: Anfangsgründe der analyt. und ſyſtematiſchen Mineralogie
ꝛc. Aus dem Ital. mit Zuſäzen und Anmerk. von Carl von
Meidinger. Wien, 1793. gr. 8.

Seite 46.

Den Art. Emon Luccius Driemoet ändere ſo:

Emo Lucius Driemoet geb. 1699, zu Emden in Oſtfries-
land, wo ſein Vater anfangs Buchhalter der daſigen Handlungs-
Compagnie war, hernach von den Staaten von Utrecht beym
Rechnungsweſen angeſtellt wurde. Er ſtudirte ſeit 1715. zu Utrecht, unter Reland, Burmann und van Alphen die Theologie; wurde 1724. Prediger zu Loen, hernach 1727. zu Harlin-
gen; ferner 1730. an Schultens Stelle Prof. L. orient. zu Franeker, wo er 1760. ſtarb. — — Schriften: Antiquitatum If-
raeliticarum theſes controverſæ. Franek. 1732 — 49. III. 4. -
Arabiſmus,, exhibens Grammaticam arabicam novam &c. ib.
1733. 4. — Obſervationes miſcellaneæ argumenti præcipue
philologici et theol. Lib. I. Leoward, 1740. 8. — Tirocinium
hebraiſmi, complectens breve gloſſarium vocum hebr. et dicta
quædam V. Teſt. &c. Franek. 1742 8. — Annotationes theol.
philol. ad dicta claſſica V. Teſt. T. III. ib. 1743 — 59. 8m. -
Athenæ Friſiacæ Lib. II. Leoward. 1758. 4. Mehrere Diſſer-
tionen. k)

Rüfe ein:

ꝓ Johann Upton, Präbendarius zu Suffolf ꝛc. — — Epicteti
quæ ſuperſunt; Diſſertationes ab Arriano collectæ, nec non
Enchiridion et fragmenta, gr. et lat. c. n. var. Londini,
1741. II. 4.

Zu C. V. Donk ſeze bey: Er ſtarb den 17. Jan. 1769. — —

---

k) Athenæ Friſ. p. 824 — 826. — Das N. gel. Europa. 8. Th. p. 997
— 1015. und 17. Th. p. 246 — 248. — Paquot Memoires &c. T.
VII p. 375 — 380.

Lectionum latinarum Lib. II. ib. 1745. 8m. — NB. Specimen crit. in var. auct. &c. erſchien auch Amſt. 1748. 8.

Zu Joh. Heinr. Voß ſeze bey: Homers Werke; aus dem Griech. Altona, 1793. IV. gr. 8. — Mythologiſche Briefe. Königsberg, 1794. II. gr. 8.

Not. b. Seze zu: — *Klotzii* Acta litt. T. VI. P. I. p. 54– 67. — *Saxii* Onomaſt. T. VII. p. 85. ſqq.

Seite 47.

Lin. 6. Statt: „Augsb. 1760.‟ Leſe: Augsb. 1754 — 1760.

Zu Sam. Urlſperger, merke: NB. Nachricht von den Salzburg. Emigranten ꝛc. Iſt beyzuſezen: die ſich in Amerika niedergelaſſen haben. — Merk' als Note:

*) Sein Ehrengedächtniß ꝛc. Augsb. 1773. 4. — *Meuſelii* Bibl. hiſt. Vol. III. P. I. p. 393. ſqq.

Zu J. P. Uz ſeze bey: Bey der neuen Organiſation der preußiſchen Provinzen Anſpach und Bayreuth, ward er mit Beybehaltung ſeiner Gage zur Ruhe geſezt. An ſeinem Sterbetage erhielt er aufs Neue das Patent als geheimer Juſtizrath und Dirigent des Landgerichts Burggrafthums Nürnberg zu Anſpach, mit einem Gehalt von 2000 fl. Er ſtarb am 12. Mai 1796, æt. 76. Es ſoll ihm in Anſpach ein Monument errichtet werden. — — NB. Die Werke des Horaz lieferte er in Gemeinſchaft mit Junkheim und Hirſch.

Seite 48.

Schalte folgenden Artikel ein:

Joh. Friedr. Waker, Auffeher über das Münzkabinet zu Dresden ꝛc. — — Sendſchreiben von einigen ſeltenen und einzigen griechiſchen Münzen. Dresden, 1767. gr. 4.

Seite 49.

Den Artikel Jan Wagenaar ändere ſo:

Johann (Jan) Wagenaar geb. 1709. zu Amſterdam, wo ſein Vater ein Schuſter war. In ſeiner frühen Jugend zeigte er ſchon einen unwiderſtehlichen Hang zum Leſen, und im 11ten Jahre ſchrieb er, als ein kleiner Dichter, eine Farce. Er kam als Lehrling in das Comptoir eines reichen Kaufmannes; hier benuzte er alle Nebenſtunden zur Lectüre bis in ſein 17tes Jahr, da dieſer Eifer erkaltete. Nun beſuchte er in ſeinen Erholungsſtunden die Kirchen der Remonſtranten und Widertäufer, beſonders die Ver sammlung der Collegianten; dabey legte er sich auf die lat. und englische, auch vor sich auf die griechische und hebräische Sprache, auf die Mathematik, Naturgeschichte und Metaphysik, und auf die Geschichte. Nach seiner Verheyrathung 1740, trieb er einen Holzhandel, sezte aber sein Studium in der Theologie fort. Seine lezten Jahre widmete er noch der Kirchengeschichte. Er starb den 1. März 1773. als Rathschreiber zu Amsterdam. — — Schriften: Allgemeine Geschichte der vereinigten Niederlande ꝛc. Aus dem Holländischen Leipzig, 1756 — 1767. VIII. 4. Pragmatisch und gründlich. — Amsterdam in Zyne Geschiedenissen, Voorregten, Koophandel &c. Amst. 1794. VII. P. fol. enthält Zusäze zu Wagenaars Beschreibung von Amsterdam; dabey ist seine ausführliche Lebensbeschreibung. — Uebersezte Tillotsons Predigten ins Holländ. Amsterb. 1732. 4. — Geschiedenissen der christelyke Kerke in d. Eerste Eeuwe. ib. 1773. — Ueber die Statthalterschaft. ib. 1787. — Nederduitsche Staads-Courant &c. seit 1756.

Not. h. Seze zu: Göttingische gel. Anzeigen ꝛc. auf das Jahr 1795. 2. Bd. p. 897 — 902

Seite 50.

Zu H. B. Wagniz Schriften seze bey: Hist. Nachrichten und Bemerkungen über die merkwürdigsten Zuchthäuser in Deutschland ꝛc. I. B. ib. Halle, 1791. 2ter B. in 2 Heften. ib. 1794. 8. — Homilet. catechet. liturgische Abhandlungen ꝛc. ib. 1789. 90. I. B. in 2 Th. gr. 8. — Für Leidende ꝛc. ib. 1791. gr. 8. — Neues Journal für Prediger. ib. 1789 — 94. VIII. Bände 8. Jeder Band 4 St. — — NB. Moral in Beyspielen ꝛc. ist Halle, 1787 — 1790. VI.

Zu S. F. G. Wahl seze bey: Seit 1788. Prof. L. orient. zu Halle. — Zu seinen Schriften seze bey: Habakuk, neu übersezt mit Anmerk. ꝛc. Hannov. 1790. gr. 8. — Elementarbuch für die arabische Sprache und Litteratur; die Sprache in doppeltem Gesichtspunkt, als Sprache der Schrift und Sprache des gemeinen Lebens, Halle, 1789. 8. — Abdallatifs, eines arabischen Arztes, Denkwürdigkeiten Egyptens ꝛc. aus dem Arabischen übersezt und erläutert, ib. 1790. 8. — Neue arabische Anthologie ꝛc. Leipz. 1791. gr. 8. — Geschichte und Beschreibung von Persien. I. Th. ib. 1791. gr. 8. mit Kupf. — Von dem Schiksal

des Homer und anderer claſſiſcher Dichter bey den Arabern und
Perſern. Leipz. 1793. gr. 8. — — NB. Magazin für alte Litteras
tur ꝛc. erſchien die zwote Lieferung, Caſſel, 1789. die dritte Liefer.
ib. 1790. — NB. Verſuch einer allgem. Geſch. der Litt. iſt Caſſel,
1787. 88. II. 8. — NB. John Richardſons orientaliſche Biblios
thef ꝛc. hat 1788 — 91. III. 8.

Seite 51.

Schalte folgenden Artikel ein:

Gilbert Wakefield A. B. et Colleg. Iesu ap. Cantabr. nup-
socius. — — Schriften: Sylva critica, ſ. in auctores sacros
profanosque commentarius philologicus. Cantabr. 1789 — 93.
IV. 8m. wichtig; unvollendet. (S. Gött. Anzeigen 1793. 124.
Stük, p. 1243.)

Seite 52.

Not. m. Setze zu: — *Bruckeri* Pinacoth. Dec. IV. n. IV.

Bey Joh. Ernſt Jman. Walch merke: NB. Die Fortſezung
des Naturforſchers ꝛc. von Schreber beſteht 1779 — 1793. vom
XIV. bis XXVII. Stük.

Seite 53.

Zu Chr. W. F. Walchs Schriften ſetze bey: Antiquitates
pallii philosophici veterum christianorum. Ienæ, 1745. 8. —
Hiſt. patriarcharum Judaeorum, quorum in libris juris rom.
fit mentio. ib. 1752. 8. — Hiſt. canonisationis Caroli M. ib.
1750. 8. — — NB. Von Grundſ. d. Kirchengeſch. des N. Teſt.
erſchien: 3te Ausgabe, verbeſſert und vermehrt von Joh. Chr.
Friedr. Schulz, Prof. theol. Gießen, 1792. 93. III. 8. (16.
gr.) zu trofen.

Not. n. Setze zu: — *Harlesii* Vitæ philol. Vol. II. p. 81 —
106. — Sein Leben ꝛc. Jena, 1780. 8. — Baldingers Bios
graph. jetzleb. Aerzte ꝛc. I. B. 2. St. p. 167. ſqq.

Not. o. Setze zu: Das N. gel. Europa. 14. Th. p. 455 —
475. — Pütters Gelehrtengeſchichte der Univerſität Göttingen,
p. 121 — 124.

Seite 54.

Zu C. F. Walch ſetze bey: Er iſt jetzt geheimer Juſtizrath.
— — NB. Von Introduct. in controversias juris &c. erſchien
N. Ausg. vermehrt. Jena, 1791. 8. — Vom Näherrecht n. Aufl.
ib. 1795. gr. 8. (1. Thlr. 16. gr.) — Verm. Beyträge zum D.

Recht, find 1771 — 93. VIII. 8. nebſt einem Gloſſario über die
ältern Land= und Stadtrechte. Iſt geſchloſſen. — Opuſcula &c.
haben bis 1793. III. 4. (9. Thlr.)

Zu Sam. Gottl. Wald, merke: Iſt zugleich Oberinſpector
des Friedrichs = Collegii in Königsberg.

Seite 55.

G. E. Waldau's Lebensnachr. ändere ſo : geb. den 25. Mär
1745. zu Nürnberg; wo ſein Vater Thorſchreiber war. Er ſtudi=
te hier, und ſeit 1763. zu Altdorf, hernach anderthalb Jahre lang
in Leipzig; kam 1767. nach Nürnberg zurük; wurde 1768. Vica=
rius und Freyprediger an der Kirche zu St. Clara; 1772. Kra=
kenprediger im Hoſpital zum h. Geiſt; 1789. Prof. der Kirchen=
und Gelehrtengeſchichte am Egydiano; 1791. Prediger oder Stif=
tiſtes der Kirche zu St. Aegidien, zugleich Inſpector des Gymnaſii.
— Zu ſeinen Schr. ſeze bey: Andachtsbuch für Beichtende und
Communicanten. Nürnb. 1778. und 1782. 8. — Betrachtungen
auf jeden Tag im Jahr ꝛc. Meiſſen, 1789. 8. — — NB. Alma=
nach für Freunde der theol. Lektüre ꝛc. hat 4 Jahrgänge. —
Chriſtl. Tagebuch ꝛc. erſchien 1781. und 1791. — Als eine Fort=
ſezung des Repertoriums von Caſualpredigten ꝛc. erſchien: Neues
Magazin vorzüglicher Predigten. Nürnb. 1786 — 91. VIII. 8.—
Zu den Beyträgen zur Geſch. der Stadt Nürnb. kamen heraus:
Neue Beyträge ꝛc Nürnb. 1790. oder 8. Hefte; und 1791. 9tes
und 10tes Heft. 8. 1791. II. 12. 13. Heft. II.

Not. r. Seze zu: — Bocks Sammlung von Bildniſſen der
Gelehrten. 12tes Heft.

Seite 56.

Rüke folgenden Artikel ein:

Joh. Georg Walther, anfangs Lehrer am Lyceum zu Tor=
gau, hernach zu Weiſſenfels, zulezt Profeſſor der Geſchichte zu
Wittenberg. — — Animadverſiones hiſt. et criticæ &c. Wei=
ſſenfelſæ, 1748. 8. — Mehrere hiſt. Abhandlungen. 1)

Seite 57.

Zu W. Warburton's Schrf. ſeze bey: Tr. of Iulian's at=
tempt, to rebuild the temple of Ieruſalem. Lond. 1750. 1751
8. Franzöſiſch überſezt. Paris, 1755. II. 8. Deutſch von Johann

---

1) *Saxii* Onomaſt. T. VII. p. 39. ſq.

Gebh. Pfeil, Prediger in Magdeburg, unter der Aufschrift: Kritische Abhandlungen von dem Erdbeben und Feuerflammen, wodurch des K. Julians versuchter Tempelbau zu Jerusalem ist hintertrieben worden. Gotha, 1755. 8. — — NB. Differtat. sur l'union de la rel. et de la Polit. &c. erschien auch Deutsch: Die Verbindung zwischen der Kirche und dem Staat ꝛc. ib. 1736. III. 12. wieder gedruft 1741. und 1767. — Göttliche Sendung Mosis, aus den Grundf. der Deisten bew. ꝛc. Die 4te Ausg. hat 2. Th. aber 5 Bücher (also nicht wie es fälschlich heißt, eine neuere Ausg.) das ganze gelehrte Werk sollte aus 9 Büchern bestehen; die 3. letzten sind aber noch nicht gedruft. — Von Essai sur les Hieroglyphes des Egyptiens &c. ist das 4te Buch von *M. Leonard de Malpeines*.. Seine Ausgabe von Pope's Werken erschien: London, 1751. IX.

Zu Th. Wartons Lebensnachr. setze bey: Er war Professor der Geschichte und k. Hofdichter zu London, und starb den 21. Mai 1790. am Schlagfluß. — Zu seinen Schr. setze bey: *Theocritus* gr. c. n. var. Oxon. 1770. II. 4m.

Not. t. Setze zu: — Bambergers biogr. Anekdoten ꝛc. 1. Band. p. 1—25.

Seite 58.

Zu C. H. Watelet setze bey: Levesque gab nach Watelets Plan heraus: Dict. des arts, de Peinture, Sculpture et Gravure. Paris, 1792. V. 8. Deutsch, mit nöthigen Abkürzungen und Zusätzen von C. H. Heydenreich: Aesthetisches Wörterbuch über die bildenden Künste. Leipz. 1793 — 95. IV. gr. 8. (8.Th. 20. gr) Kritisch bearbeitet.

Zu Dan. Waterland, merk' als Note:
*) Biograph. Brittan. T. VI. — The Life &c. London, 1736. 8m.

Zu K. Watson setze bey: Er starb 1781. — — Von Gesch. der Regierung Philipps II. heißt das englische Original: History of the Reign of Philipp II. King of Spain &c. Lond. 1777. II. 4m. verbessert. ib. 1778. II. 4m. Basil. 1792. III. 8m. Französisch Amst. 1777. II. 8. — Hist. of the Reign of Philipp III. King of Spain &c. Lond. 1783. 4. ib. 1786. II. 8m. William Thomson bearbeitete das Buch aus Watsons hinterlassenem Manuscript. Cf. *Meuselii* Bibl. Hist. Vol. VI. P. I. p. 289. sq. 294. sq.

Seite 59.

Zu Is. Walt, merk' als Note:

*) Sein Ehrengedächtniß; aus dem Englischen. Hannover, 1749. 8. (3. gr.)

Zu Ph. C. Webbs Schrf. seße bey: Mehrere kleinere Abhandlungen, die Juden betreffend. — Ein Brief über Warburtons göttliche Sendung Mosis, 1742. 8. Merk' als Note:

*) Bambergers biogr. Anecdoten 2c. I. B. p. 384. sq.

Wekhrlin's Lebensnachr. ändere so: Wilh. Ludw. Wekhrlin geb. 1739. zu Ober-Eßlingen, einem Dorf im Wirtembergischen, wo sein Vater Prediger war. Nachdem er zu Stuttgard das Gymnasium frequentirt hatte, gieng er nach Tübingen, die Rechtsgelahrtheit zu studiren; er hielt aber nicht ganz aus, und kam als Hofmeister nach Straßburg und von da nach Paris, wo er den deutschen Biedersinn mit dem französischen Flittergold vertauschte. Er tändelte nach Wien, und begann seine Laufbahn als Schriftsteller, die ihn aber wegen der Schandschrift: Denkwürdigkeiten über Wien 2c. in einen halbjährigen Arrest und hernach zur Verweisung führte. Er reiste nun nach Regensburg, und bald darauf nach Augsburg, von hier nach Nördlingen, wo er seinen Gift gegen seine Augsburger Wohlthäter in seinem Anselmus Rabiosus ausspie, so daß die Schmähschrift confiscirt wurde. Von Nördlingen erhielt er das consilium abeundi, und begab sich in das Wallersteinische Dorf Baldingen. Hier lebte er in der Stille, und schrieb seine Chronologen. Wegen einer Schmähschrift auf Nördlingen, die öffentlich verbrannt wurde, brachte man ihn auf Requisition des Magistrats auf das Oberamtsschloß Hochhaus, wo er aber nicht sowohl als Gefangener, als vielmehr als Gast lebte. Endlich ließ er sichs 1792. einfallen, sich in Anspach zu seßen, und eine Zeitung zu schreiben. Bald aber kam er wegen beschuldigter Correspondenz mit Jacobinern in Arrest, und starb den 24. Nov. 1792. æt. 49. aus Verdruß, weil sich die Welt nicht nach seinen Ideen formen wollte, bettelarm und verachtet, ein mit allen Sonderbarkeiten ausstaffirtes Genie. — — Zu seinen Schriften seße bey: Paragraphen. Leipzig, 1791. 92. III. 8. (3 fl. 30. kr.) — Anspacher Blätter 2c. vom Juli bis Oct. 1792. 4m. — — NB. Das graue Ungeheuer besteht 1784-87. in 36. Heften. 8. Hievon unterscheide das neue graue Unge-

euer ꝛc. welches 1795. in Erfurt heraus kam, und confiscirt wur-
e. Er hatte hauptsächlich Rebmann zum Verfasser.

Seite 60.

Jacob Wegelins Lebensnachrichten ändere so : Er war geb.
en 19. Juni 1721. zu St. Gallen, wo sein Vater ein Rechtsge-
ehrter und Spitalschreiber war. Er studirte hier und zu Bern,
und wurde hernach Hofmeister. Nachdem er sich wegen der französischen Sprache einige Jahre zu Vevay aufgehalten hatte, kam
er 1746. nach St. Gallen zurük, wurde 1747. 2ter Prediger bey
der französischen Kirche ; 1748. Registrator bey der Stadt-Bib-
liothek, auch 1759. Professor der Philosophie ; 1765. auf Sul-
zers Empfehlung, Professor der Geschichte bey der neuen Ritter-
akademie, auch Archivar der k. Akademie der Wissenschaften zu
Berlin; starb den 7. Sept. 1791. æt. 70. Mit seiner Gattin, die
er zwey Jahre vor seinem Tode verlohr, lebte er seit 1750. in der
Ehe. Sein Wandel war sehr eingezogen und still. Sein moralischer Charakter war untadelhaft. Seine Schriften, in welchen
er übrigens viele Kenntniße zeigt, empfehlen sich wegen ihrer Dun-
kelheit und Schwerfälligkeit nicht, so sehr sie den Beyfall Friedrichs II. erhielten. — — NB. Seine Hist. universelle et diplo-
mat. wurde hernach bis auf Hugo Capet fortgesezt. Berlin, III.
Die weitere Fortsezung unterblieb wegen Mangel des Absazes.
Seine Sucht, überall zu moralisiren, führte ihn zu weit vom
Hauptzwek ab.

Rüke folgenden Artikel ein :

Johann Reinhard Wegelin, geb. den 21. April 1689. zu
Lindau. Johann Christoph Wegelin, ältester Burgermeister
daselbst, war sein Vater, und Felicitas, eine Tochter Johann
Conrad Kaspars, des geheimen Raths alda, seine Mutter.
Sein Vater hatte vielen Geschmak an den schönen Wissenschaften
und freyen Künsten; daher bemühete er sich, solche seinem Sohne schon in der frühesten Jugend beyzubringen, welches um so
leichter war, als dieser eine unersättliche Lernbegierde, und schon
eine fertige Urtheilskraft zeigte. Den ersten Grund seiner Wissenschaften legte er auf dem Lyceum seiner Vaterstadt, wo er an dem
damaligen Rektor M. Conrad Riesch, welcher ihn in den gelehrten Sprachen, Anfangsgründen der Weltweisheit, Redekunst und
Geschichte unterrichtete, einen treuen Lehrer fand. Aber dieß war

ihm noch nicht genug, denn sein Vater war ein in den mathema
tischen Wissenschaften sowohl, als in der Kriegs- und bürgerli
chen Baukunst, sehr erfahrner Ingenieur und Baumeister, so daß
er durch deffen Beyspiel ermuntert, sich auch in denselben umsah,
und sich der Anweisung des damaligen Predigers M. Johann
Gaups bediente. Im Jahr 1707. verließ er die Schule seiner
Vaterstadt, und bezog die Universität Jena. Wildvogel, Els
vogt, Struv, Brükner, Kreß, Hamberger, Gerhard
und andere, waren seine Lehrer, besonders aber hieng er dem da
mals in großem Ansehen gestandenen Burkhard Gotthelf Stru
ve an, unter deffen Vorsize er öfters disputirte. Im Jahr 1709
ließ er eine Epistel an seinen Vater, als er das Burgermeister
amt übernahm, von dem Alterthum, Rechten und Privilegien
der Stadt Lindau druken, und 1712. hielt er, ohne anderer Bey
hülfe die bekannte, und sich auszeichnende Inauguraldissertation:
„Von dem Vorzug und ältern Herkommen der Stadt Lindau vor
dem Fürstl. und deffelben erdichtetem und unächten Fundations
Diplomate;„ worauf er den Grad und die Würde eines Lizentia
ten der Rechte erhielt, und nach einem Zeitraum von fünf Jah
ren wieder in seine Vaterstadt zurükzog. Sein Aufenthalt daselbst
war von keiner langen Dauer; denn er faßte den Entschluß, sei
ne Kenntnisse auf Reisen noch zu vervollkommnen. Er bereiste
die benachbarte Schweiz, und hielt sich besonders zu Genf auf,
wo er Bekanntschaft mit den Rechts- und Staatslehrern machte,
und die französische Sprache gründlich lernte. Nun war er eben
im Begriff, seine gelehrte Reise über Lion, Grenoble, nach Pa
ris fortzusezen, als sich wieder Vermuthen in der kaif. Residenz
stadt Wien eine Aussicht zu seinem künftigen Glük öfnete. Seine
Stärke in der Rechtsgelehrsamkeit, Geschichte und Diplomatik,
die er in seiner Dissertation, und in den zwischen dem Kaiser
und Papst vorgefallenen Comachischen Streitigkeiten über ein un
ächtes Rudolphinisches Diplom, an den Tag gelegt hatte, mach
te den damaligen Reichshofrath Freyherrn von Linker auf seine
Person aufmerksam, daß er ihn unter vortheilhaften Bedingungen
nach Wien berief, wo er bey dem Sachsen-Coburg-Meinungi
schen Minister und Gesandten am kaif. Hof, Freyherrn von
Diewar und von Schüz als Legationssekretär, nach derselben
Abrufung aber als Sachsen-Coburg- und Meinungischer Rath

und Agent beim Reichshofrath aufgenommen wurde. Diese Wür=
de begleitete er bis 1719, wo sich für ihn neue Aussichten zeig=
ten, und ihn seiner Vaterstadt näherten. Die Reichsstadt Isny
war damals, was ihre innerliche Verfassung betraf, in sehr be=
drängten Umständen, und bedurfte eines Mannes, der solche in
dieser bedenklichen Lage unterstüzen sollte. Wegelin war dazu
ausersehen, und wurde zum Rathskonsulenten erwählt; er war
der Friedensstifter, und stellte die bürgerliche Ruhe und Ordnung
glüklich wieder her. Auch die Reichsstadt Kempten, die mit dem
fürstl. Stift Kempten in mancherley wichtige Streitigkeiten ver=
wikelt war, nahm ihn zu ihrem Consulenten von Haus aus an.
In Isny blieb er 12 Jahre lang, und endlich wurde er in seine
Vaterstadt zurükberufen, wo er 1731. die Syndicats und Consu=
lentenstelle erhielt, und zugleich als Deputirter auf dem schwäbi=
schen Kreiß mit Vertretung anderer Reichsstädte bey ordent=
lichen und ausserordentlichen Konventen erschien. Im Jahr 1746.
gelangte er zur Burgermeisterswürde, und nach dem Tod des
Burgermeisters Gottlieb von Helder erhielt er noch das Lehen=
und Obervogteyamt in der äussern Gerichtsherrschaft, das Steuer=
Rent= Bau= Kriegs= und Zeugamt, die Direktorien und Präsi=
dien bey den Consistorial und Ehegerichten, der Oekonomiedepu=
tation u. s. w. Diese Aemter, die er unmöglich allein versehen
konnte, gaben Anlaß, daß sein Sohn der Lizentiat Johann Chri=
stoph Wegelin mit der zweiten Syndicats= und Consulentenstelle
beehrt, und ihm zu einiger Erleichterung adjungirt wurde. Im
Jahr 1719. verheyrathete er sich mit Catharina Hortensie von
Wachter, lebte mit ihr 44 Jahre in der Ehe, und erzeugte 10.
Kinder. Der Verlust der meisten von diesen Kindern, und beson=
ders des Consulent Wegelins, welcher 3. Jahre vor dem Vater
1761. starb, beugte den Greis bis an seinen den 11. Jenner 1764.
im 77ten Jahre erfolgten Tod. — — Schriften: Epistola de an=
tiquitate, juribus ac privilegiis lib. S. R. J. civitatis Linda=
viensis, simul ac de officio Magistratus. Qua venerando pa=
renti susceptos fasces consulares gratulatur. Jenæ. 1709. 4 =
Diss: de S. R. J. lib. civitatis Lindaviensis prærogativa anti=
quitatis præ illustri ad D. Virg. Cœnobio, ejusdem famosi di=
plomatis Ludoviciani falsitate, contra iniqua Maximil. Rasle=
ri S. J. nuperæ vindicationis argumenta denuo retecta. ib.

1712. 4. — Oefterreichifches Wechfelrecht mit Anmerkungen, Lin
dau, 1719. 2te Aufl. 1729. 4. — Gründliche Ausführung und Rettung
der H. R. Reichsftadt Kempten uralten Herkommens und Reichs
immedietät ꝛc. wider die anmaßlichen Beeinträchtigungen des fürftl.
Stiftes dafelbft. 1731. fol. — De dominio maris Suevici, vulgo Lacus Bodamici Jenæ, 1742. 4. — Gründlich hiftorifcher Be
richt von der kaiferl. Reichslandvogtey in Schwaben, wie auch
dem frey kaif. Landgericht auf Leutkircher Heid und in der Pirt
mit 275. meiftentheils noch unedirten Archivalurkunden, und ei
ner Tabula geographica und Inffiegeln 2. Bände 1755. fol -
Thesaurus rerum Suevicarum, cum Bibliotheca fcriptorum
rerum Suevicarum. Lindaviæ, 1756 — 1760. II. fol. (20fl.) -
Thomä Lirers von Rankweil alte fchwäbifche Gefchichten bis aufs
Jahr 1762. mit Anmerkungen. Lindau, 1761. 4. ꝛc. m)

Not. x. Seze bey: Bocks Samml. von Bildnißen Gelehrten
und Künftler. XItes Heft.

Not. y. Seze zu: — Sein Leben ꝛc. St. Gallen, 1792. gr.
8. (12. gr.) — Nekrolog ꝛc. für das Jahr 1791. von Schlich
groll. 2tes Heft. p. 277 — 300.

Seite 61.

Bey Georg Fr. Wehrs, merke: NB. Vom Papier und den
Schreibmaßen ꝛc. 1r. Th. ꝛc. Statt des 2ten Theils wurde das
ganze Buch wegen dem fchlechten Druk des 1ten Theils umgear
beitet. Halle, 1789. gr. 8. Supplement dazu. ib. 1790. — Deko
nomifche Auffäze. Wismar, 1791. 8m. (1. Thlr. 12. gr.)

Zu Chr. Weidlich feze bey: Er ift geftorben den 18ten Mai
1794.

Zu Chrift. Ehrenfr. Weigel feze bey: Ift feit 1794. Direk
tor des Gefundheitscollegiums zu Greifswalde. — Magazin für
Freunde der Naturlehre und Naturgefchichte, Scheidekunft, Land
und Stadtwirthfchaft, Volks = und Staatsarzney. Berlin, 1794
— 96. III. B. gr. 8. mit Kupf. — Oekonomifches Magazin für
den Stadt = und Landmann. Berlin, 1794. gr. 8. wird fortgefezt
— — NB. Von der Einleitung zur allgemeinen Scheidekunft ꝛc.
erfchien das 2te Stük, Leipzig, 1790. gr. 8. das 3te Stük, 1793.

---

m) *Saxii* Onomaft. T. VII. p. 192. fq.

und dessen 2ter Theil, welcher die Sammlungen und Zeitschriften
von 1771 — 1787. enthält.

Seite 62.

Zu M. A. Weikhard seße bey: War kaiserlicher Leibarzt in
Petersburg; privatisirte dann seit 1791. zu Mainz und lebt jeßt
in Heilbronn am Nekar. — — Von Schwärmerey und Aufklä=
rung. Frankf. 1788. 8. — Medizinische Fragmente und Erinnerun=
gen. ib. 1791. gr. 8. und Nachtrag 2c. ib. eod. gr. 8. — John
Brown's Grundsäße der Arzneylehre; aus dem Latein. Frankf.
1795. 8. (1. Thlr. 4. gr.) — Entwurf einer einfachen Arzneykunst,
oder Erläuterung und Bestättigung der Brownischen Arzneylehre.
ib. 1795. 8. (1. Thlr.) — Medizinisch = praktisches Handbuch auf
Brownische Grundsäße und Erfahrung gegründet 2c. Heilbronn,
1796. II. gr. 8.

Seite 63.

Zu Ch. F. Weisse's Schriften seße bey: Clare und Emmeli=
ne, oder der mütterliche Segen; aus dem Englischen. ib. 1789.
8. — — NB. An seinen Kinderfreund 2c. schließt sich mit Recht
an: Der neue Kinderfreund, von Engelhardt und Merkel.
Leipzig, 1794 — 96. IX. ff. B. 8. (a 12. gr.) — — NB. Brief=
wechsel der Fam. des Kinderfr. geht bis 1792. XII. — NB. Neue
Bibliothek der schönen Wissenschaften und freyen Künste, besteht
bis 1796. aus LVII. Th. (a 1. Thlr.) Das Register über den
37ten bis 48ten Band erschien: Leipz. 1793 gr. 8.

Seite 64.

Zu Fr. A. Weiz's Schriften seße zu: Taschenbuch für deutsche
Wundärzte. Altenburg, 1789. 90. II. 8. — Medizinisch = chirur=
gische Aufsäße. 1791. 92. 94. ib. III. B. 8. — — NB. Vom ana=
tomisch = chirurgischen Katechismus 2c. erschien die 2te verbeff.
Aufl. 1789 — 1791.

Seite 65.

Bey Friedr. Aug. Wilh. Wenk, merke: NB. Von Ed. Gib=
bons Gesch. des Verfalls und Unterg. des röm. Reichs 2c. über=
seßte er nur den ersten Theil; die folgenden übersezte Prof. Schrö=
der in Leipzig. — NB. Von Codex juris gentium Europ. er=
schien T. III. ib. 1795. 8m. ab. A. 1753 — 1772.

Seite 66.

Lin. 18. Nach: » (3 fl. 30 kr.) « Seße bey: Dabey sein Leben.

Zu Joh. Ch. Wernsdorf ſetze bey: Er ſtarb den 25. Aug. 1792. æt. 70. — NB. Von Poetæ lat. minores &c. erſchien Tomi quinti pars II. et III. ib. 1791. 92. 8. überhaupt 9 Bände. T. VI. ib. 1793. Den letzten Theil hatte er beynahe vollſtändig ausgearbeitet hinterlaſſen. (S. Meuſel gel. Deutſchl.)

Not. l. Setze zu: Boerners Nachr. von jetzleb. Aerzten ꝛc. p. 186. ſqq.

Seite 67.

Rücke folgenden Artikel ein:

John Weſtley (Wesley) geb. 1703. zu Exworth, einem Dorf in Lincolnshire, wo ſein Vater Prediger war, der ihn als einen ſechsjährigen Knaben aus einer Feuersbrunſt rettete, welche das Pfarrhaus einäſcherte. Er ſtudirte in Oxford, und bildete ſich ein eigenes theolog. Syſtem. Die Indianer zu bekehren, reiſete er verſchiedenemal nach Amerika; hernach begab er ſich zum Graf Zinzendorf nach Herrnhut. In den mehreſten Städten Englands legte er Capellen an, und er wurde allgemein von den Methodiſten als Vater verehrt. Er erwarb theils von ſeinen Büchern, die über 60. Oktavbände ausmachen, die er ſelbſt verlegte und verkaufte, und die zu tauſenden gekauft wurden, theils von geſammelten Almoſen, unermeßliche Reichthümer, die er alle wohlthätig vertheilte, und vor ſich mit 28. Pf. St. jährlich dürftig lebte. Man berechnete, daß er in 50 Jahren über 30000 Pf. St. an die Armen gegeben hat. Er ſtarb den 3. März 1791. æt. 88. allgemein von ſeinen Freunden bedauert und geſchätzt. — — Seine Schriften enthalten theologiſche, politiſche, mediziniſche ꝛc. Abhandlungen, und überdieß Gedichte. Alle wurden begierig geleſen. n)

Seite 68.

Den Artikel Georg Weſt ändere ſo: Gilbert Weſt Esqu. der Sohn eines Geiſtlichen. Er wurde zu Eton und Oxfort erzogen, und ſollte ein kirchliches Amt bekleiden, erhielt aber von ſeinem Oheim eine Offizierſtelle bey der Dragoner-Garde; wurde, nachdem er bey dem Staatsſekretär Townshend gedient hatte, 1729.

auſ

---

n) Sein Leben ꝛc. engl. J. Hampſon; deutſch überſetzt von Aug. Herm. Niemeyer. Halle, 1793. II. 8. Bambergers biogr. Anekboten ꝛc. ꝛc. B. p. 360 — 366.

ausserordentlicher Sekretär des geheimen Rathes. Hernach ließ er sich mit seiner Ehegattin zu Wickham nieder, wo er seine Zeit ganz den Wissenschaften widmete. Die Universität zu Oxford ertheilte ihm 1748. wegen seinen Betrachtungen über die Auferstehung Christi, die rechtliche Doktorwürde. Der Lord Lyttleton ued der große Pitt waren seine Freunde, die ihn oft besuchten. Der erstere, sonst ein Zweifler, wurde durch diesen Umgang veranlaßt, seine Betrachtung über die Wahrheit der christlichen Religion aus der Bekehrung Pauli zu verfassen.' Zuletzt wurde West 1752. wirklicher Sekretär des geheimen Rathes, und Rentmeister des Chelsea-Hospitals; und starb den 26. März 1756. — Anmerkungen und Betrachtungen über die Geschichte der Auferstehung Jesu Christi, und derselben Zeugniße; aus dem Englischen, von Sulzer. Berlin, 1748. gr. 8. (45. kr.) Der Verfasser war ein Naturalist; wurde aber bey vernünftiger Untersuchung von der Wahrheit überzeugt. — Eine englische Uebersetzung von Pindars Oden. London, 1749. 4m.

Merk' als Note:

*) Bambergers biogr. Anekdoten ꝛc. I. B. p. 279- sqq. — *Meuselii* Bibl. hist. Vol. III. P. II. p. 276. sq.

Zu J. Ortw. Westerbergs Schriften setze bey: Opuscula &c. ed. *Joh. Ludov. Ern. Püttmannus.* Lipf. 1794. 8m. und Opusculorum trias &c. ib. 1795. 8m.

Lor. Westenrieders Lebensnachr. ändere so: Er ist gebohren 1748. zu München, wo sein Vater als ein guter Bürger sich auszeichnete. Der Sohn wurde, nach überstandenen Studienjahren, Weltpriester; 1773. Lehrer der Rhetorik zu Landshut, und 1774. zu München; 1784. Schuldirektorial- und 1786. wirklicher, geistlicher Rath und Canonikus. Die Churfürstliche Akademie der Wissenschaften zu München wählte ihn, wegen seiner besondern Verdienste um die vaterländische Geschichte, zu ihrem ordentlichen Mitgliede. Zu seinen Schriften setze bey: Der Traum in 3 Nächten. München, 1782. — Beschreibung des Wurmb- oder Stahrenberger-Sees, mit Kupf. ib. 1783. — Die zween Candidaten, ein Lustspiel. — Kurze Erdbeschreibung für Realschulen, in Briefen. II. B. 8. — Mehrere historische Abhandlungen. — Beyträge zum Magazin für Frauenzimmer ꝛc. — Erdbeschreibung der Pfalzbaierischen Staaten. ib. 1784. 8. — Einige Schulbücher ꝛc. ⎣ — NB. Jahrbuch der Menschengesch. in Baiern, ist 1782. 83. II. 8m. — NB. Beyträge zur vaterländ. Gesch. hat 1783 — 94. 5. Th. — NB. Baiersch-hist. Calender ꝛc. erschien auch für 91 — 95.

Seite 69.

Zu E. Ch. Westphal seze bey: Er war seit 1791. Senior der Fakultät und geheimer Justizrath. Er starb den 29. November 1792. an den Folgen eines Lungengeschwürs. Ein gründlich-gelehrter, arbeitsamer und gewissenhafter Mann. — — Rechtsgutachten ꝛc. Leipz. 1792. II. gr. 4. (4. Thlr. 16. gr.) — Theorie des römischen Rechts, von Testamenten ꝛc. ib. 1790. gr. 8. — Systematischer Commentar über die Geseze von Vorlesung und Eröfnung der Testamente ꝛc. ib. 1790. 8. — Darstellung der Rechte von Vermächtnissen ꝛc. ib. 1791. II. gr. 8. — System der Lehre von den einzelnen Vermächtnißarten ꝛc. mit des Verfaßers Leben. ib. 1793. gr. 8. (1. Thlr. 16. gr.)

Lin. 12. sq. Statt: „Leipzig, 1770. gr. 8.‟ Lese: Leipz. 1770. und 1791. gr. 8.

Not. r. Seze zu: Nekrolog ꝛc. für das Jahr 1792. von Schlichtegroll. 1tes H. p. 80 — 102.

Seite 70.

Not. s. Seze zu: — Rathlefs Beyträge zur Hist. der Gelahrtheit. 3. Th. p. 210. sqq. — Nouv. Bibl. germanique. T. XVI. p. 109. sqq.

Seite 71.

Zu J. Carl Wezel seze bey: Er privatisirt seit 1786. zu Sondershausen.

Seite 73.

Lin. 10. Statt: „IV. 8.‟ Lese VII. 8. Deutsch, Bayreuth, 1738 — 47. VII. 8.

Not. y. Seze zu: — Biograph. Brittan. T. VI.

Seite 74.

Rüke folgenden Artikel ein:

Joseph White, Fellow im Waldham-Collegio zu Oxford ꝛc. — — Er gab heraus: A Specimen of the civil and military institutes of Timour or Tamerlane &c. aus dem Persischen übersezt. Oxford, 1780. 4m. Deutsch, durch Chr. Friedr. Preiß. Halle, 1781. 8. — Hernach das Werk selbst: Institutes political

and military, written originally in the Mogul language by
the great Timour, translated into Englifh by Major (William)
Davy &c. Oxford, 1783. 4m.

Merk' als Note:

*) *Meuſelii* Bibl. hiſt. Vol. II. P. II. p. 238. ſq.

Zu Chr. A. Wichmanns Schriften ſeze bey: Neue tauſend
und eine Nacht ꝛc. ib. 1790. 91. 92. 3. Th. 8. — Iſt es wahr,
daß gewaltſame Revolutionen durch Schriftſteller befördert werden? ib. 1793. 8. (1. Thlr.) — — NB. Von de la Porte
Reiſen ꝛc. erſchienen bis 1791. XXXVII B.

Seite 75.

Zu G. J. Wichmann ſeze bey: Er war ſeit 1789. Superintendent zu Grimma, und ſtarb 1790. den 8. Jun. — — NB.
Von der bibliſchen Hand-Concordanz erſchien die 2te verbeſſerte
und vermehrte Aufl. ib. 1796. 4.

Zu J. E. Wichmann ſeze bey: ſeit 1790. k. großbritt. Leibarzt. — — Ideen zur Diagnoſtik. ꝛc. Hannover, 1. B. 1794.
gr. 8. — Zimmermanns Krankheitsgeſchichte ꝛc. ib. 1796. 8.

Seite 76.

Zu J. E. B. Wideburg ſeze bey: Er ſtarb den 1. Jan.
1789. æt. 57. zu Jena.

Zu Friedr. Aug. Wideburg, merke: Iſt ſeit 1794. ordentl.
Prof. der Beredſamkeit. — — NB. Sein Humaniſtiſches Magazin
iſt 1787 — 89. III. 8. und fortgeſezt: Philolog. pädagogiſches
Magazin. Braunſchweig, 1791 — 94. II. B. 8.

Seite 77.

Zu J. Ch. Wieglebs Schriften ſeze bey: Geſchichte des Wachs-
thums und der Erfindungen in der Chemie; von 1651 — 1790.
Berlin, 1790. 91. II. B. 8. Der erſte Band in 2 Th. Iſt aus
Bergmanns Schriften de primordiis Chemiæ, 1779. und Hiſtoriæ Chemiæ medium s. obſcurum ævum, 1782. mit Zuſätzen
und Anmerkungen überſezt. — Hiſt. krit. Unterſuchung der Alche-
mie ꝛc. Weimar, 1793. 8. — Deutſches Apothekerbuch nach neuern und richtigen Kenntniſſen in der Pharmakologie und Pharmacie. 2. Theile. Gotha, 1793. gr. 8. (1. Thlr.) zugleich von Dr.
J. C. T. Schlegel, der die erſte Ausgabe 1777. beſorgte, neu
bearbeitet. — — NB. Die Fortſezung der natürlichen Magie von
G. E. Roſenthal beſteht bis 1794. aus 6. Bänden. 8. mit Kupf.

— Von der allgem. und angewandten Chemie erschien eine neue umgearbeitete Aufl. Berlin, 1796. II. gr. 8. — Von Erxlebens Anfangsgr. der Chemie gab er eine neue Aufl. heraus, mit neuen Zusäzen vermehrt. Göttingen, 1793. 8. (1. Thlr.) — Von der Uebersezung von Hrn. de Fourcroy's (Arztes der Facultät zu Paris) Handbuch der Naturgesch. der Chemie ꝛc. erschienen 1787 — 1791. 4. Bände. (6 fl. 30 kr.)

Seite 78.

Zu Ch. Mart. Wielands Schriften seze bey: Neue Göttergespräche. Leipzig, 1791. 8. — Dschinnistan, oder auserlesene Feen- und Geister-Mährchen, theils neu erfunden, theils neu übersezt. Winterthur, 1786 — 89. III. gr. 7. (3 fl. 30 kr.) Hieran haben auch andere Antheil. — Gedanken von der Freyheit über Gegenstände des Glaubens zu philosophiren. Weimar, 1789. 8. — Geheime Geschichte des Philosophen Peregrinus Proteus. ib. 1791. II. 8. — Der Stein der Weisen, oder Sylvester und Rosine. Wien, 1794. 8. — Attisches Museum. Zürich, seit 1796. 4. Hefte. gr. 8. — — Sämtliche Werke ꝛc. Leipzig, 1793 — 96. XXV. in 4. gr. 8. und Taschenformat, mit Kupf. auf geglättetem Papier mit Didotischen Lettern sehr schön gedruft. — — NB. Von den komischen Erzählungen ꝛc. N. Aufl. Zürich, 1789. 8. — Deutscher Merkur, geht bis 1790. Von 1791. an ist er fortgesezt unter dem Titel: Neuer deutscher Merkur. — Von Oberon ꝛc. Neue Aufl. Weimar, 1793. — Von Horazens Briefen ꝛc. Neue Aufl. Leipz. 1790. gr. 8. verbessert. — Von den auserlesenen Gedichten ꝛc. Neue Aufl. Leipz. 1792. — Von den auserlesenen prosaischen Schriften ꝛc. Neue Auflage. ib. 1796. 2. Thl. in Taschenformat.

Seite 79.

Zu Ernst C. Wielands Schriften seze bey: Versuch einer Geschichte des deutschen Staatsinteresse. Chemniz, 1791. 92. II. 8. Opuscula academica; fasc. I. ib. eod. 8.

Zu Ge. St. Wiesand seze bey: Er ist seit 1790. Appellationsrath, Prof. jur. primar. Direktor des Consistorii, und erster Beysizer im Hofgericht und Schöppenstuhl.

Seite 80.

David Wilkins Lebensnachr. ändere so: David Wilkins, von Geburt ein Deutscher, wurde 1715. Bibliothekar zu Lambeth;

1719. Hofprediger des Erzbischofs Wake; 1724. Archidiaconus zu Suffolk und Canonikus zu Canterbury; starb 1745. æt. 62. — — Zu seinen Schriften setze zu: Er edirte *Seldeni* opera &c. Lond. 1726. fol. — — NB. Concilia magnæ Britanniæ &c. gehen bis 1727. (nicht 1717) Ist rar.

Not. m. Setze zu: — Bambergers biogr. Anekdoten ꝛc. I. B. p. 97. sq.

Zu G. A. Wills Schriften setze bey: Museum Noricum, oder Sammlung auserlesener kleiner Schriften, Abhandlungen und Nachrichten aus allen Theilen der Gelahrtheit. Nürnberg, 1759. 4. — Beyträge zur Diplomatik ꝛc. ib. 1789. 8. — — Nürnberg. Gelehrten-Lexicon ꝛc. Schade! daß die Supplemente, wovon 13 Bogen 1783. gedrukt sind, ins Stoken geriethen. Sie sollten den 5ten und 6ten Theil begreifen. — Zur Bibliotheca Norica Williana &c. kam der 7te und 8te Theil. Altdorf, 1792. 93. gr. 8. soll noch fortgesetzt werden.

Seite 81.

Bey Joh. Gottl. Willamov, merke: NB. Dialogische Fabeln. ꝛc. Neue Aufl. Berlin, 1791. II. 8.

Seite 82.

Zu J. J. Winkelmann, merke: Auf seiner Rükreise von Wien, wurde er am 28. (nicht 8.) Juni 1768. von seinem Reisegefährten Franz Archangeli meuchelmörderisch ums Leben gebracht. — — NB. Die Gedanken über die Nachahmung der griech. Werke in der Malerei und Bildhauerkunst ꝛc. wurden ins Englische übersetzt. London, 1765. 8. — Die Wiener Ausg. von der Gesch. der Kunst des Alterthums erschien 1776. und 77. mit Vignetten. Dabey ist eine ausführliche Lebensbeschreibung des Verf. — Monumenta antiqua inedita &c. erschienen deutsch: Denkmäler der Kunst. Berlin, 1791 — 93. 2. Bände in 6 Lieferungen; mit vielen Kupfern. gr. fol. dazu ein Hauptregister. ib. 1796. gr. fol. (Jede Lieferung kostet ½ Louisd'or, und das lat. Werk 36 Thlr.) — Die Nachrichten über die neuen Herkulanischen Entdekungen ꝛc. wurde von einem Ungenannten in Italien stark kritisirt in seinem, in italienischer Sprache herausgegebenen Urtheil ꝛc. Napoli, 1765. 4.

Not. p. Setze zu: *Klotzii* Acta litt. Vol. I. P. III. p. 337.

fq. Vol. V. P. I. p. 18. P. II. p. 115. fq. Vol. VI. P. I. p. 127 fq. *Saxii* Onomaſt. T. VII. p. 197 — 202.

Seite 86.

Rüke folg. Artikeln ein:

Philipp Ludw. Wirtwer, geb. den 19. Mai 1752. zu Nürnberg, wo ſein Vater Stadt- und Hoſpitalarzt war. Er ſtudirte ſeit 1770. die Medizin zu Altdorf und Strasburg, reiſ'te 1775. nach Paris, wo er mit den berühmteſten Männern in ſeinem Fache Bekanntſchaft machte; practicirte ſeit 1776. zu Nürnberg; wurde 1783. Prof. med. zu Altdorf, trat aber 1785. wegen Hypochondrie in ſeine vorige Stelle zurük, nachdem er eine gelehrte Reiſe nach Wien unternommen hatte. Seine Hypochondrie trieb ihn von einem Extrem zu dem andern. Er war abwechſelnd, bald auſſerordentlich luſtig, bald auſſerordentlich traurig. In jener Laune verſchwendete er ſein beträchtliches Vermögen durch unnütze und koſtſpielige Ausgaben; z. B. durch Erbauung eines Theaters in ſeinem Hauſe, das nie gebraucht wurde; denn ſeine Hauptneigung gieng in den lezten Jahren auf die Schauſpiele. Er ſtarb den 24. Dec. 1791. — — Schriften: Delectus Diſſertationum med. Argentoratenſium, Norimb. 1777 — 81. IV. 8m. — Archiv für die Geſchichte der Arzneykunde. ib. 1790. I. Band, gr. 8. ꝛc. o)

Gottfried Woide ſtudirte zu Frankfurt an der Oder und in Leiden; wurde Prediger zu Liſſa in Groß-Polen; hernach da er von den Diſſidenten nach London geſchikt wurde, blieb er daſelbſt als Hofprediger an der holländiſchen Hofkapelle und Prediger an der deutſchen reformirten Gemeinde in der Savoye, auch als Unterbibliothekar am brittaniſchen Muſeum, und Mitglied mehrerer gelehrter Societäten. Er ſtarb den 9. Mai 1790. æt. 65. am Schlagfluß. In den orientaliſchen Sprachen, und vorzüglich in der koptiſchen, zeigte er große Stärke. Sein Leben mußte er unter vielen Arbeiten kümmerlich zubringen; doch war er immer vergnügt. — — Er machte ſich beſonders berühmt durch die Ausgabe des Alexandriniſchen Codex des N. Teſt. (S. 2. B. p. 311.)

---

o) Meuſel l. c. — Boks Samml. von Bildniſſen und Biogr. der Gelehrten. 5tes Heft. Nürnb. 1792. 8. — Nekrolog ꝛc. für das Jahr 1792. von Schlichtegroll 1tes H. p. 270 — 281.

Joh. Christoph Wolf, war erster Geheimschreiber in Staats- und Justizsachen zu Jafnapatnam auf Zeilan, hernach Meklen- burgisch-Schwerinischer Amtmann. — — Man hat von ihm: Reise nach Zeilan ꝛc. Berlin, 1782. 84. II. 8m. Englisch, Lon- don, 1784. 8. sehr zuverläßig —

Seite 88.

Bey Robert Wood, merke: Er war Unter-Staatssekretär des Königs, und Archäolog zu London. — — NB. Seine Ru- ins of Palmyra &c. erschienen Franzöf. London, 1753. fol. reg. mit 57. Kupfertafeln — NB. Von Versuch über das Originalge- nie des Homers wurden, vom Originale, nur 7 Exemplare abgedrukt.

Merk' als Note:

Bambergers biogr. Anekdoten ꝛc. 2. B. p. 73 — 79.

Bey C. C. Woog, merke: Er war Prediger in Dresden. — NB. Fälschlich ist ihm zugeschrieben: Comment. de vita &c. Setze bey: daß ist von seinem Sohne, Prof. in Leipzig.

Zu Th. Woolstons Schriften setze bey: Sie sind selten. Man hat sie alle in 5 Octavbänden zusammengedrukt.

Not. a. Setze zu: Mosheims Kirchengeschichte ꝛc. von Schle- gel 5ter B. p. 301 — 307. — Acta erudit. 1733. p. 523. sqq. — Niceron Mem. T. XX. p. 274. sqq. — Sein Leben ꝛc. von Heinr. Chr. Lemker. Leipzig, 1740. 8. (10. gr.) Biograph. Brit- tan. T VI. — Nachrichten von einer Hallischen Bibliothek. I. Th. p. 749. sqq.

Seite 90.

Zu Wilh. Wotron, merk' als Note:

*) Bambergers biogr. Anekdoten ꝛc. I. B. p. 100. sqq.

Zu seinen Schriften setze bey: History of Rome, from the Death of Antonius P. to the Death of Severus Alexander. London, 1701. 8. mit Kupf. sehr schätzbar.

Rüke ein:

Seite 91.

Wilhelm Friederich Wucherer, Margräflich-Badenscher Hof- rath, Professor der reinen Mathematik und der griechischen Spra- che, wurde in der alten Stadt Pforzheim, den 19. Jänner 1745. gebohren. Sein, im Jahr 1769. als Spezial-Superintendent der Landgrafschaft Sausenburg und Stadtpfarrer zu Schopfheim im Wisenthal verstorbener Vater war: Johann Christoph Wu-

cherer aus Nördlingen, die Mutter: **Anna Maria** Dienerinn
aus Durlach. Von diesem seinem Vater wurde er, bis ins 10te
Jahr selbst und dann bis ins 16te von zween Hauslehrern, den
nachmaligen Herrn Pfarrern Mono und Raup unterrichtet, deren
erstern er seine Neigung zur griechischen Sprache, dem letztern aber
vorzügl. seinen überwiegenden Hang zur Mathematik und Philosophie verdankt. Er studirte anfänglich gegen seine Neigung, aus
Gehorsam gegen seine Eltern, Theologie, die ihm aber nachher,
durch des seligen Kirchenrath Malers treflichen Vortrag, höchst
schätzbar wurde, woben er sich, auf dem Gymnasio illustri in
Carlsruhe, zugleich mit äusserster Neigung auf die griechische
Sprache, Mathematik und Physik legte. Unververgeßlich sind ihm
unter seinen damaligen Lehrern: Maler, Maurisii und Bouginé. Ehe er das Gymnasium verließ, unterwarf er sich, der
damals bestehenden fürstlichen Verordnung gemäß, in der Theologie, den gelehrten Sprachen, Mathematik und Physik, vor
dem in pleno versammelten fürstlichen Kirchenraths-Collegio, dem
Examini rigoroso, wozu er sich vorhin, durch eine von ihm
geschriebene, unter dem Vorsiz des Kirchenraths und Rektor Malers, öffentlich vertheidigte theologische Disputation, de Justi-
ficatione, befähigt hatte. Gleich nach dieser feyerlichen Prüfung wurde er, vom Consistorium, nach den damaligen Gesezen,
vorläufig in numerum Candidatorum ministerii Ecclesiastici
aufgenommen, ihm auch venia concionandi ertheilt, wovon er
einige Jahre bey seinem Vater in Schopfheim häufigen Gebrauch
machte und diesen zugleich in den Spezials-Geschäften unterstüz-
te; hierauf die Universität Basel bezog, dort unter den berühmten Doktoren der Theologie Burkard, Bek, Ryhiner, den beyden Professoren der Mathematik und Physik Johann und Daniel
Bernoulli wie auch Professor Huber seine theologisch, philolo-
gisch, mathematisch und physische Studien fortsezte, Mitglied
der dasigen Gelehrten-Gesellschaft wurde, auch nachher während
seines Aufenthalts in Lörrach, von dieser Universität den Gradum
Doctoris philosophiæ erhielte. Von Basel begab er sich wieder
zu seinem alten Vater, wurde, auf ausdrüklichen Befehl des fürstlichen Consistorii, den 30. Junius 1765. in Lörrach, von dem dasigen Kirchenrath und Spezial-Superintendenten Walz, ad sacra
ordinirt, versahe, von Schopfheim aus, die erledigte Pfarre

Hausen und zugleich das Diakonat Schopfheim drey viertel Jahre und übte sich dabey ununterbrochen in Spezials-Geschäften. Im Jahr 1766. reiste er, zu Erweiterung seiner Kenntniffe, nach Stuttgard, Tübingen und Straßburg, wurde bald darauf, im nehmlichen Jahr, nach Lörrach zum Diakonat und zugleich an das dasige Pädagogium und von da aus im Jahr 1768. an das hiesige Gymnasium illustre berufen. Hier arbeitete er bis 1773. in der dritten, dann bis 1790. in der zweyten, und von 1790. bis Ostern 1798. in der ersten Klasse; wobey er zugleich den Studiosis seit 1776. reine Mathematik las, wozu 1781. die Vorlesungen über Plins Briefe und 1790. überr Gesners griechische Chrestomathie kamen. Sein gnädigster Fürst ernannt' ihn im Jahr 1770. zum Professor extraordinarius; 1776. zum Ordinarius; 1785. zum fürstlichen Rath und 1796, ohne daß er etwas davon gewußt oder darum gebeten hatte, zum Hofrath; so wie er um Ostern 1798, seiner beynahe 32. Jahre versehenen mühevollen Klassen-Arbeiten gnädigst enthoben und ihm die Professur der reinen Mathematik und der griechischen Sprache allein übertragen wurde. Im Jahr 1784. that er eine Reise nach Jena, Leipzig, Wittemberg, Berlin, Rekahn, Deffau, Halle, Gotha, Frankfurt am Mayn und 1786. nach Gleffen. Liest wirkl. über reine Mathematik, Plins Briefe, den Quinctilian, Gesners griechische Chrestomathie und den Homer öffentlich, auch von Zeit zu Zeit privatim Algebra und höhere Mathematik. — — Schriften: Erläuterungen und Ergänzungen des Auszugs aus den Anfangsgründen der Wolfischen Trigonometrie. Carlsruhe, 1788. 8. 1. K. T. — Einige geometrische Säze. Carlsruhe, 1780. 8. Ein Programm. — Julie oder die gerettete Kindsmörderin, ein Schauspiel. Düffeldorf, 1781. 8. — Anfangsgründe der Arithmetik, Geometrie, ebenen und sphärischen Trigonometrie. Carlsruhe, 1782. 8. 13. K. T. — Beytrag zur Pyrotechnik. Durlach, 1787. 8. Bey Gelegenheit der Jubelfeyer des Gymnasii illustris. — Malers kurzer und deutlicher Unterricht zum Rechnen, vierte, auf höchsten Befehl durchgängig verbesserte und beträchtl. vermehrte Auflage. Carlsruhe, 1791. 8. — Beyträge zum allgemeinen Gebrauch der Decimal-Brüche. Carlsruhe, 1795. 8. — Maleri elementa etymologica linguæ græcæ, revisa, aucta, emendata. Carlsruhæ, 1796. — Malers Algebra zum Gebrauch hoher und niederer

Schulen. 4te Aufl. Carlsruhe, 1796. gr. 8. — Malers Geometrie
und Markscheidekunst. 4te aufs neue vermehrte und verbesserte Auf.
Carlsruhe, 1795. gr. 8. 9. K. T. — Kleine vermischte Schriften.
Carlsruhe, 8. 1798. — Nebst mehreren Uebersezungen aus dem
französischen, einzelnen deutschen Gedichten, Reden und Abhand
lungen.

Bey Christ. Ernst Wunsch, merke: NB. seine Kosmologi
sche Unterhaltungen für die Jugend ꝛc. sind umgearbeitet, unter
der Aufschrift: Kosmol. Unterhaltungen für junge Freunde der
Naturkenntniß. Leipzig, 1791. bis 94. II. 8. mit 19. Kupfert.

Seite 92.

Zu St. Alex. Würdtwein, seze bey: Er war geb. 1719. zu
Amorbach), und starb den 12. Apr. zu Ladenburg. — — Mona-
sticon Palat. chartis et diplom. instruct. notitiis, authent. illustratum. Mannh. 1796. V. 8m. — — Von den Novis sub-
sidiis diplom. erschienen bis 1792. XIV. Th. Hiemit ist das Werk
geschlossen.

Zu Joh. Phil. von Wurzelbau, merk' als Note:

*) Doppelmayers Nachr. von Nürnberg. Mathematikern. p.
146 — 151. — Wills, Nürnberg. Gel. Lexicon. h. v.

Seite 93.

Lin. 13. Nach: „zu Amsterdam ist.„ Seze bey: von ebendem
selben: Bibliotheca crit. ib. 1787 — 90. III. 8.

Zu Jac. Sam. Wyttenbach's Schriften seze bey: Instruction
pour les Voyageurs, qui vont voir les Glaciers et les Al-
pes du Canton de Berne, à Berne, 1787. 8.

Zu Arthur Young's Schriften seze bey: Annalen des Acker
baues und anderer nüzlichen Künste; aus dem Englischen, von
D. S. Hahnemann, und mit Anmerkungen herausgegeben von
J. Riem. I B. Leipzig, 1790. 8. (16. gr.) 2. B. ib. 1791. 8.—
Ueber Großbrittanniens Staatswirthschaft, Polizei und Handlung;
aus dem Englischen, mit Anmerkungen von Friedr. Arn. Blu
kenbring. Gotha, 1793. 8. — Reise durch Frankreich, und einen
Theil von Italien, in den Jahren 1787 — 90. aus dem Engl. mit
Anmerk. von E. A. W. Zimmermann. Berlin, 1793. 95. III.
gr. 8. (4. Thlr. 18. gr.) — Die französ. Revolution, ein warnen
des Beyspiel; mit Anmerk. Hannover, 1793. 8.

Not. f. Setze zu: Memoria &c. a *Mich. Conr. Curtio.* Marb. 9. 4. — Elogium &c. a M. *J. C. Bang.* Bernæ, 1781. 8m.

Seite 94.

Bey **Eduard Young**, merke: Er starb 1765. (nicht 1766.) — Die deutsche Ueberseßung seiner Klagen und Nachtgedanken ꝛc. hien neu aufgelegt, Leipz. vermehrt und verbessert, 1790—92. gr. 8. Unglüklich in deutsche Hexameter übersezt; J. C. A. teingrüber. Göttingen, 1789. gr. 8. — Seine Gedanken über Originalwerke ꝛc. wurden neu aufgelegt, Leipz. 1787. 8. mit em Sendschreiben des Herausgebers.

Zu **Wilh. Young's** Schr. seze zu: History of Athens, po- ically and philosophically considered. Lond. 1786. 4. Scharf- inig, aber nicht deutlich genug.

Seite 95.

Rüke folgende Artikel ein:

Franz Anton Zaccaria war Jesuit zu Mailand, Bibliothekar 's Herzogs von Modena an die Stelle des Muratori; lebte rnach zu Pistoja, Turin und Rom ꝛc. — — Schriften: Cre- onensium episcoporum series &c. Mediolani, 1749. 4 — Bib- otheca Pistoriensis et anecdotorum medii ævi collectio. Aug. aurin. 1752. 57. II. fol. — Iter litterarium per Italiam. Ve- et. 1762. II. 4. — Istituzione antiquario - lapidaria &c. Ro- ia, 1770. 8. — Istituzione antiquario - numismatica &c. ib. 772. 8. — Mehrere archäolog. und litterar. Abhandlungen. p)

Anton Maria Zanetti, Bibliothekar der St. Markus - Bib- iothek zu Venedig, ein Mahler und Archäolog. — — Schriften: iræca d. Marci Bibliotheca codicum Manuscriptorum. Vene- iis, 1740. fol. und Latina et Italica Bibl. cod. MStorum. ib. 741. fol. Beide unter der Aufsicht des Senators Lorenz Theu- oli gedrukt. — Delle antiche Statue greche e romane. ib. 740. 43. II. fol.

Hieron. Franz Zanetti, ein Historiker und Archäolog zu. Benedig. — — Schriften: Dactyliotheca, f. Gemmæ antiquæ Ant. Mar. Zanetti, c. n. Ant. Franc. Gorii; italienisch übersezt. Venet. 1750. fol. — Chronicon Venetum, vulgo Joh. Saor-

---

p) *Saxii* Onomast. T. VII. p. 172. sp.

nino tributum, e Manuscripto codice Apostoli Zeno &c. e. n.
ib. 1765. 8. — — Mehrere archäologische Abhandlungen. i)

Zu F. W. Zachariä's Schr. setze bey: Hinterlassene Schriften ꝛc
Herausgegeben v. Eschenburg, mit des Verfassers Leben. Braun
schweig, 1781. 8.

(Forth. Tr. Zachariä's Schr. setze bey: Einleitung in die
Auslegungskunst der heil. Schrift; herausgegeben von J. C. W.
Dietrichs. Zwote verbesserte Auflage. ib. 1787. 8. — Paraphrast
Erklärung des Briefes an die Hebräer; umgearbeitet von Ernst
Friedr. Carl Rosenmüller. Gött. 1793. 8. (20. gr.)

Not. i. Setze zu: Sein Leben, von J. Joach. Eschenburg.
Braunschw. 1781. 8.

Not. k. Setze zu: — Züge seines Characters ꝛc. von Chr.
Gottl. Pertschke. Bremen, 1777. 8. (4. gr.)

Seite 97.

Georg Wilhelm Zapf's Lebensnachr. ändere so: geb. den
28. März 1747. zu Nördlingen in Schwaben, wo sein Vater ein
Gerber war, der sich dürftig von seinem Handwerk nährte. Er
durchlief das Lyceum seiner Vaterstadt; übte sich von 1766 – 70.
in der Schreiberey auf der Kanzley der Reichsstadt Aalen; neben
her legte er sich aus eigenem Trieb, ohne mündlichen Unterricht,
auf die Geschichte, Diplomatik und Litteratur. Sich noch mehr
zu bilden, begab er sich, nachdem er in Neubronn und Wahrberg
eine verdrießliche Stelle bekleidet hatte, 1773. nach Augsburg.
Hier practicirte er als Notarius. Er unternahm 1780 – 86. einige
gelehrte Reisen durch Schwaben, Bayern, Franken und in die
Schweiz; erhielt 1774. von Hohenloh und Waldenburg-Schillings
fürst den Character eines Hofraths, und 1786. von Mainz den
Character eines Geheimen-Raths. Er privatisirt seit 1787. in
dem katholischen Dorf Ziburg bey Augsburg, wo er ein Land
haus gekauft hat. — — Zu seinen Schr. setze bey: Versuch über das
Leben und die Verdienste Johann von Dalbergs, ehemaligen
Bischofs in Worms ꝛc. Augsb. 1789. und 1796. sehr vermehrt.
gr. 8. — Aelteste Buchdrukergeschichte von Mainz, bis 1499. Ulm
1790. gr. 8. — Aelteste Buchdrukergeschichte Schwabens ꝛc. bis
1500. ib. 1791. gr. 8. — Aelteste Buchdrukergesch. von Benedig

---

q) *Saxii* Onomast. P. VII. p. 6. sqq.

— Bibliotheca historico - litteraria Zapfiana &c. Aug. Vind.
1792. 8. (36. fr.) — Augsburger Bibliothek, oder hist. krit. lit=
erarisches Verzeichniß aller Schriften, welche die Stadt Augs=
burg angehen, und deren Geschichte erläutern. ib. 1796. II. 8. —
NB. Der Text zu Riedels Gallerie der Griechen und Römer be=
steht nur aus II. (nicht aus V.) Th. NB. Litterarische Reisen
durch Baiern, Franken ꝛc. erschienen, neu aufgelegt, umgearbeitet.
Lemgo, 1796. 8. — NB. Augsburgs Buchdrukergeschichte hat bis
1791. II. Th. und geht bis 1530.

Seite 98.

Zu Otto Ph. Zaunschliffer, merk' als Note:
* Hist. der Gelahrtheit der Hessen. 1729. p. 143 — 152.

Zu Andr. Zaupser's Schr. seze bey: Versuch eines baierischen
und oberpfälzischen Idiotikons ꝛc. München, 1789. 8. und Nach=
lese ꝛc. ib. eod. 8.

Seite 100.

Zu H. A. Zeibich, merke: Er starb den 50. März 1786. æt. 58.

Seite 101.

Zu Joh. C. Zeune, merke: Er starb 1788. den 8. Nov. æt. 52.
— — NB. Vigerii Liber de gr. dictionis idiotismis &c. Wurde
von Heinrich Hoogeveen in seinen Animadversionibus in Vi-
gerium ad justam examinis lancem revocatis. Lugd. B. 1784.
8. scharf kritisirt. Ed. II. auct. et emend. Lips. 1789. 8m.
(1. Thlr. 16. gr.)

Seite 102.

Not. a. Seze zu: *Saxii* Onomast. T. VII. p. 237. sqq.

Seite 103.

Lin. 15. Statt: „Christoph Zizgra." Lese: Christoph Ziegra.
Not. b. Seze zu: — Sein Leben ꝛc. in den Berichten der
dänischen Mission. 18. Contin. p. 225 — 244.

Seite 104.

Zu J. J. Zimmermanns Schr. seze bey: Mehrere Abhandlun=
gen in Tempe helvetica, Tiguri, 1735 — 43. XII. 8. und in
Museo helvetico. ib. 1746. sqq. 8m. (Cf. Bruckers Bildersaal.
2. B. Dec. X. Nro. 9.) — — NB. Opuscula &c. sind 1751 — 57.

Zu Eb. A. W. Zimmermanns Schr. seze bey: Annalen der
geograph. und statistischen Wissenschaften. 1. Jahrg. oder 12. St.
Braunschw. 1790. 8. — Anmerkungen zu Smellie's Philosophie

der Naturgeschichte. 1. Th. Berlin, 1791. gr. 8. — K. Umfreville über den gegenwärtigen Zustand der Hudsonsbay ꝛc. Aus dem Engl. Helmstädt, 1791. gr. 8. — Phil. Cavolini's Abhandlung über die Erzeugung der Fische und der Krebse; aus dem Ital. mit Anmerk. Berlin, 1792. gr. 8. mit Kupf. (16. gr.) klessisch. — Ernste Hinsicht auf sein Vaterland, bey Annäherung des Friedens (zwischen Deutschland und Frankreich) von einem biedern Deutschen ꝛc. Leipz. 1795. 8. lesenswürdig.

Seite 105.

Johann Georg von Zimmermanns Lebensnachr. ändere so: Er ist geb. 1728. in Brugg, einer Municipal-Stadt von Bern. Er studirte zu Bern, und hernach zu Göttingen unter Haller, der ihn in sein Haus aufnahm. Nach vollendeten Studien kam er in seine Vaterstadt zurük, wo er als Stadtphysicus practicirte, bis er 1768. als k. großbrittannischer Leibarzt nach Hannover berufen wurde. Er ließ sich 1771. von dem General-Chirurgus Schmuker und Prof. Mickel an einer gefährlichen Fistel operiren; und da er ganz hergestellt war, hielt der König eine Unterredung mit ihm, der ihn auch in seiner lezten Krankheit zu sich berufen ließ. Er erhielt 1786. von der K. Catharina II. wegen seines Buch über die Einsamkeit, nebst einem kais. Geschenk den russischen Wladimirorden; starb den 7. Oct. 1795. æt. 67. — — NB Die Ausgabe von 1773. von Betracht. über die Einsamkeit ꝛc. ist zu Leipzig gedruft. Auch italienisch nach der 2ten Ausgabe, von Antoni, Arzt zu Vicenz. Vicenza, 1788. 8. — NB. Vom Nationalstolz ꝛc. erschien die 5te Auflage. Zürich, 1789. 8. — NB. Ueber Friedrich den Grossen ꝛc. ist zu Leipzig 1788. 8. erschienen. — Bey den Fragmenten über Friedrich den Grossen ꝛc. merke: Anmerkungen darüber von Nicolai. Berlin, 1791. 8. Und: Zimmermann I. und Friedrich II. von Joh. Heinrich Friedrich Quittenbaum, Bildschnizer in Hannover, unter ritterlicher Assistenz eines Leipziger Magisters. London, 1790. 8. eine beissende Satyre. Auch D. Luther an Zimmermann, 1788. gr. 8. in Knittelversen, und: Mit Zimmermann deutsch gesprochen von C. Fr. Bahrdt ꝛc. Berlin, 1790. 8. Man findet diese und noch andere Schriften (16. an der Zahl) in der deutschen Biblioth. 112. B. I. St. p. 196—223. recensirt.

Not. e. Setze zu: — Meisters berühmte Männer Helvetiens. 1. B. p. 234—238.

Seite 107. sqq.

Zu N. L. von Zinzendorf's Lebensnachr. setze bey: Eine zu lebhafte Einbildungskraft, und ein unter der affectirten Demuth verborgener Stolz leitete seine Handlungen. Er verläugnete dem Scheine nach die Welt, und herrschte despotisch über die von ihm gestiftete Brüdergemeinde. Mit seiner Gemahlin, Erdmund Dorothea, Gräfin v. Reuß, mit welcher er seit 1712. in der Ehe lebte, zeugte er 3. Töchter, von welchen die älteste den Baron Joh. von Watteville (vormals Candidaten der Theologie, aber von Friedr. von Watteville adoptirt); die 2te den 1777. in England verstorbenen Grafen von Dohna; die 3te den Rud. Friedr. von Watteville heurathete. Seine Wittwe aus der zweyten Ehe, Anna Nitschmann, starb bald nach dem Grafen an der Auszehrung. — Nach Spangenbergs Angabe verfaßte er 108. verschiedene Schriften.

Seite 110.

Georg Joachim Zollikofer's Lebensnachr. ändere so: Er ist geb. den 5. Aug. 1730 zu St. Gallen in der Schweiz, wo sein Vater ein Rechtsgelehrter war. Er studirte hier und zu Frankfurt am Main die Vorbereitungs-Wissenschaften; hernach zu Bremen und Utrecht, wurde sehr jung 1754. Prediger in Murten; ferner zu Monstein in Graubünden, hernach zu Isenburg; zuletzt 1758. æt. 28. Prediger der reformirten Gemeinde zu Leipzig; starb den 22. Jan. 1788. æt. 58. an einer Brustwassersucht. Seine Gelehrsamkeit sowohl, besonders seine Kanzel-Beredsamkeit, als sein edler Character machen seinen Ruhm unsterblich. — NB. Die Andachtsübungen und Gebete zum Privatgebrauche ꝛc. erschienen zuerst 785. 86. II. gr. 8. (3. fl.) dann ib. 1792. 93. IV. gr. 8. — NB. Nachgelassene Predigten ꝛc. sind 1788. 89. VII. Hierzu kamen noch: Sammlung noch ungedrukter Predigten. Leipzig, 1793. gr. 8.

Not. h. Setze am Ende zu; — Joh. Hermanni Benneri Lerna Zinzendorfiana &c. Lips. 1744. 8. polemisch. — Mosheims Kirchengeschichte ꝛc. von Schlegel. 6. B. p. 831—950. — Biograph. brittan. T. VI. — Sein Leben ꝛc. von G. B. Reichel Leipz. 760. 8. (20. gr.) — Sein Leben ꝛc. von Aug. Gottl. Span-

genberg ꝛc. erſchien auch im Auszug, chronologiſch, von Jacob
Chriſtoph Duvernoy. Barby, 1793. 8. (8. gr.)

Not. i. Seze zu: — Schattenriſſe edler Deutſchen. 2. S.
p. 274—295. — Ueber ſeinen Character, von Weiſſe. Leipz. 1781.
gr. 8. (6. gr.) — Sein Leben ꝛc. franzöſiſch von Duncas. Leipz.
1788. 8m. Deutſch überſezt. Gedächtnißrede ꝛc. ib. 1788. gr. 8.
(2. gr.)

Seite III.

Zu J. Ehrenfried Zſchakwiz's Schr. seze bey: Das Leben
Carls III. K. in Spanien. Leipzig, 1708. 1709. II. 7. mit Kupf.
— NB. Diät der Schwangern ꝛc. Neue Aufl. Berlin, 179.. 8.
unverändert und ſchlecht abgedruckt. — NB. Abhandlung von Nahrungsmitteln ꝛc. Neue Aufl. mit Sprengel's Anmerk. vermehrt.
Berlin, 1790. 8.

Seite 413.

Not. m. Seze zu: Baldingers Biographie jeztleb. Aerzte ꝛc.
I. B. 4. St. p. 129. ſqq.

Seite 114.

Not. n. Seze zu: Vie de Clem. XL par *Lafiteau*. Paris,
1752. II' 8. und Hiſt. de Clem. XI. par *Reboulet*. Avignon,
1732. II. 4. Beyde zierlich, aber fehlerhaft und panegyriſch. —
Mosheims Kirchengeſchichte von Schlegel. 5. B. p. 497—510.

Seite 115.

Not. o. Seze zu: Mosheims Kirchengeſchichte von Schlegel.
5. B. p. 511—520.

Seite 116. ſqq.

Bey Angelus Maria Quirini. merke: Epiſtolæ latinæ; collegit
et digesſit *Nicolaus Coletus*. Venet. 1756. fol. (6. fl.) — —
NB. Comment. de rebus ad ſe pertinentibus &c. Dazu kamen:
Appendices &c. Brixiæ, 1750. 59. 61. III. 8.m. (10. fl.)
Das Ganze erſchien zuſammengedruckt. ib. 1754. fol. mit Kupf.
Aufrichtig und intereſſant.

Seite 118.

Bey Joſeph Maria Tommaſi, merke: NB. Opera &c. ſind
Romæ, 1741—33. VI. fol. Im erſten Tom iſt Joh. *Pinii S. J.*
Liturgia Mozarabica &c. die auch beſonders herausgegeben wurde, Romæ, 1746. II. fol.

Not. r. Seze zu: — *Freytagii* Apparatus litt. T. II.
p. 1162—82.   Sei

Seite 119.

Not. s. Seze zu: — Vita &c. italienisch, von Domenic. Bernino. Roma, 1722. 4m. — Vita &c. von Ant. Borromeo; u den Vite degli Arcadi ill. di *Crescinbeni.* P. III. p. 21. sqq. — Vita &c. Teatino, 1753. 8.

Seite 120.

Zu Dem. Cantemir, merke: Er ist geb. 1673. — NB. Die englische Uebersezung von Hist. imperii Ottomannici, ist fol. (nicht 4.) Die Französische ist aus dem Engl. Bey der Deutschen, von J. L. Schmid, ist des Verfassers Leben.

Seite 122.

Zu J. A. Jablonowski, merke: Ist geb. 1712. (nicht 1711.) — Seine Schriften sind in den Actis erudit. 1756. Jul. p. 385 — 392. recensirt. Darunter kommen vor: Das Leben von 12. Kron-groß-Feldherrn, in polnischer Sprache. — Eine Slavonische Poetik. — Vindiciæ Lechi et Czechi. Lipf. 1770. 4. auct. ib. 1775. 4.

* Cf. Jöcher von Adelung vermehrt h. v.

Zu C. Th. A. M. von Dalberg, merke: Er ist geb. zu Main, und studirte zu Göttingen vorzüglich das Staatsrecht. Ist seit 1787. Coadjutor des Erzstifts und Churfürstenthums Mainz, und des Hochstifts Worms; auch seit 1788. Coadjutor des Hochstifts Costanz, und Erzbischof zu Tarsus. — — Grundsäze der Aesthetik ic. Erfurt, 1791. 4. — Von Erhaltung der Staatsverfassungen. ib. 1796. gr. 8.

Seite 123.

Not. b. Seze zu: Schattenrisse edler Deutschen. 3. B. p. 51—66.

Seite 128.

Not. 1, Seze zu: Mémoires concernant l'Hist. les Sciences, les Arts, les Moeurs, les Usages &c. des Chinois; par les Missionaires de Pekin, à Paris, 1773—83. IX. Vol. 4to. mit Kupf. Den ersten Band übersezte Meiners ins Deutsche, mit Anmerk. Leipz. 1778. gr. 8. (Cf. *Meuselii* Bibl. hist. Vol. II. P. II. p. 168 — 171.)

Seite 136.

Lin. 13. Nach: „Weidler", seze bey: Bernoulli.

Lin. 5. von unten. Nach: „ib. 1776—93. mit Kupf." schalt' ein: — *Franc. de Zach* Tabulæ motuum solis novæ et corree-

(Supplem. II.) A a

tæ, ex theoria gravitatis et obfervationibus recentiſſimis erutæ, quibus accedit fixarum præcipuarum catalogus novus. Gothæ, 1792. 4m. (6. Thlr. 12. gr.) Sehr wichtig.

Seite 137.

Lin. 5. Nach: „**Leupolds** Theatrum machinarum &c.“ ſeze bey: — Ueber die Kriegsbaukunſt: La Fortification perpendiculaire, ou Eſſay ſur pluſieurs manières de fortifier la Ligne droite, le Triangle, le Quarré et tous les Polygônes &c. par M. le Marquis de *Montalembert* Maréchal des Camps et Armées du Roi, Lieutenant Général des Provinces de Saintonge et Angoumois, membre de l'Acad. roy. des ſcienc. et de l'Acad. imp. de Petersbourg. Paris, 1776—78. IV. 4m. mit prächtigen Kupfern und Typen; ein Meiſterſtük (mit dem 5. Tom 135. Livres). Der Verfaſſer hatte 1776. ſchon 45. Jahre im Kriege gedient, 15. Feldzügen in Flandern, Italien und Deutſchland beygewohnt; im ſiebenjährigen Kriege 2. Jahre bey der ſchwediſchen, und eben ſo lang bey der ruſſiſchen Armee geſtanden; 9. Belagerungen geleitet, und die wichtigſten Feſtungen Europens beobachtet; war 1761. Befehlshaber auf der Inſel Oleron ꝛc. Erſt 1784. gab er zu ſeinem vortreflichen Werf Tom. V. première Partie 4m. heraus, und 1786, ſtatt des 6. Toms: Supplement au T. V. in gr. 8. Dagegen erſchienen: Memoires ſur la Fortification perpendiculaire &c. par pluſieurs Officiers du Corps roy. du Génie. ib. 1786. 4m. mit Kupf. Darauf folgte als der 7. Band des obigen Werkes: Réponſe au Mémoire &c. ib. 1787. 8m. Endlich beſchloß er es mit dem 8. Band: Obſervations ſur les nouveaux Forts, qui ont été exécutés, et qui doivent l'être pour la defenſe de la rade de Cherbourg &c. ib. 1790. 4m. Nur antwortete er noch auf einen unbedeutenden Angrif des Colonels d'Arçon, der die ſchwimmenden Batterien vor Gibraltar commandierte: Réponſe au Colonel d'Arçon ſur ſon Apologie des principes obſervés dans le Corps du Génie. ib. 1790. 4m. — — Ein prächtiges und geſchmakvolles Werk ließ die Society of Antiquaries in London auf ihre Koſten druken: The military antiquities of the Romans in Britain, by the late *William Roy*, Major General &c. Lond. 1793. gr. imper. fol. mit 51. Kupferplatten. Eine genaue Beſchreibung der römiſchen Caſtrametationen in England.

Seite 139.

Lin. 9. Statt: „P. I. 1786. 4m." Lese: P. I. 1790. P. II. 1791. 4m.

Lin. 12. Nach: „Sprachlehren." Setze bey: Lebr. Sam. Heinr. Jehne, Prof. zu Altona, griechische Sprachlehre. Hamb. 1782. und 1791. 8.

Lin. 16. Nach: „Fürs Neu-griechische." Setze bey: *Mart. Rulandi* lib. de synonymis linguæ gr. c. supplem. *Dav. Hoeschelii.* Aug. Vind. 1690. 8. Genevæ, 1746. 8.

Lin. 11. von unt. Nach: „Wörterbücher." Setze zu: Cyrilli, Philoxeni aliorumque veterum glossaria latino-græca et græco-latina &c. Ed. *Car. Labbe* Paris. 1669. fol. — Etymologicum magnum &c. c. not. *Sylburgii,* ex offic. Commelin. 1594. fol. und ex rec. *Panagiotae* Sinopensis. Venet. 1710. fol.

Lin. 5. von unt. Nach: „Lond. 1745. II. fol." Setze bey: und als ein Auszug: *Scapulæ* Lexicon græco-lat. cura *Corn. Schrevelii* et *Lamb. Barlaei.* Amst. 1652. fol.

Seite 140.

Lin. 4. Nach: „Alterthümer." Setze bey: Handbuch der griechischen Alterthümer, in Rücksicht auf Genealogie, Geographie, Mythologie, Kunst und Geschichte ꝛc. Leipz. 1789. 8. Sehr brauchbar. — Paul Friedr. Achat Nitsch, Pfarrers zu Ober- und Nieder-Wundsch, Entwurf der griechischen Alterthümer, nach den Zeitaltern der Nation. Altenburg, 1791. 8. und als Commentar darüber: Beschreibung des häuslichen, gottesdienstlichen, sittlichen, politischen, kriegerischen und wissenschaftlichen Zustandes der Griechen, nach den verschiedenen Zeiten und Völkerschaften. I. Theil. Erfurt, 1791. 8. — *Le Roi* Ruinæ Græciæ. Paris. 1758. fol. und *Stuarti* et *Revetti* Ruinæ Athenarum, (Antiquities of Athens.) T. I. Lond. 1762. fol. T. II. ib. 1790. fol. mit vielen Kupf. kostbar. Et Ruinæ Pæsti. ib. 1768. fol.

Seite 141.

Lin. 1. von unt. Nach: „gehört hierher." Setze bey: Die neuesten Entdekungen der Alterthümer in Rom, werden in dem Werk beschrieben, das seit 1784—89. 4. zu Rom herausgegeben wird: Monumenti antichi inediti. overo Notizie sulle Antichità e belle Arti di Roma. — Auch gehört hierher: Archaeologia,

or Miscellaneous Tracts relating to Antiquity &c. Lond. 1770—
87. VIII. 4. Von der antiquarischen Gesellschaft in London.

Seite 143.

Lin. 1. sq. NB. Le grand vocabulaire françois &c. ist Paris, 1767—76, par une societé de gens de lettres.

Lin. 8. Nach: „Amst. 1764. II. 8m.” setze bey: Dabey ist zu
merken: Nouveau Dict. fr. contenant les expressions de nouvelle création du peuple français; ouvrage additionel au Dict.
de l'Acad. fr. et à tout autre Vocabulaire, par *Leon. Snetlage*,
Docteur en droits. Goetting. 1795. 8.

Lin. 15. Nach: „Paris, 1766. 8m.” setze bey: Neues deutsches und französisches Wörterbuch, von Joh. Friedr. Haas.
Leipz. 1791. II. gr. 8. median. Dazu gehört: Dict. des langues
française et allemande, ib. 1787. II. gr. 8. sehr brauchbar.

Lin. 14. Nach: „Erfurt, 1788. 8.” setze bey: — Spanische
Sprachlehre, nebst Uebungen zur Anwendung der Grundsäze, der
Wortfügung und der Schreibart, von Joh. Daniel Wagener.
Leipz. 1795. gr. 8.

Seite 144.

Lin. 7. Nach: „Riga, 1785. II. gr. 8.” setze bey: ejusd. Russische Sprachlehre. Riga, 17.... 2te und 3te Auflage. 1783. u. 84. 8.

Lin. 21. Vor: „Bodmer” schalt' ein: Mosheim.

Seite 145.

Lin. 4. Nach: „von Adelung”, schalt' ein: von Joh. Ernst
Stutz. Potsdam, 1790. 8. — Von Aug. Hartung. Berl. 1792.
8. (6. gr.) vorzüglich.

Lin. 18. Nach: „Braunschw. 1663. 4.” setze bey: Die beste
Ausgabe; rar.

Seite 146.

Lin. 7. Nach: „1787. gr. 8.” setze bey: — Archæologia,
or Miscellaneous Tracts relating to Antiquity &c. von d.s
archäologischen Gesellschaft zu London. Lond. 1789—94. XI, 4m,
(12. Pf. St. 6. Schill.)

Lin. 12. Nach: „Sprachlehren”, setze bey: vorzüglich nach
Sheridans und Walkers Grundsäzen bearbeitet, von Joh.
Ebers, preussischem Oberhütten-Inspector, ehemaligem Lehrer der
E. Sprache am Carolino in Cassel. Berlin, 1792. gr. 8. (20. gr.)
Der Verfasser lebte vom 14—24. Jahr in England.

Lin. 13. von unt. Nach: „Leipz. 1783. II. gr. 8." seße bey:
— Von Joh. Ebers, Berlin, 1793. 94. II. gr. 8. (5. Thlr. 12. gr.)
— Von Johann Christian Fick, Lector der engl. Sprache auf der
Universität zu Erlangen. Erlangen, 1801. Wird 2. Bände stark.

Lin. 18. Zu Bailey ꝛc. merke: Auch gänzlich umgearbeitet von
Johann Anton Fahrenkrüger, Lehrer in Hamburg. Leipz. 1796.
97. II. gr. 8.

Nach dem Artikel: „Polnische Sprache", rufe ein; Böhmi=
sche Sprache: Franz Joh. Tomsas vollständiges Wörterbuch
der böhmisch=deutschen und lateinischen Sprache. Prag, 1791.
gr. 8. soll eine Fortsezung seyn, von Carl Thams deutsch=böhmi=
schen National=Lexicon. ib. 1788. gr. 8. Es enthält nur die übli=
chen Wörter, die veralteten muß man in dem größern Wussini=
schen deutsch=lat. böhmischen, lat. dentsch=böhmischen, und böh=
misch=lat. deutschen Wörterbuche. Ed. III. 1742—47. III. gr. 8.
aufsuchen.

Seite 147.

Lin. 14. von unt. Nach: „mit Kupf. (19. fl.)" seße bey: —
Encyclopédie méthodique; Antiquités, Mythologie, Diplo-
matique des Chartres et Chronologie. Paris, 1786. 88. 90. III.
4m. bis Júnon &c. Unter der Aufsicht des Court de Gebelin
und Mongéz.

Lin. 12. von unt. Nach: „Lond. 1768. V. 8." seße bey: ver=
mehrt. ib. 1786. IV. fol. italienisch übersezt: Ciclopedia overo
dizionario delle Arti e delle Scienze &c. Napoli, 1747. VIII.
4. und Supplement. ib. 1775. VI. 4. mit Kupf.

Lin. 8. von unt. Statt: „1778—90. XV. fol." Lese: 1778—
90. XV. fol." Lese: 1778—90. XIX. fol.

Nach: „noch fortgesezt." Seze bey: — American edition of
the Encyclopædia, wahrscheinlich zu Philadelphia gedruft. 1795.
XI. 4m. (a 5. Dollars) bis M; unvollkommen.

Seite 148.

Lin. 6. Nach: „der schönen Künste ꝛc." Seze bey: Grund=
züge einer allgemeinen Encyclopädie der Wissenschaften, von Joh.
Gottlieb Buhle, Prof. philos. zu Göttingen. Lemgo, 1790. 8.

Seite 153.

Lin. 6. Statt: „Boddeus"; lese Buddeus.

Seite 154.

Lin. 1. und 2. von unt. Statt: „Alle ließ Reiske zusammen
drufen." Lese: Die ältere ließ Reiske zusammendrufen, den Dio
Chrysostomus aber gab er besonders heraus.

Seite 159.

Lin 10. von unten. Nach: „Young ꝛc." setze bey: — Als
Sammlung: Reliquies of ancient english Poetry, consisting
of old heroic Ballads, Songs &c. Lond. and Francf. 1790. 91. III. 8.

Seite 160.

Lin. 7. Nach: „Paris, 1763. II. 8." setze bey: — *Thom*
Morelli Thesaurus græcæ poëseos, s. Lexicon prosodiacum.
Etonæ, 1764 II. 4.

Lin. 10. sq. Statt: „*Lauragais* du Théatre. Amst. 1773. 8."
Lese: *Mercier* Essai sur le Théatre. Amst. 1773. 8. Deutsch:
Neuer Versuch über die Schauspielkunst. Leipz. 1776. 8.

Seite 163.

Lin. 14. von unt. Nach: „Glover", setze bey: Die neuesten,
Richard Cumberland und Joseph Richardson.

Seite 164.

Lin. 17. v. unt. Nach: „Buttler", setze bey: und der neueste
vortrefliche Volksdichter Peter Pindar.

Seite 167.

Lin. 14. Nach: „bezeichnet werden." Setze zu: Die Modifica-
tion des Tones, wozu man vorher das ganze Alphabet nöthig
hatte, wurde durch die verschiedene Biegung der Finger an der
linken Hand angedeutet.

Lin. 2. von unt. Nach: „Die Orgel." Setze bey: Unter Pipin
und Carl dem Grossen kamen die ersten Orgeln aus Griechenland
nach Frankreich, und von da nach Deutschland. Unter Ludwig
dem Frommen, hatte man Künstler, die sie verfertigen und spielen konnten, so daß P. Johann VIII. einen solchen vom Bischof
Anno zu Freisingen verlangte.

Seite 168.

Lin. 20. Nach: „1767. 4. mit Kupf." setze zu: — A general
History of Music &c. by *Charles Burney*. Lond. 1776—89 IV.
4m. mit Kupf. sehr interessant. Nach diesem grossentheils: Joh.
Nic. Forkels, Musikdirector in Göttingen, allgemeine Geschichte
der Musik. I. B. Leipz. 1788. gr. 4. gründlich.

Lin. 12. von unten. Nach: „ib. 1739. II. 8m." setze bey: vermehrt und fortgesetzt unter der Aufschrift: Hist. biograph. Lexicon der Tonkünstler ec. von Ernst Ludwig Gerber, Kammermusikus und Hoforganist zu Sondershausen. Leipzig, 1790. 1. Th. gr. 8. 2. Th. 1792. (jeder 1. Thlr. 20. gr.) nüzlich, aber nicht vollständig und fehlerfrey.

Seite 173.

Lin. 13. sqq. Seze zu: In der brittischen Biogr. IX. B. p. 603. sq. (nach der deutschen Uebersezung) wird die Kunst dem Prinzen Rupert (Ruprecht), nach allen Umständen zugeschrieben, und die Gelegenheit der Erfindung ausführlich erzählt.

Lin. 10. v. unt. Nach: „pictura veterum." Seze bey: Amst. 1637. 8.

Seite 178.

Lin. 14. von unt. Nach: „Bildnissen" Seze bey: — Serie degli Uomini piu illustri nella pittura, scultura ed architettura, con i loro elogi e ritratti in rame. Firenze, 1769. XII. 4m. (26. Thlr.)

Seite 179.

Lin. 8. sq. Nach: „Zürich, 1771. 8." seze bey: — Dictionnaire des Artistes, dont nous avons des Estampes, avec une notice detaillée de leurs ouvrages gravés. Leipz. 1790. IV. 8m. (bis Diz.) sehr weitläufig. — Dictionnaire des arts de Peinture, de Gravure et de Sculpture, par M. *Watelet* et M. *Levesque*. Paris, 1792. V. 8. Jm Auszug mit Anmerkungen und Verbesserungen, von Eschenburg, unter der Aufschrift: Bemerkungen über die bildenden Künste, nach dem Französischen der Herren Watelet und Levecque. 1. B. Hamburg, 1794. gr. 8.

Lin. 3. von unt. Statt: „Königsb. 1762—83. XV. gr. 4." Lese: Königsb. 1762—95. XX. gr. 4. mit Kupf. und dem allgemeinen Register. Dazu kam noch: Art du potier d'étain, par Mr. *Salmon*, marchand potier d'étain à Chartres. Paris, 1788. fol. mit 32. Kupfertafeln.

Lin. 1. von unten. Statt: „Berlin, 1775. XV. 4." Lese: Berl. 1775—90. XVIII. 4.

Seite 187.

Lin. 16. Vor: „Roger". schalt' ein: Galilei.

Lin. 6. von unten. Nach: „Ungenannter", schalt' ein: (P. Daniel).

Seite 191.

Lin. 19. von unt. Statt: Lipſ. 1752—89. XXXII. 8m.
leſe: Lipſ. 1752—94. XXXVII. 8m.

Lin. 12. von unt. Statt: „Halle, 1774—88. XXIII. 8." leſe:
Halle, 1774—92. XXVII. 8.

Seite 193.

Lin. 4. Nach: „ib 1764. II. 4m. (15. fl.) ſetze bey: Fauna
etruſca &c. von Roſſi. Piſa, 1791. 4. und Mantiſſa inſecto-
rum. ib. 1792. 4.

Lin. 12. von unt. Nach: „Der Pflanzen." Setze bey: Flora
Oxonienſis &c. auctore Joh. Sibthorp, M. D. Prof. regio bo-
tanico. Oxford, 1794. 8. — Joſephi Gaertneri de fructibus
et ſeninibus plantarum Centuriæ VII. Tubingæ, 1791. 4.
c. fig. Ein klaſſiſches Werk. — The Botanical Magazine, or
Flower-Garden displayed &c. by William Curtis, Author of the
Flora Londinenſis. Lond. 1794. VIII. 8. und Number 98—102.
ib. 1795. 8. III. ib. 1795. 4. mit 9. Kupfertafeln. — Joh. En.
Smith M. D. Icones pictæ plantarum rariorum, deſcriptionibus
et obſervat. illuſtratæ. Lond. 1790—93. faſc. I—III. fol. Jedes
Heft enthält 6. vorzüglich ſchöne, nach der Natur von Sowerby
abgebildete Pflanzen. Gegen über ſteht die lat. und engl. vollſtän-
dige Beſchreibung. — J. Dick on plantarum cryptogamicarum
Britanniæ faſc. III. ib. 1795. 4. mit IX. Kupfertafeln.

Seite 196.

Lin. 1. von unt. Vor: „Thomaſius", ſchalt' ein: Puffendorf.

Seite 203.

Not. l. Setze zu: Allgemeine Reviſion des geſammten Schul
und Erziehungsweſens ꝛc. Wien, 1788. XI. 8.

Seite 204.

Not. m. Setze zu: — Auch gehören hieher: Abbildungen ägyp-
tiſcher, griechiſcher und römiſcher Gottheiten, mit mythologiſchen
und artiſtiſchen Erläuterungen ꝛc. von Schlichtegroll. Nürnb.
1794. II. Lieferungen in 24. Nummern. — Martin Gottfr. Har-
manns Handbuch der Mythologie. Berlin, 1795. III. gr. 8.

Seite 205.

Lin. 10. von unt. Nach: „Leipz. 1765—84. XVIII. gr. 8."
ſetze bey: Des 16ten Bandes 9te Abtheil. von Daniel Ernſt Weg-
ner, ib. 1789. gr. 8. begreift die ruſſiſche Geſchichte bis zum Ru

gierungsantritte Peters III. Des 17ten B. 3te Abtheil. 2ter B. Fortgesezte Geschichte der Schweiz, von Joh. Müller. ib. 1795. gr. 8.

Lin. 2. von unt. Statt: „Leipz. 1786. VIII. 8." Lese: Leipz. 1786 — 94. XV. Th. 8. Die 5. leztern Bände begreifen die römische Geschichte.

Seite 206.

Lin. 1. Nach: „Augsb. 1785. XII. 8." seze bey: — Geschichte der neuesten Weltbegebenheiten im Grossen; aus dem Engl. im Auszug. Leipz. 1790. 17. Bände. 8. Soll fortgesezt werden unter der Aufschrift: Neue Geschichte der Weltbegebenheiten ꝛc. — — Geschichte des heutigen Europa; aus dem Engl. von Joh. Friedr. Zöllner. Berlin, 1790. X. 8. (ohngefähr 2 1. Thlr.)

Lin. 17. von unt. Statt: „von Guicheron: Généve &c." Lese: von Guichenon: Hist. généalogique de la Maison royale de Savoye. Turin, 1778. IV. fol. Généve &c.

Lin. 13. von unten. Statt: „Louis Longuille." Lese: Louis Laquille.

Lin. 12. von unten. Nach: „in 8. (9. fl.)" Seze bey: Auch merke man: Geheime Staatspapiere im k. Pallast der Thuillerien (im eisernen Wandschrant) gefunden; aus dem Französischen. Hamburg, 1793: 94. IV. 8. (5. Thlr. 6 gr.) — Table chronologique des Diplomes, Chartes, Titres et actes imprimés, concernant l'hist. de France, par M. de Brequigny, de l'Acad. roy. des Insc. Paris, 1769—83. III. fol. m. — Le Mercure françois. Paris, 1605—1648. XXVI. 8. Enthält die Geschichte Frankreichs von 1618 — 1645.

Lin' 10. von unt. Nach: „Die Niederlande". Seze zu: Vorzüglich: Van der Vynck's, ehemaligen Mitgliedes des Staatsraths von Flandern ꝛc. Geschichte der vereinigten Niederlande, von ihrem Ursprung 1569. an, bis auf den westphälischen Frieden; aus der höchst seltenen französischen Denkschrift übersezt. Zürich, 1793. III. 8. (4. Thlr. 1. gr.) Sehr lesenswürdig und zuverlässig; aus den Archiven genommen. Der Graf Cobenzl, kaiserl. bevollmächtigter Minister in den Niederlanden, ließ das Buch unter der Aufschrift: Troubles des Pays - bas &c. 1765 4m. sehr schön druken, aber nur 6. Exemplare.

Lin. 5. von unt. Nach: „Von Bel ꝛc. Seze zu: — Illyrien."

Andreae Blaskovich Hiſt. univerſalis Illyrici ab ultima gentis et nominis memoria. Zagrab. 1795. IV. fol.

Seite 208.

Lin. 6. Nach: „du Halde", ſeße zu: Auch iſt zu merken: Hiſt. générale de la Chine, ou Annales de cet Empire, traduites du Tong‑Kieng‑Kang‑Mou (einem Sineſiſchen Geſchichtsbuche) par le feu Père *Joſeph Anne Marie de Moyriac de Mailla*, Jeſuite françois, Miſſionaire à Pekin, (1748.) publiées par M. l'Abbé *Groſier*, et dirigée par M. le *Roux des Hauterayes*, Conſeiller‑Lecteur du Roy, Profeſſeur de l'Arabe au College roy. de France, Interprète de S. Majeſté pour les langues orientales &c. à Paris, 1777—88. XII. 4m. mit Kupf. Nicht vollſtändig und intereſſant genug.

(Cf. *Meuſelii* Bibl. hiſt. Vol. II. P. II. p. 172. ſq.)

Lin. 16. Nach: „von Pauli", ſeße zu: und von Gottfr. Traugott Gallus, Conrector in Kroſſen, hat man ein gutes Handbuch der Brandenburgiſchen Geſchichte. Züllichau, 1781. III. 8. Mit dem 4ten Band ſoll es beſchloſſen werden.

Lin. 20. Statt. „Schöflin", leſe: Schöpflin.

Lin. 21. Nach: „von Truthorn", ſeße bey: beſſer v. Wenk.

Lin. 22. Nach: „von Chriſtiani." Schalt' ein: — Oſtfrieſiſche ꝛc. von Tilemann Dothias Wiarda, Secretär der Oſtfrieſiſchen Landſchaft. 1. B. 1791. 8. — Hiſtoriſch‑ſtatiſtiſche Beſchreibung des Fürſtenthums Coburg, von Joh. Gerh. Gruner. Coburg, 1783. 84. 4. Dazu kam der 3. und 4te Theil mit berichtigenden Zuſäßen, von Joh. Ernſt Gruner. ib. 1793. 4. (1 Thlr. 20. gr.)

Lin. 27. ſq. Nach: „von Hegewiſch", ſeße bey: — K. Friedrichs II. Züllichau, 1792. gr. 8. — Geſchichte der Regierung K. Joſephs I. von Joh. Chr. Herchenhahn. Leipz. 1788. 89. II. 8. Der Stil iſt affectirt, die Erzählung hie und da zu weitläufig, und die Auswahl der Begenheiten nicht genug geordnet. — Der Königin Eliſabeth von England, Mademoiſelle von Keralio; aus dem Franzöſiſchen. Berlin, 1790—93. VI. 8. vorzüglich. — Der Maria Stuart, Königin von Frankreich und Schottland ꝛc. Friedrich Sam. Murſinna. Meiſſen, 1791. III. 8. — Papſt Pius VI. ꝛc. Ceſena, 1781—87. IV. 8. Leſenswürdig. — Papſt Gregors VII. L'Avocat du diable, ou Mem. hiſtoriques et crit. ſur la vie et ſur la légende du P. Gregoire VII.

Leide, 1743. III. 8. — Nekrolog auf das Jahr 1790. Enthaltend Nachrichten von dem Leben merkwürdiger, in diesem Jahre verstorbener Personen. Gesammelt von *Friedr. Schlichtegroll,* Prof. am Gymnasium zu Gotha, 1792. 8. — Geheime Nachrichten von der Regierung Ludwigs XIV. und Ludwigs XV. Aus dem Französischen des Hrn. von *Duclos,* Geschichtschreibers von Frankreich. Leipz 1792. II. 8. (2. Thlr.) Besser, Berlin, 1792. III. gr. 8. (2. Thr. 12.) — Ludwig der Heilige, König von Frankreich, von Joh. Carl *Heß,* Archivar zu Gotha. Frankf. 1788. II. 8. — Mémoires du Maréchal (François) de *Bassompierre,* contenant l'hist. de sa vie et de ce qui s'est passé de plus remarquable à la Cour de France depuis 1598, jusqu'à son entrée à la Bastille. Cologne, 1665. und 1666. II. 12. Amst. 1692. III. 12. Trevoux, 1723. IV. 12. sehr lesenswürdig. — Geheime Lebensgeschichte des Marschalls von *Richelieu,* oder Erzählung einer Abentheuer, Liebschaften, Intriguen rc. über 80. Jahre lang; aus dem Französischen. Bayreuth, 1792. III. 8. Schändlich! Und dessen Memoiren, als Enthüllung der Geschichte des französ. Hofes, unter Ludwig XIV, und unter der Regentschaft Ludw. XVI. aus dem Französ. Jena, 1792. 93. VII. gr. 8. — Anecdotes of the life of the *R. H. Will. Pitt,* Earl of Chatam &c. von 1736—1778. Lond. 1792. II. 4. Lord Chatam starb den 11. Mai 1778. æt. 70. nachdem er England auf eine Höhe gebracht hatte, die den Mächten Europens Respect einflößte.

Seite 209.

Lin. 19. Nach: „Papst”, setze zu: Schlegel, Henke rc.

Seite 210.

Lin. 2. Nach: „1710. II. fol." setze bey: — Recueil des Actes, titres et mémoires concernant les affaires du clergé de France, augmenté d'un grand nombre de pièces et d'observations sur la discipline présente de l'église. Paris, 1768—71. XII. 4. und Supplemens &c. ib. II. 4.

Seite 219.

Lin. 12. Nach: „Halle, 1771. gr. 8." setze bey: — Geschichte der römisch-katholischen Kirche, unter der Regierung Pius VI. von Pet. Phil. Wolf. Zürich, 1793—95. 8. gründlich (4. Thle. gr.) bis auf den Tod Kaiser Josephs II. den 20. Febr. 1790.

Lin. 1. von unt. Nach: „Religionsbegebenheiten ꝛc. ſeꝛe beꝛ: wurden bis 1794 fortgeſeꝛt.

Seite 220.

Lin. 12. Nach: „Archenholz" ſeꝛe beꝛ: — Heinrich der Achte König von England und ſeine Familie; ein hiſtoriſches Gemäx aus dem 16. Jahrhundert, verſucht von C. D. Voß. 1. Th. Leipz 1792. 8. (1. Thlr. 16. gr.)

Seite 221.

Lin. 7. von unt. Nach: „Lond. 1778. X. 12. (8. fl.)" ſeꝛ beꝛ: — Memoirs and Travels of Mauritius Auguſtus Cour de Benyowsky &c. Lond. 1790. II. 4. aus dem franzöſ. Original überſeꝛt, das im brittann. Muſeo liegt. Der Graf iſt zu Verbowa in Ungarn gebohren, als Magnat von Ungarn und Pohlen. Er diente im ſiebenjährigen Kriege die 3. erſten Jahre beꝛ dem kaiſerl. Heer; kam 1758. zu ſeinem Oheim nach Lithauen, nahm nach ſeines Vaters Tod in Ungarn ſeine Güter in Beſiꝛ; mußte aber als ein Stöhrer der Ruhe nach Pohlen fliehen, wo er 1769. als ein Conföderirter in ruſſiſche Gefangenſchaft gerieth. Er kam nach Kaſan, und 1770. nach Kamtſchatka. Von hier entfloh er 1771. mit gewafneter Hand nach Frankreich, wo er 1772. ankam, aber 1774. als Anführer der Coloniſten nach Madagaſcar geſchikt wurde. Er kam nach Frankreich zurük, und ſchiffte nach England, von da nach Maryland, und kam 1785. wieder nach Madagascar, wo er endlich in einem Tumulte erſchoſſen ward. Ein auſſerordentlicher Menſch.

Seite 222.

Not. o. Seꝛe zu: — Ueber Zeitungen; ein Beytrag zur Staatswiſſenſchaft, von Joachim von Schwarzkopf, kurbraunſchweigiſchen Chargé d'Affaires beꝛ den Kurhöfen von Mainz und Köln, und beꝛ dem oberrheiniſchen Kreiſe ꝛc. Frankf. 1795. 8. (11.)

Seite 224,

Lin. 20. Zu: „Magnetnadel ꝛc." merk' als Note:
* Man hält es für erwieſen, daß die Magnetnadel ſchon im 13ten Jahrhundert den Saracenen bekannt war. Cf. Deut ſcher Merkur, 1779. Nro. I. p. 39. — Arbuthnot Tabl. menſur. pond. p. 259. — Wagenaar Niederländ. Geſchicht. 2. Th. p. 10.

Seite 226.

Lin. 15. von unt. Statt: „Metelle." Lese: Mentelle.

Lin. 14. von unt. Statt: „Winterthur. 1785—86. VI." Le=
s: Winterthur, 1785—93. VII.

Lin. 13. von unt. Nach: „mit Charten." setze bey: — Geo=
raphie der Griechen und Römer; Germania, Rhätia, No=
icum, Pannonia ꝛc. von Conr. Mannert, Lehrer am Gymnasium
u Nürnb. Nürnb. 1792. 8. mit 2. Charten. (2. Thlr. 16. gr.) gründlich.

Lin. 12. von unten. Nach: „Compendium." Hauptsächlich:
'riedrich Christian Franz, Professor an der hohen Schule zu
Stuttgard, Lehrbuch der Länder= und Völkerkunde. Stuttgard,
790. II. gr. 8.

Lin. 3. von unten. Nach: „(4. fl. 30. kr.)" setze zu: —
)escription géographique et hist. de l'Isle de Corse &c. par
Jac. Nic. Bellin, Ingenieur de la Marine. Paris, 1769. II. 4.
nit Charten und Planen. Vorzüglich.

Seite 227.

Lin. 14. Nach: „von Reisen" setze zu: — Recueil des
Voyages aux Indes orientales et occidentales, et autres
eux du monde, par Geofroy (Godofredus) à Leide, 1706—
710. VIII. fol. und XXX. 8. ins Holländische übersetzt, ib. XXIX.
. Pet. von der Aa, Buchhändler zu Leiden, veranstaltete den
Druk und die Uebersetzung nach dem Werk der Brüder Joh. Diet.
nd Joh. Isr. de Bry, India orientalis et occidentalis &c.
)as erstere begreift XIII. Tome; das letztere, das eigentlich die
luffchrift hat: Novus orbis &c. XIV. Theile. fol. mit Kupf.
Die beyden de Bry von Lüttich, waren Buchhändler und Kupfer=
echer zu Frankfurt. r) — Recueil des voyages, qui ont servi
l'établissement et aux progrés de la Compagnie des Indes
rientales, formée dans les provinces unies des Pays-bas.
Amst. 1702—1706. V. 8. ib. 1707—1710. V. T. VI. Vol. 8.
erbessert und vermehrt, ib. 1725. VII. Vol. 8. à Rouen, 1725.
X. Vol. 8. ib. 1728. XII. Vol. 8. alle mit Kupfern. Bey der
etztern Ausgabe sind die Voyage de Gautier Schouten. s)

---

r) Freytagii Annal. litt. p. 161—165. — Meuselii Bibl. hist. Vol. II. P. I.
p. 334. sqq. Vol. III. P. I. p. 223—26.

s) Meusl. l. c. Vol. II. P. I. p. 365. sqq.

Lin. 14. von unt. Statt: „Berlin, 1765—88. XXVIII. gr. 8
mit Kupf. (56. fl.)" Lese: Berlin, 1765—92. XXXIII. gr. 8
mit Kupf. (a 1. Thlr. 8. gr.)

Lin. 11. v. unt. Statt: „1782—88. XXXIV. 8." Lese: 1782-
91. XXXVI. 8. (geschlossen.)

Not. 9. von unt. Statt: „Berlin, 1781—84. XIII. 8." Lese
Berlin, 1781—86. XVI. 8.

Lin. 8. von unt. Statt: „Frankf. 1780—86. X. 8. mit Kupf
Lese: Frankf. und Nürnb. 1780—94. XX. 8. mit Kupferr.
Setze hier bey: — Sammlung merkwürdiger Reisen in das Inne
von Afrika; herausgegeben von Ernst Wilh. Cuhn, Hessische
Rath und Bibliothekar. Leipz. 1790. II. gr. 8.

Seite 228.

Lin. 1. Nach: „lesenswürdig." setze bey: — The natur
History of Aleppo &c. by *Alex. Russel* M. D. Ed. II. Lon
1794. II. 4. mit Kupf. zuverlässig und interessant.

Lin. 4. Nach: „Frankf. 1781. IV. 8. (8. fl.)" setze bey:
Nouveau Voyage dans les Etats-Unis de l'Amérique septen
trionale, fait en 1788. par *J. P. Brissot.* (Warville) citoye
françois. Paris, 1791. III. 8m.

Lin. 7. Nach: „Sonnerat." Setze bey. Auch sind zu merken
Mémoires concernant l'Hist. les Sciences, les Arts, le
Mœurs, les Usages &c. des Chinois, par les Missionaires d
Pekin. à Paris, 1779—83. IX. 4.

Lin. 14. Nach: „Volkmann." Setze bey: und vorzüglich di
Briefe über die vereinigten Niederlande, von J. Grabner, Lieu
tenant in holländischen Diensten Gotha, 1792. 8. (1. Thlr. 16. gr.)

Lin. 16. sq. Nach: „Archenholz." Setze bey: Auch Lettres
sur l'Italie en 1785. Rome. (Paris), 1788. II. 8m. Für di
Kunstwerke sehr interessant. — Briefe über Kalabrien und Sici
lien 2c. von Joh. Heinrich Bartels, b. R. D. und Assessor der
k. Societät der Wissenschaften zu Göttingen. Gött. 1791. 92. III.
8. mit Kupf. wichtig! — Reisen in verschiedene Provinzen des
Königreichs Neapel, von Carl Ulysses von Salis Marschlins.
1. B. Zürich, 1793. 8. mit Kupf. (2. Thlr.) interessant.

Lin. 24. „Altenb. 1781. III. 8. (3 fl.)" Setze bey: und Erdbe
schreibung der preuß. Monarchie, von F. G. Leonhardi, Prof.
der Oekonomie und Cameralwissenschaften in Leipzig. Halle,
1792—94. 3. B. in mehrern Abtheil. 8.

Lin. 26. Nach: „von Coxe;" setze zu: Swintons Reisen in Norwegen, Dännemark und Rußland in den Jahren 1787 — 91. aus dem Englischen, mit Anmerk. von Canzler. Berlin, 1793. gr. 8.

Lin. 29. Nach: „Marshall," setze bey: Auch Nouveau Voyage en Espagne &c. Paris, 1788. III. 8m. Vom Ritter Bourgoing, Chargé d'affaires am spanischen Hof, hernach Gesandten zu Hamburg. Deutsch: des Ritters von Bourgoing neue Reise durch Spanien von 1782 — 88. Jena, 1789. II. gr. 8. (von Bertuch und Kaiser) noch brauchbarer als das Original. — Briefe über Calabrien und Sicilien, von J. H. Bartels, b. R. Dr. Göttingen, 1792. III. 8. — — Vertraute Briefe über Frankreich; auf einer Reise 1792. Berlin, 1792. 93. II. 8. (2. Thl.) Interessant, hauptsächlich über die französische Revolution.

Schalte hier ein: — — Mahlerische Vorstellungen einzelner Länder und Reiche: Voyage pittoresque de la Gréce &c, (Vom Graf *Choiseul Gouffier*) Paris, 1780 — 82. XXII. Hefte, gr. fol. oder der erste Band; sehr prächtig. — Voyage pittoresque de la France, ou la description de ses provinces. ib. 1784. XXV. Hefte, oder VI. B. gr. fol. nicht so schön. — Voyage dans les Departements de la France, par une Société d'Artistes et de gens de lettres; enrichi de tableaux géographiques et d'Estampes. à Paris, 1792. sq. XX. Cahiers. 4. Der Text in Briefen etwas enthusiastisch, von einem vormaligen Capitain Joseph la Vallee, die schönen Kupfer von Ludw. Brion, Vater und Sohn. — Voyage pitt. de l'Italie. ib. 1779. sq. IV. Bände, jeder in 2. Theilen, mit 800. Kupferblättern, gr. fol. fein. (Jedes Heft von 8. Blättern zu 12. Livres.) Mehr Kupfer, als Text. — Voyage pitt. de Sicile, de Lipari et de Malte, par *Houel*, peintre du Roi. ib. 1787 — 89. IV. T. oder 44. Hefte, gr. fol. (528. Livres.) — Voyage pitt. de Naples et de Sicile, par Mr. *de Non* &c. im Auszug ꝛc. Gotha, 1794. 95. VI. 8. mit Kupf. (9. Thlr.) — Voyage pitt. fait dans les XIII. Cantons et Etats alliés du corps Helvétique. Paris, 1779 — 88. V. T. gr. fol. mit 430. Kupf. und Register. (360. Livres.)

Lin. 5. von unten: Nach: „(3 fl. 15 kr.)" Setze bey: — Gotha mit seinen umliegenden Gegenden ꝛc. von A. Klebe. Gotha, 1796. 12. mit Kupf. (1. Thlr. 12. gr.)

Lin. 4. von unten: Nach: „Lond. 1773. 4." Seze zu: und von Tho. Pennant, aus dem Englischen, mit Anmerk. von Joh. Heinr. Wiedmann. Nürnb. 1791. gr. 8.

Lin. 3. von unt. Nach: „1782. gr. 8." Seze bey: Damit ist zu verbinden: Beurkundete Geschichte der chrf. Haupt = und Residenzstadt München, von ihrem Entstehen bis nach dem Tode Kaiser Ludwigs IV. mit einigen erläuternden Kupfern, ein hinterlassenes Werk Mich. von Bergmann, München, 1784. fol. mit Kupf. (4. Thlr.)

Seze ferner zu: — Nürnberg, von Christian Gottl. Müller Amts = und Gegenschreiber zu Nürnberg. Nürnb. 1793. 8. (22. gr. gut und zwekmäßig verfaßt. Petersburg, von Joh. Gottl. Georgi, D. med. Petersb. 1790. 8. und: — Gemälde von St. Petersburg, von Heinr. Storch. Riga, 1794. II. 8. mit Kupf. (3. Th. 12. gr.) Prag ꝛc. Wien, 1787. I. Th. 8. mit 24. Kupf. — Salzburg, von Hübner. Salzb. 1793. II. 8. Joh. Christoph Maiers Beschreibung von Venedig, 2te verbesserte und vermehrte Ausgabe. Leipz. 1795. III. 8m. mit 4. Kupferstichen. (8 fl.) Dazu kam der 4te Theil. ib. 1796. gr. 8. (1 fl. 12 kr.) Der Verfasser, ein Wirtembergischer Magister, und jezt Pfarrer zu Neuweiler in Wirtembergischen, lebte 3. Jahre in Venedig. Die erste Ausgabe wurde zu Frankfurt, 1788. 89. II. 8. auf seine Kosten gedrukt.

Seite 229.

Lin. 17. Nach: „fortgesezt" seze bey: — Kochs Tableaux généalogiques &c.

Seite 230.

Lin. 12. von unt. Nach: „IX. gr. 4." seze bey: Im Auszug unter der Aufschrift: Diplomatisches Lesebuch, zur Beförderung der demonstrativen Lehrmethode ꝛc. mit praktischen und historischen Anmerkungen, von Friedr. Ernst Carl Mereau, Hofgerichts Advokat zu Jena. I. Th. Jena, 1791. 4. mit Kupf.

Seite 231.

Lin. 18. Nach: „für Anfänger." seze bey: — Georg Septimus Andr. von Praun, Nachricht von dem Münzwesen insgemein. Leipz. 1784. gr. 8.

Seite 233.

Lin. 11. von unt. Statt: „Erst in dem 18ten Jahrhundert» Lese: in dem 17ten und 18ten Jahrhundert.

Seit

Seite 235.

Not. p. Seze zu: — Journal de Médecine, Chirurgie, Pharmacie &c. Paris, 1787. LXXIII. 8.

Seite 238.

Lin. 14. von unt. Nach: „herausgegeben hat.„ seze zu: — Sehr merkwürdig ist: Allgemeines Gesezbuch für die preußischen Staaten. Berlin, 1791. IV. gr. 8. Eine wichtige Arbeit von 10. Jahren. Auch Annalen der Gesezgebung und Rechtsgelehrsamkeit in den preuß. Staaten, von Ernst Ferd. Klein, k. preußischem Kammergerichtsrath ꝛc. ib. 1789 — 96. XIV. (à 1. Thlr. 4. gr.) und dessen Auszug aus dem allgemeinen Gesezbuch ꝛc. Halle, 1792. 93. II. gr. 8. Man verbinde damit die oben angezeigte Schlosserischen Briefe über die Gesezgebung und diese Annalen.

Seite 244.

Lin. 9. Nach: „verbrannte„ seze bey: In Absicht auf Deutschland ist zu merken: Thesaurus novus juris ecclesiastici, potissimum Germaniæ, s. Codex statutorum ineditorum ecclesiarum cathedralium et collegiatarum in Germania, notis illustratus atque dissertationibus selectis juris publ. ecclesī. adjectisque animadversionibus adauctus et editus ab *Andr. Mayr,* theol. L. episcopi ac principis Frisingensis et Ratisbonensis præpositi ac Domini Berchtesgadensis consil. ecclesī. &c. Ratisbonæ, 1792. II. 4.

Seite 255.

Lin. 16. vor „Hallbauer,„ schalt ein: Spener mit seinen Schülern drang in seinem Vortrag auf das praktische Christenthum.

Seite 256.

Lin. 6. Nach: „Nördlingen, 1769. II. 4.„ seze bey: — — Man merke hier: Geschichte der Veränderungen des Geschmaks im Predigen, besonders unter den Protestanten in Deutschland ꝛc. von M. Phil. Heinr. Schuler, Pfarrer zu Dachtel im Wirtembergischen, Halle, 1793 94. III. gr. 8. (3. Thlr. 12. gr.)

Seite 269.

Lin. 2. von unt. Nach: „X. gr. 8.„ seze bey: — Magazin ür Prediger ꝛc. Züllichau, 1782 — 91. XII. 8. (15 fl.) und: Neues Magazin ꝛc. ib. 1792. I. Bd. I. St. 8. (18. gr.) Zwey Stüke zu

(II. Supplem.) B b

einem Band. — Kleine auserlesene liturgische Bibliothek für Prediger. Gotha, 1792—95. IX. 8. sehr brauchbar.

Seite 271.

Lin. 4. von unt. Nach: „Trefflich geordnet.„ setze bey: - Catal. Biblioth. Brühlianæ. 1750—56. IV. fol. (25 fl.)

Seite 272.

Lin. 2. Nach: „zu allgemein„ setze bey: Auch wurde 1792. IV. gr. 8. ein Verzeichniß zum Verkauf der Bücher gedruckt.

Lin. 11. Nach: „geliefert wird.„ setze bey: Verzeichnisse mehrerer Privat-Bibliotheken findet man in der Bibliotheca historico-litteraria Zapfiana &c. Aug. Vind. 1792. 8. p. 104—116. auch unter dem Artikel Catalog, p. 4. sq. 36—41. 120—130.

Seite 275.

Lin. 1. sq. Nach: „Mercure de France &c. Setze bey: - Journal encyclopédique, ou journal des sciences, des lettres et des arts. Paris, 1795. 8. I. Heft, von den berühmtesten Gelehrten Frankreichs, die die Robespierrische Mordepoche überlebten, bearbeitet.

Lin. 7. von unt. Statt: „Lips. 1782—1756.„ Lese: Lips. 1632—1756.

Lin. 2. von unt. Statt: „oder 140. Theile. 8. (36 fl.)„ lese: oder 240. Theile oder Stücke. 8. (36 fl.)

Seite 276.

Lin. 19. Nach: „(S. Löscher.)„ setze bey: — Die gelehrte Fama, welche den gegenwärtigen Zustand der gelehrten Welt und sonderlich der deutschen Universitäten entdecket. Leipz. 1711—1718. LXVIII St. 8. (à 2. gr) von Adam Friedr. Pezold, fr. Aug. Usseber und Joh. Jac. Close besorgt.

Seite 277.

Lin. 4. Statt: „ib. 1765—68. IV. 4. (12 fl.)„ Lese: ib. 1765—75. X. 4 (20. Thlr.) Sie werden seit 1779. unter der Direction des Prof. Müllers zu Greifswalde mit der Aufschrift: Greifswalder neue krit. Nachrichten ꝛc. fortgesetzt.

Lin. 14 und 15. von unt. Statt: „ib. 1747—50. 4. B. oder 24. St. 8. (4 fl. 30 kr.„ Lese: ib. 1747—51. VI. B. oder 24 St. 8. (4 Thlr. 12. gr.) und neue Berlinische Bibliothek. Altenburg, 1751—53. VI. St. 8. (12. gr.)

Seite 278.

Lin. 14. Nach: „Richters chirurgische Bibl." rufe ein: *Guil. Godofr. Plouquet* initia Bibliothecæ medico-practicæ et chirurgicæ realis, s. repertorii medicinæ pract. et chirurg. Tubingae, 1795. V. T. 4. bis N. sehr nützlich.

Seite 283.

Lin. 1. Nach: „zu Florenz" setze bey: durch Angelo Maria Bandini, Florent. 1767. III. fol

Lin. 2. Nach: „zu Paris" setze bey: 1739. IV. fol. von der zu Padua, Utini, 1739. 4. von der zu Venedig, 1750. 4. beide von Jac. Phil. Tomasini; von der Markus-Bibliothek zu Venedig durch Anton Maria Zanetti und Anton Bongiovanni, 1740. fol. (Siehe oben bey der Nachricht von Bibliotheken.)

Seite 285.

Lin. 12. Nach: „welchen Beger beschrieb." setze bey: Von Peter van Dammie's Sammlung hat man eine prächtige Beschreibung, unter der Aufschrift: Recueil de Medailles des Rois Amst. 1790. fol. mit 51. und 166. Kupfertafeln. Auch vom Abbate Domenico Sestini eine Beschreibung des Cabinets, welches der Ritter Robert Ainslie, englischer Gesandter zu Constantinopel, mit unsäglichen Kosten gesammelt hat. Lettere e Dissertazioni numismatiche sopra alcune Medaglie rare della Collezione Ainslieana. Livorno, 1789. III. 4. mit Kupf. — Das neueste und wichtigste Werk, in welchem die Numismatik kritisch und vollständig behandelt wird, ist: Doctrina nummorum veterum conscripta a *Josepho Eckhel*, thesauro Cæsar. &c. præfecto. P. I. de nummis urbium, populorum, regum. Vol. I. continens prolegomena generalia, tum nummos Hispaniæ, Galliæ, Britanniæ, Germaniæ, Italiæ cum insulis. Viennæ, 1792. 4m. wodurch Spanheim, Golz und die verworrene Beger und Jobert berichtigt werden. Vol. II. ib. 1793. 4m.

Seite 287

Lin. 11. von unt. Nach; „und Knipping" setze bey: noch besser von Heinsius und Burmann.

Lin. 6. von unt. Nach: „von Gale" setze bey: auch von Wesseling.

Lin. 5. von unt. Nach: „von Barth" setze bey: auch von Markland.

Seite 289.

Lin. 5. 6. und 7. Statt: „So gieng der Entwurf der Kriegsthaten König Carls *XII.* von Guſtav Adlerfeld, zu Wismar
gedruft, im Meer unter.„ Leſe: So gieng der Auszug aus dem
Entwurf der Kriegsthaten König Carls *XII.* von Guſtav Adlerfeld, zu Wismar gedruft, im Meer unter, da er nach Schweden geſchift wurde; der Entwurf ſelbſt 1707. gedruft, iſt in
der franzöſiſchen und deutſchen Ausgabe auch ſelten.

Seite 290.

Lin. 14. zu: „Nro. 10.„ ſeze bey: Dahin gehören die un-
ſinnigen und lächerlichen Penſées philoſophiques, mit dem Mot-
to: Piſcis hic non eſt omnium. Haye, (Paris) 1746. 12. Diderot, ein Arzt, ſoll der Verfaſſer ſeyn. Das Buch wurde zu Paris durch den Henker verbrannt; widerlegt (von Formey): Penſées raiſonnables oppoſées aux Penſées philoſophiques &c.
Berlin, 1746. 8. Deutſch mit der Widerlegung. Halle, 1748. 8.
— Von Simon Tyſſot de Patot hat man unter dem verdekten
Namen *Jaques Maſſé*: Voyages et avantures de *Jaques Maſſé.* Bourdeaux, 1710. 12. Darin er die chriſtliche Religion vieler Ungereimtheiten beſchuldigen, und ſie dem Spott ausſezen will.

Seite 291.

Lin. 14. von unt. Nach: „Privatperſonen.„ ſeze bey: — II.
Bücher, die in katholiſchen Ländern verboten, und alſo dort ſelten ſind. Sie ſtehen in dem Index librorum prohibitorum &c.
Venet. 1564. 8. und Colon. 1568. 8. und im Index expurga-
torius &c. der zu verſchiedenen Zeiten in 12. 8. 4. und fol. zulezt Venet. 1768. 8m. herauskam, verzeichnet. Es verſteht ſich,
daß die ſogenannte kezeriſchen und oft die beſten Bücher in dieſem
Verzeichniß vorkommen. Von den verſchiedenen Ausgaben des
Indicis &c. Cf. *Freytagii* Analecta litt. p. 485 — 488.

Seite 295.

Lin. 8. Nach: „zuſammengeſtoppelt habe„ ſeze bey: auch
aus Jordan Brunus Spaccio della beſtia triomfante.

Seite 296.

Lin. 14. Nach: „communicirte.„ ſeze bey: Ganz neu kam
heraus: Zwey ſeltene Antiſupernaturaliſtiſche Manuſcripte; Pendants zu den Wolfenbütteliſchen Fragmenten. Berlin, 1792. in
Sedez. (8 kr.) nemlich 1. De tribus mundi impoſtoribus, Moyſe,

Chriſto et Mahomete compendium; deſcr. ab exemplari MS.
quod in Bibliotheca *Joh. Friedr. Mayeri*, D. theol. publicе
diſtracta, Berolini 1716 deprehenſum, et a Principe Eugenio
de Sabaudia LXXX imperialibus redemtum fuit. II. Meditatio-
nes philoſophicæ de Deo, mundo et homine. Anno 1717.
Schade für das ſchöne Papier! — Fürſibürger Phosphorus,
oder die Allerweltpfaffenharletinade. Eine komiſche Geſchichte,
aus der Sphäre des Monds. Alethiopel, im dritten Jahre der
Vernunft. (1796.) 8. In Verſen nach *Blumauers* Art. Der
Verfaſſer eifert mit Recht gegen den Despotismus und gegen die
Dummheit und die Betrügereien der Pfaffen. Aber er verwirft
geradezu nnd ohne Gründe alle göttliche Offenbarung. Die Geſchichte von Chriſto iſt ihm eine Fabel; Moſes ein Betrüger;
Jehova, der Juden Gott, ein Tyrann ꝛc.

Seite 297.

Lin. 13. von unt. Nach: „d'Aloyſia &c. ſeje bey: ſine loco et anno. 12.

Lin. 12. von unt. Nach: „Pornodidaſcalus &c. ſeje bey: ſine
loco et anno. 12.

Seite 298.

Lin. 9. von unt. Nach: „1747. 8.„ ſeje zu: und auct. ib.
1753. 8. (18. gr.)

Lin. 2. von unt. Nach: „Buchhändlers-Nachrichten: ſeje
bey: Daju lieferte der Rektor *Bernhard Friedr. Hummel* in
Altdorf, (der den 4. März 1791. æt. 66. ſtarb.) Supplemente,
inter der Aufſchrift: Neue Bibliothek von ſeltenen Büchern ꝛc. ib.
1774 — 91. 3. Bände in 12. Stüken. 8. (2. Thlr. 12. gr.) Entſpre-
chen nicht ganz der Abſicht. Zur Ergänzung gab ein Ungenannter
B** heraus: Neues Repertorium von ſeltenen Büchern und
Schriften 1. St. ib. 1795. 8. (8. gr.)

Seite 299.

Lin. 3. Statt: „Franff. 1731. VI. St. 8m.„ leſe: Franff.
1731 — 34. XII. St. II. B. 8m.

Seje bey: — Ej. Bibliotheca hiſt. crit. librorum rar. oder
Analecta von alten und raren Büchern. ib. 1736. 8. — Ej. The-
ſaurus Bibliothecalis, oder Nachricht von alten und neuen raren
Büchern. ib. 1738. VI. 4. — Ej. neue Nachrichten ꝛc. Wien,

1753. 4. (1. Thlr.) — Ej. Notitia hiſt. crit. librorum veterum
rar. Francof. 1753. 4.

Lin. 16. ſq. Statt: „Berl. 1753. 8. „ Leſe: Berl. 1753—1755.
IV. St. gr. 8. (1. Thlr.)

Lin. 19. Statt: „Nürnb. 1777. VIII. St. 8. (à 5 gr.), „ leſt:
Nürnb. 1774 — 83. XII. St. 8. (à 5 gr.)

Seite 302.

Lin. 9. von unt. Statt: „Votalire„ Leſe: Voltaire.

Seite 304.

Lin, 16. Nach: „Bahrdt ꝛc.„ ſeze bey: Eine Sammlung
von Bildniſſen der Gelehrten und Künſtler, nebſt ihren kurzen (ei
genen) Biographien veranſtaltete der Kupferſtecher zu Nürnberg
Chriſtoph Wilh. Bok. Nürnberg, 1791—96. XIX. Hefte, gr. 8.
(à fl.) ꝛc.ꝛ ꝛeſt hat 4. Bildniſſe.

Seite 305.

Lin. 9. Nach: „bis 1500.„ ſeze bey: — Nouveau Dictionnaire hiſtorique, ou hiſtoire abrégée de tous les hommes,
qui ſe ſont fait un nom par des talens, des vertus, des for-
faits &c. depuis le commencement du monde, jusqu'à nos
jours &c. Ed. VI. Gotha, 1787. VIII. T. 8. (12. Thlr.) — Dict.
géographique, hiſt. et politique des Gaules et de la France;
par M. l'Abbé Expilly, Chanoine Tréſorier, en dignité du Cha-
pitre roy. de S. Marthe de Taraſcon, de la Société roy. des
ſc. et des B. Lettres de Nancy, Paris, (Avignon) 1762—70.
VI. fol. nur bis auf den Buchſtaben S. Schade! daß es nicht
vollendet iſt. — Dict. univerſ. de la France, contenant la Deſcription géographique et hiſt. des Provinces. Villes, Bourgs
et Lieux remarquables du Royaume &c. par Mathias Robert
de Heſſeln, Prof. en langue allemande, et inſpecteur des Elé-
ves de l'Ecole roy. militaire, Paris, 1771. VI. 8. — Deſcription générale et particuliére de la France, contenant l'hiſt.
nat. civile, politique, eccleſiaſt et litteraire; la Géographie
ancienne et moderne &c. ib. 1780. ſqq, VIII. fol.m.

Seite 307

Lin. 19. vor: „Brittiſche Geographie.„ rufe ein: Biographia
Brittannica, or the Lives of the moſt eminent Perſons who
have flouriſhed in Great Britain and Ireland &c, Ed. II. Vol.

IV. by *Andrew Kippis.* Lond. 1789. fol. Sehr vermehrt und verbeſſert. Die erſte Ausgabe, ib. 1761 — 66. VII. fol.

Lin. 22. Nach: „Halle, 1770 — 72. X. gr. 8." ſeze bey: — Biographiſche und litterariſche Anekdoten, von den berühmteſten großbritanniſchen Gelehrten des 18ten Jahrhunderts; aus dem Engliſchen mit Zuſäzen von J. P. Bamberger, k. preuß. Kirchenrath und Hofprediger. Berlin, 1786. 87. II. gr. 8. (2. Thlr. 8. gr.)

Lin. 2. und 3. von unt. Nach: „Pragæ, 1776 — 80. III. 8m. (2. Thlr.) ſeze bey: (Abbildungen Böhmiſcher und Mähriſcher Gelehrter und Künſtler, nebſt kurzen Nachr. von ihrem Leben und Werken. Prag, 1777. III. gr. 8. (4. Thlr.) 4ter Th. ib. 1782. gr. 8.) — Joh. Otto Thieße, Verſuch einer Gelehrtengeſchichte von Hamburg. Hamb. 1783. II. 8. (1. Thlr. 12. gr) — Das gelehrte Sachſen ꝛc. von Fr. Aug. Weiz. Leipz. 1780. gr. 8. (1. Th.) — Das gelehrte Preuſſen ꝛc. Thorn, 1722 — 24. IV. 8. (4. Thlr.) fortgeſezt von Ge. Pet. Schulz ib. 1725. 4. Quart. 8.

Seite 308.

Lin. 4. ſq. Nach: „Pragæ, 1775. II. 8m. (5. Thlr. 8. gr.)" ſeze bey: — *Alexii Horanyi,* Hung. Budenſis, de cler. reg. ſcholarum piarum, Memoria Hungarorum et provincialium ſcriptis editis notorum. Viennæ, 1776. 77. III. 8m. (6. Thlr.) Nova memoria &c. P. I. A — C. Peſtini, 1795. 8m. (1. Thlr. 16. gr.)

Lin. 14. von unt. Nach: „gelehrtes Deutſchland." ſeze bey: Abbildung berühmter Gelehrten und Künſtler Deutſchlands, nebſt kurzen Nachrichten von ihrem Leben und Werken; (von Chr. Aug. Bertram.) Berlin, 1780. gr. 8. (1. Thlr. 8. gr.) — Schattenriſſe edler Deutſchen ꝛc. Halle, 1783. 84. III. 8. (1. Thlr. 18. gr.)

Seite 309.

Lin. 8. Nach: „Leipz. 1762 — 64. VII. 8. (3 fl. 30 kr.)" ſeze bey: Nekrolog ꝛc. enthaltend Nachrichten von dem Leben merkwürdiger jüngſt verſtorbener Perſonen; geſammelt von Friedr. Schlichtegroll. Gotha, 1791 — 94. V. Jahrgänge. 8.

Seite 311.

Lin. 1, ſq. Nach: „Gundlingiana &c. &c. ſeze bey: Sevigniana &c. von einem Abbé Barral, beſchloſſen 1756. die große Reyhe. Ein ſonderbarer Einfall, daß man zu unſern Zeiten dieſe längſt vergeſſene Bücher in einer Sammlung zu druken an-

gefangen hat: Ana, ou Collection de Bon mots, Contes,
Pensées detachées, Traits d'histoire et Anecdotes des hommes
célébres, depuis la naissance des Lettres jusqu'à nos jours
&c. Paris, 1789 — 91. IX. 8. Brauchbarer wäre ein körnichter
Auszug. Ein alphabetisches Verzeichniß aller Bücher in ana findet man in H. W. Lawätz Handbuch für Bücherfreunde und
Bibliothekare. I. Th. 3ter Band. p. 476 — 484.

Seite 319.

Lin. 3. und 4. von unt. Nach: „lassen sich gut lesen." se-
ßen: Ein alphabetisches Verzeichniß von Briefsammlungen der
Gelehrten findet man in Heinr. Wilh. Lawätz, Handbuch für
Bücherfreunde und Bibliothekare. I. Th. 3ter B. p. 485 — 620.

Seite 325.

Lin. 20 Nach: „V. Bände. gr. 8. (10 fl.)" seße bey: auch
Bremisches und Verdisches theol. Magazin, herausgegeben von
J. C. Velthusen, Generalsuperintendent in den Herzogthümern
Bremen und Verden. I. B. Bremen, 1795. 8.

Seite 327.

Lin. 16. sq. Statt: „Berlin, 1774. 76. XXX. St. 8. (9 fl.)
wurde fortgesezt:" Lese: Berlin, 1774 — 91. VIII. Bände. 8.
(9 fl.) wurde fortgesezt: Neue Beyträge ꝛc. Berlin, 1791. 8.
I. T. V. Stüte.

Seite 330.

Lin. 3 von unt. Nach: „Amst. 1765. IV. 8. (5 fl.)" seße
bey: — Collection universelle des Mémoires particuliers ré-
latifs à l'hist. de France. Paris, 1783 — 90. XLV. 8.

Seite 334.

Lin. 10. Statt: „Berlin, 1778 — 81. IV. B. jeder 4. St. 8.
(à 36 kr.)" Lese: Berlin, 1778 — 95. jeder Band 4. St. 8. (à 36 kr.)

Seite 336.

Lin. 18. zu: „von Exter" seße bey: (Sein Leben ꝛc. Halle,
1709. 8. 10 kr.)

Lin. 12 von unt. Nach: „von der Milch seiner Amme,"
seße bey: Er lebte nur 4 Jahre und 4 Monate. (S. sein Leben ꝛc.
von Schönei Gött. 1779. 8.) — Der noch zu Utrecht lebende
van Goens, welcher in seinem 15ten Jahre eine gelehrte Abhandlung de Cenotaphiis &c. Trai. 1763. 8. schrieb: (Cl.
Klozii Acta litt. Vol. I. p. 71. sqq.

Lin. 18. ſq. Nach: „Leipzig, 1771 — 75. II. 8.‟ Seze bey: (geht nur bis auf L.)

Lin. 20. ſq. Zu: „Paris, 1769. III. 12.‟ Seze bey: und 1788. II. 8. (12. Livres.)

Lin. 23. Nach: „läßt ſich gut leſen.‟ Seze bey: — Vernünftige Gedanken vom Studiren des ſchönen Geſchlechtes. Leipzig, 1748. 8. — Mlle du *Keralio*, de l'Acad. d'Arras, Collection des meilleurs ouvrages françois, compoſés par des femmes &c. Paris, 1787. III. 8m. (4. Thlr. 14. gr.) IV—XIV. ib. 1789. 8m. (8. Thlr. 11. gr.) — Hiſt. des femmes célebres dans la Litterature françoiſe. Paris, 1771. V. 8. (20. Livr.) — Gegen das weibliche Geſchlecht ſchrieb der Geheime Sekretär Brandes in Hannover: Ueber die Weiber. 1787. 8. Ihn ſuchte Mauvillon mit vielen declamatoriſchem Aufwande zu widerlegen in ſeinem Buche: Mann und Weib. Leſenswürdiger ſind Pokels Briefe über die Weiber.

Lin. 10. von unt. Nach: „Berlin, IV. 8. (1. fl. 30. kr.)‟ Seze bey: Für die deutſche Jugend eingerichtet v. J. J. Schwabe. Leipzig, 1795. II. 8. (1. Thlr.)

Nach: „Ant. Bourignon‟, rüke folgenden Artikel ein:

Jane (Johanna) Leade, geb. 1623. in England; ſtarb 1704. æt. 81. nachdem ſie vor ihrem Tod noch ſtokblind worden war. Eine Erzſchwärmerin, die ſich in ihrem ganzen Leben mit Leſung und Empfehlung der Schriften des Schuſter Boehms ſowohl, als mit ihren eigenen geträumten Offenbarungen beſchäftigte. Sie war reich, und ließ alle ihre Schriften in 8. Bänden drufen. Man hat 6. Tractätlein 1696. 8. deutſch überſezt, wo p. 413 ſqq. ihr Leben ſtehet. Sie ſtiftete 1697. die Philadelphiſche Geſellſchaft, eine reine Kirche nach ihrem Sinn. Pordage (Pordätſch) träumte mit ihr in Compagnie, und war, ſo wie Bromley, ihr treuer Gehülfe. t)

---

t) *Joh. Wolf. Jaegeri* Hiſt. ſacra et civ. Saec. XVII. p. 90. ſq. — P. *Poireti* Bibl. myſtica p. 161. 174. 283. 286. — Arnolds Kirchen- und Kezerhiſtorie. 2. Th. 17. B. 19. Cap. — *Pfaffii* Introd. in hiſt. theol. litt. P. II. p. 382. ſq.

Noᵗ. 1. Se𝔷e 𝔷u: — *Molleri* Cimbria litt. T. II. p. 85. ſq.
— Arnolds Kirchen⸗ und Ke𝔷erhiſtorie. 2. B. p. 143. ſqq.

Seite 340.

Den Artifel: Ca𝔱harine Kofburn, ſtreiche weg, und S. p. 352.

Seite 342.

Lin. 6. von unten. Nach: „𝔷uſammengedrufk." Se𝔷e bn:
(engliſch, Lond. 1770. II. 8. Deutſch, nicht richtig, Dresden,
1776. 8)

Nach: „ 1755." ſe𝔷e bey: und 1771.

Seite 343.

Lin. 2. ſq. Statt: „ Voyages en Angleterre, Hollande
et Italie &c." Leſe: Voyages en France, en Angleterre, en
Hollande et en Italie, faits pendant les années 1756.—58.
à Dresde, 1771. 8. in Briefen.

Füfe folgende Artifel ein:

Charlotte Roſe de la Force, geborne Caumont, geb. 1650.
in dem Schloß Caſenove bey Ba𝔷as in Guienne. Ihr Vater Fran𝔷
de Caumont, Marquis de Caſtelmoron, war Maréchal de Camp.
Sie heurathete 1687. den Carl de Brion; wurde aber nach 10. Ta⸗
gen wieder geſchieden; ſtarb 1724. æt. 74. 𝔷u Paris. — Schrif⸗
ten: Hiſt. ſecrette de Bourgogne. Paris, 1696. 12. auch unter
der Aufſchrift: Hiſt. de Marguerite de Valois. ib. 1720. IV.
12. — Le Roman de Guſtave Vaſa. ib. 1697. und 1725. 12. ⸗
⸳Contes des Fées. ib. 1698. 12. — Hiſt. ſecr. de Marie de Bour⸗
gogne. ib. 1710. und 1712. 12. — Mehrere Gedichte. u)

Blet oder Belot, die Wittwe eines Parlaments⸗Advocaten,
und nachmalige Gattin des Präſidenten de Meiniers ꝛc. —
Schriften: Obſervations ſur la Nobleſſe et le Tiers-Etat.
1758. 12. — Hiſt. de la Maiſon de Tudor, trad. de l'Anglois
de Msr. *Hume*. Amſt. (Paris) 1765. II. 4. — Hiſt. de la Mai⸗
ſon de Plantagenet &c. Amſt. (Paris) 1765. II. 4. &c. x)

Comteſſe d'Aulnoy, nach ihrer Geburt Maria Catharina le
Jumel de Berneville. Sie heurathete den Fran𝔷 de la Motte
Grafen d'Aulnoy; begleitete die Prin𝔷eſſin von Orleans, ꝛ.

---

u) Jöcher von Adelung verb. h. v. — Hiſt. litt. des Femmes fr.
T. II. p. 307.

x) Jöcher l. c. — Hiſt. litt. des Femmes franç. T. V. p. 258—391.

Carls II. Braut, nach Spanien; starb 1705. ꝛc. — — Schriften:
Memoires de la Cour d'Espagne. Paris, 1684. und 1698. II.
12. Haye, 1691. II. 11. ib. 68. II. 12. Amst. 1716. II. 12.
Deutsch (von G. K. Böttger). Nordhausen , 1783. 84. II. 8.
— Voyage d'Espagne. — Memoires de la Cour d'Angleterre.
— Le Comte de Warwick. — Contes des Fées. — Recueil des
plus belles pièces des meilleurs poëtes françois, tant anciens
que modernes, avec l'hist. de leurs vies — Memoires secrets
de Mr. le Duc. d'Orleans &c. y)

Not. q. Seze zu: — *Mazzuchelli* Scrittori. — *Bruckeri* Pinacoth. scriptor. illustr. Dec. IV. n. X.

Seite 345.

Lin. 15. Nach: „ 20. Bände", seze bey: nach der französisch.
Aufschrift: La Bible avec des explications et reflexions qui
regardent la vie interieure. Cologne (Amst.) 1715. gr. 8.

Seite 346.

Zu An. L. Karschin, merke : Sie starb den 12. Oct. 1791.
æt. 69. — — Alle ihre Gedichte wurden nach ihrem Tode, nebst
ihrem Lebenslauf herausgegeben von ihrer Tochter C. L. Klenke.
Berlin, 1792. 8. (1. Thlr. 16. gr.)

Seite 350.

Zu Ninon de Lenclos, merk' als Note:
* Ihr Leben ꝛc. aus dem Französischen des H. Bret. Leipzig,
1754. 8. Das Original, Amst. 1758. III. 8.

Seite 351.

Not. z. Seze zu: Eloge &c. Paris, 1778. 12. — Magazin
für Frauenzimmer. 1783. XII. p. 198 — 208.

Seite 352.

Lin. 1. Statt. „ 12. " Lese: II. 12.
Lin. 4. Statt: „ 8. " Lese : II. 8.
Catharina Cockburns Schriften = Verzeichniß, ändere so:

Man hat von ihr einige Trauerspiele und andere Gedichte,
der unter der Aufschrift: The nine Muses (die neun Musen), zusammengedruckt wurden. — Eine Vertheidigung von Lokens Versuch vom menschlichen Verstand, gegen Thomas Burnet. Sie
war, da sie diese schrieb, erst 22. Jahre alt, und wurde deßwegen

---

y) *Meuselii* Bibl· hist. Vol. VI. P. I. p. 304. sq.

selbst von Loke bewundert. — Zwey Abhandlungen, in welchen sie
Loke's Grundsäze von der Auferstehung des menschlichen Leibes gegen D. Holdsworth rettete. — Sie widerlegte D. Rutherfords
Versuche über die Natur und Verbindlichkeit der Tugend, welche
1744. herauskamen; sie überschifte ihre Anmerkungen dem D. Warburton, der sie 1747. zum Druk besorgte, und mit einer Vorrede
begleitete. — The Works &c. Lond. 1754. II. 8. Dabey ihr
Leben von Thomas Birch. Wer ihre Jugend, ihre nachmalige
Kränklichkeit, ihre häusliche Geschäfte und nicht vortheilhaft
Glüksumstände betrachtet, der muß dieses gelehrte Frauenzimmer
in ihren Werken bewundern.

Not. b. Seze zu: — Mosheims Kirchengeschichte rc. von
Schlegel. 5. B. p. 410. sqq.

Not. c. Seze zu: — Sammlung von merkwürdigen Lebensbeschreibungen, größtentheils aus der brittischen Biographie übersezt. 10. Th. p. 195. sqq. — Geschichte berühmter Frauenzimmer.
2. Th. p. 218 — 223. — Bamberge.s biogr. Anecdoten rc. I. B.
p. 297 — 301.

Seite 367.

Lin. 16. sq. Statt: „bey dessen Lebzeiten herausgab, und sich
zueignete." Lese: bey dessen Lebzeiten, Paris, 1710. 8. herausgab, verschwieg den Namen des Verfassers, und machte an dem
Buch viele willkürliche Veränderungen, um es etwa seinen Glau-
bensbrüdern annehmlicher zu machen.

Lin. 3. von unt. Nach: „gekommen war." Seze bey: Jetzt
weiß man, daß die Rosenkreuzer chemische oder Feuerphilosophen
waren, welche die mystische Religion mit Erforschung chemischer
Geheimnisse verbanden. Sie hat ihre Benennung von ros (der
Thau) und crux (das Creuz), welches aber in der Sprache
der Adepten so viel gilt, als lux (das Licht); denn diese su-
chen durch Hülfe des Thaues, der zu Auflösung des Goldes am
kräftigsten seyn soll, das Licht, d. i. die Materie des Steins der
Weisen heraus zu schmelzen.

Personal-Index

über die beyden Theile

des sechsten oder Supplementbandes.

* Gegenwärtiges Register ist hauptsächlich für die in den beyn n Theilen des Supplementbandes neu oder berichtigt vorkoms nden Namen von Gelehrten bestimmt. Die darin bloß nachs ragenen Notizen über Gegenstände, deren bereits in den ersten if Bänden Erwähnung geschah, können, da die Supplemente rall nach den Seitenzahlen des Hauptwerks geordnet sind, ht ohne Register gefunden werden.

A

(II. Supplem.)   C c

Argenville (Anton Joseph d') der Vater. I. 360.
- — — (Anton Joseph d') der Sohn. I. 360.
Argoli (Andreas) Astronom. I. 285.
- — (Johann) Sohn. I. 286.
Aringh (Paul) I. 274.
Armstrong (Joh.) Arzt. I. 360.
Arnobius der Jüngere, Semipelagianer. I. 61.
Arnold (Joh. Gerhard) Rektor. I. 244.
Artemidorus, Philosoph I. 36.
Ascher (Rabbi Ben) I. 8.
Asconius Pedianus (Quintus) Sprachlehrer. I. 58.
Auger (Athanasius) General-Vikar. I. 362.
Auinqx (Maria Catharine Gräfin d') II. 394.
Aurivillius (Carl) Professor. I. 363.
Avila (Aegid. Gonsalvus) Jesuit. I. 174.

B.

Bacchini (Benedict) I. 258.
Bach (Friedman) Musikdirektor. I. 364.
Baden (Jacob) I. 55.
Bahasen (Benedict) I. 231.
Bahr (Florian) I. 314.
Baier (Albert) Professor. I. 27.
Bailly (Johann Sylvain) Astronom. I. 367.
Baker (Heinrich) I. 368.
Balbi (Hieronymus) Bischof. I. 146.
Baldelli (Franz) I. 114.
Balduin (Friedrich) Superintendent. I. 210.
Bandini (Angelo Maria) II. 387.
Barbaut (Anton Franz) Wundarzt. I. 370.
Barcia (Andreas Gonzalez) I. 253.
Bardili (Christ. Gottfr.) I. 69. 175.
Barre (Ludwig Franz Joseph de la) I. 193.
Bartels (Johann Heinrich) II. 382.
Bartholdy (Georg Wilhelm) I. 199.
Bartholin (Caspar) Arzt. I. 298.
Bartoli (Cosmus) Probst. I. 151.
- — (Georg) I. 151.
- — (Peter Santo) I. 265.
Baruffaldi (Hieron.) Erzpriester. I. 371.
Basedow (Bernhard) I. 372.
Battie (Wilhelm) Arzt. I. 354.
Baudoin (J.) I. 171.
Bauer (Carl Ludwig) I. 143.
Bauhin (Joh. Caspar) der Jüngere, Botaniker. I. 298.
Baumgärtner (Alb. Heinrich) I. 307.
Bayer (Wolfgang) II. 215.
Bayf (Lazarus) I. 161.
Beattier (Jacob) I. 375.

Michelſen

N.

(II. Supplem.)   D d

W.

W.

Y.

Z.